Werner Hauser
Stefan Huber
Markus Grimberger

HS-QSG
Hochschul-Qualitätssicherungsgesetz

samt vier Anhängen

Stand 15. 6. 2021

3. Auflage

2021

Kommentar

Hon.-Prof. Prof. (FH) Mag. Dr. Werner Hauser
Fachbereichskoordinator für Recht an der FH JOANNEUM Graz

RA MMag. Dr. Stefan Huber, LL.M.
Partner der CERHA HEMPEL Rechtsanwälte GmbH

Mag. Markus Grimberger
Leiter Personal und Recht, Anton Bruckner Privatuniversität

Das Werk ist urheberrechtlich geschützt.
Die dadurch begründeten Rechte, insbesondere die der Übersetzung, des Nachdruckes, der Entnahme von Abbildungen, der Funksendung, der Wiedergabe auf photomechanischem oder ähnlichem Wege und der Speicherung in Datenverarbeitungsanlagen, bleiben, auch bei nur auszugsweiser Verwertung, vorbehalten. Die Wiedergabe von Gebrauchsnamen, Handelsnamen, Warenbezeichnungen usw in diesem Buch berechtigt auch ohne besondere Kennzeichnung nicht zu der Annahme, dass solche Namen im Sinne der Warenzeichen- und Markenschutz-Gesetzgebung als frei zu betrachten wären und daher von jedermann benutzt werden dürfen.

Produkthaftung: Sämtliche Angaben in diesem Fachbuch erfolgen trotz sorgfältiger Bearbeitung und Kontrolle ohne Gewähr. Eine Haftung der Autor/inn/en oder des Verlages aus dem Inhalt dieses Werkes ist ausgeschlossen.

© 2014 und 2021 Verlag Österreich GmbH, Wien
www.verlagoesterreich.at
Gedruckt in Deutschland

Satz: büro mn, 33613 Bielefeld, Deutschland
Druck: Strauss GmbH, 69509 Mörlenbach, Deutschland

Gedruckt auf säurefreiem, chlorfrei gebleichtem Papier

Bibliografische Information der Deutschen Nationalbibliothek

Die Deutsche Nationalbibliothek verzeichnet diese Publikation
in der Deutschen Nationalbibliografie; detaillierte bibliografische Daten
sind im Internet über http://dnb.d-nb.de abrufbar.

ISBN 978-3-7046-6774-8 2. Aufl Verlag Österreich
ISBN 978-3-7046-8808-8 3. Aufl Verlag Österreich

Vorwort zur 3. Auflage

Sieben Jahre nach Erscheinen der Vorauflage war angesichts wiederholter Novellierungen, aber auch einer „Rechtsbereinigung" durch den Verfassungsgerichtshof eine Neuauflage des vorliegenden Kommentars angezeigt. In den vergangenen sieben Jahren ist dem Gesetzgeber des HS-QSG kein „großer Wurf" gelungen, aber auch kein „grober Schnitzer" unterlaufen.

Allerdings dürften politischer Anspruch und unionsrechtliche Wirklichkeit insbesondere im Hinblick grenzüberschreitender Angebote weiterhin auseinanderklaffen, weshalb §§ 27 ff HS-QSG auch in absehbarer Zeit ihren „Baustellencharakter" nicht verlieren werden.

In vielfacher Hinsicht kritisch zu hinterfragen ist die Rolle der AQ Austria. Nicht zum ersten Mal vergehen zwischen Inkrafttreten einer gesetzlichen Bestimmung und der dadurch erforderlich gewordenen Kundmachung angepasster Verordnungen (konkret etwa einer „Nachfolgeverordnung" zur PU-AkkVO) des Board mehrere Monate, in denen die Rechtslage für die Rechtsunterworfenen prohibitiv unklar ist. Der Eindruck, dass die AQ Austria mit komplexen juristischen Fragestellungen überfordert ist, ist nicht von der Hand zu weisen. Für die rechtliche Weiterentwicklung des gesamten Sektors ist dies kein positives Signal!

Die Autorenriege des vorliegenden Kommentars hat sich insoweit verändert, als Prof. *Wilma Hauser*, Bakk MA auf eigenen Wunsch ausgeschieden ist. Wir durften auf ihren Vorarbeiten aufbauen, wofür wir uns herzlich bedanken. Neu hinzugekommen sind Mag. *Markus Grimberger* und MMag. Dr. *Stefan Huber*, LL.M. Wir hoffen, aus unseren unterschiedlichen praktischen

Blickwinkeln die Nutzerfreundlichkeit und Nützlichkeit des Werkes entsprechend steigern zu können.

Angemerkt sei an dieser Stelle, dass die Passagen des HS-QSG einer entsprechenden ergänzenden Lektüre der damit korrespondierenden Bestimmungen des Universitätsgesetzes 2002, des Privathochschulgesetzes, des Hochschulgesetzes sowie des Fachhochschulgesetzes bedürfen; diese finden sich im Anhang. Auf den Abdruck von Verordnungen und Empfehlungen der AQ Austria wurde verzichtet; diese finden sich ohnehin auf deren Website.

Zum Fachhochschulgesetz wie zum HS-QSG sei an dieser Stelle auf die ebenfalls im Verlag Österreich erschienenen Publikationen „*Hauser/Schweighofer*, (Groß-)Kommentar zum Fachhochschul-Studiengesetz, Wien 2017" sowie aktuell „ *Hauser*, Kurzkommentar zum Fachhochschulgesetz^9, Wien 2020" verwiesen.

Für technische Unterstützung mit dem Manuskript danken wir Frau *Edith Koller-Kowalski*. Bei Herrn *Mag. Alexander Edelhofer* bedanken wir uns für die gelungene drucktechnische Betreuung. Herzlichen Dank dürfen wir auch an die Leiterin des Verlages Österreich, Frau MMag. *Barbara Raimann*, sagen, welche das gegenständliche Publikationsprojekt mit der ihr eigenen hoch qualifizierten menschlichen und fachlichen Kompetenz betreut hat.

Während der Fahnenkorrektur erreichte uns die Nachricht vom Ableben von Herrn em. Univ.-Prof. Dr. *Walter Berka*. Er war uns allen Förderer und Vorbild. Seinem Andenken sei diese Auflage gewidmet.

Graz/Linz/Wien, im Sommer 2021 *Werner Hauser*
Markus Grimberger
Stefan Huber

Inhaltsverzeichnis

Vorwort zur 3. Auflage V
Abkürzungsverzeichnis XI
Literaturverzeichnis XVII

Bundesgesetz über die externe Qualitätssicherung im Hochschulwesen und die Agentur für Qualitätssicherung und Akkreditierung Austria (Hochschul-Qualitätssicherungsgesetz – HS-QSG)

1. Abschnitt
Allgemeiner Teil

§ 1   Regelungsgegenstand 3
§ 2   Begriffsbestimmungen 11

2. Abschnitt
Einrichtung der Agentur und Organe

§ 3   Agentur für Qualitätssicherung und Akkreditierung Austria (Agency for Quality Assurance and Accreditation Austria) 17
§ 4   Organe der Agentur für Qualitätssicherung und Akkreditierung Austria 23
§ 5   Kuratorium 25
§ 6   Board 28
§ 7   Bestellung des Boards 31
§ 8   Sitzungen des Boards 34
§ 9   Aufgaben des Boards und Geschäftsordnung 36
§ 10 Leitung der Agentur und Geschäftsstelle 44

§ 11	Generalversammlung	47
§ 12	Aufgaben der Generalversammlung	50
§ 13	Beschwerdekommission	52
§ 14	Säumnis von Organen	56

3. Abschnitt
Gebarung und Rechnungswesen

§ 15	Finanzen und Gebarung	57
§ 16	Rechnungswesen	62
§ 17	Abgaben- und Gebührenbefreiung	66

4. Abschnitt
Grundsätze und Verfahren der Qualitätssicherung

§ 18	Qualitätssicherungsverfahren	67
§ 19	Durchführung der Qualitätssicherungsverfahren	72
§ 20	Verfahrenskosten	77
§ 21	Veröffentlichung der Verfahrensergebnisse	79
§ 22	Audit und Zertifizierung	80
§ 23	Akkreditierung von Fachhochschulen und Fachhochschul-Studiengängen	88
§ 24	Akkreditierung von Privathochschulen oder Privatuniversitäten und Studien an Privathochschulen oder Privatuniversitäten	109
§ 25	Zuständigkeit und Verfahren zur Akkreditierung	127
§ 26	Erlöschen und Widerruf der Akkreditierung	137

5. Abschnitt

§ 27	Meldeverfahren	144
§ 27a	Meldeverfahren für Bildungseinrichtungen aus EU/EWR	149
§ 27b	Meldeverfahren für Bildungseinrichtungen aus Drittstaaten	152

6. Abschnitt

§ 28 Tätigkeitsbericht und Bericht der Agentur für Qualitätssicherung und Akkreditierung Austria zur Entwicklung der Qualitätssicherung 154

7. Abschnitt
Aufsicht

§ 29 Aufsicht über die Fachhochschulen, Privathochschulen und Privatuniversitäten 157

§ 30 Aufsicht über die Agentur für Qualitätssicherung und Akkreditierung Austria 160

7a. Abschnitt

§ 30a Qualitätssicherungsrat für Pädagoginnen- und Pädagogenbildung 164

8. Abschnitt

§ 31 Aufgaben und Berichtslegung der Ombudsstelle für Studierende 179

9. Abschnitt

§ 32 Strafbestimmung 187

10. Abschnitt
Personal

§ 33 Beamtinnen und Beamte des Bundes, Vertragsbedienstete des Bundes 189

§ 34 Neuaufnahmen und Rechtsgrundlagen der Arbeitsverhältnisse 192

11. Abschnitt
Inkrafttreten und Vollziehung

§ 35 Verweisungen 193
§ 35a Datenschutz-Folgenabschätzungen 193
§ 36 Übergangsbestimmungen 194

§ 37	Inkrafttreten	199
§ 38	Vollziehung	202

Anhang

Anhang 1 Universitätsgesetz 2002 205

Anhang 2 Fachhochschulgesetz 459

Anhang 3 Privathochschulgesetz 501

Anhang 4 Hochschulgesetz 2005 517

Stichwortverzeichnis 663

Abkürzungsverzeichnis

Abs	Absatz
aF	alte Fassung
AHG	Amtshaftungsgesetz BGBl 1949/20 idgF
Anh	Anhang
Anm	Anmerkung(en)
AQ Austria	Agentur für Qualitätssicherung und Akkreditierung Austria
AR	Akkreditierungsrat
ArbVG	Arbeitsverfassungs-Gesetz
AVG	Allgemeines Verwaltungsverfahrensgesetz BGBl 1991/51 idgF
Bd	Band
BGBl	Bundesgesetzblatt
BlgNR	Beilage(n) zu den stenographischen Protokollen des Nationalrates
BMBWF	Bundesminister/in für Bildung, Wissenschaft und Forschung
BMW	Bundesminister/in für Wissenschaft
BMWF	Bundesminister/in für Wissenschaft und Forschung
BMWFW	Bundesminister/in für Wissenschaft, Forschung und Wirtschaft
BR	Bundesrat
BStFG	Bundesstiftungs- und Fondsgesetz BGBl 1975/11 idgF

Abkürzungsverzeichnis

B-VG	Bundesverfassungsgesetz 1920 idF von 1929 BGBl 1930/1 idgF
bzw	beziehungsweise
dh	das heißt
dRGBl	(deutsches) Reichsgesetzblatt
ECA	European Consortium of Accreditation
EHEA	European Higher Education Area
EN ISO	Europäische Norm
ENQA	European Association for Quality Assurance in Higher Education
EQAR	European Quality Assurance Register for Higher Education
ErläutRV	Erläuterungen zur Regierungsvorlage
ESG	European Standards and Guidelines for Quality Assurance in the European Higher Education Area (http://www.enqa.eu/wpcontent/uploads/2013/06/ESG_3 edition-2.pdf; abgefragt am 15.6.2021)
etc	et cetera
FH-AkkVO	Fachhochschul-Akkreditierungsverordnung, in Kraft ab 1.2.2019
FHG	Bundesgesetz über Fachhochschulen BGBl 1993/340 idgF
FH-JBVO	Fachhochschulen-Jahresberichtsverordnung, in Kraft seit 1.4.2021
FHR	Fachhochschulrat
FN	Fußnote
gem	gemäß
GP	Gesetzgebungsperiode
GuKG	Gesundheits- und Krankenpflegegesetz BGBl 1997/108 idgF

HebG	Bundesgesetz über den Hebammenberuf BGBl 1994/310 idgF
HEV	Hochschul-Evaluierungsverordnung BGBl II 2009/214 idgF
Hg	Herausgeber/in
HG	Bundesgesetz über die Organisation der Pädagogischen Hochschulen und ihre Studien (Hochschulgesetz 2005) BGBl I 2006/30 idgF
Hre/hre	„Hochschulrechtliche Entscheidungen" (selbständige Rubrik der ÖHZ/campus; seit 2013 selbständige Rubrik der N@HZ)
HSG	Hochschülerinnen- und Hochschülerschaftsgesetz BGBl I 2014/45
HS-QSG	Hochschul-Qualitätssicherungsgesetz BGBl I 2011/74 idgF
idF	in der Fassung
idgF	in der geltenden Fassung
incl	inclusive
insbes	insbesondere
ISO	International Organization for Standardization (Internationale Organisation für Normung)
iSv	im Sinne von
iVm	in Verbindung mit
KG	Kommanditgesellschaft
LandesStFG	Landes-Stiftungs- und Fondsgesetz(e)
lit	litera (Buchstabe)
MTD-G	Bundesgesetz über die Regelung der gehobenen medizinisch-technischen Dienste BGBl 1992/460 idgF
mwN	mit weiteren Nachweisen

N@HZ	„Neue@Hochschulzeitung"
NR	Nationalrat
OG	Offene Gesellschaft
ÖH	Österreichische Hochschülerinnen- und Hochschülerschaft
ÖHZ/campus	„Österreichische Hochschul-Zeitung" (1945–2011)
PhD	Doktor/in der Philosophie
Pkt	Punkt
PrivHG	Privathochschulgesetz BGBl I 2020/77
PrivH-JBVO	Privathochschulen-Jahresberichtsverordnung, in Kraft seit 1.4.2021
PSG	Privatstiftungsgesetz BGBl 1993/694 idgF
PU-AkkVO	Privatuniversitäten-Akkreditierungsverordnung, in Kraft seit 1.2.2019
QMS	Qualitätsmanagementsystem
RHG	Rechnungshofgesetz BGBl 1948/144 idgF
RV	Regierungsvorlage
Rz	Randzahl(en)
s	siehe
S	Seite
sog	so genannte, -er, -es
StGB	Strafgesetzbuch BGBl 1974/60 idgF
StGG	Staatsgrundgesetz über die allgemeinen Rechte der Staatsbürger RGBl 1867/142 idgF
ua	unter anderem; und andere
UG 2002	Bundesgesetz über die Organisation der Universitäten und ihre Studien BGBl I 2002/120 idgF
UGB	Unternehmensgesetzbuch BGBl I 2005/120 idgF (wv)

UNESCO	United Nations Education, Scientific and Cultural Organization (Organisation der Vereinten Nationen für Erziehung, Wissenschaft und Kultur)
UniAkkG	Universitäts-Akkreditierungsgesetz BGBl I 1999/168 [außer Kraft]
VAG	Versicherungsaufsichtsgesetz BGBl 1978/569 idgF
VerG 2002	Vereinsgesetz BGBl I 2002/66 idgF
VfGH	Verfassungsgerichtshof
VfSlg	„Sammlung der Erkenntnisse und wichtigsten Beschlüsse des Verfassungsgerichtshofes"
vgl	vergleiche
VwGG	Verwaltungsgerichtshofsgesetz BGBl 1985/10 idgF
VwGH	Verwaltungsgerichtshof
VwGVG	Verwaltungsgerichtsverfahrensgesetz BGBl I 2013/33
VwSlg	„Erkenntnisse und Beschlüsse des Verwaltungsgerichtshofes"
wv	wiederverlautbart
Z	Ziffer
zB	zum Beispiel
zfhr	„Zeitschrift für Hochschulrecht, Hochschulmanagement und Hochschulpolitik"
ZfV	„Zeitschrift für Verwaltung"
ZfVB	„Die administrativrechtlichen Entscheidungen des VwGH und die verwaltungsrechtlich relevanten Entscheidungen des VfGH in lückenloser Folge" (Blg zur ZfV)

Literaturverzeichnis

Altrichter/Schratz/Pechar (Hg), Hochschulen auf dem Prüfstand. Was bringt Evaluation für die Entwicklung von Universitäten? Innsbruck 1997

AQ Austria (Hg), Qualitätssicherung an Hochschulen. Anforderungen an die Qualitätssicherung und ihre Wirkungen, Wien 2014

Auer, Qualitätsmanagement in Forschungsförderungsabteilungen an Hochschulen, in: *Hauser* (Hg), Hochschulrecht. Jahrbuch 10, Wien – Graz 2010, 343

Badelt, Chancen des Qualitätsmanagements für die Führung von Hochschulen, in: *Österreichische Qualitätssicherungsagentur* (Hg), Qualitätsmanagement und -entwicklung im Europäischen Hochschulraum, Wien 2007, 81

Berka, Gebundenheit und Autonomie im Fachhochschul-Bereich, in: *Prisching/Lenz/Hauser* (Hg), 10 Jahre FHStG: Fachhochschulrecht zwischen Bewährung und Reform, Wien 2004, 131

Berka, Kriterien der „Hochschulförmigkeit", in: *Berka/Brünner/Hauser* (Hg), 20 Jahre Fachhochschul-Recht, Wien – Graz 2013, 97

Berka, Verfassungsrecht[7], Wien 2018

Berka/Binder/Kneihs, Die Grundrechte[2], Wien 2019

Bernhard, Qualitätssicherung im internationalen Hochschulraum. Zusammenfassung einer Fallstudie und Vergleichsanalyse von sechs nationalen Hochschulsystemen, in: *Hauser* (Hg), Hochschulrecht. Jahrbuch 13, Wien – Graz 2013, 35

Birke, Möglichkeiten für Benchmarking österreichischer Fachhochschulen und Universitäten, in: *Österreichische Quali-*

tätssicherungsagentur (Hg), Qualität sichern, managen und entwickeln: Europäische Anforderungen und die Praxis der Universitäten und Fachhochschulen, Wien 2005, 197

Birke/Jakits/Kastelliz, Externe Qualitätssicherung durch nichtbehördliche Aktivitäten – Aufgabenspektrum und Projekte der AQ Austria, in: *Hauser* (Hg), Hochschulrecht. Jahrbuch 19, Wien – Graz 2019, 110

Bozic, Zum Verständnis des Qualitätsmanagements in der Lehre der Künste, in: *Österreichische Qualitätssicherungsagentur* (Hg), Qualität sichern, managen und entwickeln: Europäische Anforderungen und die Praxis der Universitäten und Fachhochschulen, Wien 2005, 77

Brink, Audit Approaches – Features for a common Understanding, in: *Österreichische Qualitätssicherungsagentur* (Hg), Trends der Qualitätssicherung und des Qualitätsmanagements im Hochschulwesen, Wien 2009, 35

Brüggermann/Bremer, Grundlagen Qualitätsmanagement: Von den Werkzeugen über Methoden zum TQM^3, Wiesbaden 2020

Brünner, Bildungspolitische Auswirkungen des Fachhochschul-Studiengesetzes, Wien – Graz 2004

Brünner, Ein neuer Weg der professionellen Qualitätssicherung: der Fachhochschulrat, in: *Höllinger/Hackl/Brünner* (Hg), Fachhochschulstudien – unbürokratisch, brauchbar und kurz, Wien 1994, 113

Brünner/Kohler, Die Entwicklung der externen Qualitätssicherung im Österreichischen Hochschulwesen, in: *Hauser/Kostal* (Hg), Hochschulrecht. Jahrbuch 08, Wien – Graz 2008, 65

Carstensen, Qualitätsmanagement als Führungsaufgabe in öffentlichen Universitäten, in: *Österreichische Qualitätssicherungsagentur* (Hg), Qualität sichern, managen und entwickeln: Europäische Anforderungen und die Praxis der Universitäten und Fachhochschulen, Wien 2005, 63

Diregger, Handbuch Datenschutzrecht (2018)
Dondelinger, Auf dem Weg zu einem Europäischen Raum der Qualitätssicherung: Was trägt der Bologna-Prozess bei?, in: *Österreichische Qualitätssicherungsagentur* (Hg), Qualität sichern, managen und entwickeln: Europäische Anforderungen und die Praxis der Universitäten und Fachhochschulen, Wien 2005, 21

Fink, Ursache-Wirkungszusammenhänge der externen Qualitätssicherung, in: *AQ Austria* (Hg), Qualitätssicherung an Hochschulen, Wien 2014, 113
Fiorioli, Grenzüberschreitende Akkreditierung von Joint Programmes, in: *Hauser* (Hg), Hochschulrecht. Jahrbuch 12, Wien – Graz 2012, 81
Fleissner, Das österreichische Hochschulgesetz 2005, Wien 2019

Gögele/Harb/Hauser/Hauser/Ranner, Notwendigkeiten, Erfordernisse und (vorläufige) Ergebnisse bei der Implementierung eines Qualitätsmanagementsystems an einer Pädagogischen Hochschule, in: *Hauser* (Hg), Hochschulrecht. Jahrbuch 11, Wien – Graz 2011, 306
Grabenwarter/Fister, Verwaltungsverfahrensrecht und Verwaltungsgerichtsbarkeit[6], Wien 2019
Grimberger, Neues Meldeverfahren für Studien ausländischer Bildungseinrichtungen, N@HZ 2019, 55
Grimberger/Hauser ua, Handbuch des österreichischen Hochschulrechts[3], Wien – Graz 2018
Grimberger/Huber, Das Recht der Privatuniversitäten, Wien – Graz 2012
Grimberger/zu Hohenlohe, Der neue Rechtsrahmen für Privathochschulen und -universitäten, zfhr 2021, 20

Hanft, Prozessorientierte Qualitätssicherung als neuer Standard des hochschulinternen Qualitätsmanagements, in: *Österreichische Qualitätssicherungsagentur* (Hg), Qualitätsmanagement und -entwicklung im Europäischen Hochschulraum, Wien 2007, 47

Hanft, Qualitätssicherung, Qualitätsmanagement, Qualitätsentwicklung in der Praxis des Hochschulmanagements, in: *Österreichische Qualitätssicherungsagentur* (Hg), Qualität sichern, managen und entwickeln: Europäische Anforderungen und die Praxis der Universitäten und Fachhochschulen, Wien 2005, 29

Hanft/Kohler, Qualitätssicherung im Österreichischen Hochschulsystem, zfhr 2007, 83

Hauser, Die Hochschul-Evaluierungsverordnung: Ein maßgeblicher Beitrag zur Entwicklung der Qualitätsdimension an Pädagogischen Hochschulen, in: *Hauser* (Hg), Hochschulrecht. Jahrbuch 10, Wien – Graz 2010, 310

Hauser, Erwägungen zum Qualitätsmanagement der Pädagogischen Hochschule, in: *Hauser/Kostal* (Hg), Hochschulrecht. Jahrbuch 09, Wien – Graz 2009, 389

Hauser, Kommentar zum Fachhochschul-Studiengesetz⁹, Wien 2020

Hauser, Regelungsziele und -inhalte des Entwurfs zum „Qualitätssicherungsrahmengesetz", zfhr 2011, 3

Hauser, Unvereinbarkeiten im Universitäts- bzw Hochschul-Bereich, zfhr 2010, 77

Hauser, Zentrale Hinweise zur gesetzlichen Neugestaltung der Ausbildung für Pädagog/inn/en, zfhr 2014, 17

Hauser, Zur Qualitätssicherung an Pädagogischen Hochschulen, ÖHZ 2011/2, 12

Hauser, Wilma, Theorie und Praxis der „Organisationseinheiten-Evaluierung" an Pädagogischen Hochschulen, N@HZ 2013, 12

Hauser/Hauser, Die maßgeblichen Inhalte des HS-QSG im Überblick, in: *Hauser* (Hg), Hochschulrecht. Jahrbuch 12, Wien – Graz 2012, 70

Hauser/Hauser, Zentrale Inhalte der Novelle zum Hochschulgesetz BGBl I 2020/101, zfhr 2021, 41

Hauser/Kostal/Novak/Grimberger, Aktuelle Entwicklungen im Hochschulrecht, zfhr 2018, 2

Hauser/Schweighofer (Hg), FHStG – Fachhochschul-Studiengesetz, Wien 2017

Heusser, Methoden der Bewertung von QM-Prozessen: Ein Überblick zur europäischen Praxis, in: *Österreichische Qualitätssicherungsagentur* (Hg), Qualität sichern, managen und entwickeln: Europäische Anforderungen und die Praxis der Universitäten und Fachhochschulen, Wien 2005, 99

Hoelscher/Pasternack, Qualitätsmanagementsystem im Fachhochschulsektor, zfhr 2008, 97

Hoffmann, Registrierung ausländischer Studienangebote nach dem Hochschul-Qualitätssicherungsgesetz, in: *Hauser* (Hg), Hochschulrecht. Jahrbuch 13, Wien – Graz 2013, 59

Hofstetter, Meldeverfahren nach § 27 HS-QSG – die Rechtslage seit 1.1.2019, in: *Hauser* (Hg), Hochschulrecht. Jahrbuch 20, Wien – Graz 2020, 60

Hofstetter, Die Verfahren der externen Qualitätssicherung nach § 27 HS-QSG – ein Überblick, in: *Hauser* (Hg), Hochschulrecht. Jahrbuch 18, Wien – Graz 2018, 67

Hölzl/Neuwirth, Gleichstellungspläne an der Schnittstelle von Frauenförderung und Antidiskriminierung, zfhr 2020, 37

Hopf/Mayr/Eichinger/Erler, Kommentar zum GlBG^2, Wien 2020

Huber, HS-QSG: Die wesentlichen Neuerungen, zfhr 2021, 3

Huber, § 27 HS-QSG: Ein Ende mit Schrecken? N@HZ 2018, 51

Huber, Rechtsfolgen des Entzugs einer Akkreditierung als Privatuniversität, in: *Hauser* (Hg), Hochschulrecht. Jahrbuch 11, Wien – Graz 2011, 172

Huber/Raschauer, § 27 HS-QSG: Pfusch am Bildungsbau, in: *Hauser* (Hg), Hochschulrecht. Jahrbuch 17, Wien – Graz 2017, 187

Kainz/Gaberscik, Wirkung und Nebenwirkung der externen Qualitätssicherung – Ein Erfahrungsbericht, in: *AQ Austria* (Hg), Qualitätssicherung an Hochschulen, Wien 2014, 105

Kamiske/Brauer, Qualitätsmanagement von A bis Z^7, München 2011

Kastelliz/Müller Strassnig, Ansprüche an Qualitätssicherungsagenturen am Beispiel von Quality Audits, in: *Hauser* (Hg), Hochschulrecht. Jahrbuch 14, Wien – Graz 2014, 42

Kmetic, Wissenschaft und Strafrecht, zfhr 2005, 97

Kneihs/Lienbacher (Hg), Rill-Schäffer-Kommentar zum Bundesverfassungsrecht, Wien 24. ErgLfg/2020, Anm 7 ff zu Art 17a StGG

Kohler, Akkreditierung und Zertifizierung im Hochschulbereich, in: *Funk/Löschnigg* (Hg), Aktuelle Probleme des Hochschulrechts, Wien 2011, 17

Kohler, Die Österreichische Qualitätssicherungsagentur: Unsere Positionierung und unsere Leistungen, in: *Österreichische Qualitätssicherungsagentur* (Hg), Qualität sichern, managen und entwickeln: Europäische Anforderungen und die Praxis der Universitäten und Fachhochschulen, Wien 2005, 39

Koja, Der Begriff der juristischen Person öffentlichen Rechts, ZfV 1984, 489

Konrad, Qualitätssicherung im Hochschulbereich aus Europäischer Perspektive, in: *Hauser* (Hg), Hochschulrecht. Jahrbuch 10, Wien – Graz 2010, 198

Koziol/Welser, Grundriss des bürgerlichen Rechts. Bd I[15], Wien 2018

Krejci, Gesellschaftsrecht. Bd I. Allgemeiner Teil und Personengesellschaften, Wien 2005

Leidenfrost, Aufgaben und Tätigkeiten der *Studierendenanwaltschaft/Ombudsstelle für Studierende* für Studierende, Lehrende und Organe an Fachhochschulen, in: *Berka/Brünner/Hauser* (Hg), 20 Jahre Fachhochschul-Recht, Wien – Graz 2013, 277

Leidenfrost/Rothwangl, Die Ombudsstelle für Studierende, „Studierendenrechte" und „-pflichten" im österreichischen Hochschulraum: Zwischen sanfter Verwaltungskontrolle und proaktiver Syntegration, zfhr 2016, 175

Leidenfrost/Rothwangl, Studierende, Hochschulen, die Ombudsstelle für Studierende und das Bundesverwaltungsgericht: (In)Existente Nicht-Beziehungen? zfhr 2017, 184

Löschnigg (Hg), Angestelltengesetz Bd I^{10} und II^{10}, Wien 2016

Marhold/Friedrich, Österreichisches Arbeitsrecht^3, Wien 2016

Martini, Akkreditierung im Hochschulrecht – institutionelle Akkreditierung, Programmakkreditierung, Prozessakkreditierung, Wiss 2008, 232

Mayer/Kucsko-Stadlmayer/Stöger, Bundesverfassungsrecht^{11}, Wien 2015

Mazal, AQ Austria und die Qualitätssicherung im FH-Sektor, in: *Hauser* (Hg), Hochschulrecht. Jahrbuch 14, Wien – Graz 2014, 59

Möstl, Bildungscontrolling am Beispiel der FH JOANNEUM GmbH, in: *Koubek/Möstl* ua (Hg), Bene meritus. FS Schachner-Blazizek, Graz 2007, 437

Nickel, Entwicklung und Implementierung eines institutionellen Qualitätsmanagementsystems auf der Basis von EFQM, in: *Österreichische Qualitätssicherungsagentur* (Hg), Qualität sichern, managen und entwickeln: Europäische Anforderungen und die Praxis der Universitäten und Fachhochschulen, Wien 2005, 111

Österreichische Qualitätssicherungsagentur (Hg), Qualität sichern, managen und entwickeln: Europäische Anforderungen und die Praxis der Universitäten und Fachhochschulen, Wien 2005

Österreichische Qualitätssicherungsagentur (Hg), Qualitätsentwicklung des Berufungsmanagements an Österreichischen Universitäten, Wien 2010

Österreichische Qualitätssicherungsagentur (Hg), Qualitätsmanagement und -entwicklung im Europäischen Hochschulraum, Wien 2007

Österreichische Qualitätssicherungsagentur (Hg), Trends der Qualitätssicherung und des Qualitätsmanagements im Hochschulwesen, Wien 2009

Perthold-Stoitzner, Universitätsgesetz 2002³, Wien 2016
Perthold-Stoitzner, Die Stellung der Akkreditierungsbehörden im Hochschulrecht – ein Fehler der Verfassungsgesetzgebung? zfhr 2008, 165
Posch, Evaluierung an der Universität, zfhr 2006, 139

Rankl/Wala ua (Hg), Management von Fachhochschul-Studiengängen, Wien 2008, 24
Reichmann, Evaluierung von Studienplänen, zfhr 2007, 37
Reinbacher, Qualität und Qualitätsmanagement im Universitäts- und Hochschulbetrieb, Weinheim – Basel 2019
Riegler, Qualitätssicherung: Unde venis et quo vadis? zfhr 2010, 157
Rothwangl, Ausländischer Bildungsimport nach Österreich – erste Erfahrungen der Ombudsstelle für Studierende im Bildungsministerium für Bildung, Wissenschaft und Forschung, in: *Berka/Brünner/Hauser* (Hg), Concilium Administrator. FS Kasparovsky, Wien 2020, 207

Schacherbauer, Externe Qualitätssicherung im Hochschulbereich, in: *Funk/Löschnigg* (Hg), Aktuelle Probleme des Hochschulrechts, Wien 2011, 53
Schauer, Rechnungswesen in öffentlichen Verwaltungen⁴, Wien 2020
Scheytt, Möglichkeiten und Grenzen der Academic Scorecard, in: *Österreichische Qualitätssicherungsagentur* (Hg), Qualität sichern, managen und entwickeln: Europäische Anforderungen und die Praxis der Universitäten und Fachhochschulen, Wien 2005, 127
Schmidt/Berg/Fähndrich/Heinze, Qualitätsmanagement an Hochschulen – Modelle und Anwendungen im internationalen Vergleich, in: *Funk/Löschnigg* (Hg), Aktuelle Probleme des Hochschulrechts, Wien 2011, 105
Schulev-Steindl, Verwaltungsverfahrensrecht⁶, Wien 2018

Schweighofer, Datenschutz-Anpassungsgesetz 2018 – Wissenschaft und Forschung – WFDSAG 2018, N@HZ Sondernummer 2018, 47

Sohm, Qualitätssicherung im tertiären Sektor, in: *Hauser* (Hg), Hochschulrecht. Jahrbuch 10, Graz – Wien 2010, 264

Stifter, Qualitätssicherung und Rechenschaftslegung an Universitäten, Wien – Köln – Graz 2002

Stocker, Externe Qualitätssicherung im Österreichischen Fachhochschulsektor, in: *Holzinger/Jungwirth* (Hg), 15 Jahre Fachhochschulen in Österreich, Wien 2009, 75

Sturm, Internes Qualitätsmanagement an Fachhochschulen in Österreich, in: *Holzinger/Jungwirth* (Hg), 15 Jahre Fachhochschulen in Österreich, Wien 2009, 82

Sturm, Hochschulische Qualitätsmanagementsysteme: Vorgaben, Ausgestaltungsalternativen, in: *Hauser* (Hg) Hochschulrecht. Jahrbuch 15, Wien – Graz 2015, 37

Weiler, Profil – Qualität – Autonomie. Die unternehmerische Universität im Wettbewerb, zfhr 2006, 39

Wilhelmer, In the line of fire: Qualitätsmanagement an Hochschulen im Kreuzfeuer der Kritik, in: *Berka/Brünner/Hauser* (Hg), 20 Jahre Fachhochschul-Recht, Wien – Graz 2013, 423

Wilson, Impulse der London-Konferenz der Bologna-BildungsministerInnen für die Qualitätssicherung, in: *Österreichische Qualitätssicherungsagentur* (Hg), Qualitätsmanagement und -entwicklung im Europäischen Hochschulraum, Wien 2007, 37

Zechlin, Funktion und Nutzen der externen Qualitätssicherung für das hochschulinterne Qualitätsmanagement, in: *Österreichische Qualitätssicherungsagentur* (Hg), Trends der Qualitätssicherung und des Qualitätsmanagements im Hochschulwesen, Wien 2009, 24

zu Hohenlohe, Ausländische Durchführungsstandorte von österreichischen Privatuniversitäten: Cui bono? zfhr 2018, 139

Bundesgesetz über die externe Qualitätssicherung im Hochschulwesen und die Agentur für Qualitätssicherung und Akkreditierung Austria

(Hochschul-Qualitätssicherungsgesetz – HS-QSG)

BGBl I 2011/74 (NR: GP XXIV RV 1222 AB 1318 S 112
BR: 8520 AB 8530 S 799)

idF:
BGBl I 2013/79 (NR: GP XXIV RV 2164 AB 2282 S 199
BR: 8945 AB 8957 S 820)
BGBl I 2013/124 (NR: GP XXIV RV 2348 AB 2397 S 206
BR: 9006 AB 9012 S 822)
BGBl 2014/45 (NR: GP XXV RV 136 AB 171 S 30
BR: 9189 AB 9192 S 831)
BGBl I 2015/46 (NR: GP XXV IA 923/A AB 514 S 66.
BR: AB 9345 S 840)
BGBl I 2017/129 (NR: GP XXV IA 2235/A AB 1705 S 188.
BR: 9817 AB 9853 S 871
BGBl I 2018/10 (VfGH)
BGBl I 2018/31 (NR: GP XXVI RV 68 AB 105 S 21.
BR: AB 9960 S 879)
BGBl I 2018/95 (NR: GP XXVI IA 485/A AB 444 S 55.
BR: 10073 AB 10108 S 8880)
BGBl I 2020/77 (NR: GP XXVII RV 234 AB 267 S 43.
BR: AB 10400 S 911)
BGBl I 2021/20 (NR: GP XXVII RV 479 AB 571 S 71.
BR: AB 10468 S 917)
BGBl I 2021/93 (NR: GP XXVII RV 662 AB 705 S 89.
BR: AB 10600 S 924)

1. Abschnitt
Allgemeiner Teil

Regelungsgegenstand[1]

§ 1. (1)[2] Dieses Bundesgesetz regelt die externe Qualitätssicherung[3-4] an folgenden hochschulischen postsekundären Bildungseinrichtungen:[5]
1. Universitäten gemäß § 6 Abs 1 Universitätsgesetz[6-8] 2002 (UG), BGBl I Nr 120/2002,
2. Fachhochschulen[9-10] nach Fachhochschulgesetz[11] (FHG), BGBl Nr 340/1993,
3. Privathochschulen und Privatuniversitäten[12] nach Privathochschulgesetz[13] (PrivHG), BGBl I Nr 77/2020,
4. Öffentlichen Pädagogischen Hochschulen und anerkannten privaten Pädagogischen Hochschulen[14] nach Hochschulgesetz 2005[15] (HG), BGBl I Nr 30/2006.

(2)[16] Die externe Qualitätssicherung der Bildungseinrichtungen gemäß Abs 1 erfolgt durch:
1. Zertifizierung[17] des Qualitätsmanagementsystems von Bildungseinrichtungen;[18]
2. Akkreditierung[19] von Studien;[20]
3. Akkreditierung von Bildungseinrichtungen;[21]
4. Aufsicht über die nach diesem Bundesgesetz akkreditierten Bildungseinrichtungen und die nach diesem Bundesgesetz akkreditierten Studien.[22]

(3) Die externe Qualitätssicherung soll im Zusammenspiel mit den internen Qualitätsmanagementsystemen[23] der in Abs 1 genannten Bildungseinrichtungen gewährleisten, dass diese hohen Anforderungen entsprechen und ihre Qualität laufend weiterentwickeln.

(4) Soweit dieses Bundesgesetz keine abweichenden Bestimmungen enthält, sind der 1. und 2. Abschnitt des Forschungsorganisationsgesetzes, BGBl Nr 341/1981, auch im Anwendungsbereich dieses Bundesgesetzes anzuwenden.[24]

1 „Ziel dieses Bundesgesetzes ist es, die Qualität der Hochschulen und ihrer Leistungen sowohl mit internen Qualitätsmanagementsystemen als auch mit Verfahren der externen Qualitätssicherung zu sichern und laufend weiter zu entwickeln" (ErläutRV 1222 BlgNR 24. GP, 10).

Zur Genese der hochschulischen Qualitätssicherung auf internationaler und nationaler Ebene s bei: *Grimberger/Gualtieri*, in: *Hauser/Schweighofer* (Hg), (Groß-)Kommentar zum Fachhochschul-Studiengesetz (2017) Anm 1 ff sowie Anm 14 ff zu §§ 1–2 HS-QSG mwN.

Zu den maßgeblichen Inhalten des HS-QSG s bei: *Grimberger/Hauser/Hauser*, Qualitätssicherung im Hochschulbereich, in: *Grimberger/Hauser* ua, Handbuch des österreichischen Hochschulrechts[3] (2018) 97 ff. Zu den aktuellen Änderungen des HS-QSG im Zuge der Novelle BGBl I 2020/77 s bei: *Huber*, HS-QSG: Kein großer Wurf, aber maßvolle Reformen, N@HZ 2020, 83 ff.

Zu den Inhalten der Stammfassung des HS-QSG s bei: *Hauser/Hauser*, Die maßgeblichen Inhalte des HS-QSG im Überblick, in: *Hauser* (Hg), Hochschulrecht. Jahrbuch 12 (2012) 70 ff.

Zu internationalen Trends s etwa: *Martini*, Akkreditierung im Hochschulrecht – institutionelle Akkreditierung, Programmakkreditierung, Prozessakkreditierung, WissR 2008, 232 ff oder *Schmidt/Berg/Fähndrich/Heinze*, Qualitätsmanagement an Hochschulen – Modelle und Anwendungen im internationalen Vergleich, in: *Funk/Löschnigg* (Hg), Aktuelle Probleme des Hochschulrechts (2011) 105 ff sowie *Bernhard*, Qualitätssicherung im internationalen Hochschulraum. Zusammenfassung einer Fallstudie und Vergleichsanalyse von sechs nationalen Hochschulsystemen, in: *Hauser* (Hg), Hochschulrecht. Jahrbuch 13 (2013) 35 ff und *Reinbacher*, Qualität und Qualitätsmanagement im Universitäts- und Hochschulbetrieb (2019) passim.

Aktuelle (Fach-)Beiträge zum hochschulischen Qualitätsmanagement finden sich im Kapitel „Qualitätssicherung und -management" in der jährlich erscheinenden Publikation „*Hauser* (Hg), Hochschulrecht. Jahrbuch 12 (laufend ab 2012)"; die einschlägigen Kapitel wurden in den Jahrbüchern 2012 bis 2014 von *Mutschmann-Sanchez*, im Jahrbuch 2015 von *Mutschmann-Sanchez/Eilen*, in den Jahrbüchern 2016 bis 2018 von *Eilen*, im Jahrbuch 2019 von *Eilen/Freiberger* und ab den Jahrbüchern 2020 ff von *Freiberger* betreut.

Praxisrelevante Aspekte iZm dem im weitesten Sinne verstandenen hochschulischen Qualitätsmanagement vermitteln die von der AQ Austria seit dem Jahr 2012 publizierten „Beiträge zur AQ Austria Jahrestagung".

„Das Gesetz erfasst die externe Qualitätssicherung von hochschulischen Bildungseinrichtungen (öffentliche und private Universitäten, Fachhochschulen) oder Studien" (ErläutRV 1222 BlgNR 24. GP, 10); vgl zum Qualitätssicherungsverfahren gem HS-QSG den systematischen Überblick bei: *Hauser/Hauser*, in: *Hauser/Schweighofer* (Hg), (Groß-)Kommentar zum Fachhochschul-Studiengesetz (2017) Anm 1 ff zu §§ 18–23 HS-QSG.

Hingegen regelt das HS-QSG nicht (auch) die interne Qualitätssicherung; s aber § 1 Abs 3 HS-QSG, worin das „Zusammenspiel" von interner und externer Qualitätssicherung betont wird. **2**

Unter Qualitätsmanagement werden in einer allgemeinen Diktion aufeinander abgestimmte Tätigkeiten zum Leiten und Lenken einer Organisation bezüglich Qualität verstanden. Betreffend der Funktionen der Qualitätssicherung wird eine Unterscheidung zwischen (hochschul-)interner und (hochschul-)externer Qualitätssicherung getroffen: Neben einer nach innen gerichteten Komponente im Sinne eines internen Qualitätssicherungssystems (Evaluationen, Berichtssysteme, Managementkonzepte etc) umfasst die Qualitätssicherung auch eine nach außen gerichtete, von der einzelnen Bildungseinrichtung losgelöste Komponente; dabei erfolgt externe Qualitätssicherung dem Grunde nach mittels Begutachtungen durch externe Expert/inn/en zur Rechenschaftsablegung der Bildungseinrichtung gegenüber anderen Anspruchsgruppen, insbesondere staatlichen Stellen (*Grimberger/Hauser/Hauser*, Qualitätssicherung im Hochschulbereich, in: *Grimberger/Hauser* ua, Handbuch des österreichischen Hochschulrechts[3] [2018] 102 mwN; s dazu auch bei: *Grimberger/Gualtieri*, in: **3**

Hauser/Schweighofer, Fachhochschul-Studiengesetz, Anm 12 f zu §§ 1–2 HS-QSG).

Zum allgemeinen Begriff der „Qualitätssicherung" und des „Qualitätsmanagements" s etwa bei: *Kamiske/Brauer*, Qualitätsmanagement von A bis Z[7] (2011) 199; s auch *Brüggermann/Bremer*, Grundlagen Qualitätsmanagement: Von den Werkzeugen über Methoden zum TQM[3] (2020) passim.

Zur Eignung von allgemeinen QM-Systemen für den Hochschulbereich s bei: *Sturm*, Hochschulische Qualitätsmanagementsysteme: Vorgaben, Ausgestaltungsalternativen, in: *Hauser* (Hg), Hochschulrecht. Jahrbuch 15 (2015) 37 ff.

4 Vergleiche dazu § 2 Z 1 HS-QSG; instruktiv sind überdies insbes die Ausführungen von *Brünner/Kohler*, Die Entwicklung der externen Qualitätssicherung im Österreichischen Hochschulwesen, in: *Hauser/Kostal* (Hg), Hochschulrecht. Jahrbuch 08 (2008) 65, weiters von *Zechlin*, Funktion und Nutzen der externen Qualitätssicherung für das hochschulinterne Qualitätsmanagement, in: *Österreichische Qualitätssicherungsagentur* (Hg), Trends der Qualitätssicherung und des Qualitätsmanagements im Hochschulwesen (2009) 24, *Schacherbauer*, Externe Qualitätssicherung im Hochschulbereich, in: *Funk/Löschnigg* (Hg), Aktuelle Probleme des Hochschulrechts (2011) 53 ff sowie *Kastelliz/Müller Strassnig*, Ansprüche an Qualitätssicherungsagenturen am Beispiel von Quality Audits, in: *Hauser* (Hg), Hochschulrecht. Jahrbuch 14 (2014) 42 ff.

5 S zu den nachfolgend angeführten Hochschulen im Überblick bei: *Grimberger/Hauser* ua, Handbuch des österreichischen Hochschulrechts[3] (2018) passim.

6 In § 6 Abs 1 Z 1 bis 22 UG sind folgende Universitäten angeführt: Universität Wien, Universität Graz, Universität Innsbruck, Medizinische Universität Wien, Medizinische Universität Graz, Medizinische Universität Innsbruck, Universität Salzburg, Technische Universität Wien, Technische Universität Graz, Montanuniversität Leoben, Universität für Bodenkultur Wien, Veterinärmedizinische Universität Wien, Wirtschaftsuniversität Wien, Universität Linz, Universität Klagenfurt, Universität für angewandte Kunst Wien, Universität für Musik und darstellende Kunst Wien, Universität Mozarteum Salzburg, Universität für Musik und darstellende Kunst Graz, Universität für künstlerische und industrielle Gestaltung Linz, Akademie der bildenden Künste Wien, Universität für Weiterbildung Krems (Donau-Universität Krems).

Gem § 14 Abs 1 UG haben die Universitäten zur Qualitäts- und Leistungssicherung ein eigenes Qualitätsmanagementsystem aufzubauen; s dazu im Überblick bei: *Biedermann*, in: *Perthold-Stoitzner* (Hg), Universitätsgesetz[3.01] Anm 1 ff zu § 14 UG mwN. **7**

S dazu ausführlich: *Perthold-Stoitzner* (Hg), Universitätsgesetz[3.01] passim. **8**

Bis zur Novelle BGBl I 2011/74 war die Akkreditierung von Fachhochschul-Studiengängen im Fachhochschul-Studiengesetz (FHStG) geregelt, welches im Zuge der Novelle BGBl I 2020/77 in Fachhochschulgesetz (FHG) umbenannt wurde. Durch die FH(St)G-Novelle BGBl I 2011/74 wurde die Zuständigkeit zur Akkreditierung gem Hochschul-Qualitätssicherungsgesetz (HS-QSG; BGBl I 2011/74) an die „Agentur für Qualitätssicherung und Akkreditierung Austria (AQ Austria)" überbunden; vgl dazu insbes § 23 HS-QSG. **9**

Bemerkenswert ist dabei, dass sich die wesentlichsten Akkreditierungsvoraussetzungen im FHG selbst finden; vgl dazu insbes § 8 und § 8a FHG sowie *Hauser*, Kommentar zum Fachhochschul-Studiengesetz[9] (2020) Anm 1 ff zu § 8 FHG bzw Anm 1 ff zu § 8a FHG.

Durch die Bestimmung des § 2 Abs 3 FHG sind die Erhalter von Fachhochschulen dazu verpflichtet, ein eigenes Qualitätsmanagementsystem zur Leistungs- und Qualitätssicherung zu etablieren. Diese Bestimmung trägt dem Erfordernis Rechnung, dass einerseits der optimierte Betrieb von Fachhochschul-Studiengängen bzw Fachhochschulen die Einrichtung von entsprechenden Qualitätssicherungssystemen erforderlich macht und dass dabei andererseits auf die im Rahmen der einzelnen Erhalter **10** von Fachhochschulen bzw Fachhochschul-Studiengängen bestehenden besonderen „kulturellen" Gegebenheiten umfassend Rücksicht genommen werden kann. Zentral ist somit nicht die Verpflichtung eines ganz spezifischen und unabdingbar gesetzlich vorgesehenen Qualitätsmanagementsystems, sondern vielmehr kann ein den jeweiligen Bedürfnissen des Erhalters angepasstes eigenes Qualitätsmanagementsystem installiert werden.

Von Bedeutung ist, dass die Dimension des hochschulinternen Qualitätsmanagements als umfassende Führungs- und Leitungsaufgabe der Fachhochschule verstanden wird; demgegenüber besteht eine der wesentlichsten Hauptaufgaben der externen Qualitätssicherung darin, zu klären, ob die interne Qualitätssicherung sachlich und fachlich korrekt funktioniert (*Sohm/Sturm*, Akkreditierung von Fachhochschul-Studiengängen, in: *Rankl/Wala* ua [Hg], Management von Fachhochschul-Studiengängen [2008] 24 ff).

S im Übrigen auch bei: *Hoelscher/Pasternack*, Qualitätsmanagementsysteme im Fachhochschulsektor, zfhr 2008, 97 ff, weiters *Sturm*, Internes Qualitätsmanagement an Fachhochschulen in Österreich, in: *Holzinger/Jungwirth* (Hg), 15 Jahre Fachhochschulen in Österreich (2009) 82 ff oder *Sohm*, Qualitätssicherung im tertiären Sektor, in: *Hauser* (Hg), Hochschulrecht. Jahrbuch 10 (2010) 264 ff sowie zur Dimension der externen Qualitätssicherung: *Hanft/Kohler*, Qualitätssicherung im österreichischen Hochschulsystem, zfhr 2007, 83 ff, weiters ua *Stocker*, Externe Qualitätssicherung im österreichischen Fachhochschulsektor, in: *Holzinger/Jungwirth* (Hg), 15 Jahre Fachhochschulen in Österreich (2009) 25 ff, *Fink*, Ursache-Wirkungszusammenhänge der externen Qualitätssicherung, in: *AQ Austria* (Hg), Qualitätssicherung an Hochschulen (2014) 113 ff oder *Kainz/Gaberscik*, Wirkung und Nebenwirkung der externen Qualitätssicherung – Ein Erfahrungsbericht, in: *AQ Austria* (Hg), Qualitätssicherung an Hochschulen (2014) 105 ff sowie grundlegend: *Zechlin*, Funktion und Nutzen der externen Qualitätssicherung für das hochschulinterne Qualitätsmanagement, in: *Österreichische Qualitätssicherungsagentur* (Hg), Trends der Qualitätssicherung und des Qualitätsmanagements im Hochschulwesen (2009) 24 ff.

S dazu ausführlich: *Hauser*, Fachhochschul-Studiengesetz[9] passim. **11**

Gem § 2 Abs 1 Z 2 PrivHG hat die Privathochschule einen Entwicklungsplan zu erstellen, der ua den Aufbau eines Qualitätsmanagementsystems umfasst. **12**

S zum neuen PrivHG etwa bei: *Grimberger/zu Hohenlohe*, Der neue Rechtsrahmen für Privathochschulen und -universitäten, zfhr 2021, 20. **13**

Zur (alten) Rechtslage gem PUG [außer Kraft]: *Grimberger/Huber*, Das Recht der Privatuniversitäten (2012) Anm 1 ff zu § 1 PUG sowie *Grimberger/Huber,* Privatuniversitäten, in: *Grimberger/Hauser* ua, Handbuch des österreichischen Hochschulrechts[3] (2018) 285 ff.

In der Aufzählung des § 1 Abs 1 HS-QSG fehlten ursprünglich die (öffentlichen und privaten) Pädagogischen Hochschulen, was umso bemerkenswerter war, als dass im Zuge der Novelle BGBl I 2013/124 ein eigener „Abschnitt 7a" mit der Überschrift „Qualitätssicherungsrat für Pädagoginnen- und Pädagogenbildung" (§ 30a HS-QSG) eingefügt wurde (dazu krit: *Hauser*, Zentrale Hinweise zur gesetzlichen Neugestaltung der Ausbildung für Pädagog/inn/en, zfhr 2014, 17 ff [21]); erst seit der Novelle BGBl I 2020/77 finden in § 1 Abs 1 Z 4 HS-QSG die (öffentlichen und privaten) Pädagogischen Hochschulen ausdrückliche Erwähnung. **14**

In § 33 Abs 1 HG ist geregelt, dass die Pädagogischen Hochschulen zur Qualitäts- und Leistungssicherung ein eigenes Qualitätsmanagementsystem aufzubauen haben, das die Aufgaben und das gesamte Leistungsspektrum der Pädagogischen Hochschule umfasst; dieses Qualitätsmanagementsystem hat überdies regelmäßige Evaluierungen des Leistungsspektrums, insbesondere hinsichtlich der Aus-, Fort- und Weiterbildung durch die Studierenden, hinsichtlich der Leistungen des Lehrpersonals in der Aus-, Fort- und Weiterbildung und in der wissenschaftlich-berufsfeldbezogenen Forschung sowie hinsichtlich der Schulentwicklungsberatung vorzusehen. Die näheren Details zur Qualitätssicherung an Pädagogischen Hochschulen waren in der dazu ergangenen einschlägigen Verordnung (Hochschul-Evaluierungsverordnung – HEV; BGBl II 2009/214 [außer Kraft]) geregelt; zur Implementierung eines Qualitätssicherungssystems gem HEV s im Überblick bei: *Gögele/Harb/Hauser/Hauser/Ranner*, Notwendigkeiten, Erfordernisse und (vorläufige) Ergebnisse bei der Implementierung eines Qualitätsmanagementsystems an einer Pädagogischen Hochschule, in: *Hauser* (Hg), Hochschulrecht. Jahrbuch 11 (2011) 306 sowie im Detail bei: *Hauser, Wilma*, Theorie und Praxis der „Organisationseinheiten-Evaluierung" an Pädagogischen Hochschulen, N@HZ 2013, 12 ff. Vgl zur aktuellen Rechtslage bei Hauser/Hauser, Zentrale Inhalte der Novelle zum Hochschulgesetz BGBl I 2020/101, zfhr 2021, 42 f.

15 S dazu ausführlich: *Fleissner*, Das österreichische Hochschulgesetz 2005 (2019) passim.

16 „Die Leistungen von öffentlichen Universitäten (einschließlich der Universität für Weiterbildung Krems), von Erhaltern von Fachhochschul-Studiengängen und von Privatuniversitäten sind einer externen Qualitätssicherung durch Audits oder Akkreditierungen zu unterziehen. Ausgenommen ist das Bildungsangebot nach dem Hochschulgesetz 2005 (Pädagogische Hochschulen)" (ErläutRV 1222 BlgNR 24. GP, 10). S aber iZm den Pädagogischen Hochschulen § 30a HS-QSG idF der Novelle BGBl I 2013/124.

17 S dazu § 2 Z 4 HS-QSG.

18 S dazu insbes § 22 HS-QSG.

19 S dazu § 2 Z 3 HS-QSG.

20 S dazu insbes § 23 Abs 4 und § 24 Abs 4 HS-QSG.

21 S dazu insbes § 23 Abs 3 und § 24 Abs 3 HS-QSG.

22 S dazu insbes § 29 HS-QSG.

23 Zur Dimension der internen Qualitätssicherung s etwa: *Sturm*, Internes Qualitätsmanagement an Fachhochschulen, in: *Holzinger/Jungwirth* (Hg), 15 Jahre Fachhochschulen in Österreich

(2009) 82 ff. Zu den zentralen (pauschalen) Gegenargumenten s: *Wilhelmer*, In the line of fire: Qualitätsmanagement an Hochschulen im Kreuzfeuer der Kritik, in: *Berka/Brünner/Hauser* (Hg), 20 Jahre Fachhochschul-Recht (2013) 423 ff.

Die Bestimmung des § 1 Abs 4 HS-QSG wurde im Zuge der Novelle BGBl I 2018/31 eingefügt. In den ErläutRV 68 BlgNR 26. GP, 51 ist dazu Folgendes ausgeführt: „Die zukünftige Anwendbarkeit des wissenschaftlichen Sonderdatenschutzrechts ergibt sich zwar bereits aus § 1 Abs 3 Z 1 des Forschungsorganisationsgesetzes in der Fassung der vorliegenden Regierungsvorlage, wonach ‚Rahmenbedingungen für Verarbeitungen [...] zu im öffentlichen Interesse liegenden Archivzwecken, zu wissenschaftlichen oder historischen Forschungszwecken sowie zu statistischen Zwecken im Sinne des Art 89 Abs 1 DSGVO' Gegenstand des Forschungsorganisationsgesetzes sind. Allerdings soll aus Gründen der Rechtssicherheit durch den neu eingefügten [§ 1] Abs 4 [HS-QSG] klargestellt werden, dass die Spezialbestimmungen des 1. und 2. Abschnitts des Forschungsorganisationsgesetzes jedenfalls auch im Anwendungsbereich des Hochschul-Qualitätssicherungsgesetzes gelten." 24

Begriffsbestimmungen[1]

§ 2. Im Geltungsbereich dieses Bundesgesetzes gelten folgende Begriffsbestimmungen[2]:
1. Externe Qualitätssicherung[3] umfasst verschiedene periodische Maßnahmen der Begutachtung der Entwicklung der Qualität der Leistungen von Hochschulen in Lehre[4], Forschung[5] bzw Entwicklung und Erschließung der Künste[6] und Administration.
2.[7] Qualitätssicherungsverfahren[8] sind formelle, durch unabhängige und externe Gutachterinnen und Gutachter durchgeführte Verfahren, die die Übereinstimmung von Bildungseinrichtungen und Studien oder des Qualitäts-

managementsystems der Bildungseinrichtungen mit definierten Kriterien und Standards[9] feststellen.

3. [10] Akkreditierung[11] ist die formelle staatliche Anerkennung einer Bildungseinrichtung (institutionelle Akkreditierung)[12] oder von Studien (Programmakkreditierung)[13] anhand von definierten Kriterien und Standards.

4. [14] Zertifizierung[15] ist die formelle Bescheinigung der Konformität des Qualitätsmanagementsystems einer Bildungseinrichtung mit definierten Kriterien und Standards.

1 „In § 2 [HS-QSG] werden zentrale Begriffe des Gesetzestextes (externe Qualitätssicherung, Qualitätssicherungsverfahren, Akkreditierung, Zertifizierung) definiert" (ErläutRV 1222 BlgNR 24. GP, 10).

2 „Unter dem Begriff der ‚Qualitätssicherung' sind verschiedene Konzepte und Maßnahmen der Entwicklung und Überprüfung der Qualität der Leistungen von Hochschulen zu subsumieren" (ErläutRV 1222 BlgNR 24. GP, 3 und 10); s dazu auch oben Rz 2 zu § 1 HS-QSG).

3 „Qualitätssicherung umfasst eine nach innen gerichtete Komponente (interne Qualitätssicherung), die etwa im Aufbau von hochschulinternen Qualitätsmanagementsystemen ihren Ausdruck findet, und eine nach außen gerichtete Komponente (externe Qualitätssicherung), die die Wirksamkeit der internen Qualitätssicherungsprozesse durch verschiedene Verfahren wie etwa eine Evaluierung durch externe Expertinnen und Experten bewertet" (ErläutRV 1222 BlgNR 24. GP, 3 und 10).

4 Unter dem Begriff „Lehre" iSv Art 17 Abs 1 StGG ist die öffentliche Bekanntgabe des Erforschten durch Wort (vor allem in Lehrveranstaltungen an Hochschulen und Universitäten, bei Kongressen etc), Schrift und Bild, Videotext, Bildschirm, Konstruktion und Demonstration zu verstehen (*Ermacora*, Grundriß der Menschenrechte [1988] 220).

Begriffsbestimmungen § 2

Art 17 Abs 1 StGG schützt jenen Bereich der sozialen Wirklichkeit, der als (wissenschaftliche) Forschung bzw als (wissenschaftliche) Lehre angesprochen werden kann. Daher ist die Klärung des Wissenschaftsbegriffs eine zentrale Voraussetzung für die Justiziabilität der genannten Norm. Vorauszuschicken ist, dass die dem *Humboldt'schen Ideal* entsprechende Einheit von Forschung und Lehre in der Judikatur des VfGH bereits frühzeitig eine Auflösung erfahren hat (s dazu bereits VfSlg 3068). Um die aus der so genannten „Lehre vom Definitionsverbot" resultierende Rechtsunsicherheit bei der Begriffserfassung einerseits und die mit der Entwicklung von „materiellen Wissenschaftsbegriffen" andererseits verbundenen einschränkenden Wirkungen zu vermeiden, ist es nahe liegend, an einem „formellen Wissenschaftsbegriff" anzuknüpfen (dazu im Detail: *Hauser*, Universitäre Studienplanung [1995] 18 ff); in diesem Sinne haben *Wenger/Winkler* (Die Freiheit der Wissenschaft und ihrer Lehre [1974] 88) ein typologisches Merkmalschema für den Rechtsbegriff „Wissenschaft" entwickelt, welches folgende Punkte umfasst:

- theoretisches Erkenntnisziel und persönliche Verantwortung,
- rationale Arbeitsmethode,
- hinreichender Fachüberblick,
- Publizität und Kritikoffenheit.

Die Eigenart dieses typologischen Merkmalschemas bringt es mit sich, dass die einzelnen Begriffsmerkmale nicht immer zur Gänze in derselben Intensität nachweisbar sein müssen. Nicht übersehen werden darf dabei freilich, dass letztendlich bei der Bewertung des Vorliegens der einzelnen formalen Kriterien der Wissenschaftlichkeit der „scientific community" entsprechende Bedeutung zukommt.

Sofern der Schutzkreis des Art 17 Abs 1 StGG mangels Vorliegens entsprechender Wissenschaftlichkeit nicht zum Tragen kommen kann, ist – „hilfsweise" – an den Rückgriff auf das Grundrecht der Meinungsäußerungsfreiheit (Art 10 EMRK) zu denken (s dazu etwa: VwGH 28.7.2000, 97/09/0106 hre 19, ÖHZ 2001/2, 11).

6 Die Freiheit der Kunst ist insbesondere durch Art 17a StGG und Art 13 GRC verfassungsrechtlich geschützt. Freilich ist die begriffliche Erfassung von Kunst nur schwer möglich; vor diesem Hintergrund plädieren *Berka/Binder/Kneihs*, Die Grundrechte² (2019) 718 mwN für einen offenen, dynamischen Kunstbegriff, der zukünftige Entwicklungen berücksichtigt (so auch: *Windhager/Lattacher*, Meinungsfreiheit – Pressefreiheit – Rundfunkfreiheit – Kunstfreiheit, in: *Heißl* [Hg], Handbuch Menschenrechte [2008] 14/16 mwN; umfassende Erörterungen zum Kunstbegriff finden sich auch bei: *Kröll*, Art 17a Abs 1, in: *Kneihs/Lienbacher* [Hg], Rill-Schäffer-Kommentar zum Bundesverfassungsrecht [24. ErgLfg 2020] Anm 7 ff zu Art 17a StGG mwN).

7 S dazu § 19 HS-QSG.

8 „Die Konzepte und Maßnahmen der internen und externen Qualitätssicherung folgen unterschiedlichen Ansätzen und Verfahren, da abhängig von den jeweiligen nationalen Rahmenbedingungen vielfältige Ziele und Anforderungen zu beachten sind. Vorliegender Gesetzentwurf fokussiert auf die externe Qualitätssicherung, indem Rahmenbedingungen für die externe Begutachtung und Beurteilung von Hochschulen und Studien und eine Einrichtung für (externe) Qualitätssicherung und Akkreditierung geschaffen werden" (ErläutRV 1222 BlgNR 24. GP, 3 und 10).

9 „Auch die ‚European Standards and Guidelines for Quality Assurance in the European Higher Education Area' (ESG) [s dazu: https://enqa.eu/wp-content/uploads/2015/11/ESG_2015.pdf; abgefragt am 10.9.2020] als gemeinsame Bezugspunkte der Qualitätssicherung für Hochschulen und Qualitätssicherungsagenturen unterscheiden nach Standards und Leitlinien zur internen und externen Qualitätssicherung sowie für externe Qualitätssicherungsagenturen. Dementsprechend wird die externe Qualitätssicherung als Oberbegriff für verschiedene, in periodischen Abständen durchzuführende Maßnahmen der Begutachtung der Entwicklung der Qualität der Leistungen von Hochschulen in allen ihren Leistungsbereichen (Lehre, Forschung, Administration etc) definiert. Diese Maßnahmen zur Begutachtung oder Überprüfung der externen Qualitätssicherung werden unter dem Begriff ‚Qualitätssicherungsverfahren' subsumiert. Diese Verfahren sind durch unabhängige und externe Gutachterinnen oder Gutachter nach vorab definierten und öffentlich zugänglichen Kriterien und Standards durchzuführen. Für die Erarbeitung dieser Kriterien und Standards soll die Agentur zuständig sein. Das Ergebnis eines Qualitätssicherungsverfahrens hat vorab definierte Wirkungen für die Bildungseinrichtung" (ErläutRV 1222 BlgNR 24. GP, 3 und 10).

S dazu § 23 und 24 HS-QSG; vgl auch § 30a HS-QSG. **10**

„Im Rahmen des HS-QSG werden Akkreditierung und Zertifizierung als das (positive) Ergebnis eines Qualitätssicherungsverfahrens unterschieden und definiert. Eine Akkreditierung verleiht das befristete Recht zur Durchführung von Studien oder zum Betrieb einer hochschulischen Einrichtung. Die Zertifizierung bestätigt die Leistungsfähigkeit des Qualitätsmanagementsystems einer hochschulischen Einrichtung. Akkreditierung wird als formelle staatliche Anerkennung einer Bildungseinrichtung oder von Studien nach definierten Standards und Kriterien definiert, die grundsätzlich zeitlich beschränkt ist. Durch die institutionelle Akkreditierung wird eine privatrechtlich organisierte Einrichtung formell durch eine externe Körperschaft ein befristetes Recht zum Betrieb einer Hochschule (institutionelle Akkreditierung) bzw zur Durchführung von Studien (Programmakkreditierung) verliehen. Die Bildungseinrichtung ist für die Dauer der Akkreditierung berechtigt, sich zB als ‚Privatuniversität' zu bezeichnen. Durch die Programmakkreditierung wird der Betrieb von beantragten Studien formell genehmigt und die Berechtigung zur Verleihung anerkannter akademischer Grade verliehen" (ErläutRV 1222 BlgNR 24. GP, 10). **11**

S dazu auch bei: *Grimberger/Gualtieri*, in: *Hauser/Schweighofer* (Hg), (Groß-)Kommentar zum Fachhochschul-Studiengesetz (2017) Anm 21 ff zu §§ 1–2 HS-QSG.

In den einschlägigen Akkreditierungs-Verordnungen des Boards der AQ Austria für Privathochschulen bzw Fachhochschulen wird zwischen institutioneller Erstakkreditierung, institutioneller Reakkreditierung sowie Programmakkreditierung unterschieden.

12 Institutionelle Akkreditierung (= Akkreditierung von Bildungseinrichtungen): „Sie dient der Überprüfung der Organisations- und Leistungsbereiche einer Einrichtung nach vorgegebenen Standards und Kriterien und der formellen Anerkennung einer Einrichtung durch eine externe Körperschaft. Nach internationalem Verständnis verleiht die institutionelle Akkreditierung das befristete Recht zum Betrieb einer hochschulischen Einrichtung. Bei einer institutionellen Akkreditierung werden ua die akademische Organisationsstruktur, die Personal-, Sach- und Finanzausstattung, die Forschungsressourcen und das Qualitätsmanagementsystem überprüft" (ErläutRV 1222 BlgNR 24. GP, 17).

13 Programmakkreditierung (= Akkreditierung von Studien): „Die Programmakkreditierung verleiht nach internationalem Verständnis einer hochschulischen Einrichtung das befristete Recht zur Durchführung von Studien (inkl Vorgabe der dazu gehörenden akademischen Grade). Bei einer Programmakkreditierung werden ua der Studienplan, die Personal-, Sach- und Finanzausstattung und die Qualitätssicherung in Hinblick auf die einzelnen Studien überprüft" (ErläutRV 1222 BlgNR 24. GP, 17).

14 S dazu § 22 HS-QSG.

15 „Im Unterschied zur Akkreditierung, die mit einer Betriebsgenehmigung verbunden ist, stellt eine Zertifizierung eine formelle Bescheinigung der Konformität des Qualitätsmanagementsystems einer Bildungseinrichtung nach vorab definierten Standards und Kriterien dar. Diese Definitionen verdeutlichen auch, dass die Grundlage für die Akkreditierung oder Zertifizierung unterschiedliche Qualitätssicherungsverfahren (Akkreditierungsverfahren oder Audit) sind" (ErläutRV 1222 BlgNR 24. GP, 10).

S dazu auch bei: *Grimberger/Gualtieri*, in: *Hauser/Schweighofer*, Fachhochschul-Studiengesetz, Anm 23 f zu §§ 1–2 HS-QSG.

2. Abschnitt
Einrichtung der Agentur[1] und Organe

Agentur für Qualitätssicherung und Akkreditierung Austria (Agency for Quality Assurance and Accreditation Austria)

§ 3. (1) Zur externen Qualitätssicherung[2] der in § 1 Abs 1 genannten Bildungseinrichtungen wird die Agentur für Qualitätssicherung und Akkreditierung Austria (Agency for Quality Assurance and Accreditation Austria) eingerichtet.[3-4]

(2) Die Agentur für Qualitätssicherung und Akkreditierung Austria ist eine juristische Person des öffentlichen Rechts[5].

(3)[6] Die Agentur für Qualitätssicherung und Akkreditierung Austria hat insbesondere folgende Aufgaben im Bereich der externen Qualitätssicherung zu erfüllen:[7]

1. Entwicklung und Durchführung externer Qualitätssicherungsverfahren, jedenfalls Audit[8]- und Akkreditierungsverfahren[9], nach nationalen[10] und internationalen[11] Standards;[12]
2. Akkreditierung von hochschulischen Bildungseinrichtungen und Studien;[13]
3. Berichte an den Nationalrat im Wege der zuständigen Bundesministerin oder des zuständigen Bundesministers;[14]
4. Veröffentlichung der Ergebnisberichte der Qualitätssicherungsverfahren;[15]
5. kontinuierliche begleitende Aufsicht akkreditierter hochschulischer Bildungseinrichtungen und Studien hinsichtlich der Akkreditierungsvoraussetzungen;[16]
6. Aufgaben gemäß den Bestimmungen des FHG[17] und des PrivHG[18];
7. Zertifizierung[19] von Bildungseinrichtungen nach Audit;[20]
8. Durchführung von Studien und Systemanalysen, Evaluierungen und Projekten;

9. Information und Beratung zu Fragen der Qualitätssicherung und Qualitätsentwicklung;
10. Internationale Zusammenarbeit im Bereich der Qualitätssicherung;
11. Durchführung der Meldeverfahren für Studien ausländischer Bildungseinrichtungen;
12. Information und Beratung zu Fragen der Anerkennung nicht-formal und informell erworbener Kompetenzen.[21]

(4)[22] Die Agentur für Qualitätssicherung und Akkreditierung Austria hat sich regelmäßig einer externen Evaluierung nach internationalen Standards zu unterziehen.[23–24]

1 „Mit der Einrichtung einer sektorenübergreifenden Einrichtung für externe Qualitätssicherung wird ein wesentlicher Schritt zur Etablierung eines einheitlichen nationalen Systems der externen Qualitätssicherung gesetzt. Dies ermöglicht erstmals die Festlegung gemeinsamer und sektorenübergreifender Standards und Kriterien für Qualitätssicherungsverfahren" (ErläutRV 1222 BlgNR 24. GP).

2 Zum Begriff der externen Qualitässicherung s § 2 Z 1 HS-QSG.

3 „Grund für die Einrichtung der neuen Agentur ist die Schaffung eines weisungsfreien und sektorenübergreifenden Expertinnen- und Expertengremiums, das nach einheitlichen Verfahren und Standards zur Qualitätssicherung und Qualitätsentwicklung der österreichischen Hochschulen beitragen soll, aber nicht die Vornahme von Einsparungen im Bereich der externen Qualitätssicherung" (ErläutRV 1222 BlgNR 24. GP).

4 Eine Zuständigkeit der AQ Austria zur internen Qualitätssicherung ist nicht vorgesehen; s aber § 1 Abs 3 HS-QSG, worin das „Zusammenspiel" von interner und externer Qualitätssicherung betont wird.

5 S grundlegend zum Begriff der juristischen Person öffentlichen Rechts bei: *Koja*, Der Begriff der juristischen Person öffentlichen Rechts, ZfV 1984, 489; *Grimberger/Huber*, Das Recht der Pri-

vatuniversitäten (2012) Anm 5 zu § 3 HS-QSG qualifizieren die AQ Austria als juristische Person sui generis. Einer juristischen Person des öffentlichen Rechts sind bestimmte Rechte inhärent, die sich aus dem sie einrichtenden Rechtsakt ergeben.
Zur Finanzierung der AQ Austria s § 15 Abs 1 HS-QSG.

„Der Kompetenzbereich der Agentur für Qualitätssicherung 6 und Akkreditierung Austria soll die externe Qualitätssicherung von Universitäten, Erhaltern von Fachhochschul-Studiengängen und Privatuniversitäten und sinnvoll ergänzende Aufgabenbereiche umfassen:
- Entwicklung und Durchführung von externen Qualitätssicherungsverfahren (zB Akkreditierung, Audit): kontinuierliche und wissenschaftlich geleitete (Weiter-)Entwicklung von Verfahren nach nationalen und internationalen Standards im Bereich Qualitätssicherung, Qualitätsentwicklung und Qualitätsmanagement und Durchführung von externen Qualitätssicherungsverfahren an Hochschulen [s dazu § 19 HS-QSG].
- Entscheidung über diese externen Qualitätssicherungsverfahren: Zertifizierung des Qualitätsmanagementsystems nach einem Audit [s dazu § 22 HS-QSG]; Akkreditierung und Verlängerung der Akkreditierung nach institutioneller Akkreditierung oder Programmakkreditierung [s dazu §§ 23 und 24 HS-QSG].
- Regelmäßige Berichte: Die Agentur hat jährlich einen Bericht über die Aktivitäten im abgelaufenen Kalenderjahr (Tätigkeitsbericht) und mindestens alle drei Jahre einen Bericht zur Entwicklung der Qualitätssicherung an hochschulischen Bildungseinrichtungen zu erstellen [s dazu § 28 Abs 1 und Abs 2 HS-QSG].
- Veröffentlichung der Ergebnisberichte der Qualitätssicherungsverfahren: Die Ergebnisse aller Verfahren sowie die Verfahrensentscheidungen sind von der Agentur zu veröffentlichen [s dazu § 21 HS-QSG].
- Kontinuierliche begleitende Kontrolle akkreditierter Einrichtungen (Erhalter von Fachhochschul-Studiengängen, Privat-

universitäten) hinsichtlich der Akkreditierungsvoraussetzungen: Der Agentur für Qualitätssicherung und Akkreditierung Austria kommt eine Aufsichtsfunktion gegenüber Erhaltern von Fachhochschul-Studiengängen und Privatuniversitäten zu. Sie kann sich jederzeit über sämtliche Angelegenheiten informieren, welche die Überprüfung des Vorliegens der Akkreditierungsvoraussetzungen gemäß FHG und PrivHG ermöglichen [s dazu § 29 HS-QSG]. Die Agentur hat keine Aufsichtsfunktion gegenüber Universitäten.

- Aufgaben gemäß FHG (Festsetzung akademischer Grade für Fachhochschul-Studiengänge, Verleihung Bezeichnung ‚Fachhochschule', BIS-Verordnung etc) sowie Aufgaben gemäß PrivHG (Berichtswesen, Vorgaben zur Struktur von Berichten).
- Durchführung von Studien und Systemanalysen, Evaluierungen, Projekten etc: Die Agentur für Qualitätssicherung und Akkreditierung Austria soll auch Studien, Analysen etc zu thematischen Schwerpunkten und Querschnittsthemen durchführen, die mehrere Hochschulen oder das gesamte Hochschulsystem betreffen, aber auch an internationalen Projektpartnerschaften (zB im Rahmen von EU-Projekten) teilnehmen. Damit sollen auch die Aktivitäten der bestehenden Agenturen weitergeführt werden.
- Information und Beratung zu Fragen der Qualitätssicherung und Qualitätsentwicklung: zB Veranstaltungen zu Fragen der Qualitätssicherung, themen- und zielgruppenspezifische Tagungen, Seminare und Workshops, Beratung, Begleitung und Information beim Aufbau eines internen Qualitätsmanagementsystems für Hochschulen.
- Internationale Zusammenarbeit im Bereich der Qualitätssicherung: Dies umfasst die Vernetzung und die Mitgliedschaft in internationalen Netzwerken. Die internationalen Aktivitäten der bestehenden Agenturen sollen fortgeführt werden (zB Kooperation mit Qualitätssicherungsagenturen anderer Länder) und die Agentur für Qualitätssicherung und Akkreditierung Austria soll Mitglied in entsprechenden internatio-

nalen Netzwerken sein (zB ENQA, ECA)" (ErläutRV 1222 BlgNR 24. GP).

Bei der Aufgabenaufzählung des § 3 Abs 3 HS-QSG handelt es sich um eine demonstrative Aufzählung; s dazu auch die Aufgaben der einzelnen Organe der AQ Austria, die in § 5 Abs 2, § 9 Abs 1, § 12 Abs 1 und § 13 Abs 1 HS-QSG angeführt sind. **7**

Eine Legaldefinition des Begriffs „Audit" ist im HS-QSG nicht enthalten; zur allgemeinen Begriffsdefinition des „Audits" s in *Kamiske/Brauer*, Qualitätsmanagement von A bis Z^7, 5. S im Übrigen auch die EN ISO 9000:2005, Pkt 3.9.1. **8**

In den ErläutRV 1222 BlgNR 24. GP ist dazu Folgendes ausgeführt: „Ein Audit ist ein zyklisches Peer-Verfahren, das auf die Hochschule als Ganzes (bzw einzelne Leistungsbereiche) ausgerichtet sein kann und das die Leistungsfähigkeit des institutionellen Qualitätsmanagementsystems in Kombination mit stichprobenartiger Begutachtung einzelner Kern- und Schlüsselprozesse beurteilt. Das Audit endet in einer Zertifizierung des institutionellen Qualitätsmanagementsystems."

Zum Begriff der (institutionellen bzw Programm-)Akkreditierung s § 2 Z 3 HS-QSG. **9**

Zu den nationalen Standards zählen insbesondere die PU-AkkVO und FH-AkkVO (beide abrufbar auf der Homepage der AQ Austria http://www.aq.ac.at). **10**

Zu den internationalen Standards zählen vor allem die „Standards and Guidelines for Quality Assurance in the European Higher Education Area" (http://www.enqa.eu/wp-content/uploads/2013/06/ESG_3edition-2.pdf; abgefragt am 31.3.2021); s dazu etwa: *Riegler,* Qualitätssicherung: Unde venis et quo vadis?, zfhr 2010, 157. **11**

Vgl dazu §§ 22 ff HS-QSG. **12**

Vgl dazu §§ 23 ff HS-QSG. **13**

14 Vgl dazu § 28 HS-QSG. S im Übrigen auch die Privathochschulen-Jahresberichtsverordnung sowie die Fachhochschul-Jahresberichtsverordnung.

15 Vgl dazu insbes § 21 HS-QSG. Die Verfahrensergebnisse werden auf der hompage der AQ Austria (http://www.aq.ac.at) veröffentlicht.

16 Vgl dazu § 29 HS-QSG.

17 Dazu zählen etwa die generelle Festsetzung von akademischen Graden im Fachhochschul-Bereich gem § 6 Abs 2 FHG, weiters der Widerruf der verliehenen Bezeichnung „Fachhochschule" für „Altfälle" gem § 27 Abs 5 FHStG.

18 Im Wesentlichen handelt es sich dabei um die Bestimmung des § 7 Abs 2 PrivHG, worin die Agentur für Qualitätssicherung und Akkreditierung Austria ermächtigt wird, entsprechende Vorgaben zur Struktur von Berichten im Verordnungswege zu treffen; s dazu sowie die Privatuniversitäten-Jahresberichtsverordnung.

19 Zum Begriff der Zertifizierung s § 2 Z 4 HS-QSG.

20 Vgl dazu insbes § 22 HS-QSG.

21 „Es kommt zur Aufnahme einer weiteren Aufgabe in Z 12, die Information und Beratung zu Fragen der Anerkennung von nicht-formal und informell erworbenen Kompetenzen für Hochschulen (und nicht für Einzelpersonen). Die Anerkennung dieser Kompetenzen ist eine wichtige Thematik im Bereich des LLL und damit auch für die Hochschulen, die entsprechende Prozesse und Strukturen vorzusehen haben. Für deren Umsetzung sind die Entwicklung und Umsetzung von Verfahren der Qualitätssicherung von hoher Bedeutung, die AQ Austria soll in diesem Bereich für alle Hochschulen ihre Expertise hinsichtlich dieser Verfahren zur Verfügung stellen." (ErläutRV 234 BlgNR 27. GP).

22 „Diese Verpflichtung zur Durchführung einer externen Evaluierung ergibt sich aus dem nationalen und internationalen Kontext:

- Überprüfung, ob die Agentur für Qualitätssicherung und Akkreditierung Austria den nationalen Erfordernissen an eine Qualitätssicherungsagentur entspricht.
- Dem Beschluss der Bildungsministerinnen und Bildungsminister (Bergen Kommuniqué) über die Annahme der ‚European Standards and Guidelines for Quality Assurance in the European Higher Education Area' (ESG) und das in diesem Dokument als verpflichtend vorgesehene zyklische Peer-Review Verfahren für Qualitätssicherungsagenturen.
- Der Einrichtung des ‚European Quality Assurance Register' (EQAR) für Qualitätssicherungsagenturen: Der für die Registrierung erforderliche Nachweis der Konformität mit den ESG ist durch eine externe Evaluierung zu erbringen.
- Für die Mitgliedschaft in der ENQA (European Association for Quality Assurance in Higher Education) müssen sich die Qualitätssicherungsagenturen einer externen Überprüfung in Hinblick auf die Übereinstimmung mit den ESG unterziehen" (ErläutRV 1222 BlgNR 24. GP).

Es kann mit *Grimberger/Huber*, Privatuniversitäten, Anm 18 zu § 3 HS-QSG mwN davon ausgegangen werden, dass die externe Evaluierung der AQ Austria in einem regelmäßigen Turnus von jeweils fünf bzw sechs Jahren zu erfolgen hat. **23**

Krit zur mangelnden legistischen Regelungen der Auswirkungen der externen Evaluierung der AQ Austria: *Grimberger/Huber*, Privatuniversitäten, Anm 19 zu § 3 HS-QSG. **24**

Organe der Agentur für Qualitätssicherung und Akkreditierung Austria

§ 4. (1)[1] Organe der Agentur für Qualitätssicherung und Akkreditierung Austria sind das Kuratorium[2], das Board,[3] die Beschwerdekommission[4] und die Generalversammlung[5].

(2)[6] Die ausgeglichene[7] Repräsentanz der Geschlechter ist in allen Organen zu beachten. Dies ist bereits jeweils bei der

Nominierung der Kandidatinnen und Kandidaten für alle Organe gemäß § 5 Abs 1, § 6 Abs 1 Z 1 bis 3 und § 11 Abs 1 bis 8 zu berücksichtigen.

(3)[8] Die zuständige Bundesministerin oder der zuständige Bundesminister hat die Nominierung für die Generalversammlung und das Board zurückzuweisen, wenn keine hinreichenden Gründe für eine Nichterfüllung der ausgeglichenen Repräsentanz der Geschlechter vorliegen. In diesem Fall hat eine neue Nominierung einer Kandidatin oder eines Kandidaten oder der Kandidatinnen und Kandidaten zu erfolgen.[9]

1 „Diese Organisationsstruktur soll die Unabhängigkeit der Agentur sowie eine klare Aufgabenverteilung sicherstellen, aber auch Mitgestaltungsmöglichkeiten für die Hochschulen, die Studierenden und weitere Interessensgruppen schaffen. Dieser Einbezug soll über die Generalversammlung [s dazu §§ 11 und 12 HS-QSG] und insbes das Kuratorium [s dazu § 5 HS-QSG] erfolgen" (ErläutRV 1222 BlgNR 24. GP).

2 Vgl § 5 HS-QSG.

3 Das Bord ist gem § 9 Abs 2 iVm § 25 Abs 1 HS-QSG in Angelegenheiten der Akkreditierung als weisungsfrei gestellte Behörde anzusprechen. Vgl im Übrigen §§ 6 ff HS-QSG. Die einfachgesetzliche Weisungsfreistellung erscheint im Licht verfassungsrechtlicher Vorgaben zur ministeriellen Letztverantwortung problematisch.

4 Vgl § 13 HS-QSG.

5 Vgl §§ 11 f HS-QSG.

6 „Bei der Besetzung der Mitglieder aller Organe ist auf die ausgeglichene Repräsentanz der Geschlechter zu achten. (Abs 2). Es erfolgt die Klarstellung, dass dies nicht nur für das Organ als Gesamtes, sondern auch bei den für die Nominierung zuständigen Einrichtungen oder Organen zu berücksichtigen ist. Dies ist zB für die Bestellung der Mitglieder des Boards, dh für die Exper-

tinnen und Experten, die Studierenden und die Vertreterinnen und Vertreter der Berufspraxis, entsprechend zu berücksichtigen. Diese Bestimmung kommt bereits für die Nominierung der Generalversammlung nach den neuen Bestimmungen in § 11 und damit verbunden der Wahl des Kuratoriums zur Anwendung. Die Board-Mitglieder sind auf bestimmte Zeit bestellt, die neuen Bestimmungen sind für Neunominierungen zu beachten." (ErläutRV 234 BlgNR 27. GP).

Es ist nicht ganz klar, ob „ausgeglichen" 50 % bedeutet. Bei ungerader Anzahl von Mitgliedern wäre dieses Kriterium nicht zu erfüllen. Es besteht daher ein gewisser – geringer – Spielraum; *Huber*, HS-QSG: Die wesentlichen Neuerungen, zfhr 2021, 3 (3f). **7**

„Die Bundesministerin oder der Bundesminister für Wissenschaft und Forschung hat nach [§ 4] Abs 3 [HS-QSG] die Nominierungen oder einzelne Nominierungen (im Falle der Nachbesetzung einzelner Mitglieder) für die Generalversammlung und das Board zurückzuweisen, wenn die geschlechtergerechte Zusammensetzung nicht gewährleistet ist und auch keine hinreichenden Gründe für eine Nichterfüllung gegeben sind. Diese sind der Bundesministerin oder dem Bundesminister durch die für die Nominierung zuständigen Einrichtungen bzw Organe darzulegen. Dies ist etwa der Fall, wenn die nominierenden Einrichtungen bzw Organe trotz aktiver Suche und Verhandlungen mit entsprechenden Personen keine Zusagen für eine Nominierung in die Gremien erhalten" (ErläutRV 1222 BlgNR 24. GP). **8**

Die Zurückweisung wird bescheidförmig zu erfolgen haben. **9**

Kuratorium

§ 5. (1)[1] Das Kuratorium besteht aus fünf Mitgliedern, die gemäß § 12 aus der Generalversammlung zu wählen sind. Die Funktionsdauer der Mitglieder beträgt fünf Jahre, Wiederbestellungen[2] sind zulässig.[3]

(2) Dem Kuratorium obliegen:

1. Stellungnahmen
   a) zu den Richtlinien[4], Standards und Abläufen der Qualitätssicherungsverfahren;[5]
   b) zum Finanzplan und zum Rechnungsabschluss;[6]
   c) zum Tätigkeitsbericht[7];
   d) zur Geschäftsordnung der Generalversammlung;[8]
   e) zur Ausschreibung und Aufnahme der Geschäftsführerin oder des Geschäftsführers[9] und deren oder dessen Stellvertretung;[10]
2. Vorschlag zur Bestellung einer Abschlussprüferin oder eines Abschlussprüfers gemäß § 16 an die zuständige Bundesministerin oder den zuständigen Bundesminister;[11]
3. Vorbereitung und Einberufung der Sitzungen der Generalversammlung und die Berichterstattung an die Generalversammlung.

(3) Das Kuratorium hat aus seinem Kreis eine Vorsitzende oder einen Vorsitzenden und eine Stellvertretung zu wählen.[12]

(4) Das Kuratorium trifft seine Entscheidungen mit einfacher Stimmenmehrheit.[13]

1 „Das Kuratorium wird aus der Generalversammlung gewählt und hat vor allem beratende Funktionen für das Board im Hinblick auf die Erfüllung der Aufgaben der Agentur [s dazu § 3 Abs 3 HS-QSG], aber auch die Aufgabe der Vorbereitung und der Einberufung der Generalversammlung sowie der regelmäßigen Berichte an die Generalversammlung. Das Kuratorium umfasst jedenfalls Vertreterinnen und Vertreter der Hochschulsektoren und zwei weitere Mitglieder" (ErläutRV 1222 BlgNR 24. GP).

2 Auf Grund der gesetzlichen Formulierung (von § 5 iVm § 11 Abs 4 HS-QSG) sind Wiederbestellungen bzw die Verlängerung der Bestellung beliebig oft möglich; dies freilich nur unter der Voraussetzung, dass im Zeitpunkt der neuen (bzw wiederholten) Wahl nach wie vor eine Mitgliedschaft zur Generalversammlung (als passive Wahlberechtigung) gegeben ist.

Durch § 7 Abs 1 HS-QSG wird der Kreis der aktiven und passiven Wahlberechtigten zum Kuratorium gleichgesetzt; die Mitgliedschaft zum Kuratorium bleibt (mangels einer anderen gesetzlichen Regelung) grundsätzlich auch für den Fall des Ausscheidens aus der Generalversammlung aufrecht (*Grimberger/ Huber*, Das Recht der Privatuniversitäten [2012] Anm 2 zu § 5 HS-QSG); etwas anderes wird (aus teleologischen Erwägungen) freilich dann zu gelten haben, wenn die Mitgliedschaft zur Generalversammlung im Gefolge einer Abberufung gem § 11 Abs 5 HS-QSG wegen gröblicher Pflichtverletzung oder Unfähigwerden zur Aufgabenerfüllung endet (aA: *Grimberger/Huber*, Privatuniversitäten, Anm 5 zu § 5 HS-QSG).   3

Gem § 22 Abs 3 HS-QSG erfolgt die Konkretisierung der Prüfbereiche für das Zertifizierungsverfahren durch das Board; zu diesen Richtlinien können vom Kuratorium entsprechende Stellungnahmen abgegeben werden.   4

Gem § 23 Abs 5 HS-QSG hat das Board betreffend die Akkreditierung von Fachhochschul-Einrichtungen bzw von Fachhochschul-Studiengängen eine Verordnung zu erlassen, in welcher Festlegungen hinsichtlich der Prüfbereiche und methodischen Verfahrensgrundsätze der institutionellen Akkreditierung und Programmakkreditierung zu treffen sind; auch dazu werden vom Kuratorium entsprechende Stellungnahmen abgegeben werden dürfen. Gleiches gilt gem § 24 Abs 6 HS-QSG betreffend die Akkreditierung von Privatuniversitäten und Studien an denselben (beide Verordnungen finden sich auf der Homepage der AQ Austria, http://www.aq.ac.at).   5

Der Finanzplan und der jährliche Rechnungsabschluss ist gem § 9 Abs 1 Z 8 HS-QSG vom Board zu beschließen; zur Gebarung und zum Rechnungswesen s im Detail bei §§ 15 f HS-QSG.   6

S dazu § 28 Abs 1 HS-QSG.   7

Die Generalversammlung hat gem § 12 Abs 6 HS-QSG eine Geschäftsordnung zu beschließen, welche nicht nur die Erfüllung   8 der Aufgaben der Generalversammlung, sondern auch jene des Kuratoriums sicherstellen soll.

9 Vgl zur Leitung der Geschäftsstelle § 10 HS-QSG.

10 „In Abs 2 Z 1 lit e erfolgt die Streichung der Aufgabe „Stellungnahmen zur Ausschreibung von Mitarbeiterinnen und Mitarbeitern". Damit wird ein Vorschlag der AQ Austria umgesetzt (nicht erforderliche Einbeziehung in das Mikromanagement der Agentur). Das Kuratorium bleibt weiter im Wege des Finanzplans, der auch die Personalentwicklung bzw den Personalstand der AQ Austria ausweist, über geplante Aufnahmen von neuen Mitarbeitern und Mitarbeiterinnen informiert." (ErläutRV 234 BlgNR 27. GP).

11 Bezüglich der Bestellung eines/einer Abschlussprüfers/in bestimmt § 16 Abs 5 HS-QSG, dass die Bestellung von der/dem zuständigen Bundesminister/in auf Vorschlag des Kuratoriums vor Ablauf des Rechnungsjahres zu erfolgen hat.

12 Da auch die/der Vorsitzende des Kuratoriums und die Stellvertretung aus dem Kreis der Generalversammlung stammen (müssen), gelten auch für diese die (zwingenden) Abberufungsmodalitäten des § 11 Abs 5 HS-QSG.

13 Diese (zwingende) Vorgabe ist bei der Gestaltung der Geschäftsordnung, welche gem § 12 Abs 6 HS-QG der Generalversammlung überbunden ist, jedenfalls zu berücksichtigen (oder ungeregelt zu lassen, dann gilt das Gesetz unmittelbar).

Board

§ 6. (1)[1] Das Board besteht aus vierzehn Mitgliedern,[2] für die Folgendes gilt:
1. **Acht Mitglieder müssen Expertinnen und Experten aus dem Bereich des Hochschulwesens sein und über wissenschaftliche oder wissenschaftlich-künstlerische Qualifikation und Erfahrung im Bereich der Qualitäts-**

sicherung verfügen und unterschiedliche Hochschulsektoren repräsentieren.
2. Zwei Mitglieder sind aus dem Kreis der Vertreterinnen und Vertreter der Studierenden zu bestellen.
3. Vier Mitglieder sind aus dem Bereich der Berufspraxis zu bestellen. Sie müssen Kenntnisse des nationalen oder internationalen Hochschulwesens und Erfahrung in für Hochschulen relevanten Berufsfeldern haben, Urteilsfähigkeit über Angelegenheiten der Qualitätssicherung besitzen und auf Grund ihrer hervorragenden Kenntnisse und Erfahrungen einen Beitrag zur Erfüllung der Aufgaben der Agentur für Qualitätssicherung und Akkreditierung Austria leisten können.
4.[3] Mindestens die Hälfte der Mitglieder gemäß Z 1 und 2 sind jeweils ausländische Vertreterinnen und Vertreter.

(2)[4-5] Dem Board dürfen Mitglieder der Bundesregierung oder einer Landesregierung, Staatssekretärinnen oder Staatssekretäre, Mitglieder des Nationalrats, des Bundesrats oder eines sonstigen allgemeinen Vertretungskörpers und Funktionärinnen und Funktionäre einer politischen Partei, der in der Generalversammlung vertretenen Einrichtungen sowie Personen nicht angehören, die eine derartige Funktion in den letzten vier Jahren ausgeübt haben. Ebenso ausgeschlossen sind Mitarbeiterinnen und Mitarbeiter der für hochschulische Bildungseinrichtungen zuständigen Bundesministerien sowie des Kabinetts einer Bundesministerin oder eines Bundesministers oder Büros einer Staatssekretärin oder eines Staatssekretärs[6] oder eines anderen in § 5, 6 oder 8 Abs 1 des Bezügegesetzes, BGBl Nr 273/1972, genannten Organs des Bundes oder eines Landes im aktiven Dienststand.[7]

„Das Board ist ein aus vierzehn Mitgliedern bestehendes Expertinnen- und Expertengremium. Die Mitglieder sollen inländische und ausländische Expertinnen und Experten sein.
Die Qualifikationsprofile der Mitglieder des Boards decken unterschiedliche Expertise und die nationale und internationale

Perspektive im Hinblick auf das Hochschulwesen und die externe Qualitätssicherung ab. Daher sind neben Mitgliedern mit einer entsprechenden wissenschaftlichen Qualifikation (zB Habilitation, Doktorat, PhD oder gleichzuhaltende Qualifikation) und Expertise im Bereich der Qualitätssicherung auch Mitglieder aus der Berufspraxis und dem Kreis der Studierenden aufzunehmen. Diese Zusammensetzung soll dazu beitragen, dass alle wesentlichen Interessen in Bezug auf externe Qualitätssicherung repräsentiert sind.

Acht Mitglieder sollen über eine wissenschaftliche Qualifikation und Expertise im Bereich der Qualitätssicherung des Hochschulwesens verfügen. Auch zwei Vertreterinnen oder Vertreter der Studierenden sollen im Board vertreten sein, um den Einbezug der Studierenden in die externe Qualitätssicherung zu stärken. Das Board soll aber auch über Expertise aus der Berufspraxis verfügen, daher sind vier Vertreterinnen oder Vertreter der Berufspraxis vorgesehen" (ErläutRV 1222 BlgNR 24. GP).

2 Zur Bestellung der 14 Mitglieder des Board s § 7 HS-QSG.

Da das Board mit der Besorgung hoheitlicher Aufgaben betraut ist, nehmen die Mitglieder des Boards ein öffentliches Amt wahr. Zu öffentlichen Ämtern dürfen grundsätzlich nur österreichische Staatsbürger/innen berufen werden; weil die dem Board überbundenen Aufgaben nicht den Kernbereich staatlicher Aufgaben bilden, ist davon auszugehen, dass zulässiger Weise auch Unionsbürger/innen dem Board angehören können (*Grimberger/Huber*, Privatuniversitäten, Anm 8 zu § 6 HS-QSG mwN).

3 „Mindestens die Hälfte der Mitglieder der acht Expertinnen oder Experten sowie der zwei Vertreterinnen oder Vertreter der Studierenden sollen ausländische Vertreterinnen oder Vertreter sein. Damit wird aber nicht auf die Staatsangehörigkeit, sondern die Vertrautheit mit einem ausländischen Hochschulwesen abgezielt. Diese internationale Ausrichtung soll wesentlich zur Unabhängigkeit des Organs beitragen" (ErläutRV 1222 BlgNR 24. GP).

„Durch die Unvereinbarkeitsbestimmungen in [§ 6] Abs 2 **4**
[HS-QSG] soll die Unabhängigkeit und Expertise des Boards
sichergestellt werden" (ErläutRV 1222 BlgNR 24. GP).

Eine Ausweitung der in § 6 Abs 2 HS-QSG festgelegten Un- **5**
vereinbarkeitenregelung auf andere Organwalter der AQ Austria ist auf Grund der mangelnden Analogiefähigkeit dieser
Bestimmung nicht zulässig. S dazu sowie zu den bestehenden
Unvereinbarkeitsregelungen im Hochschul-Bereich bei: *Hauser*,
Unvereinbarkeiten im Universitäts- bzw Hochschul-Bereich,
zfhr 2010, 77.

Außerhalb des Bundesdienstrechts ist dies die einzige Erwäh- **6**
nung des Kabinetts. Es fehlt folglich auch an einer Legaldefinition; vgl auch *Huber*, HS-QSG: Die wesentlichen Neuerungen,
zfhr 2021, 3 (4).

Ebenso unzulässig ist eine (gleichzeitige) Tätigkeit in der Ge- **7**
schäftsstelle der AQ Austria und einem der Organe der AQ
Austria (§ 10 Abs 4 HS-QSG).

Bestellung des Boards

§ 7. (1)[1] Die Mitglieder des Boards werden durch die zuständige Bundesministerin oder den zuständigen Bundesminister bestellt.[2]

(2)[3] Je zwei ausländische und zwei inländische der in § 6 Abs 1 Z 1 genannten Mitglieder sind durch die zuständige Bundesministerin oder den zuständigen Bundesminister vorzuschlagen, die weiteren durch die Generalversammlung. Die Mitglieder gemäß § 6 Abs 1 Z 2 und 3 sind durch die Generalversammlung mit Zweidrittelmehrheit vorzuschlagen.[4]

(3)[5] Die Amtsperiode der Mitglieder des Boards beträgt fünf Jahre, einmalige Wiederbestellungen sind zulässig. Abweichend davon beträgt die erste Funktionsperiode nach dem Inkrafttreten dieses Bundesgesetzes je der Hälfte der Mitglieder nach § 6 Abs 1 Z 1 bis 3 jeweils drei Jahre.[6]

(4)[7] Die Mitglieder des Boards wählen aus ihrem Kreis eine Präsidentin oder einen Präsidenten sowie eine Vizepräsidentin oder einen Vizepräsidenten.

(5) Die Funktionsperiode der Präsidentin oder des Präsidenten sowie der Vizepräsidentin oder des Vizepräsidenten beträgt fünf Jahre mit der Möglichkeit einer einmaligen Wiederbestellung in unmittelbarer Folge für eine weitere Funktionsperiode.[8]

(6) Die Mitglieder des Boards üben ihre Funktion nebenberuflich aus. Die Mitglieder des Boards haben Anspruch auf Vergütung der Tätigkeit, über deren Höhe die zuständige Bundesministerin oder der zuständige Bundesminister entscheidet, und auf Ersatz der Reisegebühren.

(7) Die zuständige Bundesministerin oder der zuständige Bundesminister hat[9] ein Mitglied des Boards vor Ablauf der Funktionsperiode auf Antrag oder nach Anhörung des Boards[10] abzuberufen, wenn es seine Pflichten gröblich verletzt oder vernachlässigt hat[11] oder wenn es nicht mehr in der Lage ist, seine Aufgaben zu erfüllen.[12-13]

1 „Die Mitglieder des Boards sind durch die Generalversammlung [s dazu § 12 Abs 1 Z 2 HS-QSG] und die zuständige Bundesministerin oder den zuständigen Bundesminister zu nominieren, die Bestellung aller Mitglieder erfolgt durch die Bundesministerin oder den Bundesminister" (ErläutRV 1222 BlgNR 24. GP).

Da die Mitglieder der Generalversammlung der Agentur für Qualitätssicherung und Akkreditierung Austria ihre Funktion zeitlich befristet und nicht hauptberuflich ausüben, fallen sie nicht unter den Begriff der „sonstigen Bundesfunktionäre" iSv § 65 Abs 2 lit a B-VG, zu deren Ernennung der Bundespräsident zuständig ist (vgl VfSlg 13.016).

2 Im Zuge der Bestellung hat die/der zuständige Bundesminister/in auf die Einhaltung der in § 6 Abs 1 HS-QSG verankerten Qualifikationen zu achten.

3 „Bei den Nominierungen sind die verschiedenen Hochschulsektoren und Frauen entsprechend zu berücksichtigen. Die zehn

durch die Generalversammlung zu bestellenden Mitglieder sind gemeinsam durch das Organ mit Zweidrittelmehrheit zu bestellen, es sind keine individuellen Nominierungsrechte für einzelne in der Generalversammlung vertretene Einrichtungen vorgesehen" (ErläutRV 1222 BlgNR 24. GP).

Sofern entsprechende Vorschläge nicht erbracht werden sollten, hindert dies die/den zuständigen Bundesminister/in nicht daran, die gesetzlich vorgesehene Bestellung gem § 7 Abs 1 HS-QSG durchzuführen (*Grimberger/Huber*, Das Recht der Privatuniversitäten [2012] Anm 5 zu § 7 HS-QSG mwN). **4**

„Die Regelung des [§ 7] Abs 3 [HS-QSG] soll die Kontinuität der Arbeit des Boards gewährleisten" (ErläutRV 1222 BlgNR 24. GP). **5**

Diese Bestimmung führt im Kern zu einer sog „Partialerneuerung" des Boards, wodurch sichergestellt wird, dass es nicht zu einem Wissens- bzw Kompetenzverlust im Zuge des Austausches der Mitglieder des Boards kommt. **6**

„Die Mitglieder des Boards wählen aus ihrem Kreis eine Präsidentin oder einen Präsidenten sowie eine Stellvertretung" (ErläutRV 1222 BlgNR 24. GP). **7**

Die Abberufungsgründe des § 7 Abs 7 HS-QSG gelten auch für die/den Präsident/in und die/den Vizepräsident/in. **8**

Bei Vorliegen der angeführten Gründe besteht kein Ermessensspielraum in Hinblick auf die Abberufung. **9**

Die/der zuständige Bundesminister/in ist an die Stellungnahme des Boards nicht gebunden; die Verletzung des Anhörungsrechts des Boards kann jedoch in einem allfälligen Beschwerdeverfahren als wesentlicher Verfahrensmangel geltend gemacht werden (*Grimberger/Huber*, Privatuniversitäten, Anm 12 zu § 7 HS-QSG). **10**

Vom Vorliegen einer „gröblichen Pflichtverletzung" ist dann auszugehen, wenn objektive Gründe gegeben sind, welche erkennen lassen, dass die Interessen des Organs nicht bzw nicht **11** mehr wahrgenommen werden (*Grimberger/Huber*, Privatuniversitäten, Anm 14 zu § 7 HS-QSG mwN).

12 Andere als die angeführten Gründe können nicht zu einer Abberufung führen.
Die Mitgliedschaft endet jedoch auch bei freiwilligem Verzicht bzw bei Tod des jeweiligen Mitglieds.

13 Im Übrigen unterliegt die Agentur für Qualitätssicherung und Akkreditierung Austria gem § 30 Abs 1 HS-QSG auch der Aufsicht des/der zuständigen Bundesminister/in; diese Aufsicht erstreckt sich auf die Einhaltung der Gesetze und Verordnungen sowie auf die Erfüllung der der Agentur für Qualitätssicherung und Akkreditierung Austria obliegenden Aufgaben.

Sitzungen des Boards

§ 8. (1)[1] Das Board übt seine Tätigkeit in Vollversammlungen aus. Diese sind von der Präsidentin oder dem Präsidenten[2] schriftlich[3] einzuberufen und haben mindestens zweimal pro Jahr[4] stattzufinden. Die Sitzungen sind nicht öffentlich[5] und die darin besprochenen Themen vertraulich zu behandeln.

(2)[6] Das Board ist beschlussfähig, wenn mindestens zehn Mitglieder persönlich anwesend sind. Eine Entscheidung kommt nur zu Stande, wenn mindestens acht Mitglieder für einen Antrag gestimmt haben.[7-8] Die Beschlussfassung kann auf schriftlichem Weg erfolgen, sofern sich nicht mindestens ein Mitglied dagegen ausspricht.[9]

1 „Das Board übt seine Tätigkeiten in Vollversammlungen aus, die regelmäßig, jedenfalls zweimal jährlich, stattzufinden haben. Weitere Sitzungstermine können je nach Bedarf autonom festgelegt werden" (ErläutRV 1222 BlgNR 24. GP).

2 Bei Verhinderung wird die Einberufung von der/dem Vizepräsident/in vorgenommen.

Sitzungen des Boards § 8

Ein Unterbleiben der vorhergehenden schriftlichen Einladung zu einer Sitzung bewirkt, dass keine gültigen Beschlüsse zustande kommen können. **3**

Gemeint ist das Kalenderjahr. **4**

Mangels einer Ausnahmeregelung betreffend des nicht-öffentlichen Status der Sitzungen der Vollversammlungen des Boards ist eine öffentliche Sitzung als unzulässig anzusehen. **5**

„Das Board kann nach [§ 8] Abs 2 [HS-QSG] nur dann gültig Entscheidungen treffen, wenn mindestens acht Mitglieder für einen Antrag gestimmt haben. Damit soll ausgeschlossen werden, dass Entscheidungen über Qualitätssicherungsverfahren, die für die Einrichtungen mit wesentlichen Konsequenzen verbunden sein können, bei geringer Anwesenheit getroffen werden" (ErläutRV 1222 BlgNR 24. GP). **6**

Diese Mindestanzahl von gültigen Stimmen gilt unabhängig von der konkreten Anzahl der Sitzungsteilnehmer/innen. Die Bestimmung des § 8 Abs 2 Satz 2 HS-QSG vermittelt, dass eine Stimmenthaltung (verfahrensrechtlich) gleich wie eine Gegenstimme zu behandeln ist (*Grimberger/Huber*, Privatuniversitäten, Anm 5/ FN 56 und Anm 6 zu § 9 HS-QSG). **7**

Sofern die Beschlusserfordernisse des § 8 Abs 2 HS-QSG nicht erfüllt werden, kann ein (gültiger) Beschluss nicht zu Stande kommen. **8**

„Es kommt zur Einfügung einer Bestimmung, die dem Board die Beschlussfassung im Umlaufwege unter Beachtung, dass sich alle Mitglieder dafür aussprechen, ermöglicht. Die Bestimmung ist so gefasst, dass grundsätzlich keine Ausnahmen bestimmter Themen bei der Beschlussfassung vorgesehen sind. Nähere diesbezügliche Bestimmungen können in der Geschäftsordnung des Boards getroffen werden." (ErläutRV 234 BlgNR 27. GP). **9**

Aufgaben des Boards[1–2] und Geschäftsordnung

§ 9. (1) Dem Board[3] obliegen insbesondere folgende Aufgaben:[4]

1. Entscheidung über Akkreditierung von Bildungseinrichtungen und Studien oder über die Zertifizierung des Qualitätsmanagementsystems;[5–7]
2. Beschlüsse über Richtlinien, Standards und Abläufe der Qualitätssicherungsverfahren;[8]
3. Beschluss über Berichte;[9]
4. Übermittlung der Verfahrensentscheidung der Akkreditierungsverfahren an die zuständige Bundesministerin oder den zuständigen Bundesminister;[10]
5. Veröffentlichung der Ergebnisse der Qualitätssicherungsverfahren;[11–12]
6. Informationen für die Beschwerdekommission, das Kuratorium und die Generalversammlung;[13]
7. Beschluss einer Geschäftsordnung, die die Erfüllung der Aufgaben sicherstellt;[14]
8. Beschluss eines jährlichen Finanzplans und Rechnungsabschlusses;[15]
9. Aufsicht über die Geschäftsstelle;[16]
10. [entfällt];[17]
11. Ausschreibung und Aufnahme der Geschäftsführerin oder des Geschäftsführers und der stellvertretenden Geschäftsführerin oder des stellvertretenden Geschäftsführers, über die das Board einstimmig zu entscheiden hat.[18] § 14 Abs 1 und 3 kommen in diesem Fall nicht zur Anwendung;
12. Aufsicht über die akkreditierten Bildungseinrichtungen und Studien hinsichtlich der Akkreditierungsvoraussetzungen;[19]
13. Aufgaben gemäß FHG[20] und PrivHG[21];
14. Internationale Zusammenarbeit im Bereich der Qualitätssicherung;

15. Entscheidung über Meldung von Studien ausländischer Bildungseinrichtungen.

(2)[22] Das Board ist bei der Erfüllung seiner Aufgaben an keine Weisungen[23] gebunden.[24]

(3)[25] Das Board hat eine Geschäftsordnung zu beschließen, die die Erfüllung der ihm übertragenen Aufgaben, der Aufgaben der Beschwerdekommission und der Geschäftsstelle sowie die Erfüllung der übrigen Aufgaben der Agentur für Qualitätssicherung und Akkreditierung Austria sicherstellt. In der Geschäftsordnung ist auch Näheres über die Organisation der Geschäftsstelle[26] zu regeln.

„Das Board ist das zentrale Entscheidungs- und Leitungsorgan der Agentur für Qualitätssicherung und Akkreditierung Austria und fungiert bei Akkreditierungen als autonome Behörde" (ErläutRV 1222 BlgNR 24. GP). 1

Zur Unterstützung bei der Besorgung der Aufgaben der Agentur für Qualitätssicherung und Akkreditierung Austria und zur sich daraus ergebenden operativen Unterstützung des Boards ist gem § 10 Abs 3 HS-QSG eine Geschäftsstelle einzurichten. Gem § 10 Abs 5 HS-QSG umfassen die Aufgaben der Geschäftsstelle jedenfalls die Erstellung von Berichten und des Finanzplanes. 2

Zu beachten ist, dass die einzelnen Mitglieder des Boards der Agentur für Qualitätssicherung und Akkreditierung Austria sich der Ausübung von hoheitlichen Tätigkeiten zu enthalten haben, wenn ein Befangenheitsgrund iSv § 7 AVG gegeben ist; § 7 AVG lautet wie folgt: 3

„(1) Verwaltungsorgane haben sich der Ausübung ihres Amtes zu enthalten und ihre Vertretung zu veranlassen:
1. *in Sachen, an denen sie selbst, einer ihrer Angehörigen (§ 36a) oder einer ihrer Pflegebefohlenen beteiligt sind;*
2. *in Sachen, in denen sie als Bevollmächtigte einer Partei bestellt waren oder noch bestellt sind;*
3. *wenn sonstige wichtige Gründe vorliegen, die geeignet sind, ihre volle Unbefangenheit in Zweifel zu ziehen;*

4. *im Berufungsverfahren, wenn sie an der Erlassung des angefochtenen Bescheides oder der Berufungsvorentscheidung (§ 64a) mitgewirkt haben.*

(2) Bei Gefahr im Verzug hat, wenn die Vertretung durch ein anderes Verwaltungsorgan nicht sogleich bewirkt werden kann, auch das befangene Organ die unaufschiebbaren Amtshandlungen selbst vorzunehmen."

Es ist vom Bestehen einer unbedingten Verpflichtung des Organwalters auszugehen, sein Tätigwerden unabhängig davon zu unterlassen, ob die Befangenheit behauptet wurde oder nicht. Die Verfahrenspartei hat jedoch kein Ablehnungsrecht gegenüber dem ihrer Meinung nach Befangenen (*Grabenwarter/Fister*, Verwaltungsverfahrensrecht und Verwaltungsgerichtsbarkeit[6] [2019] 23).

Sofern ein befangener Organwalter an der Entscheidung mitwirkt, wird der darauf beruhende Bescheid auf Grund der Verletzung von Verfahrensvorschriften mit Rechtswidrigkeit belastet. Ein derartiger Verfahrensmangel kann durch Beschwerde an das Bundesverwaltungsgericht geltend gemacht werden; allerdings kann der entsprechende Bescheid grundsätzlich nur dann aufgehoben werden, wenn der Verfahrensmangel auf das Verfahrensergebnis Einfluss haben konnte; daher führt die Mitwirkung eines befangenen Organwalters nicht notwendig zur Aufhebung des Bescheides (*Grabenwarter/Fister*, Verwaltungsverfahrensrecht[6], 22 ff).

4 Soweit vom Board der Agentur für Qualitätssicherung und Akkreditierung Austria Handlungen „in Vollziehung der Gesetze" vorgenommen werden, ist für den Fall, dass damit Schädigungen Dritter einhergehen, von der Geltung des AHG auszugehen. In diesem Fall kann sich der/die Geschädigte nicht direkt an das schädigende Organ wenden (§ 1 Abs 1 und § 9 Abs 5 AHG); die/der Geschädigte hat vielmehr gem AHG ihre/seine zivilrechtlichen Ansprüche auf Schadenersatz lediglich gegenüber jener Gebietskörperschaft geltend zu machen, welcher das Verhalten des Schädigers funktional zuzurechnen ist; dies ist der

Aufgaben des Boards und Geschäftsordnung **§ 9**

Bund. Sofern der Bund Schadenersatzansprüche der/des Geschädigten erfüllt hat, kann er von der/vom Schädiger/in nur dann Rückersatz einfordern, wenn dieser vorsätzlich oder grob fahrlässig gehandelt hat (§ 3 Abs 1 AHG). Überdies besteht ein richterliches Mäßigungsrecht, sofern der Schaden grob fahrlässig verursacht wurde (§ 3 Abs 2 AHG). Der Regress ist grundsätzlich dann ausgeschlossen, wenn auf Grund einer Weisung einer/eines Vorgesetzten gehandelt wurde (§ 4 AHG); dies kann beim Board kein Thema sein, da dieser als weisungsfreies Organ eingerichtet ist. Da das Board als ein kollegiales Organ eingerichtet ist, haften bei nicht geheimer prinzipiell nur jene Mitglieder des Boards, welche für den Beschluss gestimmt haben, durch welchen der Schaden verursacht wurde (§ 3 Abs 3 AHG).

„Das Board entscheidet über die Akkreditierung oder Zertifizierung bei Verfahren, die von der Agentur durchgeführt werden" (ErläutRV 1222 BlgNR 24. GP). 5

S dazu §§ 22 ff HS-QSG. 6

Bis zur Erlassung des HS-QSG war der Fachhochschulrat das für die Akkreditierung im Fachhochschul-Bereich zuständige Organ, welches als weisungsfreie Behörde eingerichtet war. Für die Akkreditierung im Privatuniversitäten-Bereich war vor Erlassung des HS-QSG der Akkreditierungsrat gem UniAkkG zuständig, welcher ebenfalls als weisungsfreie Behörde eingerichtet war. 7

Auch das Board der Agentur für Qualitätssicherung und Akkreditierung Austria ist – insbes in Angelegenheiten der Akkreditierung – als weisungsfreie Behörde eingerichtet (§ 9 Abs 2 iVm 25 Abs 1 HS-QSG).

Gem § 25 Abs 3 HS-QSG haben die Akkreditierung, die Verlängerung bzw der Widerruf derselben in Bescheidform zu ergehen; diese Bescheide unterliegen der nachprüfenden Kontrolle des Bundesverwaltungsgerichts (Art 131 Abs 2 erster Satz B-VG).

Gem § 25 Abs 6 HS-QSG sind auf das Akkreditierungsverfahren das Allgemeine Verwaltungsverfahrensgesetz sowie das Zustellgesetz anzuwenden.

8 „Das Board hat gemeinsam mit der Geschäftsstelle die Qualitätssicherungsverfahren zu erarbeiten und entsprechende Richtlinien und Standards zu beschließen und zu veröffentlichen [s dazu auch § 22 Abs 3 HS-QSG]" (ErläutRV 1222 BlgNR 24. GP).

9 „Die Agentur hat verschiedene Berichte [s dazu § 28 Abs 1 und Abs 2 HS-QSG], zB den jährlichen Tätigkeitsbericht, zu legen" (ErläutRV 1222 BlgNR 24. GP).

10 Der Übermittlung der Verfahrensentscheidung bei Akkreditierungsverfahren an das Bundesministerium für Wissenschaft und Forschung kommt vor allem deshalb Bedeutung zu, da diese gem § 25 Abs 3 HS-QSG der Genehmigung der/des zuständigen Bundesministers/Bundesministerin bedürfen.

11 „Die Ergebnisse der Verfahren (Ergebnisbericht und Entscheidung) sind zu veröffentlichen (zB auf der Homepage der Agentur [http://www.aq.ac.at])" (ErläutRV 1222 BlgNR 24. GP).

12 S dazu insbes § 21 HS-QSG.

13 „Das Board als das zentrale Organ der Agentur hat den anderen Organen Informationen für die Erfüllung ihrer Tätigkeiten zur Verfügung zu stellen" (ErläutRV 1222 BlgNR 24. GP).

14 Gem § 12 Abs 1 Z 3 HS-QSG hat die Generalversammlung ua die Aufgabe, zur Geschäftsordnung des Boards eine Stellungnahme abzugeben.

15 Gem § 12 Abs 1 Z 3 HS-QSG hat die Generalversammlung ua die Aufgabe zur Kenntnisnahme des Finanzplanes, des Rechnungsabschlusses und des Tätigkeitsberichtes.

16 S dazu § 10 HS-QSG.

17 Die Ausschreibung und Aufnahme von Mitarbeiter/innen wurde der Präsidentin/dem Präsidenten des Boards übertragen; § 10 Abs 1 HS-QSG.

18 Zur Ausschreibung und Aufnahme des/der Geschäftsführers/in und des/der stellvertretenden Geschäftsführers/in der Geschäftsstelle wird dem Kuratorium gem § 5 Abs 2 lit e HS-QSG die Möglichkeit zur Stellungnahme eingeräumt.

S dazu § 29 Abs 1 HS-QSG.

Dazu zählen etwa die generelle Festsetzung von akademischen Graden im Fachhochschul-Bereich gem § 6 Abs 2 FHG, weiters der Widerruf der verliehenen Bezeichnung „Fachhochschule" für „Altfälle" gem § 27 Abs 5 FHStG.

Im Wesentlichen handelt es sich dabei um die Bestimmung des § 6 Abs 2 PrivHG, worin die Agentur für Qualitätssicherung und Akkreditierung Austria ermächtigt wird, entsprechende Vorgaben zur Struktur von Berichten im Verordnungswege zu treffen.

„Die Mitglieder des Boards sind in der Ausübung ihrer Aufgaben an keine Weisungen gebunden, dies unterstreicht die Unabhängigkeit dieses Organs" (ErläutRV 1222 BlgNR 24. GP).

Unter einer Weisung wird eine von einem Verwaltungsorgan ausgehende (generelle oder individuelle) Norm verstanden, die an einen untergeordneten Organwalter im Rahmen der Verwaltungsorganisation gerichtet ist (*Mayer/Kucsko-Stadlmayer/Stöger*, Bundesverfassungsrecht[11] [2015] Rz 612); vgl dazu auch *Hauser/Hauser*, in: *Hauser/Schweighofer*, (Groß-)Kommentar zum Fachhochschul-Studiengesetz (2017), §§ 3–14 HS-QSG Rz 7 f.

Die dem Board der Agentur für Qualitätssicherung und Akkreditierung Austria eingeräumte Autonomie soll dazu beitragen, die Sachrationalität der Entscheidungen, die dieser zu treffen hat, zu gewährleisten. Deshalb ist Weiters davon auszugehen, dass auch innerhalb der Agentur für Qualitätssicherung und Akkreditierung Austria entsprechende (interne) Weisungszusammenhänge ausgeschlossen sind („freies Mandat" der Mitglieder der einzelnen Organe der Agentur für Qualitätssicherung und Akkreditierung Austria, insb des Boards).

Zu beachten ist dabei, dass die Weisungsfreiheit nicht von der Geltung des Legalitätsprinzips (Art 18 Abs 1 B-VG) entbindet; daher haben das Board und die übrigen Organe der Agentur für Qualitätssicherung und Akkreditierung Austria im Rahmen ihrer Tätigkeiten einschlägige Gesetze sowie Verordnungen zu beachten.

Korrespondierend zur Einräumung der Weisungsfreiheit des Boards der Agentur für Qualitätssicherung und Akkreditierung Austria stehen der/dem zuständigen Bundesminister/in entsprechende Aufsichtsrechte zu (vgl insb § 30 HS-QSG). Andere als die gesetzlich im HS-QSG grundgelegten Aufsichtsmittel stehen der/dem zuständigen Bundesminister/in nicht zur Verfügung.

Die einfachgesetzliche Weisungsfreistellung des Boards kann sich wohl auf keinen der Ausnahmetatbestände des Art 20 Abs 2 B-VG stützen und ist daher verfassungsrechtlich bedenklich (dazu auch VfGH, VfSlg 19.728).

25 „Die vom Board zu erlassende Geschäftsordnung bezieht sich auf das Board, die Beschwerdekommission und die Geschäftsstelle. Die Geschäftsordnung ist der Generalversammlung zur Stellungnahme vorzulegen, um die Abstimmung mit der Geschäftsordnung der Generalversammlung betreffend die Sicherstellung der Aufgaben der Agentur zu gewährleisten. Bei der Geschäftsordnung ist im Hinblick auf die Geschäftsstelle zu beachten, dass jedenfalls folgende Arbeitsbereiche erfasst sind:
- Audit: Durchführung der Audits und deren Follow-Up, Erarbeitung des Audit-Verfahrens mit dem Arbeitsbereich ‚Studien und systemweite Analysen' und dem Board;
- Akkreditierung: Durchführung von institutionellen Akkreditierungen und Programmakkreditierungen und deren Follow-Up, Erarbeitung des Akkreditierungsverfahrens mit dem Arbeitsbereich ‚Studien und systemweite Analysen' und dem Board;
- Beratung, Begleitung und Information: Beratung und Begleitung von Hochschulen beim Aufbau ihrer internen Qualitätsmanagementsysteme durch Know-How Transfer; professionelle Unterstützung für Hochschuleinrichtungen beim Aufbau ihres internen Qualitätsmanagementsystems unter

Beiziehung externer Expertinnen und Experten (keine Beratung für die Antragstellung zur Akkreditierung);
- Studien und systemweite Analysen: kontinuierliche wissenschaftlich geleitete Entwicklung von Verfahren, von Verfahrensstandards, Kriterien und Richtlinien; Forschungsaktivitäten im Bereich Qualitätssicherung und Qualitätsmanagement; Evaluierungen, Studien, systemweite Analysen, Benchmarking-Verfahren etc;
- Internes Qualitätsmanagement, Öffentlichkeitsarbeit und internationale Vernetzung.

Zur Bewältigung der Aufgaben wird eine interne Arbeitsteilung durch die Einrichtung von Arbeitsbereichen, die für die jeweiligen Verfahren (Audit bzw Akkreditierung von Einrichtungen und Studien) bzw für Benchmarking, Verfahrensentwicklung und Begleitung/Beratung zuständig sind, zweckmäßig sein. Eine Organisation nach den zur Anwendung gebrachten Verfahren innerhalb der Geschäftsstelle soll zur Abschwächung der Segmentierung der Hochschulsektoren und zur Gewährleistung vergleichbarer Kriterien und Standards über Sektoren und Programmtypen (Bachelor-, Master-, Diplom- und Doktoratsstudien, Weiterbildungs-Studien) hinweg beitragen. Die genaue interne Organisation soll per Geschäftsordnung durch das Board festgelegt werden, die sich an den genannten Arbeitsbereichen aber auch den Anforderungen an Qualitätssicherungsagenturen auf Grund der European Standards and Guidelines for Quality Assurance in the EHEA (ESG) [s dazu: http://www.enqa.eu/files/ESG_3edition%20(2).pdf; abgefragt am 31.3.2021] – und hier insbes Teil 3 – orientieren soll" (ErläutRV 1222 BlgNR 24. GP).

S dazu die „Geschäftsordnung des Boards der Agentur für Qualitätssicherung und Akkreditierung" vom 16.1.2012 (https://www.aq.ac.at/de/ueber-uns/dokumente-ueber-uns/0_0_Geschaeftsordnung_Board_2020_mit_Cover_11_11_2020_2.pdf?m=1616583656&; abgefragt am 26.3.2021).

S dazu § 10 Abs 5 HS-QSG.

Leitung der Agentur und Geschäftsstelle

§ 10. (1)[1] Die Präsidentin oder der Präsident des Boards leitet das Board und die Geschäftsstelle[2] und vertritt die Agentur nach außen. Zu ihren oder seinen Aufgaben zählt insbesondere der Abschluss von Verträgen und die Ausschreibung und Aufnahme der Mitarbeiterinnen und Mitarbeiter der Geschäftsstelle.

(2)[3] Die Geschäftsordnung kann für bestimmte Angelegenheiten eine Vertretungsbefugnis für die Geschäftsführerin oder den Geschäftsführer oder die Stellvertretung[4] vorsehen.

(3)[5] Für die Unterstützung bei der Besorgung der Aufgaben der Agentur für Qualitätssicherung und Akkreditierung Austria ist eine Geschäftsstelle[6] einzurichten.

(4)[7] Die Geschäftsstelle wird durch die Geschäftsführerin oder den Geschäftsführer und deren oder dessen Stellvertretung geleitet. Die Ausschreibung und Aufnahme der Geschäftsführung und der Stellvertretung erfolgt gemäß Stellenbesetzungsgesetz, BGBl I Nr 26/1998. Die Arbeitnehmerinnen und Arbeitnehmer der Geschäftsstelle dürfen keinem Organ der Agentur für Qualitätssicherung und Akkreditierung Austria angehören.

(5)[8] Organisation und Aufgaben der Geschäftsstelle sowie die Aufgaben der Geschäftsführung und der Stellvertretung sind durch die Geschäftsordnung des Boards zu regeln, wobei der Stellvertretung ein eigener Geschäftsbereich zuzuordnen ist. Die Aufgaben umfassen jedenfalls die Erstellung von Berichten und des Finanzplanes[9].

1 „Die Leitung des Boards und der Geschäftsstelle sowie die Vertretung der Agentur nach außen erfolgt durch die Präsidentin oder den Präsidenten des Boards und nicht durch den Vorsitz der Generalversammlung oder des Kuratoriums" (ErläutRV 1222 BlgNR 24. GP).

§ 10

Missverständlich ist dabei, dass gem § 10 Abs 4 HS-QSG die Leitung der Geschäftsstelle der/dem Geschäftsführer/in überbunden wird; dabei gilt es darauf zu verweisen, dass gem § 4 Abs 1 HS-QSG das Board als Organ der Agentur für Qualitätssicherung und Akkreditierung Austria eingerichtet ist, der Geschäftsstelle jedoch keine „Organfunktion" zukommt. Demgemäß wird davon auszugehen sein, dass die nach außen gerichtete Geschäftsführung bzw Vertretung der Geschäftsstelle gem § 10 Abs 1 HS-QSG grundsätzlich der/dem Präsident/in zusteht, während die „innere (nicht außenwirksame) Leitung" der/dem Geschäftsführer/in zukommt. Zu beachten gilt dabei, dass im Rahmen der Geschäftsordnung des Boards gem § 9 Abs 1 Z 7 iVm § 10 Abs 5 HS-QSG der/dem Geschäftsführer/in auch (außenwirksame) Vertretungshandlungen für „bestimmte Angelegenheiten" überbunden werden dürfen (§ 10 Abs 2 HS-QSG), die Einräumung einer generellen Außenvertretungskompetenz an die/den Geschäftsführer/in ist hingegen unzulässig; vgl auch *Hauser/Hauser*, in: *Hauser/Schweighofer*, Fachhochschul-Studiengesetz, §§ 3–14 HS-QSG Rz 13.

„Die Geschäftsordnung kann gemäß [§ 10] Abs 2 [HS-QSG] für bestimmte Angelegenheiten eine Vertretungsbefugnis der Geschäftsführerin oder des Geschäftsführers oder der Stellvertretung vorsehen, etwa zur Vertretung der Agentur in nationalen und internationalen Gremien, zB in der nationalen Bologna-Follow-Up-Group, zur Vertretung in facheinschlägigen Einrichtungen wie ECA (European Consortium of Accreditation) oder ENQA (European Association for Quality Assurance in Higher Education)" (ErläutRV 1222 BlgNR 24. GP).

Vgl dazu § 10 Abs 4 HS-QSG.

„Zur Unterstützung des Boards ist eine Geschäftsstelle einzurichten, deren interne Organisation und Aufgabenbereiche durch die Geschäftsordnung näher zu regeln sind" (ErläutRV 1222 BlgNR 24. GP).

6 In diesem Zusammenhang verweisen *Grimberger/Huber*, Das Recht der Privatuniversitäten (2012) Anm 5 zu § 10 HS-QSG darauf, dass die Geschäftsstelle im Verwaltungsverfahren vor allem als Einbringungsstelle für Anbringen gem § 13 AVG für die mit hoheitlichen Befugnissen ausgestattete Organe der AQ Austria dient.

Auch Einsprüche von Bildungseinrichtungen gegen den Verfahrensablauf und gegen Zertifizierungsentscheidungen sind bei der Geschäftstelle des Boards der AQ Austria einzubringen (§ 13 Abs 10 HS-QSG).

7 „Die Geschäftsstelle soll jedenfalls eine Geschäftsführerin oder einen Geschäftsführer und eine stellvertretende Geschäftsführerin bzw einen stellvertretenden Geschäftsführer, eine Verwaltungs- und Sekretariatseinheit und verschiedene Arbeits- und Aufgabenbereiche umfassen, die über die Methoden- und Sachkompetenz zur Durchführung von Verfahren, Verfahrensentwicklung, Beratung etc verfügen. Die Geschäftsstelle wird durch die Geschäftsführung und die Stellvertretung geleitet. Die Ausschreibung und Aufnahme der Geschäftsführung und der Stellvertretung erfolgt durch das Board nach Stellungnahme durch das Kuratorium. Das Sekretariat soll allen Arbeitsbereichen zur Verfügung stehen, für die diversen Arbeits- und Aufgabenbereiche können Organisationseinheiten nach Arbeitsbereichen sowie Bereichsleitungen eingerichtet werden" (ErläutRV 1222 BlgNR 24. GP).

8 „In dieser Geschäftsordnung sind auch die Aufgaben der Geschäftsführerin oder des Geschäftsführers und der stellvertretenden Geschäftsführerin bzw dem stellvertretenden Geschäftsführer zu regeln, um eine klare Aufgabenverteilung der Geschäftsbereiche zu gewährleisten" (ErläutRV 1222 BlgNR 24. GP).

S dazu die „Geschäftsordnung des Boards der Agentur für Qualitätssicherung und Akkreditierung" vom 16.1.2012 (https://www.aq.ac.at/de/ueber-uns/gremien-organe/board.php; abgefragt am 31.3.2021).

9 Zum Finanzplan vgl insbes § 15 HS-QSG.

Generalversammlung[1]

§ 11. (1) Die Generalversammlung besteht aus vierzehn[2] Mitgliedern und zwar:
1. zwei Mitgliedern, die durch den Beirat für Wirtschafts- und Sozialfragen,
2. zwei Mitgliedern, die durch die Österreichische Hochschülerinnen- und Hochschülerschaft,
3. zwei Mitgliedern, die durch die Universitätenkonferenz,
4. zwei Mitgliedern, die durch die Fachhochschulkonferenz,
5. zwei Mitgliedern, die durch die Österreichische Privatuniversitätenkonferenz,
6. zwei Mitgliedern, die durch die Rektorinnen- und Rektorenkonferenz der österreichischen Pädagogischen Hochschulen, und
7. zwei Mitgliedern, die durch das Bundesministerium für Bildung, Wissenschaft und Forschung nominiert werden.

(2) Die Mitglieder der Generalversammlung müssen nachweislich[3] über Kenntnisse des Hochschulwesens und in Angelegenheiten der Qualitätssicherung des Hochschulwesens verfügen.

(3)[4] Die Nominierung der Mitglieder gemäß Abs 1 Z 2 bis 7 erfolgt durch die jeweiligen Einrichtungen. Die Nominierung hat bis längstens einen Monat vor Ablauf der Funktionsperiode des betreffenden Mitglieds zu erfolgen, bei vorzeitiger Abberufung eines Mitglieds spätestens einen Monat nach Bekanntgabe der Abberufung. Die Mitglieder sind durch die zuständige Bundesministerin oder den zuständigen Bundesminister zu bestellen.[5]

(4) Die Funktionsperiode der Mitglieder der Generalversammlung beträgt fünf Jahre, Wiederbestellungen sind zulässig.

(5) Die zuständige Bundesministerin oder der zuständige Bundesminister hat[6] ein Mitglied der Generalversammlung

vor Ablauf der Funktionsperiode auf Antrag oder nach Anhörung der Generalversammlung abzuberufen, wenn es seine Pflichten gröblich verletzt[7] oder vernachlässigt hat oder wenn es nicht mehr in der Lage ist, seine Aufgaben zu erfüllen.[8–9]

1 „In der Generalversammlung sind die Hochschulen, die Studierenden, das BMWF sowie die Arbeitnehmer- und Arbeitgeberseite vertreten. Dieses Organ soll damit den Einbezug unterschiedlicher Gruppen in das neue System der externen Qualitätssicherung gewährleisten und, ähnlich dem Kuratorium, Mitgestaltungsmöglichkeiten schaffen" (ErläutRV 1222 BlgNR 24. GP).

2 „Abs 1 regelt die Zusammensetzung der Generalversammlung, die mit der Novelle angepasst bzw ergänzt wird. Die Generalversammlung wird von 23 auf vierzehn Mitglieder, die paritätisch nach den vertretenen Gruppen zu besetzen sind, verkleinert. Damit ist weiterhin der Einbezug unterschiedlicher Gruppen in die Generalversammlung gewährleistet, auf Grund der Entwicklung und der zunehmenden Vertrauensbildung erscheint es aber nicht mehr notwendig, die Anzahl der Mitglieder der einzelnen Hochschulsektoren nach der Größe der Sektoren zu differenzieren. Ebenso erfolgt die Aufnahme von Mitgliedern der Rektorinnen- und Rektorenkonferenz der österreichischen Pädagogischen Hochschulen in die Generalversammlung. Auch wenn die Audit-Verfahren an Pädagogischen Hochschulen nach gesetzlichen Vorgaben erst ab 2023 vorgesehen sind, steht es den Pädagogischen Hochschulen frei, sich früher einem Audit zu unterziehen. Dementsprechend notwendig ist daher bereits vorab die Berücksichtigung von Vertreterinnen und Vertretern der Pädagogischen Hochschulen in den Organen der AQ Austria.

Die Privathochschulen werden weiterhin durch die Österreichische Privatuniversitätenkonferenz vertreten, da es sich nicht um einen neuen Sektor, sondern um den Ausdruck der inneren Differenzierung des Privathochschulsektors handelt." (ErläutRV 234 BlgNR 27. GP).

Generalversammlung § 11

3 Es finden sich keine Regeln, wie dieser Nachweis zu führen ist bzw welche Konsequenzen sich an das Fehlen von Kenntnissen knüpfen, sollte dies nach erfolgter Bestellung zutage treten. Einen Abberufungsgrund stellt ein solches Fehlen jedenfalls nicht dar; vgl *Huber*, HS-QSG: Die wesentlichen Neuerungen, zfhr 2021, 3 (4).

4 Im Unterschied zur Nominierung der Mitglieder der Generalversammlung, erfolgt die Nominierung der Board-Mitglieder (…) gemeinschaftlich; es sind keine individuellen Nominierungsrechte vorgesehen. Dies erscheint notwendig, um die Unabhängigkeit der Board-Mitglieder von etwaigen Partikularinteressen zu stärken" (ErläutRV 1222 BlgNR 24. GP).

5 Da die Mitglieder der Generalversammlung der Agentur für Qualitätssicherung und Akkreditierung Austria ihre Funktion zeitlich befristet und nicht hauptberuflich ausüben, fallen sie nicht unter den Begriff der „sonstigen Bundesfunktionäre" iSv § 65 Abs 2 lit a B-VG, zu deren Ernennung der Bundespräsident zuständig ist (vgl VfSlg 13.016).

6 Bei Vorliegen der angeführten Gründe besteht kein Ermessensspielraum in Hinblick auf die Abberufung.

7 Vom Vorliegen einer „gröblichen Pflichtverletzung" ist dann auszugehen, wenn objektive Gründe gegeben sind, welche erkennen lassen, dass die Interessen des Organs nicht bzw nicht mehr wahrgenommen werden (*Grimberger/Huber*, Das Recht der Privatuniversitäten (2012) Anm 14 zu § 7 HS-QSG mwN).

8 Andere als die angeführten Gründe können nicht zu einer Abberufung führen.

9 Im Übrigen unterliegt die Generalversammlung der Agentur für Qualitätssicherung und Akkreditierung Austria gem § 30 Abs 1 HS-QSG auch der Aufsicht des/der zuständigen Bundesministers/in; diese Aufsicht erstreckt sich auf die Einhaltung der Gesetze und Verordnungen sowie auf die Erfüllung der der

Generalversammlung der Agentur für Qualitätssicherung und Akkreditierung Austria obliegenden Aufgaben.

Aufgaben der Generalversammlung[1]

§ 12. (1) Die Aufgaben der Generalversammlung umfassen:
1. die Wahl gemäß § 5 Abs 1;[2]
2. die Nominierungen gemäß § 7 Abs 2[3] und § 13 Abs 3[4];
3. die Kenntnisnahme des Finanzplanes[5], des Rechnungsabschlusses[6] und des Tätigkeitsberichts[7] sowie die Stellungnahme zur Geschäftsordnung des Boards[8].

(2)[9] [entfällt].

(3) Die Generalversammlung hat aus ihrem Kreis eine Vorsitzende oder einen Vorsitzenden und eine Stellvertretung zu wählen.[10]

(4) Die Generalversammlung übt ihre Tätigkeit in Vollversammlungen[11] aus.

(5) Die Generalversammlung ist beschlussfähig, wenn mindestens acht[12] ihrer Mitglieder persönlich anwesend sind.[13] Sie fasst die Beschlüsse mit einfacher Stimmenmehrheit. Bei Stimmengleichheit gibt die Stimme der Vorsitzenden oder des Vorsitzenden den Ausschlag.[14]

(6) Die Generalversammlung hat eine Geschäftsordnung zu beschließen, die die Erfüllung der ihr übertragenen Aufgaben und der Aufgaben des Kuratoriums gemäß § 5 sicherstellt.

(7) Die Mitglieder üben ihre Funktion ehrenamtlich aus. Reisekosten sind unter sinngemäßer Anwendung der Reisegebührenvorschrift 1955, BGBl Nr. 133/1955, zu ersetzen.

1 „Die zentralen Aufgaben der Generalversammlung sind die Nominierung von zehn der vierzehn Mitglieder des Boards, die Bestellung und Wahl des Kuratoriums, die Bestellung der Mitglieder der Beschwerdekommission sowie die Stellungnahme zur Geschäftsordnung des Boards" (ErläutRV 1222 BlgNR 24. GP).

Gem § 5 Abs 1 HS-QSG sind die fünf Mitglieder des Kuratoriums, deren Funktionsdauer fünf Jahre beträgt, aus der Generalversammlung zu wählen. **2**

„Die Nominierung der Board-Mitglieder erfolgt gemeinschaftlich, es sind keine individuellen Nominierungsrechte vorgesehen. Dies erscheint notwendig, um die Unabhängigkeit der Board-Mitglieder von etwaigen Partikularinteressen zu stärken" (ErläutRV 1222 BlgNR 24. GP). **3**

Die Beschwerdekommission besteht gem § 13 Abs 2 HS-QSG aus zwei inländischen Mitgliedern und einem ausländischen Mitglied mit Expertise im Bereich der Qualitätssicherung des Hochschulwesens und rechtlichen Qualifikationen und zwei Ersatzmitgliedern; die Mitglieder der Beschwerdekommission werden gem § 13 Abs 3 HS-QSG von der Generalversammlung nominiert und bestellt. **4**

S dazu § 15 HS-QSG. **5**

S dazu § 16 HS-QSG. **6**

Vgl dazu § 28 HS-QSG. **7**

Die Geschäftsordnung des Boards wird gem § 9 Abs 3 HS-QSG vom Board selbst beschlossen. S dazu die „Geschäftsordnung des Boards der Agentur für Qualitätssicherung und Akkreditierung" vom 16.1.2012 (https://www.aq.ac.at/de/ueber-uns/gremien-organe/board.php; abgefragt am 31.3.2021). **8**

„Mit der Novelle wird die Bestimmung, dass bei der Nominierung der Mitglieder des Kuratoriums Vertreterinnen bzw Vertreter bestimmter in der Generalversammlung vertretenen Gruppen jedenfalls zu berücksichtigen sind, gestrichen (Abs 2). Mit der Aufnahme der Pädagogischen Hochschulen erscheinen gesetzliche Vorgaben zur Zusammensetzung als Benachteiligung einzelner Gruppen. Die Mitglieder des Kuratoriums sollen hinkünftig in einem gemeinsamen Diskussions- und Aushandlungsprozess **9** durch die Generalversammlung gewählt werden." (ErläutRV 234 BlgNR 27. GP).

10 „In Abs 3 wird die oder der stellvertretende Vorsitzende gesetzlich verankert." (ErläutRV 234 BlgNR 27. GP).

11 Dadurch wird die Möglichkeit der arbeitsteiligen Vorerledigung der Aufgaben durch die Mitglieder dieses Organs nicht ausgeschlossen.

12 „In Abs 5 erfolgt die Anpassung des Anwesenheitsquorums an die neue Zusammensetzung der Generalversammlung mit dem Ziel der Sicherung klarer Mehrheiten, aber auch der Beschlussfähigkeit." (ErläutRV 234 BlgNR 27. GP).

13 Sofern dieses Beschlusserfordernis nicht erfüllt wird, kann ein (gültiger) Beschluss nicht zu Stande kommen.

14 Sog Dirimierungsrecht.

Beschwerdekommission[1]

§ 13. (1)[2] Die Beschwerdekommission behandelt und entscheidet Einsprüche von Bildungseinrichtungen gegen den Verfahrensablauf und gegen Zertifizierungsentscheidungen.[3]

(2)[4] Die Beschwerdekommission besteht aus zwei inländischen Mitgliedern und einem ausländischen Mitglied mit Expertise im Bereich der Qualitätssicherung des Hochschulwesens und rechtlichen Qualifikationen, sowie zwei Ersatzmitgliedern. Die Ersatzmitglieder sind zu gleichen Teilen aus inländischen und ausländischen Vertreterinnen und Vertretern zu bestellen.

(3) Die Mitglieder der Beschwerdekommission werden durch die Generalversammlung nominiert und bestellt.[5]

(4) Mitglieder der Beschwerdekommission dürfen keinem anderen Organ der Agentur für Qualitätssicherung und Akkreditierung Austria angehören. Sie sind bei der Ausübung ihrer Funktion an keine Weisungen[6] gebunden.

(5)[7] Die Funktionsperiode der Mitglieder der Beschwerdekommission beträgt drei Jahre. Wiederbestellungen sind zulässig. Abweichend davon beträgt die erste Funktionsperiode eines inländischen Mitgliedes nach dem Inkrafttreten dieses Bundesgesetzes zwei Jahre.[8]

(6) Die Beschwerdekommission hat aus ihrem Kreis eine Vorsitzende oder einen Vorsitzenden zu wählen.

(7) Die Beschwerdekommission fasst ihre Beschlüsse mit einfacher Stimmenmehrheit.

(8) Die Generalversammlung hat[9] ein Mitglied der Beschwerdekommission vor Ablauf der Funktionsperiode auf Antrag der Beschwerdekommission oder nach deren Anhörung abzuberufen, wenn es seine Pflichten gröblich verletzt[10] oder vernachlässigt hat oder wenn es nicht mehr in der Lage ist, seine Aufgaben zu erfüllen.[11-12]

(9) Die Mitglieder der Beschwerdekommission haben Anspruch auf Vergütung der Tätigkeit, über deren Höhe das Board entscheidet, und auf den Ersatz der Reisegebühren.

(10) Eine Beschwerde ist von dem für die beschwerdeführende Bildungseinrichtung zur Vertretung nach außen ermächtigten Organ[13] schriftlich bei der Geschäftsstelle einzubringen. Die Geschäftsstelle hat die Beschwerde unverzüglich zur Prüfung an die Beschwerdekommission weiterzuleiten und das Board darüber zu informieren. Die Beschwerdekommission kann die Beschwerde im Schriftweg behandeln oder die beschwerdeführende Bildungseinrichtung zu einem Gespräch einladen. Die Kommission kann im Einvernehmen mit der beschwerdeführenden Bildungseinrichtung auch eine Anhörung Dritter durchführen. Die Beschwerdekommission hat dem Board und der beschwerdeführenden Bildungseinrichtung über die Ergebnisse ihrer Ermittlungen zu berichten und gegebenenfalls geeignete Maßnahmen zur Problemlösung vorzuschlagen.

(11)[14] Der genaue Ablauf des Verfahrens ist in der Geschäftsordnung[15] gemäß § 9 Abs 1 Z 7 festzulegen.

1 „Mit der Einrichtung einer Beschwerdekommission wird auch eine der zentralen Empfehlungen umgesetzt, die sowohl in den externen Evaluierungen der AQ Austria als auch des Akkreditierungsrates formuliert wurde" (ErläutRV 1222 BlgNR 24. GP).

2 „Agenturen, die formale Qualitätssicherungsentscheidungen oder Schlussfolgerungen mit formalen Konsequenzen treffen, müssen den ‚European Standards and Guidelines' (ESG) folgend über Beschwerdeverfahren verfügen. Das Organ, das als Schieds- und Beschwerdestelle für einen fairen Ablauf der Verfahren und als Organ für Einsprüche von Hochschulen gegen Zertifizierungsentscheidungen dient, ist die Beschwerdekommission. Sie entscheidet nicht über Berufungen iS des gleichnamigen Rechtsmittels nach AVG, sondern überprüft den Ablauf der Verfahren bzw die Zertifizierungsentscheidungen des Boards bei Audits, welche keine Bescheide nach AVG sind" (ErläutRV 1222 BlgNR 24. GP).

3 S dazu etwa § 22 Abs 7 HS-QSG.

4 „Die Mitglieder der Beschwerdekommission sollen sowohl nationale als auch internationale Mitglieder sein und über Expertise aus verschiedenen Bereichen verfügen (Hochschulwesen, Qualitätssicherung, rechtliche Qualifikationen), die die Tätigkeiten einer Schieds- und Beschwerdestelle abdecken. Für den Fall von Interessenskonflikten der Mitglieder der Beschwerdekommission sind zwei Ersatzmitglieder vorzusehen. Entsprechende Regelungen sind in der Geschäftsordnung des Boards zu treffen" (ErläutRV 1222 BlgNR 24. GP).

5 S dazu § 12 Abs 1 Z 2 HS-QSG.

6 Unter einer Weisung wird eine von einem Verwaltungsorgan ausgehende (generelle oder individuelle) Norm verstanden, die an einen untergeordneten Organwalter im Rahmen der Verwaltungsorganisation gerichtet ist (*Mayer/Kuscko-Stadlmayer/Stöger*, Bundesverfassungsrecht[11] [2015] Rz 612).

„Die Regelung des [§ 13] Abs 5 [HS-QSG] soll die Kontinuität der Arbeit des Beschwerdegremiums gewährleisten" (ErläutRV 1222 BlgNR 24. GP). **7**

Diese Bestimmung führt im Kern zu einer sog „Partialerneuerung" der Beschwerdekommission, wodurch sichergestellt wird, dass es nicht zu einem Wissens- bzw Kompetenzverlust im Zuge des Austausches der Mitglieder der Beschwerdekommission kommt. **8**

Bei Vorliegen der angeführten Gründe besteht kein Ermessensspielraum in Hinblick auf die Abberufung. **9**

Vom Vorliegen einer „gröblichen Pflichtverletzung" ist dann auszugehen, wenn objektive Gründe gegeben sind, welche erkennen lassen, dass die Interessen des Organs nicht bzw nicht mehr wahrgenommen werden (*Grimberger/Huber*, Das Recht der Privatuniversitäten [2012] Anm 14 zu § 7 HS-QSG mwN). **10**

Andere als die angeführten Gründe können nicht zu einer Abberufung führen. **11**

Im Übrigen unterliegt die Beschwerdekommission der Agentur für Qualitätssicherung und Akkreditierung Austria gem § 30 Abs 1 HS-QSG auch der Aufsicht des/der zuständigen Bundesministers/in; diese Aufsicht erstreckt sich auf die Einhaltung der Gesetze und Verordnungen sowie auf die Erfüllung der der Beschwerdekommission der Agentur für Qualitätssicherung und Akkreditierung Austria obliegenden Aufgaben. **12**

Gemeint sind damit die nach dem jeweiligen Recht des Erhalters bzw (Rechts-)Trägers der betroffenen Bildungsinstitution vertretungsbefugten Organe (zB Geschäftsführung für eine GmbH). **13**

„Der Verfahrensablauf ist in der Geschäftsordnung festzulegen. Damit wird sichergestellt, dass der Ablauf an den Richtlinien und Standards der Qualitätssicherungsverfahren ausgerichtet werden kann" (ErläutRV 1222 BlgNR 24. GP). **14**

S dazu die „Geschäftsordnung der Beschwerdekommission" vom 14.12.2012 idF 21.2.2013 (beschlossen als Ergänzung zur **15**

„Geschäftsordnung des Boards" vom 16.1.2012 (https://www.aq.ac.at/de/ueber-uns/dokumente-ueber-uns/0_Geschaeftsordnung_Beschwerdekommission_mit_Cover_11_11_2020_2.pdf?m=1616583656&; abgefragt am 26.3.2021).

Säumnis von Organen

§ 14. (1)[1] Kommt ein Organ der Agentur für Qualitätssicherung und Akkreditierung Austria gemäß §§ 5, 11 und 13 einer ihm nach diesem Bundesgesetz obliegenden Aufgabe nicht innerhalb einer angemessenen Zeit nach, hat das Board von Amts wegen eine Frist von vier Wochen zu setzen, innerhalb der das säumige Organ die zu erfüllende Aufgabe nachzuholen hat. Lässt dieses die Frist verstreichen, ist die zu erfüllende Aufgabe
1. in Angelegenheiten gemäß § 5 Abs 2 durch die Generalversammlung,
2. in Angelegenheiten gemäß § 7 Abs 2 letzter Satz, § 11 Abs 1 Z 1 und 11[2] und Abs 3 und § 12 Abs 1 Z 1 und 2 durch die zuständige Bundesministerin oder den zuständigen Bundesminister,
3. und in Angelegenheiten gemäß § 9 Abs 1, § 12 Abs 1 Z 3 und § 13 Abs 3 durch das Kuratorium durchzuführen (Ersatzvornahme).

(2)[3] Abs 1 gilt nicht im Anwendungsbereich des Allgemeinen Verwaltungsverfahrensgesetzes 1991 (AVG), BGBl Nr 51/1991.

(3)[4] Ist das Board im Sinne des Abs 1 säumig, hat das Kuratorium auf Antrag eines davon betroffenen Organs der Agentur oder der Antrag stellenden Bildungseinrichtung oder von Amts wegen die Maßnahmen gemäß Abs 1 zu setzen.

(4)[5] Ist das Kuratorium im Sinne des Abs 2 säumig, hat die Generalversammlung die Ersatzvornahme vorzunehmen."[6]

„Die Säumnisregelungen sehen ein zweistufiges Verfahren vor. Ist das Kuratorium, die Generalversammlung oder die Beschwerdekommission säumig, so ist zunächst eine vierwöchige Frist durch das Board zu setzen. Kommen die Organe ihren Aufgaben nicht innerhalb dieser Frist nach, so geht die Angelegenheit an das Board, das Kuratorium oder die Generalversammlung über, die zum Handeln verpflichtet ist" (ErläutRV 1222 BlgNR 24. GP).

Bemerkenswerter Weise existiert kein § 11 Abs 1 Z 11 HS-QSG.

„Die Säumnisregelung bezieht sich auf alle Aufgaben der Organe der Agentur, welche nicht bescheidförmig erledigt werden" (ErläutRV 1222 BlgNR 24. GP).

„[§ 14] Abs 3 [HS-QSG] sieht für den Fall der Säumnis des Boards die Ersatzvornahme durch das Kuratorium vor" (ErläutRV 1222 BlgNR 24. GP).

„Für den Fall, dass auch das Kuratorium säumig ist, hat nach [§ 14] Abs 4 [HS-QSG] die Generalversammlung die Ersatzvornahme zu tätigen" (ErläutRV 1222 BlgNR 24. GP).

Grimberger/Huber, Privatuniversitäten, Anm 7 zu § 14 HS-QSG interpretieren die Bestimmung des § 14 Abs 4 HS-QSG als „besonderes Rechtsschutzregime im Bescheidverfahren im Rahmen des HS-QSG". Demnach soll der Säumnisschutz von § 14 Abs 4 HS-QSG lediglich in jenen Fällen gelten, in denen das Kuratorium auf Grund der Säumnis des Boards tätig werden muss.

3. Abschnitt
Gebarung und Rechnungswesen

Finanzen und Gebarung[1]

§ 15. (1)[2] Die Finanzierung der Agentur für Qualitätssicherung und Akkreditierung Austria erfolgt mit Bundesmitteln und durch eigene Einnahmen[3-4], die im Zusammenhang mit der Erfüllung der Aufgaben der Agentur für Qualitätssicherung und Akkreditierung Austria nach diesem Bundesgesetz erzielt werden. Die Bereitstellung der Bundesmittel erfolgt jährlich, nach Vorlage eines Finanzplanes, durch das Bundesministerium für Bildung, Wissenschaft und Forschung. Die Höhe der Bundesmittel ist nach den Grundsätzen des Bundeshaushaltsgesetzes, BGBl Nr 213/1986, und unter Berücksichtigung der finanziellen Leistungsmöglichkeiten des Bundes und der eigenen Einnahmen der Agentur für Qualitätssicherung und Akkreditierung Austria in der Art festzulegen, dass die Organe der Agentur ihre in diesem Bundesgesetz festgelegten Aufgaben erfüllen können.[5]

(2) Die Präsidentin oder der Präsident des Boards hat der zuständigen Bundesministerin oder dem zuständigen Bundesminister bis 30. Juni jeden Jahres den Finanzplan für das folgende Jahr und die Vorschau über die drei[6] darauf folgenden Jahre zur Genehmigung vorzulegen. Für das erste Geschäftsjahr ist durch das Bundesministerium für Bildung, Wissenschaft und Forschung ein provisorischer Finanzplan zu erstellen, der bis zur Genehmigung eines Finanzplanes durch das Board Anwendung findet.

(3) Die Zuteilungen der Mittel erfolgen monatlich aliquot.[7]

(4)[8] Die Agentur für Qualitätssicherung und Akkreditierung Austria kann über ihre Einnahmen frei verfügen,[9] sofern gesetzlich nichts anderes bestimmt ist. Allfällige Zweckwidmungen sind zu berücksichtigen.[10]

(5) Die Gebarung der Agentur für Qualitätssicherung und Akkreditierung Austria erfolgt im eigenen Namen und auf eigene Rechnung.

(6) Für Verbindlichkeiten der Agentur für Qualitätssicherung und Akkreditierung Austria übernimmt der Bund keine Haftung.[11]

(7) Die Gebarung der Agentur für Qualitätssicherung und Akkreditierung Austria unterliegt der Prüfung durch den Rechnungshof.[12]

Finanzen und Gebarung § 15

„§ 15 [HS-QSG] regelt die Finanzierung der Agentur für Qualitätssicherung und Akkreditierung Austria. Die Finanzierung der Agentur erfolgt aus Bundesmitteln sowie aus eigenen Einnahmen" (ErläutRV 1222 BlgNR 24. GP, 14). 1

Zur vergleichbaren Rechtssituation im Bereich der Gebarung gem UG 2002 s bei: *Nowotny*, in: *Perthold-Stoitzner* (Hg), Universitätsgesetz[3.01] (2018) Anm 1 ff zu § 15 und Anm 1 ff zu § 16 UG; s generell zu den Dimensionen der Gebarung der öffentlich-rechtlichen Einrichtungen bei: *Schauer*, Rechnungswesen in öffentlichen Verwaltungen[4] (2020) passim.

„Da die Agentur als eigene juristische Person des öffentlichen Rechts von den Bundeshaushaltsvorschriften ausgenommen ist, hat sie ihre finanzielle Gebarung nach privatwirtschaftlichen Vorschriften auszurichten. Lediglich für die Zuweisung der Bundesmittel sind die Grundprinzipien der Bundeshaushaltsführung anzuwenden. Die Bereitstellung der Bundesmittel soll im Wege eines jährlichen Globalbudgets erfolgen, das auf der Basis eines jährlichen Finanzplanes festzulegen ist. Dieser Finanzplan ist auf jährlicher Basis für das Folgejahr durch die Geschäftsstelle und das Board zu erarbeiten und der Bundesministerin oder dem Bundesminister bis Mitte des Jahres vorzulegen, um entsprechende Abstimmungen bis zum Jahresbeginn des Folgejahres abschließen zu können. Mit der jährlichen Vorlage soll auch geänderten Verhältnissen besser Rechnung getragen werden. Um eine längerfristige finanzielle Entwicklung absehen zu können, ist vorgesehen, dass der Finanzplan jeweils eine Vorschau über die darauffolgenden zwei Jahre zu enthalten hat. Das Globalbudget deckt jedenfalls den Sachaufwand der Agentur ab. Die Bundesbediensteten, die bislang für die Geschäftsstellen des Fachhochschulrates und des Akkreditierungsrates tätig waren, werden der Geschäftsstelle der neuen Agentur zugewiesen [s dazu § 33 Abs 1 HS-QSG]. Des Weiteren kann die Agentur weitere Personen in privatrechtlichen Angestelltenverhältnissen aufnehmen [s dazu § 34 Abs 1 HS-QSG]. Aus dem Globalbudget ist auch die kontinuierliche begleitende Aufsicht akkreditierter hochschulischer 2

Bildungseinrichtungen und Studien hinsichtlich der Akkreditierungsvoraussetzungen [s dazu § 29 HS-QSG] abzudecken" (ErläutRV 1222 Blg-NR 24. GP, 14).

3 Krit zur Möglichkeit der Erbringung von entgeltlichen Dienstleitungen an hochschulische Einrichtungen betreffend der die AQ Austria Behörden- und Aufsichtsfunktionen wahrnimmt: *Hauser*, Regelungsziele und -inhalte des Entwurfs zum „Qualitätssicherungsrahmengesetz", zfhr 2011, 3 (5) sowie *Gualtieri/Huber*, in: *Hauser/Schweighofer* (Hg), (Groß-)Kommentar zum Fachhochschul-Studiengesetz (2017) Anm 8 zu §§ 15–17 HS-QSG.

4 Die durch Rechtsgeschäfte generierten Einnahmen sind insoweit in das Budget der AQ Austria einzuspeisen. Da die AQ Austria diesbezüglich auf eigene Rechnung tätig wird, kann sie über diese Einnahmen frei verfügen, sofern keine Zweckwidmungen vorliegen; freilich trifft sie auch eine entsprechende Haftung für die im Rahmen ihrer Rechtsfähigkeit eingegangene Rechtsgeschäfte (*Gualtieri/Huber*, in: *Hauser/Schweighofer*, Fachhochschul-Studiengesetz, Anm 4 zu §§ 15–17 HS-QSG).

5 *Gualtieri/Huber*, in: *Hauser/Schweighofer*, Fachhochschul-Studiengesetz, Anm 2 zu §§ 15–17 HS-QSG verweisen darauf, dass, sollte das vom Bund für die AQ Austria bereitgestellte Budget zur Erfüllung der gesetzlichen Aufgaben nicht ausreichend sein, eine entsprechende Klage nach Art 137 B-VG beim VfGH eingebracht werden könnte.

6 Bis zur Novelle BGBl I 2020/77 hatte die Vorschau lediglich zwei Jahre zu umfassen; dieser Planungshorizont wurde auf Grund einer Empfehlung des Rechnungshofes entsprechend verlängert, um eine bessere Abstimmung mit dem Planungshorizont des Bundes vornehmen zu können (ErläutRV 234 BlgNR 27. GP, 4).

7 Krit zur mit der monatlichen aliquoten Zuweisung verbundenen „Unbeweglichkeit" in der Gebarung der AQ Austria: *Gualtieri/Huber*, in: *Hauser/Schweighofer*, Fachhochschul-Studiengesetz, Anm 5 zu §§ 15–17 HS-QSG.

„Im Rahmen der Durchführung von Qualitätssicherungsverfahren oder etwa Studien und Projekten soll die Agentur auch eigene Einnahmen erwirtschaften. Über diese Einnahmen soll die Agentur frei disponieren, allfällige Zweckwidmungen sind möglich und im Rahmen des Finanzplans auszuweisen" (ErläutRV 1222 BlgNR 24. GP, 15). **8**

Dies gilt freilich nur in Hinblick auf jene Finanzmittel, die nicht zur Erfüllung der gesetzlichen Aufgaben gewidmet sind. **9**

Sofern im (bloßen) Innenverhältnis eine bestehende Zweckwidmung verletzt wird, hat dies für das Außenverhältnis grundsätzlich keine Auswirkungen (*Nowotny*, in: *Perthold-Stoitzner*, Universitätsgesetz[3.01] Anm 8 zu § 15 UG). **10**

Zu beachten ist dabei, dass der Haftungsausschluss des § 15 Abs 6 HS-QSG dort nicht Platz greifen kann, wo die AQ Austria hoheitliche Aufgaben im Bereich der Bundesverwaltung wahrnimmt; sofern von den Organen der AQ Austria Handlungen „in Vollziehung der Gesetze" vorgenommen werden, ist vielmehr für den Fall, dass damit Schädigungen Dritter einhergehen, von der Geltung des AHG auszugehen; s dazu Rz 4 zu § 9 HS-QSG und zu den weitgehend gleichlautenden Bestimmungen des § 15 Abs 5 UG: *Nowotny*, in: *Perthold-Stoitzner* (Hg), Universitätsgesetz[3.01], Anm 15 zu § 15 UG. **11**

Vgl zum Rechnungshof Art 121 B-VG sowie das RHG (BGBl 1948/144 idgF). **12**
Die Maßstäbe der Kontrolle durch den Rechnungshof werden von der ziffernmäßigen Richtigkeit, der Rechtmäßigkeit, der Sparsamkeit, der Wirtschaftlichkeit und der Zweckmäßigkeit gebildet; s dazu *Mayer/Kucsko-Stadlmayer/Stöger*, Bundesverfassungsrecht[11] (2015) Rz 1245 sowie *Berka*, Verfassungsrecht[7] (2018) Rz 859 ff.

Rechnungswesen

§ 16. (1)[1] Die Agentur für Qualitätssicherung und Akkreditierung Austria hat unter der Verantwortung der Präsidentin oder des Präsidenten des Boards unter sinngemäßer Anwendung des Unternehmensgesetzbuches, dRGBl S 219/1897[2], ein Rechnungswesen, einschließlich einer Kosten- und Leistungsrechnung, einzurichten, das
1. den Aufgaben der Agentur entspricht,
2. die Erfüllung der Berichterstattungspflichten nach den Richtlinien der Bundesministerin oder des Bundesministers für Finanzen für die einheitliche Einrichtung eines Planungs-, Informations- und Berichterstattungssystems des Bundes für das Beteiligungs- und Finanzcontrolling, BGBl II Nr 319/2002, sichert und
3. eine Trennung in Rechnungskreise[3] vorsieht, wobei jedenfalls eine Trennung zwischen den Aufgaben gemäß § 3 Abs 3 Z 1 bis 6[4] und Z 7 bis 10[5] vorzunehmen ist.[6]

(2)[7] Die zuständige Bundesministerin oder der zuständige Bundesminister kann durch Verordnung[8] festlegen, dass die Agentur für Qualitätssicherung und Akkreditierung Austria ihr oder ihm laufend automationsunterstützt und in technisch geeigneter Form den Zugang zu den für die Planung, Steuerung und die Statistik benötigten standardisierten Daten ermöglicht.

(3) Das Rechnungsjahr der Agentur für Qualitätssicherung und Akkreditierung Austria entspricht dem Kalenderjahr.

(4)[9] Die Präsidentin oder der Präsident hat der zuständigen Bundesministerin oder dem zuständigen Bundesminister bis 30. Juni jeden Jahres einen Rechnungsabschluss über das abgelaufene Rechnungsjahr zusammen mit einem Bericht einer Abschlussprüferin oder eines Abschlussprüfers vorzulegen. Der Rechnungsabschluss besteht aus Bilanz, Gewinn- und Verlustrechnung sowie Erläuterungen. Die Abschlussprüferin oder der Abschlussprüfer muss eine von der Agentur für

Qualitätssicherung und Akkreditierung Austria unabhängige beeidete Wirtschaftsprüferin und Steuerberaterin oder ein unabhängiger beeideter Wirtschaftsprüfer und Steuerberater oder eine Wirtschaftsprüfungs- und Steuerberatungsgesellschaft sein. Für die Auswahl und die Verantwortung der Abschlussprüferin oder des Abschlussprüfers sowie für die Durchführung der Prüfung gelten die Bestimmungen des Unternehmensgesetzbuches sinngemäß.

(5) Die Bestellung der Abschlussprüferin oder des Abschlussprüfers hat durch die zuständige Bundesministerin oder den zuständigen Bundesminister auf Vorschlag des Kuratoriums[10] vor Ablauf des Rechnungsjahres zu erfolgen.[11]

„Für das Rechnungswesen der Agentur sollen keine gesonderten Gliederungs- und Bewertungsvorschriften geschaffen werden. Durch den dynamischen Verweis auf die Bestimmungen des UGB werden auch die Weiterentwicklungen im Rechnungswesen berücksichtigt" (ErläutRV 1222 BlgNR 24. GP, 15). **1**

Zum Rechnungswesen der AQ Austria s im Detail bei: *Gualtieri/Huber*, in: *Hauser/Schweighofer* (Hg), (Groß-)Kommentar zum Fachhochschul-Studiengesetz (2017) Anm 9 ff zu §§ 15–17 HS-QSG mwN.

UGB; zuletzt geändert durch BGBl I 2021/86. **2**

„Die angeführte Pflicht zur Führung zweier getrennter Rechnungskreise ist erforderlich, um eine Trennung der hoheitlichen Aufgaben und der sonstigen Tätigkeiten zu ermöglichen. Die Zusatzkosten der sonstigen Betätigungen sind entsprechend der Bestimmungen des Sonderrechnungslegungsgesetzes [„Bundesgesetz über Sonderrechnungslegungsvorschriften für Unternehmen, die zu einer getrennten Buchführung verpflichtet sind" – SRLG; BGBl I 2007/14] eigens zu ermitteln, um eine Querfinanzierung der privatwirtschaftlichen Tätigkeiten durch Bundesmittel zu vermeiden" (ErläutRV 1222 BlgNR 24. GP, 15). **3**

4 Zu den Aufgaben gem § 3 Abs 3 Z 1 bis 6 HS-QSG zählen:
- Entwicklung und Durchführung externer Qualitätssicherungsverfahren, jedenfalls Audit- und Akkreditierungsverfahren, nach nationalen und internationalen Standards;
- Akkreditierung von hochschulischen Bildungseinrichtungen und Studien;
- Berichte an den Nationalrat im Wege der zuständigen Bundesministerin oder des zuständigen Bundesministers;
- Veröffentlichung der Ergebnisberichte der Qualitätssicherungsverfahren;
- kontinuierliche begleitende Aufsicht akkreditierter hochschulischer Bildungseinrichtungen und Studien hinsichtlich der Akkreditierungsvoraussetzungen;
- Aufgaben gemäß den Bestimmungen des FHG und des PrivHG.

5 Zu den Aufgaben gem § 3 Abs 3 Z 7 bis 10 HS-QSG zählen:
- Zertifizierung von Bildungseinrichtungen nach Audit;
- Durchführung von Studien und Systemanalysen, Evaluierungen und Projekten;
- Information und Beratung zu Fragen der Qualitätssicherung und Qualitätsentwicklung;
- Internationale Zusammenarbeit im Bereich der Qualitätssicherung.

6 Bemerkenswerter Weise finden die Aufgaben gem § 3 Abs 3 Z 11 HS-QSG („Durchführung der Meldeverfahren für Studien ausländischer Bildungseinrichtungen" sowie § 3 Abs 3 Z 12 HS-QSG („Information und Beratung zu Fragen der Anerkennung nicht-formal und informell erworbener Kompetenzen") keine Erwähnung in § 16 Abs 1 Z 3 HS-QSG; die genannten Aufgaben wurden im Zuge von Novellen (nämlich BGBl I 2018/95 und BGBl I 2020/77) in das HS-QSG eingefügt.

7 „Darin kann insbes auch die Übermittlung von Daten zur Beantwortung von parlamentarischen Anfragen durch die Bundesministerin oder den Bundesminister vorgesehen werden" (ErläutRV 1222 BlgNR 24. GP, 15).

Rechnungswesen **§ 16**

Unter einer Verordnung versteht man eine generelle Rechtsvorschrift, die von einer Verwaltungsbehörde erlassen wird und die sich ihrem Inhalt nach an die Rechtsunterworfenen nach außen richtet; gem Art 139 B-VG können Verordnungen wegen Gesetzwidrigkeit vom VfGH aufgehoben werden. **8**

Gem § 4 Abs 3 Bundesgesetzblattgesetz (BGBl I 2003/100 idgF) können durch Verordnung des Bundeskanzlers im Einvernehmen mit der/dem zuständigen Bundesminister/in (zB: BMW) Verordnungen anderer Bundesbehörden (zB: Board) im Bundesgesetzblatt II (Verordnungsblatt) verlautbart werden; denkbar wäre auch eine Verlautbarung der Verordnungen gem HS-QSG im so genannten Verordnungsblatt des BMW.

„Die Agentur hat der zuständigen Bundesministerin oder dem zuständigen Bundesminister jährlich einen Rechnungsabschluss über das vorangegangene Kalenderjahr vorzulegen. Der Rechnungsabschluss entspricht dem Jahresabschluss nach UGB, die Prüfung obliegt einer Abschlussprüferin oder einem Abschlussprüfer. Der Rechnungsabschluss soll aus Bilanz, Gewinn- und Verlustrechnung sowie den dazugehörigen Erläuterungen bestehen. Eine Verpflichtung zur Aufstellung eines Lageberichtes im Sinn des § 243 UGB ist nicht vorgesehen, da gesonderte Tätigkeitsberichte durch das Board an die für die Aufsicht zuständige Bundesministerin oder den zuständigen Bundesminister vorzulegen sind. Der Umfang der Erläuterungen hat sich in sinngemäßer Anwendung an den Bestimmungen des UGB zum Anhang zu orientieren, wobei durch die Verwendung des Begriffs ‚Erläuterungen' statt ‚Anhang' klargestellt wird, dass es im Wesentlichen um eine Klarstellung und Zusatzinformation zu den im Rechnungsabschluss angeführten Informationen geht. Für die Auswahl und Verantwortungen der Abschlussprüferin oder des Abschlussprüfers wird sinngemäß auf die Bestimmungen des UGB verwiesen" (ErläutRV 1222 BlgNR 24. GP, 15). **9**

S dazu § 5 Abs 2 Z 2 HS-QSG. **10**

11 „Die Kosten für die Abschlussprüfung sind von der Agentur zu tragen" (ErläutRV 1222 BlgNR 24. GP, 15).

Abgaben- und Gebührenbefreiung

§ 17. (1)[1] Bei der Erfüllung ihrer Aufgaben unterliegt die Agentur für Qualitätssicherung und Akkreditierung Austria nicht den Bestimmungen der Gewerbeordnung 1994, BGBl Nr 194/1994.[2]

(2) Alle dem Bund auf Grund bundesgesetzlicher Bestimmungen eingeräumten abgaben- und gebührenrechtlichen Begünstigungen finden auch auf die Agentur für Qualitätssicherung und Akkreditierung Austria Anwendung, soweit diese in Erfüllung ihrer gesetzlichen Aufgaben tätig wird.[3]

(3) Sämtliche mit der Errichtung der Agentur für Qualitätssicherung und Akkreditierung Austria und der Vermögensübertragung nach § 36 Abs 4 und 5 und der Übertragung von Rechten, Forderungen und Verbindlichkeiten vom Bund an die Agentur verbundenen Vorgänge sind von allen bundesgesetzlich geregelten Abgaben befreit.

1 „Die Tätigkeit der Agentur für Qualitätssicherung und Akkreditierung Austria umfasst im Wesentlichen hoheitliche Aufgaben, privatwirtschaftliche Tätigkeiten unterliegen der beschränkten Steuerpflicht, sofern diese im Rahmen eines Betriebes gewerblicher Art ausgeübt werden" (ErläutRV 1222 BlgNR 24. GP, 15).

Zu den Möglichkeiten und Perspektiven eines „Betriebes gewerblicher Art" s bei: *Schellmann*, in: *Perthold-Stoitzner* (Hg), Universitätsgesetz$^{3.01}$ (2018) Anm 12 ff zu § 18 UG.

2 Zu beachten ist, dass der Ausschluss der Geltung der Gewerbeordnung für die AQ Austria nur im Hinblick auf die Erfüllung ihrer Aufgaben gilt; sofern von der AQ Austria Tätigkeiten ausgeübt werden, welche über die zugewiesenen Aufgaben hinausreichen, ist hingegen sehr wohl von der Geltung der Gewerbeordnung auszugehen (so auch: *Gualtieri/Huber*, in: *Hauser/*

Schweighofer [Hg], [Groß-]Kommentar zum Fachhochschul-Studiengesetz [2017] Anm 19 zu §§ 15–17 HS-QSG).
Zu den Aufgaben der AQ Austria s insbes § 3 Abs 3 HS-QSG.

S dazu näher bei: *Gualtieri/Huber*, in: *Hauser/Schweighofer*, **3**
Fachhochschul-Studiengesetz, Anm 20 ff zu §§ 15–17 HS-QSG.

4. Abschnitt
Grundsätze und Verfahren der Qualitätssicherung[1]

Qualitätssicherungsverfahren

§ 18.[2] (1) Das Qualitätsmanagementsystem von Universitäten gemäß § 6 Abs 1 UG[3], von Fachhochschulen nach FHG, die die Voraussetzungen gemäß § 23 Abs 9 erfüllen,[4] sowie von öffentlichen Pädagogischen Hochschulen und anerkannten privaten Pädagogischen Hochschulen[5] ist in periodischen Abständen einem Audit[6] zu unterziehen.

(2)[7] Die staatliche Anerkennung von Bildungseinrichtungen als Fachhochschule, als Privathochschule[8] oder als Privatuniversität[9] erfolgt durch Akkreditierung der Bildungseinrichtungen (institutionelle Akkreditierung)[10] und Akkreditierung der Studien (Programmakkreditierung)[11].

(3)[12] Neu einzurichtende Fachhochschul-Studiengänge[13] und Studien an Privathochschulen und Privatuniversitäten, die mit einem akademischen Grad enden, sind zu akkreditieren.

(4)[14] Die Agentur für Qualitätssicherung und Akkreditierung Austria sowie von dieser beauftragte Auftragsverarbeiter sind berechtigt, zur Erfüllung ihrer Aufgaben personenbezogene Daten gemäß Art 4 Nr 1 der Verordnung (EU) 2016/679[15] zum Schutz natürlicher Personen bei der Verarbeitung personenbezogener Daten, zum freien Datenverkehr und zur Aufhebung der Richtlinie 95/46/EG (Datenschutz-Grundverordnung), ABl Nr L 119 vom 4.5.2016 S 1, (im Folgenden: DSGVO), von Studierenden und dem Personal der betroffenen Einrichtungen zu verarbeiten.

§ 18

1 „Hier werden die Verfahrenstypen für die unterschiedlichen Bildungseinrichtungen und zentrale Rahmenbedingungen, die über die Sektoren hinweg gelten, festgelegt, wie etwa die Zyklen der Verfahren, die Veröffentlichungspflicht der Ergebnisberichte und der Entscheidungen, die Festlegung, dass die Qualitätssicherungsverfahren kostenpflichtig sind etc" (ErläutRV 1222 BlgNR 24. GP, 15).

2 „Die öffentlichen Universitäten sind zum Aufbau eines internen Qualitätsmanagementsystems verpflichtet, eine regelmäßige externe Überprüfung ist gesetzlich bislang nicht vorgeschrieben. Durch das HS-QSG wird eine verpflichtende externe Überprüfung des institutionellen Qualitätsmanagementsystems in Form von regelmäßigen Audits verankert. Im Fachhochschulbereich soll die Entwicklung hin zu institutionell-fokussierten Verfahren, die bereits durch den Fachhochschulrat eingeleitet wurde, weitergeführt werden. Alle Erhalter von Fachhochschul-Studiengängen, die bis zum 29.2.2012 [gem § 27 Abs 11 FHStG: 1.3.2012] akkreditiert und einer institutionellen Evaluierung durch den Fachhochschulrat unterzogen wurden, haben sich künftig einem Audit zu unterziehen" (ErläutRV 1222 BlgNR 24. GP, 15).

3 In § 6 Abs 1 Z 1 bis 22 UG sind folgende Universitäten angeführt: Universität Wien, Universität Graz, Universität Innsbruck, Medizinische Universität Wien, Medizinische Universität Graz, Medizinische Universität Innsbruck, Universität Salzburg, Technische Universität Wien, Technische Universität Graz, Montanuniversität Leoben, Universität für Bodenkultur Wien, Veterinärmedizinische Universität Wien, Wirtschaftsuniversität Wien, Universität Linz, Universität Klagenfurt, Universität für angewandte Kunst Wien, Universität für Musik und darstellende Kunst Wien, Universität Mozarteum Salzburg, Universität für Musik und darstellende Kunst Graz, Universität für künstlerische und industrielle Gestaltung Linz, Akademie der bildenden Künste Wien, Universität für Weiterbildung Krems (Donau-Universität Krems).

In § 23 Abs 9 HS-QSG ist normiert, dass eine Fachhochschule **4** nach ununterbrochener Akkreditierungsdauer von zwölf Jahren einem Audit gemäß § 22 HS-QSG zu unterziehen ist und in weiterer Folge ein entsprechendes Audit alle sieben Jahre stattzufinden hat.

Gem § 27 Abs 11 FHStG war für die am 1.3.2012 bestehenden Erhalter mit akkreditierten Fachhochschul-Studiengängen, die bereits eine institutionelle Evaluierung positiv durchlaufen hatten, kein Verfahren gem § 23 HS-QSG erforderlich. Die Agentur für Qualitätssicherung und Akkreditierung Austria hatte eine unbefristete Akkreditierung gem § 23 HS-QSG mit Bescheid auszusprechen. Diese Erhalter hatten binnen sechs Jahren, gerechnet ab dem Datum der letztmaligen institutionellen Evaluierung, das erste Audit gem § 22 HS-QSG durchzuführen. Für die am 1.3.2012 bestehenden Erhalter mit akkreditierten Fachhochschul-Studiengängen, die noch keine institutionelle Evaluierung durchlaufen hatten, war bis 31.12.2014 eine institutionelle Akkreditierung gem § 23 HS-QSG erforderlich.

Erst durch die Novelle BGBl I 2020/77 wurden die (öffentlichen **5** und privaten) Pädagogischen Hochschulen in die Bestimmung des § 18 ff HS-QSG integriert; dies ist insofern bemerkenswert, als dass im Zuge der Novelle BGBl I 2013/124 ein eigener „Abschnitt 7a" mit der Überschrift „Qualitätssicherungsrat für Pädagoginnen- und Pädagogenbildung" (§ 30a HS-QSG) eingefügt wurde; dazu krit: *Hauser*, Zentrale Hinweise zur gesetzlichen Neugestaltung der Ausbildung für Pädagog/inn/en, zfhr 2014, 17 ff (21).

„Ein Audit ist ein zyklisches Peer-Verfahren, das auf die Hoch- **6** schule als Ganzes (bzw einzelne Leistungsbereiche) ausgerichtet sein kann und das die Leistungsfähigkeit des institutionellen Qualitätsmanagementsystems in Kombination mit stichprobenartiger Begutachtung einzelner Kern- und Schlüsselprozesse beurteilt. Das Audit endet in einer Zertifizierung des institutionellen Qualitätsmanagementsystems" (ErläutRV 1222 BlgNR 24. GP, 16).

7 „Im Privatuniversitätensektor soll an den etablierten Akkreditierungsverfahren mit entsprechenden Anpassungen festgehalten werden" (ErläutRV 1222 BlgNR 24. GP, 16).

8 Zu den Voraussetzungen für die Akkreditierung einer Privathochschule s § 2 PrivHG; die Voraussetzungen für die Verlängerung der Akkreditierung einer Privathochschule sind in § 3 PrivHG grundgelegt.

9 Zu den Voraussetzungen für die Akkreditierung einer Privatuniversität s § 4 PrivHG; in § 4 Abs 1 PrivHG ist normiert, dass eine Privathochschule im Zuge der Verlängerung der Akkreditierung einen Antrag auf Akkreditierung als Privatuniversität stellen kann, wobei dieser Antrag die Akkreditierung zumindest eines Doktoratsstudiums umfassen muss.

10 Institutionelle Akkreditierung (= Akkreditierung von Bildungseinrichtungen): „Sie dient der Überprüfung der Organisations- und Leistungsbereiche einer Einrichtung nach vorgegebenen Standards und Kriterien und der formellen Anerkennung einer Einrichtung durch eine externe Körperschaft. Nach internationalem Verständnis verleiht die institutionelle Akkreditierung das befristete Recht zum Betrieb einer hochschulischen Einrichtung. Bei einer institutionellen Akkreditierung werden ua die akademische Organisationsstruktur, die Personal-, Sach- und Finanzausstattung, die Forschungsressourcen und das Qualitätsmanagementsystem überprüft" (ErläutRV 1222 BlgNR 24. GP, 16); s dazu auch § 2 Z 3 HS-QSG.

11 Programmakkreditierung (= Akkreditierung von Studien): „Die Programmakkreditierung verleiht nach internationalem Verständnis einer hochschulischen Einrichtung das befristete Recht zur Durchführung von Studien (inkl Vorgabe der dazu gehörenden akademischen Grade). Bei einer Programmakkreditierung werden ua der Studienplan, die Personal-, Sach- und Finanzausstattung und die Qualitätssicherung in Hinblick auf die einzelnen Studien überprüft" (ErläutRV 1222 BlgNR 24. GP, 16).

„Alle neuen Studiengänge bei Erhaltern von Fachhochschul-Studiengängen und an [Privathochschulen bzw] Privatuniversitäten haben sich einer einmaligen Programmakkreditierung zu unterziehen. Dies gilt auch für [Universitäts-]Lehrgänge an [Privathochschulen bzw] Privatuniversitäten, die mit einem akademischen Grad enden. Sonstige Bildungsangebote (Vorträge, Kurse, Seminare, Lehrgänge) sowie Studien, die zu akademischen Bezeichnungen führen („Akademische Expertin/Akademischer Experte") an [Privathochschulen bzw] Privatuniversitäten unterliegen unabhängig von Dauer und Umfang nicht der Akkreditierung, sofern für diese Angebote die Verleihung eines akademischen Grades nicht vorgesehen ist" (ErläutRV 1222 BlgNR 24. GP, 16). **12**

Zur Akkreditierung von Lehrgängen zur Weiterbildung an Privathochschulen bzw Universitätslehrgängen an Privatuniversitäten s § 24 Abs 5 HS-QSG.

Lehrgänge zur Weiterbildung gem § 9 FHG, die ebenfalls akademische Abschlüsse vermitteln (können), sind davon nicht erfasst. Derartige Lehrgänge stellen gem § 22 Abs 2 Z 5 HS-QSG lediglich einen Prüfbereich im Zuge des Verfahrens zur Zertifizierung des Qualitätsmanagementsystems des Erhalters dar. **13**

Die Bestimmung des § 18 Abs 4 HS-QSG wurde im Zuge der Novelle BGBl I 2018/31 in das Gesetz eingefügt. **14**

Art 4 Nr 1 DSGVO lautet wie folgt: „*Personenbezogene Daten' [sind] alle Informationen, die sich auf eine identifizierte oder identifizierbare natürliche Person (im Folgenden: „betroffene Person") beziehen; als identifizierbar wird eine natürliche Person angesehen, die direkt oder indirekt, insbesondere mittels Zuordnung zu einer Kennung wie einem Namen, zu einer Kennnummer, zu Standortdaten, zu einer Online-Kennung oder zu einem oder mehreren besonderen Merkmalen, die Ausdruck der physischen, physiologischen, genetischen, psychischen, wirtschaftlichen, kulturellen oder sozialen Identität dieser natürlichen Person sind, identifiziert werden kann.*" **15**

Ausführlich zu den geschützten Daten s bei: *Diregger*, Handbuch Datenschutzrecht (2018) 85 ff.

Durchführung der Qualitätssicherungsverfahren[1]

§ 19. (1)[2] Audits an Universitäten gemäß § 6 Abs 1 UG[3], an Fachhochschulen nach FHG sowie an öffentlichen und anerkannten privaten Pädagogischen Hochschulen nach HG gemäß den in § 22 genannten Prüfbereichen können durch die Agentur für Qualitätssicherung und Akkreditierung Austria,[4] durch eine im European Quality Assurance Register for Higher Education (EQAR)[5] registrierte oder eine andere international anerkannte und unabhängige Qualitätssicherungsagentur durchgeführt werden. In diesen Fällen hat das Ergebnis dieselben Wirkungen wie ein Audit, das von der Agentur für Qualitätssicherung und Akkreditierung Austria durchgeführt wurde.

(1a)[6] Bildungseinrichtungen, die ihr internes Qualitätsmanagement unter Zuhilfenahme der Beratung der Agentur für Qualitätssicherung und Akkreditierung Austria, einer im EQAR registrierten oder anderen international anerkannten und unabhängigen Qualitätssicherungsagentur aufgebaut haben, dürfen beim nächsten durchzuführenden Qualitätssicherungsverfahren nicht diese Agentur wählen.

(2)[7] Die zuständige Bundesministerin oder der zuständige Bundesminister hat die Qualitätssicherungsagenturen gemäß Abs 1 mittels Verordnung[8] kundzumachen.[9]

(3)[10] Akkreditierungsverfahren sind von der Agentur für Qualitätssicherung und Akkreditierung Austria durchzuführen.[11]

1 Als Qualitätssicherungsverfahren kommen Audits und Akkreditierungen zur Anwendung. Audit und Akkreditierung sind Verfahren, die unterschiedliche Ziele verfolgen und dementsprechend unterschiedliche Prüfbereiche haben. Akkreditierungsverfahren dienen der Überprüfung einer Einrichtung bzw eines Studienganges nach vorgegebenen (Mindest-)Standards und der Verleihung des befristeten Rechts zum Betrieb einer hochschulischen Einrichtung bzw zur Durchführung von hochschulischen Studien. Ein Audit hingegen überprüft das institutionelle Qualitätsmanagementsystem in Kombination mit einzelnen Kern- und Schlüsselbereichen einer Hochschule.

- *Akkreditierung von Studien* (Programmakkreditierung): Die Programmakkreditierung verleiht nach internationalem Verständnis einer hochschulischen Einrichtung das befristete Recht zur Durchführung von Studien (inkl Vorgabe der dazu gehörenden akademischen Grade). Bei einer Programmakkreditierung werden ua der Studienplan, die Personal-, Sach- und Finanzausstattung und die Qualitätssicherung in Hinblick auf die einzelnen Studien überprüft.
- *Akkreditierung von Bildungseinrichtungen* (Institutionelle Akkreditierung): Sie dient der Überprüfung der Organisations- und Leistungsbereiche einer Einrichtung nach vorgegebenen Standards und Kriterien und der formellen Anerkennung einer Einrichtung durch eine externe Körperschaft. Nach internationalem Verständnis verleiht die institutionelle Akkreditierung das befristete Recht zum Betrieb einer hochschulischen Einrichtung. Bei einer institutionellen Akkreditierung werden ua die akademische Organisationsstruktur, die Personal-, Sach- und Finanzausstattung, die Forschungsressourcen und das Qualitätsmanagementsystem überprüft.
- *Audit:* Ein Audit ist ein zyklisches Peer-Verfahren, das auf die Hochschule als Ganzes (bzw einzelne Leistungsbereiche) ausgerichtet sein kann und das die Leistungsfähigkeit des institutionellen Qualitätsmanagementsystems in Kombination mit stichprobenartiger Begutachtung einzelner Kern- und Schlüsselprozesse beurteilt. Das Audit endet in einer Zertifizierung des institutionellen Qualitätsmanagementsystems; s dazu § 22 HS-QSG.

„Alle Qualitätssicherungsverfahrenstypen sollen in Abstimmung mit den Prüfbereichen und den Rahmenbedingungen der Hochschulsektoren und den ESG entwickelt werden. Bei allen Verfahrenstypen der Agentur für Qualitätssicherung und Akkreditierung Austria soll der Einbezug der Studierenden, zB als Mitglied der Gruppe der Gutachterinnen und Gutachter, weitgehend beachtet werden" (ErläutRV 1222 BlgNR 24. GP, 16).

2 „Im Bereich der Audits besteht prinzipiell Wahlfreiheit der Hochschulen hinsichtlich der Agentur. Die Hochschulen können die Agentur für Qualitätssicherung und Akkreditierung Austria oder eine andere Agentur wählen. Diese Agentur muss jedoch im EQAR, dem Europäischen Register der Qualitätssicherungsagenturen, registriert sein oder eine andere international anerkannte und unabhängige Qualitätssicherungsagentur sein" (ErläutRV 1222 BlgNR 24. GP, 16).

3 In § 6 Abs 1 Z 1 bis 22 UG sind folgende Universitäten angeführt: Universität Wien, Universität Graz, Universität Innsbruck, Medizinische Universität Wien, Medizinische Universität Graz, Medizinische Universität Innsbruck, Universität Salzburg, Technische Universität Wien, Technische Universität Graz, Montanuniversität Leoben, Universität für Bodenkultur Wien, Veterinärmedizinische Universität Wien, Wirtschaftsuniversität Wien, Universität Linz, Universität Klagenfurt, Universität für angewandte Kunst Wien, Universität für Musik und darstellende Kunst Wien, Universität Mozarteum Salzburg, Universität für Musik und darstellende Kunst Graz, Universität für künstlerische und industrielle Gestaltung Linz, Akademie der bildenden Künste Wien, Universität für Weiterbildung Krems (Donau-Universität Krems).

4 Zu den damit verbundenen Problemlagen, wenn die AQ Austria auch „Beratungsleistungen" für die von ihr zu akkreditierenden Bildungseinrichtungen durchführt s *Grimberger/Huber*, Das Recht der Privatuniversitäten (2012) Anm 4 zu § 19 HS-QSG und krit: *Hauser*, Regelungsziele und -inhalte des Entwurfs zum „Qualitätssicherungsrahmengesetz", 5; s auch Rz 7 zu § 19 HS-QSG.

S dazu die einschlägige Homepage unter https://www.eqar.eu. **5**

Die Bestimmung des § 19 Abs 1a HS-QSG war bis zur Novelle **6** BGBl I 2020/77 – nahezu wortgleich – (als Satz 2) in § 19 Abs 1 HS-QSG integriert. In den ErläutRV 234 BlgNR 27. GP, 4 wird betont, dass das Beratungsverbot für alle Qualitätssicherungsagenturen und nicht nur für die AQ Austria, gilt; damit sollen gleiche Wettbewerbsbedingungen geschaffen werden; s dazu auch Rz 7 zu § 19 HS-QSG.

„Diese Agenturen sind vor der Durchführung mittels Verordnung **7** durch die zuständige Bundesministerin oder den zuständigen Bundesminister festzulegen. Diese Festlegung soll nach verschiedenen Kriterien erfolgen. Die Unabhängigkeit und internationale Anerkennung kann auf verschiedenen Wegen nachgewiesen werden: etwa durch eine externe Evaluierung gemäß den ESG, der Mitgliedschaft in ENQA, der Registrierung im EQAR, durch nachgewiesene Verfahrensexpertise etc. Im EQAR registrierte Agenturen erfüllen diese Anforderungen jedenfalls, da diese extern evaluiert und international anerkannt sind.

Lässt sich eine Hochschule von einer der festgelegten Agenturen auditieren, dann soll das Ergebnis als solches die gleichen Rechtswirkungen entfalten können wie die Entscheidung im Falle eines Audit-Verfahrens durch die Agentur für Qualitätssicherung und Akkreditierung Austria.

Um potenzielle Konflikte, die auf Grund von Beratungsleistungen und einer anschließenden Zertifizierung durch dieselbe Agentur entstehen könnten, zu vermeiden, ist eine entsprechende Unvereinbarkeitsbestimmung vorgesehen. Damit soll auch die Unabhängigkeit der Entscheidung der Agentur gewährleistet werden" (ErläutRV 1222 BlgNR 24. GP, 17).

Unter einer Verordnung versteht man eine generelle Rechtsvor- **8** schrift, die von einer Verwaltungsbehörde erlassen wird und die sich ihrem Inhalt nach an die Rechtsunterworfenen nach außen richtet; gem Art 139 B-VG können Verordnungen wegen Gesetzwidrigkeit vom VfGH aufgehoben werden.

Gem § 4 Abs 3 Bundesgesetzblattgesetz (BGBl I 2003/100 idgF) können durch Verordnung des Bundeskanzlers im Einvernehmen mit der/dem zuständigen Bundesminister/in (zB: BMW) Verordnungen anderer Bundesbehörden (zB: Board) im Bundesgesetzblatt II (Verordnungsblatt) verlautbart werden; denkbar wäre auch eine Verlautbarung der gegenständlichen Verordnungen im so genannten Verordnungsblatt des BMW.

9 Gem § 2 Hochschul-QualitätssicherungsagenturenV (BGBl II 2015/47) sind derzeit folgende Qualitätssicherungsagenturen dazu berechtigt, Audits gemäß § 22 Abs 2 HS-QSG (an Universitäten und Fachhochschulen) durchzuführen:
1. *Agentur für Qualitätssicherung und Akkreditierung Austria* – AQ Austria.
2. Folgende im *European Quality Assurance Register for Higher Education (EQAR) registrierte Qualitätssicherungsagenturen*:
   – Akkreditierungs-, Certifizierungs- und Qualitätssicherungs-Institut – ACQUIN;
   – Akkreditierungsagentur im Bereich Gesundheit und Soziales – AHPGS;
   – Agentur für Qualitätssicherung durch Akkreditierung von Studiengängen – AQAS;
   – Akkreditierungsagentur für Studiengänge der Ingenieurwissenschaften, der Informatik, der Naturwissenschaften und der Mathematik – ASIIN;
   – Evaluationsagentur Baden-Württemberg – evalag;
   – Finnish Education Evaluation Centre – FINEEC;
   – Foundation for International Business Administration Accreditation – FIBAA;
   – Haut Conseil de l'évaluation de la recherche et de l'enseignement supérieur – HCERES;
   – Schweizerische Agentur für Akkreditierung und Qualitätssicherung – AAQ;

- Zentrale Evaluations- und Akkreditierungsagentur Hannover – ZEvA.
3. *Andere international anerkannte und unabhängige Qualitätssicherungsagenturen:*
- European Association of Establishments for Veterinary Education – EAEVE;
- European Foundation for Management Development – EFMD;
- European League of Institutes of the Arts – ELIA.

„Auf Grund der nationalen Zulassungsentscheidung sind Akkreditierungsverfahren durch die Agentur für Qualitätssicherung und Akkreditierung Austria durchzuführen. Damit ist auch ausgeschlossen, dass die Agentur vor einer Akkreditierung Beratungsleistungen für die Bildungseinrichtung tätigt" (ErläutRV 1222 BlgNR 24. GP, 17). **10**

S dazu aber auch § 30a HS-QSG. **11**

Verfahrenskosten[1]

§ 20. (1)[2] Die Agentur für Qualitätssicherung und Akkreditierung Austria ist berechtigt, für die von ihr durchgeführten Qualitätssicherungsverfahren ein Entgelt in Rechnung zu stellen und individuell vorzuschreiben. Das Entgelt umfasst die tatsächlich anfallenden Kosten für die Begutachtung sowie eine Verfahrenspauschale für die Agentur für Qualitätssicherung und Akkreditierung Austria.[3]

(2)[4] Die Agentur für Qualitätssicherung und Akkreditierung Austria hat die Höhe der Verfahrenspauschale[5] für Akkreditierungsverfahren gemäß § 18 Abs 2 und 3 festzulegen und entsprechend zu veröffentlichen. Die Festlegung bedarf der Genehmigung durch die zuständige Bundesministerin oder den zuständigen Bundesminister.

1 Zur Rechtsnatur der Verfahrenskosten s bei: *Grimberger/Huber*, Privatuniversitäten (2012), Anm 4 zu § 21 HS-QSG.

2 „Die Kosten für die Durchführung der Qualitätssicherungsverfahren sind durch die Hochschulen oder die antragstellende Einrichtung zu tragen. Die Kosten für die Verfahren setzen sich aus zwei Teilen zusammen, den tatsächlich anfallenden Kosten für die Gutachterinnen und Gutachter (Honorare, Reisekosten etc) und einer Verfahrenspauschale für die Agentur.

Die Kosten für die Gutachterinnen und Gutachter, dies sind insbes die Honorar-, Reise- und Aufenthaltskosten, sind den Hochschulen von der Agentur in voller Höhe in Rechnung zu stellen. Die Höhe der Verfahrenspauschale soll nicht nach den tatsächlich anfallenden Kosten für die Agentur berechnet werden, da dies die Kosten für die Hochschulen wesentlich erhöhen würde. Dementsprechend ist die Verfahrenspauschale als ein vorab festgesetzter Beitrag für die Leistungen der Agentur zu verstehen" (ErläutRV 1222 BlgNR 24. GP).

3 S dazu die vom Board der AQ Austria am 13.3.2019 beschlossenen „Verfahrenspauschalen der AQ Austria", der zufolge die Verfahrenspauschale für eine „institutionelle Erstakkreditierung" Euro 18.000,–, für eine „insititutionelle Reakkreditierung" Euro 15.000,– beträgt (https://aq.ac.at/de/audit/dokumente-audit-verfahren/Verfahrenspauschale_ab130302019.pdf [24.1.2021]).

4 „Die Agentur für Qualitätssicherung und Akkreditierung Austria kann sowohl im Inland als auch im Ausland tätig werden. Für Qualitätssicherungsverfahren an österreichischen Hochschulen hat die Agentur für Qualitätssicherung und Akkreditierung Austria die Höhe der Verfahrenspauschale festzulegen, diese bedürfen der Genehmigung durch die zuständige Bundesministerin oder den zuständigen Bundesminister. Die Höhe der Verfahrenspauschale ist zu veröffentlichen" (ErläutRV 1222 BlgNR 24. GP).

5 „In Abs 2 erfolgt eine Streichung der Verpflichtung, die Höhe der Verfahrenspauschale für Audits zu veröffentlichen, um für die AQ Austria im Auditbereich die gleichen Rahmenbedingungen wie für andere Agenturen zu schaffen. Die Regelung bzgl Akkreditierungsverfahren bleibt unberührt" (ErläutRV 234 BlgNR 27. GP). Damit hat die AQ Austria eine größere Freiheit bei der Preisgestaltung, „was ihre Marktorientierung in diesem Segment unterstreicht" (*Huber*, zfhr 2021, 4). Vor dem Inkrafttreten der Novelle BGBl I 2020/77 betrug die vom Board der AQ Austria festgelegte Verfahrenspauschale für Zertifizierungen (Audits) zuletzt für Universitäten und Fachhochschul-Einrichtungen mit weniger als 8.000 Studierenden Euro 15.000,–, für jene mit 8.000 und mehr Studierenden Euro 19.000,–.

Veröffentlichung der Verfahrensergebnisse[1]

§ 21.[2] Die Ergebnisse der Audits und Akkreditierungsverfahren sind sowohl von der Agentur als auch von der antragstellenden Bildungseinrichtung zu veröffentlichen. Dies umfasst den Ergebnisbericht[3] des Qualitätssicherungsverfahrens und die Entscheidung der Qualitätssicherungsagentur einschließlich der Begründung der Entscheidung. Ausgenommen von der Veröffentlichung sind jedenfalls personenbezogene Daten und jene Berichtsteile, die sich auf Finanzierungsquellen sowie Geschäfts- und Betriebsgeheimnisse beziehen.

Zu beachten ist, dass die in § 21 HS-QSG normierte Veröffentlichsverpflichtung unter (umfassender) Berücksichtigung der im Datenschutzrecht (vgl dazu insbes die einschlägigen Bestimmungen der DSGVO) grundgelegten Schutzdimension von personenbezogenen Daten zu erfolgen hat. Überdies sind auch Betriebs- bzw Geschäftsgeheimnisse der einzelnen Bildungseinrichtungen zu respektieren; deren Verletzung könnte ansonsten im Einzelfall nach Maßgabe der Umstände des Einzelfalls zu Schadenersatzansprüchen der geschädigten Bildungseinrichtung führen. **1**

„Die Ergebnisse aller Verfahren sind sowohl von der Agentur als auch von den Hochschulen leicht ersichtlich und zugänglich zu veröffentlichen (zB Startseite der Hochschulen im Internet, **2** zentrale Ausweisung im Berichtswesen). Die Veröffentlichungspflicht gilt auch für neue Antragstellerinnen und Antragsteller.

Veröffentlicht werden sollen ein Ergebnisbericht, der die zentralen Ergebnisse des Qualitätssicherungsverfahrens umfasst, und die Entscheidung der Agentur für Qualitätssicherung und Akkreditierung Austria. Über die Struktur der Ergebnisberichte entscheidet die Agentur, die entsprechende Richtlinien erlassen kann. Ausnahmen von der Veröffentlichung sind möglich.

Eine Veröffentlichung durch die Hochschulen ist notwendig, da nicht alle Verfahren durch die Agentur für Qualitätssicherung und Akkreditierung Austria durchgeführt werden. Damit ist sichergestellt, dass auch die Ergebnisse der Verfahren anderer Agenturen zugänglich gemacht werden.

Die Veröffentlichung stellt damit einen wesentlichen Beitrag zur Transparenz und zur Umsetzung einer Empfehlung der externen Evaluierungen dar" (ErläutRV 1222 BlgNR 24. GP, 17).

3 In der RV war noch die Rede von „(…) einen Ergebnisbericht (…)"; dies wurde auf Basis eines entsprechenden Abänderungsantrages (AA-203 24. GP) in die Wortfolge „(…) den Ergebnisbericht (…)" abgeändert, um dadurch klarzustellen, dass der Ergebnisbericht der Agentur für Qualitätssicherung und Akkreditierung Austria zu veröffentlichen ist.

Audit und Zertifizierung[1]

§ 22. (1)[2] Die Zertifizierung des Qualitätsmanagementsystems einer Bildungseinrichtung hat durch ein Audit[3] gemäß den in Abs 2 genannten Prüfbereichen zu erfolgen.

(2)[4] Für Universitäten gemäß § 6 Abs 1 UG[5], Fachhochschulen nach FHG[6], öffentliche Pädagogische Hochschulen und anerkannte private Pädagogische Hochschulen nach HG[7] bestehen jedenfalls folgende Prüfbereiche[8]:
  1. Qualitätsstrategie und deren Integration in die Steuerungsinstrumente der Hochschule;

2. Strukturen und Verfahren der Qualitätssicherung in den Bereichen Studien und Lehre, Forschung oder Entwicklung und Erschließung der Künste oder Angewandte Forschung und Entwicklung oder wissenschaftlich-berufsfeldbezogene Forschung[9], Organisation und Administration und Personal;
3. Einbindung von Internationalisierung und gesellschaftlichen Zielsetzungen in das Qualitätsmanagementsystem;
4. Informationssysteme und Beteiligung von Interessengruppen;
5. Strukturen und Verfahren der Qualitätssicherung von Universitätslehrgängen gemäß § 56 UG, von Lehrgängen zur Weiterbildung an Fachhochschulen gemäß § 9 FHG sowie von Lehrgängen zur Weiterbildung, die in Kooperationsform im Sinne des § 3 Abs 2 Z 11 FHG betrieben werden, und von Hochschullehrgängen gemäß § 39 HG;[10]
6.[11] Strukturen und Verfahren der Qualitätssicherung hinsichtlich Begleitung und Beratung von Bildungsinstitutionen durch öffentliche Pädagogische Hochschulen und anerkannte private Pädagogische Hochschulen;[12]
7.[13] Strukturen und Verfahren der Qualitätssicherung gemäß § 14 Abs. 2 UG an Universitäten.

Neben diesen Prüfbereichen können die Bildungseinrichtungen mit der durchführenden Agentur einen Prüfbereich als Vertiefung des Audits wählen, wenn dies in Hinblick auf die institutionelle Profilbildung und Entwicklung und die Weiterentwicklung von Strukturen und Verfahren der Qualitätssicherung dienlich ist.[14]

(3)[15] Die Ausgestaltung der Verfahren unter Beachtung der Prüfbereiche erfolgt durch die durchführende Qualitätssicherungsagentur, dies ist von der Qualitätssicherungsagentur auf ihrer Webseite zu veröffentlichen.[16–17]

§ 22

(4)[18] Die Zertifizierung ist auf sieben Jahre befristet. Die Zertifizierung ist bis zum Abschluss eines laufenden Audit-Verfahrens zu verlängern.

(5)[19] Die Zertifizierung kann mit Auflagen erteilt werden, wenn im Zuge des Audits Mängel im Qualitätsmanagement festgestellt werden, die als innerhalb eines bestimmten Zeitraums behebbar eingestuft werden. Der gewählte Prüfbereich nach Abs 2 letzter Satz ist von Auflagen ausgenommen.[20] Im Falle einer Zertifizierung mit Auflagen muss die Behebung der Mängel bis spätestens achtzehn Monate[21] nach Zertifizierung durch ein entsprechendes Follow-Up-Verfahren durch die das Audit durchführende Qualitätssicherungsagentur überprüft werden.[22] Werden die Auflagen nicht innerhalb der Frist erfüllt, ist Abs 6 anzuwenden."

(6)[23] Wird das Qualitätsmanagementsystem der Bildungseinrichtung nicht zertifiziert, ist verpflichtend nach zwei Jahren ein Re-Audit ausschließlich durch die Agentur für Qualitätssicherung und Akkreditierung Austria durchzuführen.

(7) Wird keine Zertifizierung oder eine Zertifizierung mit Auflagen erteilt[24] oder ein nach Auffassung der Bildungseinrichtung unrichtiger Ergebnisbericht abgegeben, besteht die Möglichkeit, den Ergebnisbericht[25] oder die Zertifizierung von der Beschwerdekommission überprüfen zu lassen.[26]

1 „§ 22 [HS-QSG] regelt das externe Qualitätssicherungsverfahren für öffentliche Universitäten und jene Erhalter von Fachhochschul-Einrichtungen, die bis zum 29.2.2011 [eigentlich richtig: 1.3.2012] akkreditiert und einer institutionellen Evaluierung durch den Fachhochschulrat unterzogen wurden" (ErläutRV 1222 BlgNR 24. GP, 17).

Privathochschulen bzw Privatuniversitäten sind gem § 18 Abs 1 HS-QSG von der Anwendung des § 22 HS-QSG ausgenommen (s auch § 22 Abs 2 HS-QSG).

2 „Die externe Qualitätssicherung erfolgt durch Audits, die in einer Zertifizierung des institutionellen Qualitätsmanagementsystems der Hochschule münden. Ein Audit überprüft das institutionelle Qualitätsmanagementsystem und dessen Organisation und Leistungsfähigkeit in Kombination mit einzelnen Kern- und Schlüsselbereichen einer Hochschule. Damit soll sichergestellt werden, dass das Qualitätsmanagementsystem die Leistungsbereiche der Hochschule unterstützt und einen wesentlichen Beitrag zur Qualitätssicherung und Qualitätsentwicklung der Einrichtung leistet.

Die Entwicklung und damit die Ausgestaltung des Audits ist [gem § 9 Abs 1 Z 2 HS-QSG] Aufgabe des Boards (in Zusammenarbeit mit der Geschäftsstelle), die Prüfbereiche verweisen auf jene Leistungsbereiche der Hochschulen, die auch durch das institutionelle Qualitätsmanagementsystem erfasst sein sollen. Die im Rahmen des Qualitätsmanagementsystems konzipierten und implementierten Qualitätsmechanismen in diesen Leistungsbereichen sollen in das Audit einfließen.

Auf Ansuchen einer Bildungseinrichtung kann ein Audit von der Agentur für Qualitätssicherung und Akkreditierung Austria durchgeführt werden. Das Audit wird durch von der Agentur beauftragte Gutachterinnen und Gutachter durchgeführt. Die Gutachterinnen und Gutachter haben einen Bericht und eine Empfehlung an das Board zu geben. Zur besseren Vergleichbarkeit kann das Board Richtlinien für die Strukturierung der Ergebnisberichte erlassen. Auf Grund dieses Berichts hat das Board [gem § 9 Abs 1 Z 1 HS-QSG] über die Zertifizierung zu entscheiden" (ErläutRV 1222 BlgNR 24. GP, 18).

„Ein Audit ist ein zyklisches Peer-Verfahren, das auf die Hochschule als Ganzes (bzw einzelne Leistungsbereiche) ausgerichtet sein kann, und das die Leistungsfähigkeit des institutionellen Qualitätsmanagementsystems in Kombination mit stichprobenartiger Begutachtung einzelner Kern- und Schlüsselprozesse beurteilt. Das Audit endet in einer Zertifizierung des institutionellen Qualitätsmanagementsystems." 3

„Die festgelegten Prüfbereiche für Audits gelten sektorenübergreifend und orientieren sich an den Zielen, Grundsätzen, Aufgaben sowie den Leistungsbereichen der Hochschulen. Der Prüf- 4 bereich „gesellschaftliche Zielsetzungen" ist vor den im UG [2002] bzw im FH[St]G geregelten Zielen der Hochschulen zu verstehen" (ErläutRV 1222 BlgNR 24. GP, 18); dies gilt auch in Hinblick auf (private und öffentliche) Pädagogische Hochschulen.

5 In § 6 Abs 1 Z 1 bis 22 UG sind folgende Universitäten angeführt: Universität Wien, Universität Graz, Universität Innsbruck, Medizinische Universität Wien, Medizinische Universität Graz, Medizinische Universität Innsbruck, Universität Salzburg, Technische Universität Wien, Technische Universität Graz, Montanuniversität Leoben, Universität für Bodenkultur Wien, Veterinärmedizinische Universität Wien, Wirtschaftsuniversität Wien, Universität Linz, Universität Klagenfurt, Universität für angewandte Kunst Wien, Universität für Musik und darstellende Kunst Wien, Universität Mozarteum Salzburg, Universität für Musik und darstellende Kunst Graz, Universität für künstlerische und industrielle Gestaltung Linz, Akademie der bildenden Künste Wien, Universität für Weiterbildung Krems (Donau-Universität Krems).

Gem § 14 Abs 1 UG haben die Universitäten zur Qualitäts- und Leistungssicherung ein eigenes Qualitätsmanagementsystem aufzubauen; s dazu im Überblick bei: *Biedermann*, in: *Perthold/Stoitzner* (Hg), Universitätsgesetz$^{3.01}$ (2018) Anm 1 ff zu § 14 UG mwN.

6 Durch die Bestimmung des § 2 Abs 3 FHG sind die Erhalter von Fachhochschulen dazu verpflichtet, ein eigenes Qualitätsmanagementsystem zur Leistungs- und Qualitätssicherung zu etablieren; s dazu: *Hauser*, Kommentar zum Fachhochschul-Studiengesetz^9 (2020) Anm 15 ff zu § 2 FHG.

7 S dazu: *Fleissner*, Das österreichische Hochschulgesetz 2005 (2019) passim.

8 „Diese Prüfbereiche erfassen ausgehend vom Qualitätsmanagementsystem (QMS) der Hochschule wesentliche Bereiche sowie die Beteiligung unterschiedlicher Gruppen (Studierende, Lehrende etc) im Qualitätsmanagementsystem sowie die Informationssysteme, die im Rahmen des QMS verwendet werden" (ErläutRV 1222 BlgNR 24. GP, 18).

Die wissenschaftlich-berufsfeldbezogene Forschung zählt gem § 8 Abs 1 und Abs 2 HG zu den Aufgaben der Pädagogischen Hochschulen. **9**

Durch die Novelle BGBl I 2020/77 erfolgte die Klarstellung, dass in allen Hochschulsektoren auch die Weiterbildungsangebote als wichtiger Beitrag der Hochschulen zur Aus- und Weiterbildung vom Qualitätsmanagementsystem erfasst und entsprechend geprüft werden sollen (vgl dazu ErläutRV 234 BlgNR 27. GP, 5). **10**

Bis zur Novelle BGBl I 2020/77 lautete die Bestimmung des § 22 Abs 2 Z 6 HS-QSG aF wie folgt: *„Strukturen und Verfahren der Qualitätssicherung für das Lehramt an Schulen bzw Berufstätigkeiten an elementarpädagogischen Bildungseinrichtungen insbesondere zur Prüfung der wissenschaftlichen und professionsorientierten Voraussetzungen für die Leistungserbringung."* Diese Bestimmung ist seinerzeit durch die Novelle BGBl I 2013/124 in das HS-QSG aufgenommen worden; in den Erläuterungen war dazu Folgendes ausgeführt: *„Die Agentur für Qualitätssicherung und Akkreditierung Austria hat durch ein Audit die Strukturen und Verfahren der Qualitätssicherung für das Lehramt an Schulen bzw Berufstätigkeiten an elementarpädagogischen Bildungseinrichtungen insbesondere zur Prüfung der wissenschaftlichen und professionsorientierten Voraussetzungen für die Leistungserbringung festzustellen"* (ErläutRV 2348 BlgNR 24. GP, 11). **11**

In den ErläutRV 234 BlgNR 27. GP, 5 ist der Entfall der „alten" Z 6 damit erklärt, dass Lehramtsstudien unter Studien, die bereits von Prüfbereich Z 2 erfasst sind, zu subsumieren sind; damit soll gewährleistet sein, dass diese Studien und deren Qualitätssicherung im Rahmen der Audits thematisiert werden.

In den ErläutRV 234 BlgNR 27. GP, 5 ist zur neu gestalteten Z 6 Folgendes ausgeführt: „Der Prüfbereich ‚Begleitung und Beratung von Bildungsinstitutionen' als eine der Aufgaben der Pädagogischen Hochschulen wird aufgenommen. Damit wird klargestellt, **12** dass dieser Aufgabenbereich in das hochschulische Qualitätsmanagementsystem eingebunden werden muss. (Die Praxisschulen sind für die externe Qualitätssicherung durch Audits kein Thema, da die Pädagogischen Hochschulen in diesem Bereich im Wesentlichen organisatorische und dienstrechtliche Funktionen haben, aber keinen Einfluss auf Inhalte oder das schulische Qualitätsmanagementsystem nehmen können)."

13 Die Bestimmung des § 22 Abs 2 Z 7 HS-QSG wurde im Zuge der Novelle BGBl I 2021/93 eingefügt; gem § 14 Abs 2 UG zählen „die Aufgaben und das gesamte Leistungsspektrum der Universität" zum Gegenstand der Evaluierung.

14 „Das Audit ist ein wesentliches Instrument zur hochschulischen Weiterentwicklung. Mit der expliziten Verankerung der Möglichkeit, Vertiefungen zu wählen, die in Hinblick auf die institutionelle Profilbildung und Entwicklung der Hochschule von Bedeutung sind, soll dies noch gestärkt werden und eine (weitere) Individualisierung des Verfahrens ermöglicht werden" (ErläutRV 234 BlgNR 27. GP, 5).

15 Bis zur Novelle BGBl I 2020/77 lautete die Bestimmung des § 22 Abs 3 HS-QSG wie folgt: *„Die Konkretisierung der Prüfbereiche für Verfahren der Agentur für Qualitätssicherung und Akkreditierung Austria erfolgt durch Richtlinien des Boards"*; diesbezüglich war davon auszugehen, dass sich diese Richtlinien nicht an das Lehrpersonal richteten; als Adressaten galten vielmehr ausschließlich akkreditierungsfähige Bildungseinrichtungen (VfGH 28.2.2011 hre 114, ÖHZ 2011/8, 16).

16 „Mit der Neufassung des Abs 3 [durch die Novelle BGBl II 2020/77] wird festgelegt, dass die Konkretisierung der Prüfbereiche in entsprechender Form für alle Agenturen, die in Österreich Audits durchführen, verpflichtend ist und dies entsprechend zu veröffentlichen ist. Dies entspricht auch den Vorgaben der European Standards and Guidelines for Quality Assurance in the European Higher Education Area (ESG)" (ErläutRV 234 BlgNR 27. GP, 5).

17 Kritisch zur Konkretisierungs- bzw Ausführungskompetenz der Prüfbereiche durch das Board der AQ Austria: *Kastelliz/Müller Strassnig*, Ansprüche an Qualitätssicherungsagenturen am Beispiel von Quality Audits, in: *Hauser* (Hg) Hochschulrecht. Jahrbuch 14 (2014) 42 (43), die darauf verweisen, dass durch die eingeräumten Konkretisierungsmöglichkeiten ein Benchmarking auf Basis der Audits nicht oder nur schwer möglich ist.

18 „Wie auch die Akkreditierung ist die Zertifizierung zeitlich befristet. Die Hochschulen haben sich alle sieben Jahre einem Audit zu unterziehen. Falls ein Verfahren nicht rechtzeitig abgeschlossen werden kann, ist eine Verlängerung der Zertifizierung bis zum Abschluss des Verfahrens vorgesehen" (ErläutRV 1222 BlgNR 24. GP, 18); vgl dazu auch § 23 Abs 9 HS-QSG.

19 „Die Zertifizierung kann mit Auflagen erteilt werden, mit einer Auflagenerteilung ist aber ein entsprechendes Überprüfungsverfahren der Auflagen (sog Follow-Up-Verfahren) verknüpft. Wird eine Hochschule nicht zertifiziert, ist ein Re-Audit durch die Agentur für Qualitätssicherung und Akkreditierung Austria vorgesehen ([§ 22] Abs 6 [HS-QSG])" (ErläutRV 1222 BlgNR 24. GP, 18).

20 Jene/r Prüfbereich/e, die als Vertiefung des Audits gewählt wird/werden, kann/können nicht von Auflagen erfasst werden; dies soll zu einer „Stärkung des Entwicklungsaspektes" beitragen (ErläutRV 234 BlgNR 27. GP, 5).

21 Bis zur Novelle BGBl I 2020/77 war eine Frist von zwei Jahren vorgesehen.

22 Durch die Novelle BGBl I 2020/77 wurde ausdrücklich klargestellt, dass die Überprüfung Aufgabe der durchführenden Qualitätssicherungsagentur ist.

23 „Das Re-Audit hat in diesem Fall durch die Agentur für Qualitätssicherung und Akkreditierung Austria zu erfolgen, um eine Vergleichbarkeit der Verfahren und Ergebnisse zu gewährleisten" (ErläutRV 1222 BlgNR 24. GP, 18).

24 Bei einer Auflage werden mit einem dem Grunde nach positivem Verwaltungsakt (zB Bescheid) belastende Gebote bzw Verbote verknüpft, deren Einhaltung verpflichtend ist.

25 Gem § 21 HS-QSG ist der Ergebnisbericht zu veröffentlichen.

26 S dazu § 13 Abs 10 HS-QSG.

Akkreditierung von Fachhochschulen und Fachhochschul-Studiengängen[1–3]

§ 23. (1) Die Akkreditierung als Fachhochschule oder von Fachhochschul-Studiengängen hat nach den Akkreditierungsvoraussetzungen gemäß FHG[4] und den in Abs 3 oder 4 genannten Prüfbereichen zu erfolgen.[5]

(2)[6] Jene Erhalter, die erstmalig einen Antrag[7] auf Akkreditierung von Fachhochschul-Studiengängen stellen, sind einer institutionellen Akkreditierung[8] und Programmakkreditierungen[9] zu unterziehen.[10]

(3) Die Prüfbereiche der institutionellen Akkreditierung umfassen jedenfalls:
1. Zielsetzung und Profilbildung;[11]
2. Entwicklungsplanung;[12]
3. Studien und Lehre;[13]
4. Angewandte Forschung und Entwicklung;[14]
5. Organisation der Hochschule und ihrer Leistungen;[15]
6. Finanzierung[16] und Ressourcen;[17]
7. nationale und internationale Kooperationen;[18]
8. Qualitätsmanagementsystem;[19]
9.[20] Personal[21] unter besonderer Berücksichtigung der ausgeglichenen Repräsentanz der Geschlechter in allen Positionen und Funktionen.[22]

(4)[23] Die Prüfbereiche der Programmakkreditierung für den beantragten Fachhochschul-Studiengang umfassen jedenfalls:
1. Studiengang und Studiengangsmanagement;[24]
2. Personal;[25]

3. Qualitätssicherung;[26]
4. Finanzierung[27] und Infrastruktur;[28–29]
5. Angewandte Forschung und Entwicklung;[30]
6. nationale und internationale Kooperationen.[31]

(4a) Bei gemeinsam eingerichteten Studien[32] sind die Ergebnisse bereits stattgefundener Qualitätssicherungsverfahren anzuerkennen.

(4b) Wird ein Fachhochschul-Studiengang als gemeinsames Studienprogramm[33] mit einer oder mehreren ausländischen anerkannten postsekundären Bildungseinrichtungen durchgeführt, kann die Agentur für Qualitätssicherung und Akkreditierung Austria ein von Abs 4 abweichendes Verfahren für die Programmakkreditierung nach internationalen Standards und Kriterien festlegen. Ergebnisse bereits stattgefundener Qualitätssicherungsverfahren sind anzuerkennen.

(4c)[34] Wird ein Fachhochschul-Studiengang als gemeinsames Studienprogramm mit einer Universität gemäß § 6 Abs 1 UG durchgeführt, kann die Agentur für Qualitätssicherung und Akkreditierung Austria ein von Abs 4 abweichendes Verfahren für die Programmakkreditierung unter Berücksichtigung der Strukturen und Vereinbarungen der beteiligten Bildungseinrichtungen festlegen.

(5) Das Board[35] hat nach Durchführung eines öffentlichen Begutachtungsverfahrens[36] eine Verordnung[37] zu erlassen, in der Festlegungen hinsichtlich der Prüfbereiche und Akkreditierungsvoraussetzungen gemäß FHG[38] sowie den methodischen Verfahrensgrundsätze[n] der institutionellen Akkreditierung und Programmakkreditierung zu treffen sind.[39]

(6)[40] Erfüllt die Antragstellerin oder der Antragsteller die Voraussetzungen, ist die Akkreditierung gemäß Abs 1 und Abs 3 befristet für sechs Jahre oder gemäß Abs 1 und Abs 4 unbefristet auszusprechen.[41–42] Der Akkreditierungsbescheid[43] hat jedenfalls folgende Angaben zu enthalten:
1. Zeitraum der Akkreditierung;
2. Bezeichnung des Rechtsträgers der Bildungseinrichtung und Bezeichnung der Fachhochschule;

3. Bezeichnung, Art, Arbeitsaufwand der Studien, Dauer der Studien und Anzahl der Studienplätze und Standorte der Durchführung;
4. Wortlaut der zu verleihenden akademischen Grade;[44]
5. allfällige Auflagen.[45]

(7) Eine Verlängerung der institutionellen Akkreditierung ist auf Antrag zulässig, wenn die Voraussetzungen gemäß Abs 1 und 3 weiterhin vorliegen. Die Verlängerung der institutionellen Akkreditierung umfasst auch die bis zu diesem Zeitpunkt akkreditierten Studien[46] und ist unbefristet auszusprechen. Die Verlängerung ist spätestens neun Monate vor Ablauf des Genehmigungszeitraumes zu beantragen. Wird die institutionelle Akkreditierung nicht verlängert, sind alle Programmakkreditierungen der Bildungseinrichtung zu widerrufen.[47]

(8)[48] Die erstmalige Akkreditierung einer Bildungseinrichtung kann nicht unter Auflagen erfolgen. Eine Verlängerung der institutionellen Akkreditierung kann unter Auflagen erfolgen,[49] wenn im Zuge des Akkreditierungsverfahrens Mängel festgestellt werden, die als innerhalb eines bestimmten Zeitraums behebbar eingestuft werden. Wird die Akkreditierung mit Auflagen erteilt, hat die Bildungseinrichtung innerhalb eines Zeitraums von zwei Jahren nachzuweisen, dass die Auflagen erfüllt wurden. Erfolgt dies nicht, ist die Akkreditierung mit Bescheid zu widerrufen.[50]

(8a)[51] Die erstmalige Programmakkreditierung kann nicht unter Auflagen erfolgen. Davon ausgenommen sind Programmakkreditierungen an Fachhochschulen, die bereits ein Audit gemäß § 22 erfolgreich durchgeführt haben.

(9)[52] Nach ununterbrochener Akkreditierungsdauer von zwölf Jahren ist die Fachhochschule einem Audit gemäß § 22 zu unterziehen. In weiterer Folge hat ein Audit alle sieben Jahre stattzufinden.

(10) Die Regelung des Abs 4 gilt sinngemäß für die Antragstellung zur Akkreditierung von weiteren Studien.

§ 23

1 „§§ 23 bis 26 [HS-QSG] regeln die Akkreditierung und die Verlängerung der Akkreditierung im Bereich der Erhalter von FH-Studiengängen und Privatuniversitäten. Neu ist, dass bei der Verlängerung von Akkreditierungen Entscheidungen mit Auflagen möglich sind und dass die Prüfbereiche und die Verfahrensgrundsätze (Zuständigkeit, Erlöschen und Widerruf) sektorenübergreifend festgelegt sind. Dies soll wesentlich zur Transparenz und Vergleichbarkeit der Verfahren beitragen" (ErläutRV 1222 BlgNR 24. GP, 18).

2 Gem § 27 Abs 11 FH(St)G war für alle per 1.3.2012 bestehenden Erhalter mit akkreditierten Fachhochschul-Studiengängen, die bereits eine institutionelle Evaluierung positiv durchlaufen haben, kein (weiteres) Verfahren zur Akkreditierung gem § 23 HS-QSG erforderlich. Für diese Erhalter hatte die Agentur für Qualitätssicherung und Akkreditierung Austria mit Bescheid eine unbefristete Akkreditierung gem § 23 HS-QSG auszusprechen. Allerdings mussten die genannten Erhalter innerhalb einer Frist von sechs Jahren, gerechnet ab dem Datum der letztmaligen institutionellen Evaluierung, ihr erstes Audit gem § 22 HS-QSG durchführen. Dieses Audit zielt auf die Zertifizierung des jeweiligen Qualitätsmanagementsystems der betroffenen Bildungseinrichtung ab.

3 In § 8 FHG sind weitere Akkreditierungsvoraussetzungen grundgelegt; in § 8a FHG sind (seit der Novelle BGBl I 2020/77) die Voraussetzungen für die Verlängerung der Akkreditierung der Fachhochschule normiert. S dazu: *Hauser*, Fachhochschul-Studiengesetz[9] (2020) Anm 1 ff zu § 8 FHG sowie Anm 1 ff zu § 8a FHG sowie gleich unter Anm 4.

Zur Dimension der von der AQ Austria betriebenen Qualitätssicherung im Fachhochschul-Bereich s im Überblick bei: *Mazal*, AQ Austria und die Qualitätssicherung im FH-Sektor, in: *Hauser* (Hg), Hochschulrecht. Jahrbuch 14 (2014) 59.

§ 23 HS-QSG

4 Die Akkreditierungsvoraussetzungen für die Akkreditierung als Fachhochschule oder von Fachhochschul-Studiengängen sind in § 8 Abs 2 bis Abs 5 FHG wie folgt festgelegt:

„(2) Zur Erlangung der Akkreditierung als Fachhochschule sowie für die Dauer der Akkreditierung muss der Erhalter folgende Voraussetzungen erfüllen:
1. *Vorlage eines Entwicklungsplans, der jedenfalls das Entwicklungskonzept für den Aufbau der betreffenden Bildungseinrichtung zu einer Fachhochschule unter Berücksichtigung der Zielsetzungen der Einrichtung, der Schwerpunkte und Maßnahmen in Lehre und Forschung sowie die strukturelle und inhaltliche Entwicklungsplanung, die Personalplanung, die Gleichstellung der und den Aufbau eines Leistungs- und Qualitätsmanagementsystems umfasst;*
2. *Vorlage eines Satzungsentwurfes gemäß § 10 Abs 3 Z 10;*
3. *Anbieten von jedenfalls zwei Fachhochschul-Bachelorstudiengängen und zwei darauf aufbauenden Fachhochschul-Masterstudiengänge[n];*
4. *Erfüllung der Prüfbereiche gemäß § 23 HS-QSG.*

(3) Eine Akkreditierung als Fachhochschul-Studiengang setzt voraus, dass
1. *den Zielen und leitenden Grundsätzen für die Gestaltung von Fachhochschul-Studiengängen (§ 3) entsprochen wird;*
2. *der Studienplan und die Prüfungsordnung fachlichen und beruflichen Erfordernissen entsprechen; im Sinne des Europäischen Systems zur Anrechnung von Studienleistungen (European Credit Transfer System – ECTS, 253/2000/EG, ABl L 28 vom 3.2.2000) sind den einzelnen Studienleistungen ECTS-Anrechnungspunkte zuzuteilen. Mit diesen Anrechnungspunkten ist der Anteil des mit den einzelnen Studienleistungen verbundenen Arbeitspensums („work load") der Studierenden bezogen auf den gesamten Studiengang zu bestimmen, wobei dem Arbeitspensum eines Studienjahres 60 Anrechnungspunkte und dem Arbeitspensum eines Semesters 30 Anrechnungspunkte zugeteilt werden;*

3. *der Unterricht an allen Standorten der Durchführung des Fachhochschul-Studienganges durch ein wissenschaftlich, berufspraktisch und pädagogisch-didaktisch qualifiziertes Lehr- und Forschungspersonal abgehalten wird;*
4. *die zur Erreichung der Ziele und zur Sicherung der Grundsätze erforderlichen anwendungsbezogenen Forschungs- und Entwicklungsarbeiten durch Mitglieder des Lehr- und Forschungspersonals durchgeführt werden;*
5. *der mit der Entwicklung des beantragten Studienganges betraute Personenkreis und das den Studiengang durchführende Lehr- und Forschungspersonal eine den Hochschulen entsprechende Autonomie besitzen sowie eine entsprechende Mitbestimmung der Studierenden gewährleistet ist;*
6. *eine Anerkennung nachgewiesener Kenntnisse im Sinne der berufsorientierten Ausbildung des jeweiligen Studienganges vorgesehen ist und dadurch eine Verkürzung der Studienzeit erreicht werden kann;*
7. *jene in Frage kommenden Studienberechtigungsprüfungen gemäß § 64a UG sowie jene facheinschlägigen beruflichen Qualifikationen samt allfälligen Zusatzprüfungen, die als Zugangsvoraussetzung für den beantragten Studiengang geeignet sind, angegeben sind. Dabei ist auf jene Kenntnisse abzustellen, die für die Erreichung des Ausbildungszieles des beantragten Studienganges, auch bei Berücksichtigung der Förderung der Durchlässigkeit des Bildungssystems, unabdingbar sind;*
8. *[entfallen durch BGBl I 2020/77];*
9. *eine Bedarf- und Akzeptanzerhebung für den Fachhochschul-Studiengang beigebracht wird;*
10. *die erforderliche Personal-, Raum-, und Sachausstattung für die Dauer der Genehmigung des Fachhochschul-Studienganges vorhanden ist;*
11. *eine Kalkulation mit Ausweis der Kosten pro Studienplatz und ein Finanzierungsplan für die Dauer der Genehmigung des Fachhochschul-Studienganges vorgelegt werden;*

12. ein Verfahren zur Aufnahme von Studierenden bei Studiengängen gemäß § 2 Abs 2a vorgelegt wird;
13. die Bedingungen der Prüfbereiche gemäß § 23 HS-QSG erfüllt werden.

(4) Der mit der Entwicklung des beantragten Studienganges von der Fachhochschule betraute Personenkreis muss mindestens vier Personen umfassen. Von diesen müssen zwei wissenschaftlich durch Habilitation oder durch eine dieser gleichwertige[n] Qualifikation ausgewiesen sein, und zwei über den Nachweis einer Tätigkeit in einem für den beantragten Fachhochschul-Studiengang relevanten Berufsfeld verfügen. Die für die Entwicklung des beantragten Fachhochschul-Studienganges verantwortlichen Personen sind im Antrag zu nennen; eine Person ist von der Fachhochschule zu beauftragen, der Agentur für Qualitätssicherung und Akkreditierung Austria für die erforderlichen Auskünfte zur Verfügung zu stehen. Im Falle der Akkreditierung haben mindestens vier Personen des mit der Entwicklung betrauten Personenkreises im Studiengang haupt- oder nebenberuflich zu lehren. Von diesen müssen zwei wissenschaftlich durch Habilitation oder durch eine dieser gleichwertige Qualifikation ausgewiesen sein und zwei über den Nachweis einer Tätigkeit in einem für den Studiengang relevanten Berufsfeld verfügen. Scheidet eine dieser Personen aus dem Lehr- und Forschungspersonal aus, ist diese durch eine gleich qualifizierte Person zu ersetzen.

(5) Sind die mit dem Abschluss des Fachhochschul-Studienganges zu erwerbenden Qualifikationen Voraussetzungen für den Zugang zu einem reglementierten Beruf, hat die Fachhochschule im Rahmen des Akkreditierungsverfahrens den Nachweis der Anerkennung der Qualifikationen für die Berufsausübung zu erbringen.

(6) Ein Antrag auf Akkreditierung eines Fachhochschul-Studienganges hat neben dem Nachweis der in Abs 2 bis 4 genannten Voraussetzungen zu enthalten:
1. Name des Erhalters und Bezeichnung der Fachhochschule; ist der Erhalter eine juristische Person des privaten Rechts, so ist ein Auszug aus dem Firmenbuch bzw Vereinsregister beizubringen;

2. *Benennung der Studiengangsleitung, die im Einzelfall über Anliegen von Studienwerberinnen und Studienwerbern und Studierenden entscheidet;*
3. *Vorlage eines Studienplanes und einer Prüfungsordnung einschließlich eines Vorschlages für die zeitliche Gliederung des Studienganges unter Berücksichtigung des Studienförderungsgesetzes 1992, BGBl Nr 305;*
4. *Vorlage einer Aufnahmeordnung, in der die Zahl der Studienplätze und die Kriterien für die Auswahl von Studienwerberinnen und Studienwerbern für den Fall angegeben ist, dass die Zahl der Bewerbungen die Zahl der Studienplätze übersteigt.*

(7) Erhalter von Fachhochschulen, die nach den Bestimmungen des HS-QSG akkreditiert sind, haben das Recht, die Bezeichnung „Fachhochschule" im Namenszug der Bildungseinrichtung zu führen."

§ 8a FHG lautet wie folgt:

„(1) Die Verlängerung der Akkreditierung der Fachhochschule erfolgt gemäß § 8 Abs 2 und den Prüfbereichen des § 23 HS-QSG. Dabei sind insbesondere folgende Nachweise zu erbringen:
1. *Etablierung des Entwicklungsplans und der Organisationsstruktur und entsprechender Strukturen der Weiterentwicklung des Entwicklungsplans und der Organisation der Fachhochschule;*
2. *Umsetzung der Profilbildung und der Ziele an der Fachhochschule;*
3. *Aufbau eines Leistungs- und Qualitätsmanagementsystems, das jedenfalls Lehre und Studium, Angewandte Forschung und Entwicklung, Personal und Dienstleistungen umfasst;*
4. *ausreichende Infrastruktur und Finanzierung der Fachhochschule;*
5. *Gleichstellung der Geschlechter insbesondere durch einen Gleichstellungsplan."*

5 Die im FHG (insbes in den §§ 8 f FHG) iVm § 23 HS-QSG gesetzlich normierten Akkretitierungsvoraussetzungen müssen kummulativ gegeben sein.

6 „Bei der erstmaligen Akkreditierung von Fachhochschul-Studiengängen hat auch eine institutionelle Akkreditierung des Erhalters als Fachhochschul-Einrichtung zu erfolgen. Mit dieser institutionellen ex-ante-Akkreditierung soll überprüft werden, in welchem Ausmaß die Bildungseinrichtung die Qualität und Leistungsfähigkeit für das gesamte Leistungsspektrum einer Hochschule sicherstellen kann" (ErläutRV 1222 BlgNR 24. GP, 18).

7 Der Antrag auf Akkreditierung als Fachhochschule und eines Studienganges als Fachhochschul-Studiengang ist gem § 8 Abs 1 FHG an die Agentur für Qualitätssicherung und Akkreditierung Austria zu richten; der Antrag auf Verlängerung der institutionellen Akkreditierung ist gem § 8a Abs 2 FHG ebenfalls an die Agentur für Qualitätssicherung und Akkreditierung Austria zu richten.

8 Institutionelle Akkreditierung (= Akkreditierung von Bildungseinrichtungen): „Sie dient der Überprüfung der Organisations- und Leistungsbereiche einer Einrichtung nach vorgegebenen Standards und Kriterien und der formellen Anerkennung einer Einrichtung durch eine externe Körperschaft. Nach internationalem Verständnis verleiht die institutionelle Akkreditierung das befristete Recht zum Betrieb einer hochschulischen Einrichtung. Bei einer institutionellen Akkreditierung werden ua die akademische Organisationsstruktur, die Personal-, Sach- und Finanzausstattung, die Forschungsressourcen und das Qualitätsmanagementsystem überprüft" (ErläutRV 1222 BlgNR 24. GP, 16).

9 Programmakkreditierung (= Akkreditierung von Studien): „Die Programmakkreditierung verleiht nach internationalem Verständnis einer hochschulischen Einrichtung das befristete Recht zur Durchführung von Studien (inkl Vorgabe der dazu gehörenden akademischen Grade). Bei einer Programmakkreditierung werden ua der Studienplan, die Personal-, Sach- und Finanzausstattung und die Qualitätssicherung in Hinblick auf die einzelnen Studien überprüft" (ErläutRV 1222 BlgNR 24. GP, 16).

„In [§ 8] Abs 1 [FH(St)G] wurde der Fachhochschulrat durch die Agentur für Qualitätssicherung und Akkreditierung Austria ersetzt, im neuen [§ 8] Abs 2 [FH(St)G] sind nunmehr die institutionellen Voraussetzungen für die Akkreditierung geregelt, da die Zulassung als Einrichtung zur Durchführung von Fachhochschul-Studiengängen künftig auch diesen Aspekt umfassen soll. Bislang war dies bei der Akkreditierung kein Prüfkriterium, jeder Erhalter hat bereits mindestens eine Evaluierung auf institutioneller Ebene durchgeführt. Auf Grund der Einrichtung der Agentur für Qualitätssicherung und Akkreditierung Austria und Übertragung der Aufgaben können die Bestimmungen hinsichtlich des Fachhochschulrates aufgehoben werden. Bei einer institutionellen Erstakkreditierung steht der Entwicklungsgedanke im Vordergrund. Dementsprechend ist ein Entwicklungsplan vorzulegen. In diesem sind die Zielsetzungen der Einrichtung, die Schwerpunkte und Maßnahmen in Lehre und Forschung sowie die strukturelle und inhaltliche Entwicklungsplanung, die Gleichstellung von Frauen und Männern und Frauenförderung und der Aufbau eines Qualitätsmanagementsystems darzulegen. Ebenso sind ein Satzungsentwurf erforderlich und die Bedingungen der Prüfbereiche gemäß HS-QSG zu erfüllen" (ErläutRV 1222 BlgNR 24. GP, 30). **10**

Dabei hat insbes eine „Prüfung und Beurteilung des Vorhandenseins und der Konsistenz von Leitbild und Zielen der Einrichtung" zu erfolgen (ErläutRV 1222 BlgNR 24. GP, 18). **11**

Dabei hat insbes eine „Prüfung und Beurteilung des Vorhandenseins und der Konsistenz der Entwicklungsplanung, Strategien der Einrichtung" zu erfolgen (ErläutRV 1222 BlgNR 24. GP, 18). **12**

Dabei hat insbes eine „Prüfung und Beurteilung des Studienangebots und der Lehre sowie der Serviceleistungen für die Studierenden" zu erfolgen (ErläutRV 1222 BlgNR 24. GP, 19). **13**

14 Dabei hat insbes eine „Prüfung und Beurteilung der organisatorischen und strukturellen Rahmenbedingungen für Forschungsleistungen sowie der (vorhandenen und geplanten) Forschungsaktivitäten und -leistungen" zu erfolgen (ErläutRV 1222 BlgNR 24. GP, 19).

15 Dabei hat insbes eine „Prüfung der Organisations- und Leitungsstruktur und deren Angemessenheit und Beitrag zur Gewährleistung der Freiheit von Forschung und Lehre" zu erfolgen (ErläutRV 1222 BlgNR 24. GP, 19).

16 Gem § 26 Abs 3 HS-QSG ist im Zuge des Akkreditierungsverfahrens ua auch nachzuweisen, dass der Träger der Fachhochschul-Studiengänge für die Finanzierung von auslaufenden Studien finanzielle Vorsorge getroffen hat.

17 Dabei hat insbes eine „Prüfung und Beurteilung der finanziellen Absicherung bzw des Konzepts im Hinblick auf Plausibilität und Tragfähigkeit sowie der Raum- und Ressourcenausstattung für den Betrieb einer Hochschule" zu erfolgen (ErläutRV 1222 BlgNR 24. GP, 19).

18 Dabei hat insbes eine „Prüfung und Beurteilung der Kooperationen/Zusammenarbeit mit unterschiedlichen Partnern, Möglichkeiten der Studierendenmobilität" zu erfolgen (ErläutRV 1222 BlgNR 24. GP, 19).

19 Dabei hat insbes eine „Prüfung und Beurteilung des hochschulinternen Qualitätsmanagementsystems" zu erfolgen (ErläutRV 1222 BlgNR 24. GP, 19).

20 Die Bestimmung des § 23 Abs 3 Z 9 HS-QSG wurde im Zuge der Novelle BGBl I 2020/77 in das Gesetz eingeführt. Vgl dazu auch § 23 Abs 4 Z 2 HS-QSG.

21 Gem § 8 Abs 3 Z 3 FHG hat das an Fachhochschulen tätige Lehr- und Forschungspersonal wissenschaftlich, berufspraktisch und pädagogisch-didaktisch qualifiziert zu sein; vgl zum Lehr- und Forschungspersonal auch § 7 FHG. Zur Autonomie des Lehr- und

Forschungspersonals s bei *Hauser*, Kommentar zum Fachhochschul-Studiengesetz[9] (2020) Anm 9 und 19 ff zu § 3 FHG mwN.

22 In § 2 Abs 5 FHG ist verankert, dass die Erhalter von Fachhochschulen die Gleichstellung der Geschlechter und die ausgeglichene Repräsentanz der Geschlechter in allen Positionen und Funktionen zu beachten haben; überdies haben Erhalter in der Form juristischer Personen des privaten Rechts das Bundesgesetz über die Gleichbehandlung (BGBl I 2004/66 idgF) zu beachten.

Mit der Bestimmung des § 2 Abs 5 FHG korrespondiert ua die Bestimmung des § 10 Abs 2 FHG; dort ist betreffend die Wahl der Mitglieder des (Fachhochschul-)Kollegiums geregelt, dass „bei der Erstellung der Wahlvorschläge für die zu wählenden Vertreterinnen oder Vertreter pro Gruppe nach Möglichkeit auf eine gendergerechte ausgeglichene Repräsentanz zu achten ist"; überdies ist gem § 10 Abs 3 Z 10 FHG in die Satzung der Fachhochschule ein Gleichstellungsplan zu integrieren; vgl zur Bedeutung von Gleichstellungsplänen bei: *Hölzl/Neuwirth*, Gleichstellungspläne an der Schnittstelle von Frauenförderung und Antidiskriminierung, zfhr 2020, 37 ff. Zum Gleichbehandlungsgesetz vgl ausführlich bei: *Hopf/Mayr/Eichinger/Erler*, Kommentar zum GlBG[2] (2020) passim. S grundlegend zur Gleichbehandlung im Fachhochschul-Bereich bei: *Pasrucker*, in: *Hauser/Schweighofer* (Hg), (Groß-)Kommentar zum Fachhochschul-Studiengesetz (2017) Anm 116 ff zu § 2 FHStG mwN.

23 „Vor der Einrichtung von neuen Fachhochschul-Studiengängen ist das Studienprogramm einer Programmakkreditierung zu unterziehen. Dadurch soll überprüft werden, ob ein Studiengang externen (Mindest-)Anforderungen entspricht. Abweichend von der bislang üblichen Praxis ist dies eine einmalige Akkreditierung. Die Verlängerung der Akkreditierung erfolgt im Rahmen der institutionellen Re-Akkreditierung bzw der Audits" (ErläutRV 1222 BlgNR 24. GP, 19).

24 Dabei hat insbes eine „Prüfung und Beurteilung der Konsistenz, Inhalte und Ziele des Studienganges sowie der Organisation des

Angebots, Serviceleistungen für Studierende etc" zu erfolgen (ErläutRV 1222 BlgNR 24. GP, 19).

25 Dabei hat insbes eine „Prüfung und Beurteilung der Qualifikation des Personals" zu erfolgen (ErläutRV 1222 BlgNR 24. GP, 19).

26 Dabei hat insbes eine „Prüfung und Beurteilung der Maßnahmen und Verfahren zur internen und externen Qualitätssicherung des Studiengangs" zu erfolgen (ErläutRV 1222 BlgNR 24. GP, 19).

27 Gem § 26 Abs 3 HS-QSG ist im Zuge des Akkreditierungsverfahrens ua auch nachzuweisen, dass der Erhalter von Fachhochschul-Studiengängen für die Finanzierung von auslaufenden Studien finanzielle Vorsorge getroffen hat.

28 Dabei hat insbes eine „Prüfung und Beurteilung der finanziellen, räumlichen, sachlichen etc Ressourcen zur Durchführung des Studiengangs" zu erfolgen (ErläutRV 1222 BlgNR 24. GP, 19).

29 „Nachweise betreffend Ausstattung und Finanzierung dienen der Gewährleistung von Qualität und Kontinuität" (ErläutRV 949 BlgNR 18. GP, 14).

30 Dabei hat insbes eine „Prüfung und Beurteilung der Verbindung von Forschung und Lehre" zu erfolgen (ErläutRV 1222 BlgNR 24. GP, 19).

31 Dabei hat insbes eine „Prüfung und Beurteilung der Kooperationen, deren Ausmaß und Qualität" zu erfolgen (ErläutRV 1222 BlgNR 24. GP, 19).

32 Bei gemeinsam eingerichteten Studien handelt es sich um Studien, die auf Grund von Vereinbarungen zwischen einer oder mehreren österreichischen Universitäten, Pädagogischen Hochschulen, Fachhochschulen oder Privathochschulen durchgeführt werden, wobei ein gleichlautendes Curriculum zu erlassen ist; vgl dazu § 3b FHG.

33 Als gemeinsame Studienprogramme sind Studien anzusprechen, die auf Grund von Vereinbarungen zwischen einer oder mehreren

Universitäten, Pädagogischen Hochschulen, Fachhochschulen, Privathochschulen oder ausländischen anerkannten postsekundären Bildungseinrichtungen in der Form eines joint, double oder multiple degree programs durchgeführt werden; vgl dazu § 3a FHG.

In den ErläutRV 234 BglNR 27. GP, 5 ist ausgeführt, dass diese Bestimmung der Erleichterung von Kooperationen zwischen Fachhochschulen und Universitäten dienen soll und demgemäß der AQ Austria die Möglichkeit eingeräumt wird, ein abweichendes Akkreditierungsverfahren für gemeinsame Studienprogramme von Fachhochschulen und öffentlichen Universitäten festzulegen, welches die unterschiedlichen Strukturen hinsichtlich Qualitätssicherung, Curricula-Entwicklung sowie die Kooperationsvereinbarung berücksichtigt. **34**

Vgl zum Board bei §§ 6 ff HS-QSG. **35**

"Wie auch bereits jetzt im FH(St)G für die Durchführung von Evaluierungen geregelt, hat das Board eine Verordnung zu erlassen, in der Festlegungen hinsichtlich der Prüfbereiche und der methodischen Verfahrensgrundsätze der institutionellen Akkreditierung und Programmakkreditierung zu treffen sind. Durch ein öffentliches Begutachtungsverfahren soll der Einbezug der Hochschulen, der Studierenden und weiterer Interessensgruppen gewährleistet werden. Diese Regelung gilt analog für Verfahren an Privatuniversitäten" (ErläutRV 1222 BlgNR 24. GP, 19). **36**

Dem HS-QSG ist nicht zu entnehmen, in welcher Form dieses Begutachtungsverfahren durchzuführen ist bzw welche Institutionen dabei einzubinden sind; neben den auf Grund von anderen Gesetzen an Begutachtungsverfahren zu beteiligenden Institutionen (zB Sozialpartner, ÖH) werden im Rahmen dieses Begutachtungsverfahrens jedenfalls auch die Vertretungen der einschlägigen Hochschulen (insbes: Österreichische Fachhochschul-Konferenz) zu berücksichtigen sein. Sofern im Vorfeld der Verordnungserlassung keine öffentliche Begutachtung erfolgt, gilt die Verordnung als rechtswidrig erlassen; eine verpflichtende Berücksichtigung der einschlägigen Stellungnahmen im Begutachtungsverfahren ist hingegen rechtlich nicht vorgesehen (*Grimberger/Huber*, Das Recht der Privatuniversitäten[2] [2012] Anm 5 zu § 24 HS-QSG mwN).

37 Unter einer Verordnung versteht man eine generelle Rechtsvorschrift, die von einer Verwaltungsbehörde erlassen wird und die sich ihrem Inhalt nach an die Rechtsunterworfenen nach außen richtet; gem Art 139 B-VG können Verordnungen wegen Gesetzwidrigkeit vom VfGH aufgehoben werden (s dazu im Detail: *Mayer/Kucsko-Stadlmayer/Stöger*, Bundesverfassungsrecht[11], Rz 590 ff bzw Rz 1103 ff).

Gem § 4 Abs 3 Bundesgesetzblattgesetz (BGBl I 2003/100 idgF) können durch Verordnung des Bundeskanzlers im Einvernehmen mit der/dem zuständigen Bundesminister/in (zB: BMW) Verordnungen anderer Bundesbehörden (zB: Board) im Bundesgesetzblatt II (Verordnungsblatt) verlautbart werden; denkbar wäre auch eine Verlautbarung der Verordnungen gem HS-QSG im so genannten Verordnungsblatt des BMW.

38 S dazu insbes §§ 8 f FHG, worin ua auf § 3 FHG verwiesen wird; vgl dazu im Detail bei: *Hauser*, Fachhochschul-Studiengesetz[9] (2020) Anm 1 ff zu § 8 FHG sowie Anm 1 ff zu § 8a FHG.

39 S dazu die Fachhochschul-Akkreditierungsverordnung (FH-AkkVO 2019), beschlossen vom Board der AQ Austria am 11.9.2018 (s dazu: https://www.aq.ac.at).

40 „Das Bundesgesetz gibt die Mindestinhalte für einen Genehmigungsbescheid vor: Zeitraum der Akkreditierung, Bezeichnung des Rechtsträgers der Bildungseinrichtung; Bezeichnung, Art, Arbeitsaufwand der Studien und Dauer der Studien; Wortlaut der zu verleihenden akademischen Grade und allfällige Auflagen. Die institutionelle Akkreditierung ist auf sechs Jahre befristet. Programmakkreditierungen, die nur bei der Ersteinrichtung von Studien durchzuführen sind, werden unbefristet ausgesprochen" (ErläutRV 1222 BlgNR 24. GP, 19).

41 Die bescheidmäßige Akkreditierung eines Fachhochschul-Studienganges bzw einer Fachhochschule bedeutet noch nicht, dass sich damit auch die Zuwendung von Bundesmitteln verbindet; vgl dazu die bislang vom zuständigen BMW erstellten und von der Bundesregierung beschlossenen so genannten „Fachhochschul-Entwicklungs- und Finanzierungspläne" (abgedruckt bei: *Hauser*, Fachhochschul-Studiengesetz[9] den Vorauflagen, jeweils unter Anh 1). In § 2a FHG finden sich (rudimentäre) Grundlagen für die Gestaltung des Fachhochschul-Entwicklungs- und Finanzierungsplans.

42 Was die Zeitdauer der Akkreditierung betrifft, so ist diesbezüglich wie folgt zu differenzieren:

Erhalter, die *erstmalig* einen Antrag auf Akkreditierung von Fachhochschul-Studiengängen stellen, haben sich sowohl einer institutionellen Akkreditierung als auch den jeweiligen Programmakkreditierungen zu unterziehen (vgl § 23 Abs 2 bis Abs 4 HS-QSG). Sofern der antragstellende Erhalter die gesetzlichen Voraussetzungen erfüllt, ist die institutionelle Akkreditierung befristet für sechs Jahre und die jeweilige Programmakkreditierung unbefristet auszusprechen (§ 23 Abs 6 HS-QSG). Eine (einmalige) Verlängerung der institutionellen Akkreditierung ist zulässig, sofern die entsprechenden gesetzlichen Voraussetzungen weiterhin gegeben sind; diese (institutionelle) Akkreditierung gilt unbefristet (§ 23 Abs 7 HS-QSG).

Nach ununterbrochener (institutioneller) *Akkreditierungsdauer von 12 Jahren* ist die Bildungseinrichtung einem Audit gem § 22 HS-QSG zu unterziehen; in weiterer Folge hat alle sieben Jahre ein Audit stattzufinden (§ 23 Abs 9 HS-QSG).

Angemerkt sei, dass sowohl im Rahmen der so genannten (einmaligen) Re-Akkreditierung als auch im Rahmen der so genannten Audits die jeweils bestehenden Studiengänge als „mitakkreditiert" gelten.

43 Beim Bescheid selbst handelt es sich um einen individuellen, hoheitlichen, an einen Rechtsunterworfenen adressierten außenwirksamen Verwaltungsakt (*Mayer/Kucsko-Stadlmayer/Stöger*, Bundesverfassungsrecht[11], Rz 605). Bescheide sind Teil des besonderen Rechtsschutzsystems der Österreichischen Verfassung; gegen Bescheide des Boards der AQ Austria ist die Möglichkeit der Anrufung des Bundesverwaltungsgerichts zulässig (Art 131 Abs 2 1. Satz B-VG); die nachprüfende Kontrolle der Entscheidungen des Bundesverwaltungsgerichts nehmen VwGH bzw VfGH wahr (vgl Art 133 bzw Art 144 B-VG).

Was den (generellen) Inhalt und die Form von Bescheiden betrifft, so normiert § 58 AVG, dass jeder Bescheid ausdrücklich als solcher zu bezeichnen ist und einen Spruch (§ 59 AVG) sowie eine Rechtsmittelbelehrung (§§ 61 AVG) zu enthalten hat. Überdies sind Bescheide mit einer Begründung (§ 60 AVG) zu versehen, wenn dem Standpunkt der Partei nicht vollinhaltlich Rechnung getragen oder über Einwendungen oder Anträge von Beteiligten abgesprochen wird. Bescheide können grundsätzlich sowohl schriftlich als auch mündlich erlassen werden (§ 62 Abs 1 AVG). Jeder schriftlich ausgefertigte Bescheid hat überdies die Bezeichnung der den Bescheid erlassenden Behörde, das Datum sowie die Unterschrift dessen, der die Erledigung genehmigt hat, zu enthalten (§ 58 Abs 3 iVm § 18 Abs 4 AVG).

Dem antragstellenden Erhalter steht ein subjektives Recht auf bescheidmäßige Erledigung seines Akkreditierungsantrages zu (§ 73 Abs 1 AVG iVm § 23 Abs 6 HS-QSG).

Sofern sich der Antrag auf Grund formaler Mängel als unzulässig darstellt, hat die Zurückweisung desselben zu erfolgen; zu beachten ist dabei, dass bloße Formgebrechen eine Zurückweisung nicht legitimieren können. In derartigen Fällen hat die Behörde vielmehr einen Verbesserungsauftrag an den Antragsteller zu erteilen (§ 13 Abs 3 AVG; s auch die einschlägigen Bestimmungen in der FH-AkkVO 2019).

Sofern der Antrag mit einem materiellen Mangel (zB Fehlen eines der in §§ 8 f FHG normierten Akkreditierungserfordernisses) behaftet ist, ist er abzuweisen.

Wenn hingegen weder formale noch materielle Mängel gegeben sind, hat die Anerkennung des beantragten Studienganges als Fachhochschul-Studiengang durch das Board der AQ Austria zu erfolgen.

Das Board der AQ Austria hat über den Akkreditierungsantrag ohne unnötigen Aufschub, spätestens jedoch nach einer Frist von neun Monaten nach dessen Einlangen zu entscheiden (§ 73 Abs 1 AVG iVm § 25 Abs 6 Z 2 HS-QSG).

Wird der Bescheid nicht innerhalb dieser Entscheidungsfrist erlassen, kann beim Bundesverwaltungsgericht Beschwerde wegen Verletzung der Entscheidungspflicht erhoben werden (Art 132 Abs 3 B-VG); im Falle der Untätigkeit des Bundesverwaltungsgerichts kann gem Art 133 Abs 1 Z 2 B-VG ein Fristsetzungsantrag beim VwGH eingebracht werden (s dazu § 38 VwGG); vgl dazu etwa bei: *Grabenwarter/Fister*, Verwaltungsverfahrensrecht und Verwaltungsgerichtsbarkeit[6] (2019) 352 ff.

Zu beachten gilt, dass die Beschwerde wegen Verletzung der Entscheidungspflicht abzuweisen ist, wenn die Verzögerung nicht auf ein überwiegendes Verschulden der Behörde zurückzuführen ist (§ 8 Abs 1 VwGVG); freilich kann etwa eine Säumnis der Behörde nicht mit dem Hinweis auf Überlastung entschuldigt werden, da die Behörden verpflichtet sind, durch organisatorische Vorkehrungen für eine rasche Entscheidung vorzusorgen (*Schulev-Steindl*, Verwaltungsverfahrensrecht[6], Rz 378). Weiters ist darauf zu verweisen, dass die Entscheidungsfrist der Behörde dann neu zu laufen beginnt, wenn der verfahrenseinleitende Antrag der Partei wesentlich abgeändert wird (VwGH 31.1.1995 ZfVB 1996/765).

Zur Entfaltung seiner Rechtswirkung ist es erforderlich, dass der Akkreditierungsbescheid der/dem Antragsteller/in zugestellt wird. Bei der (zustellungslosen) Beschlussfassung über die Akkreditierung handelt es sich um einen Akt der internen Willensbildung, der nicht außenwirksam und somit rechtlich bedeutungslos ist.

Festzuhalten gilt Weiters, dass der (Re-)Akkreditierungsbescheid bzw dessen Widerruf unter einem Genehmigungsvorbehalt der/des zuständigen Bundesministers/in steht (§ 25 Abs 3 HS-QSG); die Genehmigung ist zu versagen, wenn der Bescheid gegen die einschlägigen Gesetze verstößt oder „im Widerspruch zu nationalen bildungspolitischen Interessen" steht. Zum problematischen Begriff der „nationalen bildungspolitischen Interessen": *Brünner*, Bildungspolitische Auswirkungen des Fachhochschul-Studiengesetzes (2004) 122. Vgl überdies: *Brünner*, Bildungspolitische Auswirkungen des Fachhochschul-Studiengesetzes (2004) 70, der ein „Planungsdokument" einfordert, aus dem die Grundlinien der „nationalen bildungspolitschen Interessen" erkennbar sind. Die von der Bundesregierung bislang beschlossenen so genannten „Entwicklungs- und Finanzierungsplanungen für den Fachhochschul-Bereich" (zuletzt „Fachhochschul-Entwicklungs- und Finanzierungsplan" genannt) lassen sich wohl kaum als derartiges Planungsdokument deuten; so auch: *Berka*, Gebundenheit und Autonomie im Fachhochschul-Bereich, in: *Prisching/Lenz/Hauser* (Hg), 10 Jahre FHStG: Fachhochschulrecht zwischen Bewährung und Reform (2004) 131 (144), der überdies den Verweis auf die nationalen bildungspolitischen Interessen als „Leerformel" qualifiziert, welche der/dem zuständigen Bundesminister/in großen Einfluss eröffnet.

44 S dazu auch § 6 Abs 2 sowie § 10 Abs 4 Z 4 und Abs 6 FHG.
Die Verleihung bzw der Widerruf akademischer Grade im Fachhochschul-Bereich stellen sich als hoheitliche Akte dar (*Hauser*, Fachhochschul-Studiengesetz⁹ [2020] Anm 83 zu § 10 FHStG mwN); die gem § 10 Abs 4 Z 4 FHG für die Verleihung bzw den Widerruf akademischer Grade zuständige Kollegiumsleitung ist insoweit als mit hoheitlicher Macht beliehen anzusehen.

45 Bei einer Auflage werden mit einem dem Grunde nach positiven Verwaltungsakt (zB Bescheid) belastende Gebote bzw Verbote verknüpft, deren Einhaltung verpflichtend ist. Die näheren gesetzlichen Gestaltungsparameter für einschlägige Auflagen im Akkreditierungsbescheid finden sich in § 23 Abs 8 HS-QSG.

46 In der RV zur Stammfassung des HS-QSG war der Wortfolge „(…) akkreditierte Studien (…)" noch die Wortfolge „(…) und hat unbefristet Wirkung (…)" nachgestellt; dies wurde auf Basis eines entsprechenden Abänderungsantrages (AA-203 24. GP) abgeändert, um dadurch klarzustellen, dass sich die unbefristete Wirkung der Akkreditierung mit der Durchführung eines Audits nach ununterbrochener Akkreditierung von zwölf Jahren entfaltet. Erst im Zuge der Novelle BGBl I 2020/77 wurde die gesetzliche Formulierung von § 23 Abs 7 Satz 2 HS-QSG mit dem Zusatz „und ist unbefristet auszusprechen" versehen. In den ErläutRV 234 BlgNR 27. GP, 6 ist dazu ausgeführt, dass durch § 23 Abs 7 HS-QSG idF BGBl I 2020/77 „eine Anpassung der Bestimmung hinsichtlich der Verlängerung der institutionellen Akkreditierung (erfolgt ist), die durch die Entkoppelung von Akkreditierung und Zertifizierung (bisheriger Abs 9) notwendig ist. Es wird klargestellt, dass die Verlängerung der institutionellen Akkreditierung unbefristet auszusprechen ist. Nach ununterbrochener Akkreditierungsdauer von zwölf Jahren hat sich die Fachhochschule dann einem Audit gemäß § 22 zu unterziehen."

47 Gem § 26 Abs 2 Z 5 HS-QSG hat der Widerruf der Akkreditierung gem § 23 HS-QSG mit Bescheid zu erfolgen.

48 „Die Erst-Akkreditierung einer Bildungseinrichtung oder von Studien kann nicht unter Auflagen erfolgen, da bei der erstmaligen Akkreditierung der Nachweis aller Akkreditierungsvoraussetzungen erbracht werden muss. In weiterer Folge ist eine Verlängerung der institutionellen Akkreditierung mit Auflagen möglich, aber ein entsprechendes Mängelbehebungsverfahren vorgesehen" (ErläutRV 1222 BlgNR 24. GP, 19).

49 Ursprünglich musste neben dem Nachweis der Erfüllung der Auflagen auch ein Entwicklungskonzept vorgelegt werden, damit die unter Auflagen erfolgte Akkreditierung nicht widerrufen wird; in den ErläutRV 234 BlgNR 27. GP, 6 ist dazu angemerkt, dass „die Vorlage eines Entwicklungskonzepts an die AQ Austria gestrichen (wird), da sich dies in der Umsetzungspraxis nicht bewährt hat."
In den ErläutRV zur Stammfassung des HS-QSG (1222 BlgNR 24. GP, 30) ist ausgeführt, dass im „Entwicklungsplan" die „Zielsetzungen der Einrichtung, die Schwerpunkte und Maßnahmen in Lehre und Forschung sowie die strukturelle und in-

haltliche Entwicklungsplanung, die Gleichstellung von Frauen und Männern und Frauenförderung und der Aufbau eines Qualitätsmanagementsystems darzulegen" sind; s dazu auch § 8 Abs 2 Z 1 FHG, wo als (eine) Akkreditierungsvoraussetzung die Vorlage eines Entwicklungsplans normiert ist. Dieser Entwicklungsplan hat jedenfalls das Entwicklungskonzept für den Aufbau der betreffenden Bildungseinrichtung zu einer Fachhochschule unter Berücksichtigung der Zielsetzungen der Einrichtung, der Schwerpunkte und Maßnahmen in Lehre und Forschung sowie die strukturelle und inhaltliche Entwicklungsplanung, die Personalplanung, die Gleichstellung der Geschlechter und den Aufbau eines Leistungs- und Qualitätsmanagementsystems zu umfassen.

50 S dazu auch § 26 Abs 2 Z 5 HS-QSG.

51 „In [§ 23] Abs 8 und Abs 8a [HS-QSG] erfolgt eine Differenzierung hinsichtlich der Bestimmungen zur Erst-Akkreditierung mit Auflagen. (…) Mit der neuen Bestimmung in Abs 8a wird klargestellt, dass erstmalige Programmakkreditierungen mit Auflagen unter bestimmten Voraussetzungen (erfolgreiche Durchführung eines Audits) möglich sind" (ErläutRV 234 BlgNR 27. GP, 6).

52 „Nachdem eine Bildungseinrichtung für einen Zeitraum von zwölf Jahren ununterbrochen als Fachhochschul-Einrichtung akkreditiert ist, ist eine weitere institutionelle Akkreditierung nicht mehr erforderlich. Die Akkreditierung entfaltet unbefristete Wirkung. Die Einrichtung ist in weiterer Folge alle sieben Jahre einem Audit zu unterziehen und zu zertifizieren. Wird die Akkreditierung [gemeint wohl: Zertifizierung] mit Auflagen erteilt, hat die Einrichtung ein Entwicklungskonzept vorzulegen und innerhalb eines Zeitraums von zwei Jahren nachzuweisen, dass die Auflagen erfüllt wurden. Erfolgt die Zertifizierung auch nach einem Re-Audit nicht, erlischt die institutionelle Akkreditierung binnen zwei Jahren nach der Mitteilung der Verweigerung, sofern nicht eine neuerliche institutionelle Akkreditierung in diesem Zeitraum erteilt wird" (ErläutRV 1222 BlgNR 24. GP, 19).

Akkreditierung von Privathochschulen oder Privatuniversitäten[1-2] und Studien an Privathochschulen oder Privatuniversitäten[3-8]

§ 24. (1)[9] Die Akkreditierung als Privathochschule[10] oder Privatuniversität[11] und von Studien an Privathochschulen oder Privatuniversitäten hat nach den Akkreditierungsvoraussetzungen gemäß PrivHG[12] und den in Abs 3, 4 oder 5 genannten Prüfbereichen zu erfolgen.[13-15]

(2) Jene juristischen Personen, die erstmalig einen Antrag[16] auf Akkreditierung als Privathochschule stellen, sind einer institutionellen Akkreditierung und Programmakkreditierungen zu unterziehen.[17]

(3) Die Prüfbereiche der institutionellen Akkreditierung umfassen jedenfalls:
1. Zielsetzung und Profilbildung;[18]
2. Entwicklungsplanung;[19]
3. Studien und Lehre;[20]
4. Forschung und Entwicklung/Erschließung und Entwicklung der Künste;[21]
5. Organisation der Hochschule und ihrer Leistungen;[22]
6. Finanzierung[23] und Ressourcen;[24-25]
7. nationale und internationale Kooperationen;[26]
8. Qualitätsmanagementsystem;[27]
9. Personal unter besonderer Berücksichtigung der ausgeglichenen Repräsentanz der Geschlechter in allen Positionen und Funktionen.[28]

(4) Die Prüfbereiche der Programmakkreditierung für den beantragten Studiengang umfassen jedenfalls:
1. Studiengang und Studiengangsmanagement;[29]
2. Personal;[30]
3. Qualitätssicherung;[31]
4. Finanzierung[32] und Infrastruktur;[33]
5. Forschung und Entwicklung;[34]
6. nationale und internationale Kooperationen.[35]

(5) Die Prüfbereiche der Programmakkreditierung für Lehrgänge zur Weiterbildung und Universitätslehrgänge[36] umfassen jedenfalls:
1. Lehrgang und Lehrgangsmanagement;
2. Personal;
3. Qualitätssicherung;
4. Finanzierung und Infrastruktur;
5. Einbindung des Lehrganges in Forschung und Entwicklung oder Entwicklung und Erschließung der Künste.

(5a)[37] Bei gemeinsam eingerichteten Studien[38] sind die Ergebnisse bereits stattgefundener Qualitätssicherungsverfahren anzuerkennen.[39]

(5b)[40] Wird ein Studium als gemeinsames Studienprogramm mit einer oder mehreren ausländischen anerkannten postsekundären Bildungseinrichtungen durchgeführt, kann die Agentur für Qualitätssicherung und Akkreditierung Austria ein von Abs 4 abweichendes Verfahren für die Programmakkreditierung nach internationalen Standards und Kriterien festlegen. Ergebnisse bereits stattgefundener Qualitätssicherungsverfahren sind anzuerkennen.

(6)[41] Das Board[42] hat nach Durchführung eines öffentlichen Begutachtungsverfahrens[43] eine Verordnung[44] zu erlassen, in der Festlegungen hinsichtlich der Prüfbereiche und Akkreditierungsvoraussetzungen gemäß PrivHG sowie den methodischen Verfahrensgrundsätze[n] der institutionellen Akkreditierung und Programmakkreditierung zu treffen sind.

(7) Erfüllt die Antragstellerin oder der Antragsteller die Voraussetzungen, ist die Akkreditierung befristet für sechs Jahre auszusprechen.[45] Der Akkreditierungsbescheid[46] hat jedenfalls folgende Angaben zu enthalten:[47]
1. Zeitraum der Akkreditierung;
2. Bezeichnung des Rechtsträgers der Bildungseinrichtung und Bezeichnung der Privathochschule oder Privatuniversität;

3. Bezeichnung, Art, Arbeitsaufwand der Studien, Dauer der Studien, Anzahl der Studienplätze[48] und Standorte der Durchführung;[49]
4. Wortlaut der zu verleihenden akademischen Grade;[50]
5. allfällige Auflagen.[51]

(8) Eine Verlängerung der institutionellen Akkreditierung für sechs Jahre ist auf Antrag zulässig, wenn die Voraussetzungen gemäß Abs 1 und 3 weiterhin vorliegen. Die Verlängerung der institutionellen Akkreditierung umfasst auch die bis zu diesem Zeitpunkt akkreditierten Studien.[52] Die Verlängerung ist spätestens neun Monate[53] vor Ablauf des Genehmigungszeitraumes zu beantragen. Wird die institutionelle Akkreditierung nicht verlängert, sind alle Programmakkreditierungen der Bildungseinrichtung zu widerrufen.[54]

(9)[55] Die erstmalige Akkreditierung einer Bildungseinrichtung kann nicht unter Auflagen erfolgen. Eine Verlängerung der institutionellen Akkreditierung kann unter Auflagen erfolgen, wenn im Zuge des Akkreditierungsverfahrens Mängel festgestellt werden, die als innerhalb eines bestimmten Zeitraums behebbar eingestuft werden. Wird die Akkreditierung mit Auflagen erteilt, hat die Bildungseinrichtung innerhalb eines Zeitraums von bis zu zwei Jahren nachzuweisen, dass die Auflagen erfüllt wurden. Erfolgt dies nicht, ist die Akkreditierung mit Bescheid zu widerrufen.[56]

(9a)[57] Die erstmalige Programmakkreditierung kann nicht unter Auflagen erfolgen. Davon ausgenommen sind Programmakkreditierungen an Bildungseinrichtungen, deren institutionelle Akkreditierung bereits zweimal verlängert wurde.[58]

(10)[59] Nach einer ununterbrochenen Akkreditierungsdauer von zwölf Jahren kann die Akkreditierung für einen Antrag von sechs bis zwölf Jahre erfolgen.[60]

(11) Die Regelungen der Abs 3 bis 5 gelten sinngemäß für die Antragstellung zur Akkreditierung einer Privathochschule als Privatuniversität und von weiteren Studien.

(12) Eine Verlängerung der Programmakkreditierung ist nicht möglich. Die Verlängerung der Akkreditierung der Studien erfolgt im Rahmen der Verlängerung der institutionellen Akkreditierung gemäß Abs 8.

1 Der privatwirtschaftliche Charakter von akkreditierten Bildungseinrichtungen (gem UniAkkG [außer Kraft]) erfährt keine Änderung, wenn als Betreiber eine durch Landesgesetz errichtete Körperschaft öffentlichen Rechts auftritt. Der Betrieb von Privatuniversitäten ist Körperschaften öffentlichen Rechts weder eigentümlich noch vorbehalten, sondern (soweit es sich nicht um vom Bund errichtete Körperschaften handelt) rechtlich lediglich erlaubt (VwGH 4.3.2009 hre 97, ÖHZ 2009/0, 14).

2 Das PrivHG verwendet den Terminus Privathochschule nicht nur als Schwellenbegriff (in der Differenzierung zwischen Privathochschule und Privatuniversität), sondern auch als Dachbegriff (für Privathochschulen und Privatuniversitäten als besondere Form der Privathochschule), vgl *Grimberger/zu Hohenlohe*, Der neue Rechtsrahmen für Privathochschulen und -universitäten, zfhr 2020, 20 (21). Privatuniversitäten sind also „eine besondere Kategorie von Privathochschulen" (Stellungnahme *BKA Verfassungsdienst*, 65/SN-21/ME 27. GP, 2).

3 „Diese Bestimmung regelt die institutionelle Akkreditierung als Privatuniversität sowie von Studien an Privatuniversitäten" (ErläutRV 1222 BlgNR 24. GP).

4 In § 1 Abs 2 PrivHG wird ausdrücklich darauf verwiesen, dass das Verfahren zur Akkreditierung als Privathochschulen und von Studien an Privathochschulen gemäß den Bestimmungen des Hochschul-Qualitätssicherungsgesetzes erfolgt.

5 „Um den Übergang der Kompetenzen [bezüglich laufender Verfahren nach dem UniAkkG] einer zeitlich machbaren Regelung zuzuführen, sind alle bis zum 1. März 2012 noch anhängigen Verfahren beim Akkreditierungsrat nach den bisherigen Bestimmungen, längstens jedoch bis 31. August 2012, weiter zu führen [s dazu § 8] (Abs 5) [PUG]. Bis dahin nicht abgeschlossene Verfahren gehen notwendigerweise in die Kompetenz der Agentur für Qualitätssicherung und Akkreditierung Austria nach den neuen Verfahrensvorschriften über. Anträge, die nach dem 29. Februar 2012 eingereicht werden, sind bereits nach den Bestimmungen des Hochschul-Qualitätssicherungsgesetzes zu beurteilen" (ErläutRV 1222 BlgNR 24. GP).

„Bisherige Privatuniversitäten müssen nach [§ 8] Abs 6 [PUG] erst nach Ablauf ihres jeweiligen Akkreditierungs- oder Re-Akkreditierungszeitraumes ihre Akkreditierung nach den Bestimmungen dieses Gesetzes [PUG] einer Beurteilung unterziehen. Für jene bisherigen Privatuniversitäten, deren Akkreditierungs- oder Re-Akkreditierungszeitraum bereits in den nächsten eineinhalb Jahren endet (spätestens bis 31. Dezember 2012) wurde eine Ausnahmeregelung geschaffen; deren Akkreditierungs- oder Re-Akkreditierungszeitraum wird bis 31. Dezember 2014 verlängert, um ausreichend Zeit für eine Umstellung auf die Bestimmungen dieses Gesetzes [PUG] zu ermöglichen" (ErläutRV 1222 BlgNR 24. GP). **6**

„Studien, die noch vor Inkrafttreten dieses Gesetzes [gemeint ist das Privatuniversitätengesetz – PUG] nach dem Universitäts-Akkreditierungsgesetz anerkannt wurden, bleiben für die Dauer ihrer Akkreditierung anerkannt" (ErläutRV 1222 BlgNR 24. GP). **7**

„Es erfolgen diverse Anpassungen und Ergänzungen analog zu § 23. In Abs 1 und 2 erfolgen redaktionelle Anpassungen. In Abs 3 werden die Prüfbereiche der institutionellen Akkreditierung ergänzt" (ErläutRV 234 BlgNR 27. GP). **8**

„Mit der Neuordnung der externen Qualitätssicherung sollen auch die Voraussetzungen für die Akkreditierung als Privatuniversität neu definiert werden, um die hochschulische Weiterentwicklung dieses erfolgreich etablierten Sektors zu fördern. Der europäische Universitätsbegriff orientiert sich an der Breite und Vielfalt des Studienangebots hochschulischer Einrichtungen, dem Vorhandensein von Forschungsaktivitäten (Grundlagenfor- **9** schung), der Verbindung von Lehre und Forschung. Die Qualität einer Einrichtung, ihrer Lehre und Forschungsaktivitäten ist auch in Verbindung mit den vorhandenen institutionellen Strukturen und Ressourcen zu betrachten. Das Vorhandensein einer ‚kritischen Masse' in Bezug auf die personelle und infrastrukturelle Ausstattung, das Studienangebot sowie die Forschungstätigkeiten sind daher bei Akkreditierungsverfahren zu prüfen" (ErläutRV 1222 BlgNR 24. GP).

S dazu vertiefend: *Berka*, Kriterien der „Hochschulförmigkeit", in: *Berka/Brünner/Hauser* (Hg), 20 Jahre Fachhochschul-Recht (2013) 97 ff.

10 Mit BGBl I 2020/77 wurde eine begriffliche Differenzierung zwischen Privathochschule und Privatuniversität im HS-QSG sowie im PrivHG eingeführt. Die Privathochschule wird im PrivHG (insb § 1 Abs 1 leg cit) dabei nicht als bloßer Schwellenbegriff, sondern als Dachbegriff verwendet. Im Kontext der allgemeinen Bestimmungen spricht der Gesetzgeber lediglich von Privathochschulen, was auch dem Verständnis der Privathochschule als Dachbegriff der traditionellen Sichtweise in Deutschland entspricht (vgl *Grimberger/zu Hohenlohe*, zfhr 2021, 21).

11 Die Privatuniversität muss über die allgemeinen Voraussetzungen für die Akkreditierung als Privathochschule hinaus vier weitere Voraussetzungen gem § 4 Abs 1 PrivHG erfüllen:
1. Nachweis einer Mindestanzahl an hauptberuflichen und nach international kompetitiven Standards besetzten Professuren, welche die Kernkompetenzen der angebotenen Fachbereiche abdecken;
2. Nachweis der Forschungsleistungen der Fachbereiche nach internationalen Standards und Kriterien;
3. Nachweis der Maßnahmen zur Förderung des wissenschaftlichen und wissenschaftlich- künstlerischen Nachwuchses;
4. Erfüllung der Voraussetzungen zur Akkreditierung eines Doktoratsstudiums.

Die Akkreditierungsvoraussetzungen für Privathochschulen sind **12** im § 2 Abs 1 PrivHG festgelegt und lauten wie folgt:

„(1) Für die Antragstellung zur Erlangung der Akkreditierung als Privathochschule und für die Dauer der Akkreditierung muss die Bildungseinrichtung folgende Voraussetzungen erfüllen:
1. *Sie muss eine juristische Person mit Sitz und wissenschaftlichem und/oder künstlerischem Lehr- und Forschungsbetrieb in Österreich sein;*
2. *Sie muss einen Entwicklungsplan vorlegen, der unter Berücksichtigung der Zielsetzungen der Bildungseinrichtung, die Schwerpunkte und Maßnahmen in Lehre und Forschung sowie die strukturelle und inhaltliche Entwicklungsplanung, das Personal, die Gleichstellung der Geschlechter und den Aufbau eines Qualitätsmanagementsystems umfasst;*
3. *Sie muss einen Satzungsentwurf gemäß § 5 Abs 2 vorlegen;*
4. *Sie muss jedenfalls zwei Studien in einer oder mehreren wissenschaftlichen oder künstlerischen Disziplinen, die zu einem akademischen Grad führen, welcher im internationalen Standard für mindestens dreijährige Vollzeitstudien verliehen wird, sowie mindestens zwei darauf aufbauende Studien anbieten. Bei der erstmaligen Antragstellung sind die Studienpläne für die geplanten Studien vorzulegen;*
5. *Sie muss für Forschung bzw Entwicklung und Erschließung der Künste und Lehre in den für die durchzuführenden Studien wesentlichen Fächern ein dem internationalen Standard entsprechendes, wissenschaftliches oder wissenschaftlich-künstlerisches ausgewiesenes Lehr- und Forschungspersonal verpflichten;*
6. *Die für Forschung bzw Entwicklung und Erschließung der Künste und die Studien erforderliche Personal-, Raum- und Sachausstattung muss ab Beginn des geplanten Betriebes vorhanden sein. Entsprechende Nachweise sind bei der erstmaligen Antragstellung vorzuweisen;*
7. *Sie muss die Bedingungen der Prüfbereiche gemäß § 24 des HS-QSG erfüllen."*

13 „Die Prüfbereiche entsprechen jenen für Fachhochschul-Einrichtungen und Studiengängen an Fachhochschulen" (ErläutRV 1222 BlgNR 24. GP).

14 Die gesetzlich normierten Akkreditierungsvoraussetzungen müssen kummulativ gegeben sein.

15 „Auch die Prüfbereiche gemäß HS-QSG sind für die Akkreditierung zu erfüllen, da diese von der Agentur für Qualitätssicherung und Akkreditierung entsprechend den gesetzlichen Bestimmungen zu zertifizieren oder zu akkreditieren sind. Werden diese Voraussetzungen nicht erfüllt, ist ein Akkreditierungsantrag als ‚Privatuniversität' abzuweisen. Bestehende Privatuniversitäten müssen nach Ablauf ihrer Akkreditierungsdauer die ergänzten Voraussetzungen erfüllen, ansonsten ist eine Verlängerung der Akkreditierung (Re-Akkreditierung) als Privatuniversität nicht möglich. Für Privatuniversitäten, deren Akkreditierungszeitraum bereits vor dem 31. Dezember 2012 endet, wird die Akkreditierung bis zum 31. Dezember 2014 verlängert (vgl § 8 Abs 6 [PUG])" (ErläutRV 1222 BlgNR 24. GP).

16 „Anträge zur Akkreditierung zur Privatuniversität sowie für deren Studiengänge sind nach [§ 2] Abs 3 [PUG] ausschließlich an die Agentur für Qualitätssicherung und Akkreditierung Austria zu richten; diesbezüglich besteht keine Wahlfreiheit" (ErläutRV 1222 BlgNR 24. GP).

17 Gem § 19 Abs 3 HS-QSG sind Akkreditierungsverfahren von der Agentur für Qualitätssicherung und Akkreditierung Austria durchzuführen.

18 Dabei hat insbes eine „Prüfung und Beurteilung des Vorhandenseins und der Konsistenz von Leitbild und Zielen der Einrichtung" zu erfolgen (ErläutRV 1222 BlgNR 24. GP).

19 Dabei hat insbes eine „Prüfung und Beurteilung des Vorhandenseins und der Konsistenz der Entwicklungsplanung, Strategien der Einrichtung" zu erfolgen (ErläutRV 1222 BlgNR 24. GP).

Dabei hat insbes eine „Prüfung und Beurteilung des Studienangebots und der Lehre sowie der Serviceleistungen für die Studierenden" zu erfolgen (ErläutRV 1222 BlgNR 24. GP). **20**

Dabei hat insbes eine „Prüfung und Beurteilung der organisatorischen und strukturellen Rahmenbedingungen für Forschungsleistungen sowie der (vorhandenen und geplanten) Forschungsaktivitäten und -leistungen" zu erfolgen (ErläutRV 1222 BlgNR 24. GP). § 2 Abs 2 Z 3 PrivHG normiert die Verbindung von Forschung und Lehre als einen der wesentlichen Grundsätze der Tätigkeit von Privathochschulen. Aus der inhaltsgleichen Vorgängerbestimmung des § 2 Abs 2 Z 5 PUG leitete der VwGH das Vorliegen einer Forschungsstrategie als Voraussetzung für eine institutionelle Akkreditierung ab, VwGH 21. 1. 2015, 2013/10/0201 = *Hauser* (Bearb): Hre 168: Erfordernis des Vorliegens einer Forschungsstrategie als Akkreditierungsvoraussetzung für eine Privatuniversität, N@HZ 3/2015, 98. **21**

Dabei hat insbes eine „Prüfung der Organisations- und Leitungsstruktur und deren Angemessenheit und Beitrag zur Gewährleistung der Freiheit von Forschung und Lehre" zu erfolgen (ErläutRV 1222 BlgNR 24. GP). **22**

Gem § 26 Abs 3 HS-QSG ist im Zuge des Akkreditierungsverfahrens ua auch nachzuweisen, dass der Träger der Privatuniversität für die Finanzierung von auslaufenden Studien im Falle des Erlöschens oder des Widerrufes einer Akkreditierung finanzielle Vorsorge getroffen hat. **23**

Dabei hat insbes eine „Prüfung und Beurteilung der finanziellen Absicherung bzw des Konzepts im Hinblick auf Plausibilität und Tragfähigkeit sowie der Raum- und Ressourcenausstattung für den Betrieb einer Hochschule" zu erfolgen (ErläutRV 1222 BlgNR 24. GP). **24**

„Nachweise betreffend Ausstattung und Finanzierung dienen der Gewährleistung von Qualität und Kontinuität" (ErläutRV 949 BlgNR 18. GP, 14). **25**

26 Dabei hat insbes eine „Prüfung und Beurteilung der Kooperationen/Zusammenarbeit mit unterschiedlichen Partnern, Möglichkeiten der Studierendenmobilität" zu erfolgen (ErläutRV 1222 BlgNR 24. GP).

27 Dabei hat insbes eine „Prüfung und Beurteilung des hochschulinternen Qualitätsmanagementsystems" zu erfolgen (ErläutRV 1222 BlgNR 24. GP).

28 Der Prüfbereich Personal wurde mit BGBl I 2020/77 als neuer Prüfbereich bei institutionellen Akkreditierungen eingeführt und fand sich zuvor nur als Prüfbereich im Rahmen von Programmakkreditierungen (§ 26 Abs 4 und 5 HS-QSG aF). Abweichend davon sah bereits die PU-AkkVO 2019 in § 15 Abs 8 leg cit einen Prüfbereich Personal vor.

Darüber hinaus ist auch eine ausgeglichene Repräsentanz der Geschlechter in allen Positionen und Funktionen auf institutioneller Ebene anzustreben. Im Gegensatz zu § 20a Abs 2 UG 2002 normiert § 24 Abs 2 Z 9 HS-QSG jedoch keine konkrete Mindestquote von Frauen in Kollegialorganen.

29 Dabei hat insbes eine „Prüfung und Beurteilung der Konsistenz, Inhalte und Ziele des Studienganges sowie der Organisation des Angebots, Serviceleistungen für Studierende etc" zu erfolgen (ErläutRV 1222 BlgNR 24. GP).

30 Dabei hat insbes eine „Prüfung und Beurteilung der Qualifikation des Personals" zu erfolgen (ErläutRV 1222 BlgNR 24. GP).

31 Dabei hat insbes eine „Prüfung und Beurteilung der Maßnahmen und Verfahren zur internen und externen Qualitätssicherung des Studiengangs" zu erfolgen (ErläutRV 1222 BlgNR 24. GP).

32 Gem § 26 Abs 3 HS-QSG hat der Träger der Privathochschule bzw der Privatuniversität für die Finanzierung von auslaufenden Studien (Widerruf oder Erlöschen einer Programmakkreditierung) entsprechende Vorsorge zu treffen.

Dabei hat insbes eine „Prüfung und Beurteilung der finanziellen, räumlichen, sachlichen etc Ressourcen zur Durchführung des Studiengangs" zu erfolgen (ErläutRV 1222 BlgNR 24. GP). **33**

Dabei hat insbes eine „Prüfung und Beurteilung der Verbindung von Forschung und Lehre" zu erfolgen (ErläutRV 1222 BlgNR 24. GP). **34**

Dabei hat insbes eine „Prüfung und Beurteilung der Kooperationen, deren Ausmaß und Qualität" zu erfolgen (ErläutRV 1222 BlgNR 24. GP). **35**

Mit BGBl I 2020/77 wurde eine begriffliche Differenzierung zwischen Lehrgängen zur Weiterbildung und Universitätslehrgängen in § 8 Abs 4 PrivHG eingeführt. Während Privathochschulen (nur) Lehrgänge zur Weiterbildung anbieten können, bleibt der Begriff des Universitätslehrgangs akkreditierten Privatuniversitäten vorbehalten. **36**

Gemeinsam eingerichtete Studien sind „Studien, die auf Grund von Vereinbarungen zwischen einer oder mehreren österreichischen Universitäten, Pädagogischen Hochschulen, Fachhochschulen, Privathochschulen oder Privatuniversitäten durchgeführt werden, wobei ein gleichlautendes Curriculum zu erlassen ist" (§ 3 Abs 2 Z 10 FHG bzw § 8 Abs 3 PrivHG). **37**

„Klargestellt wird nunmehr, dass bei gemeinsam eingerichteten Studien die Ergebnisse bereits stattgefundener Qualitätssicherungsverfahren anzuerkennen sind. So sind im Falle von gemeinsam eingerichteten Studien zur Erlangung eines Lehramtes die im Rahmen des Curricula-Begutachtungsverfahrens durch den Qualitätssicherungsrat für Pädagoginnen- und Pädagogenbildung resultierten Ergebnisse durch das Board der AQ Austria vollinhaltlich zu berücksichtigen" (IA 2235/A BlgNR 25. GP). Dem Qualitätssicherungsrat kommen ihm gemäß § 30a Abs 1 Z 4 HS-QSG keine Kompetenzen zur Bescheiderlassung zu, er handelt vielmehr in Form von Stellungnahmen zu den Curricula hinsichtlich der Umsetzung der berufsrechtlichen Vorgaben (vgl **38**

Hauser/Kostal/Novak/Grimberger, Aktuelle Entwicklungen im Hochschulrecht, zfhr 2018, 2 [17]).

39 Wenn die Materialien von einer „vollinhaltlichen Berücksichtigung" sprechen, so sind diese Ergebnisse im Akkreditierungsverfahren nach dem Grundsatz der freien Beweiswürdigung vom Board der AQ Austria gemäß § 25 Abs 6 HS-QSG iVm § 45 Abs 2 AVG zu bewerten. Diesem Grundsatz zufolge hat die Behörde nur nach dem inneren Wahrheitsgehalt der ihr zur Verfügung stehenden Ermittlungsergebnisse zu beurteilen, welche Tatsachen sie als erwiesen annimmt, ohne an Beweisregeln gebunden zu sein (VwGH 16. 10. 2001, 99/09/0260; vgl *Kolonovits/Muzak/Stöger*, Verwaltungsverfahrensrecht[11] [2019] Rz 325 ff).

Die Ergebnisse bereits stattgefundener Qualitätssicherungsverfahren beseitigen jedoch nicht die Akkreditierungspflicht gemeinsam eingerichteter Studien für Privathochschulen und Fachhochschulen (vgl *Hauser/Kostal/Novak/Grimberger*, zfhr 2018, 17).

40 „In Abs 5b wird analog zur § 23 Abs 4b [HS-QSG] ein abweichendes Akkreditierungsverfahren für gemeinsame Studienprogramme mit einer oder mehreren ausländischen anerkannten postsekundären Bildungseinrichtungen ermöglicht" (ErläutRV 234 BlgNR 27. GP).

41 „In Abs 6 erfolgt analog zu § 23 Abs 5 [HS-QSG] der Verweis auf die Akkreditierungsvoraussetzungen gemäß PrivHG" (ErläutRV 234 BlgNR 27. GP).

42 Vgl zum Board bei §§ 6 ff HS-QSG.

43 Dem HS-QSG ist nicht zu entnehmen, in welcher Form dieses Begutachtungsverfahren durchzuführen ist bzw welche Institutionen dabei einzubinden sind; neben den auf Grund von anderen Gesetzen an Begutachtungsverfahren zu beteiligenden Institutionen (zB Sozialpartner, ÖH) werden im Rahmen dieses Begutachtungsverfahrens jedenfalls auch die Vertretungen der einschlägigen Hochschulen (insbes: Österreichische Privatuniversitätenkonferenz) zu berücksichtigen sein. Sofern im Vorfeld der Verordnungserlassung keine öffentliche Begutachtung erfolgt, gilt die Verordnung als rechtswidrig erlassen; eine verpflichtende Berücksichtigung der einschlägigen Stellungnahmen im Begutachtungsverfahren ist hingegen rechtlich nicht vorgesehen (*Grimberger/Huber*, Das Recht der Privatuniversitäten [2012] Anm 5 zu § 24 HS-QSG mwN).

Unter einer Verordnung versteht man eine generelle Rechtsvorschrift, die von einer Verwaltungsbehörde erlassen wird und die sich ihrem Inhalt nach an die Rechtsunterworfenen nach außen richtet. Gem Art 18 Abs 2 B-VG kann jede Verwaltungsbehörde innerhalb ihres Wirkungsbereiches „auf Grund der Gesetze" Verordnungen erlassen. Dabei darf eine Verordnung bloß präzisieren, was in den wesentlichen Konturen bereits im Gesetz selbst vorgezeichnet wurde (vgl *Ringhofer*, Die Österreichische Bundesverfassung [1979] 82, sowie etwa VfSlg 11.639, 14.314, 14.630, 14.895, 15.354 ua). **44**

Gem § 4 Abs 3 Bundesgesetzblattgesetz (BGBl I 2003/100 idgF) können durch Verordnung des Bundeskanzlers im Einvernehmen mit der/dem zuständigen Bundesminister/in (zB: BMBWF) Verordnungen anderer Bundesbehörden (zB: Board der Agentur für Qualitätssicherung und Akkreditierung Austria) im Bundesgesetzblatt II (Verordnungsblatt) verlautbart werden; denkbar wäre auch eine Verlautbarung der Verordnungen gem HS-QSG im so genannten Verordnungsblatt des BMBWF.

Zur verfassungsrechtlichen Zulässigkeit der gegenständlichen Verordnungsermächtigung des Boards der AQ Austria äußerte schon der *BKA-Verfassungsdienst* im Zuge der Stellungnahme zur Novelle BGBl I 2020/77 seine Bedenken unter Hinweis auf VfSlg 17.961, wonach es im Sinne des demokratischen Bauprinzips der Bundesverfassung bedenklich sei, „die Schaffung genereller Normen (...) unabhängigen Organen zu übertragen, die – anders als bei der Verordnungserlassung durch oberste Organe und diesen weisungsgebundene nachgeordnete Organen – weder der unmittelbaren noch der mittelbaren parlamentarischen Kontrolle unterliegen" (65/SN-21/ME 27. GP). Anlässlich eines Beschwerdeverfahrens einer Privatuniversität gegen einen Bescheid über die Verlängerung der institutionellen Akkreditierung unter Auflagen teilte das BVwG die rechtlichen Bedenken der Privatuniversität und stellte einen Verordnungsprüfungsantrag nach Art 139 Abs 1 Z 1 B-VG an den VfGH (BVwG 3. 6. 2020, W224 2227454-1). Mit Beschluss V 460/2020 vom 10. 12. 2020 leitete der VfGH von Amts wegen ein Gesetzesprüfungsverfahren gegen Teile des HS-QSG, insb die Verordnungsermächtigung in § 24 Abs 6 leg cit, ein. Bei einer Feststellung der Verfassungswidrigkeit von § 24 Abs 6 HS-QSG ist davon auszugehen, dass auch die korrespondierende Verordnungsermächtigung des Boards in Akkreditierungsverfahren von Fachhochschulen in § 23 Abs 5 HS-QSG an der selben Verfassungswidrigkeit leidet.

45 Mit der bescheidmäßigen Akkreditierung von Privathochschulen bzw Studien an Privathochschulen verbindet sich keine Zuwendung von Bundesmitteln; vielmehr ist in § 6 Abs 1 PrivHG ein grundsätzliches Bundesfinanzierungsverbot normiert (s dazu: *Grimberger/Huber*, Privatuniversitäten, Anm 1 ff zu § 5 PUG mwN).

46 Beim Bescheid selbst handelt es sich um einen individuellen, hoheitlichen, an einen Rechtsunterworfenen adressierten außenwirksamen Verwaltungsakt (*Mayer/Kucsko-Stadlmayer/Stöger*, Bundesverfassungsrecht[11] [2015] Rz 605). Bescheide sind Teil des besonderen Rechtsschutzsystems der Österreichischen Verfassung; gegen Bescheide des Boards der AQ Austria ist das Rechtsmittel der Beschwerde an das Bundesverwaltungsgericht zulässig (Art 131 Abs 2 1. Satz B-VG); die nachprüfende Kontrolle der Entscheidungen des Bundesverwaltungsgerichts nehmen VwGH bzw VfGH wahr (vgl Art 133 bzw Art 144 B-VG).

Was den (generellen) Inhalt und die Form von Bescheiden betrifft, so normiert § 58 AVG, dass jeder Bescheid ausdrücklich als solcher zu bezeichnen ist und einen Spruch (§ 59 AVG) sowie eine Rechtsmittelbelehrung (§ 61 AVG) zu enthalten hat. Überdies sind Bescheide mit einer Begründung (§ 60 AVG) zu versehen, wenn dem Standpunkt der Partei nicht vollinhaltlich Rechnung getragen oder über Einwendungen oder Anträge von Beteiligten abgesprochen wird. Bescheide können grundsätzlich sowohl schriftlich als auch mündlich erlassen werden (§ 62 Abs 1 AVG). Jeder schriftlich ausgefertigte Bescheid hat überdies die Bezeichnung der den Bescheid erlassenden Behörde, das Datum sowie die Unterschrift dessen, der die Erledigung genehmigt hat, zu enthalten (§ 58 Abs 3 iVm § 18 Abs 4 AVG).

Dem antragstellenden Erhalter steht ein subjektives Recht auf bescheidmäßige Erledigung seines Akkreditierungsantrages zu (§ 73 Abs 1 AVG iVm § 24 Abs 7 HS-QSG).

Sofern sich der Antrag auf Grund formaler Mängel als unzulässig darstellt, hat die Zurückweisung desselben zu erfolgen; zu beachten ist dabei, dass bloße Formgebrechen eine Zurückweisung nicht legitimieren können. In derartigen Fällen hat die Behörde vielmehr einen Verbesserungsauftrag an den Antragsteller zu erteilen (§ 13 Abs 3 AVG).

Sofern der Antrag mit einem materiellen Mangel (zB Fehlen eines der in § 2 PrivHG normierten Akkreditierungserfordernisse) behaftet ist, ist er abzuweisen.

Wenn hingegen weder formale noch materielle Mängel gegeben sind, hat die Anerkennung des beantragten Studienganges durch das Board der AQ Austria zu erfolgen.

Das Board der AQ Austria hat über den Akkreditierungsantrag ohne unnötigen Aufschub, spätestens jedoch nach einer Frist von neun Monaten nach dessen Einlangen zu entscheiden (§ 73 Abs 1 AVG iVm § 25 Abs 6 Z 2 HS-QSG). Zur Verletzung der Entscheidungsfrist s Rz 24 zu § 25 HS-QSG.

Zur Entfaltung seiner Rechtswirkung ist es erforderlich, dass der Akkreditierungsbescheid der/dem Antragsteller/in zugestellt wird. Bei der (zustellungslosen) Beschlussfassung über die Akkreditierung handelt es sich um einen Akt der internen Willensbildung, der nicht außenwirksam und somit rechtlich bedeutungslos ist.

Festzuhalten gilt weiters, dass der (Re-)Akkreditierungsbescheid bzw dessen Widerruf unter einem Genehmigungsvorbehalt der/des zuständigen Bundesminister/in steht (§ 25 Abs 3 HS-QSG); die Genehmigung ist zu versagen, wenn der Bescheid gegen die einschlägigen Gesetze verstößt oder „im Widerspruch zu nationalen bildungspolitischen Interessen" steht. Zum problematischen Begriff der „nationalen bildungspolitischen Interessen": *Brünner*, in: *Höllinger/Hackl/Brünner* (Hg), 122. Vgl überdies: *Brünner*, Bildungspolitische Auswirkungen, 70, der ein „Planungsdokument" einfordert, aus dem die Grundlinien der „nationalen bildungspolitischen Interessen" erkennbar sind. *Berka* qualifiziert den Verweis auf die nationalen bildungspolitischen Interessen als „Leerformel", welche der/dem zuständigen Bundesminister/in großen Einfluss eröffnet, vgl *Berka*, Gebundenheit und Autonomie im Fachhochschul-Bereich, in: *Prisching/Lenz/Hauser* (Hg), 10 Jahre FHStG: Fachhochschulrecht zwischen Bewährung und Reform (2004), 131 (144).

47 „In Abs 7 erfolgt eine Ergänzung der Mindestinhalte des Akkreditierungsbescheids um die Bezeichnung der Privathochschule oder Privatuniversität, Bezeichnung, Art und Arbeitsaufwand sowie Dauer der Studien, Anzahl der Studienplätze und Standort der Durchführung. Damit soll auch klargestellt werden, dass die Akkreditierungsvoraussetzungen an allen Durchführungsstandorten gewährleistet sein müssen" (ErläutRV 234 BlgNR 27. GP).

48 Die Anzahl der Studienplätze als Spruchbestandteil des Akkreditierungsbescheids wurde mit BGBl I 2020/77 in § 27 Abs 7 HS-QSG ergänzt; zuvor war nur die Betreuungsrelation ein per Verordnung festgelegtes Prüfkriterium, die Anzahl der Studienplätze wurde auf Grundlage von § 6 Abs 2 Z 1 PU-JBVO im Jahresbericht gemeldet. Es ist davon auszugehen, dass es sich bei diesem Spruchbestandteil um eine zulässige Höchstzahl von Studierenden je Studium handeln muss, die wiederum wesentlich von den jeweils vorhandenen Personal- und Sachressourcen der Privathochschule einerseits bzw der Organisation des Studiums andererseits abhängt. Eine Änderung der Anzahl der Studienplätze ist damit jedenfalls eine bewilligungs- (und damit kosten-)pflichtige Änderung der Akkreditierung.

Standorte der Durchführung können dabei auch außerhalb Österreichs begründet werden. Einen Überblick über die diesbezüglichen Aktivitäten der Privatuniversitäten im Ausland bietet *zu Hohenlohe*, Ausländische Durchführungsstandorte von österreichischen Privatuniversitäten: Cui bono? zfhr 2018, 139 ff. **49**

Die Verleihung akademischer Grade im Privathochschulbereich stellt sich als hoheitlicher Akt dar (*Grimberger/Huber*, Privatuniversitäten, Anm 6 zu § 24 HS-QSG mwN); die gem § 8 Abs 1 PrivHG zur Verleihung akademischer Grade berechtigte Privathochschule ist insoweit als mit hoheitlicher Macht beliehen anzusehen (so auch VwGH 4.3.2009, 2006/15/0071, zu § 2 Abs 2 UniAkkG). **50**

Bei einer Auflage werden mit einem dem Grunde nach positiven Verwaltungsakt (zB Bescheid) belastende Gebote bzw Verbote verknüpft, deren Einhaltung verpflichtend ist. Die näheren gesetzlichen Gestaltungsparameter für einschlägige Auflagen im Akkreditierungsbescheid finden sich in § 24 Abs 9 HS-QSG. Auflagen sind als Nebenbestimmungen Teil des Spruchs eines Bescheids; sie bestehen „in der Normierung einer Verpflichtung des Adressaten neben der im Hauptinhalt des Bescheids erteilten Genehmigung (Erlaubnis) für den Fall, dass von dieser Gebrauch gemacht wird" (*Kolonovits/Muzak/Stöger*, Verwaltungsverfahrensrecht[11], Rz 413/1 mwN). Nicht nur auf Grundlage des verfassungsgesetzlich gewährleisteten Bestimmtheitsgebots (Art 18 Abs 2 B-VG, § 59 Abs 1 AVG), sondern auch als eine der Vollstreckung zugängliche Verpflichtung muss jede Auflage jedenfalls ausreichend bestimmt sein (stRsp des VwGH, beginnend mit VwGH 16.9.1999, 99/07/00639). Die in der Nebenbestimmung enthaltene Anordnung muss für eine „unmissverständliche, notfalls vollstreckbare Verpflichtung" ausreichen und dementsprechend präzise Angaben enthalten (VwGH 13.12.2010, 2009/10/0038). **51**

In der RV war der Wortfolge „akkreditierte Studien" noch die Wortfolge „und hat unbefristet Wirkung" nachgestellt; dies wurde **52** auf Basis eines entsprechenden Abänderungsantrages (AA-203 24. GP) abgeändert, um dadurch klarzustellen, dass die institutionelle Akkreditierung von Privathochschulen keine unbefristete Wirkung entfaltet.

53 Dies entspricht der Entscheidungsfrist des Boards der AQ Austria gem § 25 Abs 6 Z 1 HS-QSG.

54 Gem § 26 Abs 2 Z 5 HS-QSG hat der Widerruf der Akkreditierung gem § 24 HS-QSG mit Bescheid zu erfolgen.

55 „In Abs 9 und Abs 9a erfolgt analog zu § 23 [HS-QSG] eine Differenzierung hinsichtlich der Bestimmungen zur Erst-Akkreditierung mit Auflagen" (ErläutRV 234 BlgNR 27. GP).

56 Zum Widerruf der Akkreditierung s § 26 Abs 2 HS-QSG.

57 „Auch für etablierte Privathochschulen wird die Möglichkeit der erstmaligen Programmakkreditierung mit Auflagen geschaffen, sofern eine zweimalige Verlängerung der institutionellen Akkreditierung gegeben ist" (ErläutRV 234 BlgNR 27. GP).

58 Krit dazu *Huber*, der darauf hinweist, dass diese Regelung mehrfach institutionell reakkreditierte Privathochschulen begünstigt, die bereits mehr Erfahrung in Akkreditierungsverfahren haben, während Antragsteller/inne/n mit weniger Erfahrung die Abweisung des Akkreditierungsantrags mangels der Möglichkeit der Erteilung von Auflagen droht, vgl *Huber*, zfhr 2021, 5.

59 „Eine Akkreditierung als Privatuniversität hat jeweils für einen Zeitraum von sechs Jahren zu erfolgen, kann aber nach ununterbrochener Akkreditierungsdauer von zwölf Jahren auf zwölf Jahre verlängert werden" (ErläutRV 1222 BlgNR 24. GP).

60 „In Abs 10 erfolgt eine Anpassung der Formulierung hinsichtlich der Akkreditierungsdauer, in Abs 11 erfolgt eine redaktionelle Anpassung" (ErläutRV 234 BlgNR 27. GP). Bisher wurde von der gesetzlichen Ermächtigung des Boards der AQ Austria zur Verlängerung der institutionellen Akkreditierungsperioden über das Mindestmaß hinaus kein Gebrauch gemacht.

Zuständigkeit und Verfahren zur Akkreditierung

§ 25. (1) Über einen Antrag auf Akkreditierung und auf Verlängerung der Akkreditierung hat das Board[1–2] als die für die Akkreditierung zuständige Behörde[3] zu entscheiden.

(2) Dem Antrag sind beizulegen:
1. Name der antragstellenden juristischen Person;[4] ist die antragstellende Einrichtung eine juristische Person des privaten Rechts,[5] so ist ein Auszug aus dem Firmenbuch oder Vereinsregister[6] beizubringen;
2. Alle Unterlagen, die dem Nachweis der Erfüllung der gesetzlich festgelegten Akkreditierungsvoraussetzungen dienen.

(3)[7] Die Akkreditierung, ihre Verlängerung, ihr Widerruf[8] und ihr Erlöschen[9] haben durch Bescheid[10] zu erfolgen. Die Mitglieder des Boards sind in Ausübung ihres Amtes unabhängig und an keine Weisungen[11] gebunden.[12–13] Die Entscheidung des Boards bedarf vor Bescheiderlassung der Genehmigung der zuständigen Bundesministerin oder des zuständigen Bundesministers.[14–15] Die Genehmigung ist zu versagen, wenn die Entscheidung gegen Bestimmungen dieses Bundesgesetzes verstößt oder im Widerspruch zu nationalen bildungspolitischen Interessen[16] steht.

(4) Der Akkreditierungsbescheid ist bei Änderung der im Bescheid enthaltenen Inhalte[17] auf Antrag oder von Amts wegen zu ergänzen oder abzuändern.[18] Der Bescheid kann mit Auflagen erteilt werden. Ausgenommen sind die Bezeichnung des Studiums, die Bezeichnung der Fachhochschule, der Privathochschule oder der Privatuniversität. Diese Änderungen sind der Agentur für Qualitätssicherung und Akkreditierung bekannt zu geben, die den Bescheid von Amts wegen zu ändern hat.[19]

[(5) Außer Kraft gemäß BGBl I 2013/79.][20]

(6)[21] Auf das Verfahren zur Akkreditierung, ihrer Verlängerung, ihrem Widerruf und zur Feststellung ihres Erlöschens

sind das AVG und das Zustellgesetz, BGBl Nr 200/1982 mit folgender Maßgabe anzuwenden:
1. [entfällt][22]
2. Die Entscheidungsfrist beträgt neun Monate.[23–24]
3. Die Bundesministerin oder der Bundesminister ist nicht sachlich in Betracht kommende Oberbehörde nach § 73 Abs 2 AVG.[25–26]
4. Die Agentur für Qualitätssicherung und Akkreditierung Austria kann im Akkreditierungsverfahren die Erstellung eines gemeinsamen Gutachtens der Gutachterinnen und Gutachter vorsehen.[27]
5. Den Gutachterinnen und Gutachtern stehen pauschalierte Gebühren zu. Das Ausmaß der Gebühren ist vom Board der Agentur für Qualitätssicherung und Akkreditierung Austria im Einvernehmen mit der zuständigen Bundesministerin oder dem zuständigen Bundesminister durch Verordnung festzulegen.[28]

1 „Das Board ist das zentrale Entscheidungs- und Leitungsorgan der Agentur für Qualitätssicherung und Akkreditierung Austria und fungiert bei Akkreditierungen als autonome Behörde" (ErläutRV 1222 BlgNR 24. GP).

2 Zum Board vgl §§ 6 ff HS-QSG.

3 Im funktionellen Sinne versteht man unter einer Behörde ein (Staats-)Organ, dem nach den Rechtsvorschriften Befehlsgewalt („imperium") in der Form zukommt, dass es verbindliche Normen erlassen oder Zwangsakte setzen kann (*Mayer/Kucsko-Stadlmayer/Stöger*, Bundesverfassungsrecht[11], Rz 549).

4 Parteistellung iSd § 8 AVG kommt in Akkreditierungsverfahren lediglich den antragstellenden juristischen Personen selbst, nicht aber allfälligen Kooperationspartnern zu: „Ein Rechtsanspruch auf bzw ein rechtliches Interesse an der Akkreditierung eines bestimmten Studienganges kommt (…) nur der antragstellenden Privatuniversität zu, selbiges gilt auch für einen etwaigen Widerruf einer Akkreditierung. So wurden auch folgerichtig sämtliche Anträge auf Akkreditierung von der MODUL University Vienna Privatuniversität alleine – und nicht etwa als Antragsgemeinschaft zusammen mit den Beschwerdeführerinnen – gestellt und wurden alle maßgeblichen Erledigungen der belangten Behörde, nämlich die Bescheide, mit denen die Akkreditierungen der Studiengänge ausgesprochen wurden und der Bescheid, mit dem die Akkreditierungen widerrufen wurden, ausschließlich der MODUL University Vienna Privatuniversität als Verfahrenspartei zugestellt. Zum Vorbringen, den Beschwerdeführerinnen komme eine ‚von der Rechtsordnung geschützte Position' zu, indem sie vertraglich zur Tragung der Kosten der von der AQ Austria im Laufe des Akkreditierungsprozesses nach XXXX entsendeten Mitarbeiter und Experten verpflichtet seien, ist festzuhalten, dass es sich dabei um ein wirtschaftliches Interesse der Beschwerdeführerinnen an der Angelegenheit handelt, welches diesen aber noch keine Parteienstellung einräumt" (BVwG 13.10.2020, W203 2219708-1 ua).

Zu den juristischen Personen des Privatrechts zählen die Aktiengesellschaft, die Gesellschaft mit beschränkter Haftung, die Vereine nach dem Vereinspatent 1852 und dem Vereinsgesetz 2002, die Sparkassen(vereine), die Versicherungsvereine nach dem VAG, die Genossenschaften und die gemeinnützige Stiftung bzw der gemeinnützige Fonds nach dem BStFG sowie den einzelnen LandesStFG bzw die Privatstiftung nach dem PSG (dazu: *Krejci*, Gesellschaftsrecht. Bd I. Allgemeiner Teil und Personengesellschaften [2005] 33 ff; *Koziol/Welser*, Grundriss des bürgerlichen Rechts. Bd 1[15] [2018] 66 ff).

Hingegen sind ua die Gesellschaft bürgerlichen Rechts, die Stille Gesellschaft sowie die Personengesellschaften des UGB (OG, KG) nicht als juristische Personen anzusprechen.

Es kann davon ausgegangen werden, dass die Vorlage eines Auszuges aus dem „lokalen Vereinsregister" (§ 16 VerG 2002) ebenso ausreichend ist wie die Vorlage eines Auszuges aus dem „zentralen Vereinsregister" (§ 18 VerG 2002).

7 „Das Akkreditierungsverfahren ist ein Verwaltungsverfahren, das jeweils mit Bescheid durch das Board abzuschließen ist. Die Bestimmung orientiert sich an den bisher geltenden Regelungen. Die Entscheidungen der Agentur für Qualitätssicherung und Akkreditierung Austria bedürfen analog zu den Entscheidungen des Fachhochschulrates und des Akkreditierungsrates der Genehmigung der Bundesministerin oder des Bundesministers für Wissenschaft und Forschung. Die Genehmigung ist wie bisher zu versagen, wenn die Entscheidung gegen Bestimmungen des HS-QSG verstößt oder im Widerspruch zu nationalen bildungspolitischen Interessen steht" (ErläutRV 1222 BlgNR 24. GP).

8 Zum Widerruf der Akkreditierung s § 26 Abs 2 HS-QSG.

9 Zum Erlöschen der Akkreditierung s § 26 Abs 1 HS-QSG.

10 Beim Bescheid selbst handelt es sich um einen individuellen, hoheitlichen, an einen Rechtsunterworfenen adressierten außenwirksamen Verwaltungsakt (*Mayer/Kucsko-Stadlmayer/Stöger*, Bundesverfassungsrecht[11], Rz 605). Bescheide sind Teil des besonderen Rechtsschutzsystems der Österreichischen Verfassung; gegen Bescheide des Boards der AQ Austria ist das Rechtsmittel der Beschwerde an das Bundesverwaltungsgericht zulässig (Art 131 Abs 2 1. Satz B-VG); die nachprüfende Kontrolle der Entscheidungen des Bundesverwaltungsgerichts nehmen VwGH bzw VfGH wahr (vgl Art 133 bzw Art 144 B-VG).

Was den (generellen) Inhalt und die Form von Bescheiden betrifft, so normiert § 58 AVG, dass jeder Bescheid ausdrücklich als solcher zu bezeichnen ist und einen Spruch (§ 59 AVG) sowie eine Rechtsmittelbelehrung (§ 61 AVG) zu enthalten hat. Überdies sind Bescheide mit einer Begründung (§ 60 AVG) zu versehen, wenn dem Standpunkt der Partei nicht vollinhaltlich Rechnung getragen oder über Einwendungen oder Anträge von Beteiligten abgesprochen wird. Bescheide können grundsätzlich sowohl schriftlich als auch mündlich erlassen werden (§ 62 Abs 1 AVG). Jeder schriftlich ausgefertigte Bescheid hat überdies die Bezeichnung der den Bescheid erlassenden Behörde, das Datum sowie die Unterschrift dessen, der die Erledigung genehmigt hat, zu enthalten (§ 58 Abs 3 iVm § 18 Abs 4 AVG).

Dem antragstellenden Erhalter steht ein subjektives Recht auf bescheidmäßige Erledigung seines Akkreditierungsantrages zu (§ 73 Abs 1 AVG iVm § 23 Abs 6 bzw § 24 Abs 7 HS-QSG).

Sofern sich der Antrag auf Grund formaler Mängel als unzulässig darstellt, hat die Zurückweisung desselben zu erfolgen; zu beachten ist dabei, dass bloße Formgebrechen eine Zurückweisung nicht legitimieren können. In derartigen Fällen hat die Behörde vielmehr einen Verbesserungsauftrag an den Antragsteller zu erteilen (§ 13 Abs 3 AVG). „Da weder die Bestimmung des § 25 Abs 2 Z 2 HS-QSG noch die Bestimmung des § 3 Abs 3 PU-AkkVO [außer Kraft] hinreichend klar festlegen, welche Urkunden bzw Nachweise dem Antrag im Einzelfall anzuschließen sind, können diese Bestimmungen per se als Argumentation für eine Zurückweisung auf Grund eines Mangels im Sinne des § 13 Abs 3 AVG nicht herangezogen werden. (...) Die belangte Behörde hätte die mangelnde Beibringung der Nachweise daher allenfalls im Rahmen der freien Beweiswürdigung bei der Sachentscheidung berücksichtigen dürfen" (BvWG 22.7.2019, W224 2220470-1).

Sofern der Antrag mit einem materiellen Mangel (zB Fehlen eines der in § 8 FHG bzw in § 2 PrivHG normierten Akkreditierungserfordernisse) behaftet ist, ist er abzuweisen. Wenn hingegen weder formale noch materielle Mängel gegeben sind, hat die beantragte Akkreditierung durch das Board der AQ Austria zu erfolgen.

Das Board der AQ Austria hat über den Akkreditierungsantrag ohne unnötigen Aufschub, spätestens jedoch nach einer Frist von neun Monaten nach dessen Einlangen zu entscheiden (§ 73 Abs 1 AVG iVm § 25 Abs 6 Z 2 HS-QSG); zu den Rechtsfolgen der Verletzung der Entscheidungsfrist s gleich unten Rz 24 zu § 25 HS-QSG.

Zur Entfaltung seiner Rechtswirkung ist es erforderlich, dass der Akkreditierungsbescheid der/dem Antragsteller/in zugestellt wird. Bei der (zustellungslosen) Beschlussfassung über die Akkreditierung handelt es sich um einen Akt der internen Willensbildung, der nicht außenwirksam und somit rechtlich bedeutungslos ist.

11 Unter einer Weisung wird eine von einem Verwaltungsorgan ausgehende (generelle oder individuelle) Norm verstanden, die an einen untergeordneten Organwalter im Rahmen der Verwaltungsorganisation gerichtet ist (*Mayer/Kucsko-Stadlmayer/Stöger*, Bundesverfassungsrecht[11], Rz 612).

12 Zu beachten ist dabei, dass die Weisungsfreiheit nicht von der Geltung des Legalitätsprinzips (Art 18 Abs 1 B-VG) entbindet; daher haben das Board und die übrigen Organe der Agentur für Qualitätssicherung und Akkreditierung Austria im Rahmen ihrer Tätigkeiten einschlägige Gesetze sowie Verordnungen zu beachten.

Korrespondierend zur Einräumung der Weisungsfreiheit des Boards der Agentur für Qualitätssicherung und Akkreditierung Austria stehen der/dem zuständigen Bundesminister/in entsprechende Aufsichtsrechte zu (vgl insb § 30 HS-QSG). Andere als die gesetzlich im HS-QSG grundgelegten Aufsichtsmittel stehen der/dem zuständigen Bundesminister/in nicht zur Verfügung.

13 Krit zur Weisungsfreistellung *Perthold-Stoitzner*, Die Stellung der Akkreditierungsbehörden im Hochschulrecht – ein Fehler der Verfassungsgesetzgebung? zfhr 2008, 165 (168 f), welche die verfassungsrechtliche Deckung der Weisungsfreistellung durch Art 20 Abs 2 B-VG in Frage stellt.

14 Gem § 9 Abs 1 Z 4 HS-QSG ist das Board verpflichtet, die Verfahrensentscheidung der Akkreditierungsverfahren an den/die zuständige/n Bundesminister/in zu übermitteln.

15 Dadurch wird die politische Letztverantwortung der/dem zuständigen Bundesminister/in zugewiesen.

16 Zum problematischen Begriff der „nationalen bildungspolitischen Interessen": *Brünner*, in: *Höllinger/Hackl/Brünner* (Hg), 113 (122). Vgl überdies: *Brünner*, Bildungspolitische Auswirkungen,

70, der ein „Planungsdokument" einfordert, aus dem die Grundlinien der „nationalen bildungspolitischen Interessen" erkennbar sind; so auch: *Berka*, in: *Prisching/Lenz/Hauser* (Hg), 131 (144), der überdies den Verweis auf die nationalen bildungspolitischen Interessen als „Leerformel" qualifiziert, welche der/dem zuständigen Bundesminister/in großen Einfluss gibt.

Gem § 23 Abs 6 Z 1 bis Z 5 HS-QSG sind im Akkreditierungsbescheid für die Akkreditierung von Fachhochschul-Einrichtungen und Fachhochschul-Studiengängen jedenfalls folgende Angaben anzuführen: **17**
1. Zeitraum der Akkreditierung;
2. Bezeichnung des Rechtsträgers der Bildungseinrichtung und Bezeichnung der Fachhochschule;
3. Bezeichnung, Art, Arbeitsaufwand der Studien, Dauer der Studien, Anzahl der Studienplätze und Standorte der Durchführung;
4. Wortlaut der zu verleihenden akademischen Grade;
5. allfällige Auflagen.

Gem § 24 Abs 7 Z 1 bis Z 5 HS-QSG sind im Akkreditierungsbescheid für die Akkreditierung von Privatuniversitäten und Studien an Privatuniversitäten jedenfalls folgende Angaben anzuführen:
1. Zeitraum der Akkreditierung;
2. Bezeichnung des Rechtsträgers der Bildungseinrichtung und Bezeichnung der Privathochschule oder Privatuniversität;
3. Bezeichnung, Art, Arbeitsaufwand der Studien, Dauer der Studien, Anzahl der Studienplätze und Standorte der Durchführung;
4. Wortlaut der zu verleihenden akademischen Grade;
5. allfällige Auflagen.

Amtswegige Anpassungen zu Lasten der Bescheidadressaten sind nur im Rahmen der Grenzen des § 68 AVG möglich (vgl *Grimberger/Huber*, Privatuniversitäten, Anm 12 zu § 25 HS-QSG), dh dass grundsätzlich eine Möglichkeit zur Abänderung des Bescheides nur dann besteht, wenn dies zur Beseitigung von das Leben **18** oder die Gesundheit von Menschen gefährdenden Missständen oder zur Abwehr schwerer volkswirtschaftlicher Schädigungen notwendig und unvermeidlich ist (§ 68 Abs 3 AVG).

19 „In Abs 4 erfolgt die Klarstellung, dass Bescheide bei Änderungen mit Auflagen erteilt werden können. Es wird aber auch klargestellt, dass bestimmte Änderungen, zB die Änderung der Bezeichnung eines Studiums der AQ Austria nur bekannt zu geben sind. Eine Änderung hat dann von Amts wegen zu erfolgen. Mit dieser Regelung soll ein Beitrag zur Entbürokratisierung für die AQ Austria und die Hochschulen geleistet werden" (ErläutRV 234 BlgNR 27. GP).

20 In § 25 Abs 5 HS-QSG aF war geregelt, dass gegen (Akkreditierungs-)Bescheide kein ordentliches Rechtsmittel zulässig war. Da nunmehr gegen Bescheide eine Beschwerde an das Bundesverwaltungsgericht zulässig ist, war diese Bestimmung zu streichen (ErläutRV 2164 BlgNR 24. GP, 7).

Zu beachten gilt weiters, dass auch die Einbringung von außerordentlichen Rechtsmitteln möglich ist. Dazu zählen etwa die so genannte „Wiederaufnahme des Verfahrens", welcher insb im Falle des Hervortretens neuer Tatsachen oder Beweise besondere Bedeutung zukommt (§ 69 AVG), sowie die „Wiedereinsetzung in den vorigen Stand", welche insb dann von Bedeutung ist, wenn von einer Partei eine Frist versäumt wurde (§ 71 AVG).

Möglich ist auch die Anregung eines Aufsichtsverfahrens („Aufsichtsbeschwerde"); ein Rechtsanspruch auf ein Tätigwerden der Aufsichtsbehörde besteht freilich nicht.

21 „Das AVG ist mit einigen Abweichungen anzuwenden" (ErläutRV 1222 BlgNR 24. GP).

22 Z 1 sah bis zu seiner Aufhebung durch Art 1 Z 31, BGBl I 2020/77, abweichend von § 13 Abs 8 AVG vor, dass eine Änderung des verfahrenseinleitenden Antrags nur bis zum Vorliegen des Berichts der Gutachterinnen und Gutachter möglich ist. Diese Regelung wurde gestrichen, „da sich dies in der Praxis nicht bewährt hat" (ErläutRV 234 BlgNR 27. GP).

§ 25

"Für den Fachhochschulrat beträgt die Entscheidungsfrist bereits jetzt neun Monate. Die Erfahrungen des Akkreditierungsrates zeigen, dass sechs Monate für die Durchführung eines Akkreditierungsverfahrens zu knapp sind. Dies liegt vor allem auch daran, dass Antragstellerinnen oder Antragsteller gemäß AVG laufend zu prüfende Unterlagen nachreichen können, was die Planung des Akkreditierungsverfahrens (zB Termine für die externe Begehung durch die Gutachterinnen und Gutachter, sich häufig verändernde Informationsgrundlagen für die Gutachterinnen und Gutachter) zeitlich immer wieder verzögert" (ErläutRV 1222 BlgNR 24. GP).

23

Wird der Bescheid nicht innerhalb dieser Entscheidungsfrist erlassen, kann beim Bundesverwaltungsgericht Beschwerde wegen Verletzung der Entscheidungspflicht erhoben werden (Art 132 Abs 3 B-VG); im Falle der Untätigkeit des Bundesverwaltungsgerichts kann gem Art 133 Abs 1 Z 2 B-VG ein Fristsetzungsantrag beim VwGH eingebracht werden (s dazu § 38 VwGG); vgl dazu etwa bei: *Grabenwarter/Fister*, Verwaltungsverfahrensrecht[6] (2019) 259 ff.

24

Zu beachten gilt, dass die Beschwerde wegen Verletzung der Entscheidungspflicht abzuweisen ist, wenn die Verzögerung nicht auf ein überwiegendes Verschulden der Behörde zurückzuführen ist (§ 8 Abs 1 VwGVG); freilich kann etwa eine Säumnis der Behörde nicht mit dem Hinweis auf Überlastung entschuldigt werden, da die Behörden verpflichtet sind, durch organisatorische Vorkehrungen für eine rasche Entscheidung vorzusorgen (*Schulev-Steindl*, Verwaltungsverfahrensrecht[6] [2018] 367 ff). Weiters ist darauf zu verweisen, dass die Entscheidungsfrist der Behörde dann neu zu laufen beginnt, wenn der verfahrenseinleitende Antrag der Partei wesentlich abgeändert wird (VwGH 31.1.1995 ZfVB 1996/765).

Eine schuldhafte Verfahrensverzögerung kann auch zu Amtshaftungsansprüchen führen. Voraussetzung dafür ist insb, dass die übermäßige Verfahrensdauer zugleich auch zu vermeidbaren Mehrkosten auf Seiten der Partei geführt hat; dies ist regelmäßig dann der Fall, wenn in unvertretbarer Auslegung von Vorschriften des materiellen bzw formellen Rechts unnötige, Kosten verursachende Verfahrensschritte veranlasst wurden (VwGH 25.10.2002, JUS 2003/219, 13).

25 „Die Regelung in [§ 25] Abs 6 Z 3 [HS-QSG] entspricht der Rechtslage nach Universitätsgesetz 2002. Im Hinblick auf die Autonomie der Agentur und insbes die Unabhängigkeit der Entscheidungen in Qualitätssicherungsverfahren sind Sachentscheidungen durch die Bundesministerin oder den Bundesminister nicht zweckmäßig. Es wird daher ausdrücklich klargestellt, dass die Bundesministerin oder der Bundesminister für Wissenschaft und Forschung nicht sachlich in Betracht kommende Oberbehörde ist" (ErläutRV 1222 BlgNR 24. GP).

26 Vor dem Hintergrund der Verfassungsbestimmung des Art 17 Abs 5 StGG wird die Bestimmung des § 25 Abs 6 Z 3 HS-QSG als verfassungswidrig zu qualifizieren sein, da durch ein einfaches Gesetz das in Art 17 Abs 5 StGG verfassungsrechtlich grundgelegte Aufsichtsrecht des Bundes nicht beseitigt werden kann; aA: *Grimberger/Huber*, Das Recht der Privatuniversitäten (2012) Anm 17 zu § 25 HS-QSG.

27 „Neu aufgenommen wird die Möglichkeit für die AQ Austria, im Akkreditierungsverfahren gemeinsame Gutachten vorzusehen. Damit soll ein Beitrag zur Rechtssicherheit für die AQ Austria geleistet werden, da es international üblich ist, dass Qualitätssicherungsverfahren im Hochschulbereich durch Gruppen von Expertinnen und Experten durchgeführt werden (vgl etwa ESG)" (ErläutRV 234 BlgNR 27. GP).

28 „Des Weiteren wird einer Empfehlung des Rechnungshofes folgend in Hinblick auf die Regelungen in § 53a Abs 1 AVG für die AQ Austria eine rechtliche Grundlage für eine Pauschalierung der Gebühren der Gutachterinnen und Gutachtern als nichtamtliche Sachverständige bzw Klarstellung bzgl Nicht-Anwendung Gebührenanspruchsgesetz aufgenommen." (ErläutRV 234 BlgNR 27. GP).

Erlöschen und Widerruf der Akkreditierung[1-2]

§ 26. (1) Die Akkreditierung erlischt:
1. im Falle einer befristeten Akkreditierung durch Zeitablauf, wenn nicht spätestens neun Monate vor Ablauf der Akkreditierung ein Antrag auf Verlängerung gestellt wurde. Ist das Verfahren zur Verlängerung der Akkreditierung nicht binnen neun Monaten abgeschlossen, so verlängert sich die Akkreditierung bis zum Abschluss des Verfahrens.[3] Das Erlöschen ist mit Bescheid[4] festzustellen;
2. im Falle der Auflösung der juristischen Person, die als Rechtsträger der Bildungseinrichtung fungierte, mit dem Zeitpunkt ihrer Auflösung;[5]
3. durch Widerruf aller Programmakkreditierungen oder der institutionellen Akkreditierung der Bildungseinrichtung;
4. im Falle der Nichterfüllung von Auflagen;[6]
5. im Falle eines Antrags der Bildungseinrichtung auf Einstellung einer Akkreditierung.[7]

(2) Die Akkreditierung ist durch das Board mit Bescheid zu widerrufen:
1. bei Wegfall der gesetzlichen Akkreditierungsvoraussetzungen gemäß FHG[8] oder PrivHG;[9-10]
2.[11] bei Verweigerung der Berichts- und Informationspflichten[12] und der Mitwirkung an statistischen Erhebungen gemäß Bildungsdokumentationsgesetz 2020, BGBl I Nr 20/2021 und FHG[13];
3. bei Anbieten nicht-akkreditierter Studien, die zu akademischen Graden führen sollen;[14]
4. bei schweren Verstößen gegen gesetzliche Regelungen, wenn dadurch der ordnungsgemäße Betrieb des Studienganges gefährdet ist;
5. in den in §§ 23[15] und 24[16] genannten Fällen.

(3)[17] Im Falle des Erlöschens oder des Widerrufes der Akkreditierung von Fachhochschul-Studiengängen oder von Studien an Privathochschulen oder Privatuniversitäten hat der Erhalter oder der Träger der Privathochschule oder Privatuniversität der Agentur für Qualitätssicherung und Akkreditierung Austria einen Plan zur Abwicklung vorzulegen, der den Studierenden der betroffenen Studien einen Studienabschluss innerhalb eines die vorgeschriebene Studiendauer um ein Jahr nicht übersteigenden Zeitraumes ermöglicht.[18] Der Plan bedarf der Genehmigung durch die Agentur für Qualitätssicherung und Akkreditierung Austria, die Genehmigung kann mit Auflagen erteilt werden.[19] Zur Finanzierung auslaufender Studien ist vom Erhalter oder vom Träger der Privatuniversität finanzielle Vorsorge zu treffen. Diese muss im Zuge des Akkreditierungsverfahrens nachgewiesen werden.

(4)[20] Um Studierenden einen Studienabschluss gemäß Abs 3 zu ermöglichen, kann das Board eine einmalig befristete Programmakkreditierung für die betroffenen Studien erteilen.

1 „§ 26 [HS-QSG] enthält Regelungen über das Erlöschen und den Widerruf von Akkreditierungen. Die Bestimmung orientiert sich an den bisher geltenden Regelungen" (ErläutRV 1222 BlgNR 24. GP).

S zu den einschlägigen Rechtsfolgen des Akkreditierungs-Entzuges (nach altem Recht) grundlegend: *Huber*, Rechtsfolgen des Entzugs einer Akkreditierung als Privatuniversität, in: *Hauser* (Hg), Hochschulrecht. Jahrbuch 11 (2011) 172.

2 Sofern zufolge Nichterfüllung von Akkreditierungsvoraussetzungen keine Gewähr für einen Studienbetrieb geboten werden kann, der dem Gesetz entspricht, ist ohne weiters davon auszugehen, dass einer beantragten Zuerkennung auf aufschiebende Wirkung der Beschwerde gegen den Widerruf der Akkreditierung zwingende öffentliche Interessen entgegenstehen (VwGH hre 57, ÖHZ 2004/11-12, 16).

3 Sofern sich der Antrag auf Grund formaler Mängel als unzulässig darstellt, hat die Zurückweisung desselben zu erfolgen; zu beachten ist dabei, dass bloße Formgebrechen eine Zurückweisung nicht legitimieren können. In derartigen Fällen hat die Behörde vielmehr einen Verbesserungsauftrag an den Antragsteller zu erteilen (§ 13 Abs 3 AVG).

Zum Bescheidbegriff s oben Rz 46 zu § 24 HS-QSG. Parteistellung iSd § 8 AVG kommt auch im Verfahren des Erlöschens oder des Widerrufs einer Akkreditierung nur der juristischen Person, die als Rechtsträger der Bildungseinrichtung fungiert, nicht aber allfälligen Kooperationspartnern, die als Verfahrensbeteiligte ein bloß wirtschaftliches Interesse haben, zu (BVwG 13.10.2020, W203 2219708-1 ua). **4**

Grimberger/Huber, Das Recht der Privatuniversitäten (2012) Anm 4 zu § 26 HS-QSG gehen davon aus, dass auch die „Abspaltung" oder „Einbringung" der Akkreditierung in eine neue juristische Person zulässig sei, soweit der „alte" Erhalter bzw Träger nicht aufgelöst wird. Gegen diese Auffassung spricht, dass auf Grund der inneren (insbes auf die Wahrung entsprechender Qualitätssandards ausgerichteten) Systematik des HS-QSG die jeweils erteilte Akkreditierung als an den jeweiligen (ursprünglichen) Akkreditierungsanstragsteller gebunden zu erachten ist. **5**

„In Abs 1 Z 4 erfolgt die Ergänzung der Regelung, dass die Nichterfüllung von Auflagen einen Grund für das Erlöschen der Akkreditierung darstellt sowie eine Anpassung bzgl FHG und PrivHG" (ErläutRV 234 BlgNR 27. GP). Dass jede Nichterfüllung einer Auflage zum Erlöschen der Akkreditierung führt, erscheint verfassungsrechtlich problematisch und könnte im Einzelfall unverhältnismäßig sein. So kann die Nichterfüllung von Auflagen, an deren Erfüllung nur ein geringes öffentliches Interesse besteht und die nur von untergeordneter Bedeutung sind, idR nicht die Rücknahme eines Verwaltungsakts rechtfertigen. Eine Auflage ist eine pflichtbegründende Nebenbestimmung eines begünstigenden Verwaltungsaktes. Die Nichtbefolgung der Auflage berührt den Bestand des Verwaltungsaktes, dem sie beigefügt ist, nicht. **6**

Wird die Auflage nicht erfüllt, kann sie vollstreckt werden; die Nichterfüllung einer Auflage hebt aber die Bewilligung nicht auf (VwGH 27.2.1996, 95/05/0195).

7 „Neu aufgenommen wird in Abs 1 Z 5 die Möglichkeit für Hochschulen, einen Antrag auf Einstellung einer Akkreditierung zu stellen, wenn zB ein Studiengang nicht mehr weitergeführt werden soll. Dies soll zu einer Verwaltungsvereinfachung für die Hochschulen beitragen" (ErläutRV 234 BlgNR 27. GP).

8 S dazu auch die Akkreditierungsvoraussetzungen gem § 8 FHG; vgl dazu im Detail bei: *Hauser*, Kurzkommentar FHG^9 (2020), Anm 1 ff zu § 8 FHG.

9 S dazu auch die Akkreditierungsvoraussetzungen gem § 2 PrivHG.

10 Bis zur Novelle BGBl I 2020/77 war ein Widerruf der Akkreditierung nur bei Wegfall der gesetzlichen Voraussetzungen für die ununterbrochene Dauer von mindestens sechs Monaten vorgesehen. Demgemäß war ein kürzerer als sechsmonatiger Wegfall der einschlägigen Akkreditierungsvoraussetzungen iSv § 26 Abs 2 Z 1 HS-QSG als unschädlich für die Akkreditierung anzusehen. „Die in Abs 2 Z 1 normierte Frist hat sich in der Umsetzungspraxis nicht bewährt und wird deshalb gestrichen" (ErläutRV 234 BlgNR 27. GP).

11 Es ist davon auszugehen, dass eine Verletzung der Berichts- und Informationspflichten bzw der Mitwirkungspflicht bei statistischen Erhebungen erst dann zum Widerruf der Akkreditierung führen kann, wenn der Wahrnehmung dieser Verpflichtungen trotz entsprechender Aufforderung nicht entsprochen wird (*Grimberger/Huber*, Privatuniversitäten, Anm 6 zu § 26 HS-QSG).

12 Personenbezogene Daten sind von diesen Informationspflichten ausgenommen (ErläutRV 1222 BlgNR 24. GP).

13 S dazu insbes § 23 FHG.

Erlöschen und Widerruf der Akkreditierung § 26

Zu beachten gilt, dass bei Bildungseinrichtungen, die – ohne über entsprechende Akkreditierungen zu verfügen – postsekundäre (Aus-)Bildungen anbieten, keine Akkreditierung(en) widerrufen werden können, da diese gar nicht bestehen; für derartige Handlungen gilt insbes die Strafbestimmung des § 32 HS-QSG; überdies ist an das Vorliegen von Betrug im strafrechtlichen Sinne (§§ 146 ff StGB) zu denken. Demgemäß kommt ein Widerruf gem § 26 Abs 2 Z 3 HS-QSG nur für jene Bildungseinrichtungen in Frage, die neben akkreditierten Bildungsangeboten auch „nicht-akkreditierte Bildungsangebote" vermitteln. **14**

Gem § 23 Abs 7 HS-QSG ist eine Verlängerung der institutionellen Akkreditierung zulässig, wenn die Voraussetzungen gem § 23 Abs 1 und Abs 3 HS-QSG weiterhin vorliegen; dabei erfasst die Verlängerung der institutionellen Akkreditierung auch die bis zu diesem Zeitpunkt akkreditierten Studien. Wenn allerdings die institutionelle Akkreditierung nicht verlängert wird (die Verlängerung ist spätestens neun Monate vor Ablauf des Genehmigungszeitraumes zu beantragen), sind alle Programmakkreditierungen der Bildungseinrichtung zu widerrufen. **15**

Gem § 23 Abs 8 HS-QSG kann eine erstmalige institutionelle Akkreditierung nicht unter Auflagen erfolgen. Unter Auflagen kann aber eine Verlängerung der Akkreditierung einer Bildungseinrichtung erfolgen, wenn im Zuge des Akkreditierungsverfahrens Mängel festgestellt werden, welche innerhalb eines bestimmten Zeitraumes als behebbar eingestuft werden. Eine mit Auflagen erteilte Akkreditierung erfordert die Vorlage eines Entwicklungskonzeptes bei der Agentur für Qualitätssicherung und Akkreditierung Austria. In der Folge ist innerhalb von zwei Jahren nachzuweisen, dass die Auflagen erfüllt wurden. Erfolgt der Nachweis nicht, ist die Akkreditierung mit Bescheid zu widerrufen.

Gem § 23 Abs 8a HS-QSG kann die erstmalige Programmakkreditierung nicht unter Auflagen erfolgen. Davon ausgenommen sind Programmakkreditierungen an Fachhochschulen, die bereits ein Audit gemäß § 22 HS-QSG erfolgreich durchgeführt haben.

16 Gem § 24 Abs 8 HS-QSG ist eine Verlängerung der institutionellen Akkreditierung für sechs Jahre auf Antrag zulässig, wenn die Voraussetzungen gem § 24 Abs 1 und Abs 3 HS-QSG weiterhin vorliegen; dabei erfasst die Verlängerung der institutionellen Akkreditierung auch die bis zu diesem Zeitpunkt akkreditierten Studien. Wenn allerdings die institutionelle Akkreditierung nicht verlängert wird (die Verlängerung ist spätestens neun Monate vor Ablauf des Genehmigungszeitraumes zu beantragen), sind alle Programmakkreditierungen der Bildungseinrichtung zu widerrufen.

Gem § 24 Abs 9 HS-QSG kann eine erstmalige institutionelle Akkreditierung nicht unter Auflagen erfolgen. Unter Auflagen kann aber eine Verlängerung der Akkreditierung einer Bildungseinrichtung erfolgen, wenn im Zuge des Akkreditierungsverfahrens Mängel festgestellt werden, welche innerhalb eines bestimmten Zeitraumes als behebbar eingestuft werden. Eine mit Auflagen erteilte Akkreditierung erfordert die Vorlage eines Entwicklungskonzeptes bei der Agentur für Qualitätssicherung und Akkreditierung Austria. In der Folge ist innerhalb von zwei Jahren nachzuweisen, dass die Auflagen erfüllt wurden. Erfolgt der Nachweis nicht, ist die Akkreditierung mit Bescheid zu widerrufen.

Gem § 24 Abs 9a HS-QSG kann die erstmalige Programmakkreditierung nicht unter Auflagen erfolgen. Gem § 23 Abs 8a HS-QSG kann die erstmalige Programmakkreditierung nicht unter Auflagen erfolgen. Davon ausgenommen sind Programmakkreditierungen an Bildungseinrichtungen, deren institutionelle Akkreditierung bereits zweimal verlängert wurde.

17 „Analog zu den Regelungen für Erhalter von Fachhochschul-Studiengängen wurde nun auch für Privatuniversitäten eine Bestimmung hinsichtlich des Auslaufens von Studien im Fall des Erlöschens oder des Widerrufs einer Akkreditierung aufgenommen.

Die Bildungseinrichtungen haben für diesen Fall entsprechende finanzielle Vorsorge zu treffen, die auch im Rahmen der Akkreditierung nachzuweisen ist" (ErläutRV 1222 BlgNR 24. GP).

Dieser Bestimmung ist Schutzgesetzcharakter zuzubilligen, so dass im Falle der Missachtung dieser Norm von allenfalls geschädigten Studierenden Schadenersatzansprüche geltend gemacht werden können (*Grimberger/Huber*, Privatuniversitäten, Anm 11 zu § 26 HS-QSG). **18**

„Die Regelung in Abs 3 hinsichtlich eines Vorschlages der Hochschuleinrichtung zum Auslaufen eines Studiums im Falle des Erlöschens oder des Widerrufes der Akkreditierung wird auf Grund der Erfahrungen präzisiert. Nun ist die Vorlage eines Plans zur Abwicklung an die AQ Austria erforderlich, der von dieser genehmigt werden muss. Dies ist auch unter Auflagen (Aufnahme in befristete Programmakkreditierung) möglich. Bei Nicht-Genehmigung ist eine Fortführung des Studiengangs nicht zulässig. Ziel der Regelung ist, eine verträgliche Lösung für betroffene Studierende zu finden. Kommt die AQ Austria allerdings zu dem Schluss, dass die Abwicklung – entsprechend begründet (zB mangelnde Finanzierung, keine personellen Ressourcen) – nicht möglich ist, dann kann auch keine befristete Programmakkreditierung für das Auslaufen erteilt werden" (ErläutRV 234 BlgNR 27. GP). **19**

„Um eine Rechtsgrundlage für die Weiterführung der Studien zu gewährleisten, wird in [§ 26] Abs 4 [HS-QSG] eine Bestimmung vorgesehen, die eine einmalig befristete Programmakkreditierung für die betroffenen Studien ermöglicht" (ErläutRV 1222 BlgNR 24. GP). Dazu krit: *Grimberger/Huber*, Privatuniversitäten, Anm 12 zu § 26 HS-QSG. **20**

5. Abschnitt

Meldeverfahren[1-2]

§ 27. (1)[3] Studien ausländischer Bildungseinrichtungen[4] in Österreich, die
1. in ihrem Herkunfts- bzw Sitzstaat als postsekundär im Sinne des § 51 Abs 2 Z 1 UG anerkannt sind und
2. mit österreichischen Studien und akademischen Graden vergleichbar sind,

sind vor Aufnahme des Studienbetriebs einem Meldeverfahren zu unterziehen.

(2)[5] Das Anbieten von Studien, welche mit österreichischen Studien nicht vergleichbar sind, ist unzulässig. Bildungseinrichtungen, die in ihrem jeweiligen Herkunfts- bzw Sitzstaat nicht als postsekundär im Sinne des § 51 Abs 2 Z 1 UG anerkannt sind, dürfen Studien in Österreich nicht anbieten.[6]

(3)[7] Meldestelle ist die Agentur für Qualitätssicherung und Akkreditierung Austria. Auf das Verfahren sind das AVG und das Zustellgesetz anzuwenden.[8] § 20 Abs 1, § 25 Abs 3 erster und zweiter Satz sowie § 25 Abs 6 gelten sinngemäß.

(4) Die Entscheidung über die Meldung ist auf längstens sechs Jahre zu befristen und kann mit Auflagen versehen werden.[9]

(5) Ist das Meldeverfahren positiv entschieden[10], dürfen die Bildungseinrichtungen den Studienbetrieb in Österreich aufnehmen und durchführen.

(6) Die Meldestelle hat ein Verzeichnis der Meldeverfahren zu führen, auf dem neuesten Stand zu halten und zu veröffentlichen. Das Verzeichnis hat jedenfalls Informationen zur Bildungseinrichtung, den Studien und den Ergebnissen des Meldeverfahrens zu umfassen. Die Bundesministerin oder der Bundesminister ist darüber regelmäßig zu informieren.

(7) Mit der Entscheidung über die Meldung der Studien ist keine Feststellung der Gleichwertigkeit mit österreichischen Studien und entsprechenden österreichischen akademischen

Graden verbunden. Die Studien und akademischen Grade gelten als solche des Herkunfts- bzw Sitzstaates der Bildungseinrichtung.[11] Ausländische Bildungseinrichtungen sind verpflichtet, im Rahmen ihrer Marktkommunikation und ihres Außenauftrittes in Österreich auf diesen Umstand in schriftlicher und optisch hervorgehobener Form hinzuweisen.[12]

(8) Für das Erlöschen der Entscheidung über die Meldung ist § 26 Abs 1 Z 1, 2 und 4 sinngemäß anzuwenden.

(9) Der Widerruf der Entscheidung über die Meldung hat bei Verweigerung der Informationspflichten und Mitwirkung an statistischen Erhebungen gemäß Abs 10 oder bei Wegfall der gesetzlichen Voraussetzungen gemäß § 27a Abs 1 und § 27b Abs 1 und 2 zu erfolgen.

(10)[13] Die Bildungseinrichtung hat der Agentur für Qualitätssicherung und Akkreditierung Austria folgende Änderungen und Daten zu melden:
1. Änderungen betreffend der Anerkennung als postsekundäre Bildungseinrichtung im Sinne des § 51 Abs 2 Z 1 UG und der Anerkennung des jeweiligen Studiums und der akademischen Grade im Herkunfts- bzw Sitzstaat;[14]
2. bis Ende Dezember jedes Jahres statistische Daten zur Entwicklung der Anzahl der Studienanfängerinnen und Studienanfänger, Studierenden sowie Absolventinnen und Absolventen nach Geschlecht und Herkunft in den jeweiligen Studienprogrammen. Die Agentur für Qualitätssicherung und Akkreditierung Austria hat diese statistischen Daten zu veröffentlichen.

(11) Die Agentur für Qualitätssicherung und Akkreditierung Austria ist ermächtigt, Vorgaben zur Struktur der zu meldenden Änderungen und Daten gemäß Abs 10 mittels Verordnung festzulegen.[15]

(12) Studierende an ausländischen Bildungseinrichtungen sind berechtigt, sich zu Informations- und Beratungszwecken an die Ombudsstelle für Studierende zu wenden.[16]

1 Die Bestimmung des § 27 HS-QSG zielte in ihrer ursprünglichen Fassung auf die „Registrierung" grenzüberschreitender Studien ab; die konkrete Ausgestaltung vor allem der verfahrensrechtlichen Dimension des § 27 HS-QSG aF ließ eine Reihe von Fragen offen (dazu: *Grimberger/Huber*, Das Recht der Privatuniversitäten [2012], Anm 9 zu § 27 HS-QSG). Mittlerweile wurde sie – zumindest im Hinblick auf EU-Anbieter – als Meldeverfahren konzipiert; dazu *Grimberger*, Neues Meldeverfahren für Studien ausländischer Bildungseinrichtungen, N@HZ 2019, 55. Auch dieses ist im Lichte der jüngsten Rspr des EuGH wohl nicht im Einklang mit den Vorgaben des Unionsrechts und des GATS (EuGH 6.10.2020, C-66/08, *Kommission/Ungarn* m Anm *Huber*, N@HZ 2020, 169).

In den ErläutRV zur alten Fassung des § 27 HS-QSG ist ua Folgendes ausgeführt: „Es ist zu beobachten, dass vermehrt ausländische Bildungseinrichtungen ihre Studien, teils in Kooperation mit österreichischen Einrichtungen, die nicht postsekundäre Bildungseinrichtungen im Sinne des UG [2002] sind, in Österreich anbieten.

Die Qualitätssicherung dieser grenzüberschreitenden Bildungsangebote (,transnational education') unterliegt grundsätzlich dem Anbieter und den Bestimmungen des Herkunftsstaates, von österreichischer Seite kann hier kein direkter Einfluss genommen werden. Im Rahmen der Neuordnung der externen Qualitätssicherung soll ein Beitrag zur Transparenz dieser Angebote geleistet werden. Ziel ist es, durch eine ,Registrierung' einen Überblick über das Angebot zu erhalten und zur Transparenz für Studierende, BMWF, Arbeitgeberinnen und Arbeitgeber und der breiteren Öffentlichkeit beizutragen" (ErläutRV 1222 BlgNR 24. GP).

Im Zuge der Novelle BGBl 2014/45 sollte die Bestimmung des § 27 HS-QSG weitestgehend entfernt werden (s dazu die ErläutRV 136 BlgNR 25. GP: „Die Registrierung grenzüberschreitender Studien gemäß § 27 HS-QSG hat sich in der Vergangenheit nicht bewährt. Diese Bestimmung führte immer wieder fälschlicherweise zur Annahme, dass von österreichischer Seite ein Akkreditierungsverfahren – und somit ein Qualitätssicherungsverfahren – durchgeführt worden wäre. Dies war nicht der Fall, da nur festgestellt wurde, dass die zu registrierende Einrichtung im Sitzstaat der Einrichtung nach den dort geltenden Bestimmungen eingerichtet war. Daher soll die Registrierung entfallen."); auf Grund eines von der AQ Austria angeregten Diskurses dazu wurde im Gesetzgebungsverfahren ein entsprechender parlamentarischer Abänderungsantrag erstellt und schließlich beschlossen, welcher im Kern anstelle der „Registrierung" eine „Meldung" treten lässt, als Meldestelle die AQ Austria (bislang war das BMW „Registrierungsstelle") vorsieht und einige weitere Klarstellungen bietet. Die neuerliche Novellierung geht auf die Aufhebung von § 27 HS-QSG durch den VfGH (1.3.2018, G 268-272/2017) wegen Unbestimmtheit zurück; dazu auch *Huber*, § 27 HS-QSG: Ein Ende mit Schrecken? N@HZ 2018, 51.

Zur Dimension und Bedeutung von grenzüberschreitenden Studien s bei: *Hoffmann*, Registrierung ausländischer Studienangebote nach dem Hochschul-Qualitätssicherungsgesetz, in: *Hauser* (Hg), Hochschulrecht. Jahrbuch 13 (2013) 59 sowie *Fiorioli*, Grenzüberschreitende Akkreditierung von Joint Programmes, in: *Hauser* (Hg), Hochschulrecht. Jahrbuch 12 (2012) 81.

„In Abs 1 wird normiert, dass ausländische Bildungseinrichtungen ihre Studien in Österreich vor Aufnahme des Studienbetriebs einem Meldeverfahren zu unterziehen haben. Voraussetzung ist, dass sie in ihrem jeweiligen Herkunfts- bzw Sitzstaat als postsekundär im Sinne des § 51 Abs 2 Z 1 UG anerkannt sind und sie Studien durchführen, die mit österreichischen Studien und akademischen Graden vergleichbar sind. Hinsichtlich Vergleichbarkeit ist auf Grade, Umfang der Programme, ECTS-Punkte, Qualifikationsniveau abzuzielen, jedenfalls ist es nicht als Gleichwertigkeit zu verstehen (siehe auch Abs 7)." (IA 485/A 26. GP).

Zur Meldung verpflichtet sind die ausländischen Bildungseinrichtungen; *Hofstetter*, Meldeverfahren nach § 27 HS-QSG – die

Rechtslage seit 1.1.2019, in: *Hauser* (Hg), Hochschulrecht. Jahrbuch 20 (2020) 60 (67).

5 „In Abs 2 wird zusätzlich geregelt, dass das Anbieten von Studien, die nicht mit österreichischen Studien vergleichbar sind, unzulässig ist bzw dass Bildungseinrichtungen, die in ihrem jeweiligen Herkunfts- bzw Sitzstaat nicht als postsekundär im Sinne des § 51 Abs 2 Z 1 UG anerkannt sind, ihre Studien in Österreich nicht anbieten dürfen." (IA 485/A 26. GP).

6 Dieses Verbot ist lediglich über die Strafbestimmung in § 32 HS-QSG abgesichert. Eine Untersagungsmöglichkeit gibt es nicht.

7 „Mit Abs 3 werden das Verfahren durch die AQ Austria als zuständige Meldestelle neu geregelt und Rechtsnatur und Rechtswirkungen des Verfahrens festgelegt. Die AQ Austria ist im Meldeverfahren hoheitlich tätig, das AVG und das Zustellgesetz sind anzuwenden, und einschlägige Regelungen des HS-QSG bzgl Verfahrenskosten (§ 20 Abs 1), Genehmigung per Bescheid und Unabhängigkeit der Mitglieder des Boards in Ausübung ihres Amtes (§ 25 Abs 3 erster und zweiter Satz) sowie verfahrensrechtliche Sonderbestimmungen (Entscheidungsfrist, Abänderung Antrag) sind sinngemäß für das Meldeverfahren anzuwenden." (IA 485/A 26. GP).

8 Ganz offenkundig liegt ein Bescheidverfahren zu. Dass das Gesetz von „Meldung" spricht, ändert nichts am Genehmigungscharakter des Verfahrens.

9 Es ist daher ein Bescheid auszustellen.

10 Hier ist eine bescheidförmige Entscheidung gemeint.

11 Sie dürfen auch nur in der ausländischen Form geführt werden. Eine Nostrifizierung ist jedoch zulässig.

12 Der bloße fehlende Hinweis in der Marktkommunikation verwirklicht keinen der Straftatbestände des § 32 HS-QSG. Er könnte aber durch Mitbewerber/innen im Wege einer UWG-Klage geltend gemacht werden. Auch ein Widerruf der Meldung ist bei einem fehlenden Hinweis nicht gesetzlich grundgelegt.

„Mit Abs 10 wird neu geregelt, dass die ausländischen Bildungseinrichtungen einer Berichtspflicht in bestimmten Belangen (Wegfall der staatlichen Anerkennung der Bildungseinrichtungen bzw der Studien) unterliegen und grundlegende statistische Daten an die AQ Austria zu melden haben (Zahl der Studienanfänger und Studienanfängerinnen, Studierende, Absolventinnen und Absolventen in den jeweiligen Studiengängen nach Geschlecht und Herkunftsland). Die AQ Austria hat diese Daten zu veröffentlichen. Bislang gibt es keine statistischen Daten zu diesem Bereich, mit dieser Regelung soll zumindest ein Überblick über die Studierendenzahlen ermöglicht werden. Es werden keine personenbezogenen Daten erhoben, die Regelung fällt damit nicht in den Anwendungsbereich der DSGVO." (IA 485/A 26. GP). **13**

Ergibt sich daraus ein Wegfall der Zulassung, ist auch die Meldung zu widerrufen. **14**

Es handelt sich dabei um die PrivH-JBVO und die FH-JBVO. **15**

Der freilich keine behördlichen Befugnisse zukommen; vgl § 31 HS-QSG. **16**

Meldeverfahren für Bildungseinrichtungen aus EU/EWR

§ 27a.[1] (1) Bildungseinrichtungen aus Mitgliedstaaten der Europäischen Union (EU) und Staaten des Europäischen Wirtschaftsraums (EWR)[2] haben vor Aufnahme des Studienbetriebs Folgendes[3] vorzulegen:
1. Urkunde[4] über die Anerkennung als postsekundäre Bildungseinrichtung im Sinne des § 51 Abs 2 Z 1 UG;
2. Urkunden[5] über die Anerkennung des jeweiligen Studiums und der akademischen Grade im Herkunfts- bzw Sitzstaat;

3. Anführung der in Österreich geplanten Studien samt den Studienplänen, den akademischen Graden[6] sowie österreichischen Kooperationspartnern[7];
4. Bestätigung der Hochschule, dass das jeweilige Studium, dessen Zugangsbedingungen, Umfang und Anforderungen den entsprechenden Vorgaben im Herkunfts- bzw Sitzstaat entspricht, insbesondere:
   a. Zulassung der Studierenden in Österreich zum Studium nach den Vorgaben im Herkunfts- bzw Sitzstaat;
   b. Anerkennung und Anrechnung von formalen, nicht-formalen und informellen Qualifikationen nach den Vorgaben im Herkunfts- bzw Sitzstaat;
5. Garantie der Bildungseinrichtung, dass im Falle einer Einstellung des Studienbetriebs in Österreich alle Studierenden ihr Studium beenden können.

(2) Das Board hat nach Durchführung eines öffentlichen Begutachtungsverfahrens eine Verordnung[8] zu erlassen, in der Festlegungen hinsichtlich der methodischen Verfahrensgrundsätze des Meldeverfahrens zu treffen sind.

(3) Die Meldestelle hat die vorgelegten Unterlagen zu überprüfen. Sind die Nachweise vollständig, echt und richtig, so ist über das Meldeverfahren positiv zu entscheiden und die Bildungseinrichtung und ihre Studien in das Verzeichnis gemäß § 27 Abs 6 aufzunehmen.[9]

(4) Entstehen bei einer Bildungseinrichtung[10] begründete Zweifel an der Bestätigung gemäß Abs 1 Z 4, hat die Agentur für Qualitätssicherung und Akkreditierung Austria nach Rücksprache mit der Bildungseinrichtung entsprechende Informationen im Herkunfts- bzw Sitzstaat einzuholen.[11] Kann auf Grund dieser Informationen die Erfüllung der entsprechenden Vorgaben im Herkunfts- bzw Sitzstaat nicht erbracht werden, ist die Entscheidung über die Meldung zu widerrufen.[12] Die Studienabschlüsse, die ab dem Zeitpunkt des Widerrufs der Entscheidung über die Meldung erfolgen, werden nicht anerkannt.

| § 27a

(5) Die Ergebnisse des Meldeverfahrens[13] sind von der Bildungseinrichtung spätestens zwei Wochen nach Abschluss des Verfahrens auf deren Webseite zu veröffentlichen.

„Der neue § 27a regelt das Meldeverfahren für Studien ausländischer Bildungseinrichtungen aus der Europäischen Union (EU) und den Staaten des Europäischen Wirtschaftsraums (EWR). Mit dieser Differenzierung zu Meldeverfahren für Bildungseinrichtungen aus Drittstaaten wird Bezug auf die Dienstleistungs-Richtlinie 2006/123/EG genommen bzw dem Rechnung getragen, dass die Qualitätssicherung dieser Bildungsangebote grundsätzlich dem Anbieter und den Bestimmungen des Herkunfts- bzw Sitzstaates unterliegt. Von österreichischer Seite kann hier kein direkter Einfluss genommen werden." (IA 485/A 26. GP) **1**

Der Status von Bildungseinrichtungen aus dem Vereinigten Königreich war bei Drucklegung noch unklar. **2**

Diese Liste ist abschließend. Weitere Nachweise darf die AQ Austria nicht verlangen. **3**

Nach dem Wortlaut könnten staatliche österreichische Universitäten diesen Nachweis nie erbringen: Weder wurden sie jemals anerkannt, noch gibt es darüber eine Urkunde. In vergleichbaren Konstellationen muss daher etwa die Vorlage eines Gesetzestexts aus dem Herkunftsstaat genügen. **4**

Auch hier muss – wenn sich dies darauf ergibt – die Vorlage des Gesetzestextes des Herkunftsstaats genügen. **5**

Es kann sich dabei nur um ausländische Grade handeln. **6**

Es ist gänzlich unklar, wer „Kooperationspartner" ist. Gemeint sind Einrichtungen, die einen wesentlichen Beitrag zum Ablauf des Unterrichts leisten. Ob hier etwa auch IT-Ausstatter oder die Lieferanten des Pausenkaffees mitgemeint sind, ergibt sich aus dem Gesetzestext nicht; vgl *Huber/Raschauer*, § 27 HS-QSG: Pfusch am Bildungsbau, in: *Hauser* (Hg), Hochschulrecht. Jahrbuch 17 (2017) 187 (190); aA *Hofstetter*, Das Verfahren der ex- **7** ternen Qualitätssicherung – ein Überblick, in: *Hauser* (Hg), Hochschulrecht. Jahrbuch 18 (2018) 67 (72).

8 § 27-Meldeverordnung.

9 Bei vollinhaltlichem Entsprechen des Antrags genügt die Aufnahme in die Liste als Realakt; ein Bescheid muss nicht zwingend erlassen werden. Im Falle einer Ablehnung ist hingegen in jedem Fall mit Bescheid zu entscheiden.

10 Gemeint: Entstehen bei der AQ Austria Zweifel hinsichtlich einer Bildungseinrichtung.

11 Es handelt sich dabei um die normale Pflicht zur amtswegigen Ermittlung des entscheidungserheblichen Sachverhalts. Die Bestimmung kann nur so verstanden werden, dass sie die Bildungseinrichtung insoweit von ihrer Mitwirkungspflicht entbindet.

12 Ein Widerruf wegen Fehlens/Unzulänglichkeit dieser Bestätigung ist demnach erst nach Einholung der Informationen im Sitzstaat zulässig. Es ist fraglich, weshalb nur ein „Widerruf" der Meldung erfolgen soll, nicht aber die Meldung von vorneherein abgelehnt werden kann. Dass eine Ablehnung bzw Abweisung der Meldung möglich sein muss, ergibt sich nur sehr indirekt durch den Verweis auf das AVG in § 27 Abs 3 HS-QSG.

13 In diesem Zusammenhang bleibt unklar, was die „Ergebnisse" sind – handelt es sich um einen Bescheid oder bloß um die Tatsache der erfolgten/nicht erfolgten Meldung.

Meldeverfahren für Bildungseinrichtungen aus Drittstaaten

§ 27b. (1)[1] Bildungseinrichtungen aus Drittstaaten[2] haben sich vor Aufnahme des Studienbetriebs einer externen Evaluierung zu unterziehen und Folgendes vorzulegen:
1. Urkunde über die Anerkennung als postsekundäre Bildungseinrichtung im Sinne des § 51 Abs 2 Z 1 UG;

2. Urkunden über Anerkennung des jeweiligen Studiums und der akademischen Grade im Herkunfts- bzw Sitzstaat;[3]
3. Anführung der in Österreich geplanten Studien samt den Studienplänen, den akademischen Graden sowie österreichischen Kooperationspartnern;
4. Garantie der Bildungseinrichtung, dass im Falle einer Einstellung des Studienbetriebs in Österreich alle Studierenden ihr Studium beenden können.

(2) Die externe Evaluierung erfolgt gemäß internationalen Standards[4] durch die Agentur für Qualitätssicherung und Akkreditierung Austria. Die Prüfbereiche[5] der Evaluierung der Bildungseinrichtung umfassen jedenfalls:
1. Qualitätssicherung Studiengang bzw Institution (Einbindung in das Qualitätsmanagementsystem der Bildungseinrichtung);
2. Sicherung der Leistungsfähigkeit (Finanzierung, Infrastruktur, Personal);
3. Studienorganisation und Information für Studierende (Zulassung zum Studium, Anrechnung und Anerkennung von formalen, nicht-formalen und informellen Qualifikationen, Studienrecht, Qualifikationsniveau des Studiengangs).

Bei der Durchführung der Evaluierung sind vorhandene Ergebnisse von Verfahren der externen Qualitätssicherung zu berücksichtigen, sofern diese durch eine im EQAR registrierte oder eine andere international anerkannte und unabhängige Qualitätssicherungsagentur durchgeführt wurden und das Verfahren der externen Qualitätssicherung Informationen zum Nachweis der Erfüllung der Prüfbereiche liefert.

(3) Das Board hat nach Durchführung eines öffentlichen Begutachtungsverfahrens eine Verordnung[6] zu erlassen, in der Festlegungen hinsichtlich der Prüfbereiche und methodischen Verfahrensgrundsätze des Meldeverfahrens zu treffen sind.

(4) Die Meldestelle hat die vorgelegten Unterlagen zu überprüfen. Sind die Nachweise vollständig, echt und richtig und

wird das Evaluierungsverfahren positiv entschieden, sind die Bildungseinrichtung und ihre Studien in das Verzeichnis gemäß § 27 Abs. 6 aufzunehmen.[7]

(5) Die Ergebnisse des Meldeverfahrens sind von der Bildungseinrichtung spätestens zwei Wochen nach Abschluss des Verfahrens auf deren Webseite zu veröffentlichen.

1 Vgl insoweit die Anmerkungen zu § 27a.

2 Das sind alle Staaten außerhalb der EU und des EWR einschließlich des Vereinigten Königreichs.

3 Im Lichte von EuGH, Rs 66/18, Kommission/Ungarn, fraglich, ob im Hinblick auf das GATS noch zulässig; dazu auch *Huber*, Entscheidungsanmerkung, N@HZ 2020, 169.

4 Undefinierter Rechtsbegriff; dazu auch *Huber/Raschauer*, § 27 HS-QSG: Pfusch am Bildungsbau, in *Hauser* (Hg), Hochschulrecht. Jahrbuch 17 (2017) 187, 191.

5 Diese Prüfbereiche sind durch die AQ Austria näher zu umschreiben.

6 § 27-Meldeverordnung.

7 Wiederum fehlt eine Anordnung, wie im Falle, dass die Voraussetzungen nicht erfüllt sind, vorzugehen ist. Diesfalls ist aber mit Bescheid zu entscheiden.

6. Abschnitt

Tätigkeitsbericht und Bericht der Agentur für Qualitätssicherung und Akkreditierung Austria zur Entwicklung der Qualitätssicherung[1]

§ 28. (1) Das Board hat jährlich bis zum 31. Mai einen Tätigkeitsbericht[2] über das vorangegangene Kalenderjahr[3] zu erstellen[4-5] und diesen der zuständigen Bundesministerin oder dem zuständigen Bundesminister zu übermitteln. In diesem Bericht sind insbesondere die durchgeführten Qualitätssicherungsverfahren, die Personalentwicklung und die aufgewendeten Finanzmittel darzustellen. Der Bericht ist von der zuständigen Bundesministerin oder dem zuständigen Bundesminister dem Nationalrat vorzulegen und darüber hinaus durch das Board in geeigneter Weise[6] zu veröffentlichen.

(2)[7-8] Die Agentur für Qualitätssicherung und Akkreditierung Austria hat mindestens alle drei Jahre einen Bericht zur Entwicklung der Qualitätssicherung an hochschulischen Bildungseinrichtungen zu erstellen und zu veröffentlichen.

(3)[9] Die Agentur für Qualitätssicherung und Akkreditierung Austria hat die ihr zur Verfügung stehenden statistischen Informationen aus dem Fachhochschulbereich der zuständigen Bundesministerin oder dem zuständigen Bundesminister zu übermitteln.

„Die Agentur soll die Aktivitäten der akkreditierten und zertifizierten Hochschulen systematisch und auf Dauer angelegt dokumentieren und Beurteilungen von Entwicklungen vornehmen" (ErläutRV 1222 BlgNR 24. GP). Die Überschrift des § 28 wurde durch BGBl I 2020/77 redaktionell angepasst. **1**

„Die Agentur hat jährlich einen Bericht über die Aktivitäten im abgelaufenen Kalenderjahr (Tätigkeitsbericht) [§ 28 Abs 1 HS-QSG] und mindestens alle drei Jahre einen Bericht zur Entwicklung der Qualitätssicherung an hochschulischen Bildungseinrichtungen [§ 28 Abs 2 HS-QSG] zu erstellen" (ErläutRV 1222 BlgNR 24. GP). **2**

„Neu aufgenommen wird die Vorgabe eines Termins für die Vorlage des Tätigkeitsberichts der AQ Austria. Weiters wird klargestellt, dass sich dieser Bericht auf das vorangegangene Kalenderjahr bezieht" (ErläutRV 234 BlgNR 27. GP). **3**

Zur Unterstützung bei der Besorgung der Aufgaben der Agentur für Qualitätssicherung und Akkreditierung Austria und der sich daraus ergebenden operativen Unterstützung des Boards ist **4** gem § 10 Abs 3 HS-QSG eine Geschäftsstelle einzurichten. Gem § 10 Abs 5 HS-QSG umfassen die Aufgaben der Geschäftsstelle jedenfalls die Erstellung von Berichten und des Finanzplanes.

5 Zu den weiteren Aufgaben des Boards s § 9 Abs 1 HS-QSG.

6 Zu denken ist etwa an eine Publikation auf der Homepage der Agentur für Qualitätssicherung und Akkreditierung Austria (http://www.aq.ac.at).

7 „Erhalter von Fachhochschul-Studiengängen und Privatuniversitäten sollen analog zu den Universitäten jährliche Berichte an die Agentur für Qualitätssicherung und Akkreditierung Austria vorlegen. Auf deren Basis soll die Agentur für Qualitätssicherung und Akkreditierung Austria mindestens alle drei Jahre ein Bericht zur Entwicklung der Qualitätssicherung an Hochschulen erstellen und veröffentlichen. Für die Universitäten wird es keine neuen Berichtspflichten geben, da die Berichterstattung zu Qualitätssicherung und Qualitätsmanagement bereits im Rahmen des bestehenden Berichtswesens nach UG abgedeckt ist" (ErläutRV 1222 BlgNR 24. GP).

8 „Der Bezug zum Berichtswesen der Hochschulen wird gestrichen, da dies in der Umsetzungspraxis durch die AQ Austria als einschränkend gesehen wurde. Nun ist normiert, dass die AQ Austria alle drei Jahre einen Bericht zur Entwicklung der Qualitätssicherung an hochschulischen Bildungseinrichtung[en] zu erstellen und zu veröffentlichen hat. Damit steht der AQ Austria die Wahl der Ausgangsbasis – das vorhandene Berichtswesen, eigene Erhebungen unter Einbezug der Hochschulen – frei" (ErläutRV 234 BlgNR 27. GP).

9 „Die Regelung in [§ 28] Abs 3 [HS-QSG] orientiert sich an der bislang geltenden Regelung für den Fachhochschulrat im FHStG" (ErläutRV 1222 BlgNR 24. GP).

7. Abschnitt
Aufsicht[1-2]

Aufsicht über die Fachhochschulen, Privathochschulen und Privatuniversitäten[3]

§ 29. (1)[4] Das Board ist berechtigt oder auf Verlangen der zuständigen Bundesministerin oder des zuständigen Bundesministers verpflichtet, sich an den akkreditierten Bildungseinrichtungen jederzeit[5] über sämtliche Angelegenheiten zu informieren, welche die Überprüfung des Vorliegens der Voraussetzungen für die Akkreditierung ermöglichen.[6] Soweit dies der Ausübung dieses Aufsichtsrechtes dient, sind die zuständigen Organe der Fachhochschulen, der Privathochschulen und der Privatuniversitäten verpflichtet, Auskünfte über alle Angelegenheiten der Studien oder der Bildungseinrichtung zu erteilen, Geschäftsstücke und Unterlagen über die bezeichneten Gegenstände vorzulegen sowie zu übermitteln und Überprüfungen an Ort und Stelle zuzulassen.[7]

(2)[8] Das Board ist weiters verpflichtet[9], auf Verlangen der oder des für Angelegenheiten des Gesundheitswesens zuständigen Bundesministerin oder Bundesministers sich an den akkreditierten Bildungseinrichtungen jederzeit über sämtliche Angelegenheiten zu informieren, welche die Überprüfung des Vorliegens der Voraussetzungen für die Akkreditierung aus gesundheitsrechtlicher Sicht ermöglichen.[10] Abs 1 2. Satz ist mit der Maßgabe anzuwenden, dass zwei von der oder von dem für Angelegenheiten des Gesundheitswesens zuständigen Bundesministerin oder Bundesministers nominierte Sachverständige beizuziehen sind. Entsprechend dem Ergebnis der Information ist gegebenenfalls ein Verfahren gemäß § 26 Abs 2[11] durchzuführen.

„Die im Entwurf taxativ aufgezählten Aufsichtsmittel sollen sicherstellen, dass die Agentur oder die Bundesministerin oder der Bundesminister der Aufsichtspflicht nachkommen kann. Es **1** wird aber auch klargestellt, dass personenbezogene Daten von diesen Informationspflichten ausgenommen sind (§ 30 Abs 5 [HS-QSG])" (ErläutRV 1222 BlgNR 24. GP).

2 Möglich ist auch die Anregung eines Aufsichtsverfahrens („Aufsichtsbeschwerde"); ein Rechtsanspruch auf ein Tätigwerden der Aufsichtsbehörde besteht freilich nicht. Sofern rechtwidrige Handlungen bzw Entscheidungen von Organen des Erhalters oder Trägers einer Bildungseinrichtung gesetzt bzw getroffen werden, steht den davon in ihrer Rechtssphäre Betroffenen auch der Rechtsweg zu den ordentlichen Gerichten offen (*Grimberger/Huber*, Das Recht der Privatuniversitäten [2012] Anm 7 zu § 29 HS-QSG).

3 Es ist davon auszugehen, dass die gesetzlich angeführten Aufsichtsmittel erschöpfend umschrieben sind. Weiters ist davon auszugehen, dass es sich dabei um eine „Aufsicht aus der Distanz" handelt, welche der Eigenverantwortung der einzelnen Akteure (Erhalter, Träger) einen entsprechend großen Spielraum belässt; dies ergibt sich vor allem daraus, dass auf der Basis der Konzeption des HS-QSG die eingeräumten Aufsichtsmittel generell nicht hoheitlich-repressiver, sondern vielmehr generell informativer Natur sind.

4 „Für akkreditierte Bildungseinrichtungen und Studien wird die Aufsicht hinsichtlich des Vorliegens der Akkreditierungsvoraussetzungen durch die Agentur für Qualitätssicherung und Akkreditierung Austria oder das Board ausgeübt" (ErläutRV 1222 BlgNR 24. GP); s dazu auch § 9 Abs 1 Z 12 HS-QSG.

5 Es ist kein konkreter „Verdacht" auf rechtswidriges Handeln erforderlich; vgl *Gualtieri/Huber*, in *Hauser/Schweighofer* (Hg), (Groß-)Kommentar zum Fachhochschul-Studiengesetz (2017) §§ 29–30 HS-QSG Rz 7.

6 „Die für die kontinuierliche begleitende Aufsicht akkreditierter hochschulischer Bildungseinrichtungen und Studien (hinsichtlich der Akkreditierungsvoraussetzungen) erforderlichen Mittel sind aus dem Globalbudget abzudecken" (ErläutRV 1222 BlgNR 24. GP).

Die Verletzung der Berichts- und Informationsverpflichtungen kann zum Widerruf der Akkreditierung führen (§ 26 Abs 2 Z 2 HS-QSG); die Befugnisse des Boards zur Aufsicht sind im Gesetz abschließend aufgezählt; *Gualtieri/Huber*, in: *Hauser/Schweighofer*, Fachhochschul-Studiengesetz, §§ 29–30 HS-QSG Rz 2. **7**

„Die Berufsgesetze GuKG, MTD-Gesetz und HebG sehen derzeit Regelungen vor, die bei Fachhochschul-Studiengängen die Mitsprache der Bundesministerin oder des Bundesministers für Gesundheit sicherstellen (Nominierung von Sachverständigen bei der Akkreditierung, Reakkreditierung, Widerruf und bei Änderungen der Studienpläne, sowie sogar die Herstellung eines Einvernehmens mit der Bundesministerin oder dem Bundesminister für Gesundheit im Rahmen § 28 Abs 4 GuKG). Die Einhaltung der im GuKG, MTD-Gesetz und Hebammengesetz vorgesehenen Qualitätssicherungsinstrumente, die derzeit dem Fachhochschulrat in Zusammenarbeit mit der Bundesministerin oder dem Bundesminister für Gesundheit obliegt, müssen hinkünftig von der Agentur für Qualitätssicherung und Akkreditierung Austria gewährleistet werden. Durch den Wegfall der Reakkreditierung von Studiengängen ist es notwendig, im gegenständlichen Qualitätssicherungsrahmengesetz eine Bestimmung vorzusehen, die es der Bundesministerin oder dem Bundesminister für Gesundheit ermöglicht, die Einhaltung der Mindestanforderungen an die Ausbildung in den Ausbildungsstätten zu überprüfen" (ErläutRV 1222 BlgNR 24. GP). **8**

Dieser Pflicht korrespondiert freilich kein subjektives Recht eines Dritten; vgl auch *Huber*, HS-QSG: Die wesentlichen Neuerungen, zfhr 2021, 3. **9**

Die jeweilige Auskunft ist von der/dem Präsidenten/in des Boards der Agentur für Qualitätssicherung und Akkreditierung Austria zu erteilen. **10**

11 § 26 HS-QSG regelt das Erlöschen bzw den Widerruf von Akkreditierungen.

Aufsicht über die Agentur für Qualitätssicherung und Akkreditierung Austria[1]

§ 30. (1)[2] Die Agentur für Qualitätssicherung und Akkreditierung Austria unterliegt der Aufsicht durch die zuständige Bundesministerin oder den zuständigen Bundesminister und der Kontrolle durch den Rechnungshof[3] und die Volksanwaltschaft[4]. Die Aufsicht der zuständigen Bundesministerin oder des zuständigen Bundesministers erstreckt sich auf die Einhaltung der Gesetze und Verordnungen sowie auf die Erfüllung der der Agentur für Qualitätssicherung und Akkreditierung Austria obliegenden Aufgaben[5].

(2) Die zuständige Bundesministerin oder der zuständige Bundesminister ist berechtigt, sich über alle Angelegenheiten der Agentur für Qualitätssicherung und Akkreditierung Austria zu informieren. Die Agentur für Qualitätssicherung und Akkreditierung Austria ist verpflichtet, Auskünfte[6] über ihre Angelegenheiten zu erteilen, Akten und Unterlagen über die von der zuständigen Bundesministerin oder dem zuständigen Bundesminister bezeichneten Gegenstände vorzulegen und Überprüfungen an Ort und Stelle vornehmen zu lassen.

(3) Die zuständige Bundesministerin oder der zuständige Bundesminister hat[7] Beschlüsse und Bescheide[8] des Boards aufzuheben[9] oder deren Durchführung zu untersagen[10], wenn der Beschluss oder Bescheid im Widerspruch zu geltenden Gesetzen oder Verordnungen steht. In diesem Fall ist das Board verpflichtet, den der Rechtsauffassung der zuständigen Bundesministerin oder des zuständigen Bundesministers entsprechenden Rechtszustand unverzüglich herzustellen.[11]

(4) Im aufsichtsbehördlichen Verfahren hat das Board Parteistellung[12] sowie das Recht, gegen den das Verfahren ab-

schließenden Bescheid vor dem Bundesverwaltungsgericht Beschwerde zu führen.

(5) Personenbezogene Daten sind von den Veröffentlichungen gemäß § 28[13] oder den Informationspflichten gemäß §§ 29 und 30 ausgenommen.

Es ist davon auszugehen, dass die gesetzlich angeführten Aufsichtsmittel erschöpfend umschrieben sind. Weiters ist davon auszugehen, dass es sich dabei um eine „Aufsicht aus der Distanz" handelt, welche der Eigenverantwortung der AQ Austria einen entsprechend großen Spielraum belässt; dies ergibt sich vor allem daraus, dass auf der Basis der Konzeption des HS-QSG die eingeräumten Aufsichtsmittel generell nicht hoheitlich-repressiver, sondern vielmehr generell informativer Natur sind. **1**

„Die Agentur unterliegt der Aufsicht – analog zu den bisher geltenden Bestimmungen für den Fachhochschulrat und den Akkreditierungsrat – durch die zuständige Bundesministerin oder den zuständigen Bundesminister" (ErläutRV 1222 BlgNR 24. GP). **2**

Vgl zum Rechnungshof Art 121 B-VG sowie das RHG (BGBl 1948/144 idgF). **3**

Die Maßstäbe der Kontrolle durch den Rechnungshof werden von der ziffernmäßigen Richtigkeit, der Rechtmäßigkeit, der Sparsamkeit, der Wirtschaftlichkeit und der Zweckmäßigkeit gebildet; s dazu *Mayer/Kucsko-Stadlmayer/Stöger*, Bundesverfassungsrecht[11] [2015] Rz 1245 sowie *Berka*, Verfassungsrecht[7] (2018) Rz 859 ff.

Zur Volksanwaltschaft s Art 148a ff B-VG. **4**

Zu den Aufgaben der Agentur für Qualitätssicherung und Akkreditierung Austria s § 3 Abs 3 HS-QSG. **5**

Die jeweilige Auskunft ist von der/dem Präsidenten/in des Boards der Agentur für Qualitätssicherung und Akkreditierung Austria zu erteilen. **6**

7 Obwohl die Bestimmung des § 30 Abs 3 HS-QSG eine entsprechende Verpflichtung der/des zuständigen Bundesministers/in zum Einschreiten bei Vorliegen der gesetzlichen Voraussetzungen normiert, korrespondiert diese Verpflichtung nicht mit einem Rechtsanspruch auf Tätigwerden der Aufsichtsbehörde (s dazu etwa: VwSlg 11.314).

8 Der Aufsichtsbehörde kommt mangels gesetzlicher Anordnung keine Befugnis zu, Verordnungen des Boards aufzuheben; dies fällt allein in die Zuständigkeit des Verfassungsgerichtshofes (vgl auch VfSlg 18.221).

9 Die Verwendung des Wortes „aufzuheben" macht deutlich, dass die Aufsichtsbehörde lediglich kassatorisch und nicht auch reformatorisch in der Sache selbst entscheiden darf.

10 Vgl dazu § 68 AVG, der wie folgt lautet:

„*(1) Anbringen von Beteiligten, die außer den Fällen der §§ 69 und 71 die Abänderung eines der Berufung nicht oder nicht mehr unterliegenden Bescheides begehren, sind, wenn die Behörde nicht den Anlass zu einer Verfügung gemäß den Abs 2 bis 4 findet, wegen entschiedener Sache zurückzuweisen.*

(2) Von Amts wegen können Bescheide, aus denen niemandem ein Recht erwachsen ist, sowohl von der Behörde, die den Bescheid erlassen hat, als auch in Ausübung des Aufsichtsrechtes von der sachlich in Betracht kommenden Oberbehörde aufgehoben oder abgeändert werden.

(3) Andere Bescheide kann die Behörde, die den Bescheid in letzter Instanz erlassen hat, oder die sachlich in Betracht kommende Oberbehörde im öffentlichen Interesse insoweit abändern, als dies zur Beseitigung von das Leben oder die Gesundheit von Menschen gefährdenden Missständen oder zur Abwehr schwerer volkswirtschaftlicher Schädigungen notwendig und unvermeidlich ist. In allen Fällen hat die Behörde mit möglichster Schonung erworbener Rechte vorzugehen.

(4) Außerdem können Bescheide von Amts wegen in Ausübung des Aufsichtsrechtes von der sachlich in Betracht kom-

menden Oberbehörde als nichtig erklärt werden, wenn der Bescheid
1. *von einer unzuständigen Behörde oder von einer nicht richtig zusammengesetzten Kollegialbehörde erlassen wurde,*
2. *einen strafgesetzwidrigen Erfolg herbeiführen würde,*
3. *tatsächlich undurchführbar ist oder*
4. *an einem durch gesetzliche Vorschrift ausdrücklich mit Nichtigkeit bedrohten Fehler leidet.*

(5) Nach Ablauf von drei Jahren nach dem in § 63 Abs 5 bezeichneten Zeitpunkt ist eine Nichtigerklärung aus den Gründen des Abs 4 Z 1 nicht mehr zulässig.

(6) Die der Behörde in den Verwaltungsvorschriften eingeräumten Befugnisse zur Zurücknahme oder Einschränkung einer Berechtigung außerhalb eines Berufungsverfahrens bleiben unberührt.

(7) Auf die Ausübung des der Behörde gemäß den Abs 2 bis 4 zustehenden Abänderungs- und Behebungsrechts steht niemandem ein Anspruch zu. Mutwillige Aufsichtsbeschwerden und Abänderungsanträge sind nach § 35 zu ahnden."

Die den betreffenden Beschluss oder Bescheid vollziehenden Akte sind – soweit dafür die rechtlichen Mittel zur Verfügung stehen – ebenso wie jene faktischen Situationen, welche der Rechtsansicht der Aufsichtsbehörde widersprechen, zu beseitigen; eine weitgehend analoge Regelung findet sich auch in § 45 Abs 3 UG 2002; vgl dazu: *Stöger*, in: *Perthold-Stoitzner* (Hg), Universitätsgesetz 2002[3.01](2018) Rz 15 ff zu § 45 UG 2002.

11

Zu der mit der Parteistellung in einem Verwaltungsverfahren verbundenen Rechtsposition zählen ua das Recht auf Parteiengehör (§ 37 AVG), das Recht auf Akteneinsicht (§ 17 AVG) sowie das Recht auf Anfechtung des erlassenen Bescheides.

12

Gem § 28 HS-QSG ist vom Board ein jährlicher Tätigkeitsbericht zu erstellen, welcher der/dem zuständigen Bundesminister/in zu übermitteln und vom Board „in geeigneter Weise" zu veröffentlichen ist.

13

7a. Abschnitt[1–3]

Qualitätssicherungsrat für Pädagoginnen- und Pädagogenbildung

§ 30a. (1) Die Bundesministerin oder der Bundesminister für Bildung, Wissenschaft und Forschung[4] hat einen Qualitätssicherungsrat für Pädagoginnen- und Pädagogenbildung[5] zur qualitäts- und bedarfsorientierten, wissenschaftlichen Begleitung der Entwicklung der Lehramtsstudien einzurichten. Dieser hat folgende Aufgaben:[6–7]

1. Beobachtung und Analyse der Entwicklung der Pädagoginnen- und Pädagogenbildung in Österreich unter Bedachtnahme auf europäische und internationale Entwicklungen sowie Erarbeitung von Vorschlägen zu deren Weiterentwicklung,
2. Beratung der Bundesministerinnen und der Bundesminister sowie der hochschulischen Bildungseinrichtungen[8] in Angelegenheiten der Qualitätssicherung und Bedarfsfragen,
3.[9] studienangebotsspezifische Prüfung der wissenschaftlichen und professionsorientierten Voraussetzungen für die Leistungserbringung von Pädagogischen Hochschulen allenfalls unter Hinzuziehung einer dafür international anerkannten unabhängigen Hochschul-Qualitätssicherungseinrichtung (zB Agentur für Qualitätssicherung und Akkreditierung Austria oder eine im European Quality Assurance Register eingetragene Qualitätssicherungseinrichtung[10]),[11]
4.[12] Stellungnahme im Rahmen der Curricula-Begutachtungsverfahren zu den Curricula der Lehramtsstudien gemäß Anlage[13] hinsichtlich der Umsetzung der berufsrechtlichen Vorgaben (insbesondere der für den Beruf der Pädagoginnen und Pädagogen notwendigen Kompetenzen, des Qualifikationsprofils, die entsprechende Berücksichtigung von im Schulorganisationsgesetz

1962 in der jeweils geltenden Fassung genannten Aufgaben der Schularten und der Anstellungserfordernisse) an die anbietende Bildungsinstitution, sowie
5. jährliche Veröffentlichung eines Berichts über den aktuellen Stand der Pädagoginnen- und Pädagogenbildung in Österreich und Vorlage an den Nationalrat.
(2)[14] Der Qualitätssicherungsrat besteht aus sechs, auf fünf Jahre bestellten Mitgliedern, die als Expertinnen und Experten aus dem Bereich des nationalen bzw internationalen Hochschulwesens über die für die Aufgaben des Qualitätssicherungsrates wesentlichen Kenntnisse, insbesondere auch des österreichischen Schulsystems, verfügen. Eine Wiederbestellung ist möglich. Der Rat soll je zur Hälfte aus Frauen und Männern bestehen. Mindestens zwei Mitglieder müssen über eine einschlägige internationale Berufserfahrung verfügen. Die sechs Mitglieder sind von der Bundesministerin oder dem Bundesminister für Bildung, Wissenschaft und Forschung zu bestellen.[15]
(3) Die Mitgliedschaft im Qualitätssicherungsrat endet
1. durch Ablauf der Funktionsperiode;
2. durch Verzicht;
3. durch Abberufung;
4. durch Tod.
(4) Die Bundesministerin oder der Bundesminister kann ein von ihr oder ihm bestelltes Mitglied des Qualitätssicherungsrates wegen einer schweren Pflichtverletzung[16], einer strafgerichtlichen Verurteilung oder wegen mangelnder gesundheitlicher Eignung mit Bescheid von seiner Funktion abberufen.[17-20]
(5)[21] Dem Qualitätssicherungsrat dürfen Mitglieder der Bundesregierung oder einer Landesregierung, Staatssekretärinnen und Staatssekretäre, Mitglieder des Nationalrats, des Bundesrats, der Landtage und leitende Funktionärinnen und Funktionäre einer politischen Partei auf Bundes- oder Landesebene[22] sowie Personen nicht angehören, die eine derartige Funktion in den letzten zwei Jahren ausgeübt haben. Ebenso ausgeschlossen sind Funktionärinnen und Funktionäre der

hochschulischen Bildungseinrichtungen (Mitglieder der Universitäts- und Hochschulräte, Mitglieder der Rektorate sowie die Vorsitzenden der Senate oder Studienkommissionen) sowie Mitarbeiterinnen und Mitarbeiter der für hochschulische Bildungseinrichtungen zuständigen Bundesministerien im aktiven Dienststand.

(6) Die oder der Vorsitzende des Qualitätssicherungsrates sowie deren oder dessen Stellvertreterin oder Stellvertreter werden von den Mitgliedern mit einfacher Mehrheit aus dem Kreis der Mitglieder gewählt.[23] Sollte es zu keiner Einigung kommen, werden diese Positionen von der Bundesministerin oder dem Bundesminister für Bildung, Wissenschaft und Forschung bestellt.

(7) Die in Abs 1 genannten Aufgaben sind von den Mitgliedern des Qualitätssicherungsrats laufend wahrzunehmen, wobei Arbeitsteilung sowie die Beauftragung externer Begutachtungen im Sinn des Abs 1 Z 3 möglich ist. Fällt der in Abs 1 Z 4 genannte Aufgabenbereich in den Vollzugsbereich eines anderen Bundesministeriums kann seitens dieses Bundesministeriums eine Expertin oder ein Experte mit beratender Funktion bestellt werden. Der Qualitätssicherungsrat hat mindestens viermal jährlich zu Beschlussfassungen zusammenzutreten. Die Inhalte jeder Sitzung sind in einem Protokoll zusammenzufassen. Die Beschlüsse, Stellungnahmen und Empfehlungen des Qualitätssicherungsrates sind zu veröffentlichen.[24] Die Sitzungen sind nicht öffentlich und die darin besprochenen Themen vertraulich zu behandeln.

(8) Der Qualitätssicherungsrat trifft seine Entscheidungen im Abstimmungsweg.[25] Eine Entscheidung des Qualitätssicherungsrates kommt nur zustande, wenn mindestens vier Mitglieder für einen Antrag gestimmt haben.[26-27] Die Entscheidungen des Qualitätssicherungsrates sind der Bundesministerin oder dem Bundesminister für Bildung, Wissenschaft und Forschung zu übermitteln und zu veröffentlichen. Die näheren Bestimmungen zur Geschäftsführung legt der Qualitätssicherungsrat in seiner Geschäftsordnung[28] fest und

Qualitätssicherungsrat für Pädagoginnen- und Pädagogenbildung § 30a

erstellt eine Mehrjahresplanung, die der Genehmigung der Bundesministerin oder des Bundesministers für Bildung, Wissenschaft und Forschung bedarf.[29] Die Geschäftsordnung ist zu veröffentlichen. Der Qualitätssicherungsrat wird in seiner Geschäftsführung durch eine Geschäftsstelle unterstützt.[30] Der Personal- und Sachaufwand wird vom Bundesministerium für Bildung, Wissenschaft und Forschung getragen.

(9) Die Mitglieder des Qualitätssicherungsrates sind in Ausübung ihrer Funktion unabhängig und an keine Weisungen gebunden.[31]

(10)[32] Der Qualitätssicherungsrat unterliegt der Aufsicht der Bundesministerin oder des Bundesministers. Die Bundesministerin oder der Bundesminister ist berechtigt von ihr oder ihm angeforderte Unterlagen einzusehen.

Im Zuge der Novelle BGBl I 2013/124, durch welche die so genannte „Pädagog/inn/en-Bildung Neu" im Wege eines „Bundesrahmengesetzes zur Einführung einer neuen Ausbildung für Pädagoginnen und Pädagogen" intendiert war bzw ist, wurde ein eigener „Abschnitt 7a" mit der Überschrift „Qualitätssicherungsrat für Pädagoginnen- und Pädagogenbildung" (§ 30a HS-QSG) in das HS-QSG eingefügt; dazu krit: *Hauser*, Zentrale Hinweise zur gesetzlichen Neugestaltung der Ausbildung für Pädagog/inn/en, zfhr 2014, 17 ff (21) sowie *Grimberger/Gualtieri*, in: *Hauser/Schweighofer* (Hg), (Groß-)Kommentar zum Fachhochschul-Studiengesetz (2017) Anm 9 zu §§ 1–2 HS-QSG. 1

In der Bestimmung des § 1 Abs 1 HS-QSG, welche den Regelungsgegenstand des HS-QSG definiert, fehlten ursprünglich die (öffentlichen und privaten) Pädagogischen Hochschulen, was umso bemerkenswerter war, als dass im Zuge der Novelle BGBl I 2013/124 ein eigener „Abschnitt 7a" mit der Überschrift „Qualitätssicherungsrat für Pädagoginnen- und Pädagogenbildung"; erst seit der Novelle BGBl I 2020/77 finden in § 1 Abs 1 Z 4 HS-QSG die (öffentlichen und privaten) Pädagogischen Hochschulen ausdrückliche Erwähnung.

In § 33 Abs 1 HG ist geregelt, dass die Pädagogischen Hochschulen zur Qualitäts- und Leistungssicherung ein eigenes Qualitätsmanagementsystem aufzubauen haben, das die Aufgaben und das gesamte Leistungsspektrum der Pädagogischen Hochschule umfasst; dieses Qualitätsmanagementsystem hat überdies regelmäßige Evaluierungen des Leistungsspektrums, insbesondere hinsichtlich der Aus-, Fort- und Weiterbildung durch die Studierenden, hinsichtlich der Leistungen des Lehrpersonals in der Aus-, Fort- und Weiterbildung und in der wissenschaftlich-berufsfeldbezogenen Forschung sowie hinsichtlich der Schulentwicklungsberatung vorzusehen. Die näheren Details zur Qualitätssicherung an Pädagogischen Hochschulen waren in der dazu ergangenen einschlägigen Verordnung (Hochschul-Evaluierungsverordnung – HEV; BGBl II 2009/214 [außer Kraft]) geregelt; zur Implementierung eines Qualitätssicherungssystems gem HEV s im Überblick bei: *Gögele/Harb/Hauser/Hauser/Ranner*, Notwendigkeiten, Erfordernisse und (vorläufige) Ergebnisse bei der Implementierung eines Qualitätsmanagementsystems an einer Pädagogischen Hochschule, in: *Hauser* (Hg), Hochschulrecht. Jahrbuch 11 (2011) 306 sowie im Detail bei: *Hauser, Wilma*, Theorie und Praxis der „Organisationseinheiten-Evaluierung" an Pädagogischen Hochschulen, N@HZ 2013, 12 ff. Zur aktuellen Rechtslage s bei: *Hauser/Hauser*, Zentrale Inhalte der Novelle zum Hochschulgesetz BGBl I 2021/101, zfhr 2021, 42 f.

Festzuhalten ist noch, dass die Bestimmung des § 30a HS-QSG als gleichlautende Norm in § 74a HG integriert ist.

2 Ursprünglich bestand – bis zur Zusammenlegung der beiden Ministerien – eine geteilte Zuständigkeit zwischen den Bundesminister/inne/n für Wissenschaft und Forschung sowie für Unterricht, Kunst und Kultur; die entsprechenden Anpassungen der in § 30a HS-QSG betreffend die Zusammenlegung der gemeinsamen Zuständigkeiten erfolgte durch die Novelle BGBl I 2018/31. In den ErläutRV 2348 BlgNR 24. GP, 11 ist zur Stammfassung des § 30a HS-QSG Folgendes ausgeführt: „Es soll, gemeinsam von der Bundesministerin oder dem Bundesminister für Wissenschaft und

Forschung und der Bundesministerin oder dem Bundesminister für Unterricht, Kunst und Kultur ein „Qualitätssicherungsrat für Pädagoginnen- und Pädagogenbildung" eingerichtet werden, der aus Expertinnen und Experten aus dem Bereich des nationalen bzw internationalen Hochschulwesens besteht."

Gem § 38 Z 2 HS-QSG ist für die Vollziehung des § 30a HS-QSG die/der Bundesminister/in für Bildung, Wissenschaft und Forschung zuständig. 3

Ursprünglich war dafür die gemeinsame Zuständigkeit der/des Bundesminister/s/in für Wissenschaft sowie die/der Bundesminister/s/in für Unterricht gegeben. 4

Der „Qualitätssicherungsrat für Pädagoginnen- und Pädagogenbildung" ist als eigenständiges (weisungsfrei gestelltes) Organ anzusprechen, welches im Rahmen der Bestimmung des § 30a HS-QSG tätig wird; er wird bei seinen Tätigkeiten durch eine (eigene) Geschäftsstelle unterstützt (§ 30a Abs 8 HS-QSG). 5

Die Aufgaben des Qualitätssicherungsrates für Pädagoginnen- und Pädagogenbildung sind abschließend (taxativ) aufgezählt (so auch: *Fleissner*, Das österreichische Hochschulgesetz 2005 [2019] 320). 6

Auf den ersten Blick wirken die in den Z 1 bis 5 des § 30a Abs 1 HS-QSG festgelegten Aufgaben als bloß wenig umfassend ausgestaltet und dem gemäß der Wirkungsgrad des Qualitätssicherungsrates für Pädagoginnen- und Pädagogenbildung als sehr beschränkt; faktisch jedoch ist die Wirkungsmacht des Qualitätssicherungsrates für Pädagoginnen- und Pädagogenbildung als sehr umfassend anzusprechen, da in § 30 Abs 1 HG ausdrücklich festgehalten ist, dass die Aufnahme der Angebote von Lehramtsstudien in den Ziel- und Leistungsplan der einzelnen Pädagogischen Hochschulen die Prüfung und die positive Stellungnahme des Qualitätssicherungsrates voraussetzt; diesbezüglich sprechen die ErläutRV 2348 BlgNR 24. GP, 4 eine noch deutlichere Sprache, indem Folgendes festgehalten ist: „Wird die positive Stellungnahme durch den Qualitätssicherungsrat erteilt, so bedeutet dies, dass das Curriculum die rechtlichen Anforderungen (zB Kompetenzen, dienstrechtliche Anstellungserfordernisse) wie auch die wissenschaftlich und professionsorientierten Anforderungen erfüllt. Dieses Studium kann somit in den Ziel- und Leistungsplan aufgenommen werden und es können Ressourcen dafür zur Verfügung gestellt werden (...). Diese Stellungnahme entfaltet insofern Auswirkungen, als Lehramtsstudien der Universitäten und der Pädagogischen Hochschulen künftig nur dann einer Finanzierung aus öffentlichen Mitteln im Wege der Leistungsvereinbarung oder des Ziel- und Leistungsplans zugänglich sind, wenn eine entsprechende positive Stellungnahme vorliegt." Analoges ist für die Universitäten in § 13 Abs 2 Z 1 lit k UG geregelt, indem festgelegt ist, dass bei neu eingerichteten Studien eine positive Stellungnahme des Qualitätssicherungsrates die „Grundlage der Leistungsvereinbarung" bildet. Damit korrespondieren die Bestimmungen des § 42 Abs 5 HG bzw des § 58 Abs 5 UG, worin normiert ist, dass die Curricula für Lehramtsstudien – noch vor deren Erlassung – dem Qualitätssicherungsrat zur Stellungnahme zuzuleiten sind.

7 Gem § 30a Abs 7 HS-QSG sind die Aufgaben des § 30a Abs 1 HS-QSG vom Qualitätssicherungsrat für Pädagoginnen- und Pädagogenbildung laufend wahrzunehmen.

8 Vor dem Hintergrund der systematischen Dimension sind mit „hochschulischen Einrichtungen" iSv § 30a Abs 1 Z 2 HS-QSG jene (Teile von) Einrichtungen gemeint, in welchen eine Pädagog/inn/enbildung betrieben wird.

9 „Die Agentur für Qualitätssicherung und Akkreditierung Austria hat durch ein Audit die Strukturen und Verfahren der Qualitätssicherung für das Lehramt an Schulen bzw Berufstätigkeiten an elementarpädagogischen Bildungseinrichtungen insbesondere zur Prüfung der wissenschaftlichen und professionsorientierten Voraussetzungen für die Leistungserbringung festzustellen" (ErläutRV 2348 BlgNR 24. GP, 11); s dazu auch § 22 Abs 2 Z 6 HS-QSG.

S dazu auch § 19 HS-QSG. **10**

Bemerkenswerter Weise sind in § 30a Abs 1 Z 3 HS-QSG nur **11**
die Pädagogischen Hochschulen und nicht auch die Universitäten angeführt.

Gem § 30 Abs 1 HG setzt die Aufnahme der Angebote von Bachelor- und Masterstudien in den Ziel- und Leistungsplan der Pädagogischen Hochschulen die Prüfung und die positive Stellungnahme des Qualitätssicherungsrates voraus. Analoges ist für die Universitäten in § 13 Abs 2 Z 1 lit k UG 2002 geregelt, indem festgelegt ist, dass bei neu eingerichteten Studien eine positive Stellungnahme des Qualitätssicherungsrates die „Grundlage der Leistungsvereinbarung" bildet. **12**

Die Anlage zu § 30a Abs 1 Z 4 HS-QSG („Rahmenvorgaben für **13**
die Begutachtung der Curricula durch den Qualitätssicherungsrat für Pädagoginnen- und Pädagogenbildung") lautet wie folgt:

Rahmenvorgaben für die Begutachtung der Curricula
durch den Qualitätssicherungsrat für Pädagoginnen-
und Pädagogenbildung

Der Qualitätssicherungsrat für Pädagoginnen- und Pädagogenbildung orientiert sich in der Erstellung seiner Stellungnahmen im Rahmen der Curricula-Begutachtungsverfahren zu den Curricula der Lehramtsstudien an folgenden Rahmenvorgaben zur Studienarchitektur: Die Curricula von Bachelor- und Masterstudien für das Lehramt haben kompetenzorientiert gestaltet zu sein. Sie haben die Entwicklung professionsorientierter Kompetenzen wie allgemeiner und spezieller pädagogischer Kompetenzen, fachlicher und didaktischer, inklusiver, interkultureller, interreligiöser und sozialer Kompetenzen, Diversitäts- und Genderkompetenzen und Professionsverständnis zu berücksichtigen sowie ein umfassendes Verständnis für die Bildungsaufgabe zu fördern.

Rahmenvorgaben für Lehramtsstudien:
1. Für Bachelor- und Masterstudien für das Lehramt Primarstufe
1.1. Bachelorstudium im Umfang von 240 ECTS-Anrechnungspunkten; davon:
  a) *40 bis 50 ECTS-Anrechnungspunkte für allgemeine bildungswissenschaftliche Grundlagen;*
  b) *120 bis 130 ECTS-Anrechnungspunkte für Elementar- und Primarstufenpädagogik und -didaktik mit Schwerpunkt im jeweiligen Altersbereich (Elementar- oder Primarstufe), wobei der Anteil der Fachdidaktik im Gesamtstudium zumindest 20 % zu umfassen hat;*
  c) *60 bis 80 ECTS-Anrechnungspunkte für den Schwerpunkt: im Rahmen der Inklusiven Pädagogik Sonder- und Heilpädagogik, Interkulturelle Pädagogik, Mehrsprachigkeit, gendersensible Pädagogik etc; Inklusive Pädagogik ist jedenfalls als Schwerpunkt vorzusehen; für Altersbereiche: Elementarpädagogik; für Sozialpädagogik; fachspezifische Schwerpunkte. Im Curriculum ist im Qualifikationsprofil darzulegen, für welche Einsatzmöglichkeiten sich Absolventinnen und Absolventen des jeweiligen Schwerpunkts qualifizieren;*
  d) *pädagogisch-praktische Studien sind zu integrieren, wobei Praktika im Rahmen der pädagogisch-praktischen Studien zumindest im Umfang von 10 ECTS-Anrechnungspunkten vorgesehen werden müssen.*

1.2. Masterstudium im Umfang von mindestens 60 ECTS-Anrechnungspunkten:
  a) *Bezug zur pädagogischen Tätigkeit und zur Wissenschaft;*
  b) *der Anteil für allgemeine bildungswissenschaftliche Grundlagen muss so groß sein, dass zusammen mit dem Anteil im Bachelorstudium mindestens 60 ECTS-Anrechnungspunkte im Gesamtstudium enthalten sind;*
  c) *pädagogisch praktische Studien sind zu integrieren. Der Anteil an pädagogisch-praktischen Studien muss so groß sein, dass zusammen mit dem Anteil im Bachelorstudium*

mindestens 40 ECTS-Anrechnungspunkte im Gesamtstudium enthalten sind;

d) *falls nach Absolvierung eines Bachelorstudiums für die Primarstufe die Elementar- und die Primarstufe abgedeckt werden sollen, erhöht sich der Aufwand des Masterstudiums auf mindestens 90 ECTS-Anrechnungspunkte.*

Für Absolventinnen und Absolventen eines Lehramtsstudiums Sekundarstufe (Allgemeinbildung) kann ein Masterstudium für das Lehramt Primarstufe in Form eines weiteren Masterstudiums im Umfang von mindestens 90 ECTS- Anrechnungspunkten angeboten werden.

2. Für Bachelor- und Masterstudien für das Lehramt Sekundarstufe (Allgemeinbildung)

2.1. Bachelorstudium im Umfang von 240 ECTS-Anrechnungspunkten, davon:

a) 40 bis 50 ECTS-Anrechnungspunkte für allgemeine bildungswissenschaftliche Grundlagen;

b) pro Unterrichtsfach 95 bis 100 ECTS-Anrechnungspunkte für fachbezogene Fachdidaktik und Fachwissenschaften bzw 190 bis 200 ECTS-Anrechnungspunkte für mehr als zwei einander inhaltlich überschneidende Fächer (kohärentes Fächerbündel);

c) oder statt 2. Unterrichtsfach Spezialisierung im Umfang von 95 bis 100 ECTS-Anrechnungspunkten (im Rahmen der Inklusiven Pädagogik: Sonder- und Heilpädagogik, Interkulturelle Pädagogik, Mehrsprachigkeit, gendersensible Pädagogik etc, Medienpädagogik, Berufsorientierung etc.; für Altersbereiche: Primarstufenpädagogik). Inklusive Pädagogik ist jedenfalls als Spezialisierung vorzusehen;

d) von den für die fachbezogene Fachdidaktik und Fachwissenschaft vorgesehenen ECTS-Anrechnungspunkten hat der Anteil der Fachdidaktik pro Unterrichtsfach oder Spezialisierung oder kohärentem Fächerbündel im Gesamtstudium zumindest 20 % zu umfassen;

e) pädagogisch-praktische Studien sind zu integrieren, wobei Praktika im Rahmen der pädagogisch-praktischen Studien *zumindest im Umfang von 10 ECTS-Anrechnungspunkten vorgesehen werden müssen.*

2.2. Masterstudium im Umfang von mindestens 90 ECTS-Anrechnungspunkten:
  a) Bezug zur pädagogischen Tätigkeit und zur Wissenschaft;
  b) der Anteil für allgemeine bildungswissenschaftliche Grundlagen muss so groß sein, dass zusammen mit dem Anteil im Bachelorstudium mindestens 60 ECTS-Anrechnungspunkte im Gesamtstudium enthalten sind;
  c) im Gesamtstudium müssen mindestens 115 ECTS-Anrechnungspunkte fachbezogene Teile pro Unterrichtsfach oder Spezialisierung bzw mindestens 230 ECTS-Anrechnungspunkte für mehr als zwei einander inhaltlich überschneidende Fächer (kohärentes Fächerbündel) enthalten sein;
  d) von den für die fachbezogene Fachdidaktik und Fachwissenschaft vorgesehenen ECTS-Anrechnungspunkten hat der Anteil der Fachdidaktik pro Unterrichtsfach oder Spezialisierung oder kohärentem Fächerbündel im Gesamtstudium zumindest 20 % zu umfassen;
  e) pädagogisch-praktische Studien sind zu integrieren. Der Anteil an pädagogisch-praktischen Studien muss so groß sein, dass zusammen mit dem Anteil im Bachelorstudium mindestens 40 ECTS-Anrechnungspunkte im Gesamtstudium enthalten sind.

Für Absolventinnen und Absolventen eines Lehramtsstudiums Primarstufe mit Schwerpunkt in einem fachlichen Bildungsbereich kann ein Masterstudium für das Lehramt Sekundarstufe (Allgemeinbildung) in Form eines weiteren Masterstudiums im Umfang von mindestens 90 ECTS-Anrechnungspunkten angeboten werden.

3. Für Masterstudien für das Lehramt Sekundarstufe (Allgemeinbildung) in nur einem Unterrichtsfach:

3.1. Zulassungsvoraussetzungen:
  a) Absolvierung eines fachlich in Frage kommenden Studiums an einer anerkannten postsekundären Bildungs-

einrichtung im Ausmaß von mindestens 180 ECTS-Anrechnungspunkten und

b) *Nachweis einer facheinschlägigen Berufspraxis im Umfang von mindestens 3.000 Stunden.*

3.2. Masterstudium im Umfang von 120 ECTS-Anrechnungspunkten, davon:

a) *Bezug zur pädagogischen Tätigkeit und zur Wissenschaft;*
b) *mindestens 45 ECTS-Anrechnungspunkte für allgemeine bildungswissenschaftliche Grundlagen;*
c) *mindestens 23 ECTS-Anrechnungspunkte für Fachdidaktik;*
d) *pädagogisch-praktische Studien im Ausmaß von 30 ECTS-Anrechnungspunkten sind zu integrieren, wobei Praktika im Rahmen der pädagogisch-praktischen Studien zumindest im Umfang von 10 ECTS-Anrechnungspunkten vorgesehen werden müssen.*

4. Für Bachelor- und Masterstudien für das Lehramt Sekundarstufe (Berufsbildung):

4.1. Zulassungsvoraussetzungen:

a) *eine facheinschlägige Berufsabschlussprüfung oder gleichzuhaltende Eignung (zB Meisterprüfung, Konzessionsprüfung, Abschluss einer facheinschlägigen BHS);*
b) *eine mindestens dreijährige facheinschlägige Berufspraxis; Ausnahmen sind durch Verordnung der Bundesministerin oder des Bundesministers für Bildung zu regeln.*

4.2. Bachelorstudium im Umfang von 240 ECTS-Anrechnungspunkten, davon:

a) *60 ECTS-Anrechnungspunkte für allgemeine bildungswissenschaftliche Grundlagen; davon können maximal 30 ECTS-Anrechnungspunkte für eine Berufspraxis mit pädagogischen Anteilen angerechnet werden;*
b) *120 ECTS-Anrechnungspunkte für berufsfachliche Grundlagen; davon können maximal 120 ECTS-Anrechnungspunkte für eine mindestens dreijährige facheinschlägige Berufspraxis angerechnet werden; falls keine mindestens dreijährige facheinschlägige Berufspraxis vor-*

liegt, können maximal 60 ECTS-Anrechnungspunkte angerechnet werden;
c) 60 ECTS-Anrechnungspunkte für Fachdidaktik; davon können maximal 30 ECTS-Anrechnungspunkte für eine Berufspraxis mit pädagogischen Anteilen angerechnet werden;
d) pädagogisch-praktische Studien sind zu integrieren.

4.3. Masterstudium im Umfang von mindestens 60 ECTS-Anrechnungspunkten:
a) Bezug zur pädagogischen Tätigkeit und zur Wissenschaft;
b) pädagogische Spezialisierungen (zB Inklusive Pädagogik, Sonder- und Heilpädagogik, Sozialpädagogik; Berufsorientierung, Mehrsprachigkeit, Medienpädagogik usw).

5. Für facheinschlägige Studien ergänzende Studien zur Erlangung eines Lehramtes im Bereich der Sekundarstufe (Berufsbildung):

5.1. Zulassungsvoraussetzungen:
a) Absolvierung eines facheinschlägigen Studiums an einer anerkannten postsekundären Bildungseinrichtung im Ausmaß von mindestens 240–300 ECTS-Anrechnungspunkten;
b) eine mindestens dreijährige facheinschlägige Berufspraxis; Ausnahmen sind durch Verordnung der Bundesministerin oder des Bundesministers für Bildung zu regeln.

5.2. Bachelorstudium im Umfang von 240 ECTS-Anrechnungspunkten, davon:
a) 180 ECTS-Anrechnungspunkte, die aus dem facheinschlägigen Studium angerechnet werden;
b) 60 ECTS-Anrechnungspunkte für allgemeine bildungswissenschaftliche Grundlagen und Fachdidaktik;
c) pädagogisch-praktische Studien sind zu integrieren.

5.3. Masterstudium im Umfang von mindestens 60 ECTS-Anrechnungspunkten:
a) Bezug zur pädagogischen Tätigkeit und zur Wissenschaft;
b) pädagogische Spezialisierungen (zB Inklusive Pädagogik, Sonder- und Heilpädagogik, Sozialpädagogik; Berufsorientierung, Mehrsprachigkeit, Medienpädagogik usw).

Qualitätssicherungsrat für Pädagoginnen- und Pädagogenbildung § 30a

Die Mitglieder des Qualitätssicherungsrates für Pädagoginnen- **14** und Pädagogenbildung wählen gem § 30a Abs 6 HS-QSG aus ihrem Kreis eine/n Vorsitzende/n sowie eine Stellvertretung.

Im Zuge der Bestellung hat die/der zuständige Bundesminister/in **15** auf die Einhaltung der in § 30a Abs 2 HS-QSG verankerten Qualifikationen zu achten.

Vom Vorliegen einer „schweren Pflichtverletzung" ist dann aus- **16** zugehen, wenn objektive Gründe gegeben sind, welche erkennen lassen, dass die Interessen des Organs nicht bzw nicht mehr wahrgenommen werden. (s dazu auch Rz 11 zu § 7 HS-QSG).

Die Abberufungsgründe des § 30a Abs 4 HS-QSG gelten auch **17** für die/den Vorsitzende/n sowie die Stellvertretung.

Bei Vorliegen der angeführten Gründe besteht kein Ermessens- **18** spielraum in Hinblick auf die Abberufung.

Andere als die angeführten Gründe können nicht zu einer Ab- **19** berufung führen; der Ablauf der Funktionsperiode, der Verzicht und der Tod beenden die Mitgliedschaft ebenfalls ((§ 30a Abs 3 HS-QSG).

Im Übrigen unterliegt der Qualitätssicherungsrat für Pädago- **20** ginnen- und Pädagogenbildung gem § 30a Abs 10 iVm § 38 Z 2 HS-QSG auch der Aufsicht der/des zuständigen Bundesministerin/Bundesministers.

„Dem Qualitätssicherungsrat dürfen keine Mitglieder oberster **21** Organe, keine Staatssekretärinnen und Staatssekretäre, keine Funktionärinnen und Funktionäre politischer Parteien sowie keine Mitarbeiterinnen und Mitarbeiter der zuständigen Bundesministerien angehören" (ErläutRV 2348 BlgNR 24. GP, 11).

„Unter Funktionärinnen und Funktionäre einer politischen Par- **22** tei sind Personen zu verstehen, die eine leitende Funktion auf Bundes- oder Landesebene entsprechend den einschlägigen Bestimmungen der jeweiligen Bundes- oder Landesorganisationsstatute oder anderer vergleichbarer Vorschriften politischer Parteien bekleiden" (ErläutRV 2348 BlgNR 24. GP, 11). S zu den Unvereinbarkeitsregelungen im Hochschul-Bereich bei: *Hauser*, Unvereinbarkeiten im Universitäts- bzw Hochschul-Bereich, zfhr 2010, 77 ff.

23 Die Abberufungsgründe des § 30a Abs 4 HS-QSG gelten auch für die/den Vorsitzende/n sowie die Stellvertretung.

24 S dazu die Hompage des Qualitätssicherungsrats für Pädagoginnen- und Pädagogenbildung (http://www.qsr.or.at).

25 Dadurch wird die Möglichkeit der arbeitsteiligen Vorerledigung der Aufgaben durch die Mitglieder dieses Organs nicht ausgeschlossen.

26 Diese Mindestanzahl von gültigen Stimmen gilt unabhängig von der konkreten Anzahl der Sitzungsteilnehmer/innen. Die Bestimmung des § 30a Abs 8 Satz 2 HS-QSG vermittelt, dass eine Stimmenthaltung (verfahrensrechtlich) gleich wie eine Gegenstimme zu behandeln ist (s dazu auch Rz 7 zu § 8 HS-QSG).

27 Sofern die Beschlusserfordernisse des § 30a Abs 8 HS-QSG nicht erfüllt werden, kann ein (gültiger) Beschluss nicht zu Stande kommen.

28 S dazu die Geschäftsordnung des „Qualitätssicherungsrates für Pädagoginnen- und Pädagogenbildung" vom 30.7.2013, die unter https://www.qsr.or.at/dokumente/1828-20140610-153313-GO_Qualitaetssicherungsrat_10292013.pdf verfügbar ist (abgerufen am 6.10.2020).

29 „Der Qualitätssicherungsrat hat eine Geschäftsordnung zu erlassen und eine Mehrjahresplanung zu erstellen. Beide (Geschäftsordnung und Mehrjahresplan) bedürfen der Genehmigung" der/des zuständigen Bundesministerin/Bundesministers „und ist zu veröffentlichen" (ErläutRV 2348 BlgNR 24. GP, 11).

30 „Der Qualitätssicherungsrat soll in seiner Geschäftsführung durch eine Geschäftsstelle unterstützt werden, wobei der Personal- und Sachaufwand" von/vom zuständigen Bundesminis-

terin/Bundesministers getragen werden soll (ErläutRV 2348 BlgNR 24. GP, 11).

Unter einer Weisung wird eine von einem Verwaltungsorgan ausgehende (generelle oder individuelle) Norm verstanden, die an einen untergeordneten Organwalter im Rahmen der Verwaltungsorganisation gerichtet ist (*Mayer/Kucsko-Stadlmayer/Stöger*, Bundesverfassungsrecht[11] [2015] Rz 612).

Zu beachten ist dabei, dass die Weisungsfreiheit nicht von der Geltung des Legalitätsprinzips (Art 18 Abs 1 B-VG) entbindet.

Korrespondierend zur Einräumung der Weisungsfreiheit stehen der/dem zuständigen Bundesminister/in entsprechende Aufsichtsrechte zu (vgl insb § 30a Abs 10 HS-QSG).

Das in § 30a Abs 10 HS-QSG grundgelegte Aufsichtsrecht ist sehr unspezifisch ausgestaltet; dieser Umstand ist insbes vor dem Hintergrund des Mangels entsprechender Kompetenzen auf dem Gebiet der Bescheiderlassung zu sehen.

8. Abschnitt

Aufgaben und Berichtslegung der Ombudsstelle für Studierende[1–2]

§ 31. (1)[3] Für Studierende[4] an hochschulischen Bildungseinrichtungen ist im Bundesministerium für Bildung, Wissenschaft und Forschung eine weisungsfreie[5] Ombuds-, Informations- und Servicestelle[6] einzurichten. Unter Studierenden sind im Folgenden auch Studieninteressentinnen und -interessenten, Studienwerberinnen und -werber[7] sowie ehemalige Studierende zu verstehen.[8]

(2)[9–10] Die Ombudsstelle hat die Aufgabe, Ombuds-, Informations- und Servicearbeit im Hochschulbereich zu den von ihr behandelten Anliegen zu leisten. Sie hat in diesem Zusammenhang
 1. mit den Studierendenvertretungen zu kooperieren,

2. die Leitungen der Hochschulen zu informieren und ein Stellungnahmerecht zu garantieren[11] und
3. in regelmäßigem Informationsaustausch mit Einrichtungen, die mit Studierendenthemen befasst sind, zu stehen.

(3) Studierende können sich zur Information und Beratung über den Studien-, Lehr-, Prüfungs-, Service- und Verwaltungsbetrieb an die Ombudsstelle wenden. Alle Anliegen sind von der Ombudsstelle zu behandeln.[12–13] Die Ombudsstelle ist auch berechtigt, von sich aus tätig zu werden. Das Ergebnis der Tätigkeit der Ombudsstelle sowie die allenfalls getroffenen Veranlassungen sind den Studierenden und der jeweiligen Einrichtung mitzuteilen.

(4)[14] Die Ombudsstelle ist zur Erfüllung ihrer Aufgaben berechtigt, personenbezogene Daten (Art 4 Nr 1 DSGVO) und sonstige Informationen[15] von den jeweiligen Organen und Angehörigen der Einrichtungen, die mit Studierendenthemen befasst sind, einzuholen. Diese sind verpflichtet, der Ombudsstelle Auskünfte in den von ihr bezeichneten Angelegenheiten zu erteilen.[16]

(5)[17] Die Ombudsstelle kann den Organen und Angehörigen der Einrichtungen, die mit Studierendenthemen befasst sind, beratend zur Verfügung stehen.

(6)[18] Die Ombudsstelle ist zur Erfüllung ihrer Aufgaben berechtigt, insbesondere die folgenden personenbezogenen Daten (Art 4 Nr 1 DSGVO) und sonstigen Informationen zu verarbeiten und nicht länger als 30 Jahre zu speichern:[11]
1. Namensangaben:
   a) Vorname(n) und Familienname,
   b) Geburtsname,
   c) akademischer Grad sowie
   d) Titel, Ansprache,
2. Personenmerkmale:
   a) Geburtsdatum,
   b) Geburtsort, soweit verfügbar,
   c) Geschlecht sowie

d) Staatsangehörigkeit,
3. Angaben zur Identifikation:
   a) Nummer, ausstellende Behörde und Ausstellungsdatum des zur Identifikation verwendeten gültigen amtlichen Lichtbildausweises sowie
   b) Personenkennung, insbesondere durch bereichsspezifisches Personenkennzeichen des Tätigkeitsbereichs „Bildung und Forschung",
4. Adress- und Kontaktdaten:
   a) Anschrift,
   b) Zustellbevollmächtigter und Zustelladresse sowie
   c) Angaben zur elektronischen Erreichbarkeit,
5. Angaben zum Schriftverkehr:
   a) Versandart,
   b) Betrefftext (Gegenstandsbezeichnung) des Eingangsstücks,
   c) Art und Zahl der Beilagen,
   d) Geschäftszahl(en),
   e) Bezugszahl(en),
   f) Fremdzahl und Fremddatum,
   g) Eingangsdatum bzw elektronische Empfangsbestätigung,
   h) Eingangsstück sowie
   i) Beilagen,
6. Angaben zum Prozess und zur Erledigung:
   a) Gegenstand,
   b) Aktenlauf bzw befasste Stellen und Personen,
   c) Vermerke und Notizen,
   d) Arten von Terminen und Fristen,
   e) Einsichtsbemerkungen,
   f) Erledigungstext,
   g) Datum der Erledigung, inklusive Vorversionen,
   h) die Namensangaben gemäß Z 1 für
      aa) Bearbeiterin oder Bearbeiter,
      bb) Genehmigende oder Genehmigenden sowie
      cc) Abfertigende oder Abfertigenden,

i) Ablagevermerk sowie
j) Löschungsvermerk.

Soweit erforderlich, ist auch die Verarbeitung besonderer Kategorien personenbezogener Daten (Art 9 DSGVO) zulässig.

(7)[19] Die Ombudsstelle hat jährlich einen Bericht über ihre Tätigkeit zu erstellen, wobei die namentliche Nennung von Personen gemäß Abs 1, die sich an die Ombudsstelle gewandt haben, nicht zulässig ist. Die Nennung der Einrichtungen, die mit Studierendenthemen befasst sind, ist bei Veröffentlichung der Stellungnahme seitens der Einrichtungen zulässig.[20] Der Bericht für das jeweils vorangegangene Studienjahr ist bis spätestens 15. Dezember eines jeden Jahres von der Ombudsstelle der zuständigen Bundesministerin oder dem zuständigen Bundesminister sowie dem Nationalrat vorzulegen. Die Ombudsstelle hat den Bericht zu veröffentlichen.[21]

1 „Im europäischen Vergleich gibt es verschiedene Modelle der institutionellen Verankerung von Ombudsstellen für Studierende. Die mit der Studierendenanwaltschaft begonnene Entwicklung soll weitergeführt und eine nationale Ombudsstelle im Bundesministerium für Wissenschaft und Forschung eingerichtet werden, die als weisungsfreie und unabhängige Ombuds-, Informations- und Servicestelle für alle Studierenden an Hochschulen dienen soll" (ErläutRV 1222 BlgNR 24. GP).

Zur Entstehung der Ombudsstelle für Studierende und ihren Vorläufern s *Leidenfrost*, (Hochschulische) Ombudsmann-Einrichtungen als zivilgesellschaftliche Phänomene, N@HZ Sondernummer 2021, 59 (67 ff). Zu den konkreten Aufgaben und Leistungen der Ombudsstelle für Studierende s bei: *Leidenfrost*, Aufgaben und Tätigkeiten der Studierendenanwaltschaft/Ombudsstelle für Studierende für Studierende, Lehrende und Organe an Fachhochschulen, in: *Berka/Brünner/Hauser* (Hg), 20 Jahre Fachhochschul-Recht (2013) 277 ff; *Leidenfrost/Rothwangl*, Die Ombudsstelle für Studierende, „Studierendenrechte" und „-pflichten" im österreichischen Hochschulraum: Zwischen sanfter Verwaltungskontrolle und proaktiver Syntegration, zfhr 2016, 175 ff.

Die Ombudsstelle für Studierende agiert hauptsächlich mediativ, vgl *Leidenfrost/Rothwangl*, Studierende, Hochschulen, die Ombudsstelle für Studierende und das Bundesverwaltungsgericht: (In)Existente Nicht-Beziehungen? zfhr 2017, 184 (185).

„Um zu verdeutlichen, dass es sich bei dieser Einrichtung um eine Informations- und Servicestelle und keine Kontroll- oder Aufsichtsstelle handelt, wird die Bezeichnung als ‚Ombudsstelle' und nicht die Fortführung als ‚Studierendenanwaltschaft' vorgeschlagen. Damit soll ua eine klare Abgrenzung zu Einrichtungen der Missstandskontrolle wie der Volksanwaltschaft gewährleistet werden" (ErläutRV 1222 BlgNR 24. GP). **2**

Bemerkenswerter Weise war die Ombudsstelle im Ministerialentwurf noch als „zentrale Anlaufstelle bei behaupteten Missständen im Studienbetrieb" ausgestaltet (vgl *Hauser*, Regelungsziele und -inhalte des Entwurfs zum „Qualitätssicherungsrahmengesetz", zfhr 2011, 3 [8]) und wurde damit dem international gebräuchlichen „Ombuds(mann)begriff" („Ombudsmann" = Einrichtung zur Wahrnehmung von Rechten gegenüber Behörden) tatsächlich gerecht.

„Der Begriff ‚Studierende' wird in der Bestimmung breit definiert und erfasst auch Studieninteressentinnen und -interessenten sowie ehemalige Studierende" (ErläutRV 1222 BlgNR 24. GP). **3**

Zu den Studierenden vgl § 4 Abs 2 FHG sowie § 51 Abs 2 Z 14c, Z 15 und Z 22 UG 2002. Das PrivHG enthält keine Legaldefinition von Studierenden. **4**

Unter einer Weisung wird eine von einem Verwaltungsorgan ausgehende (generelle oder individuelle) Norm verstanden, die an einen untergeordneten Organwalter im Rahmen der Verwaltungsorganisation gerichtet ist (*Mayer/Kuscko-Stadlmayer/Stöger*, Bundesverfassungsrecht[11], Rz 612). **5**

6 „Die organisatorische Einrichtung soll als Stabsstelle im BMWF erfolgen" (ErläutRV 1222 BlgNR 24. GP).

7 „In Abs 1 werden nunmehr auch Studienwerberinnen und -werber explizit aufgenommen und sind somit vom Begriff der Studierenden mitumfasst" (ErläutRV 68 BlgNR 26. GP). Gem § 51 Abs 2 Z 14a UG 2002 sind Studienwerberinnen und -werber „jene Personen, die an der betreffenden Universität die Zulassung zu einem bestimmten Studium beantragen."

8 Seit der 7. Novelle zum HS-QSG (BGBl I 2018/95) sieht § 27 Abs 12 HS-QSG darüber hinaus auch ein Informations- und Beratungsrecht der Ombudsstelle für Studierende für Studierende an ausländischen Bildungseinrichtungen vor. Schon vor dieser gesetzlichen Verankerung unterstützte und beriet die Ombudsstelle Studierende an ausländischen Bildungseinrichtungen auf Grund ihres Selbstverständnisses, vgl *Rothwangl*, Ausländischer Bildungsimport nach Österreich – erste Erfahrungen der Ombudsstelle für Studierende im Bildungsministerium für Bildung, Wissenschaft und Forschung, in: *Berka/Brünner/Hauser* (Hg), Concilium Administrator. FS Kasparovsky (2020) 207 (208).

9 „Die Ombudsstelle für Studierende hat folgende Aufgaben:
- Informations- und Servicearbeit im Hochschulbereich (Informationen und Maßnahmen für Studierende an Hochschulen durch Publikationen, themen- und zielgruppenspezifische Veranstaltungen, regelmäßiger Dialog mit der Österreichischen Hochschülerinnen- und Hochschülerschaft, der Universitätenkonferenz, der Fachhochschulkonferenz, der Österreichischen Privatuniversitätenkonferenz sowie weiteren relevanten Organisationen und Personengruppen, die mit Studierendenthemen befasst sind etc);
- Information und Beratung für Studierende in Angelegenheiten des Studien,- Lehr-, Prüfungs-, Service- und Verwaltungsbetriebs an Hochschulen;
- Beratung der Bildungseinrichtungen im Tätigkeitsbereich;
- Internationale Vernetzung im Tätigkeitsbereich;

- Jährlicher Tätigkeitsbericht an den Nationalrat und die Bundesministerin oder den Bundesminister für Wissenschaft und Forschung. Dieser Bericht ist zu veröffentlichen" (ErläutRV 1222 BlgNR 24. GP).

„In Abs 2 wird ein Redaktionsversehen behoben und die Ombudsarbeit nun auch als Aufgabe der Ombudsstelle angeführt. Außerdem wird klargestellt, dass die Ombudsstelle Anliegen der in Abs 1 genannten Personen und nicht bloß Themen und Fälle behandeln soll" (ErläutRV 68 BlgNR 26. GP). **10**

„Es wird ergänzt, dass die Ombudsstelle bei der Erfüllung ihrer Aufgaben auch die Leitungen der Hochschulen zu informieren und diesen ein Recht zur Stellungnahme zu garantieren hat" (ErläutRV 234 BlgNR 27. GP). **11**

Dies gilt freilich nicht für offenkundig schikanöse Anfragen. **12**

Die Ombudsstelle ist im Gegensatz zur gesetzlichen Vertretung der Studierenden (§ 46 Abs 3 UG 2002) nicht berechtigt, selbst Rechtsmittel einzubringen bzw eine rechtsfreundliche Vertretung zu übernehmen. Sie kann Personen nur über ihre rechtlichen Möglichkeiten informieren sowie gegenüber den Bildungseinrichtungen in der Kommunikation unterstützen; eine der wesentlichen Prinzipien der Tätigkeit der Ombudsstelle ist gerade die Vermeidung des Rechtswegs und die Erzielung einer konsensualen Lösung, vgl *Leidenfrost/Rothwangl*, zfhr 2017, 188. **13**

„In Abs 4 soll ausdrücklich auf die *Erfüllung der Aufgaben* der Ombudsstelle Bezug genommen werden. Außerdem erfolgt eine Anpassung des Zitats bezüglich personenbezogener Daten" (ErläutRV 68 BlgNR 26. GP). **14**

„An dieser Stelle wird auf den Begriff ‚Informationen' hingewiesen, der im Sinne des Erwägungsgrundes 26 DSGVO verwendet wird, wonach dieser sowohl personenbezogene als auch nichtpersonenbezogene Daten umfasst" (ErläutRV 68 BlgNR 26. GP). **15**

16 *Schweighofer* kritisiert zutreffend, dass der Adressatenkreis dieser gesetzlichen Anordnung unklar bleibt und es auch aus grundrechtlicher Perspektive problematisch erscheint, „unter Außerachtlassung der informationellen Selbstbestimmtheit der Studierenden eine Pflicht zu normieren, diese personenbezogenen Daten an die Ombuds-Stelle mitzuteilen" (*Schweighofer*, N@HZ Sondernummer 2018, 54).

17 „Die Anpassung in Abs 5 betrifft die Einrichtungen, die mit Studierendenthemen befasst sind. Damit soll eine praktikablere Gesetzesanwendung möglich sein" (ErläutRV 68 BlgNR 26. GP).

18 „Abs 6 erhält nun eine detaillierte Liste der personenbezogenen Daten, die die Ombudsstelle verarbeiten darf. Diese Liste orientiert sich an der Standardanwendung SA029 Aktenverwaltung (Büroautomation) der Standard- und Muster-Verordnung 2004, BGBl II Nr 312/2004. Hinsichtlich der Formulierung *Angaben zur elektronischen Erreichbarkeit* in Z 4 darf auf die Erläuterungen zu Art 7 Z 14 (§ 10 Abs 2 Z 5 FOG) verwiesen werden. Z 5 führt die Angaben zum Schriftverkehr an, die zulässigerweise von der Ombudsstelle verarbeitet werden dürfen. Die in lit e genannten Bezugszahlen umfassen beispielsweise auch Aktenzahlen von Vorakten" (ErläutRV 68 BlgNR 26. GP).

19 Längstens nach Ablauf dieser Frist besteht eine Verpflichtung zur Löschung der genannten personenbezogenen Daten und sonstigen Informationen. Die Löschung soll früher erfolgen, „wenn die weitere Verarbeitung dieser Kategorien personenbezogener Daten nicht mehr notwendig ist" (*Schweighofer*, Datenschutz-Anpassungsgesetz 2018 – Wissenschaft und Forschung – WFDSAG 2018, N@HZ Sondernummer 2018, 47 [50]).

20 „Abs 7 verpflichtet die Ombudsstelle zur Erstellung und Veröffentlichung eines Tätigkeitsberichts. Für Zwecke dieses Berichts dürfen Personen, die sich an die Ombudsstelle gewandt haben, nicht namentlich genannt werden. Andere Informationen zu den Anliegen von Personen gemäß Abs 1 dürfen schon publiziert werden, auch wenn unter Umständen die Gefahr der Rückführbarkeit besteht" (ErläutRV 68 BlgNR 26. GP).

„Es erfolgt die Klarstellung, dass die Ombudsstelle in ihrem Tätigkeitsbericht jene Einrichtungen, die mit Studierendenthemen befasst sind, unter der Einschränkung, dass auch die Stellungnahme seitens der Einrichtung veröffentlicht wird, nennen darf. Dies hat sich auf Grund der parlamentarischen Diskussionen zum Bericht der Ombudsstelle als zweckmäßig erwiesen" (ErläutRV 234 BlgNR 27. GP). **21**

Der Tätigkeitsbericht enthält eine Übersicht über die Tätigkeiten der Ombudsstelle für Studierende, Statistiken, Fallstudien und Vorschläge zur Änderung bzw Ergänzung rechtlicher Rahmenbedingungen, vgl *Leidenfrost/Rothwangl*, zfhr 2016, 181. **22**

Seit dem Jahr 2016 hält die Ombudsstelle zur Nachhaltigkeitskontrolle Rückmeldeseminare zu den Tätigkeitsberichten mit Hochschulinstitutionen und anderen Anspruchsgruppen ab, deren Ergebnisse ebenfalls publiziert werden (vgl *Leidenfrost/Rothwangl*, in *Hauser/Schweighofer*, FHStG, Wien 2017, § 31 HS-QSG Rz 16).

9. Abschnitt

Strafbestimmung[1]

§ 32.[2] Wer vorsätzlich[3] oder grob fahrlässig[4] einen Studiengang oder eine Bildungseinrichtung, die nach den Bestimmungen dieses Bundesgesetzes zu akkreditieren ist oder in das Verzeichnis gemäß § 27 Abs 6 aufgenommen sein muss, ohne Vorliegen einer entsprechenden Akkreditierung oder Aufnahme in das entsprechende Verzeichnis betreibt oder dem Hochschulwesen eigentümliche Bezeichnungen oder akademische Grade, ohne nach den Bestimmungen dieses Bundesgesetzes dazu berechtigt zu sein, verleiht, vermittelt oder führt, begeht, wenn die Tat nicht den Tatbestand einer in die Zuständigkeit der Gerichte fallenden strafbaren Handlung bildet[5] oder nach anderen Verwaltungsstrafbestimmungen mit strengerer Strafe bedroht ist, eine Verwaltungsübertretung, die von der örtlich zuständigen Bezirksverwaltungsbehörde mit einer Geldstrafe von bis zu 25.000 Euro zu bestrafen ist.

1 S dazu auch § 24 FHG und § 116 UG 2002. Instruktiv sind insbes die Ausführungen von *Kmetic*, Wissenschaft und Strafrecht, zfhr 2005, 97.

2 „Die Strafbestimmungen sollen den Verstoß gegen Bestimmungen dieses Bundesgesetzes sanktionieren. Strafbar ist einerseits der Betrieb einer Bildungseinrichtung oder eines Studienganges, der nach den Bestimmungen dieses Bundesgesetzes zu akkreditieren oder zu registrieren ist. Weiters strafbar soll das Verleihen, Vermitteln und Führen von Bezeichnungen und akademischen Graden des Fachhochschul- und des Privatuniversitätenbereichs sein. Erfasst werden in diesem Zusammenhang auch die registrierungspflichtigen Bildungseinrichtungen. Strafbar ist nicht nur das vorsätzliche, sondern auch das grob fahrlässige Handeln" (ErläutRV 1222 BlgNR 24. GP).

3 „Vorsätzlich handelt, wer einen Sachverhalt verwirklichen will, der einem gesetzlichen Tatbild entspricht; dazu genügt es, dass der Täter diese Verwirklichung ernstlich für möglich hält und sich mit ihr abfindet" (§ 5 Abs 1 StGB).

4 „Grob fahrlässig handelt, wer ungewöhnlich und auffallend sorgfaltswidrig handelt, so dass der Eintritt eines dem gesetzlichen Tatbild entsprechenden Sachverhaltes als geradezu wahrscheinlich vorhersehbar war" (§ 6 Abs 3 StGB). Bloß leicht fahrlässiges Handeln wird hingegen nicht unter Strafdrohung gestellt.

5 Denkbar ist etwa die Anwendung der §§ 108 (Täuschung) und 146 f (Betrug) StGB. S dazu im Detail: *Kmetic*, zfhr 2005, 97 (103).

10. Abschnitt
Personal

Beamtinnen und Beamte des Bundes, Vertragsbedienstete des Bundes

§ 33. (1)[1] Bedienstete, die in einem öffentlichrechtlichen oder privatrechtlichen Dienstverhältnis zum Bund stehen und am Tag vor Inkrafttreten dieses Bundesgesetzes den Geschäftsstellen des Fachhochschulrates[2] gemäß FHStG[3] oder des Akkreditierungsrates gemäß UniAkkG[4] sind, werden mit Inkrafttreten dieses Bundesgesetzes der Geschäftsstelle der Agentur für Qualitätssicherung und Akkreditierung Austria zugewiesen.

(2)[5] Bis zum Ablauf des 31. August 2012 haben die Bediensteten gemäß Abs 1 auch Dienstleistungen bei den abzuschließenden Verfahren des Fachhochschulrates und des Akkreditierungsrates im entsprechend notwendigen Ausmaß zu erbringen.

(3)[6] Die Zuweisung gemäß Abs 1 gilt als Dienstzuteilung, die Bediensteten verbleiben im Planstellenverzeichnis des Bundes und werden vom Bundesministerium für Wissenschaft und Forschung weiterhin besoldet und verwaltet. Die Dienst- und Fachaufsicht für diese Bediensteten obliegt der Präsidentin oder dem Präsidenten des Boards der Agentur für Qualitätssicherung und Akkreditierung Austria[7].

„Der Aufgabenbereich der Agentur für Qualitätssicherung und Akkreditierung Austria umfasst auch jene Bereiche, die bisher vom Fachhochschulrat und Akkreditierungsrat wahrgenommen wurden. Aus diesem Grund sollen die Beamtinnen und Beamten sowie Vertragsbediensteten des Bundes, die bereits bisher den Geschäftsstellen des Fachhochschulrates und des Akkreditierungsrates zugewiesen waren, mit Inkrafttreten des neuen Gesetzes der Geschäftsstelle der Agentur für Qualitätssicherung und Akkreditierung Austria ex lege zugewiesen werden. Damit 1 wird sichergestellt, dass das Know-how und die Expertise dieser Bediensteten auch dem Board der Agentur für Qualitätssicherung und Akkreditierung Austria zur Verfügung stehen" (ErläutRV 1222 BlgNR 24. GP, 22).

2 Die Aufgaben des Fachhochschulrates wurden durch die Novelle BGBl I 2011/74 an das Board der AQ Austria übertragen.

3 Im Zuge der Novelle BGBl I 2020/77 wurde das bislang so bezeichnete Fachhochschul-Studiengesetz (FHStG) in Fachhochschulgesetz (FHG) umbenannt.

4 Seit der Novelle BGBl I 2020/77 lautet das einschlägige Gesetz Privathochschulgesetz (PrivHG).

5 „Die Übergangsregelung in [§ 33] Abs 2 [HS-QSG] soll sicherstellen, dass für den Zeitraum von 1.3.2012 (Inkrafttreten des neuen Gesetzes) bis zum 31.8.2012 (Ablauf der Funktionsperioden der Mitglieder des Fachhochschulrates und des Akkreditierungsrates) der Fachhochschulrat oder der Akkreditierungsrat seine laufenden Verfahren mit Unterstützung der Bediensteten der bisherigen Geschäftsstellen abschließen kann" (ErläutRV 1222 BlgNR 24. GP, 22).

6 „Der [§ 33] Abs 3 [HS-QSG] stellt klar, dass die bisherigen Bundesbediensteten der Geschäftsstellen des Fachhochschulrates und des Akkreditierungsrates weiterhin im Verwaltungsbereich des Bundesministeriums für Wissenschaft und Forschung verbleiben. Gemäß § 9 Abs 3 dieses Gesetzesentwurfes hat das Board in der Geschäftsordnung auch Näheres über die Organisation der Geschäftsstelle zu regeln; daher obliegen der Präsidentin oder dem Präsidenten des Boards auch die Dienst- und Fachaufsicht über die Bediensteten der Geschäftsstelle. Diese Bestimmung entspricht im Wesentlichen der Vorgängerbestimmung des Fachhochschul-Studiengesetzes.

Es kommt zu keiner unmittelbaren Reduktion der Planstellen des Bundes, da die Bundesbediensteten, die bisher für diesen Bereich vom Bund abgestellt wurden, auch für die neue Agentur für Qualitätssicherung und Akkreditierung eingesetzt werden. Neuaufnahmen in die Agentur können nur über privatrechtliche Dienstverhältnisse erfolgen.

Eine Ausgliederung im Sinne der Richtlinie für die Ausgliederung staatlicher Aufgaben und die Gestaltung von Entwürfen zu Bundesgesetzen betreffend Ausgliederung liegt nicht vor. Zum einen hat die Agentur für Qualitätssicherung und Akkreditierung Austria mehrheitlich hoheitliche Aufgaben zu besorgen, zum anderem ist sicher zu stellen, dass das öffentliche Interesse für den Bereich Qualitätssicherung für den postsekundären Bildungsbereich gewahrt bleibt. Eine Ausgliederung nach der genannten Richtlinie würde beiden Argumenten widersprechen, zumal die Zielsetzung dieser Richtlinie, die Ausgabendynamik des Staatshaushaltes weiter zu verlangsamen, im vorliegenden Fall nicht gegeben ist. Grund für die Einrichtung der neuen Agentur ist die Schaffung eines weisungsfreien und sektorenübergreifenden Expertinnen- und Expertengremiums, das nach einheitlichen Verfahren und Standards zur Qualitätssicherung und Qualitätsentwicklung der österreichischen Hochschulen beitragen soll, aber nicht die Vornahme von Einsparungen im Bereich der externen Qualitätssicherung" (ErläutRV 1222 BlgNR 24. GP, 22).

Während sich die Dienstaufsicht auf die/den Leiter/in eines Amtes und die ihr/ihm zur Dienstverrichtung zugewiesenen Mitarbeiter/innen erstreckt und darauf abzielt, die Pflichterfüllung der zugewiesenen Beamt/inn/en bzw Vertragsbediensteten sicherzustellen, bezieht sich die Fachaufsicht auf Fragen der Organisation und Abläufe sowie auf die inhaltlichen Aspekte der zu erbringenden Tätigkeiten (*Grimberger*, in: *Hauser/Schweighofer* [Hg], [Groß-]Kommentar zum Fachhochschul-Studiengesetz [2017] Anm 5 zu §§ 33–34 HS-QSG mwN). **7**

S dazu auch § 10 HS-QSG.

Neuaufnahmen und Rechtsgrundlagen der Arbeitsverhältnisse[1]

§ 34. (1)[2] Auf Personen, die nach Inkrafttreten dieses Bundesgesetzes von der Agentur für Qualitätssicherung und Akkreditierung Austria in ein Dienstverhältnis aufgenommen werden, sind das Angestelltengesetz,[3] BGBl Nr 292/1921, sowie die sonstigen einschlägigen privatrechtlichen Normen anzuwenden.

(2)[4] Für sämtliche Bedienstete der Agentur für Qualitätssicherung und Akkreditierung Austria ist das Bundes-Gleichbehandlungsgesetz,[5] BGBl Nr 100/1993, anzuwenden.

1 „Abgesehen von der oben angeführten Übernahme der Bundesbediensteten kann die Aufnahme von Personen in die Geschäftsstelle der Agentur für Qualitätssicherung und Akkreditierung Austria nur im Rahmen eines privatrechtlichen Angestelltenverhältnisses erfolgen" (ErläutRV 1222 BlgNR 24. GP, 23).

2 „Auf Grund der Größe der Agentur ist keine Kollektivvertragsfähigkeit vorgesehen, ein Gehaltsschema kann mittels Betriebsvereinbarung festgelegt werden. Arbeitgeber ist die Agentur für Qualitätssicherung und Akkreditierung Austria als Körperschaft öffentlichen Rechts. Für diese Angestellten hat die Agentur auch die Personalverwaltung zu übernehmen. Scheiden die der Geschäftsstelle zugewiesenen Bundesbediensteten aus, so kann eine etwaige Nachbesetzung nur im Rahmen eines privatrechtlichen Angestelltenverhältnisses erfolgen" (ErläutRV 1222 BlgNR 24. GP, 23).

Aus arbeitsrechtlicher Sicht gilt zu den ErläutRV festzuhalten, dass sich auf Grund der einschlägigen Bestimmungen zum Recht der Betriebsvereinbarung(en) im ArbVG diese grundsätzlich nicht zur Regelung von „Entgelt-Aspekten" in Frage kommt; s dazu etwa: *Marhold/Friedrich*, Österreichisches Arbeitsrecht[3] (2016) 683.

Datenschutz-Folgenabschätzungen § 35a

Zum Angestelltengesetz s grundlegend: *Löschnigg* (Hg), Ange- 3
stelltengesetz Bd I[10] und II[10] (2016) passim.

„Das Bundes-Gleichbehandlungsgesetz ist sowohl für die Bun- 4
desbediensteten wie auch für die Angestellten der Geschäftsstelle
der Agentur für Qualitätssicherung und Akkreditierung Austria
anzuwenden" (ErläutRV 1222 BlgNR 24. GP, 23).

Zum Gleichbehandlungsgesetz vgl ausführlich bei: *Hopf/Mayr/* 5
Eichinger/Erler, Kommentar zum GlBG² (2020) passim.

11. Abschnitt
Inkrafttreten und Vollziehung

Verweisungen

§ 35. In diesem Bundesgesetz enthaltene Verweisungen
auf andere Bundesgesetze sind Verweisungen auf die jeweils
geltende Fassung.

Datenschutz-Folgenabschätzungen[1]

§ 35a. Soweit keine personenbezogenen Daten gemäß
Art 9 Abs 1 DSGVO verarbeitet werden, erfüllen die auf
Grund von § 30 vorgenommenen Datenverarbeitungen die
Voraussetzungen des Art 35 Abs 10 DSGVO für einen Entfall
der Datenschutz-Folgenabschätzung, so dass insbesondere
weder die Agentur für Qualitätssicherung und Akkreditierung Austria noch die zuständigen Bundesministerinnen
oder Bundesminister noch die Ombudsstelle für Studierende
eine Datenschutz-Folgenabschätzung durchführen müssen.

„Durch diesen ausdrücklichen Hinweis soll klargestellt werden, 1
dass die in den Anhängen 23 und 24 bereits durchgeführten Datenschutz-Folgenabschätzungen gemäß Art 35 Abs 10 DSGVO von

den Verantwortlichen nicht mehr durchgeführt werden müssen"
(ErläutRV 68 BlgNR 26. GP).

Übergangsbestimmungen

§ 36. (1)[1] Die erstmalige Nominierung der Mitglieder der Generalversammlung nach § 11 hat bis 1. Oktober 2011 zu erfolgen. Bei Säumigkeit geht die Zuständigkeit zur Nominierung auf die zuständige Bundesministerin oder den zuständigen Bundesminister über.

(2)[2] Bildungseinrichtungen, die zum Zeitpunkt des Inkrafttretens dieses Bundesgesetzes Studien im Sinne des § 27 anbieten, haben sich bis längstens 31. Dezember 2012 einer Registrierung gemäß § 27 zu unterziehen.

(3)[3] Audits an Universitäten nach UG[4] und an der Universität für Weiterbildung Krems[5], die bis zum Inkrafttreten dieses Bundesgesetzes durchgeführt wurden, sind anzuerkennen, wenn das Audit durch eine im EQAR registrierte oder eine andere unabhängige und international anerkannte Qualitätssicherungsagentur gemäß § 19 durchgeführt wurde.

(4)[6] Das Eigentumsrecht des Bundes an beweglichen Vermögen, das am Tag vor dem Inkrafttreten diese Bundesgesetzes dem Fachhochschulrat gemäß FHStG und dem Akkreditierungsrat gemäß UniAkkG zur Nutzung überlassen ist, geht einschließlich aller zugehörenden Rechte und Rechtsverhältnisse, Forderungen und Schulden mit dem Tag des vollen Wirksamwerdens dieses Bundesgesetzes im Wege der Gesamtrechtsfolge auf die Agentur für Qualitätssicherung und Akkreditierung Austria über und ist von dieser in einem Inventarverzeichnis zu erfassen und zu bewerten. Das im Eigentum des Bundes stehende und bisher vom Fachhochschulrat und Akkreditierungsrat verwaltete und genutzte bewegliche Vermögen, einschließlich der Einrichtungen, Rechte und Rechtsverhältnisse, Forderungen und Schulden geht mit Inkrafttreten dieses Bundesgesetzes im Wege der Gesamt-

§ 36 Übergangsbestimmungen

rechtsnachfolge in das Eigentum der Agentur für Qualitätssicherung und Akkreditierung Austria über.

(5)[7] Die Wertansätze für das übergegangene Vermögen sind anlässlich der Eröffnungsbilanz festzulegen, die binnen neun Monaten ab Inkrafttreten dieses Bundesgesetzes zu erstellen ist. Für die Bestimmung der Wertansätze in der Eröffnungsbilanz besteht keine Bindung an die Anschaffungs- und Herstellungskosten. Die Wertansätze der technischen Einrichtungen und Anlagen sind entsprechend ihrer Nutzungsmöglichkeit unter Berücksichtigung des gegenwärtigen Standes der Technik festzulegen. Die Eröffnungsbilanz hat als Anlage eine zusammenfassende Darstellung der Aktiven und Passiven des Fachhochschulrates und des Akkreditierungsrates zu enthalten, die nachvollziehbar und betriebsnotwendig diesem Bereich zuzuordnen sind, und aus der die übergehenden Gläubiger- und Schuldnerpositionen erkennbar sind. Die Anlage hat darüber hinaus alle nicht aus der Bilanz ersichtlichen Vermögenswerte und Haftungen zu enthalten, die zu den übergegangenen Betrieben gehören. Die Wertansätze der Eröffnungsbilanz sind durch eine Wirtschaftsprüferin oder einen Wirtschaftsprüfer zu prüfen und zu bestätigen. Die Bestellung der Abschlussprüferin oder des Abschlussprüfers hat durch die zuständige Bundesministerin oder den zuständigen Bundesminister zu erfolgen.

(6)[8] Bildungseinrichtungen, die am 1. Juli 2014 Studien im Sinne des § 27 Abs 5 anbieten, haben bis längstens 31. Dezember 2015 die Bestätigung gemäß § 27 Abs 5 beizubringen.

(7)[9] Meldungen und Bestätigungen, die vor dem 31. Dezember 2018 gemäß § 27 in der Fassung des Bundesgesetzes BGBl I Nr 45/2014 erfolgten oder erteilt wurden, bleiben ab Ausstellung fünf Jahre gültig.

(8)[10] Für Melde- und Bestätigungsverfahren gemäß § 27 in der Fassung des Bundesgesetzes BGBl I Nr 45/2014, die vor dem 31. Dezember 2018 begonnen wurden und am 31. Dezember 2018 nicht abgeschlossen sind, sind die §§ 27, 27a und 27b in der Fassung des Bundesgesetzes BGBl I Nr 95/2018 anzuwenden.

(9)[11] Für Fachhochschul-Studiengänge und Studien an Privathochschulen und Privatuniversitäten, die im Rahmen der institutionellen Akkreditierung gemäß § 23 Abs 7 und § 24 Abs 8 verlängert wurden, sind mit dieser Akkreditierung die jeweils gültigen Akkreditierungsvoraussetzungen für eine Programmakkreditierung gemäß § 23 Abs 4 und 5 oder § 24 Abs 4 bis 6 anzuwenden.

(10)[12] Die Funktionsdauer der Mitglieder der Generalversammlung nach § 11 Abs 1 in der Fassung des Bundesgesetzes BGBl I Nr 31/2018 endet mit 31. Dezember 2020.

(11)[13] Die erstmalige Nominierung der Mitglieder der Generalversammlung nach § 11 Abs 1 in der Fassung des Bundesgesetzes BGBl I Nr 77/2020 hat bis 30. November 2020 zu erfolgen.[14] Bei Säumigkeit geht die Zuständigkeit zur Nominierung auf die zuständige Bundesministerin oder den zuständigen Bundesminister über.

(12)[15] Die Pädagogischen Hochschulen haben das erste Audit gemäß § 22 zwischen 1. Jänner 2023 und 31. Dezember 2025 durchzuführen und zu beenden. Dieses Audit hat nach einheitlichen Standards zu erfolgen, die für die einzelnen Pädagogischen Hochschulen im Ziel- und Leistungsplan gemäß § 30 HG festgelegt werden.

1 „Die Regelung in [§ 36] Abs 1 [HS-QSG] soll garantieren, dass die Organe der Agentur für Qualitätssicherung und Akkreditierung Austria bis zum 1. März 2012 eingerichtet werden können und nach den neuen Bestimmungen arbeitsfähig sind" (ErläutRV 1222 BlgNR 24. GP).

2 „[§ 36] Abs 2 [HS-QSG] enthält eine Übergangsbestimmung zu § 27 [HS-QSG], um für bereits in Österreich tätige ausländische Bildungseinrichtungen und deren Studien eine Übergangsfrist zu gewährleisten" (ErläutRV 1222 BlgNR 24. GP).

3 „Einige öffentliche Universitäten haben bereits Audits durchgeführt oder werden bis 2012 Audits durchführen. Die Bestimmung soll die Anerkennung dieser Audits ermöglichen" (ErläutRV 1222 BlgNR 24. GP).

Vgl dazu insbes § 14 UG 2002. **4**

Gem § 3 UWKG gilt § 14 UG 2002 auch für den Wirkungsbereich der Universität für Weiterbildung Krems. **5**

„[§ 36] Abs 3 und [Abs] 4 [HS-QSG] [gemeint: § 36 Abs 4 und Abs 5 HS-QSG] regeln Vermögensübergang und Eröffnungsbilanz. Diese Bestimmungen sollen den Vermögensübergang im Wege der Gesamtrechtsnachfolge des FHR und des AR ermöglichen. Damit soll die reibungslose Weiterführung der Tätigkeit der einzelnen Einrichtungen (FHR, AR) in der neuen Agentur gewährleistet werden" (ErläutRV 1222 BlgNR 24. GP). **6**

„Binnen neun Monaten nach Inkrafttreten hat die Agentur eine Eröffnungsbilanz durch eine Abschlussprüferin oder einen Abschlussprüfer zu erstellen. Für die Aufstellung der Eröffnungsbilanz sind vorrangig die in den einzelnen Einrichtungen geführten Buchwerte anzusetzen, wobei eine Bindung an die Anschaffungs- und Herstellungskosten (auch die fortgeführten) in der Öffnungsbilanz nicht besteht. Diese Vorgangsweise dient als Vereinfachung, sofern Anschaffungs- und Herstellungskosten nicht mehr leicht rekonstruiert werden können. Die Kosten für die Eröffnungsbilanz sind von der Agentur zu tragen" (ErläutRV 1222 BlgNR 24. GP). **7**

Die Bestimmung des § 36 Abs 6 HS-QSG wurde im Zuge der 3. Novelle zum HS-QSG (BGBl I 2014/45) angefügt. **8**

Die Bestimmung des § 36 Abs 7 bis 8 HS-QSG wurde im Zuge der 7. Novelle zum HS-QSG (BGBl I 2018/95) angefügt. „Mit den Übergangsbestimmungen wird gewährleistet, dass bestehende Meldungen und Bestätigungen ab Ausstellung sechs Jahre gültig bleiben und so entsprechende Übergangs- und Vorbereitungsfristen für die Durchführung der Meldeverfahren nach den neuen gesetzlichen Bestimmungen bestehen" (IA 485/A BlgNR 26. GP). **9**

10 „In Abs 8 wird normiert, dass für Bildungseinrichtungen, die sich im Meldeverfahren befinden und deren Verfahren bis 31.12.2018 nicht abgeschlossen werden kann, die neuen gesetzlichen Bestimmungen anzuwenden sind. Dies gewährleistet mehr Rechtssicherheit für die Bildungseinrichtungen, da es sich nun explizit um ein hoheitliches Verfahren mit den dafür vorgesehenen Rechtsschutzmöglichkeiten handelt" (IA 485/A BlgNR 26. GP).

11 Die Bestimmung des § 36 Abs 9 bis 12 HS-QSG wurde im Zuge der 8. Novelle zum HS-QSG (BGBl I 2020/77) angefügt. „In Abs 9 wird geregelt, welche Akkreditierungsverordnungen der AQ Austria in Bezug auf eine Programmakkreditierung (zB bei Prüfung der Akkreditierungsvoraussetzungen) heranzuziehen sind. Mit der Klarstellung, dass die jeweils aktuell gültigen Akkreditierungsverordnungen der AQ Austria heranzuziehen sind, soll Rechtssicherheit für die AQ Austria und die Hochschulen geschaffen werden und der Weiterentwicklung der Akkreditierungsvoraussetzungen Rechnung getragen werden" (ErläutRV 234 BlgNR 27. GP).

12 „Auf Grund der Neuzusammensetzung der Generalversammlung ist die derzeitige unterschiedliche Funktionsdauer der Mitglieder der Generalversammlung einheitlich zu beenden. Das Ende der Funktionsperiode wird daher im Abs 10 mit 31. Dezember 2020 festgelegt" (ErläutRV 234 BlgNR 27. GP).

13 „Die erstmalige Nominierung in der neuen Zusammensetzung hat gemäß Abs 11 bis 31. November 2020 zu erfolgen, damit soll gewährleistet werden, dass mit 1. Jänner 2021 die Generalversammlung durch die zuständige Bundesministerin oder den zuständigen Bundesminister bestellt werden kann. Im Falle der Säumigkeit der Nominierung von Mitgliedern durch die Interessenvertretungen geht die Zuständigkeit zur Nominierung auf die zuständige Bundesministerin oder den zuständigen Bundesminister über" (ErläutRV 234 BlgNR 27. GP).

14 Gemäß der Inkrafttretensbestimmung des § 37 Abs 8 HS-QSG trat diese Bestimmung mit 1. Jänner 2021 in Kraft, gleichzeitig verlangte die Übergangsbestimmung eine Nominierung bis 30. November 2021, also bis zu einem Zeitpunkt, wo sie noch nicht in Kraft war. Zu dieser Inkongruenz zwischen den Übergangs- und Inkrafttretensbestimmungen und der Rechtsfolge, dass eine nicht in Kraft getretene Bestimmung keine Wirkungen entfalten kann vgl *Huber*, HS-QSG: Die wesentlichen Neuerungen, zfhr 2021, 3 (6).

„Die externe Qualitätssicherung durch Audits für Pädagogische Hochschulen soll in einem festgelegten Zeitraum erfolgen. Es wird in Abs 12 festgelegt, dass die erste Runde an Audit zwischen 1. 1. 2023 und 31. 12. 2025 durchzuführen und zu beenden ist (die nächste externe Evaluierung nach Hochschul-Evaluierungsverordnung [HEV], BGBl I 2009/214, wäre auch im vorgeschlagenen Zeitraum durchzuführen gewesen). Das Audit hat nach einheitlichen Standards zu erfolgen, welche für die einzelnen Pädagogischen Hochschulen im Ziel- und Leistungsplan festgelegt werden. Unter diesen einheitlichen Standards sind sowohl inhaltliche Schwerpunktsetzungen für das Audit als auch gewisse Rahmenbedingungen bei der Auswahl einer unabhängigen Qualitätssicherungsagentur – insbesondere für das erste durchzuführende Audit – zu verstehen. Ziel ist es, die Pädagogischen Hochschulen durch die Vorgabe von einheitlichen Standards einerseits bei der Überführung in das neue System zu unterstützen und andererseits auch ein einheitliches und somit vergleichbares Bild über die Entwicklung des Sektors der Pädagogischen Hochschulen zu erhalten. Diese einheitlichen Standards kommen neben den in § 22 HS-QSG festgelegten Prüfbereichen zur Anwendung" (ErläutRV 234 BlgNR 27. GP).

15

Inkrafttreten

§ 37. (1)[1] **Die §§ 4 bis 13 und § 36 Abs 1**[2] **dieses Bundesgesetzes treten mit Ablauf des Tages der Freigabe zur Abfrage im Rechtsinformationssystem des Bundes in Kraft.**

(2) Alle anderen Bestimmungen dieses Bundesgesetzes treten mit 1. März 2012 in Kraft.

(3) § 25 und § 30 Abs 4 in der Fassung des Bundesgesetzes BGBl I Nr 79/2013 treten mit 1. Jänner 2014 in Kraft.[3]

(4) § 11 Abs 1 in der Fassung des Bundesgesetzes BGBl I Nr 45/2014 tritt mit 1. Juli 2015 in Kraft.[4]

(5) § 23 Abs 4a und § 24 Abs 5a und die Anlage zu § 30a Abs 1 Z 4 in der Fassung des Bundesgesetzes BGBl I Nr 129/2017 treten mit 1. Oktober 2017 in Kraft. Die Anlage zu § 30 Abs 1 Z 4 tritt mit Ablauf des 30. Septembers 2017 außer Kraft.[5]

(6) § 1 Abs 4, § 18 Abs 4 sowie die §§ 31 und 35a in der Fassung des Datenschutz-Anpassungsgesetzes 2018 – Wissenschaft und Forschung, BGBl I Nr 31/2018, treten mit 25. Mai 2018 in Kraft.[6]

(7) § 3 Abs 3 Z 10 und 11, § 9 Abs 1 Z 14 und 15, §§ 27 bis 27b sowie § 36 Abs 7 und 8 in der Fassung des Bundesgesetzes BGBl I Nr 95/2018 treten mit 1. Jänner 2019 in Kraft.[7]

(8) Das Inhaltsverzeichnis, § 1 Abs 1 Z 2 bis 5, § 2 Z 1, § 3 Abs 3 Z 6 und 12, § 4 Abs 2 und 3, § 5 Abs 2 Z 1 lit e, § 6 Abs 1 Z 1 und Abs 2, § 8 Abs 2, § 9 Abs 1 Z 10 und 13, § 10 Abs 1, § 11 Abs 1 und 2, § 12 Abs 2, 3, 5 und 7, § 15 Abs 2, § 18 Abs 1 bis 3, § 19 Abs 1 und 1a, § 20 Abs 2, § 22 Abs 2, 3 und 5; § 23 samt Überschrift, § 24 samt Überschrift, § 25 Abs 4 und 6, § 26 Abs 1 Z 4 und 5, Abs 2 Z 1 und 2, Abs 3, § 27 Abs 8, § 27a Abs 5, § 27b Abs 5, § 28 Abs 1 und 2, § 29 samt Überschrift, § 29 Abs 1, § 31 Abs 2 Z 1 bis 3 und Abs 7 und § 36 Abs 9 bis 12 in der Fassung des Bundesgesetzes BGBl I Nr 77/2020 treten mit 1. Jänner 2021 in Kraft.[8]

(9) § 26 Abs 2 Z 2 in der Fassung des Bundesgesetzes BGBl I Nr 20/2021 tritt mit Ablauf des Tages der Kundmachung im Bundesgesetzblatt in Kraft.[9]

(10) § 22 Abs 2 Z 7 tritt mit 1. Oktober 2021 in Kraft und ist auf Verfahren anzuwenden, die nach dem 1. Oktober 2021 begonnen werden.[10]

1 „[§ 37] Abs 1 [HS-QSG] soll garantieren, dass die Organe der Agentur für Qualitätssicherung und Akkreditierung Austria rechtzeitig eingerichtet werden können, um die Aufnahme der operativen Tätigkeiten mit 1. März 2012 zu gewährleisten" (ErläutRV 1222 BlgNR 24. GP).

2 In der RV für das gegenständliche Bundesgesetz war die Bestimmung des § 36 Abs 1 HS-QSG noch nicht von der Inkrafttretensregel des § 37 Abs 1 HS-QSG erfasst. In einem entsprechenden Abänderungsantrag (AA-203 24. GP) wurde der Wortfolge „Die §§ 4 bis 13 (…)" die Wortfolge „(…) und § 36 Abs 1 (…)" eingefügt, um auch den § 36 Abs 1 HS-QSG von den abweichenden Inkrafttretungsregelungen zu erfassen.

3 Die Bestimmung des § 37 Abs 3 HS-QSG wurde im Zuge der 1. Novelle zum HS-QSG (BGBl I 2013/79) angefügt.

4 Die Bestimmung des § 37 Abs 4 HS-QSG wurde im Zuge der 3. Novelle zum HS-QSG (BGBl I 2014/45) angefügt.

5 Die Bestimmung des § 37 Abs 5 HS-QSG wurde im Zuge der 5. Novelle zum HS-QSG (BGBl I 2017/129) angefügt.

6 Die Bestimmung des § 37 Abs 6 HS-QSG wurde im Zuge der 6. Novelle zum HS-QSG (BGBl I 2018/31) angefügt.

7 Die Bestimmung des § 37 Abs 7 HS-QSG wurde im Zuge der 7. Novelle zum HS-QSG (BGBl I 2018/95) angefügt.

8 Die Bestimmung des § 37 Abs 8 HS-QSG wurde im Zuge der 8. Novelle zum HS-QSG (BGBl I 2020/77) angefügt.

9 Die Bestimmung des § 37 Abs 9 HS-QSG wurde im Zuge der 9. Novelle zum HS-QSG (BGBl I 2021/20) angefügt.

10 Die Bestimmung des § 37 Abs 10 HS-QSG wurde im Zuge der 10. Novelle zum HS-QSG (BGBl I 2021/93) angefügt.

Vollziehung

§ 38. Mit der Vollziehung dieses Bundesgesetzes sind betraut:
1. hinsichtlich der in § 29 Abs 2 vorgesehenen Aufsicht über das Vorliegen der Voraussetzungen für die Akkreditierung aus gesundheitsrechtlicher Sicht die Bundesministerin oder der Bundesminister für Arbeit, Soziales, Gesundheit und Konsumentenschutz;
2. hinsichtlich des § 30a die Bundesministerin oder der Bundesminister für Bildung, Wissenschaft und Forschung;
3. im Übrigen die Bundesministerin oder der Bundesminister für Bildung, Wissenschaft und Forschung.[1]

1 § 38 Z 2 und 3 HS-QSG betrauen die/den selben Bundesminister/in mit der Vollziehung. Bis zur Novelle BGBl I 2018/31 war hinsichtlich § 30a HS-QSG eine gemeinsame Vollziehung durch die/den Bundesminister/in für Wissenschaft und Forschung und die/den Bundesminister/in für Unterricht, Kunst und Kultur vorgesehen. Mit BGBl I 2017/164 wurde das Bundesministerium für Unterricht in § 1 BMG aufgehoben und die bisher verteilten Kompetenzen bei der/dem Bundesminister/in für Bildung, Wissenschaft und Forschung fusioniert.

Anlage zu § 30a Abs 1 Z 4 HS-QSG:
„Rahmenvorgaben für die Begutachtung der Curricula durch den Qualitätssicherungsrat für Pädagoginnen- und Pädagogenbildung"

[s dazu Rz 13 zu § 30a HS-QSG]

Anhang 22: Datenschutz-Folgenabschätzung zur Ombudsstelle gemäß § 31 HS-QSG

Anhang

Anhang 1

Universitätsgesetz 2002

Bundesgesetz über die Organisation der Universitäten und ihre Studien (Universitätsgesetz 2002 – UG)
StF: BGBl. I Nr. 120/2002 (NR: GP XXI RV 1134 AB 1224 S. 111. BR: 6697 AB 6717 S. 690.)

idF:
BGBl. I Nr. 21/2004 (VfGH)
BGBl. I Nr. 96/2004 (NR: GP XXII IA 414/A AB 603 S. 73 BR: 7085 AB 7107 S. 712.)
BGBl. I Nr. 116/2004 (VfGH)
BGBl. I Nr. 77/2005 (NR: GP XXII AB 1045 S. 117. BR: 7336 AB 7359 S. 724.)
BGBl. I Nr. 74/2006 (NR: GP XXII IA 752/A AB 1308 S. 139. Einspr. d. BR: 1439 AB 1449 S. 150. BR: 7475 AB 7501 S. 733.)
BGBl. I Nr. 24/2007 (NR: GP XXIII RV 43 AB 67 S. 20. BR: 7681 AB 7682 S. 745.)
[CELEX-Nr.: 32003L0096, 32006L0048, 32006L0098, 32006L0112, 32006L0141]
BGBl. I Nr. 87/2007 (NR: GP XXIII RV 241 AB 276 S. 37. BR: AB 7787 S. 750.)
BGBl. I Nr. 134/2008 (NR: GP XXIII IA 890/A S. 72. BR: 8017 AB 8027 S. 760.)
BGBl. I Nr. 81/2009 (NR: GP XXIV RV 225 AB 308 S. 31. BR: 8138 AB 8159 S. 774.)
BGBl. I Nr. 111/2010 (NR: GP XXIV RV 981 AB 1026 S. 90. BR: 8437 AB 8439 S. 792.)
[CELEX-Nr.: 32010L0012]
BGBl. I Nr. 13/2011 (NR: GP XXIV RV 1054 AB 1079 S. 96. BR: AB 8459 S. 794.)
BGBl. I Nr. 45/2011 (VfGH)

BGBl. I Nr. 35/2012 (NR: GP XXIV RV 1685 AB 1708 S. 148. BR: 8686 AB 8688 S. 806.)
BGBl. I Nr. 47/2012 (NR: GP XXIV RV 1710 AB 1741 S. 153. BR: AB 8722 S. 808.) ersetzt durch BGBl. I Nr. 52/2012
BGBl. I Nr. 52/2012 (NR: GP XXIV RV 1710 AB 1741 S. 153. BR: AB 8722 S. 808.)
BGBl. I Nr. 18/2013 (NR: GP XXIV RV 2011 AB 2078 S. 185. BR: AB 8852 S. 816.)
BGBl. I Nr. 52/2013 (NR: GP XXIV RV 2142 AB 2180 S. 191. BR: AB 8909 S. 818.)
BGBl. I Nr. 79/2013 (NR: GP XXIV RV 2164 AB 2282 S. 199. BR: 8945 AB 8957 S. 820.)
BGBl. I Nr. 124/2013 (NR: GP XXIV RV 2348 AB 2397 S. 206. BR: 9006 AB 9012 S. 822.)
BGBl. I Nr. 168/2013 (VfGH)
BGBl. I Nr. 176/2013 (NR: GP XXIV RV 2435 AB 2452 S. 216. BR: 9056 AB 9119 S. 823.)
BGBl. I Nr. 16/2014 (NR: GP XXV AB 35 S. 12. BR: AB 9144 S. 827.)
BGBl. I Nr. 45/2014 (NR: GP XXV RV 136 AB 171 S. 30. BR: 9189 AB 9192 S. 831.)
BGBl. I Nr. 21/2015 (NR: GP XXV RV 369 AB 389 S. 53. BR: AB 9289 S. 837.)
BGBl. I Nr. 131/2015 (NR: GP XXV RV 797 AB 808 S. 96. BR: AB 9458 S. 846.)
BGBl. I Nr. 11/2017 (VfGH)
BGBl. I Nr. 129/2017 (NR: GP XXV IA 2235/A AB 1705 S. 188. BR: 9817 AB 9853 S. 871.)
BGBl. I Nr. 8/2018 (NR: GP XXVI RV 10 AB 20 S. 9. BR: 9924 S. 876.)
BGBl. I Nr. 30/2018 (NR: GP XXVI RV 59 AB 91 S. 19. BR: 9946 AB 9950 S. 879.)
BGBl. I Nr. 31/2018 (NR: GP XXVI RV 68 AB 105 S 21. BR: AB 9960 S. 879.)
BGBl. I Nr. 52/2018 (NR: GP XXVI IA 296/A AB 248 S. 36. BR: AB 10010 S. 883.)

BGBl. I Nr. 56/2018 (NR: GP XXVI RV 189 AB 207 S. 36.
BR: 9998 AB 10020 S. 883.)
[CELEX-Nr. 32016L0801]
BGBl. I Nr. 3/2019 (NR: GP XXVI RV 378 AB 442 S. 55.
BR: AB 10106 S. 888.)
BGBl. I Nr. 135/2020 (NR: GP XXVII RV 408 AB 440 S. 62.
BR: 10438 AB 10443 S. 915.)
BGBl. I Nr. 20/2021 (NR: GP XXVII RV 479 AB 571 S. 71.
BR: AB 10468 S. 917.)
BGBl. I Nr. 93/2021 (NR: GP XXVII RV 662 AB 705 S. 89.
BR: AB 10600 S. 924.)

I. Teil
Organisationsrecht

1. Abschnitt
Allgemeine Bestimmungen

1. Unterabschnitt
Grundsätze, Aufgaben und Geltungsbereich

Ziele

§ 1. Die Universitäten sind berufen, der wissenschaftlichen Forschung und Lehre, der Entwicklung und der Erschließung der Künste sowie der Lehre der Kunst zu dienen und hiedurch auch verantwortlich zur Lösung der Probleme des Menschen sowie zur gedeihlichen Entwicklung der Gesellschaft und der natürlichen Umwelt beizutragen. Universitäten sind Bildungseinrichtungen des öffentlichen Rechts, die in Forschung und in forschungsgeleiteter akademischer Lehre auf die Hervorbringung neuer wissenschaftlicher Erkenntnisse sowie auf die Erschließung neuer Zugänge zu den Künsten ausgerichtet sind. Im gemeinsamen Wirken von Lehrenden und Studierenden wird in einer aufgeklärten Wissensgesellschaft das Streben nach Bildung und Autonomie des Individuums durch Wissenschaft vollzogen. Die Förderung des wissenschaftlichen Nachwuchses geht mit der Erarbeitung von Fähigkeiten und Qualifikationen sowohl im Bereich der wissenschaftlichen und künstlerischen Inhalte als auch im Bereich der methodischen Fertigkeiten mit dem Ziel einher, zur Bewältigung der gesellschaftlichen Herausforderungen in einer sich wandelnden humanen und geschlechtergerechten Gesellschaft beizutragen. Um den sich ständig wandelnden Erfordernissen organisatorisch, studien- und personalrechtlich Rechnung zu tragen, konstituieren sich die Universitäten und ihre Organe in größtmöglicher Autonomie und Selbstverwaltung.

Leitende Grundsätze

§ 2. Die leitenden Grundsätze für die Universitäten bei der Erfüllung ihrer Aufgaben sind:
1. Freiheit der Wissenschaften und ihrer Lehre (Art. 17 des Staatsgrundgesetzes über die allgemeinen Rechte der Staatsbürger, RGBl. Nr. 142/1867) und Freiheit des wissenschaftlichen und des künstlerischen Schaffens, der Vermittlung von Kunst und ihrer Lehre (Art. 17a des Staatsgrundgesetzes über die allgemeinen Rechte der Staatsbürger);
2. Verbindung von Forschung und Lehre, Verbindung der Entwicklung und Erschließung der Künste und ihrer Lehre sowie Verbindung von Wissenschaft und Kunst;
3. Vielfalt wissenschaftlicher und künstlerischer Theorien, Methoden und Lehrmeinungen;
3a. Sicherstellung guter wissenschaftlicher Praxis und akademischer Integrität;
4. Lernfreiheit;
5. Berücksichtigung der Erfordernisse der Berufszugänge, insbesondere für das Lehramt an Schulen bzw. Berufstätigkeiten an elementarpädagogischen Bildungseinrichtungen;
6. Mitsprache der Studierenden, insbesondere bei Studienangelegenheiten und bei der Qualitätssicherung der Lehre;

7. nationale und internationale Mobilität der Studierenden, der Absolventinnen und Absolventen sowie des wissenschaftlichen und künstlerischen Universitätspersonals;
8. Zusammenwirken der Universitätsangehörigen;
9. Gleichstellung der Geschlechter;
10. soziale Chancengleichheit;
11. besondere Berücksichtigung der Erfordernisse von behinderten Menschen;
12. Wirtschaftlichkeit, Sparsamkeit und Zweckmäßigkeit der Gebarung;
13. Vereinbarkeit von Studium oder Beruf mit Betreuungspflichten für Kinder und pflegebedürftige Angehörige;
14. Nachhaltige Nutzung von Ressourcen.

Aufgaben

§ 3. Die Universitäten erfüllen im Rahmen ihres Wirkungsbereichs folgende Aufgaben:
1. Entwicklung der Wissenschaften (Forschung und Lehre), Entwicklung und Erschließung der Kunst sowie Lehre der Kunst;
2. Bildung durch Wissenschaft und durch die Entwicklung und Erschließung der Künste;
3. wissenschaftliche, künstlerische, künstlerisch-pädagogische und künstlerisch-wissenschaftliche Berufsvorbildung, Qualifizierung für berufliche Tätigkeiten, die eine Anwendung wissenschaftlicher Erkenntnisse und Methoden erfordern, sowie Ausbildung der künstlerischen und wissenschaftlichen Fähigkeiten bis zur höchsten Stufe;
4. Entwicklung und Förderung geeigneter Karrieremodelle für den höchstqualifizierten wissenschaftlichen und künstlerischen Nachwuchs;
5. Weiterbildung, insbesondere der Absolventinnen und Absolventen von Universitäten und von Pädagoginnen und Pädagogen;

6. Koordinierung der wissenschaftlichen Forschung (Entwicklung und Erschließung der Künste) und der Lehre innerhalb der Universität;
7. Unterstützung der nationalen und internationalen Zusammenarbeit im Bereich der wissenschaftlichen Forschung und Lehre sowie der Kunst;
8. Unterstützung der Nutzung und Umsetzung ihrer Forschungsergebnisse in der Praxis und Unterstützung der gesellschaftlichen Einbindung von Ergebnissen der Entwicklung und Erschließung der Künste;
9. Gleichstellung der Geschlechter sowie Frauenförderung;
10. Pflege der Kontakte zu den Absolventinnen und Absolventen;
11. Information der Öffentlichkeit über die Erfüllung der Aufgaben der Universitäten.

Rechtsform

§ 4. Die Universitäten sind juristische Personen des öffentlichen Rechts.

Weisungsfreiheit und Satzungsfreiheit

§ 5. Die Universitäten erfüllen ihre Aufgaben gemäß § 3 im Rahmen der Gesetze und Verordnungen weisungsfrei und geben sich ihre Satzung im Rahmen der Gesetze nach Maßgabe des Art. 81c Abs. 1 des Bundes-Verfassungsgesetzes (B-VG), BGBl. Nr. 1/1930, in der Fassung des Bundesgesetzes BGBl. I Nr. 2/2008.

Geltungsbereich

§ 6. (1) Dieses Bundesgesetz gilt für folgende Universitäten:
1. Universität Wien;
2. Universität Graz;
3. Universität Innsbruck;
4. Medizinische Universität Wien;
5. Medizinische Universität Graz;

6. Medizinische Universität Innsbruck;
7. Universität Salzburg;
8. Technische Universität Wien;
9. Technische Universität Graz;
10. Montanuniversität Leoben;
11. Universität für Bodenkultur Wien;
12. Veterinärmedizinische Universität Wien;
13. Wirtschaftsuniversität Wien;
14. Universität Linz;
15. Universität Klagenfurt;
16. Universität für angewandte Kunst Wien;
17. Universität für Musik und darstellende Kunst Wien;
18. Universität Mozarteum Salzburg;
19. Universität für Musik und darstellende Kunst Graz;
20. Universität für künstlerische und industrielle Gestaltung Linz;
21. Akademie der bildenden Künste Wien;
22. Universität für Weiterbildung Krems.

(2) Universitäten werden durch Bundesgesetz errichtet und aufgelassen.

(3) Zwei oder mehrere Universitäten können durch Bundesgesetz vereinigt werden.

(4) Eine Initiative zu einer Vereinigung kann auch von zwei oder mehreren Universitäten ausgehen. Auf Basis übereinstimmender Beschlüsse der beteiligten Universitätsräte und Rektorate sowie nach Stellungnahme der jeweiligen Senate kann die Bundesministerin oder der Bundesminister einen entsprechenden Vorschlag zur Änderung des Abs. 1 sowie zur Festlegung der notwendigen weiteren gesetzlichen Regelungen (Vereinigungsrahmenbestimmungen) vorlegen. Eine Vereinigung kann nur mit Beginn einer neuen Leistungsvereinbarungsperiode wirksam werden.

(5) Die Beschlüsse für eine Initiative zu einer Vereinigung haben jedenfalls zu enthalten:
 1. einen Vorschlag zur Regelung der Rechtsnachfolge sowie zum gewünschten künftigen Namen der Universität;

2. den gewünschten Zeitpunkt des Wirksamwerdens der Vereinigung;
3. einen vorläufigen gemeinsamen Organisations- sowie Entwicklungsplan, der unter Berücksichtigung der Organisations- und Entwicklungspläne der beteiligten Universitäten erstellt wurde;
4. für den Fall der Beteiligung einer Medizinischen Universität einen Vorschlag für Regelungen im Organisationsplan, die sicherstellen, dass den der medizinischen Organisationseinheit zugehörigen Instituten, Kliniken etc. die zur Erfüllung ihrer Aufgaben erforderlichen Ressourcen zugewiesen werden;
5. einen Vorschlag für Übergangsregelungen betreffend die obersten Leitungsorgane längstens innerhalb eines Jahres nach dem Wirksamwerden der Vereinigung und die gesetzlich eingerichteten Kollegialorgane sowie
6. einen Vorschlag für Übergangsregelungen betreffend die gemäß Organisationsplan der beteiligten Universitäten eingerichteten Organe und Gremien.

(6) Liegt eine Initiative zu einer Vereinigung gemäß Abs. 4 einschließlich der Beilagen gemäß Abs. 5 vor, so hat die Bundesministerin oder der Bundesminister die Zweckmäßigkeit der Vereinigung hinsichtlich der Ziele, der leitenden Grundsätze und der Aufgaben der Universitäten (§§ 1 bis 3) zu prüfen und darüber der Bundesregierung zu berichten. Eine Initiative zu einer Vereinigung von Universitäten kann im verfassungsrechtlich vorgesehenen Weg der Bundesgesetzgebung aber auch von der Bundesministerin oder dem Bundesminister selbst ausgehen.

(7) Soweit dieses Bundesgesetz keine abweichenden Bestimmungen enthält, sind der 1. und 2. Abschnitt des Forschungsorganisationsgesetzes (FOG), BGBl. Nr. 341/1981, auch im Anwendungsbereich dieses Bundesgesetzes anzuwenden.

Wirkungsbereich der Universitäten

§ 7. (1) Der Wirkungsbereich der Universitäten gemäß § 6 Abs. 1 Z 1 bis 3 und 7 bis 21 ergibt sich, soweit nicht Abs. 2 anderes bestimmt, aus den am Tag vor dem In-Kraft-Treten dieses Bundesgesetzes an den gleichnamigen Universitäten eingerichteten Studien und Forschungseinrichtungen.

(2) Der Wirkungsbereich der Medizinischen Universitäten Wien, Graz und Innsbruck ergibt sich aus den am Tag vor dem In-Kraft-Treten dieses Bundesgesetzes an den Medizinischen Fakultäten der Universitäten Wien, Graz und Innsbruck eingerichteten Studien und Forschungseinrichtungen.

(3) Änderungen der Wirkungsbereiche der Universitäten sind nur im Wege der Leistungsvereinbarungen gemäß § 13 oder durch Verordnung der Bundesregierung gemäß § 8 zulässig.

Sicherung von Forschungs- und Lehrbereichen

§ 8. Die Bundesregierung kann auf Vorschlag der Bundesministerin oder des Bundesministers einer Universität oder mehreren Universitäten durch Verordnung die Einrichtung eines Studiums auftragen, wenn dies aus übergeordneten bildungspolitischen oder wissenschaftspolitischen Gründen erforderlich ist und keine diesbezügliche Einigung im Rahmen einer Leistungsvereinbarung erfolgt.

Rechtsaufsicht

§ 9. Die Universitäten, die von ihnen gemäß § 10 Abs. 1 gegründeten Gesellschaften, Stiftungen und Vereine sowie jene Gesellschaften, deren Geschäftsanteile die Universität mittelbar oder unmittelbar zu mehr als 50 vH hält, unterliegen der Aufsicht des Bundes. Diese umfasst die Aufsicht über die Einhaltung der Gesetze und Verordnungen einschließlich der Satzung (Rechtsaufsicht).

Gesellschaften, Stiftungen, Vereine

§ 10. (1) Jede Universität ist berechtigt, Gesellschaften, Stiftungen und Vereine zu gründen sowie sich an Gesellschaften zu beteiligen und Mitglied in Vereinen zu sein, sofern diese Gründung, Beteiligung oder Mitgliedschaft der Erfüllung der Aufgaben der Universität dient und insbesondere die Forschung (Entwicklung und Erschließung der Künste) und die Lehre dadurch nicht beeinträchtigt werden.

(2) Jede Universität ist überdies berechtigt, sonstige Vermögenswerte – unbeschadet §§ 26 und 27 – insbesondere auch in Form von Spenden, Schenkungen und Sponsoring einzuwerben.

Universitätsbericht

§ 11. Die Bundesministerin oder der Bundesminister hat dem Nationalrat ab dem Jahr 2005 auf der Grundlage der Wissensbilanzen der Universitäten mindestens alle drei Jahre einen Bericht über die bisherige Entwicklung und die künftige Ausrichtung der Universitäten vorzulegen. Dabei ist unter anderem auch auf die Nachwuchsförderung, auf die Entwicklung der Personalstruktur der Universitäten und auf die Lage der Studierenden einzugehen.

2. Unterabschnitt
Finanzierung, Leistungsvereinbarung und Qualitätssicherung

Universitätsfinanzierung aus Bundesmitteln

§ 12. (1) Die Universitäten sind vom Bund zu finanzieren. Dabei sind die finanziellen Leistungsmöglichkeiten des Bundes, seine Anforderungen an die Universitäten und die Aufgabenerfüllung der Universitäten zu berücksichtigen.

(2) Die Bundesministerin oder der Bundesminister hat im Einvernehmen mit der Bundesministerin oder dem Bundesminister für Finanzen bis spätestens 31. Oktober des zweiten Jahres jeder Leistungsvereinbarungsperiode gemäß § 13 unter Be-

rücksichtigung der zu erwartenden Studierendenzahlen und der Betreuungsverhältnisse den für die nächste Leistungsvereinbarungsperiode zur Finanzierung der Universitäten zur Verfügung stehenden Gesamtbetrag und dessen Aufteilung auf Budgetsäulen für die universitären Leistungsbereiche
1. Lehre („Budgetsäule Lehre"),
2. Forschung bzw. Entwicklung und Erschließung der Künste („Budgetsäule Forschung bzw. EEK") und
3. Infrastruktur und strategische Entwicklung („Budgetsäule Infrastruktur und strategische Entwicklung")

festzusetzen und darüber das Einvernehmen gemäß § 60 des Bundeshaushaltsgesetzes 2013 (BHG 2013), BGBl. I Nr. 139/2009, in der Fassung des Bundesgesetzes BGBl. I Nr. 53/2017, herzustellen.

(3) Im Zusammenhang mit den Verhandlungen zu den Leistungsvereinbarungen kann eine Verschiebung zwischen den Budgetsäulen gemäß Abs. 2 erfolgen. Von den Budgetsäulen Lehre und Forschung bzw. EEK darf jedoch nur ein Anteil von jeweils bis zu 2 vH der Budgetsäule Infrastruktur und strategische Entwicklung zugeschlagen werden. Im Einvernehmen mit der Bundesministerin oder dem Bundesminister für Finanzen kann auch ein höherer Anteil der Budgetsäule Infrastruktur und strategische Entwicklung zugeschlagen werden.

(4) Die Budgetsäulen Lehre, Forschung bzw. EEK sowie Infrastruktur und strategische Entwicklung gemäß Abs. 2 setzen sich jeweils aus den folgenden Beträgen zusammen:
1. Budgetsäule Lehre gemäß Abs. 2 Z 1:
   a) Betrag für alle österreichweit in den einzelnen Fächergruppen mindestens anzubietenden Studienplätze. Die Festlegung der Anzahl der Studienplätze in den einzelnen Fächergruppen erfolgt anhand des Basisindikators 1 „Ordentliche Bachelor-, Master- und Diplomstudien, die mit mindestens 16 ECTS-Anrechnungspunkten oder 8 positiv beurteilten Semesterstunden pro Studienjahr prüfungsaktiv betrieben werden";

b) Betrag, welcher anhand von mindestens einem wettbewerbsorientierten Indikator berechnet wird und höchstens 20 vH der Budgetsäule Lehre betragen darf.
2. Budgetsäule Forschung bzw. EEK gemäß Abs. 2 Z 2:
   a) Betrag für die österreichweit in den einzelnen Fächergruppen mindestens zu beschäftigenden Personen (in Vollzeitäquivalenten) in ausgewählten Verwendungsgruppen. Die Festlegung der Anzahl der zu beschäftigenden Personen (Vollzeitäquivalente) in den einzelnen Fächergruppen erfolgt anhand des Basisindikators 2 „Personal in ausgewählten Verwendungen in Vollzeitäquivalenten pro Kalenderjahr";
   b) Betrag für die Universitäten gemäß § 6 Abs. 1 Z 1 bis 15 („wissenschaftliche Universitäten"), welcher anhand von mindestens einem wettbewerbsorientierten Indikator berechnet wird;
   c) Betrag für die Universitäten gemäß § 6 Abs. 1 Z 16 bis 21 („künstlerische Universitäten"), welcher anhand von mindestens einem wettbewerbsorientierten Indikator berechnet wird,
   wobei die Beträge gemäß lit. b und c gemeinsam höchstens 20 vH der Säule Forschung bzw. EEK betragen dürfen.
3. Die Budgetsäule Infrastruktur und strategische Entwicklung gemäß Abs. 2 Z 3 umfasst die Beträge für die von den Universitäten genutzten Gebäude, für den Klinischen Mehraufwand gemäß § 55 Z 2 des Bundesgesetzes über Krankenanstalten und Kuranstalten (KAKuG), BGBl. Nr. 1/1957, in der Fassung des Bundesgesetzes BGBl. I Nr. 59/2017 (Medizinische Universitäten), einen strategischen Betrag für Lehre, Forschung bzw. Entwicklung und Erschließung der Künste sowie für sonstige Maßnahmen. Seine Höhe wird insbesondere nach Maßgabe des sachlich gerechtfertigten Bedarfs gemäß § 13 Abs. 2 Z 1 ermittelt und dient auch der wirtschaftlichen Absicherung der Universitäten unter Berücksichtigung der aktuellen Entwicklungen im Universitätsbereich, der hochschul-

politischen Schwerpunktsetzungen und der erforderlichen strukturellen Veränderungen.

(5) Die einzelnen Fächergruppen in den Budgetsäulen Lehre und Forschung bzw. EEK werden gewichtet, wobei insbesondere folgende Kriterien zu berücksichtigen sind:
1. der Gesamtbetrag gemäß Abs. 2 und dessen Aufteilung auf die Budgetsäulen Lehre und Forschung bzw. EEK,
2. die unterschiedlichen Ausstattungsnotwendigkeiten der einzelnen Fächergruppen sowie
3. die tatsächlichen Kostenstrukturen.

(6) Für die Verteilung der Mittel gemäß Abs. 4 Z 1 lit. a und Z 2 lit. a werden Finanzierungssätze ermittelt. Die Ermittlung der Finanzierungssätze Lehre erfolgt auf Basis der Budgetsäule Lehre sowie unter Berücksichtigung der Anzahl der österreichweit in den einzelnen Fächergruppen mindestens anzubietenden Studienplätze und den entsprechenden Fächergruppengewichtungen. Die Ermittlung der Finanzierungssätze Forschung bzw. Entwicklung und Erschließung der Künste erfolgt auf Basis der Budgetsäule Forschung bzw. EEK sowie unter Berücksichtigung der Anzahl der österreichweit in ausgewählten Verwendungsgruppen in den einzelnen Fächergruppen mindestens zu beschäftigenden Personen (Vollzeitäquivalente) und den entsprechenden Fächergruppengewichtungen.

(7) Durch Verordnung der Bundesministerin oder des Bundesministers ist im Einvernehmen mit der Bundesministerin oder dem Bundesminister für Finanzen Folgendes festzulegen:
1. Anteilige Aufteilung der Budgetsäulen Lehre und Forschung bzw. EEK in die Beträge gemäß Abs. 4 Z 1 lit. a und b und Z 2 lit. a bis c,
2. Definition und Datengrundlage der Basisindikatoren 1 und 2 und der wettbewerbsorientierten Indikatoren gemäß Abs. 4 Z 1 lit. b und Z 2 lit. b und c und deren Gewichtung gemäß Abs. 5,
3. Ermittlung der Finanzierungssätze für die Budgetsäulen Lehre sowie Forschung bzw. EEK gemäß Abs. 6 sowie

4. Zuordnung der von den Universitäten angebotenen Studienfelder zu den Fächergruppen.

(8) Der Gesamtbetrag gemäß Abs. 2 erhöht sich um die in den einzelnen Jahren der jeweiligen Leistungsvereinbarungsperiode anfallenden Aufwendungen der Universitäten aus den allgemeinen Bezugserhöhungen für das am Tag vor dem vollen Wirksamwerden dieses Bundesgesetzes an den Universitäten vorhandene Bundespersonal, soweit es in diesem Zeitraum in einem Arbeitsverhältnis zur Universität oder in einem Bundesdienstverhältnis, in einem besonderen öffentlich-rechtlichen Rechtsverhältnis als wissenschaftliche (künstlerische) Mitarbeiterin oder als wissenschaftlicher (künstlerischer) Mitarbeiter (in Ausbildung) (§ 132) steht und der Universität zugewiesen ist. Die Erhöhung wird von der Bundesministerin oder dem Bundesminister im Einvernehmen mit der Bundesministerin oder dem Bundesminister für Finanzen für jede Leistungsvereinbarungsperiode gemeinsam mit dem Gesamtbetrag gemäß Abs. 2 festgelegt.

(9) Die Erhöhung gemäß Abs. 8 ist mit jenem Betrag begrenzt, der erforderlich wäre, wenn das von dieser Bestimmung erfasste Universitätspersonal noch in einem Dienst- oder besonderen öffentlich-rechtlichen Rechtsverhältnis als wissenschaftliche (künstlerische) Mitarbeiterin oder als wissenschaftlicher (künstlerischer) Mitarbeiter (in Ausbildung) (§ 132) zum Bund stünde.

(10) Die Bundesministerin oder der Bundesminister kann bis zu 2 vH des Gesamtbetrags gemäß Abs. 2 für besondere Finanzierungserfordernisse sowie zur Ergänzung von Leistungsvereinbarungen gemäß § 13 einbehalten. Die einbehaltenen Mittel müssen den Universitäten in voller Höhe zur Verfügung gestellt werden.

(11) Erlöse aus Drittmitteln und Erträge, die Universitäten aus Veranlagungen erzielen, sind auszuweisen. Sie verbleiben in der Verfügung der Universitäten und reduzieren nicht die Höhe der staatlichen Zuweisungen.

(12) Die Zuteilungen der Mittel erfolgen monatlich aliquot. Die monatlichen Zuweisungen können entsprechend den universitären Erfordernissen im Rahmen der zur Verfügung stehenden Globalbudgets verändert werden.

(13) Die Bundesministerin oder der Bundesminister kann im Falle der drohenden oder eingetretenen Zahlungsunfähigkeit der Universität ein Sanierungskonzept als verbindlichen Rahmen für ihre Wirtschaftsführung vorgeben, welches dem Ziel dient, im Rahmen einer geordneten Gebarung die künftige, dauerhafte Leistungsfähigkeit der Universität zu erreichen. Das Sanierungskonzept kann die Bestellung einer Universitätskuratorin, eines Universitätskurators oder von mehreren Universitätskuratorinnen oder Universitätskuratoren beinhalten.

Festlegung der Globalbudgets der Universitäten

§ 12a. (1) Die Universitäten erhalten jeweils ein in der Leistungsvereinbarung festgelegtes Globalbudget. Die Universitäten können im Rahmen ihrer Aufgaben und der Leistungsvereinbarungen frei über den Einsatz der Globalbudgets verfügen.

(2) Das in der Leistungsvereinbarung festgelegte Globalbudget setzt sich aus folgenden Teilbeträgen, deren Höhe unter Berücksichtigung des in § 12 Abs. 2 genannten Gesamtbetrags sowie der Budgetsäulen Lehre, Forschung bzw. EEK und Infrastruktur und strategische Entwicklung festgelegt wird, sowie unter Berücksichtigung der §§ 2 und 3 zusammen:
1. Teilbetrag für Lehre:
   a) Die Universität erhält für jeden in der Leistungsvereinbarung vereinbarten von der Universität mindestens anzubietenden Studienplatz für Bachelor-, Master- und Diplomstudien einen nach Fächergruppen gewichteten Finanzierungssatz Lehre.
   b) Dazu kommt ein Betrag, welcher anhand von mindestens einem wettbewerbsorientierten Indikator berechnet wird. Jede Universität erhält jenen Anteil aus diesem Betrag, der ihrem Anteil am Indikatorwert aller Universitäten entspricht.
2. Teilbetrag für Forschung bzw. EEK:
   a) Die Universität erhält für jede in der Leistungsvereinbarung vereinbarte von der Universität mindestens zu

beschäftigende Person (in Vollzeitäquivalenten) in ausgewählten Verwendungen nach Fächergruppen einen Finanzierungssatz Forschung bzw. Entwicklung und Erschließung der Künste.
b) Dazu kommt jeweils ein Betrag für die Universitäten gemäß § 6 Abs. 1 Z 1 bis 15 („wissenschaftliche Universitäten") sowie für die Universitäten gemäß § 6 Abs. 1 Z 16 bis 21 („künstlerische Universitäten"), welcher anhand von mindestens einem wettbewerbsorientierten Indikator berechnet wird. Jede Universität gemäß § 6 Abs. 1 Z 1 bis 15 erhält jenen Anteil aus diesem Betrag, der ihrem Anteil am Indikatorwert aller Universitäten gemäß § 6 Abs. 1 Z 1 bis 15 entspricht. Jede Universität gemäß § 6 Abs. 1 Z 16 bis 21 erhält jenen Anteil aus diesem Betrag, der ihrem Anteil am Indikatorwert aller Universitäten gemäß § 6 Abs. 1 Z 16 bis 21 entspricht.
3. Teilbetrag für Infrastruktur und strategische Entwicklung: Der Teilbetrag umfasst die Beträge für die von den Universitäten genutzten Gebäude, für den Klinischen Mehraufwand gemäß § 55 Z 2 KAKuG (Medizinische Universitäten) sowie einen Betrag für strategische Maßnahmen für Lehre, Forschung bzw. Entwicklung und Erschließung der Künste sowie für sonstige Maßnahmen. Dieser Teilbetrag dient auch der wirtschaftlichen Absicherung der Universität unter Berücksichtigung der aktuellen Entwicklungen im Universitätsbereich, der hochschulpolitischen Schwerpunktsetzungen und der erforderlichen strukturellen Veränderungen. Jede Universität erhält den auf sie entfallenden Anteil nach Maßgabe des sachlich gerechtfertigten Bedarfs.

(3) Die Höhe des Globalbudgets sowie die Höhe der Teilbeträge wird mit Ausnahme jener Beträge, die aufgrund der wettbewerbsorientierten Indikatoren vergeben werden, im Voraus für die dreijährige Leistungsvereinbarungsperiode festgelegt. Die Höhe jener Beträge, die aufgrund der wettbewerbsorientierten

Indikatoren vergeben werden, wird jährlich ermittelt und auf die einzelnen Universitäten aufgeteilt. Eine allfällige Reduktion des Globalbudgets einer Universität beträgt im ersten Jahr der dreijährigen Leistungsvereinbarungsperiode höchstens 2 vH, im zweiten Jahr höchstens 4 vH und im dritten Jahr höchstens 6 vH eines Drittels des für die vorangegangene dreijährige Periode festgesetzten Globalbudgets.

(4) Zur Sicherstellung der Umsetzung der Maßnahmen zur sozialen Dimension in der Lehre sowie zur Einbeziehung von unterrepräsentierten Gruppen in die Hochschulbildung gemäß § 13 Abs. 2 Z 1 lit. g kann die Bundesministerin oder der Bundesminister bis zu 0,5 vH des Globalbudgets einbehalten. Der einbehaltene Betrag wird bei Nachweis der Umsetzung der in der Leistungsvereinbarung vereinbarten Maßnahmen ausbezahlt.

Gesamtösterreichischer Universitätsentwicklungsplan

§ 12b. (1) Die Entwicklungsplanung für das öffentliche Universitätswesen ist eine Aufgabe, die von der Bundesministerin oder dem Bundesminister und von den Universitäten in der Gesamtverantwortung des Bundes gemeinsam wahrgenommen wird. Hierbei dient der gesamtösterreichische Universitätsentwicklungsplan als Planungsinstrument für die Entwicklung eines überregional abgestimmten und regional ausgewogenen Leistungsangebots, einer für das österreichische Wissenschaftssystem adäquaten und ausgewogenen Fächervielfalt, der Lenkung von Studienangebot bzw. Studiennachfrage, der Auslastung der Kapazitäten sowie der Forschung. Dabei werden auf allen Stufen des Entwicklungsprozesses die Belange der Universitäten, insbesondere die universitätseigenen Entwicklungspläne, berücksichtigt („Gegenstromprinzip").

(2) Die Entwicklungspläne der Universitäten gemäß § 13b haben sich inhaltlich an den Zielsetzungen des gesamtösterreichischen Universitätsentwicklungsplans zu orientieren.

(3) Der gesamtösterreichische Universitätsentwicklungsplan wird nach vorheriger Anhörung des Wissenschaftsrats bis spä-

testens Ende des ersten Jahres jeder Leistungsvereinbarungsperiode für die zwei kommenden Leistungsvereinbarungsperioden erstellt und bis spätestens 31. Oktober des zweiten Jahres jeder Leistungsvereinbarungsperiode, insbesondere hinsichtlich der Statistiken zu Entwicklungen und Prognosen in der Lehre, Forschung bzw. Entwicklung und Erschließung der Künste sowie zum Universitätspersonal, aktualisiert.

Leistungsvereinbarung

§ 13. (1) Die Leistungsvereinbarung ist ein öffentlich-rechtlicher Vertrag. Sie ist zwischen den einzelnen Universitäten und dem Bund im Rahmen der Gesetze für jeweils drei Jahre abzuschließen.

(2) Inhalt der Leistungsvereinbarung ist insbesondere:
1. die von der Universität zu erbringenden Leistungen, die entsprechend den Zielen, leitenden Grundsätzen und Aufgaben der Universität in folgenden Bereichen festzulegen sind:
   a) strategische Ziele, Profilbildung, Universitäts- und Personalentwicklung:
   Die langfristigen und die innerhalb der Leistungsvereinbarungsperiode zu erreichenden Ziele sind festzulegen. Die Universität hat ihre besonderen Schwerpunkte und Stärken und den daraus abgeleiteten und zur Zielerreichung vorgesehenen Ressourceneinsatz bekannt zu geben. Es ist anzugeben, welche Fördermaßnahmen und Anreize zur Erreichung der Ziele in der Personalentwicklung erforderlich sind und welche Beiträge die Angehörigen der Universität leisten sollen. Im Rahmen der Personalentwicklung sind jedenfalls Maßnahmen zur Verbesserung der Vereinbarkeit von Kinderbetreuung und wissenschaftlicher Karriere zu berücksichtigen. Die Universität hat weiters anzugeben, welche Maßnahmen sie zur Verstetigung von Beschäftigungsverhältnissen der Lehrbeauftrag-

ten und zur attraktiven Ausgestaltung von Karrierewegen für den wissenschaftlichen und künstlerischen Nachwuchs, der aus Exzellenzprogrammen gefördert wird, setzt.
b) Forschung sowie Entwicklung und Erschließung der Künste:
Die Universität hat insbesondere die geplanten und die weiterzuführenden Forschungsprojekte und Forschungsprogramme sowie die Vorhaben zur Entwicklung und Erschließung der Künste bekannt zu geben. Weiters ist die mindestens zu erbringende Forschungsbasis-leistung/Basisleistung in der Entwicklung und Erschließung der Künste in den einzelnen Fächergruppen anhand der Anzahl von Vollzeitäquivalenten des Personals in ausgewählten Verwendungen nach Fächergruppen pro Kalenderjahr festzulegen.
c) Studien und Weiterbildung:
Die Angaben zum Studienbetrieb und zu den Weiterbildungsaktivitäten sind durch entsprechende Statistiken über die quantitative Entwicklung in diesen Bereichen und mittels der Ergebnisse der Auswertung der Lehrveranstaltungsbeurteilungen nach Studien zu belegen. Auf dieser Basis sind die Vorhaben im Studien- und Weiterbildungsbereich zu bezeichnen und allfällige Änderungen der Lehr- und Lernorganisation zu definieren, mit denen den anzustrebenden Qualifikationsprofilen der Studierenden und der Forscherinnen und Forscher entsprochen werden soll. Weiters ist die Anzahl der in den einzelnen Fächergruppen mindestens anzubietenden Studienplätze für ordentliche Bachelor-, Master- und Diplomstudien pro Studienjahr sowie die Anzahl der Studienplätze für Studienanfängerinnen und -anfänger für Bachelor- und Diplomstudien gemäß § 71b pro Studienjahr festzulegen.
d) Maßnahmen zur Verringerung der Zahl der Studienabbrecherinnen und Studienabbrecher:

Die Universität hat Erhebungen über die Ursachen von Studienabbrüchen vorzunehmen und Aktivitäten zur Verbesserung der Abschlussquoten bekanntzugeben. Weiters hat die Universität Maßnahmen zum Ausbau der Studierendenberatung, zum Coaching und Mentoring in der Studieneingangs- und Orientierungsphase sowie zum Ausbau der Betreuungsangebote für Studierende mit Kindern zu entwickeln.

e) Verbesserung der Betreuungsrelationen:
Es ist insbesondere unter Berücksichtigung der Bedürfnisse des jeweiligen wissenschaftlichen oder künstlerischen Faches eine Verbesserung der Betreuungsrelation mit dem Ziel anzustreben, internationale Standards in der Betreuung von Studierenden zu erreichen.

f) Angebote für berufstätige Studierende:
Dazu zählt jedenfalls die Schaffung von berufsbegleitend organisierten Studienangeboten sowie von Teilzeitstudienangeboten auch unter Berücksichtigung von blended learning.

g) gesellschaftliche Zielsetzungen:
Die Universität hat ihren Beitrag zur Entwicklung der Gesellschaft zu formulieren. Dazu zählen jedenfalls Maßnahmen zur besseren sozialen Durchlässigkeit, zur Erhöhung des Frauenanteils in leitenden Funktionen der Universität sowie zur gezielten Förderung von Nachwuchsforscherinnen, der Ausbau von gesellschaftlich relevanten Kunst-, Kultur- und Forschungsbereichen sowie der Wissens- und Technologietransfer. Weiters hat die Universität Maßnahmen zur sozialen Dimension in der Lehre sowie zur Einbeziehung von unterrepräsentierten Gruppen in die Hochschulbildung zu entwickeln.

h) Erhöhung der Internationalität und Mobilität:
Aktivitäten und Vorhaben in diesem Bereich beziehen sich insbesondere auf mehrjährige internationale Kooperationen mit Universitäten, mit anderen

Forschungseinrichtungen und Institutionen aus dem Kunst- und Kulturbereich, auf gemeinsame Studien- und Austauschprogramme für Studierende, für das wissenschaftliche und künstlerische Personal sowie auf die Erhöhung des Anteils der ausländischen Studierenden und Postgraduierten.

i) interuniversitäre Kooperationen und Kooperationen mit anderen postsekundären Bildungseinrichtungen: Dabei hat die Universität insbesondere ihre Aktivitäten zur gemeinsamen Nutzung von Organisationseinheiten und Leistungsangeboten mit anderen postsekundären Bildungseinrichtungen zu bestimmen. Es sind Informationen über die Bereiche, das Ausmaß und die Auswirkungen der Kooperationen zu liefern.

j) Festlegung von Indikatoren:
Es sind Indikatoren festzulegen, anhand derer die Erreichung von bestimmten Leistungsvereinbarungszielen gemessen werden kann; die betreffenden Indikatoren sind in die Wissensbilanz der Universität aufzunehmen.

k) in Bezug auf Studien für das Lehramt an Schulen bzw. Berufstätigkeiten an elementarpädagogischen Bildungseinrichtungen: Grundlage der Leistungsvereinbarung ist bei neu eingerichteten Studien eine positive Stellungnahme des Qualitätssicherungsrates für Pädagoginnen- und Pädagogenbildung.

2. die Leistungsverpflichtung des Bundes: Zuteilung des Globalbudgets aufgegliedert in die Teilbeträge gemäß § 12a Abs. 2 Z 1 bis 3 mit Ausnahme jener Beträge, die aufgrund der wettbewerbsorientierten Indikatoren vergeben werden. Letztere werden für die jeweilige Leistungsvereinbarungsperiode vorabgeschätzt, die Zuteilung der endgültigen Beträge erfolgt jährlich im Nachhinein;

3. Inhalt, Ausmaß und Umfang der Ziele sowie Zeitpunkt der Zielerreichung;

(Anm.: Z 4 aufgehoben durch BGBl. I Nr. 8/2018)

5. Maßnahmen im Falle der Nichterfüllung der Leistungsvereinbarung;
6. Berichtswesen und Rechenschaftslegung.

(3) Die Leistungsvereinbarung kann bei gravierenden Veränderungen der ihr zugrunde liegenden Rahmenbedingungen sowie für besondere Finanzierungserfordernisse, zB für bestimmte Vorhaben zur Schaffung oder Unterstützung eines nationalen Hochschulraumes, einvernehmlich abgeändert werden. Kommt es zu keiner einvernehmlichen Abänderung, kann die Schlichtungskommission (§ 13a) angerufen werden. Liegt eine gravierende Veränderung der zugrunde liegenden Rahmenbedingungen vor, hat die Schlichtungskommission unter sinngemäßer Anwendung des Abs. 8 eine abgeänderte Leistungsvereinbarung zu erlassen.

(Anm.: Abs. 4 aufgehoben BGBl. I Nr. 8/2018)
(Anm.: Abs. 5 aufgehoben BGBl. I Nr. 81/2009)

(6) Das Rektorat hat dem Universitätsrat bis 30. April jeden Jahres eine Wissensbilanz über das abgelaufene Kalenderjahr vorzulegen. Der Universitätsrat hat die Wissensbilanz innerhalb von vier Wochen zu genehmigen und an die Bundesministerin oder den Bundesminister weiterzuleiten. Erfolgt bis zu diesem Zeitpunkt keine Genehmigung, ist die Wissensbilanz mit einer entsprechenden Stellungnahme dennoch weiterzuleiten. In der Wissensbilanz sind zumindest gesondert darzustellen:

1. der Wirkungsbereich, gesellschaftliche Zielsetzungen sowie selbst definierte Ziele und Strategien;
2. das intellektuelle Vermögen, differenziert in Human-, Struktur- und Beziehungskapital;
3. die in der Leistungsvereinbarung definierten Leistungsprozesse mit ihren Outputgrößen und Wirkungen.

Die Wissensbilanz hat einen Berichtsteil zu enthalten, der auf der Basis der Leistungsvereinbarung zu erstellen ist. Nach dem zweiten Budgetjahr ist überdies eine Prognose über die zu erwartenden Leistungsergebnisse aufzunehmen. Die Bundesministerin oder der Bundesminister hat durch Verordnung Richtlinien für den Aufbau und die Gestaltung der Wissensbilanz einschließlich des durch das Bundesministerium für Bildung,

Wissenschaft und Forschung durchzuführenden Datenclearingprozesses zu erlassen.

(7) Im dritten Jahr einer Leistungsperiode hat die Universität der Bundesministerin oder dem Bundesminister bis 30. April einen Entwurf für die nächste Leistungsvereinbarung vorzulegen. Die Bundesministerin oder der Bundesminister hat bis 31. August dazu Stellung zu nehmen. Die Verhandlungen über die Leistungsvereinbarung sind bis 31. Dezember abzuschließen.

(8) Kommt eine Leistungsvereinbarung nicht rechtzeitig zustande, bestimmt die Schlichtungskommission (§ 13a) auf Antrag der Bundesministerin oder des Bundesministers oder der betreffenden Universität im Rahmen der Bestimmungen dieses Bundesgesetzes unter Abwägung der wechselseitigen Interessen und auf der Grundlage des bisherigen Verhandlungsstandes den Inhalt der Leistungsvereinbarung durch Bescheid. Bis zur Rechtskraft dieses Bescheides gilt die Leistungsvereinbarung der vorhergehenden Leistungsperiode provisorisch weiter. Der Bescheid der Schlichtungskommission ersetzt die zu treffende Vereinbarung. Er steht dem späteren einvernehmlichen Abschluss einer Leistungsvereinbarung nach Abs. 1 nicht entgegen und tritt mit dem Abschluss einer solchen Vereinbarung außer Kraft.

(9) Die Bundesministerin oder der Bundesminister stellt von Amts wegen oder auf Antrag jener Universität, die Vertragspartner einer Leistungsvereinbarung nach Abs. 1 ist, durch Bescheid die Gültigkeit oder allfällige Ungültigkeit dieser Leistungsvereinbarung fest. Dies gilt nicht für jene Leistungsvereinbarungen, die durch Bescheid der Schlichtungskommission errichtet wurden. Die Universität hat in diesem Verfahren Parteistellung sowie das Recht, gegen den das Verfahren abschließenden Bescheid vor dem Bundesverwaltungsgericht Beschwerde zu führen.

(10) Die Bundesministerin oder der Bundesminister stellt von Amts wegen oder auf Antrag bescheidmäßig die aus einer Leistungsvereinbarung nach Abs. 1 oder Abs. 8 folgenden Verpflichtungen fest. Die Universität hat in diesem Verfahren Parteistellung sowie das Recht, gegen den das Verfahren abschließenden Bescheid vor dem Verwaltungsgerichtshof Beschwerde zu führen.

Schlichtungskommission

§ 13a. (1) Zur Entscheidung über Anträge nach § 13 Abs. 8 ist eine Schlichtungskommission beim Bundesministerium für Bildung, Wissenschaft und Forschung zu errichten.

(2) Die Schlichtungskommission besteht aus einer Richterin oder einem Richter des Aktivstands als Vorsitzender oder Vorsitzendem und vier Beisitzern. Die oder der Vorsitzende und eine Stellvertreterin oder ein Stellvertreter für den Fall der Verhinderung sind von der Bundesministerin oder dem Bundesminister auf Vorschlag der Präsidentin oder des Präsidenten des Obersten Gerichtshofes für die Dauer einer Funktionsperiode von fünf Jahren zu bestellen. Eine Wiederbestellung ist zulässig. Je zwei Beisitzer werden im Einzelfall vom Rektorat im Einvernehmen mit dem Universitätsrat der beteiligten Universität und von der Bundesministerin oder dem Bundesminister über Aufforderung der oder des Vorsitzenden für die Dauer des laufenden Verfahrens entsendet. Die Schlichtungskommission ist beschlussfähig, wenn alle Mitglieder anwesend sind. Sie fasst ihre Beschlüsse mit Stimmenmehrheit; eine Stimmenthaltung ist nicht zulässig.

(3) Die Beisitzer müssen eine entsprechende Tätigkeit in der wissenschaftlichen Lehre und Forschung oder im Universitätsmanagement aufweisen, die zur sachkundigen Beurteilung von Fragen der Steuerung und Finanzierung von Universitäten qualifiziert. Die Mitglieder der Schlichtungskommission dürfen keine Mitarbeiterinnen oder Mitarbeiter des für die Angelegenheiten der Universitäten zuständigen Bundesministeriums und keine Universitätsangehörigen gemäß § 94 der beteiligten Universität sein. Sie dürfen nicht Mitglieder der Bundesregierung oder einer Landesregierung, Mitglieder des Nationalrats, des Bundesrats oder eines sonstigen allgemeinen Vertretungskörpers und Funktionäre einer politischen Partei sowie Personen, die eine dieser Funktionen in den letzten vier Jahren ausgeübt haben, sein. Ferner müssen sie die Gewähr der Unabhängigkeit und Unparteilichkeit gegenüber den Parteien des Verfahrens erfüllen.

(4) Die Schlichtungskommission hat auf das Verfahren das Allgemeine Verwaltungsverfahrensgesetz 1991 – AVG, BGBl. Nr. 51/1991, anzuwenden, sofern dieses Bundesgesetz nicht anderes anordnet. Der Schlichtungskommission sind von den Parteien alle sachdienlichen Informationen (personenbezogene Daten gemäß Art. 4 Nr. 1 der Verordnung (EU) 2016/679 zum Schutz natürlicher Personen bei der Verarbeitung personenbezogener Daten, zum freien Datenverkehr und zur Aufhebung der Richtlinie 95/46/EG [Datenschutz-Grundverordnung], ABl. Nr. L 119 vom 04.05.2016 S. 1, [im Folgenden: DSGVO] und sonstige Informationen) zugänglich zu machen. Sie kann ferner bei Bedarf geeignete Personen als Sachverständige heranziehen. Im Übrigen ist die Geschäftsordnung der Schlichtungskommission von der Bundesministerin oder vom Bundesminister nach Anhörung der oder des Vorsitzenden durch Verordnung zu regeln. Vor der Erlassung eines Bescheides hat die Schlichtungskommission auf den Abschluss oder die einvernehmliche Abänderung einer Leistungsvereinbarung innerhalb einer vierwöchigen Frist ab Antragstellung hinzuwirken.

(5) Die Bundesministerin oder der Bundesminister hat die Vorsitzende oder den Vorsitzenden oder deren Stellvertreter mit Bescheid des Amtes zu entheben, wenn sich ergibt, dass die Voraussetzungen für die Bestellung nicht gegeben waren oder sie sich einer groben Verletzung oder dauernden Vernachlässigung ihrer Amtspflichten schuldig gemacht haben. Wird die Vorsitzende oder der Vorsitzende enthoben, ist die Stellvertreterin oder der Stellvertreter für die Dauer der laufenden Verfahren heranzuziehen, bis eine neue Vorsitzende oder ein neuer Vorsitzender bestellt wird.

(6) Die Mitglieder der Schlichtungskommission sind in Ausübung ihres Amtes unabhängig und an keine Weisungen gebunden. Entscheidungen der Schlichtungskommission unterliegen weder der Aufhebung noch der Abänderung im Verwaltungsweg. Gegen die Entscheidung ist die Anrufung des Bundesverwaltungsgerichts durch jede der beiden Parteien zulässig.

(7) Die Mitglieder der Schlichtungskommission haben Anspruch auf Ersatz der angemessenen Reisekosten und Barauslagen

sowie auf eine dem Zeit- und Arbeitsaufwand entsprechende Vergütung, die von der Bundesministerin oder vom Bundesminister durch Verordnung unter Bedachtnahme auf die Bedeutung und den Umfang der zu besorgenden Aufgaben festzusetzen ist.

Entwicklungsplan

§ 13b. (1) Der Entwicklungsplan ist das strategische Planungsinstrument der Universität und bildet eine wesentliche Grundlage für die Leistungsvereinbarung. Das Rektorat hat den Entwicklungsplan bis spätestens 31. Dezember des zweiten Jahres jeder Leistungsvereinbarungsperiode mittels rollierender Planung für die folgenden zwei Leistungsvereinbarungsperioden zu erstellen sowie nach Befassung des Senats (§ 25 Abs. 1 Z 2) und nach Genehmigung durch den Universitätsrat im Mitteilungsblatt zu verlautbaren und an die Bundesministerin oder den Bundesminister weiterzuleiten.

(2) Der Entwicklungsplan hat sich an der Struktur der Leistungsvereinbarung gemäß § 13 Abs. 2 Z 1 zu orientieren. Er beinhaltet die fachliche Widmung der für Universitätsprofessorinnen und Universitätsprofessoren gemäß § 98 Abs. 1 vorgesehenen Stellen einschließlich der Stellenwidmungen für Universitätsprofessorinnen und Universitätsprofessoren im Klinischen und Nichtklinischen Bereich gemäß § 123b Abs. 1. Der Entwicklungsplan hat eine Beschreibung der Personalstrategie sowie die Zahl der Universitätsprofessorinnen und Universitätsprofessoren gemäß §§ 98 und 99, soweit sie für mindestens drei Jahre bestellt sind, zu beinhalten. Er beinhaltet die fachliche Widmung der Stellen für Universitätsprofessorinnen und Universitätsprofessoren gemäß § 123b Abs. 1. Der Entwicklungsplan hat weiters eine Beschreibung der Personalentwicklung zu beinhalten. Diese umfasst auch die angestrebte Qualität eines Arbeitsplatzes auf allen Karrierestufen, insbesondere jedoch jene des wissenschaftlichen Nachwuchses. Außerdem sind die beabsichtigte Einführung von neuen ordentlichen Studien und die beabsichtigte Auflassung von ordentlichen Studien darzustellen.

(3) Im Entwicklungsplan ist weiters die Anzahl jener Stellen, die im Sinne des § 27 Abs. 1 des gemäß § 108 Abs. 3 abgeschlossenen Kollektivvertrages in der am 1. Oktober 2015 geltenden Fassung für eine Qualifizierungsvereinbarung in Betracht kommen, auszuweisen.

Evaluierung und Qualitätssicherung

§ 14. (1) Die Universitäten haben zur Qualitäts- und Leistungssicherung ein eigenes Qualitätsmanagementsystem aufzubauen, das die Aufgaben und das gesamte Leistungsspektrum der Universität umfasst. Das Qualitätsmanagementsystem sieht regelmäßige Evaluierungen des Leistungsspektrums gemäß den in der Satzung zu erlassenden Bestimmungen vor.

(2) Im Rahmen der Qualitätssicherung der Lehre sind Instrumente und Verfahren zu etablieren, die die angemessene Verteilung der ECTS-Anrechnungspunkte in den Curricula insbesondere bei deren Erstellung evaluieren.

(3) Evaluierungen haben nach fachbezogenen internationalen Evaluierungsstandards zu erfolgen. Die zu evaluierenden Bereiche des universitären Leistungsspektrums sind für jene Evaluierungen, die sich nur auf eine Universität beziehen, in der Leistungsvereinbarung festzulegen.

(4) Universitätsinterne Evaluierungen sind nach Maßgabe der Satzung kontinuierlich durchzuführen.

(5) Externe Evaluierungen sind, wenn sie
1. eine einzelne Universität betreffen, auf Veranlassung des Universitätsrats, des Rektorats oder der Bundesministerin oder des Bundesministers,
2. mehrere Universitäten betreffen, auf Veranlassung der Universitätsräte, der Rektorate der betreffenden Universitäten oder der Bundesministerin oder des Bundesministers
durchzuführen.

(6) Die betreffenden Universitäten und ihre Organe haben die für die Evaluierungen erforderlichen Daten und Informationen (personenbezogene Daten gemäß Art. 4 Nr. 1 DSGVO und

sonstige Informationen) zur Verfügung zu stellen und sind zur Mitwirkung verpflichtet.

(7) Die Leistungen der Universitätsprofessorinnen und Universitätsprofessoren sowie der Universitätsdozentinnen und Universitätsdozenten und der wissenschaftlichen und künstlerischen Mitarbeiterinnen und Mitarbeiter im Forschungs-, Kunst- und Lehrbetrieb sind regelmäßig, zumindest aber alle fünf Jahre, zu evaluieren. Die näheren Bestimmungen trifft die Satzung.

(8) Die Ergebnisse aller Evaluierungen sind den Entscheidungen der Universitätsorgane zugrunde zu legen. Die Beurteilung der Lehre durch die Studierenden ist bei den Leistungsvereinbarungen zu berücksichtigen.

(9) Der Aufwand für von der Bundesministerin oder vom Bundesminister veranlasste Evaluierungen ist vom Bund zu tragen.

3. Unterabschnitt
Gebarung und Rechnungswesen

Gebarung

§ 15. (1) Das Rektorat hat die Gebarung der Universität nach den Grundsätzen der Rechtmäßigkeit, Wirtschaftlichkeit, Zweckmäßigkeit, Sparsamkeit und Transparenz zu gestalten und den Haushalt der Universität mit entsprechender Sorgfalt zu führen.

(2) Die Universitäten können über ihre Einnahmen frei verfügen, sofern gesetzlich nicht anderes bestimmt ist. Allfällige Zweckwidmungen sind zu berücksichtigen.

(3) Die Gebarung der Universitäten erfolgt im eigenen Namen und auf eigene Rechnung.

(4) Die Begründung von Verbindlichkeiten, die über die laufende Geschäftstätigkeit der Universität hinausgehen, bedarf der Zustimmung des Universitätsrats. Dieser kann das Rektorat ermächtigen, Verbindlichkeiten bis zu einer bestimmten Höhe ohne seine vorherige Zustimmung einzugehen.

(4a) Die Universitäten haben unbeschadet von Abs. 4 vor dem Eingehen von Haftungen oder vor der Aufnahme von Krediten ab einer Betragsgrenze von 10 Millionen Euro die Zustimmung der Bundes-ministerin oder des Bundesministers einzuholen. Die Bundesministerin oder der Bundesminister hat binnen vier Monaten mit Bescheid zu entscheiden. Vor Erteilung der Zustimmung ist der Bundesministerin oder dem Bundesminister für Finanzen die Möglichkeit einer Stellungnahme einzuräumen. Die Zustimmung kann mit Bescheid verweigert werden, wenn das Eingehen der Haftung oder die Aufnahme des Kredits die finanzielle Leistungsfähigkeit der Universität überschreitet oder gefährdet. Gegen den Bescheid kann Beschwerde an das Bundesverwaltungsgericht erhoben werden. Durch Verordnung der Bundesministerin oder des Bundesministers kann für Gruppen von Universitäten unter Berücksichtigung des jeder Universität gemäß § 12 Abs. 6 zur Verfügung gestellten Globalbudgets eine höhere Betragsgrenze festgelegt werden.

(5) Für Verbindlichkeiten der Universitäten trifft den Bund keine Haftung, sofern gesetzlich nicht anderes bestimmt ist.

(6) Die Gebarung der Universitäten, der von ihnen gemäß § 10 Abs. 1 gegründeten Gesellschaften, Stiftungen und Vereine sowie die Gebarung jener Gesellschaften, deren Geschäftsanteile die Universität mittelbar oder unmittelbar zu mehr als 50 vH hält, unterliegt der Prüfung durch den Rechnungshof.

(7) Die Universitäten unterliegen dem Beteiligungs- und Finanzcontrolling gemäß § 67 BHG 2013.

Rechnungswesen und Berichte

§ 16. (1) An jeder Universität ist unter der Verantwortung und Leitung des Rektorats ein Rechnungswesen, einschließlich einer Kosten- und Leistungsrechnung, sowie ein Berichtswesen einzurichten, die den Aufgaben der Universität entsprechen. Für das Rechnungswesen ist der erste Abschnitt des dritten Buches des Unternehmensgesetzbuches – UGB, dRGBl. S 219/1897, sinngemäß anzuwenden.

(2) Jede Universität kann darüber hinaus weitere Abschnitte des dritten Buches des UGB anwenden, um damit ihrer Verpflich-

tung zur Rechnungslegung bei Wahrung der Vergleichbarkeit mit den anderen Universitäten nachzukommen. Die Bundesministerin oder der Bundesminister hat im Einvernehmen mit der Bundesministerin oder dem Bundesminister für Finanzen durch Verordnung die erforderlichen Regelungen, Anpassungen und Ergänzungen für die Gliederung des Rechnungsabschlusses, bestehend aus Bilanz sowie Gewinn- und Verlustrechnung, für die Bewertung der Vermögensgegenstände und Schulden, für die Anwendung von Bewertungsvereinfachungsverfahren, für die Prüfung des Rechnungsabschlusses, für die Aufnahme entsprechender Erläuterungen und für eine einheitliche Anwendung dieser Grundsätze festzulegen.

(2a) Die Bundesministerin oder der Bundesminister hat nach Anhörung der Universitäten im Einvernehmen mit der Bundesministerin oder dem Bundesminister für Finanzen durch Verordnung einheitliche Standards für die Kosten- und Leistungsrechnung gemäß Abs. 1 sicherzustellen.

(3) Das Rechnungsjahr der Universitäten entspricht dem Kalenderjahr, soweit nicht in der Verordnung gemäß Abs. 2 etwas anderes angeordnet wird.

(4) Das Rektorat hat dem Universitätsrat bis 30. April einen Rechnungsabschluss über das abgelaufene Rechnungsjahr zusammen mit einem Bericht einer Abschlussprüferin oder eines Abschlussprüfers vorzulegen. Die Abschlussprüferin oder der Abschlussprüfer ist vom Universitätsrat längstens sechs Monate vor Ablauf des Rechnungsjahres mit der Prüfung des Rechnungswesens und des Rechnungsabschlusses zu beauftragen. Die Abschlussprüferin oder der Abschlussprüfer muss eine von der Universität unabhängige beeidete Wirtschaftsprüferin und Steuerberaterin oder ein von der Universität unabhängiger beeideter Wirtschaftsprüfer und Steuerberater oder eine Wirtschaftsprüfungs- und Steuerberatungsgesellschaft sein.

(5) Der Universitätsrat hat den vom Rektorat vorgelegten Rechnungsabschluss innerhalb von vier Wochen zu genehmigen und an die Bundesministerin oder den Bundesminister weiterzuleiten. Erfolgt bis zu diesem Zeitpunkt keine Genehmigung,

ist der Rechnungsabschluss mit einer entsprechenden Stellungnahme dennoch weiterzuleiten.

(6) Die Bundesministerin oder der Bundesminister kann durch Verordnung festlegen, dass die Universitäten ihr oder ihm laufend automationsunterstützt und in technisch geeigneter Form den Zugang zu den für die Planung, die Steuerung und die Statistik benötigten standardisierten personenbezogenen Daten (Art. 4 Nr. 1 DSGVO) und sonstigen Informationen, insbesondere für die Berechnung der Indikatoren gemäß § 12 Abs. 8, ermöglichen.

Inanspruchnahme von Dienstleistungen

§ 17. (1) Die Bundesrechenzentrum GmbH hat die Universitäten auf deren Verlangen und gegen Entgelt bei der Einrichtung, Fortentwicklung und beim Betrieb der IT-Verfahren zu unterstützen, die für ein Rechnungswesen gemäß § 16 und eine Personalverwaltung gemäß §§ 125 ff erforderlich sind.

(2) Für die Personalverrechnung der Beamtinnen und Beamten sind die von der Bundesrechenzentrum GmbH betriebenen diesbezüglichen IT-Verfahren jedenfalls in Anspruch zu nehmen. Aufgrund der Verarbeitung personenbezogener Daten wird die Bundesrechenzentrum GmbH dabei als Auftragsverarbeiter im Sinne des Art. 28 DSGVO tätig.

**Gewerbe- und abgabenrechtliche
Stellung der Universitäten**

§ 18. (1) Bei der Erfüllung ihrer Aufgaben unterliegen die Universitäten nicht den Bestimmungen der Gewerbeordnung 1994 (GewO 1994), BGBl. Nr. 194/1994.

(2) Alle dem Bund auf Grund bundesgesetzlicher Bestimmungen eingeräumten abgaben- und gebührenrechtlichen Begünstigungen finden auch auf die Universitäten Anwendung, soweit diese in Erfüllung ihrer gesetzlichen Aufgaben tätig werden.

2. Abschnitt
Leitung und innerer Aufbau der Universität

1. Unterabschnitt
Bestimmungen für alle Universitäten

Satzung

§ 19. (1) Jede Universität erlässt durch Verordnung (Satzung) die erforderlichen Ordnungsvorschriften im Rahmen der Gesetze und Verordnungen selbst. Die Satzung ist vom Senat auf Vorschlag des Rektorats mit einfacher Mehrheit zu beschließen und zu ändern.

(2) In der Satzung sind insbesondere folgende Angelegenheiten zu regeln:
1. Wahlordnung für die Wahl der Mitglieder des Universitätsrats, des Senats und anderer Organe;
2. Einrichtung eines für die Vollziehung der studienrechtlichen Bestimmungen zuständigen monokratischen Organs und Festlegung von Rahmenbedingungen für eine etwaige Delegation von Aufgaben;
3. generelle Richtlinien für die Durchführung, Veröffentlichung und Umsetzung von Evaluierungen;
4. studienrechtliche Bestimmungen nach Maßgabe des II. Teils dieses Bundesgesetzes;
5. Zusammensetzung des Arbeitskreises für Gleichbehandlungsfragen (§ 42 Abs. 2);
6. Frauenförderungsplan und Gleichstellungsplan (§ 20b);
7. Einrichtung einer Organisationseinheit zur Koordination der Aufgaben der Gleichstellung, der Frauenförderung sowie der Geschlechterforschung;
8. Richtlinien für akademische Ehrungen;
9. Art und Ausmaß der Einbindung der Absolventinnen und Absolventen der Universität.

(2a) In die Satzung können Bestimmungen betreffend Maßnahmen bei Plagiaten oder anderem Vortäuschen von wissenschaftlichen oder künstlerischen Leistungen insbesondere im

Rahmen von schriftlichen Seminar- und Prüfungsarbeiten, Bachelorarbeiten sowie wissenschaftlichen und künstlerischen Arbeiten aufgenommen werden. Darüber hinaus kann das Rektorat über einen allfälligen Ausschluss vom Studium in der Dauer von höchstens zwei Semestern bei schwerwiegendem und vorsätzlichem Plagiieren oder schwerwiegendem und vorsätzlichem anderen Vortäuschen von wissenschaftlichen oder künstlerischen Leistungen im Rahmen von Abschlussarbeiten (Bachelorarbeiten sowie wissenschaftliche und künstlerische Arbeiten) mit Bescheid entscheiden.

(2b) In die Satzung können Bestimmungen über die Verwendung von Fremdsprachen bei der Abhaltung von Lehrveranstaltungen und Prüfungen und bei der Abfassung von wissenschaftlichen Arbeiten aufgenommen werden.

(3) Wahlen sind geheim durchzuführen, das Wahlrecht ist persönlich und unmittelbar auszuüben.

Leitung und innere Organisation

§ 20. (1) Die obersten Organe der Universität sind der Universitätsrat, das Rektorat, die Rektorin
oder der Rektor und der Senat.

(2) Die Mitgliedschaft in mehr als einem der obersten Organe der Universität ist unzulässig.

(3) Die Mitglieder von Kollegialorganen sind bei der Ausübung dieser Funktion an keine Weisungen oder Aufträge gebunden (Art. 81c Abs. 1 B-VG). Sie haben mit einfacher Stimmenmehrheit eine Vorsitzende oder einen Vorsitzenden zu wählen. Kommt eine zur Wahl, Entsendung oder Nominierung von Vertreterinnen und Vertretern in ein Kollegialorgan der Universität berufene Personengruppe dieser Verpflichtung nicht zeitgerecht nach, hat der Universitätsrat dieser Personengruppe eine einmalige Nachfrist zur Nachholung der Wahl, Entsendung oder Nominierung zu setzen. Kommt der Senat seiner Verpflichtung zur Wahl der Mitglieder des Universitätsrats gemäß § 21 Abs. 6 Z 1 oder Abs. 7 nicht zeitgerecht nach,

hat die Bundesministerin oder der Bundesminister dem Senat eine einmalige Nachfrist zur Nachholung der Wahl zu setzen. Verstreicht diese Frist ergebnislos, gilt das Kollegialorgan auch ohne Vertreterinnen und Vertreter dieser Personengruppe als gesetzmäßig zusammengesetzt.

(3a) Die Nutzung von Mitteln der elektronischen Kommunikation für Sitzungen von Kollegialorganen ist zulässig. Näheres ist in der Geschäftsordnung des Kollegialorgans zu regeln, wobei insbesondere die sichere Identifizierung der Mitglieder und zuverlässige Feststellung der Erfüllung von Beschlusserfordernissen sicherzustellen sind. Personen, die mit Mitteln der elektronischen Kommunikation an der Sitzung des Kollegialorgans teilnehmen, gelten als persönlich anwesend. Für die vom Senat gemäß § 25 Abs. 7 und 8 eingerichteten Kollegialorgane sind in der Satzung Rahmenbedingungen für die Nutzung von Mitteln der elektronischen Kommunikation festzulegen.

(4) Das Rektorat hat nach Stellungnahme des Senats einen Organisationsplan zu erstellen, der der Genehmigung des Universitätsrats bedarf. Bei der Einrichtung von Organisationseinheiten (Departments, Fakultäten, Institute oder andere Organisationseinheiten) ist auf eine zweckmäßige Zusammenfassung nach den Gesichtspunkten von Forschung, Entwicklung und Erschließung der Künste, Lehre und Lernen sowie Verwaltung zu achten. Das Rektorat hat sicherzustellen, dass den Organisationseinheiten die zur Erfüllung ihrer Aufgaben erforderlichen Ressourcen zugewiesen werden.

(5) Zur Leiterin oder zum Leiter einer Organisationseinheit mit Forschungs- und Lehraufgaben oder Aufgaben der Entwicklung und Erschließung der Künste und der Lehre der Kunst ist vom Rektorat auf Vorschlag der Universitätsprofessorinnen und Universitätsprofessoren der betreffenden Organisationseinheit eine entsprechend qualifizierte Person mit einem aufrechten Dienstverhältnis zum Bund, die der Universität zur Dienstleistung zugewiesen ist, oder einem aufrechten Arbeitsverhältnis zur Universität zu bestellen. Diese Leiterinnen und Leiter haben mit den der betreffenden Organisationseinheit zugeordneten Ange-

hörigen der Universität Zielvereinbarungen über die Leistungen in Forschung oder Entwicklung und Erschließung der Künste sowie in der Lehre abzuschließen, die von diesen Angehörigen zu erbringen sind. Dabei ist auf die Freiheit der Wissenschaft und der Künste und auf einen entsprechenden Freiraum der einzelnen Wissenschafterinnen und Wissenschafter sowie Künstlerinnen und Künstler in der Forschung oder bei der Entwicklung und Erschließung der Künste sowie in der Lehre Bedacht zu nehmen. Nähere Bestimmungen sind in der Satzung festzulegen.

(5a) Die Leiterin oder der Leiter einer Organisationseinheit mit Forschungs- und Lehraufgaben oder Aufgaben der Entwicklung und Erschließung der Künste und der Lehre der Kunst kann vom Rektorat wegen einer schweren Pflichtverletzung, einer strafgerichtlichen Verurteilung, wegen mangelnder gesundheitlicher Eignung oder wegen eines begründeten Vertrauensverlustes von ihrer oder seiner Funktion durch Bescheid abberufen werden.

(6) Jede Universität hat ein Mitteilungsblatt herauszugeben und im Internet auf der Homepage der Universität öffentlich zugänglich zu machen. Im Mitteilungsblatt sind insbesondere kundzumachen:

1. Satzung, Entwicklungsplan und Organisationsplan einschließlich der Personalzuordnung;
2. Eröffnungsbilanz;
3. Leistungsvereinbarung unverzüglich nach deren Abschluss, Rechnungsabschluss und Wissensbilanz unverzüglich nach deren Weiterleitung an die Bundesministerin oder den Bundesminister;
4. Verordnungen und Geschäftsordnungen von Organen;
5. Richtlinien der Leitungsorgane;
6. Curricula;
7. von der Universität zu verleihende akademische Grade sowie Bezeichnungen für die Absolventinnen und Absolventen von Universitätslehrgängen;
8. Mitteilungen an die Studierenden sowie sonstige Verlautbarungen von allgemeinem Interesse;

9. Ausschreibung und Ergebnisse von Wahlen;
10. Ausschreibung von Stellen und Leitungsfunktionen;
11. Mitglieder der Leitungsorgane;
12. Verleihung von Lehrbefugnissen;
13. Berechtigungen und erteilte Bevollmächtigungen;
14. Verwendung der Studienbeiträge;
15. Vergütung für die Mitglieder des Universitätsrats.

(7) Personen ohne österreichische Staatsbürgerschaft können – unbeschadet anderer in diesem Bundesgesetz geregelter Voraussetzungen – Organfunktionen im Rahmen von monokratischen und kollegialen Universitätsorganen übernehmen.

Geschlechtergerechte Zusammensetzung von Kollegialorganen

§ 20a. (1) § 20a gilt für alle gemäß diesem Bundesgesetz sowie durch den Organisationsplan und die Satzung der Universität eingerichteten Kollegialorgane, sofern in diesem Bundesgesetz nichts anderes bestimmt ist. Prüfungskommissionen sind von der Anwendung dieser Bestimmung ausgenommen.

(2) Jedem Kollegialorgan gemäß Abs. 1 haben mindestens 50 vH Frauen anzugehören. Bei Kollegialorganen mit einer ungeraden Anzahl von Mitgliedern erfolgt die Berechnung, indem die Anzahl der Mitglieder rechnerisch um ein Mitglied zu reduzieren ist und der erforderliche Frauenanteil von dieser Anzahl zu bestimmen ist.

(3) Sowohl der Senat als auch die Bundesregierung haben bei der Wahl bzw. Bestellung der Mitglieder des Universitätsrats Abs. 2 zu beachten.

(4) Die Erstellung der Liste der Kandidatinnen und Kandidaten als Teil der Wahlvorschläge für die zu wählenden Vertreterinnen und Vertreter der Gruppen gemäß § 25 Abs. 4 Z 1, 2 und 3 hat so zu erfolgen, dass mindestens 50 vH Frauen an wählbarer Stelle zu reihen sind. Dies gilt auch für die zu wählenden Ersatzmitglieder. Abs. 2 zweiter Satz ist anzuwenden. Erhebt der Arbeitskreis für Gleichbehandlungsfragen keine Einreden der

Mangelhaftigkeit der Wahlvorschläge gemäß § 42 Abs. 8d, gilt der auf Grund dieser Wahlvorschläge gewählte Senat jedenfalls im Hinblick auf Abs. 2 als richtig zusammengesetzt.

Frauenförderungsplan und Gleichstellungsplan

§ 20b. (1) Der Frauenförderungsplan und der Gleichstellungsplan sind Teil der Satzung (§ 19 Abs. 2 Z 6). Das Recht auf Vorschlag des Frauenförderungsplanes und des Gleichstellungsplans sowie das Recht auf Vorschlag einer Änderung des Frauenförderungsplanes und des Gleichstellungsplanes an das Rektorat stehen dem Arbeitskreis für Gleichbehandlungsfragen zu (§ 44). Ein Abgehen vom Vorschlag des Arbeitskreises für Gleichbehandlungsfragen durch das Rektorat ist nur mit einer entsprechenden Begründung an den Arbeitskreis für Gleichbehandlungsfragen möglich. Über den Frauenförderungsplan und der Gleichstellungsplan ist innerhalb von sechs Monaten ab Vorlage des Vorschlages des Rektorats vom Senat ein Beschluss zu fassen.

(2) Der Frauenförderungsplan und der Gleichstellungsplan dienen der Umsetzung der verfassungsrechtlichen Vorgaben zur tatsächlichen Gleichstellung gemäß Art. 7 Abs. 2 und 3 B-VG sowie des Bundes-Gleichbehandlungsgesetzes – B-GlBG, BGBl. Nr. 100/1993, im Hinblick auf die Universitäten und die Bestimmungen dieses Bundesgesetzes zur Gleichstellung und Gleichbehandlung von Frauen und Männern. Zusätzlich zum Frauenförderungsplan gemäß § 11a B-GlBG sind in einem eigenen Gleichstellungsplan insbesondere die Bereiche Vereinbarkeit (§ 2 Z 13) sowie Antidiskriminierung (2. Hauptstück des I. Teils B-GlBG) zu regeln.

Interuniversitäre Organisationseinheiten

§ 20c. (1) Zur Durchführung von Kooperationen in der Lehre, in der Forschung bzw. Entwicklung und Erschließung der Künste oder in der Verwaltung können durch übereinstimmende Regelungen in den Organisationsplänen zweier oder mehrerer Universitäten interuniversitäre Organisationseinheiten eingerichtet und deren Aufgabenbereiche geregelt werden. Änderungen und Erweiterungen des Wirkungsbereiches der jeweiligen Universität setzen eine entsprechende Festlegung in der Leistungsvereinbarung voraus (§ 7 Abs. 3). Die Auflassung von interuniversitären Organisationseinheiten erfolgt ebenfalls durch übereinstimmende Regelungen in den Organisationsplänen der beteiligten Universitäten.

(2) Zur Leiterin oder zum Leiter der interuniversitären Organisationseinheit mit Forschungs- und Lehraufgaben oder Aufgaben der Entwicklung und Erschließung der Künste und der Lehre der Kunst ist für eine Dauer von vier Jahren durch übereinstimmende Beschlüsse der Rektorate der beteiligten Universitäten auf Vorschlag der Universitätsprofessorinnen und Universitätsprofessoren der interuniversitären Organisationseinheit eine entsprechend qualifizierte Person mit einem aufrechten Dienstverhältnis zum Bund, die einer der beteiligten Universitäten zur Dienstleistung zugewiesen ist, oder mit einem aufrechten Arbeitsverhältnis zu einer der beteiligten Universitäten zu bestellen.

(3) Zur Leiterin oder zum Leiter der interuniversitären Organisationseinheit mit Verwaltungsaufgaben ist durch übereinstimmende Beschlüsse der Rektorate der beteiligten Universitäten eine entsprechend qualifizierte Person zu bestellen.

(4) Die Leiterin oder der Leiter der interuniversitären Organisationseinheit kann durch übereinstimmende Beschlüsse der Rektorate der beteiligten Universitäten wegen einer schweren Pflichtverletzung, einer strafgerichtlichen Verurteilung, wegen mangelnder gesundheitlicher Eignung oder wegen eines begründeten Vertrauensverlustes von ihrer oder seiner Funktion mittels Bescheid jenes Rektorats, mit dem die Leiterin oder der Leiter in einem aufrechten Arbeitsverhältnis steht, abberufen werden.

(5) Durch übereinstimmende Regelungen in den Organisationsplänen der beteiligten Universitäten ist überdies insbesondere zu regeln:
  1. Abschluss der Zielvereinbarung zwischen dem Rektorat und der Leiterin oder dem Leiter der interuniversitären Organisationseinheit mit Forschungs- und Lehraufgaben

oder Aufgaben der Entwicklung und Erschließung der Künste und der Lehre der Kunst,
2. Abschluss der Zielvereinbarungen zwischen der Leiterin oder dem Leiter und dem der betreffenden interuniversitären Organisationseinheit zugeordneten wissenschaftlichen und künstlerischen Personal,
3. Zuordnung des erforderlichen Personals zur interuniversitären Organisationseinheit; die betreffenden Personen bleiben Angehörige der Universität, mit der sie bereits einen Arbeitsvertrag abgeschlossen haben,
4. Dienst- und Fachaufsicht über das der interuniversitären Organisationseinheit zugeordnete Personal.

(6) Durch schriftliche Vereinbarung zwischen den Rektoraten der beteiligten Universitäten ist insbesondere zu regeln:
1. Ausgestaltung der arbeitsrechtlichen Beziehungen des der interuniversitären Organisationseinheit zugeordneten Personals,
2. Regelungen für die wirtschaftliche Gebarung,
3. Nutzung der Infrastruktur,
4. Anschaffung von erforderlichen Sachmitteln,
5. Durchführung von Vorhaben gemäß §§ 26 und 27 unter sinngemäßer Anwendung dieser Bestimmungen,
6. Aufteilung der auf Grund von Tätigkeiten gemäß §§ 26 und 27 eingeworbenen Drittmittel sowie des geistigen Eigentums an den Forschungsergebnissen auf die beteiligten Universitäten und die Zuordnung sonstiger Leistungen der interuniversitären Organisationseinheit.

(7) Für Kooperationen in der Lehre sind die Bestimmungen über die gemeinsam eingerichteten Studien oder gemeinsamen Studienprogramme anzuwenden.

Universitätsrat

§ 21. (1) Der Universitätsrat hat in seiner Funktion als begleitend und vorausschauend tätiges Aufsichtsorgan folgende Aufgaben:

1. Genehmigung des Entwicklungsplans, des Organisationsplans, des Entwurfs der Leistungsvereinbarung sowie der Geschäftsordnung des Rektorats;
2. Ausschreibung der Funktion der Rektorin oder des Rektors spätestens acht Monate vor dem voraussichtlichen Freiwerden dieser Funktion bzw. innerhalb von drei Monaten ab dem Zeitpunkt der Abberufung oder des Rücktritts;
3. Erlassung der Bestimmungen für die Wahl der Rektorin oder des Rektors nach Einholung einer Stellungnahme des Senates, die dieser innerhalb von vier Wochen nach Vorlage abzugeben hat;
4. Wahl der Rektorin oder des Rektors aus dem Dreiervorschlag des Senats innerhalb von vier Wochen ab Vorlage des Vorschlags;
5. Wahl der Vizerektorinnen und Vizerektoren auf Grund eines Vorschlags der Rektorin oder des Rektors und nach Stellungnahme des Senats;
6. Abschluss der Zielvereinbarungen mit der Rektorin oder dem Rektor und dem Rektorat;
6a. Abschluss der Arbeitsverträge mit der Rektorin oder dem Rektor und den Vizerektorinnen und Vizerektoren;
7. Abberufung der Rektorin oder des Rektors und der Vizerektorinnen und Vizerektoren;
8. Nominierung eines weiblichen und eines männlichen Mitglieds für die Schiedskommission;
9. Genehmigung der Gründung von Gesellschaften und Stiftungen sowie der Beteiligung an Gesellschaften;
10. Genehmigung der Richtlinien für die Gebarung sowie Genehmigung des Rechnungsabschlusses und der Wissensbilanz des Rektorats und Weiterleitung an die Bundesministerin oder den Bundesminister;
11. Bestellung einer Abschlussprüferin oder eines Abschlussprüfers zur Prüfung des Rechnungsabschlusses der Universität;

12. Zustimmung zur Begründung von Verbindlichkeiten, die über die laufende Geschäftstätigkeit der Universität hinausgehen, sowie Ermächtigung des Rektorats, solche Verbindlichkeiten bis zu einer bestimmten Höhe ohne vorherige Einholung der Zustimmung des Universitätsrats einzugehen;
13. Pflicht zur unverzüglichen Berichterstattung an die Bundesministerin oder den Bundesminister bei schwerwiegenden Rechtsverstößen von Universitätsorganen, Gefahr eines schweren wirtschaftlichen Schadens, Vorliegen von für die strategische Ausrichtung der jeweiligen Universität wesentlichen Entwicklungen sowie Vorliegen von Umständen, welche die Universitätsleitung gravierend beeinträchtigen;
14. Zustimmung zum Budgetvoranschlag innerhalb von vier Wochen ab Vorlage durch das Rektorat; verweigert der Universitätsrat innerhalb von vier Wochen ab Vorlage die Zustimmung, hat das Rektorat unverzüglich einen neuen Budgetvoranschlag vorzulegen; stimmt der Universitätsrat nicht fristgerecht zu, gilt der Budgetvoranschlag als genehmigt;
15. Stellungnahme zur Leistungsvereinbarung vor Abschluss durch die Rektorin oder den Rektor innerhalb von drei Wochen;
16. Erlassung der Geschäftsordnung des Universitätsrats.

(2) Der Universitätsrat oder jeweils mindestens zwei Mitglieder des Universitätsrats gemeinsam sind berechtigt, sich über alle Angelegenheiten der Universität zu informieren. Die Stellungnahme hat an den Universitätsrat zu ergehen und ist in der nächstfolgenden Sitzung des Universitätsrats zu behandeln. Die Universitätsorgane sind verpflichtet, dem Universitätsrat alle zweckdienlichen Auskünfte zu erteilen, Geschäftsstücke und Unterlagen über die vom Universitätsrat bezeichneten Gegenstände vorzulegen, von ihm angeordnete Erhebungen anzustellen und Überprüfungen an Ort und Stelle vornehmen zu lassen.

Dies kann allenfalls auch personenbezogene Daten (Art. 4 Nr. 1 DSGVO) umfassen.

(3) Der Universitätsrat besteht aus fünf, sieben oder neun Mitgliedern, die in verantwortungsvollen Positionen in der Gesellschaft, insbesondere der Wissenschaft, Kultur oder Wirtschaft, tätig sind oder waren und auf Grund ihrer hervorragenden Kenntnisse und Erfahrungen einen Beitrag zur Erreichung der Ziele und Aufgaben der Universität leisten können. Über eine Änderung der Größe des Universitätsrats entscheidet der Senat mit Zweidrittelmehrheit.

(4) Dem Universitätsrat dürfen Mitglieder der Bundesregierung, Staatssekretärinnen und Staatssekretäre, Mitglieder einer Landesregierung, Mitglieder des Nationalrats, des Bundesrats oder eines sonstigen allgemeinen Vertretungskörpers und Funktionäre einer politischen Partei sowie Personen nicht angehören, die eine dieser Funktionen in den letzten vier Jahren ausgeübt haben oder die an der betreffenden Universität in den letzten vier Jahren Mitglied des Rektorats waren.

(5) Die Mitglieder des Universitätsrats dürfen keine Universitätsangehörigen gemäß §§ 125, 132 und 133, keine Arbeitnehmerinnen und Arbeitnehmer der Universität, keine Mitglieder oder Ersatzmitglieder der Schiedskommission der Universität, keine Mitglieder eines obersten Organs einer anderen Universität und keine Mitarbeiterinnen oder Mitarbeiter des für die Angelegenheiten der Universitäten zuständigen Bundesministeriums sein. Die Mitgliedschaft in mehr als einem Universitätsrat ist unzulässig. Geschäftsbeziehungen zwischen einem Mitglied des Universitätsrats und der Universität bedürfen der Genehmigung durch den Universitätsrat, die nur dann erteilt werden darf, wenn keine Befangenheit vorliegt. Mögliche Interessenkonflikte haben die Mitglieder dem Universitätsrat unverzüglich zu melden. Ein Mitglied eines Universitätsrats darf nicht in einem Weisungs- oder Kontrollverhältnis zu einem anderen Mitglied desselben Universitätsrats stehen.

(6) Dem Universitätsrat gehören nach Maßgabe des Abs. 3 folgende fünf, sieben oder neun Mitglieder an:

1. zwei, drei oder vier Mitglieder, die vom Senat gewählt werden;
2. zwei, drei oder vier Mitglieder, die von der Bundesregierung auf Vorschlag der Bundesministerin oder des Bundesministers bestellt werden;
3. ein weiteres Mitglied, das von den unter Z 1 und 2 genannten Mitgliedern einvernehmlich bestellt wird.

Der Senat und die Bundesregierung haben gleich viele Mitglieder zu bestellen, die Bestellung der Mitglieder gemäß Z 2 hat nach der Wahl der Mitglieder gemäß Z 1 zu erfolgen. Die Bundesministerin oder der Bundesminister hat ihre oder seine Vorschläge für die von der Bundesregierung zu bestellenden Mitglieder zu begründen. Vorschläge für die durch den Senat zu wählenden Mitglieder an den Senat sind ebenfalls zu begründen.

(Anm.: Abs. 6a aufgehoben durch BGBl. I Nr. 21/2015)

(7) Kommt es bis zum 30. April des betreffenden Jahres zu keiner einvernehmlichen Bestellung des weiteren Mitglieds gemäß Abs. 6 Z 3, hat die Bundesministerin oder der Bundesminister eine angemessene Nachfrist zu setzen. Verstreicht diese ergebnislos, ist dieses Mitglied des Universitätsrats vom Senat aus einem Dreiervorschlag des Präsidiums der Österreichischen Akademie der Wissenschaften auszuwählen. Das Präsidium der Österreichischen Akademie der Wissenschaften hat den Dreiervorschlag binnen einem Monat nach Befassung durch die Bundesministerin oder den Bundesminister vorzulegen.

(8) Die Funktionsperiode der Mitglieder beträgt fünf Jahre und beginnt mit dem 1. März des betreffenden Jahres. Die Einladung zur ersten Sitzung des Universitätsrats erfolgt durch die Vorsitzende oder den Vorsitzenden der vorhergegangenen Funktionsperiode, allenfalls durch die Rektorin oder den Rektor. Der Universitätsrat hat sich unverzüglich zu konstituieren und längstens bis 30. April des betreffenden Jahres das weitere Mitglied (Abs. 6 Z 3) zu bestellen. Die Wahl der oder des Vorsitzenden hat bis zum 30. April des betreffenden Jahres zu erfolgen. Eine Wiederwahl oder Wiederbestellung eines Mitgliedes ist zulässig, sofern nicht insgesamt eine Amtszeit von zehn Jahren über-

schritten wird. Bei vorzeitigem Ausscheiden eines Mitglieds des Universitätsrats ist für den Rest der Funktionsperiode ein neues Mitglied auf dieselbe Art wie das ausgeschiedene Mitglied zu wählen oder zu bestellen.

(9) Die oder der Vorsitzende des Universitätsrats wird vom Universitätsrat aus dem Kreis der Mitglieder mit einfacher Mehrheit gewählt.

(10) Die Mitglieder des Universitätsrats sind bei ihrer Tätigkeit zu entsprechender Sorgfalt verpflichtet.

(11) Die Mitglieder des Universitätsrats erhalten für ihre Tätigkeit eine Vergütung des Zeit- und Arbeitsaufwandes, die vom Universitätsrat festzusetzen ist. Die Bundesministerin oder der Bundesminister hat insbesondere unter Berücksichtigung der Größe der Universität und des daraus resultierenden Zeit- und Arbeitsaufwandes durch Verordnung Obergrenzen für die Vergütung festzusetzen, wobei für Gruppen von Universitäten unterschiedliche Obergrenzen festgelegt werden können. Die Höhe der Vergütung ist im Mitteilungsblatt zu veröffentlichen.

(12) Der Universitätsrat ist beschlussfähig, wenn wenigstens die Hälfte der gemäß Abs. 3 festgelegten Anzahl der Mitglieder persönlich anwesend ist. Stimmübertragungen sind unzulässig. Der Universitätsrat entscheidet mit Stimmenmehrheit, sofern in diesem Bundesgesetz nicht anderes bestimmt ist. Dies gilt auch, wenn ein Mitglied oder mehrere Mitglieder vorzeitig aus dem Universitätsrat ausscheiden oder das neue Mitglied oder die neuen Mitglieder noch nicht gewählt oder bestellt wurden oder das zusätzliche Mitglied noch nicht bestellt worden ist.

(13) Die Mitgliedschaft im Universitätsrat endet
1. durch Ablauf der Funktionsperiode;
2. durch Verzicht;
3. durch Abberufung;
4. durch Tod;
5. durch Ablauf der zehnjährigen Amtszeit.

(14) Die Bundesministerin oder der Bundesminister kann ein Mitglied des Universitätsrats wegen einer schweren Pflichtverletzung, einer strafgerichtlichen Verurteilung oder wegen

mangelnder gesundheitlicher Eignung mit Bescheid von seiner Funktion abberufen. Eine Abberufung setzt übereinstimmende Beschlüsse des Senats und des Rektorats voraus, die beide einer Zweidrittelmehrheit bedürfen.

(15) Das Rektorat, die oder der Vorsitzende des Senats, die oder der Vorsitzende des Arbeitskreises für Gleichbehandlungsfragen und die oder der Vorsitzende der Hochschülerinnen- und Hochschülerschaft an der betreffenden Universität haben das Recht, in den Sitzungen des Universitätsrats zu Tagesordnungspunkten angehört zu werden, die ihren Aufgabenbereich betreffen. Die Vorsitzenden der beiden Betriebsräte gemäß § 135 Abs. 3 sind einzuladen und haben jeweils das Recht, an den Sitzungen teilzunehmen, Anträge zu allen Tagesordnungspunkten zu stellen sowie zusätzliche Punkte auf die Tagesordnung setzen zu lassen, die mit der Ausübung ihrer Funktion als Betriebsrat im Rahmen ihrer innerbetrieblichen Interessenwahrnehmungskompetenz nach dem Arbeitsverfassungsgesetz (ArbVG), BGBl. Nr. 22/1974, unmittelbar in Zusammenhang stehen und in die Zuständigkeit des Universitätsrats fallen. Sie sind bei diesen Punkten stimmberechtigt, wobei diesbezügliche Beschlüsse der Zweidrittelmehrheit der Anwesenden bedürfen. Den Vorsitzenden der beiden Betriebsräte ist unverzüglich jeweils eine Abschrift der Protokolle der Sitzungen des Universitätsrats zu übermitteln.

(16) Das Rektorat hat dem Universitätsrat die für die Erfüllung seiner Aufgaben entsprechenden Personal- und Sachressourcen sowie die erforderlichen Räume zur Verfügung zu stellen.

Rektorat

§ 22. (1) Das Rektorat leitet die Universität und vertritt diese nach außen. Es hat alle Aufgaben wahrzunehmen, die durch dieses Bundesgesetz nicht einem anderen Organ zugewiesen sind. Zu seinen Aufgaben zählen insbesondere:
1. Erstellung eines Entwurfs der Satzung sowie von Entwürfen von Satzungsänderungen zur Vorlage an den Senat;

2. Erstellung eines Entwicklungsplans der Universität zur Vorlage an den Senat und an den Universitätsrat;
3. Erstellung eines Organisationsplans der Universität zur Vorlage an den Senat und an den Universitätsrat;
4. Erstellung eines Entwurfs der Leistungsvereinbarung zur Vorlage an den Universitätsrat;
5. Bestellung und Abberufung der Leiterinnen und Leiter von Organisationseinheiten;
6. Abschluss von Zielvereinbarungen mit den Leiterinnen und Leitern der Organisationseinheiten;
7. Zuordnung der Universitätsangehörigen (§ 94 Abs. 1 Z 2 bis 6) zu den einzelnen Organisationseinheiten;
8. Aufnahme der Studierenden;
9. Einhebung der Studienbeiträge in der gesetzlich festgelegten Höhe;
9a. Festlegung der Lehrgangsbeiträge gemäß § 56 Abs. 3;
10. Veranlassung von Evaluierungen und der Veröffentlichung von Evaluierungsergebnissen;
11. Erteilung der Lehrbefugnis (venia docendi);
12. Initiierung der Erlassung und Änderung von Curricula und Information des Senats; das zuständige vom Senat eingesetzte Kollegialorgan für Studienangelegenheiten gemäß § 25 Abs. 8 Z 3 hat die Vorschläge des Rektorats innerhalb von sechs Monaten zu behandeln und den Senat und das Rektorat über das Ergebnis seiner Beratungen zu informieren;
12a. Erlassung von Richtlinien zur strukturellen Gestaltung von Curricula nach Stellungnahme des Senates;
12b. Einrichtung und Auflassung von Studien, Stellungnahme zu den Curricula, Untersagung von Curricula oder deren Änderungen, wenn diese dem Entwicklungsplan oder den Richtlinien gemäß Z 12a widersprechen oder wenn diese nicht bedeckbar sind, oder, wenn ein vom Rektorat in Auftrag gegebenes nach international anerkannten wissenschaftlichen Kriterien erstelltes Gutachten zu dem Schluss kommt, dass der Inhalt des Curriculums

in Hinblick auf die wissenschaftliche und künstlerische Berufsvorbildung und die Qualifizierung für berufliche Tätigkeiten, welche die Anwendung wissenschaftlicher und künstlerischer Erkenntnisse und Methoden erfordern, nicht ausreichend ist; bei der Auflassung eines Studiums oder Untersagung eines Curriculums oder dessen Änderung sowie der Beauftragung eines Gutachtens ist nach Möglichkeit das Einvernehmen mit dem Senat herzustellen;

13. Einrichtung eines Rechnungs- und Berichtswesens;
14. Erstellung des Budgetvoranschlages zur Vorlage an den Universitätsrat und Budgetzuteilung;
14a. Übermittlung des Budgetvoranschlages an den Senat zur Information;
15. Erstellung des Rechnungsabschlusses und der Wissensbilanz;
16. Erlassung von Richtlinien für die Bevollmächtigung von Arbeitnehmerinnen und Arbeitnehmern der Universität gemäß § 28 Abs. 1;
17. die Errichtung eines Planungs- und Berichterstattungssystems, das die Erfüllung der Berichterstattungspflichten durch die Universitäten nach den gesetzlichen Vorschriften und den Vorgaben der Bundesministerin oder des Bundesministers für Finanzen hinsichtlich der Einrichtung eines Beteiligungs- und Finanzcontrolling gewährleistet.

(2) Dem Rektorat unterstehen alle Einrichtungen der Universität. Das Rektorat kann Entscheidungen anderer Organe mit Ausnahme der Beschlüsse des Universitätsrats zurückverweisen, wenn diese Entscheidungen nach Auffassung des Rektorats im Widerspruch zu Gesetzen und Verordnungen einschließlich der Satzung stehen. Der Universitätsrat ist in schwerwiegenden Fällen zu informieren.

(3) Das Rektorat besteht aus der Rektorin oder dem Rektor und bis zu vier Vizerektorinnen oder Vizerektoren. Bei der Zusammensetzung des Rektorats ist sicherzustellen, dass dieses über

entsprechende Kompetenzen im Bereich der Wissenschaft sowie Management- und Verwaltungsführungskompetenzen verfügt. Ist gemäß dem Organisationsplan der Universität eine Medizinische Fakultät eingerichtet, so ist jedenfalls eine Vizerektorin oder ein Vizerektor für den medizinischen Bereich vorzusehen, wodurch sich abweichend vom ersten Satz die Anzahl der Mitglieder des Rektorats entsprechend erhöhen kann. Die Vizerektorin oder der Vizerektor für den medizinischen Bereich ist gleichzeitig Leiterin oder Leiter der Medizinischen Fakultät.

(Anm.: Abs. 3a aufgehoben durch BGBl. I Nr. 21/2015)

(4) Die Rektorin oder der Rektor ist Vorsitzende oder Vorsitzender des Rektorats und dessen Sprecherin oder Sprecher.

(5) Das Rektorat entscheidet mit Stimmenmehrheit, sofern in der Geschäftsordnung nicht anderes bestimmt ist. Bei Stimmengleichheit gibt die Stimme der Rektorin oder des Rektors den Ausschlag.

(6) Das Rektorat hat eine Geschäftsordnung zu erlassen, die der Genehmigung des Universitätsrats bedarf und im Mitteilungsblatt zu verlautbaren ist. In der Geschäftsordnung ist festzulegen, welche Agenden gemäß Abs. 1 den einzelnen Mitgliedern des Rektorats allein zukommen, welche Agenden von zwei Mitgliedern des Rektorats und welche von allen Mitgliedern gemeinsam wahrzunehmen sind. Entscheidungen in wirtschaftlichen Angelegenheiten sind jedenfalls von mindestens zwei Mitgliedern des Rektorats zu treffen. In der Geschäftsordnung ist auch die Vertretungsbefugnis festzulegen.

(7) Die Mitglieder des Rektorats sind in dieser Funktion an keine Weisungen oder Aufträge gebunden (Art. 81c Abs. 1 B-VG); die Vizerektorinnen und Vizerektoren sind in dieser Funktion auch an keine Weisungen oder Aufträge der Rektorin oder des Rektors gebunden. Die Mitglieder des Rektorats sind bei ihrer Tätigkeit zu entsprechender Sorgfalt verpflichtet.

Rektorin oder Rektor

§ 23. (1) Die Rektorin oder der Rektor hat folgende Aufgaben:
1. Vorsitzende oder Vorsitzender sowie Sprecherin oder Sprecher des Rektorats;
2. Erstellung eines Vorschlags für die Wahl der Vizerektorinnen und Vizerektoren;
3. Leitung des Amts der Universität;
4. Verhandlung und Abschluss der Leistungsvereinbarungen mit der Bundesministerin oder dem Bundesminister und unverzügliche Information über das Ergebnis an den Universitätsrat;
5. Ausübung der Funktion der oder des obersten Vorgesetzten des gesamten Universitätspersonals;
6. *(Anm.: aufgehoben durch BGBl. I Nr. 81/2009)*
7. Auswahlentscheidung aus Besetzungsvorschlägen der Berufungskommissionen für Universitätsprofessorinnen und Universitätsprofessoren;
8. Führung von Berufungsverhandlungen;
9. Abschluss von Arbeits- und Werkverträgen;
10. Erteilung von Vollmachten gemäß § 28 Abs. 1.

(2) Die Funktion der Rektorin oder des Rektors ist vom Universitätsrat nach Zustimmung des Senats, spätestens zehn Monate vor dem voraussichtlichen Freiwerden der Funktion bzw. innerhalb von drei Monaten ab dem Zeitpunkt der Abberufung oder des Rücktritts, öffentlich auszuschreiben. Zur Rektorin oder zum Rektor kann nur eine Person mit internationaler Erfahrung, Kenntnissen des österreichischen und europäischen Universitätssystems und der Fähigkeit zur organisatorischen und wirtschaftlichen Leitung einer Universität gewählt werden.

(3) Die Rektorin oder der Rektor ist vom Universitätsrat aus einem Dreiervorschlag des Senats für eine Funktionsperiode von vier Jahren zu wählen. Die zweimalige unmittelbar aufeinanderfolgende Wiederwahl ist zulässig.

(4) Der Arbeitsvertrag und die Zielvereinbarung mit der Rektorin oder dem Rektor wird vom Universitätsrat abgeschlossen.

(5) Die Rektorin oder der Rektor kann vom Universitätsrat wegen einer schweren Pflichtverletzung, einer strafgerichtlichen Verurteilung, wegen mangelnder gesundheitlicher Eignung oder wegen eines begründeten Vertrauensverlusts durch Bescheid von der Funktion abberufen werden. Die Abberufung kann auf Antrag des Senats oder von Amts wegen durch den Universitätsrat erfolgen. Im ersten Fall ist in beiden Organen jeweils die einfache Mehrheit aller Mitglieder erforderlich; im zweiten Fall bedarf der Beschluss im Universitätsrat der Zweidrittelmehrheit aller Mitglieder, der Senat ist anzuhören. Mit der Wirksamkeit der Abberufung endet das Arbeitsverhältnis der Rektorin oder des Rektors zur Universität.

Findungskommission

§ 23a. (1) Zur Wahl der Rektorin oder des Rektors ist spätestens vier Wochen nach der Ausschreibung eine Findungskommission einzurichten. Der Findungskommission gehören folgende fünf Mitglieder an:
1. die oder der Vorsitzende des Universitätsrats sowie ein weiteres vom Universitätsrat zu bestellendes Mitglied des Universitätsrats,
2. die oder der Vorsitzende des Senats sowie ein weiteres vom Senat zu bestellendes Mitglied des Senats,
3. eine weitere Person, die von den Mitgliedern gemäß Z 1 und 2 als Mitglied einvernehmlich bestellt wird.

§ 20a Abs. 1 und 2 ist anzuwenden. Für das Mitglied gemäß Z 3 ist § 21 Abs. 4 sinngemäß anzuwenden. Einigen sich die Mitglieder gemäß Z 1 und 2 nicht innerhalb von zwei Wochen ab Einrichtung der Findungskommission auf das Mitglied gemäß Z 3, ist § 21 Abs. 7 sinngemäß anzuwenden.

(2) Aufgaben der Findungskommission sind:
1. Überprüfung der eingelangten Bewerbungen für die Funktion der Rektorin oder des Rektors;
2. Aktive Suche nach Kandidatinnen und Kandidaten für die Funktion der Rektorin oder des Rektors;

3. Erstellung eines Vorschlages für die Wahl der Rektorin oder des Rektors an den Senat innerhalb von längstens vier Monaten ab der Ausschreibung. Der Vorschlag hat die drei für die Besetzung der Funktion am besten geeigneten Kandidatinnen und Kandidaten zu enthalten; die Findungskommission ist berechtigt, auch Kandidatinnen und Kandidaten, die sich nicht beworben haben, mit deren Zustimmung in den Vorschlag aufzunehmen.

(3) Der von der Findungskommission erstellte Dreiervorschlag ist nicht bindend.

(4) Bei der Erstellung des Vorschlages gemäß Abs. 2 Z 3 ist das Diskriminierungsverbot gemäß B-GlBG zu beachten.

(5) Die Findungskommission entscheidet mit Zweidrittelmehrheit.

(6) Ist die Findungskommission im Sinne des Abs. 2 Z 3 säumig, hat der Universitätsrat innerhalb von vier Wochen die Ersatzvornahme vorzunehmen. Der vom Universitätsrat im Rahmen der Ersatzvornahme erstellte Dreiervorschlag ist nicht bindend.

Wiederbestellung der Rektorin oder des Rektors

§ 23b. (1) Gibt die amtierende Rektorin oder der amtierende Rektor rechtzeitig vor der Ausschreibung der Funktion ihr oder sein Interesse bekannt, die Funktion für eine zweite Funktionsperiode auszuüben, kann eine Wiederbestellung ohne Ausschreibung erfolgen, wenn der Senat und der Universitätsrat dies mit jeweils einfacher Mehrheit beschließen.

(2) Gibt die amtierende Rektorin oder der amtierende Rektor rechtzeitig vor der Ausschreibung der Funktion ihr oder sein Interesse bekannt, diese Funktion für eine dritte Funktionsperiode auszuüben, kann eine Wiederbestellung ohne Ausschreibung erfolgen, wenn der Senat und der Universitätsrat jeweils mit Zweidrittelmehrheit zustimmen, wobei der Senat zuerst abzustimmen hat.

Vizerektorinnen und Vizerektoren

§ 24. (1) Die Rektorin oder der Rektor bestimmt die Zahl und das Beschäftigungsausmaß der Vizerektorinnen und Vizerektoren. Dem Senat kommt ein Recht zur Stellungnahme zu.

(2) Die Vizerektorinnen und Vizerektoren sind vom Universitätsrat auf Vorschlag der Rektorin oder des Rektors und nach Anhörung des Senats für eine Funktionsperiode zu wählen, die jener der Rektorin oder des Rektors entspricht. Die Wiederwahl ist zulässig.

(3) Scheidet die Rektorin oder der Rektor vor Ablauf der Funktionsperiode aus dem Amt aus oder ist zum Zeitpunkt des Ablaufes der Funktionsperiode noch keine neue Rektorin oder kein neuer Rektor gewählt, endet die Funktion der Vizerektorinnen und Vizerektoren mit dem Zeitpunkt des Amtsantritts der auf Vorschlag der neuen Rektorin oder des neuen Rektors gewählten Vizerektorinnen und Vizerektoren.

(4) Eine Vizerektorin oder ein Vizerektor kann vom Universitätsrat wegen einer schweren Pflichtverletzung, einer strafgerichtlichen Verurteilung, wegen mangelnder gesundheitlicher Eignung oder wegen eines begründeten Vertrauensverlusts von der Funktion abberufen werden. Die Rektorin oder der Rektor kann die Abberufung einer Vizerektorin oder eines Vizerektors beim Universitätsrat anregen. Die Abberufung bedarf der Zweidrittelmehrheit aller Mitglieder des Universitätsrats, der Senat ist anzuhören. Mit der Wirksamkeit der Abberufung endet das Arbeitsverhältnis der Vizerektorin oder des Vizerektors zur Universität.

Senat

§ 25. (1) Der Senat hat folgende Aufgaben:
1. Erlassung und Änderung der Satzung auf Vorschlag des Rektorates;
2. Zustimmung zu dem vom Rektorat erstellten Entwurf des Entwicklungsplans innerhalb von zwei Monaten; stimmt der Senat nicht fristgerecht zu, ist der Entwicklungsplan dennoch an den Universitätsrat weiterzuleiten;

3. Zustimmung zu dem vom Rektorat beschlossenen Entwurf des Organisationsplans innerhalb von zwei Monaten; stimmt der Senat nicht fristgerecht zu, ist der Organisationsplan dennoch an den Universitätsrat weiterzuleiten;
4. Änderung der Größe des Universitätsrats und Wahl von Mitgliedern des Universitätsrats (§ 21 Abs. 6 Z 1, Abs. 6a und Abs. 7);
5. Zustimmung zur Ausschreibung für die Funktion der Rektorin oder des Rektors innerhalb von zwei Wochen ab Vorlage durch den Universitätsrat; verweigert der Senat innerhalb von zwei Wochen die Zustimmung, hat der Universitätsrat unverzüglich einen neuen Ausschreibungstext vorzulegen; stimmt der Senat neuerlich fristgerecht nicht zu, so geht die Zuständigkeit zur Ausschreibung auf die Bundesministerin oder den Bundesminister über. Trifft der Senat innerhalb von zwei Wochen keine Entscheidung, ist die Ausschreibung dennoch durchzuführen;
5a. Erstellung eines Dreiervorschlages an den Universitätsrat für die Wahl der Rektorin oder des Rektors unter Berücksichtigung des Vorschlages der Findungskommission innerhalb von längstens vier Wochen ab Vorlage des Vorschlages. Weicht der Senat vom Vorschlag der Findungskommission ab, hat er dem Dreiervorschlag an den Universitätsrat eine schriftliche Begründung für seine Entscheidung anzuschließen. Bei der Erstellung des Dreiervorschlages ist das Diskriminierungsverbot gemäß B-GlBG zu beachten;
6. Stellungnahme zu den Vorschlägen der Rektorin oder des Rektors bezüglich der Vizerektorinnen und Vizerektoren (Anzahl, Beschäftigungsausmaß und Wahlvorschlag);
7. Mitwirkung bei der Abberufung von Mitgliedern des Universitätsrats, der Rektorin oder des Rektors sowie von Vizerektorinnen und Vizerektoren;
8. Mitwirkung an Habilitationsverfahren;

9. Mitwirkung an Berufungsverfahren;
10. Stellungnahme an das Rektorat zu den Richtlinien zur strukturellen Gestaltung von Curricula;
10a. Erlassung und Änderung der Curricula für Studien (§ 58) nach Maßgabe der §§ 22 Abs. 1 Z 12 und 54d Abs. 2;
11. Festlegung von akademischen Graden und Bezeichnungen für die Absolventinnen und Absolventen von Universitätslehrgängen;
12. Abgabe von Gutachten im Beschwerdevorentscheidungsverfahren gemäß § 14 des Verwaltungsgerichtsverfahrensgesetzes – VwGVG, BGBl. I Nr. 33/2013 bei Beschwerden in Studienangelegenheiten;

(Anm.: Z 13 aufgehoben durch Art. 5 Z 8, BGBl. I Nr. 129/ 2017)

14. Einsetzung von Kollegialorganen mit und ohne Entscheidungsbefugnis (Abs. 7 und 8);
15. Erlassung von Richtlinien für die Tätigkeit von Kollegialorganen;
16. Genehmigung der Durchführung von Beschlüssen der entscheidungsbefugten Kollegialorgane;
17. Stellungnahme an das Rektorat vor der Zuordnung von Personen zu den einzelnen Organisationseinheiten durch das Rektorat;
18. Einrichtung eines Arbeitskreises für Gleichbehandlungsfragen;
19. Nominierung eines weiblichen und eines männlichen Mitglieds für die Schiedskommission.

(Anm.: Z 20 aufgehoben durch BGBl. I Nr. 81/2009)

(2) Der Senat besteht aus achtzehn oder sechsundzwanzig Mitgliedern. Über eine Änderung der Größe des Senats entscheidet der Senat mit Zweidrittelmehrheit.

(3) Dem Senat gehören Vertreterinnen und Vertreter der Universitätsprofessorinnen und Universitätsprofessoren, einschließlich der Leiterinnen und Leiter von Organisationseinheiten mit Forschungs- und Lehraufgaben oder Aufgaben der Entwicklung und Erschließung der Künste und der Lehre der Kunst, die keine

Universitätsprofessorinnen und Universitätsprofessoren sind, der im § 94 Abs. 2 Z 2 und Z 3 genannten Gruppen, des allgemeinen Universitätspersonals und der Studierenden an.

(3a) Die Anzahl der Vertreterinnen und Vertreter dieser Gruppen ist folgendermaßen festgelegt:
1. gehören dem Senat achtzehn Mitglieder an:
   - Neun Vertreterinnen und Vertreter der Universitätsprofessorinnen und Universitätsprofessoren einschließlich der Leiterinnen und Leiter von Organisationseinheiten mit Forschungs- und Lehraufgaben oder Aufgaben der Entwicklung und Erschließung der Künste und der Lehre der Kunst, die keine Universitätsprofessorinnen und Universitätsprofessoren sind;
   - Vier Vertreterinnen und Vertreter der Gruppe der Universitätsdozentinnen und Universitätsdozenten sowie der wissenschaftlichen und künstlerischen Mitarbeiterinnen und Mitarbeiter im Forschungs-, Kunst- und Lehrbetrieb einschließlich der Ärztinnen und Ärzte in Facharztausbildung;
   - Vier Vertreterinnen und Vertreter der Studierenden;
   - Eine Vertreterin oder ein Vertreter des allgemeinen Universitätspersonals.
2. gehören dem Senat sechsundzwanzig Mitglieder an:
   - Dreizehn Vertreterinnen und Vertreter der Universitätsprofessorinnen und Universitätsprofessoren einschließlich der Leiterinnen und Leiter von Organisationseinheiten mit Forschungs- und Lehraufgaben oder Aufgaben der Entwicklung und Erschließung der Künste und der Lehre der Kunst, die keine Universitätsprofessorinnen und Universitätsprofessoren sind;
   - Sechs Vertreterinnen und Vertreter der Gruppe der Universitätsdozentinnen und Universitätsdozenten sowie der wissenschaftlichen und künstlerischen Mitarbeiterinnen und Mitarbeiter im Forschungs-, Kunst- und Lehrbetrieb einschließlich der Ärztinnen und Ärzte in Facharztausbildung;

- Sechs Vertreterinnen und Vertreter der Studierenden;
- Eine Vertreterin oder ein Vertreter des allgemeinen Universitätspersonals.

(4) Die Mitglieder und Ersatzmitglieder des Senats sind folgendermaßen zu wählen bzw. zu entsenden:
1. Die Vertreterinnen und Vertreter der Universitätsprofessorinnen und Universitätsprofessoren sind von allen Universitätsprofessorinnen und Universitätsprofessoren (§ 97) und den Leiterinnen und Leitern von Organisationseinheiten mit Forschungs- und Lehraufgaben oder Aufgaben der Entwicklung und Erschließung der Künste und der Lehre der Kunst, die keine Universitätsprofessorinnen und Universitätsprofessoren sind, zu wählen.
2. Die Vertreterinnen und Vertreter der in den § 94 Abs. 2 Z 2 und 3 genannten Gruppen sind von allen Universitätsdozentinnen und Universitätsdozenten (§ 122 Abs. 3) sowie den wissenschaftlichen und künstlerischen Mitarbeiterinnen und Mitarbeitern im Forschungs-, Kunst- und Lehrbetrieb (§ 100) sowie den Ärztinnen und Ärzten in Facharztausbildung (§ 96) zu wählen. An den Universitäten gemäß § 6 Abs. 1 Z 1 bis 15 und 22 muss den Gewählten zumindest eine Person mit Lehrbefugnis (venia docendi) angehören.
3. Die Vertreterinnen und Vertreter des allgemeinen Universitätspersonals sind von allen Angehörigen des allgemeinen Universitätspersonals zu wählen.
4. Die Vertreterinnen und Vertreter der Studierenden sind zu entsenden (§ 32 Abs. 1 des Hochschülerinnen- und Hochschülerschaftsgesetzes 2014 – HSG 2014, BGBl. I Nr. 45/2014).

Die Wahlen gemäß Z 1, 2 und 3 können als Briefwahl durchgeführt werden. Näheres ist in der Wahlordnung (§ 19 Abs. 2 Z 1) festzulegen. Die Mitglieder gemäß Z 1 bis 3 dürfen für höchstens vier unmittelbar aufeinanderfolgende Funktionsperioden gewählt werden.

(Anm.: Abs. 4a aufgehoben durch BGBl. I Nr. 21/2015)

(5) Die Funktionsperiode des Senats beträgt drei Jahre und beginnt mit dem 1. Oktober des betreffenden Jahres.

(6) Der Senat ist beschlussfähig, wenn wenigstens die Hälfte der Mitglieder anwesend ist. Er entscheidet mit Stimmenmehrheit, sofern in diesem Bundesgesetz nicht anderes bestimmt ist.

(7) Vom Senat können zur Beratung oder Entscheidung einzelner seiner Aufgaben Kollegialorgane eingerichtet werden.

(Anm.: Abs. 7a aufgehoben durch BGBl. I Nr. 21/2015)

(8) Für folgende Angelegenheiten sind entscheidungsbefugte Kollegialorgane einzusetzen:
1. Habilitationsverfahren (§ 103),
2. Berufungsverfahren (§ 98),
3. Studienangelegenheiten gemäß § 25 Abs. 1 Z 10.

Für die Beschlussfassung über die Einsetzung eines Kollegialorgans gemäß Z 1 und 2 ist neben den sonstigen Beschusserfordernissen eine Mehrheit der anwesenden Mitglieder der Gruppe gemäß Abs. 4 Z 1 einschließlich der sonstigen Mitglieder des Senats mit venia docendi erforderlich.

(9) Die Zahl der Mitglieder der Kollegialorgane gemäß Abs. 8 darf die Hälfte der Zahl der Senatsmitglieder nicht überschreiten. In den Kollegialorganen gemäß Abs. 8 Z 3 stellen die Studierenden mindestens ein Viertel der Mitglieder. Die Kollegialorgane gemäß Abs. 7 haben in ihrer Zusammensetzung der Relation der Vertreterinnen und Vertreter der einzelnen Gruppen im Senat zu entsprechen.

(10) Die Kollegialorgane gemäß Abs. 7 und Abs. 8 Z 3 sind längstens für die Dauer der Funktionsperiode des Senats einzurichten. Diese Kollegialorgane sind an die Richtlinien des Senats gebunden und entscheiden in dessen Namen. Der Senat kann eine gemäß Abs. 7 erteilte Entscheidungsvollmacht jederzeit widerrufen. Die Beschlüsse der Kollegialorgane gemäß Abs. 7 und Abs. 8 Z 3 bedürfen der Genehmigung des Senats.

(Anm.: Abs. 11 aufgehoben durch Art. 5 Z 9, BGBl. I Nr. 129/2017)

2. Unterabschnitt
Forschungsförderung, Auftragsforschung und Vollmachten

Forschungsförderung und Auftragsforschung

§ 26. (1) Die Angehörigen des wissenschaftlichen und künstlerischen Universitätspersonals sind berechtigt, in ihrem Fach auch Forschungsvorhaben oder künstlerische Arbeiten an der Universität einzuwerben und durchzuführen, die nicht aus dem Budget der Universität, sondern aus Forschungsaufträgen Dritter, aus Mitteln der Forschungsförderung oder aus anderen Zuwendungen Dritter finanziert werden. Die Durchführung solcher Vorhaben zählt zur Universitätsforschung bzw. zur universitären Entwicklung und Erschließung der Künste.

(2) Voraussetzung für die Durchführung eines Vorhabens gemäß Abs. 1 an der Universität ist, dass

1. die Erfüllung der Pflichten aus dem Arbeitsverhältnis,
2. die Erfüllung der Aufgaben der betreffenden Organisationseinheit der Universität in der Forschung oder in der Entwicklung und Erschließung der Künste sowie im Lehrbetrieb und
3. die Rechte und Pflichten anderer Universitätsangehöriger

nicht beeinträchtigt werden.

(3) Für die Inanspruchnahme von Personal und Sachmitteln der Universität zur Durchführung von Forschungsaufträgen oder künstlerischen Arbeiten im Auftrag Dritter ist voller Kostenersatz an die Universität zu leisten. Über die Verwendung dieses Kostenersatzes entscheidet das Rektorat.

(4) Ein Vorhaben gemäß Abs. 1 ist dem Rektorat von der Projektleiterin oder vom Projektleiter vor der beabsichtigten Übernahme und Durchführung zu melden. Es ist nur zu untersagen, wenn die Voraussetzungen des Abs. 2 nicht erfüllt sind oder keine Vereinbarung über den vollen Kostenersatz vorliegt.

(5) Über die Verwendung der Projektmittel entscheidet die Projektleiterin oder der Projektleiter. Die Mittel für Vorhaben

gemäß Abs. 1 sind von der Universität zu verwalten und ausschließlich auf Anweisung der Projektleiterin oder des Projektleiters zu verwenden.

(6) Mitarbeiterinnen und Mitarbeiter an einem Vorhaben gemäß Abs. 1 sind auf Vorschlag der oder des Universitätsangehörigen, die oder der dieses Vorhaben durchführt, gegen Ersatz der Personalkosten in ein zeitlich befristetes Arbeitsverhältnis zur Universität aufzunehmen.

Vollmachten

§ 27. (1) Jede Leiterin und jeder Leiter einer Organisationseinheit ist berechtigt, im Namen der Universität und im Zusammenhang mit deren Aufgaben
1. durch unentgeltliche Rechtsgeschäfte sowie Spenden und Sponsoring Vermögen einzuwerben und Rechte zu erwerben;
2. Förderungen anderer Rechtsträger entgegenzunehmen;
3. Mittel für die Durchführung wissenschaftlicher oder künstlerischer Arbeiten sowie für Untersuchungen und Befundungen im Auftrag Dritter einzuwerben und damit im Zusammenhang stehende Verträge abzuschließen, soweit sie der wissenschaftlichen Forschung oder der Entwicklung und Erschließung der Künste dienen;
4. staatlich autorisierte technische Prüf- und Gutachtertätigkeiten durchzuführen, sofern die betreffende Universitätseinrichtung als staatlich autorisierte Prüfanstalt anerkannt ist;
5. von Vermögen und Rechten, die aus Rechtsgeschäften gemäß Z 1 bis 4 erworben werden, zur Erfüllung der Zwecke der Organisationseinheit Gebrauch zu machen.

Bei Missbrauch kann diese Berechtigung vom Rektorat entzogen werden.

(2) Jede oder jeder mit der Erfüllung von Verträgen gemäß Abs. 1 Z 3 verantwortlich betraute Universitätsangehörige (Projektleiterin oder Projektleiter) ist zum Abschluss der für die Ver-

tragserfüllung erforderlichen Rechtsgeschäfte und zur Verfügung über die Geldmittel im Rahmen der Einnahmen aus diesem Vertrag zu ermächtigen. Diese Bevollmächtigungen sind im Mitteilungsblatt der Universität zu verlautbaren.

(3) Für die Inanspruchnahme von Personal und Sachmitteln der Universität zur Durchführung von Aufträgen Dritter (Abs. 1 Z 3 und 4) ist voller Kostenersatz an die Universität zu leisten. Über die Verwendung dieses Kostenersatzes entscheidet das Rektorat.

(4) Die der Universität auf Grund von Tätigkeiten gemäß Abs. 1 zufließenden Drittmittel sind, sofern keine Zweckwidmung vorliegt, für Zwecke jener Organisationseinheit zu verwenden, der die zeichnungsbefugte Arbeitnehmerin oder der zeichnungsbefugte Arbeitnehmer der Universität zugeordnet ist. Zur Erfüllung von Verpflichtungen der Universität auf Grund von Rechtsgeschäften gemäß Abs. 1 sind zunächst die Mittel heranzuziehen, die für die betreffende Organisationseinheit zweckgewidmet sind.

(5) Die gemäß Abs. 1 berechtigten oder gemäß Abs. 2 bevollmächtigten Universitätsangehörigen haben dem Rektorat über die Durchführung der von ihnen abgeschlossenen Rechtsgeschäfte zu berichten.

§ 28. (1) Die Rektorin oder der Rektor kann unter Beachtung der vom Rektorat erlassenen Richtlinien festlegen, welche Arbeitnehmerinnen und Arbeitnehmer der Universität Rechtsgeschäfte im Namen der Universität abschließen dürfen. Diese Bevollmächtigungen sind im Mitteilungsblatt der Universität zu verlautbaren.

(2) § 27 Abs. 4 und 5 gelten sinngemäß.

3. Unterabschnitt
Sonderbestimmungen für die Klinischen Bereiche der Medizinischen Universitäten bzw. der Universitäten, an denen eine Medizinische Fakultät eingerichtet ist

Organisation

§ 29. (1) Die Medizinischen Universitäten gemäß § 6 Abs. 1 Z 4 bis 6 bzw. die Universitäten, an denen eine Medizinische Fakultät eingerichtet ist, erfüllen ihre Forschungs- und Lehraufgaben im Klinischen Bereich auch im Zusammenwirken mit öffentlichen Krankenanstalten.

(2) Die organisatorische Gliederung des Klinischen Bereichs der Medizinischen Universität bzw. der Medizinischen Fakultät und der Krankenanstalt sind aufeinander abzustimmen. Dabei sind auch jene Einrichtungen der Medizinischen Universität bzw. der Medizinischen Fakultät festzulegen, die zur Unterstützung der Lehr- und Forschungsaufgaben des Klinischen Bereichs erforderlich sind. Vor der Erstellung des Organisationsplans für den Klinischen Bereich hat das Rektorat daher das Einvernehmen mit dem Träger der Krankenanstalt herzustellen. Der Organisationsplan für den Klinischen Bereich bedarf der Zustimmung der Bundesministerin oder des Bundesministers.

(3) Die Medizinische Universität bzw. die Universität, an der eine Medizinische Fakultät eingerichtet ist, ist berechtigt, sich an einer Gesellschaft zur Führung des Betriebs der Krankenanstalt zu beteiligen.

(4) Die Medizinische Universität bzw. die Universität, an der eine Medizinische Fakultät eingerichtet ist, hat folgende Verpflichtungen:
1. Sie hat ihre in ärztlicher oder zahnärztlicher Verwendung stehenden Arbeitnehmerinnen und Arbeitnehmer mit der Mitwirkung an der Erfüllung der Aufgaben der Organisationseinheiten des Klinischen Bereichs als Einrichtungen der Krankenanstalt zu beauftragen. Diese Mitwirkung ist dem Rechtsträger dieser Krankenanstalt und nicht der Me-

dizinischen Universität bzw. der Universität, an der eine Medizinische Fakultät eingerichtet ist, zuzurechnen. Ein Arbeitsverhältnis zum Rechtsträger der Krankenanstalt wird dadurch nicht begründet.

2. Sie hat die notwendigen personenbezogenen Daten (Art. 4 Nr. 1 DSGVO) und sonstigen Informationen aller Organisationseinheiten über die Erfordernisse von Forschung und Lehre zur Ermittlung und Abwicklung des Klinischen Mehraufwandes nach betriebswirtschaftlichen Kriterien zu erheben, zu dokumentieren und zu bewerten. Die Medizinische Universität bzw. die Universität, an der eine Medizinische Fakultät eingerichtet ist, hat ab 1. Jänner 2007 das Ergebnis ihrer Ermittlung der Leistung des Kostenersatzes gemäß § 55 KAKuG zu Grunde zu legen, sofern nicht in einer Verordnung gemäß § 56 KAKuG oder in einer Vereinbarung gemäß Abs. 5 eine andere Regelung getroffen wird.

3. Sie hat eine mittelfristige Planung für sämtliche Anlagen zu erstellen, die ganz oder teilweise dem Bedarf von Forschung und Lehre dienen und zu Mehrkosten im Sinne des § 55 KAKuG führen. Diese Planung sowie Neuanschaffungen sind nach Maßgabe des Bedarfs für Forschung und Lehre unter Beachtung der Grundsätze der Sparsamkeit, Wirtschaftlichkeit und Zweckmäßigkeit sowie in Abstimmung mit den sonstigen Einrichtungen und Anschaffungen der Krankenanstalt vorzunehmen.

(5) Die Medizinische Universität bzw. die Universität, an der eine Medizinische Fakultät eingerichtet ist, hat mit dem Rechtsträger der Krankenanstalt nach Zustimmung der Bundesministerin oder des Bundesministers unter Bedachtnahme auf die Leistungsvereinbarung gemäß § 13 eine Vereinbarung über die Zusammenarbeit beim Betrieb der einzelnen zum Klinischen Bereich der Medizinischen Universität bzw. Medizinischen Fakultät gehörenden und gleichzeitig einen Teil der öffentlichen Krankenanstalt bildenden Organisationseinheiten zu treffen, die auch die wechselseitigen Leistungen und deren Bewertung enthält.

In dieser Vereinbarung über die Zusammenarbeit ist auch festzulegen, dass Universitätsangehörige gemäß § 94 Abs. 1 Z 4 in ärztlicher oder zahnärztlicher Verwendung, mit Ausnahme der Ärztinnen und Ärzte in Facharztausbildung gemäß § 94 Abs. 2 Z 3, die mit der Mitwirkung an der Erfüllung der Aufgaben der Organisationseinheiten des Klinischen Bereichs als Einrichtungen der Krankenanstalt beauftragt sind, in einem Durchrechnungszeitraum von 26 Wochen mindestens 30vH der Normalarbeitszeit dieser Universitätsangehörigen, bezogen auf die Gesamtheit der Organisationseinheiten im Klinischen Bereich, für universitäre Lehre und Forschung verwenden.

(6) Den Organisationseinheiten einer Medizinischen Universität bzw. einer Medizinischen Fakultät können gegen Ersatz der Kosten auch Aufgaben des öffentlichen Gesundheitswesens übertragen werden. Die Medizinische Universität bzw. die Universität, an der eine Medizinische Fakultät eingerichtet ist, ist unbeschadet von § 27 berechtigt, Untersuchungen und Befundungen an Organisationseinheiten des Nichtklinischen Bereichs mittelbar für Patientinnen und Patienten durchzuführen, soweit sie der wissenschaftlichen Forschung dienen. Bei der Erfüllung dieser Aufgaben unterliegt die Universität nicht den Bestimmungen des KAKuG.

(7) Die Leiterin oder der Leiter der Universitätsklinik für Zahn-, Mund- und Kieferheilkunde der Medizinischen Universität Wien ist berechtigt, im Namen der Medizinischen Universität Wien Verträge über die Erbringung zahnärztlicher Leistungen abzuschließen.

(8) Die Wahrnehmung der Aufgaben im Rahmen einer öffentlichen Krankenanstalt und der allfälligen Aufgaben im Rahmen des Gesundheitswesens ist von der autonomen Besorgung durch die Medizinische Universität bzw. durch die Universität, an der eine Medizinische Fakultät eingerichtet ist, ausgenommen.

(9) Die Medizinische Universität bzw. die Universität, an der eine Medizinische Fakultät eingerichtet ist, kann sich zur Erfüllung ihrer Aufgaben nach Abs. 1 auch der Bediensteten des Rechtsträgers der Krankenanstalt bedienen. Diesbezüglich ist

nach Zustimmung der Bundesministerin oder des Bundesministers durch die Medizinische Universität bzw. die Universität, an der eine Medizinische Fakultät eingerichtet ist, unter Bedachtnahme auf die Leistungsvereinbarungen gemäß § 13 mit dem Rechtsträger der Krankenanstalt eine Vereinbarung zu treffen, die insbesondere sowohl die Eignung der Bediensteten, als auch das Ausmaß der Tätigkeit in Lehre und Forschung, den dafür notwendigen Kostenersatz und Ausführungen über das Weisungsrecht der Rektorin oder des Rektors hinsichtlich der für Aufgaben der Universität konkret betrauten Bediensteten des Rechtsträgers der Krankenanstalt enthält. Der Bedarf der Medizinischen Universität bzw. der Universität, an der eine Medizinische Fakultät eingerichtet ist, und die Qualifikation der Bediensteten sind zu berücksichtigen. Für die Tätigkeit dieser Bediensteten im Rahmen von Forschung und Lehre ist § 2 Z 1 bis 3 anzuwenden. Die konkrete Betrauung der oder des Bediensteten erfolgt durch die Rektorin oder den Rektor auf Basis der Qualifikation der betreffenden Person in Forschung und Lehre. Ein Arbeitsverhältnis zur Medizinischen Universität bzw. der Universität, an der eine Medizinische Fakultät eingerichtet ist, wird dadurch nicht begründet. Die von der Rektorin oder dem Rektor konkret mit wissenschaftlichen Aufgaben betrauten Bediensteten des Rechtsträgers der Krankenanstalt sind den Angehörigen der Universität gemäß § 94 Abs. 2 Z 2 gleichgestellt. Vor Vorlage der Vereinbarung an die Bundesministerin oder den Bundesminister ist eine Stellungnahme des Senates einzuholen.

Ethikkommission

§ 30. (1) An jeder Medizinischen Universität bzw. an jeder Universität, an der eine Medizinische Fakultät eingerichtet ist, ist vom Senat zur Beurteilung klinischer Prüfungen von Arzneimitteln und Medizinprodukten, der Anwendung neuer medizinischer Methoden und angewandter medizinischer Forschung an Menschen eine Ethikkommission einzurichten.

(2) Die Ethikkommissionen haben jedenfalls den Erfordernissen des § 8c Abs. 1 bis 5 und 7 KAKuG zu entsprechen. In Abweichung von § 8c Abs. 4 KAKuG haben den Ethikkommissionen mindestens 50 vH Frauen anzugehören (§ 20a).

(3) Die Ethikkommission hat sich eine Geschäftsordnung zu geben. Diese ist dem Universitätsrat und dem Rechtsträger der Krankenanstalt im Wege der Rektorin oder des Rektors zur Kenntnis zu bringen.

(4) Die Mitglieder der Ethikkommission unterliegen in dieser Funktion weder Weisungen der Organe der Krankenanstalt noch Weisungen der Organe der Universität.

Gliederung des Klinischen Bereichs

§ 31. (1) Der Klinische Bereich einer Medizinischen Universität bzw. einer Medizinischen Fakultät umfasst jene Einrichtungen, die funktionell gleichzeitig Organisationseinheiten einer öffentlichen Krankenanstalt sind.

(2) Die Organisationseinheiten einer Medizinischen Universität bzw. einer Medizinischen Fakultät, in denen im Rahmen einer Krankenanstalt neben Forschungs- und Lehraufgaben auch ärztliche oder zahnärztliche Leistungen unmittelbar am Menschen erbracht werden, führen die Bezeichnung „Universitätsklinik".

(3) Die Organisationseinheiten einer Medizinischen Universität bzw. einer Medizinischen Fakultät, in denen im Rahmen einer Krankenanstalt neben Forschungs- und Lehraufgaben auch ärztliche Leistungen mittelbar für den Menschen erbracht werden, führen die Bezeichnung „Klinisches Institut".

(4) Die Universitätskliniken und Klinischen Institute können in „Klinische Abteilungen" gegliedert werden. In diesem Fall obliegt der Leiterin oder dem Leiter der Klinischen Abteilung die Verantwortung für die zu erfüllenden ärztlichen Aufgaben gemäß § 7b Abs. 1 KAKuG.

Anhang 1

Leitungsfunktionen im Klinischen Bereich

§ 32. (1) Die Leiterin oder der Leiter einer Organisationseinheit oder einer Klinischen Abteilung einer Medizinischen Universität bzw. einer Medizinischen Fakultät, die gleichzeitig die Funktion einer Krankenabteilung oder einer gleichzuwertenden Einrichtung einer öffentlichen Krankenanstalt (§ 7 Abs. 4, § 7a Abs. 1 sowie § 7b Abs. 1 und 2 KAKuG) hat, ist vom Rektorat zu bestellen. Zur Leiterin oder zum Leiter ist eine entsprechend qualifizierte Person mit einem aufrechten Dienstverhältnis zum Bund, die der Universität zur Dienstleistung zugewiesen ist, oder mit einem aufrechten Arbeitsverhältnis zur Universität oder eine entsprechend qualifizierte Person mit einschlägiger Facharzt- oder Zahnarztbefugnis, die in ein Arbeitsverhältnis zur Universität aufgenommen werden soll, zu bestellen. Die Bestellung hat nach Anhörung der Universitätsprofessorinnen und Universitätsprofessoren der betreffenden Organisationseinheit zu erfolgen. Zur Stellvertreterin oder zum Stellvertreter der Leiterin oder des Leiters darf nur eine Universitätsangehörige oder ein Universitätsangehöriger mit entsprechender Qualifikation als Fachärztin oder Facharzt oder als Zahnärztin oder Zahnarzt bestellt werden. Vor der Bestellung ist dem Rechtsträger der Krankenanstalt Gelegenheit zur Stellungnahme zu geben.

(1a) Die Leiterin oder der Leiter einer Organisationseinheit oder einer Klinischen Abteilung einer Medizinischen Universität bzw. einer Medizinischen Fakultät, die gleichzeitig die Funktion einer Krankenabteilung oder einer gleichzuwertenden Einrichtung einer öffentlichen Krankenanstalt (§ 7 Abs. 4, § 7a Abs. 1 sowie § 7b Abs. 1 und 2 KAKuG) hat, kann vom Rektorat wegen einer schweren Pflichtverletzung, einer strafgerichtlichen Verurteilung, wegen mangelnder gesundheitlicher Eignung oder wegen eines begründeten Vertrauensverlustes von ihrer oder seiner Funktion abberufen werden. Vor der Abberufung ist dem Rechtsträger der Krankenanstalt Gelegenheit zur Stellungnahme zu geben.

(2) Die Bestellung zur Leiterin oder zum Leiter sowie zur Stellvertreterin oder zum Stellvertreter der Leiterin oder des Leiters einer im Abs. 1 genannten Organisationseinheit oder einer Klinischen Abteilung hat zunächst zeitlich befristet zu erfolgen.

(3) Die erstmalige Einbeziehung von Organisationseinheiten einer Krankenanstalt in den Klinischen Bereich einer Medizinischen Universität bzw. einer Universität, an der eine Medizinische Fakultät eingerichtet ist, wird jeweils erst zeitgleich mit der Bestellung einer Universitätsprofessorin oder eines Universitätsprofessors gemäß § 98 zur Leiterin oder zum Leiter der betreffenden Organisationseinheit (Universitätsklinik, Klinisches Institut, Klinische Abteilung) gemäß Abs. 1 wirksam.

Kostenersatz an den Krankenanstaltenträger

§ 33. Die Medizinischen Universitäten bzw. die Universitäten, an denen eine Medizinische Fakultät eingerichtet ist, sind verpflichtet, die Kostenersätze gemäß § 55 KAKuG namens des Bundes an den jeweiligen Rechtsträger der Krankenanstalt zu leisten. Ausgenommen davon sind die Kostenersätze des Bundes für Klinikneubauten und Klinikumbauten sowie für die Ersteinrichtung dieser Gebäude.

Vertreterinnen und Vertreter der Ärzte und Zahnärzte

§ 34. Die im Klinischen Bereich einer Medizinischen Universität bzw. einer Medizinischen Fakultät tätigen Ärztinnen und Ärzte sowie Zahnärztinnen und Zahnärzte mit Ausnahme der Leiterinnen und Leiter von Organisationseinheiten (§ 32) haben zur Wahrnehmung der Aufgaben gemäß § 3 Abs. 3 des Krankenanstalten-Arbeitszeitgesetzes, BGBl. I Nr. 8/1997, aus ihrer Mitte fünf Vertreterinnen oder Vertreter zu wählen.

Lehreinrichtungen

§ 35. (1) Krankenanstalten oder Einrichtungen von Krankenanstalten, die nicht zum Klinischen Bereich einer Medizinischen

Universität bzw. einer Medizinischen Fakultät gehören, können von den Medizinischen Universitäten bzw. den Universitäten, an denen eine Medizinische Fakultät eingerichtet ist, mit Zustimmung des Rechtsträgers der Krankenanstalt zur Verbesserung und Intensivierung des praktisch-medizinischen Unterrichts herangezogen werden. Diesen Krankenanstalten kann von der betreffenden Medizinischen Universität bzw. von der betreffenden Universität, an der eine Medizinische Fakultät eingerichtet ist, die Bezeichnung „Lehrkrankenhaus" verliehen werden.

(2) Ärztliche Einrichtungen im niedergelassenen Bereich können von den Medizinischen Universitäten bzw. den Universitäten, an denen eine Medizinische Fakultät eingerichtet ist, mit deren Zustimmung zur Verbesserung und Intensivierung des praktisch-medizinischen Unterrichts herangezogen werden. Diesen Einrichtungen kann von der betreffenden Medizinischen Universität bzw. von der betreffenden Universität, an der eine Medizinische Fakultät eingerichtet ist, die Bezeichnung „Lehrordination" verliehen werden.

Klinisch-Praktisches Jahr

§ 35a. (1) Das Klinisch-Praktische Jahr ist Teil des Studiums der Humanmedizin und dient dem Erwerb und der Vertiefung ärztlicher Fertigkeiten, insbesondere im Bereich des praktisch-medizinischen Unterrichts.

(2) Die aktive Teilnahme an der Betreuung von Patientinnen und Patienten ist nach Maßgabe der Vorschriften des Ärztegesetzes 1998, BGBl. I Nr. 169/1998, möglich. Diese Teilnahme an der Betreuung von Patientinnen und Patienten ist dem Rechtsträger der Lehreinrichtung und nicht der Medizinischen Universität bzw. der Universität, an der eine Medizinische Fakultät eingerichtet ist, oder den in Ausbildung stehenden Studierenden zuzurechnen. Ein Dienst- oder Arbeitsverhältnis zum Rechtsträger der Lehreinrichtung wird dadurch nicht begründet.

(3) Bloße Unterstützungsleistungen zur Lebensführung der Studierenden durch den Rechtsträger der Lehreinrichtung begründen kein Dienst- oder Arbeitsverhältnis.

Zahnmedizinisch-Klinisches Praktikum

§ 35b. (1) Das Zahnmedizinisch-Klinische Praktikum ist Teil des Studiums der Zahnmedizin und dient dem Erwerb und der Vertiefung von zahnärztlichen Fertigkeiten, insbesondere im Bereich des praktisch-medizinischen Unterrichts.

(2) Die aktive Teilnahme an der Betreuung von Patientinnen und Patienten ist nach Maßgabe der Vorschriften des Zahnärztegesetzes, BGBl. I Nr. 126/2005, möglich. Diese Teilnahme an der Betreuung von Patientinnen und Patienten ist dem Rechtsträger der Lehreinrichtung und nicht der Medizinischen Universität oder den in Ausbildung stehenden Studierenden zuzurechnen. Ein Dienst- oder Arbeitsverhältnis zum Rechtsträger der Lehreinrichtung wird dadurch nicht begründet.

(3) Bloße Unterstützungsleistungen zur Lebensführung der Studierenden durch den Rechtsträger der Lehreinrichtung begründen kein Dienst- oder Arbeitsverhältnis.

4. Unterabschnitt
Sonderbestimmungen für die Veterinärmedizinische Universität Wien

Tierspital

§ 36. (1) Die Organisationseinheiten der Veterinärmedizinischen Universität Wien, die neben ihren Lehr- und Forschungsaufgaben auch tierärztliche Leistungen unmittelbar an lebenden Tieren zu erbringen haben, führen die Bezeichnung „Universitätsklinik" und bilden gemeinsam organisatorisch das „Tierspital".

(2) Für das Tierspital ist vom Rektorat durch Verordnung eine Anstaltsordnung zu erlassen, die der Genehmigung des Universitätsrats bedarf.

(3) Zu Leiterinnen und Leitern der Organisationseinheiten des Tierspitals dürfen nur Personen mit facheinschlägiger Qualifikation bestellt werden.

(4) Das den Organisationseinheiten des Tierspitals zugeordnete Personal hat an der Erfüllung der Aufgaben mitzuwirken, die dem Tierspital im Rahmen der Untersuchung und Behandlung von Tieren obliegen.

(5) Die Leiterinnen und Leiter der Organisationseinheiten des Tierspitals sind berechtigt, im Namen der Veterinärmedizinischen Universität Wien Verträge über die Erbringung tierärztlicher Leistungen abzuschließen.

(6) Die Wahrnehmung der tierärztlichen Aufgaben im Rahmen des Tierspitals ist von der autonomen Besorgung durch die Universität gemäß § 5 ausgenommen (§ 70 Abs. 4 UOG 1993).

Veterinärmedizinische Lehrinstitute und Organisationseinheit für Wildtierkunde und Ökologie

§ 37. (1) Tierkliniken, die nicht zur Veterinärmedizinischen Universität Wien gehören, und Tierarztpraxen können vom Rektorat mit Zustimmung der Betreiberin oder des Betreibers der Tierklinik oder der Tierarztpraxis zur Verbesserung und Intensivierung des praktisch-veterinärmedizinischen Unterrichts herangezogen werden. Wird eine Tierklinik oder eine Tierarztpraxis ständig zu diesem Zweck herangezogen, kann dieser die Bezeichnung „Veterinärmedizinisches Lehrinstitut" verliehen werden.

(2) An der Veterinärmedizinischen Universität Wien ist eine Organisationseinheit mit der Bezeichnung „Forschungsinstitut für Wildtierkunde und Ökologie" einzurichten.

(3) Die im Abs. 2 genannte Organisationseinheit ist in der Leistungsvereinbarung und im Rechnungsabschluss gesondert auszuweisen.

5. Unterabschnitt

Sonderbestimmungen für die Katholische und die Evangelische Theologie

§ 38. (1) Die Universitäten, deren Wirkungsbereich sich auch auf Studien der Katholischen Theologie erstreckt, haben bei der Gestaltung ihrer inneren Organisation und der Studienvorschriften sowie bei der Sicherstellung des Lehr- und Forschungsbetriebs das Konkordat zwischen dem Heiligen Stuhle und der Republik Österreich, BGBl. II Nr. 2/1934, zu beachten. Die Verpflichtung zur Einholung der Zustimmung gemäß Art. V § 3 und zu einer allfälligen Enthebung von der Ausübung der Lehrbefugnis gemäß Art. V § 4 obliegt der Rektorin oder dem Rektor.

(2) Die Universität, deren Wirkungsbereich sich auch auf Studien der Evangelischen Theologie erstreckt, hat bei der Gestaltung ihrer internen Organisation und der Studienvorschriften sowie bei der Sicherstellung des Lehr- und Forschungsbetriebs § 15 des Bundesgesetzes über äußere Rechtsverhältnisse der Evangelischen Kirche, BGBl. Nr. 182/1961, zu beachten. Die Verpflichtung, gemäß § 15 Abs. 4 des Bundesgesetzes über äußere Rechtsverhältnisse der Evangelischen Kirche vor der Auswahl aus dem Besetzungsvorschlag mit der Evangelischen Kirche Kontakt aufzunehmen, obliegt der Rektorin oder dem Rektor.

6. Unterabschnitt
Sonderbestimmungen für die Akademie der bildenden Künste Wien

Gemäldegalerie und Kupferstichkabinett

§ 39. (1) An der Akademie der bildenden Künste Wien sind folgende Organisationseinheiten einzurichten:
1. die „Gemäldegalerie der Akademie der bildenden Künste Wien", der eine Glyptothek eingegliedert ist;
2. das „Kupferstichkabinett".

Bei der Organisation dieser beiden Einrichtungen sind die Aufgaben und die besondere Stellung dieser Einrichtungen zu berücksichtigen.

(2) Die Gemäldegalerie ist eine durch eine Stiftung geschaffene Einrichtung. Sie hat die Aufgaben der gleichnamigen Einrichtung gemäß § 46 des Bundesgesetzes über die Organisation der Universitäten der Künste (KUOG) weiterzuführen. Sie hat durch ständige Schausammlungen und zusätzliche Ausstellungen für eine Darbietung ausgewählter Objekte ihrer Sammlungen für die Öffentlichkeit zu sorgen.

(3) Das Kupferstichkabinett hat die Aufgaben der gleichnamigen Einrichtung gemäß § 65 KUOG weiterzuführen. Es hat ausgewählte Objekte seiner Sammlung der Öffentlichkeit darzubieten.

(4) Zur gemeinsamen Leiterin oder zum gemeinsamen Leiter der Gemäldegalerie und des Kupferstichkabinetts darf nur eine Person mit einschlägiger Ausbildung und entsprechend hoher fachlicher Qualifikation bestellt werden. Die Bestellung hat zunächst auf fünf Jahre befristet zu erfolgen. Eine Wiederbestellung ist möglich. Die Leiterin oder der Leiter der Gemäldegalerie und des Kupferstichkabinetts trägt die Funktionsbezeichnung „Direktorin" oder „Direktor".

(5) Die Gemäldegalerie und das Kupferstichkabinett sind in der Leistungsvereinbarung und im Rechnungsabschluss der Akademie der bildenden Künste Wien gesondert auszuweisen.

7. Unterabschnitt

Universitäts-Sportinstitute

§ 40. (1) An den Universitäten gemäß § 6 Abs. 1 Z 1, 2, 3, 7, 10, 14, 15 und 22 sind Universitäts-Sportinstitute eingerichtet, die den Studierenden bis zwei Semester nach Studienabschluss und Mitarbeiterinnen und Mitarbeitern der Universitäten, der Pädagogischen Hochschulen, der Fachhochschulen und der Privatuniversitäten des Universitätsstandortes für sportliche Tätigkeiten und Wettkämpfe zur Verfügung stehen.

(2) Die Universitäts-Sportinstitute sind in der Leistungsvereinbarung und im Rechnungsabschluss, sowie in der Wissensbilanz der betreffenden Universität gesondert auszuweisen.

(3) Mittel, die dem Universitäts-Sportinstitut aus dem freiwilligen Hochschulsport, sowie aus dem Betrieb von Universitätssportanlagen zufließen, sind für die Zwecke des Universitäts-Sportinstituts zu verwenden.

(4) Zur Leiterin oder zum Leiter eines Universitäts-Sportinstituts darf nur eine Person mit einschlägiger Ausbildung und entsprechender fachlicher Qualifikation bestellt werden.

(5) Das Rektorat einer Universität mit Universitäts-Sportinstitut kann Richtlinien zur Aufnahme von sonstigen Personengruppen in den Teilnehmerinnen- und Teilnehmerkreis des Universitäts-Sportinstituts der Universität zu marktüblichen Preisen erlassen.

8. Unterabschnitt
Sonderbestimmungen für die Universität Wien

Institut für Österreichische Geschichtsforschung

§ 40a. (1) An der Universität Wien ist eine Organisationseinheit mit der Bezeichnung „Institut für Österreichische Geschichtsforschung" einzurichten. Bei der Organisation dieser Einrichtung sind die Aufgaben in Forschung und Lehre und die besondere Stellung des Instituts für Österreichische Geschichtsforschung im Kontext der Geschichtswissenschaften und des Archivwesens auf nationaler und internationaler Ebene zu berücksichtigen.

(2) Die Aufgaben des Instituts für Österreichische Geschichtsforschung umfassen im Hinblick auf seine Bedeutung im Bereich der Geschichtswissenschaften insbesondere die Planung und Durchführung von Forschungsvorhaben auf dem Gebiet der europäischen Geschichte des Mittelalters und der Neuzeit

sowie der österreichischen Geschichte mit einem Schwerpunkt auf den Historischen Hilfswissenschaften, der Quellenedition und Quellenerschließung auf der Grundlage anerkannter internationaler Standards und deren Dokumentation und Publikation.

(3) Zur Leiterin oder zum Leiter des Instituts für Österreichische Geschichtsforschung darf nur eine Person mit einschlägiger Ausbildung und entsprechend hoher fachlicher Qualifikation bestellt werden. Die Leiterin oder der Leiter des Instituts für Österreichische Geschichtsforschung trägt die Funktionsbezeichnung „Direktorin" oder „Direktor".

(4) Das Institut für Österreichische Geschichtsforschung ist in der Leistungsvereinbarung und im Rechnungsabschluss der Universität Wien gesondert auszuweisen.

3. Abschnitt
Gleichstellung der Geschlechter und Frauenförderung

Frauenfördergebot

§ 41. Alle Organe der Universität haben darauf hinzuwirken, dass in allen universitären Arbeitsbereichen ein ausgewogenes Zahlenverhältnis zwischen den an der Universität tätigen Frauen und Männern erreicht wird. Die Erreichung dieses Ziels ist durch geeignete Maßnahmen, insbesondere durch die Erlassung und Umsetzung eines Frauenförderungsplans, anzustreben.

Arbeitskreis für Gleichbehandlungsfragen

§ 42. (1) An jeder Universität ist vom Senat ein Arbeitskreis für Gleichbehandlungsfragen einzurichten, dessen Aufgabe es ist, Diskriminierungen durch Universitätsorgane auf Grund des Geschlechts sowie auf Grund der ethnischen Zugehörigkeit, der Religion oder Weltanschauung, des Alters oder der sexuellen Orientierung entgegenzuwirken und die Angehörigen und Organe der Universität in diesen Angelegenheiten zu beraten und zu unterstützen.

(2) Die Anzahl der Mitglieder des Arbeitskreises für Gleichbehandlungsfragen ist in der Satzung festzulegen. Die im Senat vertretenen Gruppen von Universitätsangehörigen sind berechtigt, Mitglieder in einem in der Satzung festgelegten Verhältnis in den Arbeitskreis zu entsenden. Aus dem Kreis der Mitglieder des Arbeitskreises ist eine Vorsitzende oder ein Vorsitzender sowie zumindest ein Stellvertreter oder eine Stellvertreterin zu wählen. Die Funktionsperiode des Arbeitskreises für Gleichbehandlungsfragen beträgt drei Jahre und beginnt mit dem 1. Oktober des betreffenden Jahres. Die Mitglieder des Arbeitskreises für Gleichbehandlungsfragen dürfen für höchstens vier unmittelbar aufeinanderfolgende Funktionsperioden entsendet werden. Die gleichzeitige Mitgliedschaft im Senat und im Arbeitskreis für Gleichbehandlungsfragen ist unzulässig. Bis zur Konstituierung des Arbeitskreises für Gleichbehandlungsfragen, die längstens bis zu dem auf den Beginn der Funktionsperiode folgenden 1. März zu erfolgen hat, verlängert sich die Funktionsperiode des bis dahin eingerichteten Arbeitskreises für Gleichbehandlungsfragen.

(3) Die Mitglieder des Arbeitskreises für Gleichbehandlungsfragen sind bei der Ausübung ihrer Funktion an keine Weisungen oder Aufträge gebunden (Art. 81c B-VG). Sie dürfen bei der Ausübung ihrer Befugnisse nicht behindert und wegen dieser Tätigkeit in ihrem beruflichen Fortkommen nicht benachteiligt werden.

(4) Den Mitgliedern des Arbeitskreises ist vom Rektorat in allen inneruniversitären Angelegenheiten Auskunft zu erteilen sowie Einsicht in die Geschäftsstücke, Unterlagen und in die automationsunterstützt verarbeiteten Daten über das Personal der Universität zu geben, deren Kenntnis zur Erfüllung der Aufgaben des Arbeitskreises erforderlich ist. Auf Verlangen ist die Herstellung von Fotokopien dieser Unterlagen zu gestatten. Einsicht in die Personalakten ist nur mit Einwilligung der betroffenen Personen zulässig.

(5) Werden vom Arbeitskreis für Gleichbehandlungsfragen zur Vorbereitung seiner Beschlüsse Gutachten und Stellungnahmen facheinschlägiger Expertinnen oder Experten sowie Auskünfte eingeholt, dürfen diesen Expertinnen oder Experten die

dafür erforderlichen Unterlagen zur Verfügung gestellt werden. Diese Expertinnen oder Experten sind zur Verschwiegenheit verpflichtet.

(6) Dem Arbeitskreis für Gleichbehandlungsfragen sind insbesondere unverzüglich zur Kenntnis zu bringen:
1. alle Ausschreibungstexte für die Besetzung von Stellen und Funktionen vor erfolgter Ausschreibung. Der Arbeitskreis hat das Recht, innerhalb von zwei Wochen ab Zustellung zur Ausschreibung Stellung zu nehmen;
2. die Liste der eingelangten Bewerbungen einschließlich der Bewerbungsunterlagen, sofern der Arbeitskreis für Gleichbehandlungsfragen nicht darauf verzichtet;
3. die Liste der zu Aufnahmegesprächen eingeladenen Bewerberinnen und Bewerber.

(7) Das Rektorat hat gleichzeitig mit der Information des zuständigen Betriebsrats den Arbeitskreis für Gleichbehandlungsfragen darüber in Kenntnis zu setzen, mit welcher Bewerberin oder mit welchem Bewerber ein Arbeitsvertrag abgeschlossen werden soll. Arbeitsverträge, die ohne vorherige Verständigung des Arbeitskreises oder vor Ablauf der Frist gemäß Abs. 8 abgeschlossen werden, sind unwirksam.

(8) Hat der Arbeitskreis für Gleichbehandlungsfragen Grund zur Annahme, dass die Entscheidung eines Universitätsorgans eine Diskriminierung von Personen auf Grund ihres Geschlechts oder auf Grund der ethnischen Zugehörigkeit, der Religion oder Weltanschauung, des Alters oder der sexuellen Orientierung oder einen Verstoß gegen das Frauenförderungsgebot oder gegen den Frauenförderungs- und Gleichstellungsplan der Universität darstellt, ist er berechtigt, innerhalb von drei Wochen die Schiedskommission anzurufen.

(8a) Das jeweilige Kollegialorgan hat den Arbeitskreis für Gleichbehandlungsfragen unverzüglich über seine Zusammensetzung zu informieren. Ist der Frauenanteil von mindestens 50 vH gemäß § 20a Abs. 2 nicht ausreichend gewahrt, so kann der Arbeitskreis für Gleichbehandlungsfragen binnen vier Wochen die Einrede der unrichtigen Zusammensetzung an die Schiedskommission erheben. Die Einrede der unrichtigen Zusammensetzung hat zu unterbleiben, wenn sachliche Gründe vorliegen. Ist das Kollegialorgan unrichtig zusammengesetzt, und erhebt der Arbeitskreis für Gleichbehandlungsfragen Einrede, sind die Beschlüsse des Kollegialorgans nichtig. Erhebt der Arbeitskreis für Gleichbehandlungsfragen nicht fristgerecht die Einrede der unrichtigen Zusammensetzung, gilt das Kollegialorgan im Hinblick auf § 20a Abs. 2 als richtig zusammengesetzt.

(8b) Der Senat hat den Arbeitskreis für Gleichbehandlungsfragen unverzüglich über das Ergebnis der Wahl der Mitglieder des Universitätsrats gemäß § 21 Abs. 6 Z 1 zu informieren. Bei Verletzung des § 20a Abs. 3 kann der Arbeitskreis für Gleichbehandlungsfragen binnen vier Wochen die Einrede der unrichtigen Zusammensetzung des Universitätsrats an die Schiedskommission erheben. Die Einrede der unrichtigen Zusammensetzung hat zu unterbleiben, wenn sachliche Gründe vorliegen.

(8c) Die Findungskommission und der Senat haben dem Arbeitskreis für Gleichbehandlungsfragen ihren jeweiligen Vorschlag für die Bestellung der Rektorin oder des Rektors vorzulegen. Liegt der Verdacht der Diskriminierung auf Grund des Geschlechts einer Bewerberin vor, so hat der Arbeitskreis für Gleichbehandlungsfragen binnen einer Woche Beschwerde an die Schiedskommission zu erheben.

(8d) Sämtliche von der Wahlkommission zugelassenen Wahlvorschläge für die Wahlen zum Senat einschließlich der Vorschläge für die Ersatzmitglieder sind im Hinblick auf die Einhaltung der Reihung von mindestens 50 vH Frauen an wählbarer Stelle gemäß § 20a Abs. 4 dem Arbeitskreis für Gleichbehandlungsfragen vorzulegen. Dieser hat binnen einer Woche zu entscheiden, ob der Wahlvorschlag § 20a Abs. 4 entspricht. Entscheidet der Arbeitskreis für Gleichbehandlungsfragen, dass nicht ausreichend Frauen auf dem Wahlvorschlag enthalten sind, hat er die Einrede der Mangelhaftigkeit des Wahlvorschlages an die Schiedskommission zu erheben. Die Einrede hat zu unterbleiben, wenn sachliche Gründe vorliegen. Entscheidet die Schiedskommission, dass die Einrede zu Recht erhoben wurde, hat die Wahlkommission den

Wahlvorschlag an die wahlwerbende Gruppe zur Verbesserung zurückzuverweisen.

(8e) Der Arbeitskreis für Gleichbehandlungsfragen hat unverzüglich an die Bundesministerin oder den Bundesminister zu berichten, wenn er
1. eine Einrede der unrichtigen Zusammensetzung eines Kollegialorgans an die Schiedskommission gemäß Abs. 8a,
2. eine Einrede der unrichtigen Zusammensetzung des Universitätsrats gemäß Abs. 8b,
3. eine Beschwerde wegen Diskriminierung im Zusammenhang mit der Wahl der Rektorin oder des Rektors gemäß Abs. 8c oder
4. eine Einrede der Mangelhaftigkeit des Wahlvorschlages gemäß Abs. 8d

erhebt.

(8f) Die Bundesministerin oder der Bundesminister hat in geeigneter Form auf der Homepage des Bundesministeriums für Bildung, Wissenschaft und Forschung eine auf Grund der Wissensbilanzen der Universitäten gemäß der Wissensbilanz-Verordnung 2016 – WBV 2016), BGBl. II Nr. 97/2016, in der Fassung der Verordnung BGBl. II Nr. 307/2019 erstellte Darstellung der Umsetzung der geschlechtergerechten Zusammensetzung von Kollegialorganen gemäß § 20a an allen Universitäten zu veröffentlichen.

(9) Erhebt der Arbeitskreis für Gleichbehandlungsfragen Beschwerde an die Schiedskommission, ist die Vollziehung der Entscheidung des Universitätsorgans bis zur Entscheidung der Schiedskommission unzulässig.

(10) Dem Universitätsrat und dem Rektorat ist jährlich ein Tätigkeitsbericht des Arbeitskreises zu übermitteln.

(11) Das Rektorat hat dem Arbeitskreis für Gleichbehandlungsfragen die für die Erfüllung seiner Aufgaben entsprechenden Personal- und Sachressourcen sowie die erforderlichen Räume nach Maßgabe der budgetären Möglichkeiten zur Verfügung zu stellen.

Schiedskommission

§ 43. (1) An jeder Universität ist eine Schiedskommission einzurichten. Zu ihren Aufgaben zählen:
1. die Vermittlung in Streitfällen von Angehörigen der Universität;
2. die Entscheidung über Beschwerden des Arbeitskreises für Gleichbehandlungsfragen wegen einer Diskriminierung auf Grund des Geschlechts oder auf Grund der ethnischen Zugehörigkeit, der Religion oder Weltanschauung, des Alters oder der sexuellen Orientierung oder auf Grund eines Verstoßes gegen das Frauenförderungsgebot oder gegen den Frauenförderungs- und Gleichstellungsplan der Universität durch die Entscheidung eines Universitätsorgans;
3. Entscheidung über Einreden der unrichtigen Zusammensetzung des Arbeitskreises für Gleichbehandlungsfragen binnen vier Wochen;
4. Entscheidung über Einreden der Mangelhaftigkeit des Wahlvorschlages des Arbeitskreises für Gleichbehandlungsfragen binnen 14 Tagen.

(2) Angelegenheiten, die einem Rechtszug unterliegen, und Leistungsbeurteilungen sind von der Prüfung durch die Schiedskommission ausgenommen.

(3) Die Schiedskommission soll bei der Erfüllung ihrer Aufgaben möglichst auf ein Einvernehmen zwischen den Beteiligten hinwirken.

(4) Alle Organe und Angehörigen der Universität sind verpflichtet, den Mitgliedern der Schiedskommission Auskünfte, insbesondere auch über personenbezogene Daten (Art. 4 Nr. 1 DSGVO) und sonstige Informationen, in der Sache zu erteilen und an Kontaktgesprächen teilzunehmen.

(5) Die Schiedskommission hat in den Angelegenheiten gemäß Abs. 1 Z 2 innerhalb von drei Monaten mit Bescheid darüber abzusprechen, ob durch die Entscheidung des Universitätsorgans eine Diskriminierung auf Grund eines oder mehrerer der in Abs. 1 Z 2 genannten Gründe vorliegt. Betrifft die Beschwerde

den Vorschlag der Findungskommission oder den Vorschlag des Senates zur Bestellung der Rektorin oder des Rektors, so hat die Schiedskommission binnen 14 Tagen zu entscheiden.

(6) Bejaht die Schiedskommission in den Fällen des Abs. 1 Z 2 das Vorliegen einer Diskriminierung auf Grund eines oder mehrerer der in Abs. 1 Z 2 genannten Gründe, hat das Universitätsorgan eine neue Personalentscheidung unter Beachtung der Rechtsauffassung der Schiedskommission zu treffen. Betrifft die Diskriminierung den Vorschlag der Findungskommission oder des Senates zur Bestellung der Rektorin oder des Rektors, ist der Vorschlag an die Findungskommission oder den Senat zurückzustellen. Die Findungskommission und der Senat sind in diesem Fall verpflichtet, den der Rechtsanschauung der Schiedskommission entsprechenden Rechtszustand unverzüglich herzustellen.

(7) Der Arbeitskreis für Gleichbehandlungsfragen und das betroffene Universitätsorgan haben das Recht, gegen den das Verfahren abschließenden Bescheid vor dem Bundesverwaltungsgericht Beschwerde zu führen.

(8) Arbeitsverträge, die von der Rektorin oder vom Rektor während eines anhängigen Verfahrens vor der Schiedskommission oder trotz eines negativen Bescheids der Schiedskommission abgeschlossen werden, sind unwirksam.

(9) Die Schiedskommission besteht aus sechs Mitgliedern, die keine Angehörigen der betreffenden Universität sein müssen. Je ein männliches und ein weibliches Mitglied sind vom Senat, vom Universitätsrat und vom Arbeitskreis für Gleichbehandlungsfragen für eine Funktionsperiode von zwei Jahren zu nominieren. Zwei der Mitglieder müssen rechtskundig sein. Vom Senat, vom Universitätsrat und vom Arbeitskreis für Gleichbehandlungsfragen sind jeweils ein weibliches und ein männliches Ersatzmitglied zu nominieren. Personen, die in einer Geschäftsbeziehung mit dem Rektorat, dem Universitätsrat oder dem Senat stehen, dürfen der Schiedskommission nicht angehören. Mögliche Interessenkonflikte haben die Mitglieder der Schiedskommission unverzüglich zu melden.

(10) Die Mitglieder der Schiedskommission sind bei der Ausübung dieser Funktion an keine Weisungen oder Aufträge gebunden (Art. 81c B-VG).

(11) Die Schiedskommission entscheidet mit einfacher Mehrheit. Bei Stimmengleichheit gibt die Stimme der oder des Vorsitzenden den Ausschlag.

(12) Dem Universitätsrat und dem Rektorat ist jährlich ein Tätigkeitsbericht der Schiedskommission zu übermitteln.

Anwendung des Bundes-Gleichbehandlungsgesetzes

§ 44. Auf alle Angehörigen der Universität sowie auf die Bewerberinnen und Bewerber um Aufnahme in ein Arbeitsverhältnis zur Universität oder um Aufnahme als Studierende ist das B-GlBG mit Ausnahme des dritten und vierten Abschnitts des ersten Hauptstücks des zweiten Teils und der §§ 12 und 12a mit der Maßgabe anzuwenden, dass die Universität als Dienststelle und als Zentralstelle (§ 2 Abs. 1 und 2 B-GlBG) gilt und sie die Pflicht zur Leistung von Schadenersatz gemäß §§ 17 bis 19b B-GlBG trifft. Das Recht zur Erstellung eines Vorschlags für den Frauenförderungsplan (§ 11a Abs. 1 B-GlBG) steht dem Arbeitskreis für Gleichbehandlungsfragen zu.

4. Abschnitt
Verfahren

Aufsicht

§ 45. (1) Die Universitäten, die von ihnen gemäß § 10 Abs. 1 gegründeten Gesellschaften, Stiftungen und Vereine sowie jene Gesellschaften, deren Geschäftsanteile die Universität mittelbar oder unmittelbar zu mehr als 50 vH hält, unterliegen der Aufsicht des Bundes. Diese umfasst die Einhaltung der Gesetze und Verordnungen einschließlich der Satzung (Rechtsaufsicht).

(2) Die zuständigen Organe der Universität haben der Bundesministerin oder dem Bundesminister im Wege des Universitätsrats auf Verlangen unverzüglich alle zur Erfüllung ihrer oder

seiner Aufgaben erforderlichen Auskünfte zu erteilen und alle erforderlichen Unterlagen zu übermitteln. Dies kann allenfalls auch personenbezogene Daten (Art. 4 Nr. 1 DSGVO) umfassen.

(3) Die Bundesministerin oder der Bundesminister hat mit Verordnung Verordnungen und mit Bescheid Entscheidungen von Universitätsorganen aufzuheben, wenn die betreffende Verordnung oder Entscheidung im Widerspruch zu geltenden Gesetzen oder Verordnungen einschließlich der Satzung steht. Im Falle einer Verletzung von Verfahrensvorschriften hat eine Aufhebung nur dann zu erfolgen, wenn das Organ bei deren Einhaltung zu einem anderen Ergebnis hätte kommen können.

(4) Die Bundesministerin oder der Bundesminister hat mit Bescheid Wahlen, die im Widerspruch zu geltenden Gesetzen oder Verordnungen einschließlich der Satzung stehen, aufzuheben.

(5) Ab der formellen Einleitung eines aufsichtsbehördlichen Verfahrens durch die Bundesministerin oder den Bundesminister ist die Durchführung der diesem Verfahren zu Grunde liegenden Beschlüsse bis zum Abschluss des Verfahrens unzulässig. Ein in diesem Zeitraum oder nach der aufsichtsbehördlichen Aufhebung des betreffenden Beschlusses dennoch ergangener Bescheid leidet an einem gemäß § 68 Abs. 4 Z 4 AVG mit Nichtigkeit bedrohten Fehler. Hebt die Bundesministerin oder der Bundesminister eine Entscheidung eines Universitätsorganes mit Bescheid auf, so enden Arbeitsverhältnisse, die auf der aufgehobenen Entscheidung beruhen, mit Eintritt der Rechtskraft des Bescheides.

(6) Die Universitätsorgane sind im Fall der Abs. 3 und 4 verpflichtet, den der Rechtsanschauung der Bundesministerin oder des Bundesministers entsprechenden Rechtszustand unverzüglich herzustellen.

(7) Im aufsichtsbehördlichen Verfahren haben die Universitätsorgane Parteistellung sowie das Recht, gegen den das Verfahren abschließenden Bescheid vor dem Bundesverwaltungsgericht Beschwerde zu führen.

Verfahren in behördlichen Angelegenheiten

§ 46. (1) Die Universitätsorgane haben in allen behördlichen Angelegenheiten das AVG anzuwenden.

(2) Beschwerden in Studienangelegenheiten sind bei dem Organ einzubringen, das den Bescheid erlassen hat. Dieses hat, wenn die Beschwerde nicht unzulässig oder verspätet ist, die Beschwerde mit dem gesamten Akt unverzüglich dem Senat vorzulegen. Der Senat kann ein Gutachten zur Beschwerde erstellen. Liegt ein derartiges Gutachten vor, so hat die Beschwerdevorentscheidung unter Beachtung dieses Gutachtens zu erfolgen. Wird die Beschwerde dem Bundesverwaltungsgericht vorgelegt, so ist das Gutachten des Senats anzuschließen. Abweichend von § 14 Abs. 1 VwGVG hat das zuständige Organ innerhalb von vier Monaten zu entscheiden.

(3) In Studienangelegenheiten sind auch die Organe der gesetzlichen Vertretung der Studierenden nach Maßgabe der §§ 4 Abs. 1a und 12 Abs. 2a HSG 2014 zur Einbringung von Rechtsmitteln berechtigt.

(4) Universitätsorganen, denen gemäß Art. 132 Abs. 5 B-VG das Recht der Beschwerde an das Bundesverwaltungsgericht eingeräumt ist, steht das Recht zu, gegen Erkenntnisse dieses Gerichts Revision gemäß Art. 133 B-VG zu erheben.

(5) Studienwerberinnen und Studienwerber sowie Studierende, die das 16. Lebensjahr vollendet haben, sind in studienrechtlichen Verfahren verfahrensfähig.

Säumnis von Organen

§ 47. (1) Kommt ein nicht zu den Leitungsorganen zählendes Organ einer Universität einer ihm nach diesem Bundesgesetz obliegenden Aufgabe nicht innerhalb angemessener Zeit nach, hat das Rektorat auf Antrag einer oder eines davon betroffenen Angehörigen der Universität oder von Amts wegen eine Frist von vier Wochen zu setzen, innerhalb der das säumige Organ die zu erfüllende Aufgabe nachzuholen hat. Lässt dieses die Frist verstreichen, ist die zu erfüllende Aufgabe vom Rektorat durchzuführen (Ersatzvornahme). Dies gilt nicht im Anwendungsbereich des § 73 AVG.

(2) Ist der Senat, das Rektorat oder die Rektorin oder der Rektor im Sinne des Abs. 1 säumig, hat der Universitätsrat auf Antrag einer oder eines davon betroffenen Angehörigen der Universität oder von Amts wegen die Maßnahmen gemäß Abs. 1 zu setzen.

(3) Ist der Universitätsrat im Sinne des Abs. 2 oder in einer Angelegenheit des § 21 Abs. 1 säumig, hat die Bundesministerin oder der Bundesminister die Ersatzvornahme vorzunehmen.

Verschwiegenheitspflicht

§ 48. Die Mitglieder von Kollegialorganen und andere Universitätsorgane sind zur Amtsverschwiegenheit verpflichtet (Art. 20 Abs. 3 B-VG).

Haftung

§ 49. (1) Die Universität kann für sich Rechte und Pflichten begründen. Für Verbindlichkeiten, die daraus entstehen, trifft den Bund keine Haftung. Die Rechte und Pflichten für die Obsorge für die ordnungsgemäße Instandhaltung, Instandsetzung und Abwendung von Schäden ergeben sich aus den einschlägigen gesetzlichen Bestimmungen, sofern im Mietvertrag nichts anderes geregelt ist. Insbesondere ist hier auf §§ 1319 und 1319a des Allgemeinen bürgerlichen Gesetzbuches (ABGB), JGS Nr. 946/1811, zu verweisen.

(2) Für den von Organen oder Arbeitnehmerinnen oder Arbeitnehmern der Universität oder von anderen Personen im Auftrag der Universität auf Grund dieses Bundesgesetzes in Wahrnehmung der hoheitlichen Aufgaben wem immer schuldhaft zugefügten Schaden haftet der Bund nach den Bestimmungen des Amtshaftungsgesetzes, BGBl. Nr. 20/1949. Der Bund hat in diesem Fall derjenigen oder demjenigen, die oder den sie für den Rückersatzanspruch für haftbar erachtet, den Streit zu verkünden (§ 21 Zivilprozessordnung, RGBl. Nr. 113/1895). Diese oder dieser kann dem Rechtsstreit als Nebenintervenientin

oder Nebenintervenient beitreten (§ 17 Zivilprozessordnung). Die Universität und diejenige oder derjenige, die oder der den Schaden zugefügt hat, haften der oder dem Geschädigten nicht.

(3) Hat der Bund der oder dem Geschädigten gemäß Abs. 2 den Schaden ersetzt, ist er berechtigt, nach Maßgabe der §§ 3, 5 und 6 Abs. 2 des Amtshaftungsgesetzes von derjenigen oder demjenigen, die oder den sie für den Rückersatzanspruch für haftbar erachtet, Rückersatz zu fordern. In diesem Verfahren sind die zum Rückersatz herangezogenen Personen von der Verschwiegenheitspflicht befreit.

(4) Für die von Organen oder Arbeitnehmerinnen oder Arbeitnehmern der Universität oder von anderen Personen im Auftrag der Universität in Wahrnehmung der hoheitlichen Aufgaben dem Bund schuldhaft unmittelbar zugefügten Schäden haften diese Organe dem Bund nach den Bestimmungen des Organhaftpflichtgesetzes, BGBl. Nr. 181/1967, mit der Maßgabe, dass die zur Haftung herangezogenen Personen von der Verschwiegenheitspflicht befreit sind.

Rechtsvertretung

§ 50. Die Universität sowie Gesellschaften, deren Geschäftsanteile die Universität mittelbar oder unmittelbar zu mehr als 50 vH hält, sind berechtigt, sich von der Finanzprokuratur gemäß dem Prokuraturgesetz, StGBl. Nr. 172/1945, gegen Entgelt rechtlich beraten und vertreten zu lassen.

II. Teil
Studienrecht

1. Abschnitt
Allgemeine Bestimmungen

Begriffsbestimmungen

§ 51. (1) In Vollziehung der Studienvorschriften werden die Universitäten im Rahmen der Hoheitsverwaltung tätig.

(2) Im Geltungsbereich dieses Bundesgesetzes gelten folgende Begriffsbestimmungen:
1. Anerkannte postsekundäre Bildungseinrichtungen sind die Bildungseinrichtungen, die Studien im Ausmaß von mindestens sechs Semestern durchführen, bei denen die Zulassung die allgemeine Universitätsreife im Sinne dieses Bundesgesetzes oder bei künstlerischen Studien den Nachweis der künstlerischen Eignung voraussetzt, und die auf Grund der Rechtsvorschriften des Staates, in dem sie ihren Sitz haben, als Bildungseinrichtungen im Sinne dieser Begriffsbestimmung anerkannt sind.
2. Ordentliche Studien sind die Diplomstudien, die Bachelorstudien, die Masterstudien, die Doktoratsstudien, die kombinierten Master- und Doktoratsstudien sowie die Erweiterungsstudien.
3. Diplomstudien sind die ordentlichen Studien, die sowohl der wissenschaftlichen und künstlerischen Berufsvorbildung und der Qualifizierung für berufliche Tätigkeiten, welche die Anwendung wissenschaftlicher und künstlerischer Erkenntnisse und Methoden erfordern, als auch deren Vertiefung und Ergänzung dienen. Diese Studien erfüllen die Anforderungen des Art. 11 lit. e der Richtlinie 2005/36/EG über die Anerkennung von Berufsqualifikationen, ABl. Nr. L 255 vom 30.09.2005 S. 22, zuletzt geändert durch die Richtlinie 2013/55/EU, ABl. Nr. L 354 vom 28.12.2013 S. 132, in der Fassung der Berichtigung ABl. Nr. L 305 vom 24.10.2014 S. 115.
4. Bachelorstudien sind die ordentlichen Studien, die der wissenschaftlichen und künstlerischen Berufsvorbildung oder Berufsausbildung und der Qualifizierung für berufliche Tätigkeiten dienen, welche die Anwendung wissenschaftlicher und künstlerischer Erkenntnisse und Methoden erfordern. Diese Studien erfüllen die Anforderungen des Art. 11 lit. d der Richtlinie 2005/36/EG. Sie sind nicht in Studienabschnitte gegliedert.

5. Masterstudien sind die ordentlichen Studien, die der Vertiefung und Ergänzung der wissenschaftlichen und künstlerischen Berufsvorbildung oder Berufsausbildung auf der Grundlage von Bachelorstudien dienen. Diese Studien erfüllen die Anforderungen des Art. 11 lit. e der Richtlinie 2005/36/EG. Sie sind nicht in Studienabschnitte gegliedert.

5a. Erweiterungsstudien sind ordentliche Studien, die dem Zweck dienen, die in einem ordentlichen Studium erworbenen Kompetenzen um zusätzliche Kompetenzen zu erweitern.

5b. ein Unterrichtsfach entspricht einem Unterrichtsgegenstand oder einem Fachbereich an Sekundarschulen.

5c. eine Spezialisierung im Lehramtsstudium Sekundarstufe (Allgemeinbildung) ist die Ausrichtung auf ein von einem Unterrichtsfach der Sekundarstufe verschiedenes, in den Curricula näher zu umschreibendes Fachgebiet, in welchem die oder der Studierende vertiefende Kenntnisse erlangt.

5d. ein kohärentes Fächerbündel im Lehramtsstudium Sekundarstufe (Allgemeinbildung) entspricht mehr als zwei einander inhaltlich überschneidenden Unterrichtsfächern.

5e. Pädagogisch-praktische Studien bestehen aus begleiteten Praktika vornehmlich an Schulen sowie den jeweiligen Begleitlehrveranstaltungen und fokussieren vorrangig auf die Planung, Durchführung, systematische Reflexion und Weiterentwicklung von Unterricht. Sie stellen fachwissenschaftliche, fachdidaktische und bildungswissenschaftliche Bezüge her und initiieren auf Basis einer forschenden Grundhaltung Verknüpfungen und Reflexionsprozesse mit dem Ziel, Studierende in ihrer professionellen Weiterentwicklung sowie bei der Realisierung der Praktika zu unterstützen.

6. Studieneingangs- und Orientierungsphase ist das Angebot von Lehrveranstaltungen aus den das jeweilige Dip-

lom- oder Bachelorstudium besonders kennzeichnenden Fächern, das der Information und der Orientierung der Studienanfängerinnen und Studienanfänger dient.
7. Bachelorarbeiten sind die im Bachelorstudium anzufertigenden eigenständigen schriftlichen oder künstlerischen Arbeiten, die im Rahmen von Lehrveranstaltungen abzufassen sind.
8. Diplom- und Masterarbeiten sind die wissenschaftlichen Arbeiten in den Diplom- und Masterstudien, die dem Nachweis der Befähigung dienen, wissenschaftliche Themen selbstständig sowie inhaltlich und methodisch vertretbar zu bearbeiten.
9. Künstlerische Diplom- und Masterarbeiten sind künstlerische Arbeiten, die dem Nachweis der Befähigung dienen, im Hinblick auf das Studienziel des Studiums selbstständig und wissenschaftlich fundiert künstlerisch zu arbeiten.
10. Bachelorgrade sind die akademischen Grade, die nach dem Abschluss der Bachelorstudien verliehen werden. Sie lauten „Bachelor" mit einem im Curriculum festzulegenden Zusatz, wobei auch eine Abkürzung festzulegen ist. Bachelorstudien für das Lehramt schließen mit dem akademischen Grad „Bachelor of Education" („BEd") ab.
11. Mastergrade sind die akademischen Grade, die nach dem Abschluss der Masterstudien verliehen werden. Sie lauten „Master" mit einem im Curriculum festzulegenden Zusatz, wobei auch eine Abkürzung festzulegen ist, bzw. „Diplom-Ingenieurin/Diplom-Ingenieur", abgekürzt „Dipl.-Ing." oder „DI"; für den Abschluss des Humanmedizinischen Masterstudiums kann der Mastergrad „Doctor medicinae universae", abgekürzt „Dr. med. univ.", für den Abschluss des Zahnmedizinischen Masterstudiums kann der Mastergrad „Doctor medicinae dentalis", abgekürzt „Dr. med. dent.", und für den Abschluss des Masterstudiums der Pharmazie kann der

akademische Grad „Magistra pharmaciae" oder „Magister pharmaciae", jeweils abgekürzt „Mag. pharm.", verliehen werden. Masterstudien für das Lehramt schließen mit dem akademischen Grad „Master of Education („MEd") ab.

12. Doktoratsstudien (einschließlich der Doctor of Philosophy-Doktoratsstudien) sind die ordentlichen Studien, die der Weiterentwicklung der Befähigung zu selbstständiger wissenschaftlicher Arbeit sowie der Heranbildung und Förderung des wissenschaftlichen Nachwuchses auf der Grundlage von Diplom- und Masterstudien dienen. Sie sind nicht in Studienabschnitte gegliedert.

12a. Künstlerische Doktoratsstudien sind die ordentlichen Studien, die der Weiterentwicklung der Befähigung zu selbstständiger künstlerischer Arbeit sowie der Heranbildung und Förderung des künstlerischen Nachwuchses auf der Grundlage von künstlerischen Diplom- und Masterstudien dienen. Sie stellen eine über ein künstlerisches Diplom- bzw. Masterstudium hinausgehende künstlerische Qualifikation dar und streben eine künstlerisch vertiefende Auseinandersetzung mit künstlerischen Fragestellungen an. Neben der Entwicklung der künstlerischen Dissertation gemäß Z 13a beinhalten künstlerische Doktoratsstudien begleitende Lehrveranstaltungen künstlerischer, wissenschaftlich-künstlerischer und wissenschaftlicher Ausrichtung. Künstlerische Doktoratsstudien sind nicht in Studienabschnitte gegliedert.

12b. Kombinierte Master- und Doktoratsstudien sind ordentliche Studien, die sowohl der Vertiefung und Ergänzung der wissenschaftlichen und künstlerischen Berufsvorbildung oder der Berufsausbildung auf der Grundlage von Bachelorstudien als auch der Weiterentwicklung der Befähigung zu selbstständiger wissenschaftlicher oder künstlerischen Arbeit mit einem spezifischen wissenschaftlichen oder künstlerischen Forschungsschwer-

punkt sowie der Heranbildung und Förderung des wissenschaftlichen und künstlerischen Nachwuchses dienen.
13. Dissertationen sind die wissenschaftlichen Arbeiten, die anders als die Diplom- und Masterarbeiten dem Nachweis der Befähigung zur selbstständigen Bewältigung wissenschaftlicher Fragestellungen dienen.
13a. Künstlerische Dissertationen beinhalten unter Erprobung von künstlerischen Methoden und Techniken die Entwicklung eines künstlerischen, originären, konkreten Rechercheprojekts, das zu einem eigenständigen und autonom entwickelten künstlerischen Werk führt.
14. Doktorgrade sind die akademischen Grade, die nach dem Abschluss der Doktoratsstudien verliehen werden. Sie lauten „Doktorin" oder „Doktor", abgekürzt „Dr.", mit einem im Curriculum festzulegenden Zusatz, oder nach Abschluss eines Doctor of Philosophy- Doktoratsstudiums „Doctor of Philosophy", abgekürzt „PhD".
14a. Studienwerberinnen und -werber sind jene Personen, die an der betreffenden Universität die Zulassung zu einem bestimmten Studium beantragen.
14b. Studienanfängerinnen und -anfänger sind jene Studienwerberinnen und -werber, die nach allfälliger Absolvierung eines Aufnahme- oder Auswahlverfahrens tatsächlich zum Studium zugelassen werden.
14c. Studierende sind die nach den Bestimmungen dieses Bundesgesetzes durch das Rektorat zum Studium an der Universität zugelassenen Personen.
14d. Studienplätze für Studienanfängerinnen und -anfänger sind jene Studienplätze, welche von den Universitäten österreichweit bzw. von einer Universität für Studienanfängerinnen und -anfänger pro Studienjahr und Studienfeld bzw. pro Studienjahr und Studium zur Verfügung gestellt werden.
14e. Nicht-traditionelle Studienwerberinnen und -werber umfassen: Studienwerberinnen und -werber mit Behinderung, berufstätige Personen, Personen mit Betreuungs-

verpflichtungen, Personen mit verzögertem Studienbeginn, Personen mit alternativem Universitätszugang sowie Personen im Ruhestand oder in Pension.

14f. Betreuungsrichtwert ist ein aus Verhältniszahlen von Studierenden zu Lehrpersonal abgeleiteter Maßstab für die zumutbare Inanspruchnahme des wissenschaftlichen und künstlerischen Personals durch Lehre. Die Festlegung des Betreuungsrichtwerts erfolgt in der Verordnung gemäß § 71d Abs. 1.

14g. Studienfeld entspricht grundsätzlich dem Kriterium „detailed field" der ISCED Fields of Education and Training 2013 der UNESCO. Studienfelder im Sinne der kapazitätsorientierten, studierendenbezogenen Universitätsfinanzierung sind fachliche Zuordnungen der Studien nach der ISCED Fields of Education and Training 1999.

15. Ordentliche Studierende sind die Studierenden, die zu den ordentlichen Studien zugelassen sind.

16. Allgemeine Universitätsreife ist jener Ausbildungsstand, der einer Person die Fähigkeit und das Recht vermittelt, bei Erfüllung allfälliger ergänzender studienspezifischer Erfordernisse zu einem ordentlichen Studium an einer Universität zugelassen zu werden.

17. Besondere Universitätsreife ist die Erfüllung ergänzender studienspezifischer Voraussetzungen für die Zulassung zu einem bestimmten ordentlichen Studium.

18. Ergänzungsprüfungen sind die Prüfungen zur Erlangung der allgemeinen oder besonderen Universitätsreife oder für den Nachweis der Kenntnis der deutschen Sprache.

19. Zulassungsprüfungen sind die Prüfungen, die unter Berücksichtigung der Vorbildungsmöglichkeiten dem Nachweis der künstlerischen Eignung für die künstlerischen Studien und für die Lehramtsstudien in diesen Fächern oder dem Nachweis der sportlichen Eignung für sportwissenschaftliche Studien und für die Lehramtsstudien in diesen Fächern dienen.

20. Außerordentliche Studien sind die Universitätslehrgänge und der Besuch einzelner Lehrveranstaltungen aus wissenschaftlichen Fächern sowie Studien zur Herstellung der Gleichwertigkeit gemäß § 90 Abs. 4.
21. Universitätslehrgänge dienen der Fort- oder Weiterbildung. Die Einrichtung von Universitätslehrgängen zur Vorbereitung auf ein künstlerisches Bachelor- oder Diplomstudium ist zulässig.
22. Außerordentliche Studierende sind die Studierenden, die zu den außerordentlichen Studien zugelassen sind.
23. Mastergrade in Universitätslehrgängen sind jene international gebräuchlichen Mastergrade, die für die Absolventinnen und Absolventen jener Universitätslehrgänge festgelegt werden, deren Zugangsbedingungen, Umfang und Anforderungen mit Zugangsbedingungen, Umfang und Anforderungen entsprechender ausländischer Masterstudien vergleichbar sind.
24. Curriculum ist die Verordnung, mit der das Qualifikationsprofil, der Inhalt und der Aufbau eines Studiums und die Prüfungsordnung festgelegt werden. Nähere Bestimmungen sind in der Satzung zu erlassen.
25. Prüfungsordnung ist der Teil des Curriculums, der die Arten der Prüfungen, die Festlegung der Prüfungsmethode und nähere Bestimmungen für das Prüfungsverfahren enthält.
26. Gemeinsame Studienprogramme (joint programmes) sind Studien, die auf Grund von Vereinbarungen zwischen zwei oder mehreren Universitäten, Pädagogischen Hochschulen, Fachhochschulen, Privathochschulen, Privatuniversitäten oder ausländischen anerkannten postsekundären Bildungseinrichtungen durchgeführt und abgeschlossen werden. Ein gemeinsames Studienprogramm kann zu einem joint degree führen, wobei eine gemeinsame Urkunde über die Verleihung des gemeinsamen akademischen Grades auszustellen ist. Ein gemeinsames Studienprogramm kann zu einem double degree

führen, wobei zwei Urkunden über die Verleihung der akademischen Grade auszustellen sind. Ein gemeinsames Studienprogramm kann zu einem multiple degree führen, wobei mehrere Urkunden über die Verleihung der akademischen Grade auszustellen sind.

27. Gemeinsam eingerichtete Studien sind Studien, die auf Grund von Vereinbarungen zwischen einer oder mehreren österreichischen Universitäten, Pädagogischen Hochschulen, Erhaltern von Fachhochschul-Studiengängen oder Privatuniversitäten durchgeführt werden, wobei ein gleichlautendes Curriculum zu erlassen ist.

28. Nostrifizierung ist die Anerkennung eines ausländischen Studienabschlusses als Abschluss eines inländischen ordentlichen Studiums.

29. Qualifikationsprofil ist jener Teil des Curriculums, der beschreibt, welche wissenschaftlichen, künstlerischen und beruflichen Qualifikationen die Studierenden durch die Absolvierung des betreffenden Studiums erwerben.

31. Ein Plagiat liegt jedenfalls dann vor, wenn Texte, Inhalte oder Ideen übernommen und als eigene ausgegeben werden. Dies umfasst insbesondere die Aneignung und Verwendung von Textpassagen, Theorien, Hypothesen, Erkenntnissen oder Daten durch direkte, paraphrasierte oder übersetzte Übernahme ohne entsprechende Kenntlichmachung und Zitierung der Quelle und der Urheberin oder des Urhebers.

32. Vortäuschen von wissenschaftlichen oder künstlerischen Leistungen liegt jedenfalls dann vor, wenn jemand unerlaubte Hilfsmittel benutzt oder sich bei der Verfassung einer schriftlichen Arbeit oder Ablegung einer Prüfung oder bei der Erstellung einer künstlerischen Arbeit unerlaubter Weise einer anderen Person bedient (insbesondere Inanspruchnahme einer von einer dritten Person erstellten Auftragsarbeit) oder wenn Daten und Ergebnisse erfunden oder gefälscht werden.

33. Gute wissenschaftliche Praxis bedeutet, im Rahmen der Aufgaben und Ziele der jeweiligen Einrichtung die rechtlichen Regelungen, ethischen Normen und den aktuellen Erkenntnisstand des jeweiligen Faches einzuhalten.
34. Lernergebnisse sind diejenigen Kenntnisse, Fertigkeiten und Kompetenzen, die im Rahmen eines Studiums, in einer Aus-, Fort- oder Weiterbildung, im Arbeitsprozess oder in einem nicht geregelten Lernprozess erworben werden und im Hinblick auf eine berufliche Tätigkeit oder eine weitere Ausbildung eingesetzt werden können. Im Rahmen eines Studiums erworbene Lernergebnisse werden insbesondere im Qualifikationsprofil zu diesem Studium beschrieben.
35. Bildungsniveau ist die Gesamtheit aller Bildungsqualifikationen, die nach Ausbildungen erworben wurden, welche auf Grund gesetzlicher Bestimmungen dasselbe Zugangsniveau haben und akademische bzw. berufliche Berechtigungen auf derselben Stufe vermitteln.
36. Validierung ist ein Verfahren, welches jedenfalls die Verfahrensschritte Identifizierung, Dokumentation und Bewertung von bereits erworbenen Lernergebnissen zum Zweck der Anerkennung als Prüfungen oder andere Studienleistungen umfasst.

Einteilung des Studienjahres

§ 52. (1) Das Studienjahr beginnt am 1. Oktober und endet am 30. September des Folgejahres. Es besteht aus dem Wintersemester, das am 1. Oktober beginnt und am 28. bzw. 29. Februar endet, und dem Sommersemester, das am 1. März beginnt und am 30. September endet, jeweils einschließlich der lehrveranstaltungsfreien Zeiten. Der Senat hat nähere Bestimmungen über Beginn und Ende der lehrveranstaltungsfreien Zeiten zu erlassen.

(2) An den Medizinischen Universitäten bzw. an den Universitäten, an denen eine Medizinische Fakultät eingerichtet ist, kann der Senat nähere Bestimmungen über Beginn und Ende

des Klinisch-Praktischen Jahres im Rahmen des Studiums der Humanmedizin (§ 35a) erlassen, wobei während der Dauer des Klinisch-Praktischen Jahres keine lehrveranstaltungsfreie Zeit möglich ist.

(3) An den Medizinischen Universitäten kann der Senat nähere Bestimmungen über Beginn und Ende des Zahnmedizinisch-Klinischen Praktikums im Rahmen des Studiums der Zahnmedizin (§ 35b) erlassen, wobei während der Dauer des Zahnmedizinisch-Klinischen Praktikums keine lehrveranstaltungsfreie Zeit möglich ist.

Aufbewahrung von universitätsspezifischen Daten

§ 53. Folgende Prüfungsdaten gemäß § 9 Z 15 des Bildungsdokumentationsgesetzes 2020 – BilDokG 2020, BGBl. I Nr. 20/2021 müssen mindestens 80 Jahre in geeigneter Form aufbewahrt werden:
1. die Bezeichnung von Prüfungen oder das Thema der wissenschaftlichen oder künstlerischen Arbeiten,
2. die vergebenen ECTS-Anrechnungspunkte,
3. die Beurteilung,
4. die Namen der Prüferinnen und Prüfer oder der Beurteilerinnen und Beurteiler,
5. das Datum der Prüfung oder der Beurteilung sowie
6. der Name und die Matrikelnummer der oder des Studierenden.

2. Abschnitt
Studien

Ordentliche Studien

§ 54. (1) Die Universitäten sind berechtigt, Diplomstudien, Bachelorstudien, Masterstudien, Doktoratsstudien, kombinierte Master- und Doktoratsstudien sowie Erweiterungsstudien einzurichten. Dabei sind die Studien einer der folgenden Gruppen zuzuordnen:

1. Geistes- und kulturwissenschaftliche Studien;
2. Ingenieurwissenschaftliche Studien;
3. Künstlerische Studien;
4. Veterinärmedizinische Studien;
5. Naturwissenschaftliche Studien;
6. Rechtswissenschaftliche Studien;
7. Sozial- und wirtschaftswissenschaftliche Studien;
8. Theologische Studien;
9. Medizinische Studien;
10. Lehramtsstudien;
11. Interdisziplinäre Studien.

(2) Neu einzurichtende Studien dürfen nur als Bachelorstudien, Masterstudien, Doktoratsstudien, kombinierte Master- und Doktoratsstudien oder Erweiterungsstudien eingerichtet werden. Der Umfang der Studien mit Ausnahme der Doktoratsstudien ist im Sinne des Europäischen Systems zur Anrechnung von Studienleistungen (European Credit Transfer System – ECTS, 253/2000/EG, Amtsblatt Nr. L 28 vom 3. Februar 2000) in ECTS-Anrechnungspunkten anzugeben. Mit diesen Anrechnungspunkten ist der relative Anteil des mit den einzelnen Studienleistungen verbundenen Arbeitspensums zu bestimmen, wobei das Arbeitspensum eines Jahres 1 500 Echtstunden zu betragen hat und diesem Arbeitspensum 60 Anrechnungspunkte zugeteilt werden.

(3) Der Arbeitsaufwand für Bachelorstudien hat 180 ECTS-Anrechnungspunkte und für Masterstudien mindestens 120 ECTS-Anrechnungspunkte zu betragen. Der Arbeitsaufwand für ein Bachelorstudium kann in Ausnahmefällen, wenn dies zur Erlangung der Beschäftigungsfähigkeit zwingend erforderlich ist und diese Studiendauer international vergleichbar ist, bis zu 240 ECTS-Anrechnungspunkte betragen. Zur Beschäftigungsfähigkeit ist die Vorlage eines nach international anerkannten wissenschaftlichen Kriterien erstellten Gutachtens erforderlich. In den Humanmedizinischen und Zahnmedizinischen Studien kann der Arbeitsaufwand für das Bachelor- und das Masterstudium insgesamt 360 ECTS-Anrechnungspunkte betragen. Die Berufsberechtigung für den Beruf der Ärztin oder des Arztes und

der Zahnärztin oder des Zahnarztes, für sonstige Gesundheitsberufe sowie für den Beruf der Apothekerin oder des Apothekers richtet sich ausschließlich nach den jeweiligen berufsrechtlichen Regelungen, insbesondere nach der Richtlinie 2005/36/EG. Der Arbeitsaufwand für Masterstudien hat mindestens 60 ECTS-Anrechnungspunkte zu betragen, wenn das gemäß § 64 Abs. 3 zu Grunde liegende Bachelorstudium 240 ECTS-Anrechnungspunkte betragen hat. Für das Bachelorstudium für das Lehramt beträgt der Arbeitsaufwand 240 ECTS-Anrechnungspunkte und es ist kein Gutachten zur Beschäftigungsfähigkeit zu erstellen. Masterstudien für das Lehramt Sekundarstufe (Allgemeinbildung) und für das Lehramt Sekundarstufe (Allgemeinbildung) für Absolventinnen und Absolventen eines Lehramtsstudiums für das Lehramt Primarstufe haben mindestens 90 ECTS-Anrechnungspunkte zu umfassen. Masterstudien für das Lehramt Sekundarstufe (Allgemeinbildung) in nur einem Unterrichtsfach haben 120 ECTS-Anrechnungspunkte zu umfassen. Die im Schulorganisationsgesetz, BGBl. Nr. 242/1962, genannten Aufgaben der Schularten sind entsprechend zu berücksichtigen.

(4) Die Dauer von Doktoratsstudien (einschließlich der Doctor of Philosophy-Doktoratsstudien) beträgt mindestens drei Jahre.

(4a) Die Dauer von kombinierten Master- und Doktoratsstudien beträgt mindestens fünf Jahre. Der Arbeitsaufwand für einen (Zwischen-)Abschluss dieses Studiums mit einem Mastergrad hat mindestens 120 ECTS-Anrechnungspunkte zu betragen.

(5) In Lehramtsstudien Sekundarstufe (Allgemeinbildung) kann anstelle eines Unterrichtsfachs eine Spezialisierung gewählt werden. Inklusive Pädagogik ist jedenfalls als Spezialisierung anzubieten.

(6) Masterstudien für das Lehramt Sekundarstufe (Allgemeinbildung) in nur einem Unterrichtsfach dürfen nur nach Maßgabe des Bedarfs an Absolventinnen und Absolventen in diesem Unterrichtsfach befristet eingerichtet werden.

(7) Studien dürfen auch als gemeinsam eingerichtete Studien (§ 54e) oder als gemeinsame Studienprogramme (§ 54d) angeboten werden.

(8) Angebote von Bachelor- und Masterstudien zur Erlangung eines Lehramtes für Volksschulen, Sonderschulen, Polytechnische Schulen, Hauptschulen, Neue Mittelschulen oder für den Bereich der Berufsbildung können nur in Form eines mit einer (oder mehreren) Pädagogischen Hochschulen gemeinsam eingerichteten Studiums angeboten und geführt werden.

Erweiterungsstudien

§ 54a. (1) Die Zulassung zu einem und die Meldung der Fortsetzung eines Erweiterungsstudiums setzt die Zulassung zu einem oder den bereits erfolgten Abschluss eines ordentlichen Studiums, dessen Erweiterung es dient, voraus. Erlischt die Zulassung zu dem ordentlichen Studium, dessen Erweiterung es dient, aufgrund des § 68 Abs. 1 Z 1, 2, 3, 4, 5, 7, 8, Abs. 2 oder 2a,, erlischt auch gleichzeitig die Zulassung zum Erweiterungsstudium. Der Abschluss des Erweiterungsstudiums setzt den Abschluss des ordentlichen Studiums, dessen Erweiterung es dient, voraus. Näheres ist im Curriculum zu regeln.

(2) Der Arbeitsaufwand für ein Erweiterungsstudium hat mindestens 30 ECTS-Anrechnungspunkte zu betragen. Zur Dokumentation des Abschlusses eines Erweiterungsstudiums wird ein Zeugnis ausgestellt. Mit dem Abschluss eines Erweiterungsstudiums wird kein Recht auf Verleihung eines akademischen Grades erworben.

(3) Die Einrichtung von Erweiterungsstudien zur Erweiterung eines Doktoratsstudiums sowie eines kombinierten Master- und Doktoratsstudiums ist nicht zulässig.

Erweiterungsstudien zur Erweiterung
von Lehramtsstudien

§ 54b. (1) Erweiterungsstudien zur Erweiterung eines Lehramtsstudiums dienen dem Zweck, ein Lehramtsstudium um ein oder mehrere Unterrichtsfächer, Spezialisierungen oder kohärente Fächerbündel zu erweitern. Dabei hat sich der Arbeitsaufwand am Arbeitsaufwand für das Unterrichtsfach, die Spezialisierung oder das kohärente Fächerbündel zu orientieren.

(2) Die Zulassung und die Meldung der Fortsetzung eines Erweiterungsstudiums zur Erweiterung eines Bachelorstudiums für das Lehramt setzt die Zulassung zu einem oder den bereits erfolgten Abschluss eines mindestens achtsemestrigen Lehramtsstudiums voraus.

(3) Die Zulassung und die Meldung der Fortsetzung eines Erweiterungsstudiums zur Erweiterung eines Masterstudiums für das Lehramt setzt neben der Absolvierung eines Erweiterungsstudiums zur Erweiterung eines Bachelorstudiums für das Lehramt gemäß Abs. 2 die Zulassung oder den bereits erfolgten Abschluss eines Masterstudiums für das Lehramt oder den Abschluss eines Diplomstudiums für das Lehramt an einer Universität, dessen Erweiterung es dient, voraus. Es ist keine Masterarbeit zu verfassen.

(4) Für Erweiterungsstudien zur Erweiterung eines Lehramtsstudiums sind abweichend von §§ 54a Abs. 1 und 58 Abs. 1 keine gesonderten Curricula zu erlassen, sofern die Inhalte und Anforderungen in dem dem Unterrichtsfach, der Spezialisierung oder dem kohärentem Fächerbündel zugrunde liegenden Curriculum gekennzeichnet sind.

Erweiterungsstudien für Absolventinnen und Absolventen sechssemestriger Lehramtsstudien

§ 54c. (1) Absolventinnen und Absolventen sechssemestriger Bachelorstudien für das Lehramt an Pädagogischen Hochschulen haben vor der Zulassung zum Masterstudium für das Lehramt ein Erweiterungsstudium zu absolvieren. Dieses umfasst 60 bis 90 ECTS- Anrechnungspunkte, welche im Curriculum für das Bachelorstudium für das Lehramt oder in einem eigenen Curriculum auszuweisen sind. Im Bereich der Sekundarstufe (Allgemeinbildung) sind dieselben Unterrichtsfächer zu wählen wie im sechssemestrigen Bachelorstudium.

(2) Für Erweiterungsstudien für Absolventinnen und Absolventen sechssemestriger Bachelorstudien an Pädagogischen Hochschulen sind abweichend von §§ 54a Abs. 1 und 58 Abs. 1 keine gesonderten Curricula zu erlassen, sofern die Inhalte und Anforderungen im zugrunde liegenden Curriculum des Bachelorstudiums für das Lehramt gekennzeichnet sind.

(3) Absolventinnen und Absolventen eines sechssemestrigen Lehramtsstudiums können dieses Lehramtsstudium abweichend von Abs. 1 um ein oder mehrere Unterrichtsfächer, Spezialisierungen oder kohärente Fächerbündel gemäß § 54b Abs. 2 erweitern.

Gemeinsame Studienprogramme

§ 54d. (1) Bei gemeinsamen Studienprogrammen haben die beteiligten Bildungseinrichtungen Vereinbarungen über die Durchführung, insbesondere über die Festlegung der Leistungen, die die betreffenden Studierenden an den beteiligten Bildungseinrichtungen zu erbringen haben, und die Finanzierung zu schließen. Dabei können bei Bedarf, unter Beachtung der §§ 2 (leitende Grundsätze) und 59 (Rechte und Pflichten der Studierenden) sowie der Regelungen der Satzung, von diesem Bundesgesetz abweichende Regelungen getroffen werden, sofern das gemeinsame Studienprogramm nicht nur von Universitäten gemäß § 6 Abs. 1 und Pädagogischen Hochschulen gemäß § 1 Abs. 1 und 2 des Hochschulgesetzes 2005 – HG, BGBl. I Nr. 30/2006, durchgeführt wird.

(2) Bei Vorliegen einer Vereinbarung gemäß Abs. 1 hat der Senat im Sinne des § 25 Abs. 1 Z 10 binnen angemessener Frist ein entsprechendes Curriculum zu erlassen.

(3) Wenn die beteiligten Bildungseinrichtungen beschließen, die Durchführung eines gemeinsamen Studienprogrammes zu beenden, haben sie Vorsorge zu treffen, dass Studierenden der Abschluss des Studiums innerhalb einer angemessenen Frist, die jedenfalls die Studiendauer zuzüglich zweier Semester zu umfassen hat, möglich ist.

Gemeinsam eingerichtete Studien

§ 54e. (1) Bei gemeinsam eingerichteten Studien haben die beteiligten österreichischen postsekundären Bildungseinrichtungen eine Vereinbarung insbesondere über die Durchführung sowie die Arbeits- und die Ressourcenaufteilung zu schließen.

(2) In dem von den zuständigen Organen der beteiligten österreichischen postsekundären Bildungseinrichtungen gleichlautend zu erlassenden Curriculum ist die Zuordnung der Fächer zu der jeweiligen Bildungseinrichtung ersichtlich zu machen.

(3) In den von den Rektoraten der beteiligten Universitäten und öffentlichen Pädagogischen Hochschulen gleichlautend zu erlassenden Verordnungen bzw. von den zuständigen Organen von anerkannten privaten Pädagogischen Hochschulen, Einrichtungen zur Durchführung von Fachhochschul-Studiengängen und Privatuniversitäten zu veröffentlichenden gleichlautenden Vereinbarungen sind Regelungen betreffend die Zuständigkeiten zur Vollziehung der studienrechtlichen Bestimmungen festzulegen. Weiters ist festzulegen, welche studienrechtlichen Satzungsbestimmungen welcher beteiligten Bildungseinrichtungen jeweils zur Anwendung kommen.

(4) Die Zulassung zu einem gemeinsam eingerichteten Studium darf nur an einer der beteiligten Bildungseinrichtungen nach Wahl der oder des Studierenden erfolgen. Die Rektorate der beteiligten Universitäten und öffentlichen Pädagogischen Hochschulen können durch gleichlautend zu erlassende Verordnungen bzw. die zuständigen Organe von anerkannten privaten Pädagogischen Hochschulen, Einrichtungen zur Durchführung von Fachhochschul-Studiengängen und Privatuniversitäten können durch zu veröffentlichende gleichlautende Vereinbarungen jene Bildungseinrichtung bestimmen, welche die Zulassung durchzuführen hat. Mit der Zulassung wird die oder der Studierende auch Angehörige oder Angehöriger aller am gemeinsam eingerichteten Studium beteiligten Bildungseinrichtungen.

(5) Die zulassende Bildungseinrichtung hat die Fortsetzungsmeldungen durchzuführen, die das Studium betreffenden Bestäti-

gungen, Bescheinigungen und Nachweise sowie die abschließenden Zeugnisse auszustellen und den vorgesehenen akademischen Grad oder die vorgesehene akademische Bezeichnung zu verleihen sowie den Anhang zum Diplom auszustellen.

(6) Im Falle der Beteiligung von Fachhochschulen oder Privatuniversitäten an einem gemeinsam eingerichteten Studium finden die studienrechtlichen Bestimmungen dieses II. Teils Anwendung. Gegen Entscheidungen ist eine Beschwerde an das Bundesverwaltungsgericht zulässig.

(7) Wird ein Studium zur Erlangung eines Lehramtes im Bereich der Primarstufe oder der Sekundarstufe (Berufsbildung) gemeinsam mit einer Pädagogischen Hochschule eingerichtet, sind die einschlägigen Bestimmungen des Hochschulgesetzes 2005 – HG, BGBl. I Nr. 30/2006, anzuwenden.

(8) Wird ein Studium gemeinsam mit einer Pädagogischen Hochschule eingerichtet, können die Rektorate der beteiligten Bildungseinrichtungen für den Fall, dass aus Platzgründen nicht alle Studienwerberinnen und Studienwerber zugelassen werden können, durch gleichlautende Verordnungen eine den Kapazitäten entsprechende Anzahl von Studienanfängerinnen und -anfängern sowie für alle in gleicher Weise geltende Zulassungskriterien festlegen.

(9) Wenn die beteiligten Bildungseinrichtungen beschließen, die Durchführung eines gemeinsam eingerichteten Studiums zu beenden, haben sie Vorsorge zu treffen, dass Studierenden der Abschluss des Studiums innerhalb einer angemessenen Frist, die jedenfalls die Studiendauer zuzüglich zweier Semester zu umfassen hat, möglich ist.

Studien im Ausland

§ 54f. Die Universitäten sind berechtigt, Studien zur Gänze oder zum Teil im Ausland durchzuführen, sofern der Lehr- und Forschungsbetrieb der betreffenden Universität hierdurch nicht beeinträchtigt wird und dies in der Leistungsvereinbarung festgelegt wurde.

Individuelles Studium

§ 55. (1) Fächer aus verschiedenen Diplom-, Bachelor- oder Masterstudien dürfen zu einem individuellen Bachelor- oder Masterstudium verbunden werden. Der Antrag auf Zulassung zu einem individuellen Studium ist an jener Universität einzubringen, an welcher der Schwerpunkt des geplanten Studiums liegen soll.

(2) Der Antrag hat jedenfalls zu enthalten:
1. die Bezeichnung des Studiums;
2. ein Curriculum einschließlich Qualifikationsprofil;
3. den Umfang in ECTS-Anrechnungspunkten;
4. wenn das Studium an mehreren Universitäten durchgeführt werden soll, die Zuordnung der Fächer zu den beteiligten Universitäten.

(3) Der Antrag ist vom für die Organisation der Studien zuständigen Organ bescheidmäßig zu genehmigen, wenn das beantragte Studium einem facheinschlägigen Studium gleichwertig ist. In der Genehmigung ist der Zeitpunkt der Zulassung zum individuellen Studium festzulegen.

(4) Absolventinnen und Absolventen individueller Bachelorstudien ist vom für die studienrechtlichen Angelegenheiten zuständigen Organ jener Universität, an welcher der Schwerpunkt des Studiums gelegen ist, der akademische Grad „Bachelor", abgekürzt, „BA", Absolventinnen und Absolventen individueller Diplomstudien ist der akademische Grad „Magistra" bzw. „Magister", abgekürzt, jeweils „Mag." zu verleihen, Absolventinnen und Absolventen individueller Masterstudien ist der akademische Grad „Master", abgekürzt, „MA" zu verleihen. Überwiegen in einem individuellen Diplom- oder Masterstudium die Fächer aus ingenieurwissenschaftlichen Studien, ist den Absolventinnen und Absolventen der akademische Grad „Diplom-Ingenieurin" bzw. „Diplom-Ingenieur", abgekürzt, jeweils „Dipl.-Ing." oder „DI" zu verleihen.

Universitätslehrgänge

§ 56. (1) Die Universitäten sind berechtigt, Universitätslehrgänge einzurichten.

(2) Universitätslehrgänge können auch als gemeinsame Studienprogramme (§ 54d) oder als gemeinsam eingerichtete Studien (§ 54e) und während der lehrveranstaltungsfreien Zeit angeboten und zur wirtschaftlichen und organisatorischen Unterstützung in Zusammenarbeit mit außeruniversitären Rechtsträgern durchgeführt werden.

(3) Für den Besuch von Universitätslehrgängen haben die Teilnehmerinnen und Teilnehmer einen Lehrgangsbeitrag zu entrichten. Dieser ist unter Berücksichtigung der tatsächlichen Kosten des Universitätslehrgangs vom Rektorat festzusetzen. Ordentlichen Studierenden, die eine Studienbeihilfe beziehen, ist auf Antrag unter Bedachtnahme auf ihre Leistungsfähigkeit eine Ermäßigung des Lehrgangsbeitrags zu gewähren.

(4) Die Teilnahme an Universitätslehrgängen der Fort- und Weiterbildung für Lehrerinnen und Lehrer, die im öffentlich-rechtlichen Bildungsauftrag durchgeführt werden, ist für die Teilnehmerinnen und Teilnehmer frei von Lehrgangsbeiträgen.

(5) Im Curriculum eines Universitätslehrgangs kann eine Höchststudiendauer vorgesehen werden, die mindestens die vorgesehene Studienzeit zuzüglich zwei Semester umfasst.

Vorbereitungslehrgänge

§ 57. Die Universitäten gemäß § 6 Abs. 1 Z 16 bis 21 sind berechtigt, Vorbereitungslehrgänge zur Vorbereitung auf ein künstlerisches Bachelor- oder Diplomstudium einzurichten. Für Vorbereitungslehrgänge ist kein Lehrgangsbeitrag und kein Studienbeitrag einzuheben.

Curricula

§ 58. (1) An den Universitäten sind für die einzelnen Studien nach Maßgabe der §§ 54b Abs. 4 und 54c Abs. 2 Curricula zu erlassen.

(2) Die Curricula haben ein Qualifikationsprofil (§ 51 Abs. 2 Z 29) zu enthalten.

(3) Die Curricula von Lehramtsstudien haben kompetenzorientiert nach Maßgabe der Anlage des Hochschul-Qualitätssicherungsgesetzes – HS-QSG, BGBl. I Nr. 74/2011, gestaltet zu sein.

(4) In den Curricula von Bachelorstudien für das Lehramt sind gegebenenfalls fachspezifische Kriterien für die Feststellung der fachlichen Eignung festzulegen. In den Curricula von künstlerischen Studien und von sportwissenschaftlichen Studien sowie für die Lehramtsstudien in diesen Fächern ist festzulegen, in welcher Weise im Rahmen der Überprüfung der fachlichen Eignung Zulassungsprüfungen gemäß § 51 Abs. 2 Z 19 und § 75 durchgeführt werden.

(5) Curricula und deren Änderungen sind vor der Beschlussfassung dem Rektorat, Curricula theologischer Studien auch den zuständigen kirchlichen Stellen sowie Curricula für Lehramtsstudien auch dem Qualitätssicherungsrat für Pädagoginnen- und Pädagogenbildung zur Stellungnahme zuzuleiten.

(6) Curricula von ordentlichen Studien und deren Änderungen treten bei Veröffentlichung im Mitteilungsblatt vor dem 1. Juli mit dem 1. Oktober desselben Jahres in Kraft; bei Veröffentlichung nach dem 30. Juni treten sie mit 1. Oktober des nächsten Jahres in Kraft. Werden Studien aufgelassen, treten Curricula bei Veröffentlichung im Mitteilungsblatt vor dem 1. Juli mit Ablauf des 30. September desselben Jahres außer Kraft; bei Veröffentlichung nach dem 30. Juni treten Curricula mit 30. September des nächsten Jahres außer Kraft.

(7) Im Curriculum darf als Voraussetzung für die Anmeldung zu Lehrveranstaltungen, für deren Verständnis besondere Vorkenntnisse erforderlich sind, der Nachweis dieser Vorkenntnisse

durch die positive Beurteilung einer oder mehrerer Prüfungen oder in anderer zweckmäßiger Form festgelegt werden. Diese Festlegungen gelten auch für Studierende, die sich zu der betreffenden Lehrveranstaltung im Rahmen der Nutzung des Lehrangebotes oder eines individuellen Studiums anmelden.

(8) Im Curriculum sind für Lehrveranstaltungen mit einer beschränkten Zahl von Teilnehmerinnen und Teilnehmern die Anzahl der möglichen Teilnehmerinnen und Teilnehmer sowie das Verfahren zur Vergabe der Plätze festzulegen. Dabei ist darauf zu achten, dass den bei einer Anmeldung zurückgestellten Studierenden daraus keine Verlängerung der Studienzeit erwächst. Im Bedarfsfall sind überdies Parallellehrveranstaltungen, allenfalls auch während der lehrveranstaltungsfreien Zeit, anzubieten.

(9) Curricula von Bachelor- und Masterstudien sind so zu gestalten, dass die Erbringung von Studienleistungen auch an ausländischen postsekundären Bildungseinrichtungen möglich ist. Dabei ist darauf zu achten, dass dies ohne Verlust von Studienzeiten möglich ist.

(10) Die Curricula haben die Zielsetzungen von Art. 24 der UN-Behindertenrechtskonvention zu beachten.

(11) Für Studierende mit einer Behinderung im Sinne des § 3 des Bundes-Behindertengleichstellungsgesetzes, BGBl. I Nr. 82/2005, sind die Anforderungen der Curricula – allenfalls unter Bedachtnahme auf gemäß § 59 Abs. 1 Z 12 beantragte abweichende Prüfungsmethoden – durch Bescheid des studienrechtlichen Organs zu modifizieren, wobei das Ausbildungsziel des gewählten Studiums erreichbar sein muss.

(12) Curricula sind so zu gestalten, dass die Verteilung der ECTS-Anrechnungspunkte dem tatsächlichen Arbeitsaufwand entspricht.

3. Abschnitt
Studierende

Rechte und Pflichten der Studierenden

§ 59. (1) Den Studierenden steht nach Maßgabe der gesetzlichen Bestimmungen Lernfreiheit zu. Sie umfasst insbesondere das Recht,
1. sowohl an der Universität, an der sie zum Studium zugelassen wurden, als auch an anderen Universitäten die Zulassung für andere Studien zu erlangen;
2. nach Maßgabe des Lehrangebotes und der Vorgaben des Curriculums aus Lehrveranstaltungen auszuwählen;
3. neben einem ordentlichen Studium an der Universität der Zulassung oder nach Maßgabe des § 63 Abs. 9 an anderen Universitäten oder bei gemeinsam eingerichteten Studien mit Pädagogischen Hochschulen an diesen das Lehrangebot zu nutzen, für welches die Studierenden die in den Curricula festgelegten Anmeldungsvoraussetzungen erfüllen;
4. die facheinschlägigen Lehr- und Forschungseinrichtungen und die Bibliotheken an allen Bildungseinrichtungen, deren Angehörige sie sind, nach Maßgabe der Benützungsordnungen zu benützen;
5. als ordentliche Studierende eines Diplom- oder Masterstudiums das Thema und die Betreuerin oder den Betreuer ihrer Diplom- oder Masterarbeit oder das Thema ihrer künstlerischen Diplom- oder Masterarbeit, als ordentliche Studierende eines Doktoratsstudiums das Thema ihrer Dissertation und als ordentliche Studierende eines kombinierten Master- und Doktoratsstudiums, wenn eine Masterarbeit vorgesehen ist, das Thema und die Betreuerin oder den Betreuer ihrer Masterarbeit sowie ihrer Dissertation nach Maßgabe der universitären Regelungen sowie nach vorheriger Befassung der Betreuerin oder des Betreuers vorzuschlagen oder aus einer Anzahl von Vorschlägen auszuwählen;

(Anm.: Z 6 aufgehoben durch Art. 1 Z 82, BGBl. I Nr. 93/2021)
7. wissenschaftliche oder künstlerische Arbeiten in einer Fremdsprache abzufassen, wenn die Betreuerin oder der Betreuer zustimmt;
8. als ordentliche Studierende nach Maßgabe der universitären Regelungen Prüfungen abzulegen;
9. nach Erbringung der in den Curricula vorgeschriebenen Leistungen akademische Grade verliehen zu erhalten;
10. als außerordentliche Studierende an den betreffenden Universitätslehrgängen teilzunehmen und die darin vorgeschriebenen Prüfungen abzulegen;
11. als außerordentliche Studierende, die nur zum Besuch von Lehrveranstaltungen zugelassen sind, Lehrveranstaltungen zu besuchen, für welche sie die in den Curricula festgelegten Anmeldungsvoraussetzungen erfüllen, sowie nach Maßgabe der universitären Regelungen Prüfungen abzulegen;
12. auf eine abweichende Prüfungsmethode, wenn die oder der Studierende eine Behinderung nachweist, die ihr oder ihm die Ablegung der Prüfung in der vorgeschriebenen Methode unmöglich macht, und der Inhalt und die Anforderungen der Prüfung durch eine abweichende Methode nicht beeinträchtigt werden;
13. auf Anträge hinsichtlich der Person der Prüferinnen oder Prüfer. Diese Anträge sind nach Möglichkeit zu berücksichtigen. Bei der zweiten Wiederholung einer Prüfung oder der Wiederholung eines im Curriculum gekennzeichneten Praktikums im Rahmen der pädagogisch-praktischen Studien ist dem Antrag auf eine bestimmte Prüferin oder einen bestimmten Prüfer der Universität der Zulassung zum Studium, in dem die Prüfung abzulegen ist, jedenfalls zu entsprechen, sofern diese oder dieser zur Abhaltung der Prüfung berechtigt ist. Bei gemeinsam eingerichteten Studien ist bei der zweiten Wiederholung einer Prüfung oder der Wiederholung eines im Curriculum gekennzeichneten Praktikums im Rahmen der pädago-

gisch-praktischen Studien dem Antrag auf eine bestimmte Prüferin oder einen bestimmten Prüfer der beteiligten Bildungseinrichtungen jedenfalls zu entsprechen.

(1a) Die Bundesministerin oder der Bundesminister für Bildung, Wissenschaft und Forschung hat durch Verordnung Personengruppen festzulegen, die auf Grund deren besonderer persönlicher Nahebeziehungen zur Republik Österreich oder deren Tätigkeit im Auftrag der Republik Österreich, entweder wie österreichische Staatsangehörige (§§ 61 Abs. 3 Z 4, 63 Abs. 3 Z 4, 64a Abs. 4 Z 2 und 91 Abs. 1) oder wie Inhaberinnen und Inhaber von in Österreich ausgestellten Reifezeugnissen (§ 71c Abs. 5) zu behandeln sind (Personengruppenverordnung).

(2) Studierende haben die Pflicht, ihren Studienfortschritt eigenverantwortlich im Sinne eines raschen Studienabschlusses zu gestalten. Sie haben darüber hinaus insbesondere

1. der Universität, an der eine Zulassung zum Studium besteht, Namens- und Adressenänderungen unverzüglich bekannt zu geben,
2. die Fortsetzung des Studiums der Universität, an der die Zulassung zu einem Studium besteht, gemäß § 62 Abs. 1 zu melden,
3. sich bei vorhersehbarer Studieninaktivität zeitgerecht vom Studium abzumelden,
4. sich zu den Prüfungen fristgerecht an- und abzumelden und
5. anlässlich der Verleihung des akademischen Grades je ein Exemplar ihrer wissenschaftlichen oder künstlerischen Arbeit oder eine Dokumentation ihrer künstlerischen Arbeit an die Universitätsbibliothek und je ein Exemplar der Dissertation oder eine Dokumentation der künstlerischen Dissertation an die Österreichische Nationalbibliothek abzuliefern.

(3) Die berufstätigen Studierenden und die Studierenden mit Kinderbetreuungspflichten oder anderen gleichartigen Betreuungspflichten, die somit nicht Vollzeit studieren, sondern nur einen Teil ihrer Zeit dem Studium widmen können, sind berechtigt

zu melden, zu welchen Tageszeiten sie einen besonderen Bedarf nach Lehr- und Prüfungsangeboten haben. Die Universitäten haben diesen besonderen Bedarf auf Grund der Meldeergebnisse bei der Gestaltung ihres Lehr- und Prüfungsangebotes nach Möglichkeit zu berücksichtigen. Bereits anlässlich der Zulassung zu einem Studium hat die Studienwerberin oder der Studienwerber das Recht, diesen Bedarf zu melden.

(4) Den Studierenden sollen nach Maßgabe der budgetären Möglichkeiten ausreichend zusätzliche Studienangebote oder Lehrveranstaltungen im selben oder spätestens im nächstfolgenden Semester angeboten werden, wenn der oder dem Studierenden eine Verlängerung der Studienzeit zu erwachsen droht, deren Ursache alleine oder überwiegend der Universität zuzurechnen ist, insbesondere im Zusammenhang mit zu geringen Lehrveranstaltungsangeboten der Universität. Der Universität zurechenbar ist eine Verlängerung der Studienzeit insbesondere dann, wenn diese durch Rückstellung bei der Anmeldung zu einer Lehrveranstaltung erfolgt.

(5) Das Recht, als Vertreterin oder als Vertreter der Studierenden in Kollegialorganen tätig zu werden, richtet sich nach den Bestimmungen des HSG 2014. Für Entsendungen in Kollegialorgane des Senates gemäß § 25 Abs. 8 Z 1 bis 3 kann die Universität in der Satzung festlegen, dass fachlich in Frage kommende Kenntnisse im Ausmaß von bis zu 60 ECTS-Anrechnungspunkten nachgewiesen werden müssen.

Mindeststudienleistung

§ 59a. (1) In Bachelor- und Diplomstudien sind die Studierenden verpflichtet, in jedem Studium, zu dem eine Zulassung besteht, in den ersten vier Semestern insgesamt eine Studienleistung im Umfang von mindestens 16 ECTS-Anrechnungspunkten zu erbringen. Anerkennungen gemäß § 78 sind nur dann auf die Mindeststudienleistung anzurechnen, wenn die der Anerkennung zugrundeliegende Prüfung, andere Studienleistung, Tätigkeit und Qualifikation während der betreffenden Semester erbracht wurde.

(2) ECTS-Anrechnungspunkte für das Erreichen der Mindeststudienleistung nach vier Semestern gemäß Abs. 1 können im Wintersemester bis zum 31. Oktober und im Sommersemester bis zum 31. März erbracht werden. Für die Berechnung der Zahl der ECTS-Anrechnungspunkte ist der Zeitpunkt der Absolvierung der Leistung maßgeblich.

(3) Semester, für die eine Beurlaubung vorliegt, sind in die in Abs. 1 festgelegten vier Semester nicht einzurechnen.

(4) Gemäß § 68 Abs. 1 Z 2a erlischt die Zulassung zum Studium mit 1. November bzw. mit 1. April, wenn die oder der Studierende die Mindeststudienleistung gemäß Abs. 1 nicht erbracht hat.

(5) Diese Bestimmung gilt nicht für Studierende mit einer Behinderung gemäß § 3 BGStG.

Unterstützungsleistungen seitens der Universität

§ 59b. (1) Die Universität hat Studierende, die in den ersten beiden Semestern nicht mindestens 12 ECTS-Anrechnungspunkte absolviert haben, darüber zu informieren, dass die Zulassung zum Studium erlischt, wenn sie nach Beenden des vierten Semesters die Mindeststudienleistung gemäß § 59a Abs. 1 nicht erbracht haben.

(2) Die Universität hat jedenfalls im Zusammenhang mit der Information über das Erlöschen der Zulassung auf die bestehenden Möglichkeiten einer Studienberatung sowie von Unterstützungsleistungen hinzuweisen.

(3) Die Universität kann Studierenden, die in einem Diplom- oder Bachelorstudium mindestens 120 ECTS-Anrechnungspunkte absolviert haben, bei Prüfungsinaktivität der Studierenden im vorangegangenen Studienjahr eine „Vereinbarung über die Studienleistung" für dieses Studium anbieten. Näheres ist in der Satzung zu regeln. Die Vereinbarung ist zwischen der oder dem Studierenden und dem Rektorat abzuschließen und hat jedenfalls folgende Mindestinhalte zu umfassen:

1. Unterstützungsmaßnahmen für die Studierenden seitens der Universität (insbesondere durch Anspruch auf Absol-

vierung bestimmter Lehrveranstaltungen und Prüfungen, Aufnahme in Lehrveranstaltungen mit einer beschränkten Zahl von Teilnehmerinnen und Teilnehmern, Rückerstattung des Studienbeitrages, etc.),
2. Verpflichtungen der Studierenden (insbesondere zur Absolvierung bestimmter Lehrveranstaltungen und Prüfungen, etc.),
3. Sanktionen bei Nichterfüllung der Vereinbarung (insbesondere keine Rückerstattung des Studienbeitrages, etc.).

Zulassung zum Studium

§ 60. (1) Das Rektorat hat Personen, welche die Zulassungsvoraussetzungen erfüllen, auf Grund ihres Antrages mit Bescheid zum jeweiligen Studium zuzulassen.

(1a) Für Studien, für die die Eignung gemäß § 63 Abs. 1 Z 4 und 5 und Abs. 1a nachzuweisen ist, können Bescheide über eine bedingte Zulassung erlassen werden, wenn zum Zeitpunkt der Zulassung das Eignungsverfahren noch nicht abgeschlossen ist.

(1b) Zur studienvorbereitenden und studienbegleitenden Beratung sind anlässlich der Zulassung zum Diplom- oder Bachelorstudium Orientierungsveranstaltungen abzuhalten und Orientierungsinformationen zur Verfügung zu stellen, in deren Rahmen
1. die Studierenden in geeigneter Form über
    a) die wesentlichen Bestimmungen des Universitätsrechts und des Studienförderungsrechts,
    b) die studentische Mitbestimmung in den Organen der Universität,
    c) die Rechtsgrundlagen der Frauenförderung,
    d) den gesetzlichen Diskriminierungsschutz,
    e) das Curriculum,
    f) das Qualifikationsprofil der Absolventinnen und der Absolventen,
    g) die Studieneingangs- und Orientierungsphase,
    h) das empfohlene Lehrangebot in den ersten beiden Semestern,

i) die Vereinbarkeit von Studium und Beruf,
j) die Zahl der Studierenden im Studium, die durchschnittliche Studiendauer, die Studienerfolgsstatistik und die Beschäftigungsstatistik,
k) studienbezogene Auslandsaufenthalte,
l) die Vertretungseinrichtungen der Studierenden, somit insbesondere die Österreichische Hochschülerinnen- und Hochschülerschaft, die jeweilige Hochschülerinnen- und Hochschülerschaft sowie
m) die Ombudsstelle für Studierende
zu informieren sind, und
2. eine Einführung in die gute wissenschaftliche Praxis zu geben ist.

Es ist zulässig, die Orientierungsveranstaltungen oder die Orientierungsinformationen auch im Zusammenwirken mit anderen Rechtsträgern, insbesondere mit der Österreichischen Hochschülerinnen- und Hochschülerschaft, zu veranstalten bzw. zur Verfügung zu stellen.

(1c) Zur studienbegleitenden Beratung sind Anfängerinnen- und Anfängertutorien einzurichten, welche die Studierenden bei der Bewältigung der leistungsmäßigen, organisatorischen und sozialen Anforderungen des ersten Studienjahres unterstützen sollen und von den Studierenden besucht werden können. Es ist zulässig, diese Anfängerinnen- und Anfängertutorien auch im Zusammenwirken mit anderen Rechtsträgern, insbesondere mit der Österreichischen Hochschülerinnen- und Hochschülerschaft zu veranstalten.

(2) Soweit zur Beurteilung der Erfüllung der Zulassungsvoraussetzungen fremdsprachige Urkunden vorgelegt werden, sind dem Antrag durch allgemein beeidete und gerichtlich zertifizierte Dolmetscherinnen oder Dolmetscher angefertigte Übersetzungen anzuschließen.

(3) Das Rektorat ist berechtigt, die Verpflichtung zur Vorlage einzelner Unterlagen nachzusehen, wenn glaubhaft gemacht wird, dass deren Beibringung innerhalb einer angemessenen Frist unmöglich oder mit unverhältnismäßig großen Schwierigkeiten

verbunden ist und die vorgelegten Unterlagen für eine Entscheidung ausreichen.

(3a) Bestehen Zweifel an der Echtheit der Urkunden, mit denen die Erfüllung der Zulassungsvoraussetzungen nachgewiesen wird, oder an deren inhaltlicher Richtigkeit oder reichen diese für eine Entscheidung nicht aus, kann das Rektorat die Überprüfung der Unterlagen oder der Kenntnisse vornehmen oder durch vom Rektorat bestellte Sachverständige vornehmen lassen. Dafür kann vom Rektorat eine Kaution in der Höhe von höchstens 500 Euro eingehoben werden, welche der Studienwerberin oder dem Studienwerber rückzuerstatten ist, wenn die Überprüfung die Echtheit und Richtigkeit der Unterlagen ergeben hat und diese oder dieser zu einem Studium zugelassen worden ist.

(4) Mit der Zulassung wird die Studienwerberin oder der Studienwerber als ordentliche oder außerordentliche Studierende oder ordentlicher oder außerordentlicher Studierender Angehörige oder Angehöriger dieser Universität. Dies ist durch die Ausstellung eines Studierendenausweises zu beurkunden, der als Lichtbildausweis ausgestaltet sein kann. Der Ausweis hat zumindest Namen, Geburtsdatum und Matrikelnummer der oder des Studierenden und die Gültigkeitsdauer zu enthalten. Der Studierendenausweis kann über ein Speichermedium mit weiteren Funktionalitäten ausgestattet sein.

(5) Einer Studienwerberin oder einem Studienwerber, die oder der noch an keiner Universität, Pädagogischen Hochschule, Einrichtung zur Durchführung von Fachhochschul-Studiengängen oder Privatuniversität zugelassen war, hat die Universität anlässlich der erstmaligen Zulassung eine Matrikelnummer zuzuordnen. Diese ist für alle weiteren Studienzulassungen der oder des betreffenden Studierenden beizubehalten. Die näheren Bestimmungen über Bildung und Vergabe von Matrikelnummern sind durch eine Verordnung der Bundesministerin oder des Bundesministers für Bildung, Wissenschaft und Forschung zu treffen.

(6) Universitäten gemäß § 6 Abs. 1 Z 1 bis 15 und 22 haben ausländischen Studienwerberinnen und Studienwerbern, die zur sichtvermerksfreien Einreise berechtigt sind oder über einen gül-

tigen Aufenthaltstitel verfügen, den Zulassungsbescheid direkt zuzustellen. Langen an österreichischen Berufsvertretungsbehörden Anträge anderer ausländischer Studienwerberinnen und Studienwerber auf Zulassung zum Studium zur Weiterleitung an die zuständige Universität ein, können die Berufsvertretungsbehörden auf die Vollständigkeit und Schlüssigkeit des Antrags sowie darauf hinwirken, dass die Zulassung zum Studium und der Erstaufenthaltstitel zeitgleich zugestellt werden können. Hierbei ist der Studienwerberin oder dem Studienwerber Gelegenheit zu geben, auf ihre oder seine Kosten Ergänzungen und Klarstellungen vorzunehmen. Die Vertretung ausländischer Studienwerberinnen und -werber durch Personen, die nicht zur berufsmäßigen Parteienvertretung in Österreich zugelassen oder nicht durch Gesetz zur Vertretung berechtigt sind, ist nicht zulässig. Anträge, die diesen Anforderungen nicht entsprechen, sind zurückzuweisen.

Zulassungsfristen

§ 61. (1) Das Rektorat hat nach Anhörung des Senates für jedes Semester die allgemeine Zulassungsfrist festzulegen. Dies ist der Zeitraum, in dem die Studierenden ihre Anträge auf Zulassung zum Studium einzubringen, die Studierendenbeiträge samt allfälliger Sonderbeiträge und bei Bestehen einer Studienbeitragspflicht gemäß § 91 Abs. 2 und 3 den Studienbeitrag zu entrichten haben. Die allgemeine Zulassungsfrist hat für das Wintersemester mindestens acht Wochen und für das Sommersemester mindestens vier Wochen zu betragen. Für Zulassungen zu Bachelor- oder Diplomstudien endet die allgemeine Zulassungsfrist im Wintersemester am 5. September und im Sommersemester am 5. Februar. Die Zulassung zu Master- und Doktoratsstudien sowie kombinierten Master- und Doktoratsstudien kann auch außerhalb der allgemeinen Zulassungsfrist erfolgen. Für Zulassungen zu Studien, für die besondere Zulassungs-, Aufnahme- oder Eignungsverfahren vorgesehen sind, können vom Rektorat nach Anhörung des Senats abweichende allgemeine Zulassungsfristen festgelegt werden.

(2) Die Zulassung zu einem Bachelor- oder Diplomstudium darf in den folgenden Ausnahmefällen im Wintersemester bis längstens 31. Oktober und im Sommersemester bis längstens 31. März erfolgen:
1. Nichtbestehen eines Aufnahme- oder Zulassungsverfahrens oder der Studieneingangs- und Orientierungsphase in einem anderen Studium, sofern das Ergebnis für das Wintersemester erst nach dem 31. August, für das Sommersemester erst nach dem 31. Jänner vorliegt;
2. Erlangung der allgemeinen Universitätsreife für das Wintersemester erst nach dem 31. August, für das Sommersemester erst nach dem 31. Jänner;
3. nicht rechtzeitige Ausstellung einer Aufenthaltsberechtigung für Studierende gemäß § 64 des Niederlassungs- und Aufenthaltsgesetzes (NAG), BGBl. I Nr. 100/2005, sofern diese daran kein Verschulden trifft.

Weitere Ausnahmefälle können vom Rektorat nach Anhörung des Senates festgelegt werden.

(3) Die allgemeine Zulassungsfrist gilt für:
1. österreichische Staatsangehörige;
2. Staatsangehörige eines EU- oder EWR-Staates;
3. andere ausländische Staatsangehörige und Staatenlose, die eine auf höchstens zwei Semester befristete Zulassung zum Studium in Österreich entweder auf Grund transnationaler EU-, staatlicher oder universitärer Mobilitätsprogramme, einschließlich gemeinsamer Studienprogramme, oder nach Absolvierung ausländischer Studien in einem der ersten Diplomprüfung des gewählten Diplomstudiums oder einem Bachelorstudium entsprechenden Umfang anstreben;
4. Personengruppen aufgrund der Personengruppenverordnung.

(4) Für alle anderen ausländischen Staatsangehörigen und Staatenlosen kann das Rektorat nach Anhörung des Senates eine abweichende besondere Zulassungsfrist festlegen.

Meldung der Fortsetzung des Studiums

§ 62. (1) Das Rektorat hat nach Anhörung des Senates für jedes Semester die Frist für die Meldung der Fortsetzung des Studiums festzulegen. Dies ist der Zeitraum, in dem, mit Ausnahme des ersten Semesters, die Studierenden die Meldung der Fortsetzung ihres Studiums vornehmen und bei Bestehen einer Studienbeitragspflicht gemäß § 91 Abs. 1 bis 3 den Studienbeitrag zu entrichten haben. Die Frist zur Meldung der Fortsetzung hat für das Wintersemester mindestens acht Wochen und für das Sommersemester mindestens vier Wochen zu betragen. Die Studierenden sind verpflichtet, für das Wintersemester bis 31. Oktober und für das Sommersemester bis 31. März der Universität, an der eine Zulassung zum Studium besteht, die Fortsetzung des Studiums zu melden.

(2) Die Meldung der Fortsetzung des Studiums ist unwirksam, solange die Studierendenbeiträge samt allfälliger Sonderbeiträge nach den Bestimmungen des HSG 2014 und die allfälligen Studienbeiträge nicht eingelangt sind.

(3) Die Wirkung der Meldung der Fortsetzung des Studiums für das Wintersemester erstreckt sich bis zum 31. März des unmittelbar darauffolgenden Sommersemesters, die Wirkung der Meldung der Fortsetzung des Studiums für das Sommersemester erstreckt sich bis zum 31. Oktober des unmittelbar darauffolgenden Wintersemesters, in beiden Fällen sofern die Zulassung zum Studium noch nicht erloschen ist.

(4) Über die Meldung der Fortsetzung des Studiums hat die Universität den Studierenden Studienbestätigungen auszustellen. Diese müssen jedenfalls Namen, Geburtsdatum, Matrikelnummer und Sozialversicherungsnummer der oder des Studierenden sowie den Studierendenstatus, das Studium und das Semester enthalten.

(5) Die Meldung der Fortsetzung des Studiums ist im Studierendenausweis (§ 60 Abs. 4) zu vermerken.

Zulassung zu ordentlichen Studien

§ 63. (1) Die Zulassung zu einem ordentlichen Studium setzt voraus:
1. die allgemeine Universitätsreife,
2. die besondere Universitätsreife für das gewählte Studium,
3. die für den erfolgreichen Studienfortgang notwendigen Kenntnisse der deutschen oder, wenn das Studium in englischer Sprache abgehalten wird, der englischen Sprache; für die Zulassung zu einem Doktoratsstudium die für den erfolgreichen Studienfortgang notwendigen Kenntnisse der Sprache, in welcher das Studium abgehalten wird,
4. die künstlerische Eignung für die Studien an den Universitäten gemäß § 6 Abs. 1 Z 16 bis 21,
5. die sportliche Eignung für sportwissenschaftliche Studien und
6. für die Zulassung zu einem Bachelor- oder Diplomstudium, nach Maßgabe des Vorliegens einer Verordnung des Rektorats für einzelne oder sämtliche Bachelor- oder Diplomstudien, zu deren Zulassung keine besonderen Zugangsregelungen bestehen, den Nachweis, dass die Studienwerberin oder der Studienwerber ein Verfahren zur Eignungsüberprüfung durchlaufen hat. Im Rahmen dieses Verfahrens sind Maßnahmen im Sinne des § 13 Abs. 2 Z 1 lit. g zu treffen, um die Zulassung zum Studium von nicht-traditionellen Studienwerberinnen und -werbern sowie Studienwerberinnen und -werbern aus beim Zugang zur Hochschulbildung unterrepräsentierten Gruppen besonders zu fördern. Vor der Erlassung der Verordnung ist dem Senat die Möglichkeit zur Stellungnahme innerhalb von sechs Wochen zu geben.

(1a) Die Zulassung zu einem Lehramtsstudium oder einem Studium für Berufstätigkeiten an elementarpädagogischen Bildungseinrichtungen setzt abweichend von Abs. 1 voraus:
1. die allgemeine Universitätsreife,
2. die besondere Universitätsreife für das gewählte Studium,

3. die für die Ausübung des jeweiligen Berufes erforderlichen Kenntnisse der deutschen Sprache und
4. die Eignung für das Studium und die jeweilige berufliche Tätigkeit.

(2) Personen, die zu dem Studium, für das die Zulassung beantragt wird, bereits an einer anderen inländischen Universität oder Pädagogischen Hochschule zugelassen waren, haben mit dem Antrag auf Zulassung die Abgangsbescheinigung dieser Universität oder Pädagogischen Hochschule vorzulegen.

(3) Bei Nachweis der allgemeinen und der besonderen Universitätsreife sind unbefristet zuzulassen:
1. österreichische Staatsangehörige;
2. Staatsangehörige eines EU- oder EWR- Staates;
3. andere ausländische Staatsangehörige und Staatenlose, wenn im betreffenden Studium vertretbare Studienbedingungen (Abs. 4) bestehen;
4. Personengruppen aufgrund der Personengruppenverordnung.

(4) Der Senat ist berechtigt, auf Grund der Verhältniszahl zwischen Lehrenden und Studierenden in einem Studium Studienbedingungen festzustellen, die durch die weitere Zulassung von ausländischen Staatsangehörigen und Staatenlosen gemäß Abs. 3 Z 3 unvertretbar würden. In diesem Fall hat der Senat festzulegen, wie viele dieser Personen jedes Semester zugelassen werden können, ohne dass unvertretbare Studienbedingungen entstehen, und nach welchen Kriterien die allenfalls zahlenmäßig beschränkte Zulassung erfolgt. Es ist dabei zulässig, eine bevorzugte Zulassung von Studienwerberinnen und Studienwerbern aus Entwicklungsländern zu beschließen. Diese Festlegungen sind im Mitteilungsblatt der Universität zu verlautbaren.

(5) Bei Nachweis der allgemeinen und der besonderen Universitätsreife sind ohne Berücksichtigung allfälliger Beschlüsse gemäß Abs. 4 befristet zuzulassen:
1. Personen für die Dauer der bewilligten Teilnahme an universitären Mobilitätsprogrammen einschließlich gemeinsamer Studienprogramme,

2. Personen, die ausschließlich Fernstudienangebote auf der Grundlage von Kooperationsverträgen nützen wollen, für höchstens zwei Semester;
3. ausländische Staatsangehörige und Staatenlose gemäß Abs. 3 Z 3, die nach Absolvierung ausländischer Studien in einem der ersten Diplomprüfung des gewählten Diplomstudiums oder einem Bachelorstudium entsprechenden Umfang eine Zulassung zum Studium in Österreich anstreben, für höchstens zwei Semester.

Eine Verlängerung der jeweiligen Befristung ist unzulässig.

(6) Die befristete Zulassung gemäß Abs. 5 Z 1 und 2 setzt voraus, dass ein Kooperationsvertrag zwischen den beteiligten Bildungseinrichtungen besteht, der die Bedingungen für die Zusammenarbeit, den Austausch der Studierenden und die Durchführung näher regelt. Mit der Nominierung durch die Partnerbildungseinrichtungen gelten die allgemeine und die besondere Universitätsreife als nachgewiesen.

(7) Nach dem Erlöschen der Zulassung wegen der negativen Beurteilung bei der letzten zulässigen Wiederholung einer Prüfung ist die neuerliche Zulassung an der Universität oder bei gemeinsam eingerichteten Studien an den beteiligten Bildungseinrichtungen für jene Studien, bei denen die Absolvierung derselben Prüfung verpflichtend vorgesehen ist, nicht zulässig. Beim Lehramtsstudium Sekundarstufe (Allgemeinbildung) ist davon abweichend eine neuerliche Zulassung zum Studium ausschließlich für jene Unterrichtsfächer oder Spezialisierungen zulässig, bei denen die Absolvierung derselben Prüfung nicht verpflichtend vorgesehen ist. Erlischt bei einem Lehramtsstudium die Zulassung aufgrund des § 68 Abs. 1 Z 7, ist eine neuerliche Zulassung zu einem Lehramtsstudium nicht zulässig. Erlischt bei einem Studium die Zulassung aufgrund des § 68 Abs. 1 Z 8, ist eine neuerliche Zulassung zu einem Studium nur möglich, wenn eine Gefährdung nicht mehr festgestellt werden kann. Erlischt bei einem Studium die Zulassung aufgrund des § 68 Abs. 1 Z 2a, ist eine neuerliche Zulassung zu diesem Studium an derselben Universität oder bei gemeinsam eingerichteten Studien an den-

selben beteiligten Bildungseinrichtungen erst nach Ablauf von zwei Studienjahren zulässig.

(8) Die gleichzeitige Zulassung für dasselbe Studium an mehr als einer Universität oder Pädagogischen Hochschule in Österreich ist unzulässig. Weitere Zulassungen für dasselbe Studium an anderen Universitäten oder Pädagogischen Hochschulen leiden im Sinne des § 68 Abs. 4 Z 4 AVG an einem mit Nichtigkeit bedrohten Fehler und sind vom Rektorat von Amts wegen für nichtig zu erklären. Beim Lehramtsstudium Sekundarstufe (Allgemeinbildung) liegt dasselbe Studium vor, wenn ein Unterrichtsfach oder eine Spezialisierung ident ist.

(9) Die Ablegung von Prüfungen für ein Studium an einer anderen österreichischen Universität oder Pädagogischen Hochschule als jener oder jene der Zulassung ist nur zulässig, wenn
1. das Curriculum oder das Curriculum eines gemeinsam mit einer anderen Universität oder Pädagogischen Hochschule eingerichteten Studiums dies vorsieht oder
2. das für die studienrechtlichen Angelegenheiten zuständige Organ die Ablegung der Prüfung an der anderen Universität oder Pädagogischen Hochschule im Voraus genehmigt, weil die Ablegung der betreffenden Prüfung an der Universität oder bei gemeinsam eingerichteten Studien an den beteiligten Universitäten und Pädagogischen Hochschulen nicht möglich ist.

(10) Personen, deren Erstsprache nicht die Sprache ist, in welcher das Studium abgehalten wird, haben die für den erfolgreichen Studienfortgang notwendigen Kenntnisse dieser Sprache nachzuweisen. Die Kenntnis der Sprache wird insbesondere durch ein Reifeprüfungszeugnis auf Grund des Unterrichts in dieser Sprache nachgewiesen. Das Rektorat kann durch Verordnung weitere Nachweise der erforderlichen Sprachkenntnisse festlegen.

(10a) Kann der Nachweis der Kenntnis der deutschen Sprache nicht erbracht werden, hat das Rektorat die Ablegung einer Ergänzungsprüfung vorzuschreiben, die vor der Zulassung abzulegen ist. In den künstlerischen Studien ist die Ergänzungsprüfung nicht vor der Zulassung abzulegen, wenn eine abweichende Regelung gemäß Abs. 11 im Curriculum festgelegt worden ist.

(10b) Die Ergänzungsprüfung für den Nachweis der Kenntnis der deutschen Sprache ist im Rahmen des Besuches eines dafür eingerichteten Universitätslehrganges abzulegen. Die Vorschreibung dieser Ergänzungsprüfung setzt Kenntnisse der deutschen Sprache im Zeitpunkt der Antragstellung für das Studium zumindest im Ausmaß des Niveaus A2 des Gemeinsamen Europäischen Referenzrahmens für Sprachen (GeR) des Europarats voraus. Als Nachweis über diese Kenntnisse der deutschen Sprache gelten allgemein anerkannte Sprachdiplome, die durch Verordnung des Rektorates festzulegen sind. Aus dem Sprachdiplom muss hervorgehen, dass die Inhaberin oder der Inhaber über Kenntnisse der deutschen Sprache zumindest auf Niveau A2 des Gemeinsamen Europäischen Referenzrahmens für Sprachen verfügt. Das Sprachdiplom darf zum Zeitpunkt der Vorlage nicht älter als zwei Jahre sein. Diese Regelung gilt nicht für künstlerische Studien, wenn durch Verordnung des Rektorats die Durchführung der Ergänzungsprüfung für den Nachweis der Kenntnis der deutschen Sprache in abweichender Form festgelegt worden ist.

(11) In den künstlerischen Studien kann im Curriculum festgelegt werden, dass die Ablegung der Ergänzungsprüfung spätestens vor der Meldung der Fortsetzung des Studiums für das dritte Semester nachzuweisen ist.

Sonderbestimmung für die Zulassung zu Master- und Doktoratsstudien

§ 63a. (1) In den Curricula für Masterstudien können qualitative Zulassungsbedingungen vorgeschrieben werden, die im Zusammenhang mit der erforderlichen Kenntnis jener Fächer, auf denen das jeweilige Masterstudium aufbaut, stehen müssen.

(2) Es ist sicherzustellen, dass die Absolvierung eines Bachelorstudiums an der jeweiligen Universität jedenfalls ohne weitere Voraussetzungen zur Zulassung zu mindestens einem fachlich in Frage kommenden Masterstudium an der Universität oder bei

gemeinsam eingerichteten Studien an einer der beteiligten Bildungseinrichtungen berechtigt. Dies gilt auch für Masterstudien gemäß Abs. 8, nicht jedoch für Masterstudien an den Universitäten gemäß § 6 Abs. 1 Z 16 bis 21, für die jedenfalls auch die künstlerische Eignung gemäß § 63 Abs. 1 Z 4 nachzuweisen ist.

(3) Die Zulassung zu einem Masterstudium für das Lehramt Sekundarstufe (Allgemeinbildung) setzt zusätzlich zu § 63 Abs. 1a den Abschluss eines Bachelorstudiums für das Lehramt Sekundarstufe (Allgemeinbildung) gemäß Punkt 2.1 der Anlage zum HS-QSG oder eines facheinschlägigen ausländischen Studiums voraus. Bei einer Zulassung zu einem Masterstudium für das Lehramt Sekundarstufe (Allgemeinbildung) können auch Unterrichtsfächer oder Spezialisierungen gewählt werden, die in Form von Erweiterungsstudien ergänzend zum Bachelorstudium Lehramt absolviert worden sind. Zum Ausgleich wesentlicher fachlicher Unterschiede können Ergänzungsprüfungen vorgeschrieben werden, die während des Masterstudiums abzulegen sind. Das Rektorat kann festlegen, welche dieser Ergänzungsprüfungen Voraussetzung für die Ablegung von im Curriculum des Masterstudiums vorgesehenen Prüfungen sind.

(4) Die Zulassung zu einem Masterstudium für das Lehramt Sekundarstufe (Allgemeinbildung) für Absolventinnen und Absolventen sechssemestriger Lehramtsstudien setzt abweichend von § 63 Abs. 1a die Absolvierung eines Erweiterungsstudiums gemäß § 54c voraus.

(5) Die Zulassung zu einem Masterstudium für das Lehramt Sekundarstufe (Allgemeinbildung) für Absolventinnen und Absolventen eines Lehramtsstudiums für das Lehramt Primarstufe setzt abweichend von § 63 Abs. 1a die Absolvierung des Bachelor- und Masterstudiums für das Lehramt Primarstufe gemäß Punkt 1. der Anlage zum HS-QSG voraus.

(6) Die Zulassung zu einem Masterstudium für das Lehramt Sekundarstufe (Allgemeinbildung) in nur einem Unterrichtsfach setzt zusätzlich zu den Voraussetzungen gemäß § 63 Abs. 1a den Nachweis einer facheinschlägigen Berufspraxis im Umfang von mindestens 3.000 Stunden voraus.

(7) Für die Zulassung zu einem Doktoratsstudium können im Curriculum qualitative Zulassungsbedingungen vorgeschrieben werden.

(7a) In den Curricula für kombinierte Master- und Doktoratsstudien sind qualitative Zulassungsbedingungen vorzuschreiben, die den spezifischen Forschungscharakter dieses Studiums berücksichtigen.

(8) Das Rektorat ist berechtigt, in Master- und Doktoratsstudien, die ausschließlich in einer Fremdsprache angeboten werden, eine Anzahl von Studienanfängerinnen und -anfängern festzulegen und den Zugang entweder durch ein Aufnahmeverfahren vor der Zulassung oder durch ein Auswahlverfahren nach der Zulassung zu regeln. Vor der Festlegung des Aufnahme- oder Auswahlverfahrens durch das Rektorat ist dem Senat die Möglichkeit zur Stellungnahme innerhalb von sechs Wochen zu geben. Die Festlegung durch das Rektorat hat bis spätestens 30. April zu erfolgen, um ab dem darauffolgenden Studienjahr wirksam zu werden.

(9) § 71b Abs. 7 ist mit Ausnahme der Z 4 anzuwenden.

Allgemeine Universitätsreife

§ 64. (1) Die allgemeine Universitätsreife ist durch eine der folgenden Urkunden nachzuweisen:
1. ein österreichisches Reifeprüfungszeugnis, ein österreichisches Reife- und Diplomprüfungszeugnis oder ein österreichisches Zeugnis über die Berufsreifeprüfung, sowie diesen durch völkerrechtliche Vereinbarung gleichwertige Zeugnisse,
2. ein österreichisches Zeugnis über die Zuerkennung der Studienberechtigung für eine bestimme Studienrichtungsgruppe an einer Universität, Pädagogischen Hochschule oder Fachhochschule,
3. eine Urkunde über den Abschluss eines mindestens dreijährigen Studiums (auf Vollzeitbasis oder 180 ECTS-Anrechnungspunkte) an einer anerkannten inländischen oder ausländischen postsekundären Bildungseinrichtung,

4. eine Bestätigung über die positiv beurteilte Zulassungsprüfung in den künstlerischen Studien,
5. ein „IB Diploma" nach den Bestimmungen der „International Baccalaureate Organization" oder
6. ein Europäisches Abiturzeugnis gemäß Art. 5 Abs. 2 der Vereinbarung über die Satzung der Europäischen Schulen, BGBl. III Nr. 173/2005.

(2) Die allgemeine Universitätsreife kann darüber hinaus durch eine ausländische Qualifikation nachgewiesen werden, wenn kein wesentlicher Unterschied zur allgemeinen Universitätsreife gemäß Abs. 1 Z 1 besteht. Ein wesentlicher Unterschied besteht jedenfalls nicht, wenn

1. die Qualifikation im Ausstellungsstaat Zugang zu allen Sektoren von Hochschulen vermittelt,
2. die Dauer der Schulzeit mindestens zwölf Jahre beträgt und
3. allgemeinbildende Ausbildungsinhalte überwiegen, was durch die Absolvierung von sechs allgemeinbildenden Unterrichtsfächern (zwei Sprachen, Mathematik, ein naturwissenschaftliches, ein geisteswissenschaftliches sowie ein weiteres allgemeinbildendes Unterrichtsfach) in der Sekundarstufe II nachgewiesen wird.

Beträgt die Schulzeit gemäß Z 2 nur elf Jahre oder fehlen Ausbildungsinhalte gemäß Z 3, kann das Rektorat insgesamt bis zu vier Ergänzungsprüfungen vorschreiben, die vor der Zulassung abzulegen sind.

(3) Die allgemeine Universitätsreife für die Zulassung zu einem Masterstudium ist durch den Abschluss eines fachlich in Frage kommenden Bachelorstudiums, eines anderen fachlich in Frage kommenden Studiums mindestens desselben hochschulischen Bildungsniveaus an einer anerkannten inländischen oder ausländischen postsekundären Bildungseinrichtung oder eines im Curriculum des Masterstudiums definierten Studiums nachzuweisen. Zum Ausgleich wesentlicher fachlicher Unterschiede können Ergänzungsprüfungen vorgeschrieben werden, die bis zum Ende des zweiten Semesters des Masterstudiums abzulegen

sind. Das Rektorat kann festlegen, welche dieser Ergänzungsprüfungen Voraussetzung für die Ablegung von im Curriculum des Masterstudiums vorgesehenen Prüfungen sind.

(4) Die allgemeine Universitätsreife für die Zulassung zu einem Doktoratsstudium ist mit Ausnahme von Abs. 5 durch den Abschluss eines fachlich in Frage kommenden Diplomstudiums oder Masterstudiums oder eines anderen fachlich in Frage kommenden Studiums mindestens desselben hochschulischen Bildungsniveaus an einer anerkannten inländischen oder ausländischen postsekundären Bildungseinrichtung nachzuweisen. Zum Ausgleich wesentlicher fachlicher Unterschiede können Ergänzungsprüfungen vorgeschrieben werden, die bis zum Ende des zweiten Semesters des Doktoratsstudiums abzulegen sind. Das Rektorat kann festlegen, welche dieser Ergänzungsprüfungen Voraussetzung für die Ablegung von im Curriculum des Doktoratsstudiums vorgesehenen Prüfungen sind.

(5) Die allgemeine Universitätsreife für die Zulassung zu einem Doktoratsstudium kann auch durch den Abschluss eines fachlich in Frage kommenden Bachelorstudiums nachgewiesen werden, wenn das Bachelorstudium innerhalb der vorgesehenen Studienzeit und mit besonderem Studienerfolg abgeschlossen wurde. Nähere Regelungen hat das Rektorat zu erlassen.

(6) Für die Zulassung zu kombinierten Master- und Doktoratsstudien ist Abs. 3 anzuwenden.

Studienberechtigungsprüfung

§ 64a. (1) Personen ohne Reifeprüfung erlangen nach Maßgabe einer Verordnung des Rektorates durch Ablegung der Studienberechtigungsprüfung die allgemeine Universitätsreife für Bachelorstudien und Diplomstudien einer Studienrichtungsgruppe.

(2) Die Studienberechtigungsprüfung kann entsprechend einer Verordnung des Rektorates für folgende Studienrichtungsgruppen abgelegt werden:
1. Geistes- und kulturwissenschaftliche Studien;
2. Ingenieurwissenschaftliche Studien;

3. Künstlerische Studien;
4. Naturwissenschaftliche Studien;
5. Rechtswissenschaftliche Studien;
6. Sozial- und wirtschaftswissenschaftliche Studien;
7. Theologische Studien;
8. Medizinische und Veterinärmedizinische Studien;
9. Lehramtsstudien;
10. Studien in allgemeinen pädagogischen Berufsfeldern.

(3) Zur Studienberechtigungsprüfung sind Personen zuzulassen, die die Zulassung zu Studien einer der Studienrichtungsgruppen an einer Universität anstreben, das 20. Lebensjahr vollendet haben und eine eindeutig über die Erfüllung der allgemeinen Schulpflicht hinausgehende erfolgreiche berufliche oder außerberufliche Vorbildung für das angestrebte Studium nachweisen.

(4) Das Ansuchen um Zulassung zur Studienberechtigungsprüfung ist schriftlich beim Rektorat jener Universität einzubringen, bei der ein Studium der angestrebten Studienrichtungsgruppe eingerichtet ist. Das Ansuchen hat zu enthalten:
1. den Namen, das Geburtsdatum, die Adresse sowie – falls vorhanden – die Matrikelnummer;
2. den Nachweis der Staatsangehörigkeit eines EU- oder EWR-Staates oder den Nachweis der Angehörigkeit einer Personengruppe gemäß der Personengruppenverordnung;
3. das angestrebte Studium;
4. den Nachweis der Vorbildung (Abs. 3);
5. das Wahlfach oder die Wahlfächer.

(5) Die Studienberechtigungsprüfung umfasst folgende fünf Prüfungen:
1. eine schriftliche Arbeit über ein allgemeines Thema;
2. zwei oder drei Prüfungen, die im Hinblick auf Vorkenntnisse oder Fertigkeiten für die angestrebte Studienrichtungsgruppe erforderlich sind (Pflichtfächer) und
3. eine oder zwei Prüfungen nach Wahl der Prüfungskandidatin oder des Prüfungskandidaten aus dem Bereich der angestrebten Studienrichtungsgruppe (Wahlfach oder Wahlfächer).

(6) Mit der schriftlichen Arbeit über ein allgemeines Thema gemäß Abs. 5 Z 1 hat die Prüfungskandidatin oder der Prüfungskandidat nachzuweisen, dass sie oder er sich zu einem vorgegebenen Thema in einwandfreier und gewandter Sprache und mit klarem Gedankengang schriftlich zu äußern vermag.

(7) Die Prüfungsanforderungen und -methoden für Prüfungen gemäß Abs. 5 Z 1 und 2 haben sich am Lehrstoff der 12. bzw. 13. Schulstufe zu orientieren und sind in der Verordnung des Rektorates festzulegen.

(8) Für die Prüfung oder Prüfungen gemäß Abs. 5 Z 3 (Wahlfach oder Wahlfächer) sind die Prüfungsanforderungen und -methoden vom Rektorat zu bestimmen. Auf den studienvorbereitenden Charakter der Studienberechtigungsprüfung ist Bedacht zu nehmen.

(9) Positiv beurteilte Prüfungen, die eine Prüfungskandidatin oder ein Prüfungskandidat an einer Bildungseinrichtung, die auf Grund der Rechtsvorschriften des Staates, in dem sie ihren Sitz hat, als Bildungseinrichtung anerkannt ist, abgelegt haben, sind auf Antrag vom Rektorat anzuerkennen, soweit sie den vorgeschriebenen Prüfungen inhaltlich und umfangmäßig gleichwertig sind. Das Rektorat darf höchstens vier Prüfungen anerkennen. Mindestens eine Prüfung ist an der Universität oder bei gemeinsam eingerichteten Studien an einer der beteiligten Bildungseinrichtungen abzulegen.

(10) Prüfungskandidatinnen und Prüfungskandidaten, die eine Meisterprüfung oder eine Befähigungsprüfung gemäß der Gewerbeordnung, BGBl. Nr. 194/1994, oder dem Land- und forstwirtschaftlichen Berufsausbildungsgesetz, BGBl. Nr. 298/1990, erfolgreich abgelegt haben, sind von der Ablegung der Studienberechtigungsprüfung im Wahlfach oder den Wahlfächern gemäß Abs. 5 Z 3 auf Ansuchen zu befreien.

(11) Das Rektorat hat für Prüfungen, die an einer Universität abgelegt werden, mindestens eine Prüferin oder einen Prüfer zu bestellen.

(12) Die Prüfungskandidatinnen und Prüfungskandidaten sind berechtigt, negativ beurteilte Prüfungen zweimal zu wieder-

holen. Die letzte zulässige Wiederholung ist in kommissioneller Form durchzuführen. Nach negativer Beurteilung der letzten zulässigen Wiederholung erlischt die Zulassung zur Studienberechtigungsprüfung für diese Studienrichtungsgruppe. Eine neuerliche Zulassung zur Studienberechtigungsprüfung für diese Studienrichtungsgruppe an der betreffenden Universität ist ausgeschlossen. Bei gemeinsam eingerichteten Lehramtsstudien ist eine neuerliche Zulassung zur Studienberechtigungsprüfung für die Studienrichtungsgruppe Lehramtsstudien an allen beteiligten Bildungseinrichtungen ausgeschlossen.

(13) Die Beurteilung einer Prüfung gemäß Abs. 5 hat mit „bestanden" oder „nicht bestanden" zu erfolgen. Die Gesamtbeurteilung hat auf „bestanden" zu lauten, wenn keine Prüfung mit „nicht bestanden" beurteilt wurde; in den übrigen Fällen ist sie mit „nicht bestanden" festzulegen. Die Bestimmungen des § 59 Abs. 1 Z 12 und der §§ 73 und 79 sind sinngemäß anzuwenden.

(14) Über die Ablegung jeder Prüfung ist ein Zeugnis auszustellen. Das Rektorat hat nach Vorliegen aller Prüfungszeugnisse ein Studienberechtigungszeugnis für die jeweilige Studienrichtungsgruppe auszustellen. Dieses Studienberechtigungszeugnis gilt für jede Universität, Pädagogische Hochschule und Fachhochschule, an der ein Studium der jeweiligen Studienrichtungsgruppe eingerichtet ist.

(15) Der erfolgreiche Abschluss der Studienberechtigungsprüfung berechtigt zur Zulassung zu allen Studien jener Studienrichtungsgruppe, für welche die Studienberechtigung erworben wurde.

(16) Die Festlegung der Anzahl der Prüfungen nach Abs. 5 Z 2 und 3 und die Festlegung der Pflichtfächer gemäß Abs. 5 Z 2 für die jeweilige Studienrichtungsgruppe erfolgen durch Verordnung des Rektorates.

Besondere Universitätsreife

§ 65. Zusätzlich zur allgemeinen Universitätsreife sind die in der Universitätsberechtigungsverordnung – UBVO 1998,

BGBl. II Nr. 44/1998, festgelegten Zusatzprüfungen zur Reifeprüfung für die darin festgelegten Studien nachzuweisen oder als Ergänzungsprüfungen abzulegen (besondere Universitätsreife).

Eignung für Lehramtsstudien und Studien für Berufstätigkeiten an elementarpädagogischen Bildungseinrichtungen

§ 65a. (1) In Aufnahmeverfahren für Lehramtsstudien oder Studien für Berufstätigkeiten an elementarpädagogischen Bildungseinrichtungen sind die für die berufliche Ausbildung und Tätigkeit der Pädagoginnen und Pädagogen erforderlichen leistungsbezogenen, persönlichen, fachlichen und pädagogischen Kompetenzen zu überprüfen. Die Feststellung der fachlichen Eignung hat sich an den im Curriculum verankerten fachspezifischen Kriterien zu orientieren.

(2) Die Feststellung der Eignung hat wissenschaftliche Kriterien zu berücksichtigen. Informationen zu den berufsspezifischen Anforderungen und Selbsterkundungsinstrumentarien sind auf der Website zur Verfügung zu halten. Informationen zur Feststellung der Eignung sind spätestens vier Wochen vor Beginn der Registrierung auf der Website zur Verfügung zu stellen, spätestens jedoch sechs Monate vor Beginn des Studienjahres.

(3) Es ist vom Nachweis jener Eignungskriterien Abstand zu nehmen, die bei Erfüllung der wesentlichen Anforderungen für den angestrebten Beruf aufgrund einer Behinderung im Sinne des BGStG, nicht erfüllt werden können. Bei Bedarf sind im Rahmen des Eignungsfeststellungsverfahrens geeignete Ausgleichsmaßnahmen insbesondere (Sprach-)Assistenz vorzusehen.

(4) Es können für Studienwerberinnen und Studienwerber mit einer anderen Erstsprache als Deutsch bei Bedarf geeignete Vorkehrungen im organisatorischen Ablauf und in der Durchführung der Eignungsprüfung ohne Änderung des Anforderungsniveaus vorgesehen werden.

(5) Die näheren Bestimmungen über das Aufnahmeverfahren einschließlich der Feststellung der Eignung sind durch Verord-

nung des Rektorats festzulegen. Bei gemeinsam eingerichteten Studien haben die Rektorate der beteiligten Bildungseinrichtungen gleichlautende Verordnungen zu erlassen.

Rechtsschutz bei Aufnahmeverfahren

§ 65b. (1) Der Studienwerberin oder dem Studienwerber ist Einsicht in die Beurteilungsunterlagen und in die Auswertungsprotokolle von Aufnahmeverfahren zu gewähren, wenn sie oder er dies innerhalb von drei Monaten ab Bekanntgabe des Ergebnisses verlangt. Die Beurteilungsunterlagen umfassen auch die bei dem betreffenden Verfahren gestellten Fragen. Im Rahmen der Einsichtnahme ist sicherzustellen, dass auch eine individuelle Rückmeldung zur Beurteilung gegeben werden kann. Die Studienwerberin oder der Studienwerber ist berechtigt, die Beurteilungsunterlagen zu vervielfältigen. Vom Recht auf Einsichtnahme und auf Vervielfältigung sind Fragen betreffend die persönliche Eignung ausgenommen. Vom Recht auf Vervielfältigung sind ebenso Multiple Choice-Fragen einschließlich der jeweiligen Antwortmöglichkeiten ausgenommen.

(2) Aufnahmeverfahren für Studien sind unbeschränkt wiederholbar.

Studieneingangs- und Orientierungsphase

§ 66. (1) Die Studieneingangs- und Orientierungsphase ist als Teil aller Diplom- und Bachelorstudien, sofern diese nicht an einer Universität gemäß § 6 Abs. 1 Z 16 bis 21 eingerichtet sind, jedenfalls aber bei gemeinsam eingerichteten Lehramtsstudien so zu gestalten, dass sie der oder dem Studierenden einen Überblick über die wesentlichen Inhalte des jeweiligen Studiums und dessen weiteren Verlauf vermittelt und eine sachliche Entscheidungsgrundlage für die persönliche Beurteilung ihrer oder seiner Studienwahl schafft. Die Studieneingangs- und Orientierungsphase findet im ersten Semester des Studiums statt und besteht aus mehreren Lehrveranstaltungen, die insgesamt mindestens 8 und höchstens 20 ECTS-Anrechnungspunkte umfassen. Auf den Bedarf berufstätiger Studierender ist Bedacht zu nehmen. Für die Studien Humanmedizin, Zahnmedizin, Psychologie und Veterinärmedizin kann durch Verordnung des jeweiligen Rektorats von einer Studieneingangs- und Orientierungsphase abgesehen werden.

(2) § 59 sowie die §§ 72 bis 79 gelten auch für die Studieneingangs- und Orientierungsphase. Innerhalb der Studieneingangs- und Orientierungsphase müssen mindestens zwei Prüfungen vorgesehen werden, für die in jedem Semester mindestens zwei Prüfungstermine anzusetzen sind, wobei ein Prüfungstermin auch während der lehrveranstaltungsfreien Zeit abgehalten werden kann. Der positive Erfolg bei allen Lehrveranstaltungen und Prüfungen der Studieneingangs- und Orientierungsphase berechtigt zur Absolvierung der weiteren Lehrveranstaltungen und Prüfungen sowie zum Verfassen der im Curriculum vorgesehenen Bachelor- oder Diplomarbeiten.

(3) Im Curriculum kann festgelegt werden, dass vor der vollständigen Absolvierung der Studieneingangs- und Orientierungsphase weiterführende Lehrveranstaltungen im Ausmaß von bis zu 22 ECTS-Anrechnungspunkten absolviert werden dürfen, wobei gemäß § 78 anerkannte Prüfungen, andere Studienleistungen, Tätigkeiten und Qualifikationen darin nicht einzurechnen sind.

(4) Die Zulassung zum Studium erlischt, wenn die oder der Studierende bei einer für sie oder ihn im Rahmen der Studieneingangs- und Orientierungsphase vorgeschriebenen Prüfung auch bei der letzten Wiederholung negativ beurteilt wurde.

(5) Die Studieneingangs- und Orientierungsphase dient der Orientierung über die wesentlichen Studieninhalte und nicht als quantitative Zugangsbeschränkung.

Beurlaubung

§ 67. (1) Studierende sind auf Antrag für ein oder mehrere Semester wegen
   1. Leistung eines Präsenz-, Ausbildungs- oder Zivildienstes oder

2. Erkrankung, die nachweislich am Studienfortschritt hindert oder
3. Schwangerschaft oder
4. Kinderbetreuungspflichten oder anderen gleichartigen Betreuungspflichten oder
5. der Ableistung eines freiwilligen sozialen Jahres oder
6. vorübergehende Beeinträchtigung im Zusammenhang mit einer Behinderung

bescheidmäßig zu beurlauben. Weitere Gründe können in der Satzung festgelegt werden.

(2) Bei Beurlaubungen gilt Folgendes:
1. Die Beurlaubung ist bis längstens zum Beginn des jeweiligen Semesters zu beantragen.
2. Bei unvorhergesehenem und unabwendbarem Eintritt eines Beurlaubungsgrundes gemäß Abs. 1 Z 2 bis 4 und 6 kann die Beurlaubung auch während des Semesters beantragt werden.
3. Bis zum Zeitpunkt der Beurlaubung erbrachte Studienleistungen (insbesondere abgeschlossene Lehrveranstaltungen und Prüfungen) bleiben gültig.

(3) Die Beurlaubung wirkt für alle Studien der Bildungseinrichtung, an welcher diese beantragt wurde und bei gemeinsam eingerichteten Studien für alle Studien der beteiligten Bildungseinrichtungen. Während der Beurlaubung bleibt die Zulassung zum Studium aufrecht. Die Teilnahme an Lehrveranstaltungen, die Ablegung von Prüfungen sowie die Einreichung und Beurteilung wissenschaftlicher sowie künstlerischer Arbeiten ist unzulässig.

Erlöschen der Zulassung zu ordentlichen Studien

§ 68. (1) Die Zulassung zu einem Studium erlischt, wenn die oder der Studierende
1. sich vom Studium abmeldet oder
2. die Meldung der Fortsetzung des Studiums unterlässt oder
2a. die Mindeststudienleistung gemäß § 59a nicht erbringt oder

3. bei einer für ihr oder sein Studium vorgeschriebenen Prüfung auch bei der letzten zulässigen Wiederholung negativ beurteilt wurde und diese Prüfung nicht gemäß § 79 Abs. 1 aufgehoben worden ist, wobei sich die Zahl der zulässigen Wiederholungen nach den Prüfungsantritten an der jeweiligen Universität und bei gemeinsam eingerichteten Studien nach den Prüfungsantritten an den beteiligten Bildungseinrichtungen in allen Studien bemisst oder

(Anm.: Z 4 aufgehoben durch Art. 1 Z 107, BGBl. I Nr. 93/2021)

5. im Falle der befristeten Zulassung das Teilstudium im Befristungsausmaß absolviert hat oder
6. das Studium durch die positive Beurteilung bei der letzten vorgeschriebenen Prüfung abgeschlossen hat oder
7. bei einem Lehramtsstudium in den im Curriculum gekennzeichneten Praktika im Rahmen der pädagogisch-praktischen Studien bei der letzten zulässigen Wiederholung negativ beurteilt wurde und ein allfälliger Antrag gemäß § 77 Abs. 4 zurück- oder abgewiesen wurde, wobei ein Verweis von der Praxisschule einer negativen Beurteilung gleichzuhalten ist, oder
8. aufgrund einer Handlung oder von Handlungen, die eine dauerhafte oder schwer wiegende Gefährdung anderer Universitätsangehöriger oder Dritter im Rahmen des Studiums darstellt oder darstellen, vom Rektorat durch Bescheid vom Studium ausgeschlossen wird, wobei Näheres in der Satzung zu regeln ist.

(2) An den Universitäten gemäß § 6 Abs. 1 Z 16 bis 21 kann in der Satzung vorgesehen werden, dass die Zulassung zum Studium erlischt, wenn mehr als drei Semester während der gesamten Studiendauer das jeweilige Lehrangebot aus dem zentralen künstlerischen Fach nicht besucht wird.

(3) Das Erlöschen der Zulassung in den Fällen des Abs. 1 Z 3, 4 und 7 sowie Abs. 2 ist der oder dem betroffenen Studierenden schriftlich mitzuteilen. Das Rektorat hat auf Antrag der oder des Studierenden einen Feststellungsbescheid zu erlassen.

Abgangsbescheinigung

§ 69. Beendet die oder der Studierende ein Studium, ohne das Studium erfolgreich abgeschlossen zu haben, so ist auf Antrag eine Abgangsbescheinigung auszustellen. Diese hat alle Prüfungen, zu denen die oder der Studierende in diesem Studium angetreten ist, und deren Beurteilungen anzugeben. Hinsichtlich der positiv beurteilten Prüfungen ist nur die positive Beurteilung anzugeben. Zur Unterstützung der internationalen Mobilität der Studierenden ist der Anschluss einer fremdsprachigen Übersetzung zulässig, wobei die Benennung der Universität und des ausstellenden Organs nicht zu übersetzen sind.

Zulassung zu außerordentlichen Studien

§ 70. (1) Die Zulassung zu den außerordentlichen Studien setzt den Nachweis der allfälligen im Curriculum eines Universitätslehrganges geforderten Voraussetzungen voraus.

(2) Die Zulassung zu den Vorbereitungslehrgängen ist längstens bis zur Vollendung des 20. Lebensjahres möglich. Darüber hinaus sind die Universitäten gemäß § 6 Abs. 1 Z 16 bis 21 berechtigt, im Curriculum für einen Vorbereitungslehrgang ein Zulassungsalter bis zur Vollendung des 25. Lebensjahres vorzusehen, wenn dies auf Grund der Studieninhalte erforderlich ist.

(3) Nach dem Erlöschen der Zulassung wegen der negativen Beurteilung bei der letzten zulässigen Wiederholung einer Prüfung ist die neuerliche Zulassung für diesen Universitätslehrgang ausgeschlossen.

Erlöschen der Zulassung zu außerordentlichen Studien

§ 71. (1) Die Zulassung erlischt, wenn die oder der Studierende
1. sich vom Studium abmeldet,
2. die Meldung der Fortsetzung des Studiums unterlässt,
3. bei einer für ihr oder sein Studium vorgeschriebenen Prüfung bei der letzten zulässigen Wiederholung negativ beurteilt wurde,

4. bei gemeinsam eingerichteten Universitätslehrgängen gemäß § 39 Abs. 1 HG die Zulassung zum ordentlichen Studium verliert (§ 61 Abs. 1 Z 4 HG),
5. den Universitätslehrgang durch die positive Beurteilung bei der letzten vorgeschriebenen Prüfung abgeschlossen hat,
6. die im Curriculum eines Universitätslehrganges festgelegte Höchststudiendauer überschreitet oder
7. aus dem in § 68 Abs. 1 Z 8 genannten Grund vom außerordentlichen Studium ausgeschlossen wird.

(2) Das Erlöschen der Zulassung ist in den Fällen des Abs. 1 Z 3, 4 und 6 der oder dem betroffenen Studierenden schriftlich mitzuteilen. Das Rektorat hat auf Antrag einen Feststellungsbescheid zu erlassen.

3a. Abschnitt
Zugangsregelungen im Kontext einer kapazitätsorientierten, studierendenbezogenen Universitätsfinanzierung

Ziele

§ 71a. Im Zuge der Implementierung einer kapazitätsorientierten, studierendenbezogenen Universitätsfinanzierung sollen die Anzahl der prüfungsaktiv betriebenen Studien und die Anzahl der abgeschlossenen Studien an den Universitäten gesteigert werden.

Zulassung zu besonders stark nachgefragten Bachelor- und Diplomstudien

§ 71b. (1) In den österreichweit besonders stark nachgefragten Studienfeldern bzw. Studien wird die österreichweit anzubietende Mindestanzahl an Studienplätzen für Studienanfängerinnen und –anfänger pro Studienjahr und Studienfeld bzw. Studium wie folgt festgelegt:

Studienfeld/Studium	Mindestanzahl
Architektur und Städteplanung*	2.020
Biologie und Biochemie**	3.700
Erziehungswissenschaft	1.460
Fremdsprachen	3.020
Informatik	2.800
Management und Verwaltung/Wirtschaft und Verwaltung, allgemein/Wirtschaftswissenschaft	10.630
Pharmazie	1.370
Publizistik und Kommunikationswissenschaft	1.530
Recht	4.300

* ausgenommen sind die Studien an der Universität für angewandte Kunst Wien, an der Universität für künstlerische und industrielle Gestaltung Linz und an der Akademie der bildenden Künste Wien.

** ausgenommen sind Studien, zu denen bereits Zugangsregelungen gemäß § 124b in der Fassung des Bundesgesetzes BGBl. I Nr. 21/2015 bestanden haben sowie gemäß § 71c bestehen.

(2) Die Aufteilung der in Abs. 1 festgelegten Anzahl an Studienplätzen auf die einzelnen Universitäten hat im Rahmen der Leistungsvereinbarungen zu erfolgen.

(3) Sofern eine Universität über standardisierte datenbasierte Evidenzen verfügt, können an dieser Universität bei der Aufteilung der Anzahl der Studienplätze für Studienanfängerinnen und –anfänger für ein Studienfeld bzw. Studium gemäß Abs. 1 und 2 die infrastrukturbezogenen Kapazitäten bzw. physischen Plätze, die Nachfrage am Arbeitsmarkt, Forschungsstärke sowie die bisherigen Zahlen der tatsächlichen Studienanfängerinnen und –anfänger berücksichtigt werden. Durch die Berücksichtigung universitätsspezifischer Faktoren kann die österreichweit anzubietende Mindestanzahl gemäß Abs. 1 insgesamt um bis zu 20 vH erhöht oder verringert werden.

(4) In den von Abs. 1 umfassten Studienfeldern bzw. Studien ist das Rektorat jeder Universität, an der das betreffende Studium eingerichtet ist, berechtigt, die Zulassung zu diesem Studium durch Verordnung entweder durch ein Aufnahmeverfahren vor der Zulassung oder durch die Auswahl der Studierenden bis längstens ein Semester nach der Zulassung zu regeln, wobei Elemente eines Aufnahmeverfahrens im Sinne einer mehrstufigen Gestaltung auch mit Elementen eines Auswahlverfahrens verbunden werden können. Vor der Festlegung des Aufnahme- oder Auswahlverfahrens durch das Rektorat ist dem Senat die Möglichkeit zur Stellungnahme innerhalb von sechs Wochen zu geben. Die Festlegung durch das Rektorat hat bis spätestens 30. April zu erfolgen, um ab dem darauffolgenden Studienjahr wirksam zu werden.

(5) In den von Abs. 1 umfassten gemeinsam eingerichteten Studien gemäß § 51 Abs. 2 Z 27 sind die Rektorate der beteiligten Universitäten und öffentlichen Pädagogischen Hochschulen berechtigt, durch gleichlautend zu erlassende Verordnungen bzw. die zuständigen Organe von anerkannten privaten Pädagogischen Hochschulen, Einrichtungen zur Durchführung von Fachhochschul-Studiengängen und Privatuniversitäten berechtigt, durch zu veröffentlichende gleichlautende Vereinbarungen die Zulassung zu diesem Studium entweder durch ein Aufnahmeverfahren vor der Zulassung oder durch die Auswahl der Studierenden bis längstens ein Semester nach der Zulassung zu regeln, wobei Elemente eines Aufnahmeverfahrens im Sinne einer mehrstufigen Gestaltung auch mit Elementen eines Auswahlverfahrens verbunden werden können. Vor der Festlegung bzw. Vereinbarung des Aufnahme- oder Auswahlverfahrens durch das Rektorat bzw. die zuständigen Organe von anerkannten privaten Pädagogischen Hochschulen, Einrichtungen zur Durchführung von Fachhochschul-Studiengängen und Privatuniversitäten ist dem Senat bzw. den zuständigen Organen von anerkannten privaten Pädagogischen Hochschulen, Einrichtungen zur Durchführung von Fachhochschul-Studiengängen und Privatuniversitäten die Möglichkeit zur Stellungnahme innerhalb von sechs Wochen zu geben. Die Festlegung durch das Rektorat bzw. die zuständigen Organe von

anerkannten privaten Pädagogischen Hochschulen, Einrichtungen zur Durchführung von Fachhochschul-Studiengängen und Privatuniversitäten hat bis spätestens 30. April zu erfolgen, um ab dem darauffolgenden Studienjahr wirksam zu werden.

(6) Im Rahmen des Aufnahme- oder Auswahlverfahrens gemäß Abs. 4 und 5 ist innerhalb einer vom Rektorat festzulegenden Frist eine verpflichtende Registrierung der Studienwerberinnen und -werber vorzusehen. Das Verfahren darf nur dann durchgeführt werden, wenn die Anzahl der registrierten Studienwerberinnen und -werber die in der Leistungsvereinbarung gemäß Abs. 2 und 3 festgelegte Anzahl an Studienplätzen für Studienanfängerinnen und -anfänger pro Studium übersteigt. Bleibt die Anzahl der registrierten Studienwerberinnen und -werber unter der in der Leistungsvereinbarung gemäß Abs. 2 und 3 festgelegten Anzahl an Studienplätzen für Studienanfängerinnen und -anfänger pro Studium, so sind diese registrierten Studienwerberinnen und -werber bei Vorliegen der allgemeinen Voraussetzungen gemäß § 63 jedenfalls zuzulassen. Darüber hinaus hat die Universität bis zum Erreichen der pro Studium festgelegten Anzahl auch Studienwerberinnen und -werber zuzulassen, die für ein entsprechendes Studium bereits an einer anderen Universität registriert sind.

(7) Das Aufnahme- oder Auswahlverfahren gemäß Abs. 4 und 5 ist durch die Universität so zu gestalten, dass insbesondere folgende Vorgaben maßgebend sind:

1. Überprüfung der für das den Ausbildungserfordernissen des jeweiligen Studiums entsprechenden leistungsbezogenen Kriterien;
2. Sicherstellung, dass das Aufnahme- oder Auswahlverfahren zu keinerlei Diskriminierung aufgrund des Geschlechts sowie der sozialen Herkunft führt;
3. rechtzeitige und kostenlose Zurverfügungstellung des Prüfungsstoffes auf der Homepage der Universität (bei Aufnahmeverfahren vor der Zulassung spätestens vier Monate vor dem Prüfungstermin, bei Auswahlverfahren nach der Zulassung spätestens zu Beginn des betreffenden Semesters) und

4. eine mehrstufige Gestaltung der Aufnahme- oder Auswahlverfahren. Allfällige mündliche Komponenten können nur ein Teil der Aufnahme- oder Auswahlverfahren sein und dürfen nicht zu Beginn des Aufnahme- oder Auswahlverfahrens stattfinden. Weiters dürfen die mündlichen Komponenten nicht das alleinige Kriterium für das Bestehen des Aufnahme- oder Auswahlverfahrens sein;
5. Studienwerberinnen und –werber mit einer Behinderung gemäß § 3 BGStG haben das Recht, eine abweichende Prüfungsmethode zu beantragen, wenn die Studienwerberin oder der Studienwerber eine Behinderung nachweist, die ihr oder ihm die Ablegung einer Prüfung im Rahmen des Aufnahme- oder Auswahlverfahrens in der vorgeschriebenen Methode unmöglich macht. Das Ausbildungsziel des gewählten Studiums muss jedoch erreichbar bleiben.

Auf die Durchführung der Aufnahme- oder Auswahlverfahren ist § 41 B-GlBG anzuwenden. Die Wiederholung von Prüfungen im Rahmen von Auswahlverfahren kann in der Verordnung des Rektorats gemäß Abs. 4 oder 5 geregelt werden. § 58 Abs. 8 ist nicht anzuwenden.

(8) Regelt ein Rektorat einer Universität oder einer öffentlichen Pädagogischen Hochschule bzw. regeln die zuständigen Organe von anerkannten privaten Pädagogischen Hochschulen, Einrichtungen zur Durchführung von Fachhochschul-Studiengängen und Privatuniversitäten gemäß Abs. 4 und 5 die Zulassung zu einem Studium durch Verordnung oder Vereinbarung entweder durch ein Aufnahmeverfahren vor der Zulassung oder durch die Auswahl der Studierenden bis längstens ein Semester nach der Zulassung, sind nach Möglichkeit die Termine für die Registrierung und die Durchführung des Verfahrens, die Anforderungen und der Ablauf des Verfahrens sowie der für den positiven Abschluss des Verfahrens relevante Prüfungsstoff mit den anderen Universitäten, Pädagogischen Hochschulen, Einrichtungen zur Durchführung von Fachhochschul-Studiengängen und Privatuniversitäten, an denen dieses Studium eingerichtet ist, abzustimmen.

(9) Wird eine Studienwerberin oder ein Studienwerber nach Durchführung des Aufnahmeverfahrens nicht zum Studium zugelassen, so ist ihr oder ihm auf ihr oder sein Verlangen vom Rektorat ein diesbezüglicher Bescheid auszustellen. Die Studienwerberin oder der Studienwerber hat das Recht, gegen diesen Bescheid vor dem Bundesverwaltungsgericht Beschwerde zu führen. § 46 Abs. 2 zweiter bis vierter Satz sind nicht anzuwenden.

Ergänzende Bestimmungen für die Zulassung zu den vom deutschen Numerus Clausus betroffenen Studien

§ 71c. (1) Das Rektorat kann in den Bachelor-, Master-, Diplom- und Doktoratsstudien, die von den deutschen bundesweiten Numerus-Clausus-Studien Medizin, Psychologie, Tiermedizin und Zahnmedizin betroffen sind, den Zugang entweder durch ein Aufnahmeverfahren vor der Zulassung oder durch die Auswahl der Studierenden bis längstens zwei Semester nach der Zulassung beschränken, wobei Elemente eines Aufnahmeverfahrens im Sinne einer mehrstufigen Gestaltung auch mit Elementen eines Auswahlverfahrens verbunden werden können. Vor dieser Festlegung ist dem Senat Gelegenheit zu einer Stellungnahme zu geben, die innerhalb einer Frist von sechs Wochen erstattet werden muss. Die Festlegung samt allfälliger Stellungnahme des Senats hat das Rektorat dem Universitätsrat zur Genehmigung vorzulegen. Entscheidet der Universitätsrat nicht innerhalb von vier Wochen ab Vorlage, gilt die Festlegung als genehmigt.

(2) In den Studien Human- und Zahnmedizin, Psychologie sowie Veterinärmedizin muss im Sinne einer bedarfsgerechten Studienplatzentwicklung folgende Anzahl an Studienplätzen für Studienanfängerinnen und -anfänger pro Studienjahr und Studium österreichweit ansteigend zur Verfügung gestellt werden:

Studium	Gesamt
Human- und Zahnmedizin	bis zu 2.000
Psychologie	1.300
Veterinärmedizin	bis zu 250

(3) In den Studien gemäß Abs. 2 erfolgt in der Leistungsvereinbarung jener Universitäten, an denen die betreffenden Studien angeboten werden, eine Festlegung der Anzahl an Studienplätzen für Studienanfängerinnen und -anfänger im Sinne einer bedarfsgerechten Studienplatzentwicklung und unter Berücksichtigung der bisherigen Studierendenzahlen. Im Studium Humanmedizin ist zusätzlich die Wahrung der in Abs. 5 geregelten Schutzinteressen sicherzustellen.

(4) § 71b Abs. 7 mit Ausnahme der Z 4 sowie Abs. 9 ist anzuwenden.

(5) Im Studium Humanmedizin ist das Recht auf Bildung und Zugang zur Hochschulbildung der Inhaberinnen und Inhaber in Österreich ausgestellter Reifezeugnisse durch erhöhten Zustrom von Inhaberinnen und Inhabern nicht in Österreich ausgestellter Reifezeugnisse stark beschränkt und die öffentliche Gesundheit einschließlich der Wahrung einer ausgewogenen, allen zugänglichen und auf hohem Niveau stehenden ärztlichen Versorgung der Bevölkerung beeinträchtigt. Unbeschadet der Aufnahmeverfahren gemäß Abs. 1 sind zum Schutz der Homogenität des Bildungssystems im Studium Humanmedizin 95 vH der Gesamtstudienplätze für Studienanfängerinnen und -anfänger den EU-Bürgerinnen und EU-Bürgern und ihnen im Hinblick auf den Studienzugang gleichgestellten Personen vorbehalten. 75 vH der Gesamtstudienplätze für Studienanfängerinnen und -anfänger stehen den Inhaberinnen und Inhabern in Österreich ausgestellter Reifezeugnisse und Personengruppen aufgrund der Personengruppenverordnung zur Verfügung.

(6) Das Rektorat ist berechtigt, in den sonstigen Medizinischen sowie Veterinärmedizinischen Studien die Zulassung zu diesen Studien durch Verordnung entweder durch ein Aufnahmeverfahren vor der Zulassung oder durch die Auswahl der Studierenden bis längstens ein Semester nach der Zulassung zu regeln, wobei Elemente eines Aufnahmeverfahrens im Sinne einer mehrstufigen Gestaltung auch mit Elementen eines Auswahlverfahrens verbunden werden können. § 71b Abs. 7 mit Ausnahme der Z 4 sowie Abs. 9 ist anzuwenden.

(7) Sofern in den Auswahlverfahren Prüfungen vorgesehen sind, gelten für die Wiederholungen die Bestimmungen dieses Bundesgesetzes. Auch die Wiederholung positiv beurteilter Prüfungen ist zulässig. Prüfungstermine sind grundsätzlich einmal im Semester anzubieten. § 58 Abs. 8 ist nicht anzuwenden.

Zulassung zu an einer Universität besonders stark nachgefragten Bachelor- und Diplomstudien

§ 71d. (1) Die Bundesministerin oder der Bundesminister ist ermächtigt, von Amts wegen oder auf Antrag der betroffenen Universität bzw. Universitäten durch Verordnung in Studienfeldern bzw. Studien, die an einer Universität besonders stark nachgefragt sind, eine Anzahl an Studienplätzen für Studienanfängerinnen und -anfänger festzulegen und das Rektorat zu ermächtigen, die Zulassung zu diesem Studium durch Verordnung entweder durch ein Aufnahmeverfahren vor der Zulassung oder durch die Auswahl der Studierenden bis längstens ein Semester nach der Zulassung zu regeln, wobei Elemente eines Aufnahmeverfahrens im Sinne einer mehrstufigen Gestaltung auch mit Elementen eines Auswahlverfahrens verbunden werden können. Vor der Festlegung des Aufnahme- oder Auswahlverfahrens durch das Rektorat ist dem Senat die Möglichkeit zur Stellungnahme innerhalb von sechs Wochen zu geben. Die Festlegung durch das Rektorat hat bis spätestens 30. April zu erfolgen, um ab dem darauffolgenden Studienjahr wirksam zu werden.

(2) In den von der Verordnung gemäß Abs. 1 umfassten gemeinsam eingerichteten Studien gemäß § 51 Abs. 2 Z 27 sind die Rektorate der beteiligten Universitäten und öffentlichen Pädagogischen Hochschulen berechtigt, durch gleichlautend zu erlassende Verordnungen bzw. die zuständigen Organe von anerkannten privaten Pädagogischen Hochschulen, Einrichtungen zur Durchführung von Fachhochschul-Studiengängen und Privatuniversitäten berechtigt, durch zu veröffentlichende gleichlautende Vereinbarungen die Zulassung zu diesem Studium entweder durch ein Aufnahmeverfahren vor der Zulassung oder durch die

Anhang 1

Auswahl der Studierenden bis längstens ein Semester nach der Zulassung zu regeln, wobei Elemente eines Aufnahmeverfahrens im Sinne einer mehrstufigen Gestaltung auch mit Elementen eines Auswahlverfahrens verbunden werden können. Vor der Festlegung bzw. Vereinbarung des Aufnahme- oder Auswahlverfahrens durch das Rektorat bzw. die zuständigen Organe von anerkannten privaten Pädagogischen Hochschulen, Einrichtungen zur Durchführung von Fachhochschul-Studiengängen und Privatuniversitäten ist dem Senat bzw. den zuständigen Organen von anerkannten privaten Pädagogischen Hochschulen, Einrichtungen zur Durchführung von Fachhochschul-Studiengängen und Privatuniversitäten die Möglichkeit zur Stellungnahme innerhalb von sechs Wochen zu geben. Die Festlegung durch das Rektorat bzw. die zuständigen Organe von anerkannten privaten Pädagogischen Hochschulen, Einrichtungen zur Durchführung von Fachhochschul-Studiengängen und Privatuniversitäten hat bis spätestens 30. April zu erfolgen, um ab dem darauffolgenden Studienjahr wirksam zu werden.

(3) Besonders stark nachgefragt ist ein Studienfeld bzw. Studium, wenn entweder

1. die durchschnittliche Betreuungsrelation der letzten fünf Studienjahre in dem betreffenden Studienfeld bzw. Studium an dieser Universität das 1,75-Fache des Betreuungsrichtwerts des betreffenden Studienfelds bzw. Studiums übersteigt und in diesem Studienfeld bzw. Studium im Durchschnitt der letzten fünf Studienjahre österreichweit mehr als 500 prüfungsaktive Bachelor-, Master- und Diplomstudien belegt waren oder
2. die Anzahl der Studienanfängerinnen und -anfänger in dem betreffenden Studienfeld bzw. Studium binnen zweier Studienjahre um mehr als 50 vH zunimmt und dabei die absolute Zahl von 200 Studienanfängerinnen und -anfängern überschritten wird, und gleichzeitig die Zahl der prüfungsaktiven Bachelor- und Diplomstudien in dem betreffenden Studienfeld bzw. Studium binnen zweier Studienjahre um mehr als 25 vH zunimmt und dabei die

absolute Zahl von 500 prüfungsaktiven Bachelor- und Diplomstudien überschritten wird.

(4) Die Universität hat den Nachweis der Erfordernisse gemäß Abs. 3 auf Basis harmonisierter Daten zu erbringen. Im Zuge dieses Nachweises ist ua darzulegen, dass die Universität in den letzten Jahren Ressourcen hin zum betreffenden Studienfeld bzw. Studium verlagert bzw. etwaige organisatorische Maßnahmen gesetzt hat. Bei Feststellung kritischer Betreuungsverhältnisse oder Kapazitäten in einem Studienfeld bzw. Studium hat die Bundesministerin oder der Bundesminister die Möglichkeit, im Rahmen der Leistungsvereinbarung oder eines Nachtrags zur Leistungsvereinbarung universitäts- oder standortbezogene Lösungen für geeignete Studienplatzzahlen zu erwirken.

(5) Die Anzahl der mindestens anzubietenden Studienplätze für Studienanfängerinnen und -anfänger pro Studienfeld bzw. Studium ist durch die Verordnung gemäß Abs. 1 anhand der Indikatoren „Anzahl der Studienanfängerinnen und –anfänger in Bachelor- und Diplomstudien (ohne Incoming-Studierende)" (Indikator 1), „Anzahl der prüfungsaktiven Bachelor- und Diplomstudien im ersten Studienjahr" (Indikator 2) sowie „Anzahl der Studienabschlüsse in Bachelor- und Diplomstudien" (Indikator 3) festzulegen, wobei der Indikator 1 mit einem Anteil von 25 vH, der Indikator 2 mit einem Anteil von 50 vH sowie der Indikator 3 mit einem Anteil von 25 vH zu gewichten ist.

(6) Die Festlegung des Betreuungsrichtwerts gemäß Abs. 3 Z 1, die Definition, Datengrundlage und Berechnung der Betreuungsrelation gemäß Abs. 3 Z 1 in Bachelor-, Master- und Diplomstudien sowie der Anzahl der prüfungsaktiven Bachelor-, Master- und Diplomstudien gemäß Abs. 3 Z 1 und 2 sowie die Definition, Datengrundlage und Berechnung der Indikatoren gemäß Abs. 5 erfolgt in der Verordnung gemäß Abs. 1.

(7) § 71b Abs. 3, 6, 7 und 9 ist anzuwenden.

4. Abschnitt
Beurteilung des Studienerfolgs und Zeugnisse

Feststellung und Beurteilung des Studienerfolgs

§ 72. (1) Der Studienerfolg ist durch die Prüfungen und die Beurteilung der wissenschaftlichen (Diplomarbeit, Masterarbeit oder Dissertation) oder der künstlerischen Arbeit (künstlerische Diplom-, Masterarbeit oder Dissertation) festzustellen.

(2) Der positive Erfolg von Prüfungen und wissenschaftlichen sowie künstlerischen Arbeiten ist mit „sehr gut" (1), „gut" (2), „befriedigend" (3) oder „genügend" (4), der negative Erfolg ist mit „nicht genügend" (5) zu beurteilen. Zwischenbeurteilungen sind unzulässig. Wenn diese Form der Beurteilung unmöglich oder unzweckmäßig ist, hat die positive Beurteilung „mit Erfolg teilgenommen", die negative Beurteilung „ohne Erfolg teilgenommen" zu lauten.

(3) Prüfungen, die aus mehreren Fächern oder Teilen bestehen, sind nur dann positiv zu beurteilen, wenn jedes Fach oder jeder Teil positiv beurteilt wurde.

(4) Die Beurteilung der Praktika im Rahmen der pädagogisch-praktischen Studien erfolgt durch die Lehrveranstaltungsleiterin oder den Lehrveranstaltungsleiter auf der Grundlage der schriftlichen Leistungsbeschreibung der Praxislehrerin oder des Praxislehrers. Führt die schriftliche Leistungsbeschreibung voraussichtlich zu einer negativen Beurteilung, hat die oder der Studierende das Recht, eine schriftliche Stellungnahme abzugeben. § 46 Abs. 1 bis 4 sowie § 214 des Beamten-Dienstrechtsgesetzes 1979, BGBl. Nr. 333/1979, gilt für Studierende hinsichtlich im Curriculum verankerter Praktika an Schulen sinngemäß, wobei an die Stelle der Beamtin oder des Beamten bzw. der Lehrerin oder des Lehrers die oder der Studierende tritt und an die Stelle der Dienstbehörde die zuständige Schulbehörde.

Gesamtnote

§ 72a. (1) Auf Antrag der Absolventin oder des Absolventen eines ordentlichen Studiums ist, sofern eine Gesamtnote in Form eines Notendurchschnittes vorzuweisen ist, eine nach ECTS-Anrechnungspunkten gewichtete Gesamtnote zu berechnen und auf zwei Kommastellen gerundet darzustellen, wobei aufzurunden ist, wenn die Tausendstelstelle mindestens den Wert 5 hat.

(2) Abweichend von Abs. 1 ist die Gesamtnote gemäß Z 13 des Notenwechsels zwischen der Regierung der Republik Österreich und der Italienischen Republik über die gegenseitige Anerkennung akademischer Grade und Titel samt Anlage, BGBl. III Nr. 45/2001, sowie gemäß Z 12 des Abkommens zwischen der Regierung der Republik Österreich und der Regierung der Italienischen Republik über die gegenseitige Anerkennung akademischer Grade und Titel, BGBl. III Nr. 177/2008, zu ermitteln, indem

1. die Noten aller für das betreffende Studium vorgeschriebenen Prüfungsfächer und gegebenenfalls Bachelorarbeiten sowie die Note der Diplomarbeit bzw. der Masterarbeit addiert werden,
2. der gemäß Z 1 errechnete Wert durch die Anzahl der Prüfungsfächer, im Fall eines Diplom- oder Masterstudiums vermehrt um die Zahl 1, dividiert wird sowie
3. das Ergebnis der Division auf zwei Kommastellen gerundet wird, wobei aufzurunden ist, wenn die Tausendstelstelle mindestens den Wert 5 hat.

Nichtigerklärung von Beurteilungen

§ 73. (1) Das für die studienrechtlichen Angelegenheiten zuständige Organ hat die Beurteilung mit Bescheid für nichtig zu erklären, wenn

1. bei einer Prüfung die Anmeldung zu dieser Prüfung erschlichen wurde oder
2. bei einer Prüfung oder einer wissenschaftlichen oder künstlerischen Arbeit die Beurteilung, insbesondere durch ein Plagiat gemäß § 51 Abs. 2 Z 31 oder durch

Vortäuschen von wissenschaftlichen oder künstlerischen Leistungen gemäß § 51 Abs. 2 Z 32, erschlichen wurde.

(2) Die Prüfung, deren Beurteilung für nichtig erklärt wurde, ist auf die Gesamtzahl der Wiederholungen anzurechnen.

(3) Prüfungen, die außerhalb des Wirkungsbereiches einer Fortsetzungsmeldung abgelegt wurden, und Beurteilungen wissenschaftlicher sowie künstlerischer Arbeiten, die außerhalb des Wirkungsbereiches einer Fortsetzungsmeldung erfolgten, sind absolut nichtig. Eine Anrechnung auf die Gesamtzahl der Wiederholungen erfolgt nicht.

Zeugnisse

§ 74. (1) Die Beurteilung von Prüfungen und wissenschaftlichen sowie künstlerischen Arbeiten ist jeweils durch ein Zeugnis zu beurkunden. Sammelzeugnisse sind zulässig.

(2) Die Zeugnisse sind vom Senat festzulegen und haben jedenfalls folgende Angaben zu enthalten:
1. die ausstellende Universität und die Bezeichnung des Zeugnisses;
2. die Matrikelnummer;
3. den Familiennamen und die Vornamen;
4. das Geburtsdatum;
5. die Bezeichnung des Studiums;
6. die Bezeichnung der Prüfung oder das Fach und die erfolgte Beurteilung sowie die ECTS-Anrechnungspunkte;
7. das Thema der wissenschaftlichen oder künstlerischen Arbeiten und die Beurteilung sowie die ECTS-Anrechnnungspunkte;
8. den Namen der Prüferin oder des Prüfers, das Prüfungsdatum und die Beurteilung;
9. den Namen der Ausstellerin oder des Ausstellers.

(3) Zeugnisse über Prüfungen vor Einzelprüferinnen oder Einzelprüfern hat die Prüferin oder der Prüfer, Zeugnisse über die Beurteilung wissenschaftlicher sowie künstlerischer Arbeiten hat die Beurteilerin oder der Beurteiler, Zeugnisse über kommissio-

nelle Prüfungen hat die oder der Vorsitzende der Prüfungskommission, Zeugnisse über Studienabschlüsse hat das für die studienrechtlichen Angelegenheiten zuständige Organ auszustellen.

(4) Die Zeugnisse sind unverzüglich, längstens jedoch innerhalb von vier Wochen nach Erbringung der zu beurteilenden Leistung auszustellen. Zur Unterstützung der internationalen Mobilität der Studierenden ist der Anschluss einer fremdsprachigen Übersetzung zulässig, wobei die Benennung der Universität und des ausstellenden Organs nicht zu übersetzen sind.

(Anm.: Abs. 5 aufgehoben durch Art. 1 Z 115, BGBl. I Nr. 93/2021)

(6) Die Universität hat einer oder einem ausländischen Studierenden ab dem zweiten Studienjahr auf Antrag der oder des Studierenden einen Studienerfolgsnachweis auszustellen, sofern sie oder er im vorausgegangenen Studienjahr positiv beurteilte Prüfungen im Umfang von mindestens 16 ECTS-Anrechnungspunkten oder 8 Semesterwochenstunden abgelegt hat.

(7) Erfolgreich absolvierte Studien gemäß § 58 Abs. 11 sind im studienabschließenden Zeugnis durch einen Hinweis auf die mit Bescheid modifizierten Anforderungen zu kennzeichnen.

4a. Abschnitt
Zulassungs- und Ergänzungsprüfungen, Lehrveranstaltungen und Prüfungen

Zulassungs- und Ergänzungsprüfungen

§ 75. (1) Das für die studienrechtlichen Angelegenheiten zuständige Organ hat fachlich geeignete Prüferinnen oder Prüfer für die Zulassungs- und Ergänzungsprüfungen heranzuziehen, die Prüfungsmethode zu bestimmen und festzulegen, ob diese als Einzelprüfung oder als kommissionelle Prüfung abzulegen ist.

(2) Wird zur Vorbereitung auf eine Ergänzungsprüfung ein Universitätslehrgang eingerichtet, gilt dessen positiver Abschluss als Ergänzungsprüfung.

(3) Zulassungsprüfungen sind unbeschränkt wiederholbar.

Lehrveranstaltungen und Prüfungen

§ 76. (1) Vor Beginn jedes Semesters ist ein elektronisches Verzeichnis der Lehrveranstaltungen zu veröffentlichen, welches Informationen über den Titel, den Namen der Leiterin oder des Leiters, die Art, die Form (gegebenenfalls inklusive Angabe des Ortes der Abhaltung) und die Termine der Lehrveranstaltungen enthält. Dieses ist laufend zu aktualisieren.

(2) Die Leiterinnen und Leiter der Lehrveranstaltungen haben, zusätzlich zum veröffentlichten Verzeichnis gemäß Abs. 1, vor Beginn jedes Semesters die Studierenden in geeigneter Weise über die Ziele, die Form, die Inhalte, die Termine und die Methoden ihrer Lehrveranstaltungen sowie über die Inhalte, die Form, die Methoden, die Termine, die Beurteilungskriterien und die Beurteilungsmaßstäbe der Prüfungen zu informieren.

(3) Für Prüfungen, die in Form eines einzigen Prüfungsvorganges durchgeführt werden, sind Prüfungstermine jedenfalls drei Mal in jedem Semester anzusetzen, wobei die Studierenden vor Beginn jedes Semesters über die Inhalte, die Form, die Methoden, die Termine, die Beurteilungskriterien und die Beurteilungsmaßstäbe der Prüfungen zu informieren sind.

(4) Sollten sich die gemäß Abs. 2 und 3 bekannt gegebene Form, die Termine, die Methoden oder die Beurteilungskriterien der Lehrveranstaltung oder der Prüfung während des Semesters aus zwingenden Gründen, welche vom Rektorat festzustellen sind, ändern, sind allfällige Änderungen den Studierenden unverzüglich in geeigneter Weise mitzuteilen. Den Studierenden, die unter den geänderten Rahmenbedingungen nicht mehr teilnehmen wollen, ist jedenfalls das Recht einzuräumen, sich von der betreffenden Lehrveranstaltung oder Prüfung abzumelden, ohne dass eine Anrechnung auf die Gesamtzahl der zulässigen Prüfungsantritte erfolgt.

(5) In den pädagogisch-praktischen Studien ist ein aufbauender Kompetenzerwerb vorzusehen, bei dem die Eigenverantwortlichkeit sowie die Selbständigkeit durch Studierende im Unterricht steigernd erhöht wird und schließlich ein gänzlich

eigenverantwortlicher Unterricht durch Studierende zu erfolgen hat. Die Praktika der pädagogisch-praktischen Studien sind zum überwiegenden Teil im Rahmen des Unterrichts an Schulen durchzuführen, wobei nach Verfügbarkeit und Schwerpunkt die Absolvierung an verschiedenen Schularten desselben Altersbereichs zu ermöglichen ist.

Sondervorschrift für die Durchführung von Prüfungen mit Mitteln der elektronischen Kommunikation

§ 76a. Bei Prüfungen mit Mitteln der elektronischen Kommunikation ist eine ordnungsgemäße Durchführung der Prüfung zu gewährleisten, wobei zusätzlich zu den allgemeinen Regelungen zu Prüfungen folgende Mindesterfordernisse einzuhalten sind:
1. Bekanntgabe der Standards vor dem Beginn des Semesters, die die technischen Geräte der Studierenden erfüllen müssen, um an diesen Prüfungen teilnehmen zu können.
2. Zur Gewährleistung der eigenständigen Erbringung der Prüfungsleistung durch die Studierende oder den Studierenden sind technische oder organisatorische Maßnahmen vorzusehen.
3. Bei technischen Problemen, die ohne Verschulden der oder des Studierenden auftreten, ist die Prüfung abzubrechen und nicht auf die zulässige Zahl der Prüfungsantritte anzurechnen.

Wiederholung von Prüfungen

§ 77. (1) Die Studierenden sind berechtigt, positiv beurteilte Prüfungen bis zwölf Monate nach der Ablegung, jedoch längstens bis zum Abschluss des betreffenden Studienabschnittes oder bis zum Abschluss des betreffenden Studiums einmal zu wiederholen. Die positiv beurteilte Prüfung wird mit dem Antreten zur Wiederholungsprüfung nichtig. Dies gilt auch für die im Curriculum von Lehramtsstudien gekennzeichneten Praktika im Rahmen der pädagogisch-praktischen Studien. An den Universitäten gemäß § 6 Abs. 1 Z 16 bis 21 dürfen zwei positiv beurteilte Lehrveranstaltungsprüfungen aus dem zentralen künstlerischen Fach während der gesamten Studiendauer je einmal wiederholt werden.

(2) Die Studierenden sind berechtigt, negativ beurteilte Prüfungen dreimal zu wiederholen. Auf die Zahl der zulässigen Prüfungsantritte sind alle Antritte für dieselbe Prüfung an derselben Universität und bei gemeinsam eingerichteten Studien an allen beteiligten Bildungseinrichtungen anzurechnen. In der Satzung ist festzulegen, ob und wie viele weitere Prüfungswiederholungen zulässig sind. Bei negativer Beurteilung der letzten Wiederholung der letzten Prüfung des Studiums sind die Studierenden berechtigt, diese ein weiteres Mal zu wiederholen.

(3) Ab der dritten Wiederholung einer Prüfung ist diese kommissionell abzuhalten, wenn die Prüfung in Form eines einzigen Prüfungsvorganges durchgeführt wird. Auf Antrag der oder des Studierenden gilt dies auch ab der zweiten Wiederholung.

(4) Die Studierenden sind berechtigt, im Curriculum gekennzeichnete Praktika im Rahmen der pädagogisch-praktischen Studien bei negativer Beurteilung ein Mal zu wiederholen. Die oder der Studierende ist berechtigt, im Curriculum gekennzeichnete Praktika im Rahmen der pädagogisch-praktischen Studien ein weiteres Mal zu wiederholen, wenn die negative Beurteilung der Wiederholung darauf zurückzuführen ist, dass die oder der Studierende ohne eigenes Verschulden dieses oder Teile davon versäumt hat. Es ist dahingehend beim für die studienrechtlichen Angelegenheiten zuständigen Organ binnen zwei Wochen ab Beurteilung ein Antrag zu stellen und es sind die erforderlichen Nachweise beizubringen.

(5) Die Festlegung von Fristen und die Verpflichtung zur Ablegung von Lehrveranstaltungsprüfungen als Voraussetzung für die Wiederholung von Prüfungen sind unzulässig.

Anerkennung von Prüfungen, anderen Studienleistungen, Tätigkeiten und Qualifikationen

§ 78. (1) Positiv beurteilte Prüfungen und andere Studienleistungen sind bis zu dem in Abs. 4 Z 6 festgelegten Höchstausmaß anzuerkennen, wenn
1. keine wesentlichen Unterschiede hinsichtlich der erworbenen Kompetenzen (Lernergebnisse) bestehen und
2. sie an einer der folgenden Bildungseinrichtungen abgelegt wurden:
   a) einer anerkannten postsekundären Bildungseinrichtung gemäß § 51 Abs. 2 Z 1;
   b) einer berufsbildenden höheren Schule in den für die künftige Berufstätigkeit erforderlichen berufsqualifizierenden Fächern;
   c) einer allgemeinbildenden höheren Schule unter besonderer Berücksichtigung der musischen oder der sportlichen Ausbildung in künstlerischen und künstlerisch-wissenschaftlichen sowie in sportlichen und sportlich-wissenschaftlichen Fächern.

(2) Folgende wissenschaftliche, künstlerische und berufliche Tätigkeiten sind anzuerkennen, wenn keine wesentlichen Unterschiede hinsichtlich der erworbenen Kompetenzen (Lernergebnisse) bestehen:
1. wissenschaftliche Tätigkeiten oder wissenschafts- oder ausbildungsbezogene Praktika in Betrieben oder Forschungseinrichtungen außerhalb der Universität und bei gemeinsam eingerichteten Studien außerhalb der beteiligten Bildungseinrichtungen, die eine wissenschaftliche Berufsvorbildung vermitteln können;
2. künstlerische Tätigkeiten und kunstbezogene Praktika in Organisationen und Unternehmen außerhalb der Universität und bei gemeinsam eingerichteten Studien außerhalb der beteiligten Bildungseinrichtungen, die eine künstlerische Berufsvorbildung vermitteln können;

3. einschlägige berufliche Tätigkeiten mit pädagogischen Anteilen für Lehramtsstudien sowie instrumental(gesangs-)-, religions- und wirtschaftspädagogische Studien.

(3) Andere berufliche oder außerberufliche Qualifikationen können nach Durchführung einer Validierung der Lernergebnisse bis zu dem in Abs. 4 Z 6 festgelegten Höchstausmaß anerkannt werden. In diesem Fall sind Regelungen zum Verfahren zur Validierung der Lernergebnisse gemäß den in der Satzung festgelegten Standards aufzunehmen.

(4) Für Anerkennungen von Prüfungen, anderen Studienleistungen, Tätigkeiten und Qualifikationen gilt Folgendes:
1. Die Anerkennung erfolgt auf Antrag der oder des Studierenden für ein ordentliches oder außerordentliches Studium.
2. Die Anerkennung für bereits vor der Zulassung absolvierte Prüfungen, andere Studienleistungen, Tätigkeiten und Qualifikationen gemäß Abs. 1 bis 3 ist bis spätestens Ende des zweiten Semesters zu beantragen.
3. Die für die Beurteilung notwendigen Unterlagen sind von der Antragstellerin oder dem Antragsteller dem Antrag anzuschließen.
4. Die Anerkennung erfolgt durch Bescheid des für die studienrechtlichen Angelegenheiten zuständigen Organs für ein ordentliches oder außerordentliches Studium. Über Anerkennungsanträge ist abweichend von § 73 AVG spätestens zwei Monate nach Einlangen des Antrages zu entscheiden. Für Beschwerden gegen den Bescheid gilt § 46 Abs. 2. § 60 Abs. 3a ist sinngemäß anzuwenden.
5. Die Anerkennung von Prüfungen, die entgegen der Bestimmung des § 63 Abs. 8 und 9 an einer anderen Universität oder Pädagogischen Hochschule abgelegt wurden, ist ausgeschlossen.
6. Die Universität kann absolvierte Prüfungen gemäß Abs. 1 Z 2 lit. b und c bis zu einem Höchstausmaß von 60 ECTS-Anrechnungspunkten sowie berufliche oder außerberufliche Qualifikationen bis zu einem Höchstausmaß von 60 ECTS-Anrechnungspunkten anerkennen. Diese An-

erkennungen sind bis zu einem Höchstausmaß von insgesamt 90 ECTS-Anrechnungspunkten zulässig.
7. Die Anerkennung als Prüfung gilt als Prüfungsantritt und positive Beurteilung der entsprechenden im Curriculum vorgeschriebenen Prüfung in dem Studium, für welches die Anerkennung erfolgt.
8. Anerkannte Prüfungen, andere Studienleistungen, Tätigkeiten und Qualifikationen sind mit der Bezeichnung „anerkannt" einschließlich der Anzahl jener ECTS-Anrechnungspunkte auszuweisen, die im Curriculum für die anerkannte Prüfung oder andere Studienleistung vorgesehen ist.
9. Die Anerkennung von Prüfungen kann auch durch Verordnung des für die studienrechtlichen Angelegenheiten zuständigen Organs erfolgen.

(5) Auf Antrag ordentlicher Studierender, die Teile ihres Studiums im Ausland durchführen wollen, ist im Voraus mit Bescheid festzustellen, welche der geplanten Prüfungen und anderen Studienleistungen anerkannt werden.

(6) Positiv beurteilte Prüfungen, die außerordentliche Studierende abgelegt haben, sind für ordentliche Studien bei nicht wesentlichen Unterschieden nur insoweit anzuerkennen, als sie
1. im Rahmen von Universitätslehrgängen oder Hochschullehrgängen,
2. vor der vollständigen Ablegung der Reifeprüfung oder der Studienberechtigungsprüfung,
3. vor der Zulassungsprüfung für den Nachweis der sportlichen Eignung für das Studium, für welches die Prüfung anerkannt werden soll,
4. vor der Zulassungsprüfung für den Nachweis der künstlerischen Eignung für das Studium, für welches die Prüfung anerkannt werden soll, oder
5. vor der vollständigen Absolvierung der Eignungsfeststellung für das Lehramtsstudium, für welches die Prüfung anerkannt werden soll,

abgelegt wurden.

Anhang 1

Rechtsschutz bei Prüfungen

§ 79. (1) Gegen die Beurteilung einer Prüfung ist kein Rechtsmittel zulässig. Wenn die Durchführung einer negativ beurteilten Prüfung einen schweren Mangel aufweist, hat das für die studienrechtlichen Angelegenheiten zuständige Organ diese Prüfung auf Antrag der oder des Studierenden bzw. einer Person, deren Zulassung gemäß § 68 Abs. 1 Z 3 erloschen ist, mit Bescheid aufzuheben. Der Antrag ist innerhalb von vier Wochen ab der Bekanntgabe der Beurteilung einzubringen und der schwere Mangel ist glaubhaft zu machen. Der Antritt zu einer Prüfung, die aufgehoben wurde, ist nicht auf die zulässige Zahl der Prüfungsantritte anzurechnen.

(2) Mündliche Prüfungen sind öffentlich. Die Prüferin oder der Prüfer oder die oder der Vorsitzende einer Prüfungskommission ist berechtigt, den Zutritt erforderlichenfalls auf eine den räumlichen Verhältnissen entsprechende Anzahl von Personen bzw. bei Durchführung mit Mitteln der elektronischen Kommunikation die Zuschaltung auf eine den technischen Verhältnissen entsprechende Anzahl von Personen zu beschränken. Bei kommissionellen mündlichen Prüfungen hat jedes Mitglied der Prüfungskommission während der gesamten Prüfung anwesend bzw. zugeschaltet zu sein. Das Ergebnis einer mündlichen Prüfung ist unmittelbar nach der Prüfung der oder dem Studierenden bekannt zu geben. Wurde die Prüfung negativ beurteilt, sind die Gründe dafür der oder dem Studierenden zu erläutern.

(3) Wenn die Beurteilungsunterlagen (insbesondere Gutachten, Korrekturen schriftlicher Prüfungen und Prüfungsarbeiten) den Studierenden nicht ausgehändigt werden, ist sicherzustellen, dass diese mindestens sechs Monate ab der Bekanntgabe der Beurteilung aufbewahrt werden.

(4) Die Prüferin oder der Prüfer oder die oder der Vorsitzende einer Prüfungskommission hat für den geordneten Ablauf der Prüfung zu sorgen und das Prüfungsprotokoll zu führen. In das Protokoll sind der Prüfungsgegenstand, der Ort bzw. die Form und der Beginn und das Ende der Prüfung, die Namen der Prü-

ferin oder des Prüfers oder die Namen der Mitglieder der Prüfungskommission, der Name der oder des Studierenden, die gestellten Fragen, die erteilten Beurteilungen, die Gründe für die negative Beurteilung sowie allfällige besondere Vorkommnisse aufzunehmen. Die Gründe für die negative Beurteilung sind der oder dem Studierenden auf Antrag schriftlich mitzuteilen. Das Prüfungsprotokoll ist mindestens sechs Monate ab der Bekanntgabe der Beurteilung aufzubewahren.

(5) Der oder dem Studierenden ist Einsicht in die Beurteilungsunterlagen und in die Prüfungsprotokolle zu gewähren, wenn sie oder er dies innerhalb von sechs Monaten ab Bekanntgabe der Beurteilung verlangt. Die Beurteilungsunterlagen umfassen auch die bei der betreffenden Prüfung gestellten Prüfungsfragen. Die oder der Studierende ist berechtigt, diese Unterlagen zu vervielfältigen. Vom Recht auf Vervielfältigung und einer Einsichtnahme mit Mitteln der elektronischen Kommunikation ausgenommen sind Multiple Choice-Fragen inklusive der jeweiligen Antwortmöglichkeiten.

5. Abschnitt
Bachelorarbeiten, Diplom- und Masterarbeiten sowie Dissertationen

Bachelorarbeiten

§ 80. (1) Im Bachelorstudium sind im Rahmen von Lehrveranstaltungen eine Bachelorarbeit oder mehrere Bachelorarbeiten abzufassen. Nähere Bestimmungen über Bachelorarbeiten sind im jeweiligen Curriculum festzulegen.

(2) Bei der Bearbeitung des Themas und der Betreuung der Studierenden sind die Bestimmungen des Urheberrechtsgesetzes, BGBl. Nr. 111/1936, zu beachten.

Diplom- und Masterarbeiten

§ 81. (1) Im Diplom- oder Masterstudium ist eine Diplom- oder Masterarbeit abzufassen. In besonders berufsorientierten

Studien mit Ausnahme von Lehramtsstudien ist es zulässig, im Curriculum anstelle der Diplom- oder Masterarbeit einen anderen gleichwertigen Nachweis vorzusehen. Die Abfassung als Klausurarbeit ist unzulässig. Nähere Bestimmungen über Betreuung und Beurteilung von Diplom- oder Masterarbeiten sind in der Satzung, nähere Bestimmungen über das Thema der Diplom- oder Masterarbeit sind im jeweiligen Curriculum festzulegen.

(2) Die Aufgabenstellung der Diplom- oder Masterarbeit ist so zu wählen, dass für eine Studierende oder einen Studierenden die Bearbeitung innerhalb von sechs Monaten möglich und zumutbar ist.

(3) Die gemeinsame Bearbeitung eines Themas durch mehrere Studierende ist zulässig, wenn die Leistungen der einzelnen Studierenden gesondert beurteilbar bleiben. Erfordert die Bearbeitung eines Themas die Verwendung der Geld- oder Sachmittel von Einrichtungen der Universität, so ist die Vergabe nur zulässig, wenn die Leiterin oder der Leiter dieser Einrichtung über die beabsichtigte Vergabe informiert wurde und diese nicht binnen eines Monats wegen einer wesentlichen Beeinträchtigung des Lehr- und Forschungsbetriebes untersagt hat.

(4) § 80 Abs. 2 gilt auch für Diplom- und Masterarbeiten.

Künstlerische Diplom- und Masterarbeiten

§ 82. (1) In künstlerischen Studien ist eine künstlerische Diplom- oder Masterarbeit zu schaffen. Die Studierenden sind berechtigt, anstelle der künstlerischen Diplom- oder Masterarbeit eine Diplom- oder Masterarbeit aus einem im Curriculum festgelegten wissenschaftlichen Prüfungsfach zu verfassen.

(2) Die künstlerische Diplom- oder Masterarbeit hat neben einem künstlerischen Teil, der den Schwerpunkt bildet, auch einen schriftlichen Teil zu umfassen. Dieser hat den künstlerischen Teil zu erläutern. Nähere Bestimmungen über Betreuung und Beurteilung von künstlerischen Diplom- und Masterarbeiten sind in der Satzung, nähere Bestimmungen über das Thema

der künstlerischen Diplom- und Masterarbeit sind im jeweiligen Curriculum festzulegen.

(3) § 80 Abs. 2 und § 81 Abs. 3 gelten auch für künstlerische Diplom- und Masterarbeiten.

Dissertationen und künstlerische Dissertationen

§ 83. (1) Im Doktoratsstudium und im kombinierten Master- und Doktoratsstudium ist eine wissenschaftliche oder künstlerische Dissertation abzufassen. Nähere Bestimmungen über Betreuung und Beurteilung von Dissertationen und künstlerischen Dissertationen sind in der Satzung, nähere Bestimmungen über das Thema der Dissertation oder künstlerischen Dissertation sind im jeweiligen Curriculum festzulegen.

(2) § 80 Abs. 2 und § 81 Abs. 3 gelten auch für Dissertationen und künstlerische Dissertationen.

Einsicht in die Beurteilungsunterlagen

§ 84. (1) Wenn die Beurteilungsunterlagen (insbesondere Gutachten und Korrekturen) den Studierenden nicht ausgehändigt werden, hat das für die studienrechtlichen Angelegenheiten zuständige Organ sicherzustellen, dass diese mindestens sechs Monate ab der Bekanntgabe der Beurteilung aufbewahrt werden.

(2) Der oder dem Studierenden ist Einsicht in die Beurteilungsunterlagen zu gewähren, wenn sie oder er dies innerhalb von sechs Monaten ab Bekanntgabe der Beurteilung beantragt. Die oder der Studierende ist berechtigt, diese Unterlagen zu vervielfältigen.

Anerkennung von wissenschaftlichen und künstlerischen Arbeiten

§ 85. (1) Die Anerkennung von wissenschaftlichen und künstlerischen Arbeiten ist unbeschadet von Abs. 2 unzulässig.

(2) Positiv beurteilte wissenschaftliche und künstlerische Arbeiten, die Studierende in einem Studium verfasst haben, das sie aus rechtlichen Gründen nicht mehr erfolgreich abschließen

können, sind auf Antrag der oder des Studierenden von dem für die studienrechtlichen Angelegenheiten zuständigen Organ bescheidmäßig anzuerkennen, wenn sie den im Curriculum des Studiums, für das die Arbeit anerkannt werden soll, festgelegten Anforderungen einer wissenschaftlichen oder künstlerischen Arbeit entsprechen. Die Anerkennung derartiger Arbeiten für mehr als ein Studium ist unzulässig.

Veröffentlichungspflicht

§ 86. (1) Die Absolventin oder der Absolvent hat vor der Verleihung des akademischen Grades jeweils ein vollständiges Exemplar der positiv beurteilten wissenschaftlichen oder künstlerischen Arbeit oder der Dokumentation der künstlerischen Arbeit durch Übergabe an die Bibliothek der Universität, an welcher der akademische Grad verliehen wird, zu veröffentlichen. Für diese Übergabe kann in der Satzung festgelegt werden, dass diese ausschließlich in elektronischer Form zu erfolgen hat. Weiters kann in der Satzung festgelegt werden, dass die Veröffentlichung elektronisch in einem öffentlich zugänglichen Repositorium erfolgen muss.

(2) Die positiv beurteilte Dissertation oder künstlerische Dissertation oder die Dokumentation der künstlerischen Dissertation ist überdies durch Übergabe an die Österreichische Nationalbibliothek zu veröffentlichen. Für diese Übergabe kann in der Satzung festgelegt werden, dass diese ausschließlich in elektronischer Form zu erfolgen hat. Weiters kann in der Satzung festgelegt werden, dass die Veröffentlichung elektronisch in einem öffentlich zugänglichen Repositorium erfolgen muss.

(3) Von der Veröffentlichungspflicht ausgenommen sind die wissenschaftlichen oder künstlerischen Arbeiten oder deren Teile, die einer Massenvervielfältigung nicht zugänglich sind.

(4) Anlässlich der Übergabe einer wissenschaftlichen oder künstlerischen Arbeit oder der Dokumentation der künstlerischen Arbeit ist die Verfasserin oder der Verfasser berechtigt, den Ausschluss der Benützung der abgelieferten Exemplare für längs-

tens fünf Jahre nach der Übergabe zu beantragen. Dem Antrag ist vom für die studienrechtlichen Angelegenheiten zuständigen Organ stattzugeben, wenn die oder der Studierende glaubhaft macht, dass wichtige rechtliche oder wirtschaftliche Interessen der oder des Studierenden gefährdet sind.

6. Abschnitt
Akademische Grade

Verleihung des akademischen Grades oder der akademischen Bezeichnung

§ 87. (1) Das für die studienrechtlichen Angelegenheiten zuständige Organ hat den Absolventinnen und Absolventen der ordentlichen Studien, mit Ausnahme der Erweiterungsstudien, nach der positiven Beurteilung aller im jeweiligen Curriculum vorgeschriebenen Prüfungen und in den Diplom-, Master- und Doktoratsstudien nach der Ablieferung der positiv beurteilten wissenschaftlichen oder künstlerischen Arbeit oder der Dokumentation der künstlerischen Arbeit, den festgelegten akademischen Grad durch einen schriftlichen Bescheid unverzüglich, jedoch spätestens einen Monat nach der Erfüllung aller Voraussetzungen von Amts wegen zu verleihen.

(1a) Das für die studienrechtlichen Angelegenheiten zuständige Organ hat den Studierenden von kombinierten Master- und Doktoratsstudien nach der positiven Beurteilung aller im Curriculum für einen (Zwischen-)Abschluss dieses Studiums mit einem Mastergrad vorgeschriebenen Prüfungsleistungen den festgelegten Mastergrad sowie nach der positiven Beurteilung aller im Curriculum vorgeschriebenen Prüfungen und nach der Ablieferung der positiv beurteilten Dissertation den festgelegten Doktorgrad durch einen schriftlichen Bescheid unverzüglich, jedoch spätestens einen Monat nach der Erfüllung aller Voraussetzungen von Amts wegen zu verleihen. Das Curriculum hat vorzusehen, dass für einen (Zwischen-)Abschluss des Studiums mit einem Mastergrad insbesondere auch die Abfassung und positive Beurteilung einer Masterarbeit Voraussetzung sind. Das Curriculum kann vorsehen, dass die Masterarbeit und der (Zwischen-)Abschluss des Studiums mit Verleihung eines Mastergrads keine Voraussetzungen für die Verleihung des Doktorgrads darstellen. Das Curriculum kann regeln, inwieweit sich das Thema der Dissertation vom Thema einer allfälligen im selben Studium erbrachten Masterarbeit unterscheiden muss oder nicht.

(2) Das für die studienrechtlichen Angelegenheiten zuständige Organ hat den Absolventinnen und Absolventen von Universitätslehrgängen nach der positiven Beurteilung aller im jeweiligen Curriculum vorgeschriebenen Prüfungen und nach Ablieferung der im Curriculum allenfalls vorgesehenen abschließenden schriftlichen Arbeit den festgelegten Mastergrad oder die festgelegte akademische Bezeichnung durch einen schriftlichen Bescheid unverzüglich, jedoch spätestens einen Monat nach der Erfüllung aller Voraussetzungen von Amts wegen zu verleihen.

(3) Zur Unterstützung der internationalen Mobilität der Absolventinnen und Absolventen ist dem Verleihungsbescheid eine englischsprachige Übersetzung anzuschließen, wobei die Benennung der Universität und des ausstellenden Organs sowie der akademische Grad oder die akademische Bezeichnung nicht zu übersetzen sind. Der Verleihungsbescheid hat jedenfalls folgende Angaben zu enthalten:

1. den Familiennamen und die Vornamen, allenfalls den Geburtsnamen,
2. das Geburtsdatum und die Staatsangehörigkeit,
3. das abgeschlossene Studium,
4. den verliehenen akademischen Grad oder die akademische Bezeichnung.

(3a) Auf Antrag einer Absolventin oder eines Absolventen ist ein neuer Verleihungsbescheid auszustellen, wenn eine Geschlechtsänderung durch Vorlage einer Personenstandsurkunde nachgewiesen wird.

(4) Werden die Voraussetzungen für einen akademischen Grad mit demselben Wortlaut mehr als einmal erbracht, so ist derselbe akademische Grad auch mehrfach zu verleihen.

(5) Wird ein ordentliches Studium auf Grund eines gemeinsamen Studienprogrammes abgeschlossen, bei dessen Durchführung bei einem Studienumfang von bis zu 120 ECTS-Anrechnungspunkten jeweils mindestens 30 ECTS-Anrechnungspunkte, bei einem Studienumfang von mehr als 120 ECTS-Anrechnungspunkten jeweils mindestens 60 ECTS-Anrechnungspunkte unter der Verantwortung der beteiligten österreichischen Partnerinstitution erbracht wurden, ist es zulässig,
1. gemeinsam einen akademischen Grad (joint degree) zu verleihen oder
2. bei double oder multiple degree programmes einen akademischen Grad zu verleihen, wobei die allenfalls verliehenen akademischen Grade der Partnerinstitutionen auszuweisen sind.

(6) Bei gemeinsam eingerichteten Studien gemäß § 54e hat das für die studienrechtlichen Angelegenheiten zuständige Organ der zulassenden Bildungseinrichtung den akademischen Grad zu verleihen, wobei die weiteren an der Durchführung des Studiums beteiligten Bildungseinrichtungen auszuweisen sind.

(7) Zur Unterstützung der internationalen Mobilität der Studierenden sowie der Absolventinnen und Absolventen ist dem Verleihungsbescheid ein Anhang (Diploma Supplement) gemäß Art. IX.3 des Übereinkommens über die Anerkennung von Qualifikationen im Hochschulbereich in der europäischen Region, BGBl. III Nr. 71/1999, anzuschließen. Die Bundesministerin oder der Bundesminister für Bildung, Wissenschaft und Forschung hat durch eine Verordnung festzulegen, in welcher Form das Diploma Supplement auszustellen ist.

Akademischer Grad und akademische Bezeichnung für die Absolventinnen und Absolventen von Universitätslehrgängen

§ 87a. (1) In den Curricula von Universitätslehrgängen dürfen die im jeweiligen Fach international gebräuchlichen Mastergrade festgelegt werden, die den Absolventinnen und Absolventen jener Universitätslehrgänge zu verleihen sind, deren Zugangsbedingungen, Umfang und Anforderungen mit Zugangsbedingungen, Umfang und Anforderungen entsprechender ausländischer Masterstudien vergleichbar sind.

(2) Wenn Abs. 1 nicht zur Anwendung kommt, darf die akademische Bezeichnung „Akademische …" bzw. „Akademischer …" mit einem die Inhalte des jeweiligen Universitätslehrganges charakterisierenden Zusatz festgelegt werden, die den Absolventinnen und Absolventen jener Universitätslehrgänge zu verleihen ist, die mindestens 60 ECTS-Anrechnungspunkte umfassen.

Führung akademischer Grade

§ 88. (1) Personen, denen von einer anerkannten inländischen oder ausländischen postsekundären Bildungseinrichtung ein akademischer Grad verliehen wurde, haben das Recht, diesen in der in der Verleihungsurkunde festgelegten, auch abgekürzten, Form zu führen, wobei der akademische Grad einschließlich eines geschlechtsspezifischen Zusatzes („a", „in" oder „x") geführt werden darf. Dies gilt auch für Personen, denen aufgrund von § 87 Abs. 5 Z 2 mehrere akademische Grade verliehen wurden, mit der Maßgabe, dass lediglich einer der verliehenen akademischen Grade geführt werden darf.

(1a) Personen, denen von einer inländischen postsekundären Bildungseinrichtung, einer anerkannten postsekundären Einrichtung einer anderen Vertragspartei des EU-Beitrittsvertrages oder einer anderen Vertragspartei des Abkommens über den Europäischen Wirtschaftsraum ein akademischer Grad verliehen wurde, haben das Recht, die Eintragung dieses akademischen Grades in abgekürzter Form einschließlich des geschlechtsspezifischen Zusatzes gemäß Abs. 1 in öffentliche Urkunden zu verlangen. Personen, denen aufgrund des § 87 Abs. 5 Z 2 mehrere akademische Grade verliehen wurden, haben das Recht, die Eintragung eines akademischen Grades in abgekürzter Form in öffentliche Urkunden zu verlangen.

(2) „Mag.", „Dr." und „Dipl.-Ing." („DI") sind im Falle der Führung dem Namen voranzustellen, die übrigen akademischen Grade sind dem Namen nachzustellen.

Widerruf inländischer akademischer Grade oder akademischer Bezeichnungen

§ 89. Der Verleihungsbescheid ist vom für die studienrechtlichen Angelegenheiten zuständigen Organ aufzuheben und einzuziehen, wenn sich nachträglich ergibt, dass der akademische Grad oder die akademische Bezeichnung insbesondere durch gefälschte Zeugnisse oder durch das Vortäuschen von wissenschaftlichen oder künstlerischen Leistungen erschlichen worden ist. Bei Erweiterungsstudien ist das Abschlusszeugnis für nichtig zu erklären und einzuziehen, wenn sich nachträglich ergibt, dass der Abschluss insbesondere durch gefälschte Zeugnisse oder durch das Vortäuschen von wissenschaftlichen oder künstlerischen Leistungen erschlichen worden ist.

7. Abschnitt

Nostrifizierung

§ 90. (1) Die Antragstellung betreffend die Anerkennung eines ausländischen Studienabschlusses als Abschluss eines inländischen ordentlichen Studiums (Nostrifizierung) setzt den Nachweis voraus, dass die Nostrifizierung zwingend für die Berufsausübung oder die Fortsetzung der Ausbildung der Antragstellerin oder des Antragstellers in Österreich erforderlich ist. Nähere Bestimmungen sind in der Satzung festzulegen.

(2) Der Antrag ist an einer Universität oder einer Pädagogischen Hochschule einzubringen, an der das entsprechende inländische Studium eingerichtet ist. Es ist unzulässig, denselben Nostrifizierungsantrag gleichzeitig oder nach der Zurückziehung an einer anderen Universität oder Pädagogischen Hochschule einzubringen.

(3) Die Nostrifizierung ist vom für die studienrechtlichen Angelegenheiten zuständigen Organ mit Bescheid auszusprechen. Im Bescheid ist festzulegen, welchem inländischen Studienabschluss der ausländische Studienabschluss entspricht und welchen inländischen akademischen Grad die Antragstellerin oder der Antragsteller an Stelle des ausländischen akademischen Grades auf Grund der Nostrifizierung zu führen berechtigt ist. Die Nostrifizierung ist auf der Urkunde, die als Nachweis des ausländischen Studienabschlusses vorgelegt wurde, zu vermerken. Über Anträge auf Nostrifizierung ist abweichend von § 73 AVG spätestens drei Monate nach Einlangen der vollständigen Unterlagen bescheidmäßig zu entscheiden.

(4) Wenn die Gleichwertigkeit grundsätzlich gegeben ist und nur einzelne Ergänzungen auf die volle Gleichwertigkeit fehlen, hat das für die studienrechtlichen Angelegenheiten zuständige Organ der Antragstellerin oder dem Antragsteller zur Herstellung der Gleichwertigkeit mit Bescheid die Ablegung der erforderlichen Prüfungen und bzw. oder die Anfertigung einer wissenschaftlichen Arbeit innerhalb einer angemessenen Frist aufzutragen. Zur Erbringung der Ergänzung ist die Antragstellerin oder der Antragsteller als außerordentliche Studierende oder als außerordentlicher Studierender zuzulassen.

(5) Die Nostrifizierung ist bescheidmäßig zu widerrufen, wenn sie insbesondere durch gefälschte Zeugnisse erschlichen worden ist.

(6) Die Taxe für die Nostrifizierung eines ausländischen Studienabschlusses beträgt 150 Euro. Die Taxe ist im Voraus zu entrichten. Sie verfällt, wenn der Antrag auf Nostrifizierung abgewiesen oder zurückgezogen wird.

8. Abschnitt
Studienbeitragsbestimmungen

Studienbeitrag

§ 91. (1) Ordentliche Studierende mit der Staatsangehörigkeit eines EU- oder EWR-Staates und ordentliche Studierende, denen Österreich auf Grund eines völkerrechtlichen Vertrages dieselben Rechte für den Berufszugang zu gewähren hat wie österreichischen Staatsangehörigen, und ordentliche Studierende, die unter die Personengruppen gemäß der Personengruppenverordnung, fallen, sowie ordentliche Studierende aus Drittstaaten, die über eine andere Aufenthaltsberechtigung als jene für Studierende gemäß § 64 NAG verfügen, haben, wenn sie die vorgesehene Studienzeit
1. eines Bachelor- oder Masterstudiums, wobei 30 ECTS-Anrechnungspunkte einem Semester entsprechen,
2. eines Doktoratsstudiums, eines kombinierten Master- und Doktoratsstudiums oder eines Studienabschnittes eines Diplomstudiums,
3. eines Erweiterungsstudiums gemäß § 54a, wobei 30 ECTS-Anrechnungspunkte einem Semester entsprechen und gegebenenfalls auf ganze Semester aufzurunden ist,
4. eines Erweiterungsstudiums gemäß § 54b, wobei die vorgesehene Studienzeit für das Erweiterungsstudium zur Erweiterung des Bachelorstudiums acht Semester und für das Erweiterungsstudium zur Erweiterung des Masterstudiums vier Semester beträgt, oder
5. eines Erweiterungsstudiums gemäß § 54c, wobei die vorgesehene Studienzeit acht Semester beträgt,

um mehr als zwei Semester überschreiten, einen Studienbeitrag von 363,36 Euro für jedes Semester zu entrichten.

(2) Ordentliche Studierende aus Drittstaaten, die nicht unter Abs. 1 fallen und die über eine Aufenthaltsberechtigung für Studierende gemäß § 64 NAG verfügen, haben einen Studienbeitrag von 726,72 Euro für jedes Semester zu entrichten.

(3) Außerordentliche Studierende, die ausschließlich zum Besuch einzelner Lehrveranstaltungen aus wissenschaftlichen Fächern zugelassen sind, haben unabhängig von ihrer Staatsangehörigkeit einen Studienbeitrag von 363,36 Euro für jedes Semester zu entrichten.

(4) Studierende, die zu mehreren Studien, auch an mehreren Universitäten und Pädagogischen Hochschulen, zugelassen sind, haben den Studienbeitrag nur einmal zu entrichten. Dies gilt auch für Studierende, die zu einem gemeinsam mit einer Pädagogischen Hochschule eingerichteten Studium zugelassen sind, wobei die Einhebung des Studienbeitrages durch die zulassende Bildungseinrichtung erfolgt.

(5) Der Studienbeitrag ist für jedes Semester im Voraus zu entrichten. Die Studienbeiträge verbleiben der jeweiligen Universität. Der Studienbeitrag von Studierenden, die ein von mehreren Universitäten und bzw. oder Pädagogischen Hochschulen gemeinsam eingerichtetes Studium betreiben oder die zu mehreren Studien verschiedener Universitäten und bzw. oder Pädagogischen Hochschulen zugelassen sind, ist unter den beteiligten Universitäten und Pädagogischen Hochschulen gemäß einer abzuschließenden Vereinbarung aufzuteilen.

(6) Nähere Bestimmungen zur Einhebung des Studienbeitrages sind durch eine Verordnung der Bundesministerin oder des Bundesministers für Bildung, Wissenschaft und Forschung festzulegen (Studienbeitragsverordnung).

Erlass und Rückerstattung des Studienbeitrages

§ 92. (1) Der Studienbeitrag ist ordentlichen Studierenden insbesondere zu erlassen
1. für die Semester, in denen sie nachweislich Studien oder Praxiszeiten im Rahmen von transnationalen EU-, staatlichen oder universitären Mobilitätsprogrammen absolvieren werden;

2. für die Semester, in denen sie auf Grund verpflichtender Bestimmungen im Curriculum Studien im Ausland absolvieren werden;
3. wenn die von ihnen zuletzt besuchte ausländische postsekundäre Bildungseinrichtung mit der österreichischen Universität ein Partnerschaftsabkommen abgeschlossen hat, welches auch den gegenseitigen Erlass des Studienbeitrages vorsieht;
3a. wenn sie Staatsangehörige von in der Studienbeitragsverordnung festgelegten Staaten sind, wobei sich die Festlegung an den „Least Developed Countries" gemäß der „DAC List of ODA Recipients" zu orientieren hat, welche vom Ausschuss für Entwicklungshilfe (kurz DAC) der Organisation für wirtschaftliche Zusammenarbeit und Entwicklung (OECD) erstellt wird;
4. welche die Voraussetzungen gemäß § 91 Abs. 1 erfüllen, auch bei Überschreitung des in Abs. 1 festgelegten Zeitraumes für Semester, in denen sie nachweislich mehr als zwei Monate durch Krankheit oder Schwangerschaft bzw. durch Kinderbetreuungspflichten von Kindern bis zum 7. Geburtstag oder einem allfälligen späteren Schuleintritt oder durch andere gleichartige Betreuungspflichten am Studium gehindert waren;

(Anm.: Z 5 aufgehoben durch VfGH, BGBl. I Nr. 11/2017)

6. welche die Voraussetzungen gemäß § 91 Abs. 1 erfüllen, auch bei Überschreitung des in Abs. 1 festgelegten Zeitraumes, wenn eine Behinderung nach bundesgesetzlichen Vorschriften mit mindestens 50 % festgestellt ist;
7. wenn sie im vergangenen Semester Studienbeihilfe gemäß dem Studienförderungsgesetz 1992, BGBl. Nr. 305/1992, bezogen haben oder im laufenden Semester beziehen.

(2) Über den Antrag auf Erlass des Studienbeitrages entscheidet das Rektorat. Dem Antrag sind die für die Entscheidung erforderlichen Nachweise beizufügen.

(3) Studierende, denen gemäß Abs. 1 Z 1 und 2 der Studienbeitrag erlassen wurde und die in diesem Semester keine Studien

oder Praxiszeiten im Sinne dieser Bestimmungen im Ausland absolviert haben, haben den Studienbeitrag nachträglich zu entrichten. Dies hat das Rektorat bescheidmäßig zu verfügen.

(4) Sofern Studierende den Erlass des Studienbeitrages durch unvollständige oder unwahre Angaben maßgebender Tatsachen schuldhaft veranlasst oder erschlichen haben, haben sie unbeschadet strafrechtlicher Verantwortlichkeit den doppelten Studienbeitrag zu entrichten. Dies hat das Rektorat bescheidmäßig zu verfügen.

(5) Studierende, die beurlaubt sind, haben keinen Studienbeitrag zu entrichten. Studierenden, die auf Grund eines unvorhergesehenen und unabwendbaren Eintritts eines Beurlaubungsgrundes während des Semesters beurlaubt wurden, ist auf Antrag ein bereits bezahlter Studienbeitrag rückzuerstatten, sofern der Zeitraum der Beurlaubung mehr als die Hälfte des betreffenden Semesters umfasst, wobei die lehrveranstaltungsfreie Zeit nicht zu berücksichtigen ist.

(5a) Studierenden, welche die in der „Vereinbarung über die Studienleistung" gemäß § 59b Abs. 3 festgelegten Verpflichtungen für das jeweilige Semester erfüllen, ist auf Antrag ein bereits bezahlter Studienbeitrag für dieses Semester rückzuerstatten, sofern dies in der Vereinbarung festgelegt wurde.

(6) Die Bundesministerin oder der Bundesminister für Bildung, Wissenschaft und Forschung ist berechtigt, entsprechend den Schwerpunktsetzungen Österreichs bei den Maßnahmen zur Unterstützung und Förderung der wirtschaftlichen und sozialen Entwicklung durch eine Verordnung Staaten festzulegen, deren Angehörige von der Entrichtung des Studienbeitrages befreit werden können. Die Befreiung erfolgt im Rahmen der Privatwirtschaftsverwaltung auf Grund von Anträgen der Studierenden. Über die Befreiung hat das Rektorat binnen vier Wochen ab Antragstellung zu entscheiden. Auf die Befreiung besteht kein Rechtsanspruch.

9. Abschnitt
Sonderbestimmungen

Sonderbestimmungen für die Katholische Theologie

§ 93. (1) Bei einem Übertritt von Studierenden von einer kirchlichen theologischen Lehranstalt (Art. V § 1 des Konkordates zwischen dem Heiligen Stuhle und der Republik Österreich) an eine Organisationseinheit einer Universität, deren Wirkungsbereich sich auf die Katholische Theologie bezieht, gelten folgende besondere Bestimmungen:
1. Die Prüfungen, die an diesen Lehranstalten abgelegt wurden, sind als Ergänzungsprüfungen anzuerkennen, wenn die von der Lehranstalt namhaft gemachte Prüferin oder der von der Lehranstalt namhaft gemachte Prüfer
   a) die Lehrbefugnis (venia docendi) für das betreffende Fach besitzt oder
   b) von einer Organisationseinheit einer Universität, deren Wirkungsbereich sich auf die Katholische Theologie bezieht, zur Abnahme der Ergänzungsprüfungen für die Dauer von jeweils drei Jahren bevollmächtigt wurde.
2. Die Prüfungen, die an diesen Lehranstalten abgelegt wurden, sind anzuerkennen, wenn sie vor
   a) einer für ein Fach der Katholischen Theologie hiezu bestellten Universitätsprofessorin oder einem für ein Fach der Katholischen Theologie hiezu bestellten Universitätsprofessor oder
   b) einer oder einem sonst von einer Organisationseinheit einer Universität, deren Wirkungsbereich sich auf die Katholische Theologie bezieht, hiezu Bevollmächtigten abgelegt wurden. Zu der in angemessener Frist vorzunehmenden Bevollmächtigung ist der kirchlichen theologischen Lehranstalt Gelegenheit zur Stellungnahme zu geben.

3. Absolventinnen und Absolventen dieser kirchlichen theologischen Lehranstalten ist der jeweilige für das Studium vorgesehene akademische Grad zu verleihen, wenn die abgelegten Prüfungen gemäß den oben genannten Bestimmungen anerkannt wurden und die wissenschaftliche Arbeit von einer für ein Fach der Katholischen Theologie bestellten Universitätsprofessorin oder einem für ein Fach der Katholischen Theologie bestellten Universitätsprofessor positiv beurteilt oder von einer fachzuständigen Person mit Lehrbefugnis (venia docendi) an der betreffenden Lehranstalt betreut und positiv beurteilt wurde.

(2) Für die Verleihung des akademischen Grades ist diesfalls die Zulassung zum Studium an der Universität nicht erforderlich.

Sonderbestimmungen für das gemeinsame Studium der Humanmedizin an der Universität Linz und der Medizinischen Universität Graz

§ 93a. (1) Das Studium der Humanmedizin ist gemäß der Vereinbarung gemäß Art. 15a B-VG zwischen dem Bund und dem Land Oberösterreich über die Errichtung und den Betrieb einer Medizinischen Fakultät und die Einrichtung des Studiums der Humanmedizin an der Universität Linz, BGBl. I Nr. 18/2014, („Art. 15a B-VG-Vereinbarung") von der Universität Linz gemeinsam mit der Medizinischen Universität Graz als Bachelorstudium und von der Universität Linz als Masterstudium einzurichten und durchzuführen. Näheres zur Durchführung des Bachelorstudiums ist in einer Vereinbarung über die Durchführung des gemeinsamen Studiums der Humanmedizin zwischen der Universität Linz und der Medizinischen Universität Graz zu regeln. § 54e ist sinngemäß anzuwenden.

(2) Die Einrichtung des gemeinsamen Bachelorstudiums der Humanmedizin gemäß Abs. 1 steht abweichend von § 124 Abs. 5 einer weiteren Zulassung zum Diplomstudium Humanmedizin an der Medizinischen Universität Graz nicht entgegen.

III. Teil
Angehörige der Universität

1. Abschnitt

Einteilung

§ 94. (1) Zu den Angehörigen der Universität zählen:
1. die Studierenden (§ 51 Abs. 2 Z 14c);
2. die Forschungsstipendiatinnen und Forschungsstipendiaten;
3. *(Anm.: aufgehoben durch BGBl. I Nr. 96/2004)*
4. das wissenschaftliche und das künstlerische Universitätspersonal;
5. das allgemeine Universitätspersonal;
6. die Privatdozentinnen und Privatdozenten (§ 102);
7. die emeritierten Universitätsprofessorinnen und Universitätsprofessoren;
8. die Universitätsprofessorinnen und Universitätsprofessoren im Ruhestand.

(2) Zum wissenschaftlichen und künstlerischen Universitätspersonal gehören:
1. die Universitätsprofessorinnen und Universitätsprofessoren;
2. die Universitätsdozentinnen und Universitätsdozenten sowie die wissenschaftlichen und künstlerischen Mitarbeiterinnen und Mitarbeiter im Forschungs-, Kunst- und Lehrbetrieb;
3. die Ärztinnen und Ärzte in Facharztausbildung.

(3) Zum allgemeinen Universitätspersonal gehören:
1. das administrative Personal;
2. das technische Personal;
3. das Bibliothekspersonal;
4. das Krankenpflegepersonal;
5. die Ärztinnen und Ärzte zur ausschließlichen Erfüllung von Aufgaben im Rahmen einer öffentlichen Krankenanstalt.

2. Abschnitt
Forschungsstipendiatinnen und Forschungsstipendiaten sowie Ärztinnen und Ärzte in Ausbildung

Forschungsstipendiatinnen und Forschungsstipendiaten

§ 95. Forschungsstipendiatinnen und Forschungsstipendiaten sind Studierende oder Absolventinnen und Absolventen eines Doktoratsstudiums (post docs), die an der Universität im Rahmen eines Stipendiums an einem Forschungsprojekt arbeiten. Durch die Zuerkennung des Stipendiums wird kein Arbeitsverhältnis zur Universität begründet und ein bestehendes Arbeitsverhältnis nicht verändert.

Ärztinnen und Ärzte in Ausbildung

§ 96. (1) Ärztinnen und Ärzte in Ausbildung (§§ 6a, 7 und 8 Ärztegesetz 1998) stehen für die Dauer ihrer Ausbildung in einem zeitlich befristeten Ausbildungsverhältnis zur Universität. Ihre Aufgaben ergeben sich aus den ärzterechtlichen Ausbildungsvorschriften und die Erfüllung der Aufgaben erfolgt in engem Kontakt mit wissenschaftlicher Forschung und Lehre. Die Ärztinnen und Ärzte in Ausbildung sind berechtigt, Aufgaben in Forschung und Lehre wahrzunehmen, soweit die Ausbildung dadurch nicht beeinträchtigt wird.

(2) In Ausbildungsverhältnissen gemäß Abs. 1 verbrachte Zeiten sind für die höchstzulässige Anzahl von Befristungen und die höchstzulässige Gesamtdauer gemäß § 109 nicht zu berücksichtigen.

3. Abschnitt
Wissenschaftliches und künstlerisches Universitätspersonal

Universitätsprofessorinnen und Universitätsprofessoren

§ 97. (1) Die Universitätsprofessorinnen und Universitätsprofessoren sind für die Forschung oder die Entwicklung und Erschließung der Künste sowie für die Lehre in ihrem Fachgebiet verantwortlich und stehen in einem befristeten oder unbefristeten Arbeitsverhältnis zur Universität. Sie sind Vollzeit- oder Teilzeitbeschäftigte.

(2) Zu Universitätsprofessorinnen und Universitätsprofessoren können in- oder ausländische Wissenschafterinnen und Wissenschafter oder Künstlerinnen und Künstler mit einer entsprechend hohen wissenschaftlichen oder künstlerischen und beruflichen Qualifikation für das Fach bestellt werden, das der zu besetzenden Stelle entspricht.

(3) Universitätsprofessorinnen und Universitätsprofessoren werden von der Rektorin oder vom Rektor nach Durchführung eines Berufungsverfahrens gemäß § 98 oder § 99 bestellt.

Berufungsverfahren für Universitätsprofessorinnen und Universitätsprofessoren

§ 98. (1) Die fachliche Widmung einer unbefristet oder länger als drei Jahre befristet zu besetzenden Stelle einer Universitätsprofessorin oder eines Universitätsprofessors ist im Entwicklungsplan festzulegen.

(2) Jede Stelle ist vom Rektorat im In- und Ausland öffentlich auszuschreiben. Bis zur Übermittlung der Bewerbungen an die Gutachterinnen und Gutachter gemäß Abs. 5 können in das Berufungsverfahren mit ihrer Zustimmung auch Wissenschafterinnen und Wissenschafter oder Künstlerinnen und Künstler, die sich nicht beworben haben, von der Berufungskommission oder von der Rektorin oder dem Rektor als Kandidatinnen und Kandidaten einbezogen werden.

(3) Die im Senat vertretenen Universitätsprofessorinnen und Universitätsprofessoren haben auf Vorschlag der Universitätsprofessorinnen und Universitätsprofessoren des Fachbereichs mindestens zwei – davon mindestens eine externe oder einen externen – Gutachterinnen oder Gutachter zu bestellen. Sie können diese Aufgabe aber auch an die Universitätsprofessorinnen und Universitätsprofessoren des Fachbereichs und des fachlich nahe stehenden Bereichs übertragen. Die Rektorin oder der Rektor hat das Recht, eine weitere Gutachterin oder einen weiteren Gutachter zu bestellen.

(4) Der Senat hat eine entscheidungsbevollmächtigte Berufungskommission einzusetzen. Die Universitätsprofessorinnen und Universitätsprofessoren stellen mehr als die Hälfte der Mitglieder und die Studierenden mindestens ein Mitglied. Der Berufungskommission können auch Angehörige anderer Universitäten oder postsekundärer Bildungseinrichtungen angehören.

(4a) Die Rektorin oder der Rektor kann mehrere Universitätsprofessorinnen und Universitätsprofessoren aus verschiedenen Fachbereichen oder Personen aus der Universitätsverwaltung mit der Begleitung von Berufungsverfahren beauftragen. Jeweils eine oder einer dieser Universitätsprofessorinnen oder Universitätsprofessoren oder eine Person aus der Universitätsverwaltung (Berufungsbeauftragte oder Berufungsbeauftragter) ist berechtigt, in einem Berufungsverfahren der Berufungskommission als zusätzliches Mitglied ohne Stimmrecht anzugehören. Die Berufungsbeauftragte oder der Berufungsbeauftragte erstellt einen Bericht über das Berufungsverfahren, der dem Besetzungsvorschlag der Berufungskommission an die Rektorin oder den Rektor anzuschließen ist.

(5) Die Berufungskommission hat innerhalb eines Monats nach dem Ende der Bewerbungsfrist zu überprüfen, ob die vorliegenden Bewerbungen die Ausschreibungskriterien erfüllen und jene Bewerbungen, die die Ausschreibungskriterien offensichtlich nicht erfüllen, auszuscheiden. Die übrigen Bewerbungen sind den Gutachterinnen und Gutachtern zu übermitteln, welche die Eignung der Bewerberinnen und Bewerber für die

ausgeschriebene Stelle einer Universitätsprofessorin oder eines Universitätsprofessors zu beurteilen haben.

(6) Die Rektorin oder der Rektor ist vor Weiterleitung darüber zu informieren, welche Bewerbungen an die Gutachterinnen und Gutachter weitergeleitet werden. Sollte eine oder mehrere Bewerbungen nicht den Ausschreibungskriterien entsprechen, so ist die Berufungskommission darauf hinzuweisen. Die Rektorin oder der Rektor hat allen geeigneten Kandidatinnen und Kandidaten Gelegenheit zu geben, sich in angemessener Weise zumindest dem Fachbereich und dem fachlich nahe stehenden Bereich zu präsentieren.

(7) Die Berufungskommission erstellt innerhalb von sieben Monaten nach dem Ende der Bewerbungsfrist auf Grund der Gutachten und Stellungnahmen einen begründeten Besetzungsvorschlag, der die drei für die Besetzung der ausgeschriebenen Stelle am besten geeigneten Kandidatinnen und Kandidaten zu enthalten hat. Ein Vorschlag mit weniger als drei Kandidatinnen und Kandidaten ist besonders zu begründen.

(8) Die Rektorin oder der Rektor hat die Auswahlentscheidung aus dem Besetzungsvorschlag unter Berücksichtigung des Berichts der Berufungsbeauftragten oder des Berufungsbeauftragten zu treffen oder den Besetzungsvorschlag an die Berufungskommission zurückzuverweisen, wenn dieser nicht die am besten geeigneten Kandidatinnen und Kandidaten enthält.

(9) Die Rektorin oder der Rektor hat ihre oder seine Auswahlentscheidung dem Arbeitskreis für Gleichbehandlungsfragen vor Aufnahme der Berufungsverhandlungen bekannt zu geben. Der Arbeitskreis hat das Recht, innerhalb von drei Wochen Beschwerde zu erheben. Über diese entscheidet die Schiedskommission mit Bescheid.

(10) Weist die Schiedskommission die Beschwerde ab, kann die Rektorin oder der Rektor die Berufungsverhandlungen aufnehmen. Gibt die Schiedskommission der Beschwerde statt, wird die Auswahlentscheidung unwirksam. Eine neue Auswahlentscheidung ist unter Beachtung der von der Schiedskommission vertretenen Rechtsanschauung zu treffen.

(11) Die Rektorin oder der Rektor führt die Berufungsverhandlungen und schließt mit der ausgewählten Kandidatin oder dem ausgewählten Kandidaten den Arbeitsvertrag.

(12) Die Universitätsprofessorin oder der Universitätsprofessor erwirbt mit dem Abschluss des Arbeitsvertrages mit der Universität die Lehrbefugnis (venia docendi) für das Fach, für das sie oder er berufen ist. Eine allenfalls früher erworbene Lehrbefugnis wird hievon nicht berührt.

(13) Die Lehrbefugnis (venia docendi) einer Universitätsprofessorin oder eines Universitätsprofessors in einem zeitlich befristeten Arbeitsverhältnis erlischt mit dem Ende des Arbeitsverhältnisses.

Abgekürztes Berufungsverfahren für Universitätsprofessorinnen und Universitätsprofessoren

§ 99. (1) Soll eine Universitätsprofessorin oder ein Universitätsprofessor für einen Zeitraum bis zu fünf Jahren aufgenommen werden, ist § 98 Abs. 1 und 3 bis 8 nicht anzuwenden. Eine Verlängerung der Bestellung ist nur nach Durchführung eines Berufungsverfahrens gemäß § 98 zulässig.

(2) Die Rektorin oder der Rektor hat die Kandidatin oder den Kandidaten für die zu besetzende Stelle auf Vorschlag oder nach Anhörung der Universitätsprofessorinnen und Universitätsprofessoren des fachlichen Bereichs der Universität auszuwählen, dem die Stelle zugeordnet ist.

(3) Durch Verordnung des Rektorates, die der Genehmigung des Universitätsrats bedarf, kann einmalig eine Anzahl von Stellen für Universitätsprofessorinnen oder Universitätsprofessoren festgelegt werden, die für einen Zeitraum von bis zu sechs Jahren gewidmet sind und nur für Universitätsdozentinnen und Universitätsdozenten gemäß § 94 Abs. 2 Z 2 vorgesehen sind. Die Anzahl darf bis zu 20 vH der Stellen gemäß § 122 Abs. 2 Z 4 umfassen. § 98 Abs. 1 bis 8 sind nicht anzuwenden. Die Stellen sind im Mitteilungsblatt der Universität auszuschreiben. Die Rektorin oder der Rektor hat die Stellen nach Durchführung

eines Auswahlverfahrens, das internationalen kompetitiven Standards entspricht, zu besetzen. Eine unbefristete Verlängerung der Bestellung durch die Rektorin oder den Rektor ist nur nach Durchführung einer Qualifikationsprüfung zulässig. Inhalt der Qualifikationsprüfung ist die Qualität der wissenschaftlichen Leistungen sowie der Leistungen in der Lehre der letzten fünf Jahre. Die Durchführung der Qualifikationsprüfung hat internationalen kompetitiven Standards zu entsprechen. Der Antrag auf unbefristete Verlängerung kann nach dem vollendeten fünften Jahr gestellt werden.

(4) Im Entwicklungsplan ist jeweils eine Anzahl von Stellen für Universitätsdozentinnen und Universitätsdozenten gemäß § 94 Abs. 2 Z 2 und für Assoziierte Professorinnen und Professoren festzulegen, die in jeweils einem vereinfachten Verfahren zu Universitätsprofessorinnen oder Universitätsprofessoren berufen werden können. Auf diese Verfahren sind § 98 Abs. 1 bis 8 nicht anzuwenden. Diese Stellen sind im Mitteilungsblatt der Universität auszuschreiben. Die Rektorin oder der Rektor hat die Kandidatin oder den Kandidaten für die zu besetzende Stelle nach Anhörung der Universitätsprofessorinnen und Universitätsprofessoren des fachlichen Bereichs der Universität, dem die Stelle zugeordnet ist, sowie des Arbeitskreises für Gleichbehandlungsfragen auszuwählen. Nähere Bestimmungen sind in der Satzung festzulegen.

(5) Das Angebot des Abschlusses einer Qualifizierungsvereinbarung gemäß § 27 des gemäß § 108 Abs. 3 abgeschlossenen Kollektivvertrages, in der am 1. Oktober 2015 geltenden Fassung, setzt die Durchführung eines internationalen kompetitiven Standards entsprechenden Auswahlverfahrens voraus, insbesondere ist die Stelle international auszuschreiben. Zum Ergebnis des Auswahlverfahrens sind die Universitätsprofessorinnen und Universitätsprofessoren des betreffenden Fachbereichs anzuhören. Der Aspekt der Gleichstellung der Geschlechter ist entsprechend zu berücksichtigen. § 42 ist anzuwenden.

(6) Jene Personen, die ein Auswahlverfahren gemäß Abs. 5 durchlaufen und die Qualifikation gemäß

§ 27 Abs. 5 des gemäß § 108 Abs. 3 abgeschlossenen Kollektivvertrages in der am 1. Oktober 2015 geltenden Fassung entsprechend der getroffenen Vereinbarung erreicht haben (Assoziierte Professorinnen und Professoren), gehören dem wissenschaftlichen und künstlerischen Universitätspersonal gemäß § 94 Abs. 2 Z 1 an.

(7) Die gemäß Abs. 4 und 5 durchgeführten Verfahren sind im Abstand von fünf Jahren einer Evaluierung zu unterziehen. Diese Evaluierung ist durch die Bundesministerin oder den Bundesminister zu veranlassen.

§ 99a. (1) Im Entwicklungsplan kann eine Anzahl von höchstens 5 vH der Stellen für Universitätsprofessorinnen und Universitätsprofessoren gemäß § 98 ohne fachliche Widmung festgelegt werden, die im internationalen Wettbewerb um die besten Wissenschaftlerinnen und Wissenschaftler sowie Künstlerinnen und Künstler zwecks proaktiver Gewinnung wissenschaftlich bzw. künstlerisch herausragender Persönlichkeiten besetzt werden können.

(2) § 98 Abs. 1 bis 8 ist nicht anzuwenden. Die Rektorin oder der Rektor hat mit der Kandidatin oder dem Kandidaten für die zu besetzende Stelle nach Anhörung der Universitätsprofessorinnen und Universitätsprofessoren des fachlichen Bereichs, dem die Stelle zugeordnet wird, Berufungsverhandlungen zu führen und einen zunächst auf höchstens fünf Jahre befristeten Arbeitsvertrag abzuschließen. In sachlich gerechtfertigten Fällen kann auch sofort ein unbefristeter Arbeitsvertrag abgeschlossen werden. Nähere Bestimmungen über die Besetzungen gemäß Abs. 1 und die Voraussetzungen für die Anhörung der Universitätsprofessorinnen und Universitätsprofessoren sind in der Satzung festzulegen.

(3) Wurde ein befristeter Arbeitsvertrag abgeschlossen, so ist eine unbefristete Verlängerung durch die Rektorin oder den Rektor nur nach Durchführung einer Qualifikationsprüfung zulässig. Inhalt der Qualifikationsprüfung ist die Qualität der wissenschaftlichen, wissenschaftlich-künstlerischen oder künstlerischen Leistungen, der Leistungen in der Lehre sowie der sons-

tigen Tätigkeiten. Die Durchführung der Qualifikationsprüfung hat internationalen Standards zu entsprechen, wobei die näheren Bestimmungen dafür in der Satzung festzulegen sind. Der Antrag auf unbefristete Verlängerung kann nach dem vollendeten vierten Jahr gestellt werden. Der Arbeitskreis für Gleichbehandlungsfragen ist in das Verfahren einzubeziehen.

Wissenschaftliche und künstlerische Mitarbeiterinnen und Mitarbeiter im Forschungs-, Kunst- und Lehrbetrieb

§ 100. (1) Die wissenschaftlichen und künstlerischen Mitarbeiterinnen und Mitarbeiter im Forschungs-, Kunst- und Lehrbetrieb müssen eine für die vorgesehene Verwendung in Betracht kommende angemessene Qualifikation aufweisen. Sie haben in ihrem Fach an der Erfüllung der Aufgaben der Universität in der Forschung oder bei der Entwicklung und Erschließung der Künste und in der Lehre mitzuarbeiten. Sie stehen in einem Arbeitsverhältnis zur Universität und sind Vollzeit- oder Teilzeitbeschäftigte.

(2) Die Universität hat die berufliche Weiterbildung der Mitarbeiterinnen und Mitarbeiter gemäß Abs. 1 zu fördern.

(3) Das wissenschaftliche und künstlerische Personal im Forschungs-, Kunst- und Lehrbetrieb besteht aus hauptberuflich und aus nebenberuflich tätigen Personen.

(4) Nebenberuflich tätige Personen sind Personen, die
1. ausschließlich in der Lehre tätig sind und
2. nicht mehr als vier Semesterstunden lehren und
3. nachweislich einer anderen vollen Sozialversicherungspflicht auf Grund von Einkünften im Ausmaß von mindestens 60 vH der Höchstbeitragsgrundlage gemäß § 108 des Allgemeinen Sozialversicherungsgesetzes – ASVG, BGBl. Nr. 189/1955, unterliegen.

(5) Nebenberufliches Lehrpersonal steht in einem freien Dienstverhältnis zur Universität; es kann sich ohne vorherige Zustimmung der Universität von anderen geeigneten Personen vertreten lassen.

(6) § 98 ArbVG (personelles Informationsrecht) gilt auch für die Gruppe der nebenberuflich tätigen Personen, selbst wenn ein freies Dienstverhältnis oder eine selbständige Tätigkeit vorliegt.

4. Abschnitt
Allgemeines Universitätspersonal

§ 101. (1) Die Angehörigen des allgemeinen Universitätspersonals haben die zur Erfüllung ihrer Aufgaben erforderlichen fachlichen Qualifikationen aufzuweisen. Sie stehen in einem Arbeitsverhältnis zur Universität und sind Vollzeit- oder Teilzeitbeschäftigte.

(2) Die Universität hat die berufliche Weiterbildung der Mitarbeiterinnen und Mitarbeiter gemäß Abs. 1 zu fördern.

(3) Für das Bibliothekspersonal aller Universitäten ist eine einheitliche Ausbildung aus dem Bereich Bibliotheks-, Informations- und Dokumentationswesen vorzusehen.

5. Abschnitt
Privatdozentinnen und Privatdozenten, Habilitation, emeritierte Universitätsprofessorinnen und Universitätsprofessoren sowie Universitätsprofessorinnen und Universitätsprofessoren im Ruhestand

Privatdozentinnen und Privatdozenten

§ 102. Privatdozentinnen und Privatdozenten sind Personen, denen auf Grund ihrer wissenschaftlichen oder künstlerischen Qualifikation von der Universität die Lehrbefugnis (venia docendi) für ein wissenschaftliches oder künstlerisches Fach verliehen wurde. Sie stehen in dieser Funktion in keinem Arbeitsverhältnis zur Universität.

Habilitation

§ 103. (1) Das Rektorat hat das Recht, auf Antrag die Lehrbefugnis (venia docendi) für ein ganzes wissenschaftliches oder künstlerisches Fach zu erteilen. Die beantragte Lehrbefugnis muss in den Wirkungsbereich der Universität fallen. Mit der Erteilung der Lehrbefugnis ist das Recht verbunden, die wissenschaftliche oder künstlerische Lehre an dieser Universität mittels deren Einrichtungen frei auszuüben sowie wissenschaftliche oder künstlerische Arbeiten (§§ 81 bis 83, § 124) zu betreuen und zu beurteilen.

(2) Voraussetzung für die Erteilung der Lehrbefugnis ist der Nachweis einer hervorragenden wissenschaftlichen oder künstlerischen Qualifikation und der mehrmaligen Lehrtätigkeit an anerkannten postsekundären Bildungseinrichtungen zum Nachweis der didaktischen Fähigkeiten der Bewerberin oder des Bewerbers.

(3) Die vorgelegten schriftlichen Arbeiten müssen
1. methodisch einwandfrei durchgeführt sein,
2. neue wissenschaftliche Ergebnisse enthalten und
3. die wissenschaftliche Beherrschung des Habilitationsfaches und die Fähigkeit zu seiner Förderung beweisen.

Die vorgelegten künstlerischen Arbeiten müssen die Fähigkeit zur Vertretung des künstlerischen Faches im Umfang der beantragten Lehrbefugnis beweisen.

(4) Der Antrag auf Erteilung der Lehrbefugnis ist an das Rektorat zu richten. Dieses hat den Antrag, sofern er nicht mangels Zuständigkeit der Universität zurückzuweisen ist, an den Senat weiterzuleiten.

(5) Die Vertreterinnen und Vertreter der Universitätsprofessorinnen und Universitätsprofessoren im Senat haben auf Vorschlag der Universitätsprofessorinnen und Universitätsprofessoren des Fachbereichs mindestens zwei Vertreterinnen oder Vertreter des angestrebten Habilitationsfaches, darunter mindestens eine externe oder einen externen, als Gutachterinnen oder Gutachter über die vorgelegten wissenschaftlichen oder künstlerischen Arbeiten zu bestellen. Sie können diese Aufgabe aber auch an die Universi-

tätsprofessorinnen und Universitätsprofessoren des Fachbereichs und des fachlich nahe stehenden Bereichs übertragen.

(6) Die Universitätsprofessorinnen und Universitätsprofessoren des Fachbereichs und des fachlich nahe stehenden Bereichs haben das Recht, Stellungnahmen zu den Gutachten abzugeben.

(7) Der Senat hat eine entscheidungsbevollmächtigte Habilitationskommission einzusetzen. Die Universitätsprofessorinnen und Universitätsprofessoren stellen mehr als die Hälfte der Mitglieder der Habilitationskommission, die Studierenden mindestens ein Mitglied.

(8) Die Habilitationskommission entscheidet auf Grund der Gutachten und Stellungnahmen.

(9) Das Rektorat erlässt auf Grund des Beschlusses der Habilitationskommission den Bescheid über den Antrag auf Erteilung der Lehrbefugnis. Gegen diesen Bescheid ist Beschwerde an das Bundesverwaltungsgericht zulässig.

(10) Das Rektorat hat einen Beschluss der Habilitationskommission zurückzuverweisen, wenn wesentliche Grundsätze des Verfahrens verletzt wurden.

(11) Durch die Erteilung der Lehrbefugnis (venia docendi) wird weder ein Arbeitsverhältnis begründet, noch ein bestehendes Arbeitsverhältnis zur Universität verändert (Privatdozentin oder Privatdozent).

Emeritierte Universitätsprofessorinnen und Universitätsprofessoren sowie Universitätsprofessorinnen und Universitätsprofessoren im Ruhestand

§ 104. (1) Emeritierte Universitätsprofessorinnen und Universitätsprofessoren sowie Universitätsprofessorinnen und Universitätsprofessoren im Ruhestand stehen in keinem aktiven Arbeitsverhältnis zum Bund oder zur Universität.

(2) Sie haben das Recht, ihre Lehrbefugnis (venia docendi) an der Universität, an der sie vor ihrer Emeritierung oder vor ihrem Übertritt oder ihrer Versetzung in den Ruhestand in einem aktiven Arbeitsverhältnis tätig waren, weiter auszuüben und im

Rahmen ihrer Lehrbefugnis Lehrveranstaltungen und Prüfungen abzuhalten.

6. Abschnitt
Allgemeine Bestimmungen

Gewissensfreiheit und Forschungsfreiheit

§ 105. Keine Universitätsangehörige und kein Universitätsangehöriger darf gegen ihr oder sein Gewissen zur Mitwirkung bei einzelnen wissenschaftlichen oder künstlerischen Arbeiten verhalten werden. Aus einer Weigerung zur Mitwirkung darf ihr oder ihm kein Nachteil erwachsen. Die oder der betroffene Universitätsangehörige hat jedoch ihre oder seine Vorgesetzte oder ihren oder seinen Vorgesetzten von ihrer oder seiner Weigerung schriftlich zu informieren.

Verwertung von geistigem Eigentum

§ 106. (1) Jede oder jeder Universitätsangehörige hat das Recht, eigene wissenschaftliche oder künstlerische Arbeiten selbstständig zu veröffentlichen. Bei der Veröffentlichung der Ergebnisse der Forschung oder der Entwicklung und Erschließung der Künste sind Universitätsangehörige, die einen eigenen wissenschaftlichen oder künstlerischen Beitrag zu dieser Arbeit geleistet haben, als Mitautorinnen oder Mitautoren zu nennen.

(2) Auf Diensterfindungen gemäß § 7 Abs. 3 Patentgesetz, BGBl. Nr. 259/1970, die an einer Universität im Rahmen eines öffentlich-rechtlichen oder privatrechtlichen Dienst- oder Ausbildungsverhältnisses zum Bund oder im Rahmen eines Arbeits- oder Ausbildungsverhältnisses zur Universität gemacht werden, ist das Patentgesetz mit der Maßgabe anzuwenden, dass die Universität als Dienstgeber gemäß § 7 Abs. 2 Patentgesetz gilt.

(3) Jede Diensterfindung ist dem Rektorat unverzüglich zur Kenntnis zu bringen. Will die Universität die Diensterfindung zur Gänze oder ein Benützungsrecht daran für sich in Anspruch nehmen, hat das Rektorat dies der Erfinderin oder dem Erfinder

innerhalb von drei Monaten mitzuteilen. Andernfalls steht dieses Recht der Erfinderin oder dem Erfinder zu.

IV. Teil
Personalrecht

Ausschreibung und Aufnahme

§ 107. (1) Alle zur Besetzung offen stehenden Stellen sind vom Rektorat öffentlich auszuschreiben. Stellen für das wissenschaftliche und künstlerische Personal gemäß § 94 Abs. 1 Z 4 sind international, zumindest EU-weit auszuschreiben. Im Rahmen einer Ausschreibung können auch alternative Zuordnungen zu einer Personalgruppe vorgesehen werden. Die Ausschreibungsfrist hat zumindest drei Wochen zu betragen.

(2) In folgenden Fällen kann von einer Ausschreibung abgesehen werden:
1. bei der Besetzung von Stellen, die ausschließlich für Aufgaben in der Lehre und mit geringem Stundenausmaß (Lehrauftrag) vorgesehen sind, und
2. bei Stellen für zeitlich befristete Drittmittelprojekte, denen ein qualifiziertes Auswahlverfahren vorausgegangen ist, wenn die Bestimmungen des Geldgebers dem nicht entgegenstehen;
3. bei Stellen, die gemäß § 99a besetzt werden.

(3) Arbeitsverträge sind von der Rektorin oder vom Rektor auf Vorschlag oder nach Anhörung der Leiterin oder des Leiters der Organisationseinheit und der oder des unmittelbaren Vorgesetzten, der oder dem die zu besetzende Stelle zugeordnet ist, abzuschließen.

(4) Arbeitsverträge für Mitarbeiterinnen und Mitarbeiter an Vorhaben gemäß § 27 Abs. 1 Z 3 sowie für Mitarbeiterinnen und Mitarbeiter, die aus zweckgebundenen Mitteln der Forschungsförderung finanziert werden, sind von der Rektorin oder vom Rektor auf Vorschlag der oder des unmittelbaren Vorgesetz-

ten, der oder dem die zu besetzende Stelle zugeordnet ist, abzuschließen.

(5) Arbeitsverträge von Universitätsprofessorinnen und Universitätsprofessoren sind von der Rektorin oder vom Rektor nach Durchführung des Berufungsverfahrens gemäß §§ 98 oder 99 abzuschließen.

Rechtsgrundlagen der Arbeitsverhältnisse

§ 108. (1) Auf Arbeitsverhältnisse zur Universität ist, soweit gesetzlich nicht anderes bestimmt ist, das Angestelltengesetz, BGBl. Nr. 292/1921, anzuwenden.

(2) Die Universitäten bilden gemeinsam den Dachverband der Universitäten, in den das Rektorat jeder Universität eine Vertreterin oder einen Vertreter zu entsenden hat. Der Dachverband beschließt eine Geschäftsordnung und wählt mit Stimmenmehrheit eine Vorsitzende oder einen Vorsitzenden.

(3) Der Dachverband ist für die ihm angehörenden Universitäten auf Arbeitgeberseite kollektivvertragsfähig im Sinne des ArbVG. Ein vom Dachverband abgeschlossener Kollektivvertrag gilt für die Arbeitnehmerinnen und Arbeitnehmer der im Dachverband zusammengefassten Universitäten.

(4) Der Kollektivvertragsfähigkeit des Dachverbandes kommt im Verhältnis zur Kollektivvertragsfähigkeit anderer Interessenvertretungen oder Berufsvereinigungen der Arbeitgeberinnen und Arbeitgeber Vorrang zu.

(Anm.: Abs. 5 aufgehoben durch Art. 17 Z 23, BGBl. I Nr. 31/ 2018)

Gesetzliche Sonderregelung für Angehörige von Einrichtungen für Gerichtliche Medizin

§ 108a. Arbeitnehmerinnen und Arbeitnehmer, die einer Einrichtung für Gerichtliche Medizin zugeordnet sind, haben im Rahmen ihrer Aufgaben an der Erstellung von Gutachten und Befunden im gerichtlichen Verfahren mitzuwirken. Auftraggeberin für die Gutachten und Befunde ist die jeweils zuständige Ermittlungs- oder Justizbehörde.

Dauer der Arbeitsverhältnisse

§ 109. (1) Arbeitsverhältnisse können auf unbestimmte oder bestimmte Zeit abgeschlossen werden. Arbeitsverhältnisse auf bestimmte Zeit sind bei sonstiger Rechtsunwirksamkeit des Arbeitsvertrags einmalig bis zu einer Dauer von höchstens sechs Jahren zu befristen, sofern in diesem Bundesgesetz nicht anderes bestimmt ist.

(2) Eine zweimalige Verlängerung bzw. ein zweimaliger neuerlicher Abschluss befristeter Arbeitsverhältnisse von Personen, die dem wissenschaftlichen und künstlerischen Universitätspersonal gemäß § 94 Abs. 2 angehören, ist bis zu einer Gesamtdauer von acht Jahren unter Berücksichtigung von Abs. 1 zulässig.

(3) Unbeschadet der zulässigen Gesamtdauer gemäß Abs. 1 und 2 finden Arbeitsverhältnisse, die überwiegend zur Durchführung von Drittmittelprojekten oder Forschungsprojekten abgeschlossen werden, bei der Feststellung der höchstzulässigen Anzahl von befristeten Arbeitsverhältnissen keine Berücksichtigung.

(4) Wechselt eine Arbeitnehmerin oder ein Arbeitnehmer in eine Verwendung gemäß § 94 Abs. 2 Z 1, ist eine einmalige neuerliche Befristung bis zu einer Dauer von sechs Jahren zulässig.

(5) Bei Ersatzkräften ist eine mehrmalige Verlängerung oder ein mehrfacher neuerlicher Abschluss von Arbeitsverhältnissen bis zur Gesamtdauer von sechs Jahren zulässig.

(6) Bei ausschließlich in der Lehre verwendetem Personal ist eine mehrmalige Verlängerung oder ein mehrfacher neuerlicher Abschluss von Arbeitsverhältnissen innerhalb von acht Studienjahren zulässig.

(7) Arbeitsverhältnisse, die auch den Abschluss eines Doktoratsstudiums zum Inhalt haben, bleiben bis zum Ausmaß von bis zu vier Jahren für die höchstzulässige Gesamtdauer und die höchstzulässige Anzahl der Arbeitsverhältnisse unberücksichtigt.

Ebenso unberücksichtigt bleiben Arbeitsverhältnisse als studentische Mitarbeiterin oder als studentischer Mitarbeiter.

(8) Unberücksichtigt bleiben Zeiten gemäß § 20 Abs. 3 Z 1 des gemäß § 108 Abs. 3 abgeschlossenen Kollektivvertrages für die ArbeitnehmerInnen der Universitäten (KV) in der am 1. Mai 2021 geltenden Fassung.

(9) Bei der Feststellung der höchstzulässigen Gesamtdauer der Arbeitsverhältnisse gemäß Abs. 1, 2, 5 und 6 sind alle Arbeitsverhältnisse zur Universität zu berücksichtigen, unabhängig davon, ob die Arbeitsverhältnisse unmittelbar aufeinanderfolgen.

Gesetzliche Sonderregelungen zur Arbeitszeit und Arbeitsruhe für das wissenschaftliche und künstlerische Universitätspersonal

§ 110. (1) Anstelle der Bestimmungen des Arbeitszeitgesetzes – AZG, BGBl. Nr. 461/1969, und des Arbeitsruhegesetzes – ARG, BGBl. Nr. 144/1983, gelten für das wissenschaftliche und künstlerische Personal der Universitäten die nachfolgenden Bestimmungen. Ausgenommen sind
1. das wissenschaftliche Personal, auf das das Krankenanstalten-Arbeitszeitgesetz anzuwenden ist, wobei im Hinblick auf § 29 Abs. 5 abweichend von § 4 Abs. 4 Z 2 und Abs. 4b Krankenanstalten-Arbeitszeitgesetz im Einvernehmen mit den gemäß § 34 gewählten Vertreterinnen und Vertretern durch Betriebsvereinbarung zugelassen werden kann, dass die durchschnittliche Wochenarbeitszeit 60 Stunden betragen kann, wenn die einzelne Arbeitnehmerin oder der einzelne Arbeitnehmer im Vorhinein schriftlich zugestimmt hat, und die die durchschnittliche Wochenarbeitszeit von 48 Stunden übersteigenden Zeiten ausschließlich für universitäre Aufgaben in Forschung und Lehre in der Normalarbeitszeit gewidmet werden.
2. leitende Angestellte der Universitäten, denen maßgebliche Führungsaufgaben selbstverantwortlich übertragen sind.

(2) Im Sinne dieser Bestimmung ist:

1. Arbeitszeit: die Zeit vom Beginn bis zum Ende der Arbeit ohne die Ruhepausen und die Ruhezeiten, sie umfasst die Normalarbeitszeit und die Überstundenarbeit;
2. Tagesarbeitszeit: die Arbeitszeit innerhalb eines ununterbrochenen Zeitraumes von 24 Stunden;
3. Wochenarbeitszeit: die Arbeitszeit innerhalb des Zeitraumes von Montag bis einschließlich Sonntag;
4. Nacht: der Zeitraum zwischen 22 Uhr und 6 Uhr;
5. Nachtarbeitnehmerin oder Nachtarbeitnehmer: eine Arbeitnehmerin oder ein Arbeitnehmer, die oder der regelmäßig oder, sofern der Kollektivvertrag nichts anderes vorsieht, in mindestens 48 Nächten im Kalenderjahr während der Nacht mindestens drei Stunden arbeitet.

(2a) Die wöchentliche Normalarbeitszeit beträgt 40 Stunden, soweit nicht durch Kollektivvertrag abweichende Regelungen getroffen werden.

(3) Die Tagesarbeitszeit darf 13 Stunden nicht überschreiten. Die Wochenarbeitszeit darf innerhalb eines Durchrechnungszeitraumes von bis zu 17 Wochen im Durchschnitt 48 Stunden und in den einzelnen Wochen des Durchrechnungszeitraumes 60 Stunden nicht überschreiten.

(4) Die Tagesarbeitszeit von Nachtarbeitnehmerinnen und Nachtarbeitnehmern darf innerhalb eines Durchrechnungszeitraumes von 17 Wochen im Durchschnitt acht Stunden nicht überschreiten.

(5) Beträgt die Gesamtdauer der Arbeitszeit mehr als sechs Stunden, ist die Arbeitszeit durch eine Ruhepause von mindestens 30 Minuten zu unterbrechen.

(6) Nach Beendigung der Tagesarbeitszeit ist den Arbeitnehmerinnen und Arbeitnehmern eine ununterbrochene Ruhezeit von mindestens elf Stunden zu gewähren.

(7) Innerhalb eines Zeitraumes von Montag bis einschließlich Sonntag ist den Arbeitnehmerinnen und Arbeitnehmern eine ununterbrochene Ruhezeit von 36 Stunden zu gewähren. Das Ausmaß der wöchentlichen Ruhezeit kann auf 24 Stunden gekürzt werden, wenn der Arbeitnehmerin oder dem Arbeitneh-

mer innerhalb von 14 Tagen eine durchschnittliche wöchentliche Ruhezeit von 36 Stunden gesichert ist.

(7a) Soweit betriebliche Erfordernisse nicht entgegenstehen, sind Sonntage und gesetzliche Feiertage (§ 7 Abs. 2 und 3 ARG) arbeitsfrei zu halten.

(8) Nachtarbeitnehmerinnen und Nachtarbeitnehmer sind auf ihr Verlangen auf eine Arbeitsstelle mit Tagesarbeit zu versetzen, wenn sie durch die Nachtarbeit nachweislich in ihrer Gesundheit beeinträchtigt sind und eine Versetzung auf eine Arbeitsstelle mit Tagesarbeit aus betrieblichen Gründen möglich ist.

(9) Nachtarbeitnehmerinnen und Nachtarbeitnehmer haben Anspruch auf unentgeltliche Untersuchungen ihres Gesundheitszustands vor Aufnahme der Tätigkeit und danach in regelmäßigen Zeitabständen. Diese Untersuchungen sind besondere Untersuchungen gemäß § 51 des ArbeitnehmerInnenschutzgesetzes (AschG), BGBl. Nr. 450/1994.

(10) Durch Kollektivvertrag kann die ununterbrochene Ruhezeit gemäß Abs. 6 bis auf acht Stunden verkürzt werden. Solche Verkürzungen der Ruhezeit sind innerhalb der nächsten zwei Wochen durch entsprechende Verlängerung einer anderen täglichen oder wöchentlichen Ruhezeit auszugleichen. Überdies kann durch Kollektivvertrag der Durchrechnungszeitraum für die wöchentliche Arbeitszeit gemäß Abs. 3 bis auf zwölf Monate und für die wöchentliche Ruhezeit gemäß Abs. 7 bis auf zwei Monate ausgedehnt werden. Abweichungen durch Kollektivvertrag sind nur dann zulässig, wenn den betroffenen Arbeitnehmerinnen und Arbeitnehmern gleichwertige Ausgleichruhezeiten gewährt werden.

(11) Der Arbeitgeber ist, sofern die Tat nicht nach anderen Vorschriften einer strengeren Strafe unterliegt, von der Bezirksverwaltungsbehörde mit einer Geldstrafe von 36 Euro bis zu 1 500 Euro zu bestrafen, wenn

1. Arbeitnehmerinnen oder Arbeitnehmer vom Arbeitgeber über die Höchstgrenzen der täglichen oder wöchentlichen Arbeitszeit gemäß Abs. 3 oder 4 hinaus eingesetzt werden,

2. ihnen Ruhepausen gemäß Abs. 5 oder die tägliche oder wöchentliche Ruhezeit gemäß Abs. 6 oder 7 nicht gewährt wird,
3. der Gesundheitszustand von Nachtarbeitnehmerinnen oder Nachtarbeitnehmern nicht entsprechend den Bestimmungen des Abs. 9 untersucht wird.

Gesetzliche Sonderregelungen zur Arbeitsruhe für das allgemeine Universitätspersonal

§ 111. Das allgemeine Universitätspersonal, dessen Mitarbeit zur Unterstützung und Aufrechterhaltung des Lehrbetriebs oder des Forschungs- oder Kunstbetriebs unbedingt erforderlich ist, darf während der Wochenend- und Feiertagsruhe gemäß §§ 3 und 7 ARG beschäftigt werden.

Erweiterter Kündigungs- und Entlassungsschutz

§ 113. Eine Kündigung oder Entlassung einer oder eines Angehörigen des wissenschaftlichen oder künstlerischen Universitätspersonals ist unwirksam, wenn die Kündigung wegen einer von ihr oder ihm in Forschung (Entwicklung und Erschließung der Künste) oder Lehre vertretenen Auffassung oder Methode erfolgt.

Übernahme von öffentlichen Ämtern

§ 114. (1) Die Übernahme eines öffentlichen Amtes bedarf keiner Bewilligung durch die Universität, ist jedoch dem Rektorat unverzüglich zu melden.

(2) Ist eine Ausübung des öffentlichen Amtes neben der Erfüllung der Pflichten aus dem Arbeitsverhältnis zur Universität nicht möglich, ist die Arbeitnehmerin oder der Arbeitnehmer auf Antrag gänzlich oder teilweise bei entsprechender Kürzung oder Entfall des Entgelts freizustellen.

Pensionskassensystem und betriebliche Kollektivversicherung

§ 115. Durch Kollektivvertrag ist jedenfalls für das wissenschaftliche und künstlerische Universitätspersonal eine Pensionskassenzusage oder die Zusage einer betrieblichen Kollektivversicherung im Sinne des Betriebspensionsgesetzes, BGBl. Nr. 282/1990, vorzusehen. Auch für das allgemeine Universitätspersonal kann eine Pensionskassenzusage oder die Zusage einer betrieblichen Kollektivversicherung im Sinne des Betriebspensionsgesetzes vorgesehen werden. An jeder Universität kann nur jeweils eines der genannten Systeme zur Anwendung kommen.

V. Teil
Strafbestimmungen

§ 116. (1) Wer vorsätzlich
1. eine dem inländischen oder ausländischen Hochschulwesen eigentümliche Bezeichnung oder
2. einen oder mehrere inländische akademische Grade oder
3. eine den inländischen oder ausländischen akademischen Graden oder Titeln gleiche oder ähnliche Bezeichnung unberechtigt verleiht, vermittelt oder führt,

begeht, wenn die Tat nicht den Tatbestand einer in die Zuständigkeit der Gerichte fallenden strafbaren Handlung bildet oder nach anderen Verwaltungsbestimmungen mit strengerer Strafe bedroht ist, eine Verwaltungsübertretung, die von der örtlich zuständigen Bezirksverwaltungsbehörde mit einer Geldstrafe bis zu 15 000 Euro zu bestrafen ist.

(2) Unberechtigt ist die Verleihung, Vermittlung oder Führung insbesondere dann, wenn der akademische Grad oder die gleiche oder ähnliche Bezeichnung
1. von einer Einrichtung stammt, die einer postsekundären Bildungseinrichtung nicht gleichrangig ist;
2. von einer Einrichtung stammt, die vom Sitzstaat nicht als postsekundäre Bildungseinrichtung anerkannt ist;

3. nicht auf Grund entsprechender Studien- und Prüfungsleistungen oder wissenschaftlicher oder künstlerischer Leistungen erworben wurde;
4. nicht auf Grund des wegen wissenschaftlicher oder künstlerischer Leistungen hohen Ansehens in Fachkreisen oder wegen hervorragender Verdienste für die wissenschaftlichen oder kulturellen Aufgaben der postsekundären Bildungseinrichtung ehrenhalber verliehen wurde.

(3) Unberechtigt ist die Führung insbesondere dann, wenn der akademische Grad oder die gleiche oder ähnliche Bezeichnung nicht auf Grund entsprechender Studien- und Prüfungsleistungen oder wissenschaftlicher oder künstlerischer Leistungen, sondern aufgrund eines Plagiates erlangt wurde.

Ghostwriting

§ 116a. (1) Wer entgeltlich oder unentgeltlich ein Werk für eine andere Person herstellt oder einer anderen Person zur Verfügung stellt, ist, wenn sie oder er weiß oder nach den Umständen annehmen kann, dass dieses Werk in der Folge teilweise oder zur Gänze als Seminar-, Prüfungs-, oder Abschlussarbeit (Bachelorarbeit, wissenschaftliche oder künstlerische Arbeit) zum Nachweis nicht erbrachter eigenständiger Leistungen verwendet werden soll, mit Geldstrafe bis zu 25.000 Euro zu bestrafen.

(2) Nicht zu bestrafen sind unentgeltliche Hilfestellungen, welche die gedankliche und fachliche Eigenständigkeit der Seminar-, Prüfungs-, oder Abschlussarbeit (Bachelorarbeit, wissenschaftliche oder künstlerische Arbeit) der ausgewiesenen Verfasserin oder des ausgewiesenen Verfassers nicht beeinträchtigen.

(3) Ebenso ist zu bestrafen, wer unter den in Abs. 1 genannten Umständen öffentlich anbietet, ein solches Werk für eine andere Person herzustellen oder einer anderen Person zur Verfügung zu stellen.

(4) Handelt die Täterin oder der Täter mit dem Vorsatz, sich durch die wiederkehrende Begehung solcher Taten laufende Einkünfte zu verschaffen, so ist sie oder er mit Geldstrafe bis zu

60.000 Euro zu bestrafen. Im Wiederholungsfall kann auf Freiheitsstrafe bis zu vier Wochen erkannt werden.

(5) Das empfangene Entgelt oder eine sonstige Zuwendung, die die Täterin oder der Täter empfangen hat, ist für verfallen zu erklären (§ 17 VStG). Handelt es sich beim Entgelt oder bei der Zuwendung nicht um eine körperliche Sache oder besitzt die Täterin oder der Täter das Entgelt oder die Zuwendung nicht mehr, so ist sie oder er mit der Zahlung eines weiteren Geldbetrages zu bestrafen, der dem Wert des Entgelts oder der Zuwendung entspricht (Verfallsersatzstrafe).

(6) Die Strafbarkeit erlischt durch Verjährung. Die Verjährungsfrist beträgt 30 Jahre und beginnt mit dem Zeitpunkt, in dem die strafbare Handlung abgeschlossen wurde oder das strafbare Verhalten aufgehört hat. Ist der zum Tatbestand gehörende Erfolg erst später eingetreten, läuft die Frist erst von diesem Zeitpunkt an.

(7) Wer eine Tat gemäß Abs. 1, 3 oder 4 ausführt, begeht, wenn die Tat nicht den Tatbestand einer in die Zuständigkeit der Gerichte fallenden strafbaren Handlung bildet oder nach anderen Verwaltungsbestimmungen mit strengerer Strafe bedroht ist, eine Verwaltungsübertretung, die von der örtlich zuständigen Bezirksverwaltungsbehörde zu bestrafen ist.

VI. Teil
Liegenschaften, Bauwerke, Räumlichkeiten

Raumnutzung

§ 117. Die Universitäten sind insbesondere im Rahmen ihrer Mietrechte verpflichtet, für eine optimale Raumnutzung zu universitären Zwecken zu sorgen.

Mietrechte an Objekten der BIG und anderer Eigentümer

§ 118. Von der BIG oder von anderen Dritten angemietete Liegenschaften, Bauwerke und Räumlichkeiten, die kurzfristig nicht zu universitären Zwecken benötigt werden, dürfen an Dritte weitergegeben werden, soweit dies auf Grund des Mietvertrags und des Mietrechtsgesetzes – MRG, BGBl. Nr. 520/1981 zulässig ist.

Immobilienbewirtschaftung der Universitäten

§ 118a. (1) Die Realisierung bzw. Finanzierung sämtlicher universitärer Immobilienprojekte ist zwischen der Bundesministerin oder dem Bundesminister und der betreffenden Universität zu vereinbaren. Immobilienprojekte sind insbesondere Neubauten, Umbauten, (General-)Sanierungen, Adaptierungen und Anmietungen sowie der Erwerb von Immobilien, die von einer Universität genutzt werden, und die von der Universität oder von Dritten für die Universität durchgeführt werden.

(2) Die Bundesministerin oder der Bundesminister hat regionale Bauleitpläne, die in drei getrennte Planungsregionen gegliedert sind, als Planungsinstrument für die Realisierung universitärer Immobilienprojekte zu führen, die den gemeinsamen Vorschlag der in einer Planungsregion zusammengefassten Universitäten darstellen und alle vom Bund teilweise oder zur Gänze zu finanzierenden Immobilienprojekte der jeweiligen Planungsregion in einer Prioritätenreihung umfasst. Die regionalen Bauleitpläne sind zu veröffentlichen.

(3) Die Universitäten haben ihre geplanten Immobilienprojekte, die teilweise oder zur Gänze vom Bund zu finanzieren sind, der Bundesministerin oder dem Bundesminister im Wege der regionalen Bauleitpläne bekanntzugeben. Die Immobilienprojekte sind unter Berücksichtigung hochschulpolitischer Schwerpunktsetzungen und der Bedarfe der Universitäten, nach Priorität zu reihen. Hierzu hat die Bundesministerin oder der Bundesminister die Universitäten einer Planungsregion einzuladen, gemeinsam einen entsprechenden Vorschlag zu erstellen. Diese Prioritätenreihung ist regelmäßig, wenigstens im Abstand von drei Jahren, zu aktualisieren.

(4) Die Bundesministerin oder der Bundesminister kann nach Maßgabe des aktuellen budgetären Handlungsspielraumes, der Prioritätenreihung der regionalen Bauleitpläne, der Angemes-

senheit der finanziellen Bewertungen, der hochschulpolitischen Schwerpunktsetzung sowie der allgemeinen volkswirtschaftlichen Lage die Freigaben für einzelne Projekte erteilen.

(5) Für vom Bund teilweise oder zur Gänze zu finanzierende Immobilienprojekte, deren Einmalkosten die Betragsgrenze von 10 Millionen Euro (brutto) bzw. deren laufende Mietkosten 600 000 Euro (netto) pro Jahr übersteigen, ist vor Erteilung der Freigabe das Einvernehmen mit der Bundesministerin oder dem Bundesminister für Finanzen herzustellen.

(6) Nach Freigabe eines Immobilienprojekts durch die Bundesministerin oder den Bundesminister erfolgt die Aufnahme in den gesamtösterreichischen Bauleitplan. Der gesamtösterreichische Bauleitplan enthält alle seitens der Bundesministerin oder des Bundesministers geprüften und freigegebenen Immobilienprojekte der Universitäten, jeweils mit den entsprechenden Einmalkosten sowie laufenden Kosten.

(7) Ebenfalls in den gesamtösterreichischen Bauleitplan aufzunehmen sind gemäß Abs. 1 vereinbarte Immobilienprojekte, die von der Universität zur Gänze eigenfinanziert werden.

(8) Nicht in den gesamtösterreichischen Bauleitplan aufzunehmen sind Projekte, die in Hinblick auf die wirtschaftliche Leistungsfähigkeit der jeweiligen Universität von geringer wirtschaftlicher Bedeutung sind. Für diese Projekte ist zwischen der Bundesministerin oder dem Bundesminister und der betreffenden Universität eine pauschale Obergrenze im Rahmen der Leistungsvereinbarung festzulegen. Diese Projekte sind jedenfalls von der Universität aus dem laufenden Globalbudget einschließlich der Drittmittel zu bedecken.

(9) Die Bundesministerin oder der Bundesminister kann das Verfahren für universitäre Immobilienprojekte im Einvernehmen mit der Bundesministerin oder dem Bundesminister für Finanzen durch Verordnung regeln, wobei insbesondere Regelungen über die einzelnen Verfahrensschritte, die in der Projektbeschreibung anzuwendenden Berechnungsgrundlagen, die Aufnahme in die regionalen Bauleitpläne, die Erstellung eines Raum- und Funktionsprogrammes, die Planungsfreigabe, die Baufreigabe, die Be-

richtspflichten der betreffenden Universität sowie Maßnahmen bei Nichteinhaltung getroffen werden können. Die Bundesministerin oder der Bundesminister kann für Immobilienprojekte, deren Kosten zur Gänze von Dritten bedeckt werden, Ausnahmen von dieser Vorgehensweise genehmigen.

VII. Teil
Wissenschaftsrat

§ 119. (1) Der Wissenschaftsrat ist eine Einrichtung des Bundes. Er unterliegt der Aufsicht durch die Bundesministerin oder den Bundesminister gemäß § 45.

(2) Die Aufgaben des Wissenschaftsrats sind:
1. Beratung der Bundesministerin oder des Bundesministers, der gesetzgebenden Körperschaften und der Universitäten in den Angelegenheiten der Universitäten und in Fragen der Wissenschaftspolitik und der Kunst;
2. Beobachtung und Analyse des österreichischen Universitäts- und Wissenschaftssystems unter Bedachtnahme auf europäische und internationale Entwicklungen sowie Erarbeitung von Vorschlägen zu dessen Weiterentwicklung.

(3) Die Beschlüsse, Stellungnahmen und Empfehlungen des Wissenschaftsrats sind zu veröffentlichen, wobei personenbezogene Daten (Art. 4 Nr. 1 DSGVO) nur veröffentlicht werden dürfen, wenn:
1. die betroffenen Personen eingewilligt haben oder
2. die betroffenen Personen eine öffentliche Funktion ausüben.

(4) Der Wissenschaftsrat hat dem Nationalrat ab 2004 zumindest alle drei Jahre im Wege der Bundesministerin oder des Bundesministers einen Tätigkeitsbericht vorzulegen. Dieser Bericht hat auch Empfehlungen über die Grundausrichtung der Leistungsvereinbarungen mit den Universitäten unter Bedachtnahme auf die Standortentwicklung zu enthalten.

(5) Der Wissenschaftsrat besteht aus zwölf Mitgliedern aus unterschiedlichen Bereichen der Gesellschaft, insbesondere der

Wissenschaft und der Kunst, die von der Bundesregierung auf Vorschlag der Bundesministerin oder des Bundesministers bestellt werden. Der Wissenschaftsrat erstattet der Bundesministerin oder dem Bundesminister Vorschläge für die Nominierung der Mitglieder. Dabei sind Frauen in entsprechender Anzahl zu berücksichtigen.

(6) Von der Mitgliedschaft im Wissenschaftsrat ausgeschlossen sind:
1. akademische Funktionärinnen und Funktionäre der Universitäten gemäß § 6 Abs. 1, der Pädagogischen Hochschulen gemäß § 1 Abs. 1 und 2 HG sowie der in Österreich gemäß §§ 23 und 24 HS-QSG akkreditierten Fachhochschul-Einrichtungen, Fachhochschul-Studiengängen und Privatuniversitäten;
2. Mitarbeiterinnen und Mitarbeiter der für die Universitäten und Pädagogischen Hochschulen zuständigen Bundesministerien sowie
3. Mitglieder der Bundesregierung oder einer Landesregierung, Mitglieder des Nationalrats, des Bundesrats oder sonst eines allgemeinen Vertretungskörpers, Funktionäre einer politischen Partei sowie Personen, die eine dieser Funktionen in den letzten vier Jahren ausgeübt haben.

(Anm.: Abs. 7 aufgehoben durch BGBl. I Nr. 81/2009)

(8) Die Funktionsperiode der Mitglieder des Wissenschaftsrats ist von der Bundesregierung anlässlich der Bestellung mit drei oder sechs Jahren festzusetzen und beginnt mit der Bestellung. Eine einmalige Wiederbestellung ist zulässig. Bei vorzeitigem Ausscheiden eines Mitglieds des Wissenschaftsrats ist für den Rest der Funktionsperiode des ausgeschiedenen Mitglieds ein neues Mitglied zu bestellen.

(9) Die Mitgliedschaft im Wissenschaftsrat endet
1. durch Ablauf der Funktionsperiode,
2. durch Verzicht,
3. durch Abberufung,
4. durch Tod.

(10) Die Bundesministerin oder der Bundesminister beruft die konstituierende Sitzung des Wissenschaftsrats ein. Die oder der Vorsitzende wird aus dem Kreis der Mitglieder mit Stimmenmehrheit gewählt. Der Wissenschaftsrat gibt sich eine Geschäftsordnung.

(11) Die Bundesregierung kann ein Mitglied des Wissenschaftsrats auf Antrag der Bundesministerin oder des Bundesministers oder auf Antrag der Mehrheit der Mitglieder des Wissenschaftsrats wegen einer schweren Pflichtverletzung, einer strafgerichtlichen Verurteilung oder wegen mangelnder gesundheitlicher Eignung mit Bescheid von seiner Funktion abberufen.

(12) Der Wissenschaftsrat ist beschlussfähig, wenn wenigstens die Hälfte der Mitglieder persönlich anwesend ist. Stimmübertragungen sind unzulässig.

(13) Der Wissenschaftsrat ist berechtigt, in- und ausländische Expertinnen und Experten zu den Sitzungen einzuladen und Arbeitsgruppen einzurichten.

(14) Die Mitglieder des Wissenschaftsrats erhalten für ihre Tätigkeit eine Vergütung, die von der Bundesministerin oder vom Bundesminister festzusetzen ist.

(15) Die Bundesministerin oder der Bundesminister hat dem Wissenschaftsrat die zur Erfüllung seiner Aufgaben erforderliche räumliche, technische und personelle Ausstattung zur Verfügung zu stellen.

VIII. Teil
Übergangs- und Schlussbestimmungen

1. Abschnitt
Implementierung der neuen Organisation

Gründungskonvent

§ 120. (1) An jeder der in § 6 Z 1 bis 21 vorgesehenen Universitäten ist unverzüglich nach der Kundmachung dieses Bundesgesetzes ein Gründungskonvent einzurichten, der aus zwölf Mitgliedern besteht.

(2) Dem Gründungskonvent gehören Vertreterinnen und Vertreter der Universitätsprofessorinnen und Universitätsprofessoren, der im § 94 Abs. 2 Z 2 genannten Gruppe, des allgemeinen Universitätspersonals und der Studierenden der gleichnamigen Universität gemäß UOG 1993 oder KUOG an.

(3) Abweichend von Abs. 2 sind die Angehörigen einer Medizinischen Fakultät nur für den Gründungskonvent jener Medizinischen Universität aktiv und passiv wahlberechtigt oder entsendungsfähig, die gemäß § 136 Abs. 2 die Gesamtrechtsnachfolgerin der betreffenden Medizinischen Fakultät ist.

(4) Angehörige von Interuniversitären Einrichtungen sind für den Gründungskonvent jener Universität aktiv und passiv wahlberechtigt, welche gemäß § 136 Abs. 4 bis 11 die Nachfolgeeinrichtung der jeweiligen Interuniversitären Einrichtung ist.

(5) Die im Amt befindlichen Rektorinnen und Rektoren, Vizerektorinnen und Vizerektoren gemäß UOG 1993 und KUOG sind passiv nicht wahlberechtigt.

(6) Die Bundesministerin oder der Bundesminister hat durch Verordnung eine Wahlordnung für die Gründungskonvente aller Universitäten nach den Grundsätzen des gleichen, unmittelbaren, geheimen und persönlichen Verhältniswahlrechts zu erlassen.

(7) Die Mitglieder und Ersatzmitglieder des Gründungskonvents sind folgendermaßen zu bestellen:
1. Sieben Vertreterinnen und Vertreter der Universitätsprofessorinnen und Universitätsprofessoren sind von allen Universitätsprofessorinnen und Universitätsprofessoren (§ 97) zu wählen.
2. Zwei Vertreterinnen und Vertreter der im § 94 Abs. 2 Z 2 genannten Gruppe sind von allen Universitätsdozentinnen und Universitätsdozenten (§ 122 Abs. 3) sowie den wissenschaftlichen und künstlerischen Mitarbeiterinnen und Mitarbeitern im Forschungs-, Kunst- und Lehrbetrieb zu wählen. Den Gewählten muss zumindest eine Person mit Lehrbefugnis (venia docendi) angehören.

3. Eine Vertreterin oder ein Vertreter des allgemeinen Universitätspersonals ist von allen Angehörigen des allgemeinen Universitätspersonals zu wählen.
4. Zwei Vertreterinnen und Vertreter der Studierenden sind durch die gesetzliche Vertretung der Studierenden zu entsenden.

(8) Die oder der Vorsitzende des Dienststellenausschusses der Universitätslehrer sowie die oder der Vorsitzende des Dienststellenausschusses für die Bediensteten mit Ausnahme der Universitätslehrer, die oder der Vorsitzende des Arbeitskreises für Gleichbehandlungsfragen, die Bibliotheksdirektorin oder der Bibliotheksdirektor, die Universitätsdirektorin oder der Universitätsdirektor, die Leiterin oder der Leiter des zentralen Informatikdienstes sowie die oder der Vorsitzende der Hochschülerschaft an der betreffenden Universität gehören dem Gründungskonvent mit beratender Stimme an.

(9) Der Gründungskonvent ist beschlussfähig, wenn wenigstens die Hälfte der stimmberechtigten Mitglieder persönlich anwesend oder durch ein Ersatzmitglied vertreten ist. Die Beschlüsse werden mit Stimmenmehrheit gefasst, sofern in diesem Bundesgesetz nicht anderes bestimmt ist.

(10) Die im Zeitpunkt des In-Kraft-Tretens dieses Bundesgesetzes im Amt befindliche Rektorin oder der im Amt befindliche Rektor hat die Wahlen in den Gründungskonvent auszuschreiben, die konstituierende Sitzung bis längstens 30. November 2002 einzuberufen und bis zur Wahl der oder des Vorsitzenden zu leiten. Für den Gründungskonvent einer Medizinischen Universität kommt diese Aufgabe der Dekanin oder dem Dekan der Medizinischen Fakultät zu, deren Nachfolgeeinrichtung die Medizinische Universität ist.

(11) Der Gründungskonvent hat die im § 121 vorgesehenen Maßnahmen zur Implementierung vorzubereiten und durchzuführen, soweit gesetzlich nicht ausdrücklich anderes bestimmt ist.

(12) Die Funktion des Gründungskonvents endet mit Ablauf des 31. Dezember 2003.

Implementierungsschritte

§ 121. (1) Die Bestimmungen des UOG 1993 und des KUOG sind an den Universitäten und an den Universitäten der Künste bis 31. Dezember 2003 anzuwenden.

(2) Die zum Zeitpunkt des In-Kraft-Tretens dieses Bundesgesetzes im Amt befindlichen Rektorinnen und Rektoren, Vizerektorinnen und Vizerektoren üben ihr Amt bis zur Funktionsübernahme des Rektorats nach diesem Bundesgesetz aus.

(3) Der Gründungskonvent hat die Größe des Senats gemäß § 25 Abs. 2 festzulegen, eine provisorische Satzung einschließlich einer Wahlordnung für den Senat zu beschließen und die erforderlichen weiteren Schritte der Überleitung zu veranlassen, soweit hiefür gesetzlich keine anderen Maßnahmen vorgesehen sind. Die Wahlordnung hat den Grundsätzen gemäß § 120 Abs. 6 zu entsprechen.

(4) Der Gründungskonvent hat die Größe des Universitätsrats mit fünf, sieben oder neun Mitgliedern festzulegen und unverzüglich zwei, drei oder vier Mitglieder des Universitätsrats zu wählen. Kommt der Gründungskonvent einer Universität bis 31. Jänner 2003 dieser Aufgabe nicht nach, bestellt die Bundesministerin oder der Bundesminister auch die Mitglieder, die vom Gründungskonvent zu wählen gewesen wären.

(5) Die Bundesregierung hat bis 28. Februar 2003 auf Antrag der Bundesministerin oder des Bundesministers nach Maßgabe des Abs. 4 zwei, drei oder vier Mitglieder für jeden Universitätsrat zu bestellen.

(6) Der Universitätsrat hat sich unverzüglich zu konstituieren und längstens bis 31. März 2003 das weitere Mitglied (§ 21 Abs. 6 Z 3) zu wählen.

(7) Der Gründungskonvent hat unverzüglich die Wahl der Rektorin oder des Rektors auszuschreiben und einen Vorschlag für die Wahl der Rektorin oder des Rektors zu erstellen. Die Wahl der Rektorin oder des Rektors durch den Universitätsrat hat bis spätestens 30. Juni 2003 zu erfolgen.

(8) Die gewählten Rektorinnen oder Rektoren haben nach Anhörung des Gründungskonvents unverzüglich die Zahl der Vizerektorinnen und Vizerektoren sowie deren Beschäftigungsausmaß festzulegen und einen Wahlvorschlag vorzulegen. Die Wahl der Vizerektorinnen und Vizerektoren hat spätestens acht Wochen nach der Rektorswahl stattzufinden.

(9) Die Mitglieder des Rektorats haben am 1. Oktober 2003 ihr Amt anzutreten.

(10) Das Rektorat hat unverzüglich einen provisorischen Organisationsplan zu erlassen und die provisorischen Leiterinnen und Leiter der einzelnen Organisationseinheiten zu bestellen. Dieser provisorische Organisationsplan ist mit dem Tag des vollen Wirksamwerdens dieses Bundesgesetzes an der Universität in Kraft zu setzen.

(11) Die Rektorin oder der Rektor hat unverzüglich die Wahlen für den Senat auszuschreiben und die Sitzung bis zur Wahl der oder des Vorsitzenden zu leiten. Die Wahlen zum Senat haben bis 31. Oktober 2003, die konstituierende Sitzung des Senats und die Wahl des Vorsitzenden bis 30. November 2003 stattzufinden.

(12) Die Geschäftsordnung des Rektorats ist bis 31. Oktober 2003 kundzumachen.

(13) Bis spätestens 31. Dezember 2003 ist dem Universitätsrat die endgültige Organisationsform der Universität (Organisationsplan) und dem Senat der Vorschlag für die Satzung zur Beschlussfassung vorzulegen.

(14) Unverzüglich nach der Genehmigung des Organisationsplans sind die Leiterinnen und Leiter der Organisationseinheiten zu bestellen.

(15) Die gemäß UOG 1993 errichteten Universitätskliniken und Klinischen Institute der Medizinischen Fakultäten bleiben bis zum Wirksamwerden eines neuen Organisationsplans der betreffenden Medizinischen Universität bestehen und die bestellten Leiterinnen und Leiter im Amt. Diese Einrichtungen gelten ab 1. Jänner 2004 als Organisationseinheiten des Klinischen Bereichs dieser Medizinischen Universität.

(16) Die Universität hat der Bundesministerin oder dem Bundesminister jeweils bis zum 30. April 2005, 2006 und 2007 zusätzlich zum Rechnungsabschluss einen Tätigkeitsbericht vorzulegen, der sich auf das gesamte Leistungsspektrum der Universität zu beziehen hat.

(17) Die Bundesministerin oder der Bundesminister hat im Einvernehmen mit der Bundesministerin oder dem Bundesminister für Finanzen bis spätestens Ende des Jahres 2005 den für die erste Leistungsvereinbarungsperiode zur Finanzierung der Universitäten zur Verfügung stehenden Gesamtbetrag festzusetzen und darüber das Einvernehmen gemäß § 45 des Bundeshaushaltsgesetzes herzustellen. Die Universität hat der Bundesministerin oder dem Bundesminister bis 30. April 2006 den Entwurf der ersten Leistungsvereinbarung für die Jahre 2007 bis 2009 vorzulegen.

(18) Jede Universität hat bis zum Zeitpunkt des vollen Wirksamwerdens dieses Bundesgesetzes ein Bestandsverzeichnis zu erstellen. Dieses Verzeichnis hat das bisher der Universität gewidmete bewegliche und unbewegliche Vermögen, Verbindlichkeiten der Universität gegenüber Dritten, insbesondere aus Kreditaufnahmen, sowie alle Bankkonten inklusive der Wertpapierbestände und die Drittmittel der Institute (Kliniken) anzuführen. Diesem Verzeichnis ist auch eine Aufstellung des am Tag vor dem vollen Wirksamwerden dieses Bundesgesetzes an der Universität beschäftigten Personals beizufügen.

(19) Die Bundesministerin oder der Bundesminister hat bis 30. September 2006 einen Bericht über die Nachwuchsförderung und die Entwicklung der Personalstruktur der Universitäten vorzulegen.

(20) Der Gründungskonvent jeder Universität hat bis spätestens 31. Dezember 2002 eine Vertreterin oder einen Vertreter in den Dachverband der Universitäten zu entsenden. Die Funktionsperiode dieser Vertreterin oder dieses Vertreters endet mit der Entsendung einer neuen Vertreterin oder eines neuen Vertreters durch das Rektorat der betreffenden Universität (§ 108 Abs. 2).

(21) Die Rektorin oder der Rektor der Universität Wien hat die konstituierende Sitzung des Dachverbandes der Universitäten (§ 108) einzuberufen und diese Sitzung bis zur Wahl der oder des Vorsitzenden zu leiten.

(22) Erfolgen die zur Implementierung erforderlichen Schritte nicht rechtzeitig, können die notwendigen Maßnahmen ohne Setzung einer Nachfrist durch die Bundesministerin oder den Bundesminister im Wege der Ersatzvornahme vorgenommen werden.

(23) Legt eine Universität den Entwurf einer ersten Leistungsvereinbarung der Bundesministerin oder dem Bundesminister nicht rechtzeitig vor, beträgt das Budget für das betreffende Jahr 98 vH des Budgets des Vorjahres.

(24) Die Fakultätsvertretungen gemäß § 15 des Hochschülerschaftsgesetzes 1998 an den Medizinischen Fakultäten der Universitäten Wien, Graz und Innsbruck für die Studienrichtungen Medizin, Humanmedizin, Zahnmedizin und das Doktoratsstudium der medizinischen Wissenschaft üben bezüglich der Vollziehung der Bestimmungen des Universitätsgesetzes 2002 bis 31. Dezember 2003 auch die Funktion der Universitätsvertretungen der Studierenden gemäß § 13 des Hochschülerschaftsgesetzes 1998 an den Medizinischen Universitäten Wien, Graz und Innsbruck aus und gelten ab 1. Jänner 2004 als diese Universitätsvertretungen.

(25) Die Bestimmungen dieses Bundesgesetzes werden an den Universitäten mit 1. Jänner 2004 voll wirksam.

2. Abschnitt
Organisation

Überleitung der Universitätsangehörigen gemäß UOG 1993 und KUOG

§ 122. (1) Alle zum Zeitpunkt des In-Kraft-Tretens dieses Bundesgesetzes in einem Dienstverhältnis, Arbeitsverhältnis oder in einem sonstigen Rechtsverhältnis stehenden oder im Zeitraum zwischen dem In-Kraft-Treten und dem vollen Wirksamwerden

dieses Bundesgesetzes neu in ein Dienst-, Arbeits- oder sonstiges Rechtsverhältnis aufgenommenen Universitätsangehörigen haben Rechte und Aufgaben nach Maßgabe dieses Bundesgesetzes.
(2) Im Übrigen gilt Folgendes:
1. Universitätsprofessorinnen und Universitätsprofessoren gemäß § 21 UOG 1993 oder § 22 KUOG gelten organisationsrechtlich als Universitätsprofessorinnen und Universitätsprofessoren gemäß § 97 dieses Bundesgesetzes;
2. emeritierte Universitätsprofessorinnen und Universitätsprofessoren und Universitätsprofessorinnen oder Universitätsprofessoren im Ruhestand gemäß § 24 UOG 1993 oder § 25 KUOG gelten organisationsrechtlich als emeritierte
Universitätsprofessorinnen und Universitätsprofessoren oder
Universitätsprofessorinnen und Universitätsprofessoren im Ruhestand gemäß § 104 dieses Bundesgesetzes;
3. Gastprofessorinnen und Gastprofessoren gemäß § 25 UOG 1993 oder § 26 KUOG gelten organisationsrechtlich als Universitätsprofessorinnen und Universitätsprofessoren gemäß § 97 dieses Bundesgesetzes;
4. Universitätsdozentinnen und Universitätsdozenten gemäß § 27 Abs. 3 UOG 1993 oder § 28 Abs. 3 KUOG (Amtstitel:
Außerordentliche Universitätsprofessorin oder Außerordentlicher Universitätsprofessor) gelten organisationsrechtlich als Universitätsdozentinnen und Universitätsdozenten gemäß § 94 Abs. 2 Z 2 dieses Bundesgesetzes;
5. Universitätsassistentinnen und Universitätsassistenten gemäß § 29 UOG 1993 oder § 30 KUOG und Ärztinnen und Ärzte in Ausbildung zur Fachärztin oder zum Facharzt gemäß § 33 Abs. 1 Z 1 UOG 1993 in Verbindung mit § 19 Abs. 2 Z 1 lit. f UOG 1993 (Universitätsassistenten) gelten organisationsrechtlich als wissenschaftliche und künstlerische Mitarbeiterinnen und Mitarbeiter im For-

schungs-, Kunst- und Lehrbetrieb gemäß § 100 dieses Bundesgesetzes;
6. Wissenschaftliche Mitarbeiterinnen und Mitarbeiter im Forschungs- und Lehrbetrieb gemäß § 32 UOG 1993 und Mitarbeiterinnen und Mitarbeiter im Kunst-, Forschungs- und Lehrbetrieb gemäß § 33 KUOG gelten organisationsrechtlich als wissenschaftliche und künstlerische Mitarbeiterinnen und Mitarbeiter im Forschungs-, Kunst- und Lehrbetrieb gemäß § 100 dieses Bundesgesetzes;
7. Studienassistentinnen und Studienassistenten gemäß § 34 UOG 1993 oder § 34 KUOG gelten organisationsrechtlich als wissenschaftliche und künstlerische Mitarbeiterinnen und Mitarbeiter im Forschungs-, Kunst- und Lehrbetrieb gemäß § 100 dieses Bundesgesetzes;
8. Lehrbeauftragte gemäß § 30 UOG 1993 oder § 31 KUOG gelten organisationsrechtlich als wissenschaftliche und künstlerische Mitarbeiterinnen und Mitarbeiter im Forschungs-, Kunst- und Lehrbetrieb gemäß § 100 dieses Bundesgesetzes;
9. die Wissenschaftlichen Mitarbeiterinnen und Mitarbeiter im Forschungs- und Lehrbetrieb gemäß § 19 Abs. 2 Z 2 UOG 1993 sind, soweit sie arbeitsrechtlich zur Gruppe der Wissenschaftlichen und Künstlerischen Mitarbeiterinnen und Mitarbeiter (in Ausbildung) gemäß § 6 des Bundesgesetzes über die Abgeltung von wissenschaftlichen und künstlerischen Tätigkeiten an Universitäten und Universitäten der Künste, BGBl. Nr. 463/1974, gehören, organisationsrechtlich den wissenschaftlichen und künstlerischen Mitarbeiterinnen und Mitarbeitern im Forschungs-, Kunst- und Lehrbetrieb gemäß § 100 dieses Bundesgesetzes gleichgestellt;
10. die Mitarbeiterinnen und Mitarbeiter im Kunst-, Forschungs- und Lehrbetrieb gemäß § 20 Abs. 2 Z 2 KUOG sind, soweit sie arbeitsrechtlich zur Gruppe der Wissenschaftlichen und Künstlerischen Mitarbeiter (in Ausbildung) gemäß § 6 des Bundesgesetzes über die Abgeltung

von wissenschaftlichen und künstlerischen Tätigkeiten an Universitäten und Universitäten der Künste, BGBl. Nr. 463/1974, gehören, organisationsrechtlich den wissenschaftlichen und künstlerischen Mitarbeiterinnen und Mitarbeitern im Forschungs-, Kunst- und Lehrbetrieb gemäß § 100 dieses Bundesgesetzes gleichgestellt;

11. Ärztinnen und Ärzte in Ausbildung zur Fachärztin oder zum Facharzt gelten, soweit sie nicht unter Z 5 oder Z 9 fallen, organisationsrechtlich als Ärztinnen und Ärzte in Facharztausbildung gemäß § 94 Abs. 3 Z 6 dieses Bundesgesetzes;

12. Ärztinnen und Ärzte gemäß § 33 Abs. 2 UOG 1993 gelten organisationsrechtlich als allgemeines Universitätspersonal gemäß § 101 dieses Bundesgesetzes;

13. Allgemeine Universitätsbedienstete gemäß § 35 UOG 1993 oder gemäß § 35 KUOG gelten organisationsrechtlich als allgemeines Universitätspersonal gemäß § 101 dieses Bundesgesetzes;

14. Universitätsdozentinnen und Universitätsdozenten gemäß § 27 UOG 1993 oder gemäß § 28 KUOG, die als solche in keinem Dienstverhältnis (§ 170 BDG 1979, § 55 Vertragsbedienstetengesetz 1948) stehen, gelten organisationsrechtlich als Privatdozentinnen und Privatdozenten gemäß § 102 dieses Bundesgesetzes;

15. Honorarprofessorinnen und Honorarprofessoren gemäß § 26 UOG 1993 oder § 27 KUOG gelten organisationsrechtlich als Privatdozentinnen und Privatdozenten gemäß § 102 dieses Bundesgesetzes.

(3) Universitätsdozentinnen und Universitätsdozenten (Amtstitel: Ao. Universitätsprofessorinnen und Universitätsprofessoren) gemäß Abs. 2 Z 4 bleibt das Recht gewahrt, die wissenschaftliche oder künstlerische Lehre in ihrem Fach an der Universität, die ihnen die Lehrbefugnis (venia docendi) verliehen hat, mittels der Einrichtungen der Universität frei auszuüben, die Einrichtungen dieser Universität für wissenschaftliche oder künstlerische Arbeiten zu benützen und wissenschaftliche oder

künstlerische Arbeiten (§§ 81 bis 83, § 124) zu betreuen und zu beurteilen. Darüber hinaus haben sie das Recht, auf dem Gebiet ihrer Lehrbefugnis Lehrveranstaltungen auch an anderen Universitäten, zu deren Wirkungsbereich das Fachgebiet ihrer Lehrbefugnis gehört, anzukündigen und nach Maßgabe der räumlichen Möglichkeiten abzuhalten.

(4) Die im Abs. 3 genannten Universitätsdozentinnen und Universitätsdozenten haben folgende Aufgaben verantwortlich wahrzunehmen:

1. Forschungstätigkeit (Entwicklung und Erschließung der Künste);
2. Durchführung von Lehrveranstaltungen, insbesondere der Pflichtlehrveranstaltungen, in Vertretung ihres Faches, nach Maßgabe des Bedarfs, unter Berücksichtigung der Studienvorschriften;
3. Durchführung von Prüfungen;
4. Betreuung von Studierenden;
5. Heranbildung und Förderung des wissenschaftlichen oder künstlerischen Nachwuchses;
6. Mitwirkung an Organisations-, Verwaltungs- und Managementaufgaben;
7. Mitwirkung bei Evaluierungsmaßnahmen.

(5) Auf Vorschlag der Mehrheit der Universitätsprofessorinnen und Universitätsprofessoren einer Organisationseinheit mit Forschungs- und Lehraufgaben oder Aufgaben der Entwicklung und Erschließung der Künste und der Lehre der Kunst können die im Abs. 3 genannten Universitätsdozentinnen und Universitätsdozenten vom Rektorat abweichend von § 20 Abs. 5 mit der Leitung dieser Organisationseinheit betraut werden.

(6) Hinsichtlich der Wahl in Kollegialorgane gehören die in Abs. 3 genannten Universitätsdozentinnen und Universitätsdozenten zu der im § 94 Abs. 2 Z 2 genannten Gruppe.

(7) Universitätsdozentinnen und Universitätsdozenten gemäß Abs. 2 Z 14 sowie Honorarprofessorinnen und Honorarprofessoren gemäß Abs. 2 Z 15 bleibt das Recht gewahrt, die wissenschaftliche oder künstlerische Lehre in ihrem Fach an der

Universität, die ihnen die Lehrbefugnis verliehen hat, mittels der Einrichtungen der Universität frei auszuüben sowie wissenschaftliche oder künstlerische Arbeiten (§§ 81 bis 83, § 124) zu betreuen und zu beurteilen. Darüber hinaus haben sie das Recht, auf dem Gebiet ihrer Lehrbefugnis Lehrveranstaltungen auch an anderen Universitäten, zu deren Wirkungsbereich das Fachgebiet ihrer Lehrbefugnis gehört, anzukündigen und nach Maßgabe der räumlichen Möglichkeiten abzuhalten.

Übergangsbestimmungen für Berufungskommissionen, Habilitationskommissionen und besondere Habilitationskommissionen

§ 123. Berufungskommissionen, Habilitationskommissionen und besondere Habilitationskommissionen, die vor dem vollen Wirksamwerden dieses Bundesgesetzes an der betreffenden Universität oder Universität der Künste konstituiert wurden und ihre Tätigkeit bereits aufgenommen haben, haben das Verfahren in ihrer bisherigen Zusammensetzung und nach den bisherigen Bestimmungen durchzuführen.

Übergangsbestimmungen für die Errichtung einer Medizinischen Fakultät

§ 123a. Die gemäß § 29 Abs. 9 vorletzter Satz konkret betrauten Bediensteten des Rechtsträgers einer Krankenanstalt sind in den ersten drei Jahren ab dem im Organisationsplan der Universität vorgesehenen Zeitpunkt der Einrichtung einer Medizinischen Fakultät organisationsrechtlich nur dann den Universitätsangehörigen gemäß § 94 Abs. 2 Z 2 gleichgestellt, wenn sie in einem Durchrechnungszeitraum von 26 Wochen mindestens 30 vH der Normalarbeitszeit bezogen auf die jeweilige Organisationseinheit mit Aufgaben der universitären Lehre und Forschung betraut werden. In Ausnahmefällen kann das Rektorat auf Antrag von gemäß § 29 Abs. 9 vorletzter Satz konkret betrauten Bediensteten des Rechtsträgers einer Krankenanstalt in den ersten drei Jahren ab dem im Organisationsplan der Universität vorgesehenen Zeitpunkt der Einrichtung einer Medizinischen Fakultät diesen die Angehörigeneigenschaft zuerkennen, wenn dies im universitären Interesse ist.

§ 123b. (1) Bei Errichtung einer Medizinischen Fakultät hat der Entwicklungsplan die entsprechenden Stellenwidmungen für Universitätsprofessorinnen und Universitätsprofessoren im Klinischen und Nichtklinischen Bereich nach § 98 Abs. 1 vorzusehen.

(2) Vor der Bestellung von Gutachterinnen und Gutachtern gemäß § 98 Abs. 3 haben die im Senat vertretenen Universitätsprofessorinnen und Universitätsprofessoren Vorschläge mindestens zweier Universitätsprofessorinnen oder Universitätsprofessoren des Fachbereichs mindestens zweier anderer Universitäten einzuholen. Es sind mindestens **drei** externe Gutachterinnen oder Gutachter zu bestellen.

(3) Der Berufungskommission haben Universitätsprofessorinnen und Universitätsprofessoren des Fachbereichs mindestens zweier anderer Universitäten anzugehören.

(4) Eine Berufung nach § 99 kann nur in besonders begründeten Ausnahmefällen erfolgen. In solchen Fällen hat die Rektorin oder der Rektor die Universitätsprofessorinnen und die Universitätsprofessoren nach Anhörung mindestens zweier Universitätsprofessorinnen oder Universitätsprofessoren des fachlichen Bereichs mindestens zweier anderer Universitäten, auszuwählen. Die Auswahl der zwei Universitätsprofessorinnen oder Universitätsprofessoren des fachlichen Bereichs mindestens zweier anderer Universitäten durch die Rektorin oder den Rektor erfolgt nach Anhörung des Senats.

(5) Abs. 2 bis 4 sind ab dem Bestehen eines Fachbereiches für die fachliche Widmung der zu besetzenden Stelle nicht mehr anzuwenden.

(6) Die Abs. 2 und 3 gelten sinngemäß auch für Habilitationsverfahren gemäß § 103, solange an der Medizinischen Fakultät noch kein entsprechender Fachbereich besteht.

3. Abschnitt
Studienrecht

§ 124. (1) Die an den Universitäten am 1. Oktober 2003 eingerichteten Diplom-, Bakkalaureats-, Magister- und Doktoratsstudien bleiben an diesen Universitäten, solange keine entgegenstehenden Entscheidungen gemäß § 54 dieses Bundesgesetzes getroffen werden, weiterhin eingerichtet. Auf diese Studien sind die jeweiligen Studienpläne in der am 1. Oktober 2003 geltenden Fassung weiterhin anzuwenden und diese Studienpläne dürfen gemäß § 25 Abs. 1 Z 10 auch abgeändert werden. An Absolventinnen und Absolventen dieser Diplomstudien sowie dieser Bakkalaureats- oder Magisterstudien sind jeweils jene akademischen Grade zu verleihen, die am 1. Oktober 2003 für die jeweiligen Studien vorgesehen sind. § 80 bis § 80b UniStG sind sinngemäß anzuwenden. Werden an Stelle bestehender Studien gemäß § 54 Abs. 1 Bakkalaureats-, Magister- oder Doktoratsstudien eingerichtet, so sind in den Curricula den § 80 Abs. 2 und § 80a Abs. 2 UniStG entsprechende Übergangsbestimmungen vorzusehen.

(1a) Für angebotene Diplomstudien sind die in Anlage 1 zum UniStG vorgesehenen akademischen Grade zu verleihen. Der Umfang dieser Diplomstudien richtet sich ebenfalls nach Anlage 1 zum UniStG.

(2) Die Studienkommissionen haben bis zum 1. Juli 2003 allen gemäß UniStG erlassenen Studienplänen ECTS-Anrechnungspunkte im Sinne des § 13 Abs. 4 Z 9 und § 19 Abs. 4 UniStG zuzuteilen.

(3) Die an den Universitäten am 31. Dezember 2003 gemäß UniStG eingerichteten Universitätslehrgänge und Vorbereitungslehrgänge bleiben an den Universitäten weiterhin eingerichtet. Auf diese Studien sind die jeweiligen Studienpläne in der am 31. Dezember 2003 geltenden Fassung weiterhin anzuwenden.

(4) § 77 ist ab dem 1. Oktober 2003 anzuwenden. Für die Wiederholung von Prüfungen, die vor dem 1. Oktober 2003 negativ beurteilt wurden, ist statt § 77 dieses Bundesgesetzes der

§ 58 Abs. 1 bis Abs. 6 UniStG, in der zuletzt geltenden Fassung, anzuwenden.

(Anm.: Abs. 5 aufgehoben durch Art. 1 Z 162, BGBl. I Nr. 93/ 2021)

(6) Auf Anträge gemäß den §§ 27 und 28 UniStG, die vor dem 1. Jänner 2004 anhängig gemacht wurden, sind die §§ 27 und 28 UniStG, in der zuletzt geltenden Fassung, anzuwenden.

(6a) Außeruniversitäre Bildungseinrichtungen, auf die zum Zeitpunkt des Inkrafttretens der Änderung des Universitätsgesetzes 2002 durch das Bundesgesetz BGBl. I Nr. 81/2009 eine Verordnung gemäß §§ 27 und 28 UniStG anzuwenden ist und die im Jahr 2009 diesen Lehrgang anbieten, haben bis zum 30. Juni 2010 das Recht auf Antragstellung um Verlängerung der Gültigkeitsdauer dieser Verordnung. Die Verordnungen sind bis längstens 31. Dezember 2012 zu befristen.

(7) Auf jene Nostrifizierungsverfahren, die an den Universitäten gemäß § 6 Z 16 bis 21 vor dem 1. August 1998 anhängig gemacht wurden, ist statt § 90 dieses Bundesgesetzes § 49 KHStG anzuwenden. Auf jene Nostrifizierungsverfahren, die an den Universitäten gemäß § 6 Z 1 bis 15 vor dem 1. August 1997 anhängig gemacht wurden, ist statt § 90 dieses Bundesgesetzes § 40 AHStG anzuwenden. Auf jene Nostrifizierungsverfahren, die an den Universitäten bis zum 31. Dezember 2003 anhängig gemacht werden, sind statt § 90 dieses Bundesgesetzes die §§ 70 bis 73 UniStG anzuwenden.

(8) Auf ordentliche Studierende, die an den Universitäten vor dem 1. Jänner 2004 zu einem individuellen Diplomstudium zugelassen wurden, ist § 17 UniStG weiterhin anzuwenden.

(9) § 64 Abs. 1 Z 6 und § 78 Abs. 1 sind nur für jene Lehrgänge universitären Charakters anzuwenden, denen die Berechtigung zur Bezeichnung nach dem 1. September 2001 verliehen wurde.

(10) Bisherige Bakkalaureatsstudien und Magisterstudien gelten als Bachelorstudien und Masterstudien gemäß § 51 Abs. 2 Z 4 und 5, bisherige Bakkalaureatsarbeiten und Magisterarbeiten gelten als Bachelorarbeiten und Masterarbeiten gemäß § 51 Abs. 2 Z 7 bis 8.

(11) Bis zur Änderung der akademischen Grade aufgrund des § 51 Abs. 2 in der Fassung des Bundesgesetzes BGBl. I Nr. 74/2006 in den betreffenden Curricula sind die bisherigen akademischen Grade weiter zu verleihen.

(12) Absolventinnen und Absolventen, die vor In-Kraft-Treten des Bundesgesetzes BGBl. I Nr. 74/2006 das Studium begonnen haben, sind jene akademischen Grade zu verleihen, die zum Zeitpunkt des In-Kraft-Tretens des Bundesgesetzes BGBl. I Nr. 74/2006 für dieses Studium vorgesehen sind. Über Antrag sind anstelle dieser akademischen Grade die akademischen Grade „Bachelor …", oder „Master …", jeweils mit dem im Curriculum festgelegten Zusatz zu verleihen, wenn diese akademischen Grade in den Curricula festgelegt sind.

(13) Absolventinnen und Absolventen, die vor In-Kraft-Treten des Bundesgesetzes BGBl. I Nr. 74/2006 aufgrund eines abgeschlossenen Bakkalaureats- oder Magisterstudiums das Recht zur Führung eines akademischen Grades „Bakkalaurea/Bakkalaureus …", oder „Magistra/Magister …", jeweils mit einem Zusatz, sowie „Diplom-Ingenieurin/Diplom-Ingenieur", erworben haben, sind berechtigt, anstelle dieser akademischen Grade die akademischen Grade „Bachelor …" oder „Master …", jeweils mit dem im Curriculum festgelegten Zusatz zu führen, wenn diese akademischen Grade in den Curricula festgelegt sind. Auf Antrag hat die Universität, die den akademischen Grad verliehen hat, darüber eine Bestätigung auszustellen.

(14) Auf Anträge auf Anerkennung von Dissertationen gemäß § 85, die vor dem In-Kraft-Treten des § 85 in der Fassung des Bundesgesetzes BGBl. I Nr. 74/2006 anhängig gemacht wurden, ist § 85 in der bis dahin geltenden Fassung anzuwenden.

(15) Ordentliche Studierende, die Doktoratsstudien betreiben, welche mit einem Arbeitsaufwand von mindestens 120 ECTS-Anrechnungspunkten vor dem Inkrafttreten des § 54 Abs. 4 in der Fassung des Bundesgesetzes BGBl. I Nr. 74/2006 eingerichtet wurden, sind berechtigt, diese Studien bis längstens 30. November 2017 nach diesen Vorschriften abzuschließen. Ab dem Studienjahr 2009/10 darf eine Zulassung zu einem Doktoratsstudium,

dessen Mindeststudiendauer weniger als drei Jahre beträgt, nicht mehr erfolgen.

4. Abschnitt
Überleitung des Personals

Beamtinnen und Beamte des Bundes

§ 125. (1) Für den Bereich jeder Universität wird ein „Amt der Universität ..." eingerichtet, das in seiner Bezeichnung den Namen der betreffenden Universität zu führen hat. Das „Amt der Universität ..." ist der Bundesministerin oder dem Bundesminister unmittelbar nachgeordnet und wird von der Rektorin oder dem Rektor dieser Universität geleitet. Diese oder dieser ist in dieser Funktion an die Weisungen der Bundesministerin oder des Bundesministers gebunden. Das „Amt der Universität ..." ist die zuständige Dienstbehörde. In Dienstrechtsverfahren hat die Rektorin oder der Rektor als Leiterin oder Leiter des „Amts der Universität ..." das Dienstrechtsverfahrensgesetz 1984, BGBl. Nr. 29/1984, anzuwenden. Über Beschwerden gegen Bescheide des „Amts der Universität ..." entscheidet das Bundesverwaltungsgericht.

(2) Beamtinnen oder Beamte, die am Tag vor dem vollen Wirksamwerden dieses Bundesgesetzes an der Universität im Planstellenbereich Universitäten oder Universitäten der Künste ernannt sind, gehören ab dem auf diesen Zeitpunkt folgenden Tag (Stichtag) für die Dauer ihres Dienststandes dem Amt jener Universität an, deren Aufgaben sie überwiegend besorgt haben, und sind dieser Universität zur dauernden Dienstleistung zugewiesen, solange sie nicht zu einer anderen Bundesdienststelle versetzt werden.

(3) Beamtinnen und Beamte, die in einem anderen Planstellenbereich ernannt und der Universität zur Dienstleistung zugewiesen sind, gelten bei entsprechendem Bedarf ab dem Stichtag weiterhin der Universität zur Dienstleistung zugewiesen.

(4) Beamtinnen oder Beamte, die am Tag vor dem vollen Wirksamwerden dieses Bundesgesetzes an der Universität im

Planstellenbereich Universitäten ernannt und einer Einrichtung einer Medizinischen Fakultät zugeordnet sind, gehören ab dem auf diesen Zeitpunkt folgenden Tag (Stichtag) für die Dauer ihres Dienststandes dem Amt jener Medizinischen Universität an, welche die Nachfolgeeinrichtung der betreffenden Medizinischen Fakultät ist, und sind dieser Medizinischen Universität zur dauernden Dienstleistung zugewiesen, solange sie nicht zu einer anderen Bundesdienststelle versetzt werden.

(5) Beamtinnen oder Beamte, die zum Zeitpunkt des In-Kraft-Tretens dieses Bundesgesetzes einer Interuniversitären Einrichtung zugeordnet sind oder in der Zeit danach zugeordnet werden, gelten mit dem Tag des vollen Wirksamwerdens dieses Bundesgesetzes an der Universität, welche die Nachfolgeeinrichtung der betreffenden Interuniversitären Einrichtung ist, als dieser Universität zugeordnet, solange sie nicht zu einer anderen Bundesdienststelle versetzt werden.

(6) Die in den Abs. 2 bis 5 genannten und in einem definitiven Bundesdienstverhältnis stehenden Beamtinnen und Beamten sind den Arbeitnehmerinnen und Arbeitnehmern der Universität in einem unbefristeten Arbeitsverhältnis organisationsrechtlich gleichgestellt.

(7) Die Verwendung der Beamtinnen und Beamten gemäß Abs. 2 bis 5 in einer Gesellschaft, an der die Universität mehrheitlich beteiligt ist, ist unter Beachtung der Art. 17 und 17a StGG zulässig.

(8) Dem „Amt der Universität ..." zugewiesene Beamtinnen und Beamte gemäß Abs. 2, 4 und 5 in einem definitiven Dienstverhältnis haben, wenn sie innerhalb von drei Jahren ab dem Stichtag ihren Austritt aus dem Bundesdienst erklären, mit Wirksamkeit von dem auf den Austritt folgenden Monatsersten Anspruch auf Aufnahme in ein Arbeitsverhältnis zur betreffenden Universität zu den zu diesem Zeitpunkt für neu eintretende Arbeitnehmerinnen und Arbeitnehmer geltenden Bestimmungen.

(9) Dem „Amt der Universität ..." zugewiesene Beamtinnen und Beamte gemäß Abs. 2, 4 und 5, die sich zum Stichtag im provisorischen Dienstverhältnis (§§ 10 und 177 BDG 1979) be-

finden, haben, wenn sie innerhalb von drei Jahren ab ihrer Definitivstellung ihren Austritt aus dem Bundesdienst erklären, mit Wirksamkeit von dem auf den Austritt folgenden Monatsersten Anspruch auf Aufnahme in ein Arbeitsverhältnis zur betreffenden Universität zu den zu diesem Zeitpunkt für neu eintretende Arbeitnehmerinnen und Arbeitnehmer geltenden Bestimmungen.

(10) Die beim Bund zurückgelegte Dienstzeit ist in den Fällen der Abs. 8 und 9 für alle zeitabhängigen Ansprüche anzurechnen. Forderungen des Bundes gegenüber diesen Bediensteten aus ihrem öffentlich-rechtlichen Dienstverhältnis, die bis zum Austritt entstanden sind, gehen bei Begründung eines Arbeitsverhältnisses zur Universität auf die Universität über und sind von dieser dem Bund zu refundieren.

(11) Eine Beamtin oder ein Beamter, die oder der in ein Arbeitsverhältnis zur Universität übertritt, hat keinen Anspruch auf Abfertigung gemäß § 26 und § 54 des Gehaltsgesetzes 1956, BGBl. Nr. 54. Wird eine Beamtin oder ein Beamter, die oder der gemäß § 21 BDG 1979 in Verbindung mit § 26 Abs. 3 Gehaltsgesetz 1956 aus dem Dienstverhältnis ausgetreten ist, innerhalb von sechs Monaten nach Beendigung dieses Dienstverhältnisses in ein Arbeitsverhältnis zur Universität aufgenommen, hat sie oder er der Universität die anlässlich der Beendigung des bisherigen Dienstverhältnisses gemäß § 26 Abs. 3 Gehaltsgesetz 1956 erhaltene Abfertigung zu erstatten.

(12) Für dem „Amt der Universität ..." zugewiesene Beamtinnen und Beamten hat die Universität dem Bund den gesamten Aktivitätsaufwand samt Nebenkosten zu ersetzen und einen Beitrag zur Deckung des Pensionsaufwands zu leisten. Dieser Beitrag beträgt 31,8 vH des Aufwandes an Aktivbezügen. Als Aktivbezüge gelten alle Geldleistungen, von denen ein Pensionsbeitrag zu entrichten ist. Die von den Beamtinnen und Beamten einzubehaltenden Pensionsbeiträge sind anzurechnen. Im Falle einer künftigen Änderung der Höhe des Pensionsbeitrages der Bundesbeamtinnen und Bundesbeamten gemäß § 22 Gehaltsgesetz 1956 ändert sich der Prozentsatz des Deckungsbeitrages im gleichen Ausmaß. Ab 1. Jänner 2004 geleistete besondere Pen-

sionsbeiträge und Überweisungsbeträge sind umgehend und in voller Höhe an den Bund zu überweisen. Die sonstigen Zahlungen an den Bund sind jeweils am 10. des betreffenden Monats fällig. Sozialversicherungsrechtliche Überweisungsbeträge anlässlich des Ausscheidens aus einem pensionsversicherungsfreien Dienstverhältnis sind von der Universität zu leisten. Die dafür erforderlichen Mittel sind der Universität durch den Bund im Globalbudget zur Verfügung zu stellen.

(13) Für Beamtinnen und Beamte an den Universitäten gilt das ArbeitnehmerInnenschutzgesetz, BGBl. Nr. 450/1994.

(14) Beamtinnen und Beamte, die einer Einrichtung für Gerichtliche Medizin zugeordnet sind, haben im Rahmen ihrer Dienstpflichten an der Erstellung von Gutachten und Befunden in gerichtlichen Verfahren mitzuwirken. Auftraggeberin ist die jeweils zuständige Ermittlungs- oder Justizbehörde.

(15) Soll eine Universitätsdozentin oder ein Universitätsdozent an jener Universität, der sie oder er zur Dienstleistung zugewiesen ist, in ein Arbeitsverhältnis als Universitätsprofessorin oder Universitätsprofessor gemäß §§ 97 ff aufgenommen werden, ist die Anwendung des § 160 BDG 1979 zulässig. Im Falle der Gewährung einer Freistellung unter Beibehaltung der Bezüge gelten aus dem Arbeitsverhältnis gebührende, den fortgezahlten Bezug übersteigende Leistungen als Entgelt.

Vertragsbedienstete des Bundes

§ 126. (1) Bedienstete des Bundes, die am Tag vor dem vollen Wirksamwerden dieses Bundesgesetzes an der Universität zu Lasten einer Planstelle der Planstellenbereiche Universitäten oder Universitäten der Künste in einem vertraglichen Dienstverhältnis stehen, werden mit dem folgenden Tag (Stichtag) Arbeitnehmerinnen oder Arbeitnehmer jener Universität, deren Aufgaben sie überwiegend besorgt haben.

(2) Vertragsbedienstete, die am Tag vor dem vollen Wirksamwerden dieses Bundesgesetzes an einer Universität zu Lasten einer Planstelle der Planstellenbereiche Universitäten in einem

vertraglichen Dienstverhältnis stehen und einer Einrichtung einer Medizinischen Fakultät zugeordnet sind, werden mit dem folgenden Tag (Stichtag) Arbeitnehmerinnen oder Arbeitnehmer jener Medizinischen Universität, welche die Nachfolgeeinrichtung der Medizinischen Fakultät ist.

(3) Vertragsbedienstete, die zum Zeitpunkt des In-Kraft-Tretens dieses Bundesgesetzes einer Interuniversitären Einrichtung zugeordnet sind oder in der Zeit danach zugeordnet werden, werden mit dem Tag des vollen Wirksamwerdens dieses Bundesgesetzes an der Universität, welche die Nachfolgeeinrichtung der betreffenden Interuniversitären Einrichtung ist, Arbeitnehmerinnen oder Arbeitnehmer dieser Universität.

(4) Hinsichtlich einer allfälligen zeitlichen Befristung des Arbeitsverhältnisses tritt keine Änderung ein. Die Universität setzt die Rechte und Pflichten des Bundes gegenüber diesen Arbeitnehmerinnen und Arbeitnehmern fort. Das Vertragsbedienstetengesetz 1948, BGBl. Nr. 86, gilt hinsichtlich der ihm zum Stichtag unterliegenden Arbeitnehmerinnen und Arbeitnehmer als Inhalt des Arbeitsvertrags mit der Universität. Der Abschluss von Sonderverträgen gemäß § 36 Vertragsbedienstetengesetz 1948 ist nicht mehr zulässig. Innerhalb von zwei Jahren ab dem vollen Wirksamwerden dieses Bundesgesetzes an der Universität ist eine Kündigung aus einem der im § 32 Abs. 4 des Vertragsbedienstetengesetzes 1948 angeführten Gründen nicht zulässig.

(5) Die Arbeitnehmerinnen und Arbeitnehmer gemäß Abs. 1 bis 3 können innerhalb von drei Jahren nach dem Wirksamwerden des für neu eintretende Arbeitnehmerinnen und Arbeitnehmer abgeschlossenen Kollektivvertrags ihre Bereitschaft zum Übertritt in diesen Kollektivvertrag erklären. Ihre Arbeitsverträge sind mit Wirksamkeit des auf die Erklärung folgenden Monatsersten entsprechend anzupassen.

(6) Auf Vertragsassistentinnen und Vertragsassistenten in einem Dienstverhältnis gemäß § 52a des Vertragsbedienstetengesetzes 1948 ist § 52b des Vertragsbedienstetengesetzes 1948 mit der Maßgabe anzuwenden, dass an die Stelle der Bundesministerin oder des Bundesministers (§ 52b Abs. 1 Z 2) das Rektorat tritt.

(7) Arbeitnehmerinnen und Arbeitnehmer gemäß Abs. 6 können innerhalb von drei Jahren nach dem Wirksamwerden des für neu eintretende Arbeitnehmerinnen und Arbeitnehmer abgeschlossenen Kollektivvertrags, frühestens jedoch nach der Verlängerung des Arbeitsverhältnisses auf unbestimmte Zeit gemäß § 52b des Vertragsbedienstetengesetzes 1948, ihre Bereitschaft zum Übertritt in diesen Kollektivvertrag erklären. Ihre Arbeitsverträge sind mit Wirksamkeit des auf die Erklärung folgenden Monatsersten entsprechend anzupassen.

(8) Aus Anlass des Ausscheidens aus dem Bundesdienstverhältnis gemäß Abs. 1 bis 3 und des Übertritts gemäß Abs. 5 oder 7 gebührt keine Abfertigung gemäß § 35 des Vertragsbedienstetengesetzes 1948. Die im vorangegangenen Dienstverhältnis zurückgelegte Dienstzeit ist für alle zeitabhängigen Rechte zu berücksichtigen.

Lehrlinge des Bundes

§ 127. Hinsichtlich der Rechtsstellung der Lehrlinge des Bundes, die am Tag vor dem vollen Wirksamwerden dieses Bundesgesetzes an der Universität in einem Ausbildungsverhältnis gemäß Berufsausbildungsgesetz, BGBl. Nr. 142/1969, stehen, tritt nach dem Stichtag keine Änderung ein. Die Universität tritt in die Ausbildungsverpflichtung des Bundes ein.

Neuaufnahmen

§ 128. Für ab dem Zeitpunkt des vollen Wirksamwerdens dieses Bundesgesetzes an der Universität neu aufgenommene Arbeitnehmerinnen und Arbeitnehmer gilt bis zum In-Kraft-Treten eines Kollektivvertrags gemäß § 108 Abs. 3 das Vertragsbedienstetengesetz 1948 mit Ausnahme der §§ 4, 32 und 34 als Inhalt des Arbeitsvertrags mit der Universität. § 108a ist anzuwenden.

Haftungen des Bundes

§ 129. (1) Zur Sicherung der bezugsrechtlichen Ansprüche der Beamtinnen und Beamten, die nach dem Stichtag in ein Arbeitsverhältnis zur Universität überwechseln, und der Vertragsbediensteten sowie der Lehrlinge, die in ein Arbeits- oder Ausbildungsverhältnis zur Universität übergeführt werden, haftet der Bund wie ein Ausfallsbürge (§ 1356 des Allgemeinen Bürgerlichen Gesetzbuches). Die Höhe der Haftung ist mit jenem Betrag begrenzt, der sich am Tag vor dem Ausscheiden der Bediensteten aus dem Bundesdienst aus der für die genannten Bediensteten maßgeblich gewesenen besoldungsrechtlichen Stellung unter Berücksichtigung ihrer Verwendung zu diesem Zeitpunkt ergibt, zuzüglich der nach diesem Zeitpunkt zurückgelegten Dienstzeit, der vorgesehenen regelmäßigen Vorrückungen und der allgemeinen Gehaltserhöhungen.

(2) Anwartschaften auf Abfertigungen und Jubiläumszuwendungen von Arbeitnehmerinnen und Arbeitnehmern gemäß Abs. 1 werden von der Universität übernommen.

Forderungen des Bundes gegenüber den Bediensteten

§ 130. Die am Tag vor dem vollen Wirksamwerden dieses Bundesgesetzes an der Universität bestehenden Forderungen des Bundes aus dem Titel gewährter Vorschüsse sowie allfällige Rückersatzansprüche nach dem Amtshaftungsgesetz, BGBl. Nr. 20/1949, Organhaftpflichtgesetz, BGBl. Nr. 181/1967, oder Dienstnehmerhaftpflichtgesetz, BGBl. Nr. 80/1965, gegenüber Arbeitnehmerinnen und Arbeitnehmern der Universität, die aus einem Beamtendienstverhältnis in ein Arbeitsverhältnis zur Universität überwechseln oder aus einem Dienstverhältnis als Vertragsbedienstete oder Vertragsbediensteter in ein Arbeitsverhältnis zur Universität übergeführt werden, gehen mit dem Entstehen dieser Arbeitnehmerschaft auf die Universität über und sind von dieser dem Bund zu refundieren.

Übergang der Dienst- und Naturalwohnungen

§ 131. Beamtinnen oder Beamte, die in ein Arbeitsverhältnis zur Universität überwechseln, und Vertragsbedienstete, die in ein Arbeitsverhältnis zur Universität überführt werden, sind hinsichtlich der Nutzung von Dienst- oder Naturalwohnungen so zu behandeln, als ob sie Bundesbedienstete wären. Dadurch wird kein Bestandsverhältnis an der Wohnung begründet, die Bestimmungen des § 80 des Beamten-Dienstrechtsgesetzes 1979, BGBl. Nr. 333, und der §§ 24a bis 24c des Gehaltsgesetzes 1956, BGBl. Nr. 54, finden weiterhin sinngemäß Anwendung. Die Rechte des Dienstgebers im Sinne des § 80 des Beamten-Dienstrechtsgesetzes 1979 nimmt die Bundesministerin oder der Bundesminister wahr.

Wissenschaftliche (Künstlerische) Mitarbeiterinnen und Mitarbeiter (in Ausbildung)

§ 132. (1) Hinsichtlich der Rechtsstellung der Wissenschaftlichen (Künstlerischen) Mitarbeiterinnen und Mitarbeiter (in Ausbildung) (§ 6 des Bundesgesetzes über die Abgeltung von wissenschaftlichen und künstlerischen Tätigkeiten an Universitäten und Universitäten der Künste, BGBl. Nr. 463/1974), die am Tag vor dem vollen Wirksamwerden dieses Bundesgesetzes an der Universität in einem Ausbildungsverhältnis zum Bund stehen, tritt nach dem Stichtag keine Änderung ein. Sie gelten ab dem Stichtag als der Universität oder der Medizinischen Universität zugeordnet, welche die Nachfolgeeinrichtung der Universität oder der Medizinischen Fakultät ist, deren Aufgaben sie überwiegend besorgt haben. Die Universität tritt in die Ausbildungsverpflichtung des Bundes ein. Das Rechtsverhältnis endet aus den im § 6e des Bundesgesetzes über die Abgeltung von wissenschaftlichen und künstlerischen Tätigkeiten an Universitäten und Universitäten der Künste genannten Gründen oder durch Aufnahme in ein Arbeitsverhältnis zu einer Universität oder einer Medizinischen Universität.

(2) Die §§ 6 bis 6g und 7 des Bundesgesetzes über die Abgeltung von wissenschaftlichen und künstlerischen Tätigkeiten an Universitäten und Universitäten der Künste, BGBl. Nr. 463/1974, sind auf die im Abs. 1 genannten Mitarbeiterinnen und Mitarbeiter bis zum Ablauf ihres Ausbildungsverhältnisses weiter anzuwenden.

Personen in einem besonderen Rechtsverhältnis zum Bund

§ 133. (1) Hinsichtlich des Rechtsverhältnisses von Personen, die am Tag vor dem vollen Wirksamwerden dieses Bundesgesetzes an der Universität in einem besonderen Rechtsverhältnis zum Bund (Tutoren gemäß § 1a, Studienassistenten und Demonstratoren gemäß § 1b, Lehrbeauftragte gemäß § 1 Abs. 2 und § 2 sowie Gastprofessorinnen und Gastprofessoren gemäß § 3 des Bundesgesetzes über die Abgeltung von wissenschaftlichen und künstlerischen Tätigkeiten an Universitäten und Universitäten der Künste) stehen, tritt nach dem Stichtag keine Änderung ein. Sie gelten ab dem Stichtag als der Universität oder der Medizinischen Universität zugeordnet, welche die Nachfolgeeinrichtung der Universität oder Medizinischen Fakultät ist, deren Aufgaben sie überwiegend besorgt haben. Das Rechtsverhältnis endet mit Zeitablauf.

(2) Der Abschluss oder die Verlängerung eines solchen besonderen Rechtsverhältnisses zum Bund durch die Universität ist mit Wirksamkeit ab dem Stichtag unzulässig.

(3) Die §§ 1, 1a, 1b, 2, 2a, 3 und 7 des Bundesgesetzes über die Abgeltung von wissenschaftlichen und künstlerischen Tätigkeiten an Universitäten und Universitäten der Künste sind auf die im Abs. 1 genannten Personen bis zum Ablauf ihres besonderen Rechtsverhältnisses weiter anzuwenden.

Angestellte im Rahmen der Teilrechtsfähigkeit

§ 134. (1) Angestellte, die am Tag vor dem vollen Wirksamwerden dieses Bundesgesetzes an der Universität in einem Arbeitsverhältnis zu einer teilrechtsfähigen Einrichtung der Universität stehen, werden mit dem folgenden Tag (Stichtag) Arbeitnehmerinnen oder Arbeitnehmer dieser Universität. Ab diesem Zeitpunkt setzt die Universität als Arbeitgeberin die Rechte und Pflichten der teilrechtsfähigen Einrichtung der Universität fort. Ein im Rahmen der Teilrechtsfähigkeit befristet abgeschlossenes Arbeitsverhältnis endet mit Zeitablauf.

(2) Angestellte, die am Tag vor dem vollen Wirksamwerden dieses Bundesgesetzes an einer Medizinischen Fakultät in einem Arbeitsverhältnis zu einer teilrechtsfähigen Einrichtung dieser Medizinischen Fakultät stehen, werden mit dem folgenden Tag (Stichtag) Arbeitnehmerinnen oder Arbeitnehmer der Medizinischen Universität, welche die Nachfolgeeinrichtung der Medizinischen Fakultät ist. Ab diesem Zeitpunkt setzt die Medizinische Universität als Arbeitgeberin die Rechte und Pflichten der teilrechtsfähigen Einrichtung der Medizinischen Fakultät fort. Ein im Rahmen der Teilrechtsfähigkeit befristet abgeschlossenes Arbeitsverhältnis endet mit Zeitablauf.

(3) Angestellte, die in einem Arbeitsverhältnis zu einer teilrechtsfähigen Interuniversitären Einrichtung stehen, werden mit dem Tag des vollen Wirksamwerdens dieses Bundesgesetzes an jener Universität, welche die Nachfolgeeinrichtung dieser Interuniversitären Einrichtung ist, zu deren Arbeitnehmerinnen oder Arbeitnehmern. Ab diesem Zeitpunkt setzt diese Universität als Arbeitgeberin die Rechte und Pflichten der teilrechtsfähigen Interuniversitären Einrichtung fort. Ein im Rahmen der Teilrechtsfähigkeit befristet abgeschlossenes Arbeitsverhältnis endet mit Zeitablauf.

Interessenvertretung der Arbeitnehmerinnen und Arbeitnehmer der Universität

§ 135. (1) Für alle Arbeitnehmerinnen und Arbeitnehmer der Universität gilt das ArbVG.

(2) Die Universität gilt als Betrieb im Sinne des § 34 ArbVG.

(3) An jeder der in § 6 Abs. 1 Z 1 bis 22 genannten Universitäten ist je ein Betriebsrat für das wissenschaftliche und künst-

lerische sowie für das allgemeine Universitätspersonal nach den Bestimmungen der §§ 50 ff ArbVG zu wählen. Die Ärztinnen und Ärzte gemäß § 94 Abs. 3 Z 5 sind zum Betriebsrat für das wissenschaftliche und künstlerische Personal aktiv und passiv wahlberechtigt. Gemäß § 22a des Behinderteneinstellungsgesetzes (BEinstG), BGBl. Nr. 92/1970, sind Behindertenvertrauenspersonen zu wählen.

(4) Der am Tag vor dem vollen Wirksamwerden dieses Bundesgesetzes an den Universitäten gemäß § 6 Abs. 1 Z 1 bis 3 und 7 bis 21 eingerichtete Dienststellenausschuss für die Universitätslehrer bleibt bis zum Ablauf der am Stichtag noch laufenden Funktionsperiode bestehen. Ab dem Stichtag obliegt dem bestehenden Dienststellenausschuss für die Universitätslehrer die Funktion des Betriebsrats für das wissenschaftliche und künstlerische Personal im Sinne des ArbVG.

(5) Der am Tag vor dem vollen Wirksamwerden dieses Bundesgesetzes an den Universitäten gemäß § 6 Abs. 1 Z 1 bis 3 und 7 bis 21 eingerichtete Dienststellenausschuss für die Bediensteten mit Ausnahme der Universitätslehrer bleibt bis zum Ablauf der am Stichtag noch laufenden Funktionsperiode bestehen. Ab dem Stichtag obliegt dem bestehenden Dienststellenausschuss für die Bediensteten mit Ausnahme der Universitätslehrer die Funktion des Betriebsrats für das allgemeine Universitätspersonal im Sinne des ArbVG.

(6) Die Dienststellenausschüsse für die Universitätslehrer und die Dienststellenausschüsse für die Bediensteten mit Ausnahme der Universitätslehrer an den Universitäten gemäß § 6 Abs. 1 Z 1 bis 3 haben ab dem Zeitpunkt des vollen Wirksamwerdens dieses Bundesgesetzes auch die Funktion des entsprechenden Dienststellenausschusses an der Medizinischen Universität desselben Standorts wahrzunehmen.

(7) Die bestehenden Personalvertretungsorgane haben vor Ablauf ihrer Funktionsperiode für die rechtzeitige Ausschreibung von Betriebsratswahlen zu sorgen.

(8) Im Übrigen gelten für die Universitäten die Bestimmungen des ArbVG mit folgender Maßgabe:

1. Eine Unterteilung in Arbeiter- und Angestelltenbetriebsrat findet nicht statt.
2. Für die zur Dienstleistung zugewiesenen Beamtinnen und Beamten hat der Betriebsrat gleichzeitig die Funktion des Dienststellenausschusses im Sinne des § 9 des Bundes-Personalvertretungsgesetzes, BGBl. Nr. 133/1967, wahrzunehmen. Die der Universität zugewiesenen Beamtinnen und Beamten gehören darüber hinaus weiterhin dem Wirkungsbereich des zuständigen Zentralausschusses beim Bundesministerium für Bildung, Wissenschaft und Forschung an.

(9) Der beim Bundesministerium eingerichtete Zentralausschuss für die Universitätslehrer und der Zentralausschuss für die Bediensteten mit Ausnahme der Universitätslehrer bleiben bis zum Ende der am Tag vor dem vollen Wirksamwerden dieses Bundesgesetzes laufenden Funktionsperiode bestehen, § 23 Abs. 2 lit. a und c des Bundes-Personalvertretungsgesetzes sind nicht anzuwenden.

5. Abschnitt
Übertragung von Rechten und Vermögen

Nachfolgeeinrichtungen

§ 136. (1) Die im § 6 Z 1 bis 3 angeführten Universitäten werden mit dem Zeitpunkt des vollen Wirksamwerdens dieses Bundesgesetzes an der Universität Gesamtrechtsnachfolgerinnen der jeweiligen gleichnamigen Universität (einschließlich ihrer teilrechtsfähigen Organisationseinheiten) gemäß § 5 UOG 1993. Diese Universitäten werden einerseits in ihre gleichnamige Nachfolgeuniversität und andererseits in die Medizinische Universität aufgespalten.

(2) Die im § 6 Z 4 bis 6 angeführten Medizinischen Universitäten Wien, Graz und Innsbruck sind Gesamtrechtsnachfolgerinnen der Medizinischen Fakultät (einschließlich ihrer teilrechtsfähigen Organisationseinheiten) der Universität des jeweiligen Standorts.

(3) Die im § 6 Z 7 bis 21 angeführten Universitäten sind Gesamtrechtsnachfolgerinnen der jeweiligen gleichnamigen Universität (einschließlich ihrer teilrechtsfähigen Organisationseinheiten) gemäß § 5 UOG 1993 oder Universität der Künste (einschließlich ihrer teilrechtsfähigen Organisationseinheiten) gemäß § 6 Z 1 bis 6 KUOG.

(4) Die Universität Klagenfurt ist die Gesamtrechtsnachfolgerin des Instituts für Interdisziplinäre Forschung und Fortbildung der Universitäten Klagenfurt, Wien, Innsbruck und Graz – IFF.

(5) Die Universität für Bodenkultur Wien ist die Gesamtrechtsnachfolgerin des Interuniversitären Forschungsinstituts für Agrarbiotechnologie Tulln. Die an dieser Interuniversitären Einrichtung beteiligten Universitäten haben bis spätestens 31. Dezember 2003 basierend auf ihrer Zusammenarbeit und ihren daraus resultierenden Rechten und Pflichten mit Wirksamkeit vom 1. Jänner 2004 einen Vertrag über die weitere Zusammenarbeit auf diesem Fachgebiet abzuschließen. Kommt dieser Vertrag nicht zeitgerecht zustande, ist das Vermögen der Interuniversitären Einrichtung mit 1. Jänner 2004 entsprechend den von den beteiligten Universitäten bis zum 31. Dezember 2003 eingebrachten Ressourcen aufzuteilen.

(6) Die Universität Linz ist die Gesamtrechtsnachfolgerin des Interuniversitären Instituts für Informationssysteme zur Unterstützung sehgeschädigter Studierender.

(7) Die Technische Universität Wien ist die Gesamtrechtsnachfolgerin des Interuniversitären Instituts für Technologie Management (ITM).

(8) Die Universität Graz ist die Gesamtrechtsnachfolgerin der Interuniversitären Koordinationsstelle für Frauen- und Geschlechterforschung Graz.

(9) Die Universität Wien ist die Gesamtrechtsnachfolgerin der Österreichischen Zentralbibliothek für Physik.

(10) Die Medizinische Universität Wien ist die Gesamtrechtsnachfolgerin der Österreichischen Zentralbibliothek Medizin.

(11) Die Universität Graz ist die Gesamtrechtsnachfolgerin des Interuniversitären Universitäts-Sportinstituts in Graz.

Übergang von Mietrechten an Liegenschaften, Bauwerken und Räumlichkeiten

§ 137. (1) Die Mietrechte an den vom Bund, einer Universität oder einer teilrechtsfähigen Organisationseinheit einer Universität angemieteten Liegenschaften, Bauwerken und Räumlichkeiten gehen mit dem Tag des vollen Wirksamwerdens dieses Bundesgesetzes an der Universität (Stichtag) unter Ausschluss der Rechtsfolgen der §§ 12a und 46a des Mietrechtsgesetzes im Wege der Gesamtrechtsnachfolge auf die am Tag vor dem Stichtag nutzende Universität oder Medizinische Fakultät über.

(2) Zu dem im Abs. 1 genannten Stichtag tritt die Universität auch als Verpächterin oder Leihgeberin an Stelle des Bundes in die bestehenden Pacht- und Leihverträge ein.

Rechtsnachfolge bei gemeinsam genutzten Liegenschaften, Bauwerken und Räumlichkeiten

§ 138. Das Mietrecht geht auf jene Universität über, der die Liegenschaft, das Gebäude oder die einzelnen Räumlichkeiten am Tag vor dem Stichtag zur ausschließlichen und dauerhaften Nutzung zugeordnet war oder waren. Ist eine Liegenschaft, ein Bauwerk oder sind einzelne Räumlichkeiten mehreren Universitäten zur gemeinsamen dauerhaften Nutzung überlassen, geht das Mietrecht auf jene Universität über, die das Objekt im Beobachtungszeitraum zwischen 1. Jänner 2001 und 30. September 2003 überwiegend genutzt hat. Für die Medizinischen Universitäten gelten für diesen Beobachtungszeitraum die Nutzungen der jeweiligen Medizinischen Fakultät. Ist eine Liegenschaft, ein Bauwerk oder sind einzelne Räumlichkeiten mehreren Universitäten zur gemeinsamen dauerhaften Nutzung überlassen, wird jener Universität das Hauptmietrecht eingeräumt, die das Objekt im Beobachtungszeitraum zwischen dem 1. Jänner 2001 und dem 30. September 2003 überwiegend genutzt hat. Die anderen Universitäten erhalten ein Untermietrecht und bezahlen einen Untermietzins in der Höhe des Hauptmietzinses.

Anhang 1

Übertragung der im Eigentum des Bundes stehenden Mobilien auf die Universitäten

§ 139. (1) Das Eigentumsrecht an dem beweglichen Vermögen des Bundes, das am Tag vor dem vollen Wirksamwerden dieses Bundesgesetzes den Universitäten und Universitäten der Künste zur Nutzung überlassen ist, geht einschließlich aller zugehörenden Rechte und Rechtsverhältnisse, Forderungen und Schulden mit dem folgenden Tag (Stichtag) im Wege der Gesamtrechtsnachfolge auf die nutzende Universität über. Die Gesamtrechtsnachfolge ist im Mitteilungsblatt der Universität kundzumachen (§ 20 Abs. 6).

(2) Das Eigentumsrecht an dem beweglichen Vermögen des Bundes, das am Tag vor dem vollen Wirksamwerden dieses Bundesgesetzes einer Medizinischen Fakultät oder einer ihrer Organisationseinheiten zur Nutzung überlassen ist, geht einschließlich aller zugehörenden Rechte und Rechtsverhältnisse, Forderungen und Schulden mit dem folgenden Tag (Stichtag) im Wege der Gesamtrechtsnachfolge auf jene Medizinische Universität über, welche die Gesamtrechtsnachfolgerin der Medizinischen Fakultät ist. Die Gesamtrechtsnachfolge ist im Mitteilungsblatt der Universität kundzumachen.

(3) Das Eigentumsrecht an dem beweglichen Vermögen des Bundes, das am Tag vor dem vollen Wirksamwerden dieses Bundesgesetzes einer Interuniversitären Einrichtung gemäß § 136 Abs. 4 bis 11 zur Nutzung überlassen ist, geht einschließlich aller zugehörenden Rechte und Rechtsverhältnisse, Forderungen und Schulden mit dem folgenden Tag (Stichtag) im Wege der Gesamtrechtsnachfolge auf die in diesen Gesetzesstellen jeweils genannte Universität über. Die Gesamtrechtsnachfolge ist im Mitteilungsblatt der Universität kundzumachen. Diese Vermögenswerte sind von den als Nachfolgeeinrichtungen bestimmten Universitäten zur Weiterführung der Aufgaben der bisherigen Interuniversitären Einrichtungen zu verwenden.

(4) Abweichend von Abs. 1 bis 3 verbleiben die Bestände der Universitätsbibliotheken, die aus geschichtlichem, künstlerischem

und sonstigem kulturellen oder wissenschaftlichen Zusammenhang ein Ganzes bilden, im Eigentum des Bundes. Weiters verbleiben die Mobilien im Eigentum des Bundes, die einzelnen Universitäten insbesondere zu Zwecken zur Repräsentation oder zur künstlerischen Ausgestaltung leihweise vorübergehend zur Nutzung überlassen worden sind. Jede Universität hat bis 30. September 2003 ein Verzeichnis dieser Bestände anzulegen.

(5) Hinsichtlich des Eigentums an den Sammlungen der Gemäldegalerie und des Kupferstichkabinetts der Akademie der bildenden Künste Wien tritt abweichend von Abs. 1 bis 3 keine Änderung ein.

Übertragung der im Eigentum teilrechtsfähiger Einrichtungen der Universitäten und Universitäten der Künste stehenden Immobilien, Mobilien und Rechte auf die Universitäten

§ 140. (1) Das Eigentumsrecht am beweglichen und unbeweglichen Vermögen der teilrechtsfähigen Einrichtungen der Universitäten und Universitäten der Künste geht einschließlich aller zugehörigen Rechte und Rechtsverhältnisse, Forderungen und Schulden mit dem Tag des vollen Wirksamwerdens dieses Bundesgesetzes an der betreffenden Universität im Wege der Gesamtrechtsnachfolge auf die jeweilige Universität über.

(2) Das Eigentumsrecht am beweglichen und unbeweglichen Vermögen einer teilrechtsfähigen Medizinischen Fakultät oder einer ihrer teilrechtsfähigen Einrichtungen geht einschließlich aller zugehörigen Rechte und Rechtsverhältnisse, Forderungen und Schulden mit dem Tag des vollen Wirksamwerdens dieses Bundesgesetzes an der Medizinischen Universität im Wege der Gesamtrechtsnachfolge auf die Medizinische Universität über, welche die Nachfolgeeinrichtung der betreffenden Medizinischen Fakultät ist.

(3) Das Eigentumsrecht am beweglichen und unbeweglichen Vermögen der teilrechtsfähigen Interuniversitären Einrichtungen gemäß § 136 Abs. 4 bis 11 geht einschließlich aller zugehörigen

Rechte und Rechtsverhältnisse, Forderungen und Schulden mit dem Tag des vollen Wirksamwerdens dieses Bundesgesetzes im Wege der Gesamtrechtsnachfolge auf die in diesen Gesetzesstellen jeweils genannte Universität über.

(4) Die Universitäten haben dafür zu sorgen, dass bestehenden Auflagen, Bedingungen und Widmungen bestmöglich entsprochen wird. Eine interne personenbezogene Drittmittel-Zuweisung des damit verbundenen Vermögenswertes ist dadurch nicht ausgeschlossen.

5a. Abschnitt
Vereinigung von Universitäten

Rechtsnachfolge

§ 140a. (1) Zwei oder mehrere Universitäten können durch Bundesgesetz vereinigt werden (§ 6 Abs. 3 bis 6). Die Vereinigungsrahmenbestimmungen gemäß § 6 Abs. 4 haben auch die Rechtsnachfolge festzulegen.

(2) Ist eine an einer Vereinigung beteiligte Medizinische Universität nicht die rechtsnachfolgende Universität, so ist für diesen Bereich von der rechtsnachfolgenden Universität durch den Organisationsplan eine Medizinische Fakultät einzurichten.

(3) Die Rechte und Pflichten aus den Leistungsvereinbarungen der beteiligten Universitäten gehen mit dem Zeitpunkt des Wirksamwerdens der Vereinigung gemäß § 6 Abs. 3 bis 6 auf die rechtsnachfolgende Universität über.

Übergangsbestimmungen für die Satzung, den Organisations- und den Entwicklungsplan

§ 140b. (1) In Abweichung von § 22 Abs. 1 Z 1 haben die Senate der beteiligten Universitäten unter Berücksichtigung der jeweiligen Satzungen bis zum Wirksamwerden der Vereinigung gemäß § 6 Abs. 3 bis 6 eine vorläufige gemeinsame Satzung zu beschließen und im Mitteilungsblatt der beteiligten Universitäten zu verlautbaren.

(2) Bis längstens drei Jahre ab dem Zeitpunkt des Wirksamwerdens der Vereinigung gemäß § 6 Abs. 3 bis 6 sind von den zuständigen Organen der rechtsnachfolgenden Universität eine Satzung, ein Entwicklungs- sowie ein Organisationsplan zu beschließen und im Mitteilungsblatt zu verlautbaren. Die vorläufige gemeinsame Satzung gemäß Abs. 1 sowie der vorläufige Organisations- sowie Entwicklungsplan gemäß § 6 Abs. 5 Z 3 bleiben bis zu diesem Zeitpunkt in Geltung.

Übergang von Mietrechten an Liegenschaften, Bauwerken und Räumlichkeiten

§ 140c. (1) Die Mietrechte an den von den beteiligten Universitäten angemieteten Liegenschaften, Bauwerken und Räumlichkeiten gehen mit dem Tag des Wirksamwerdens der Vereinigung (Stichtag) unter Ausschluss der Rechtsfolgen der §§ 12a und 46a des Mietrechtsgesetzes im Wege der Gesamtrechtsnachfolge auf die rechtsnachfolgende Universität über.

(2) Zu dem im Abs. 1 genannten Stichtag tritt die rechtsnachfolgende Universität auch als Verpächterin oder Leihgeberin anstelle der beteiligten Universitäten in die bestehenden Pacht- und Leihverträge ein.

Überleitung des Personals

§ 140d. (1) Beamtinnen und Beamte, die am Tag vor dem Wirksamwerden der Vereinigung gemäß § 6 Abs. 3 bis 6 den beteiligten Universitäten im Sinne des § 125 Abs. 2 angehören, gehören ab dem auf diesen Zeitpunkt folgenden Tag für die Dauer des Dienststandes dem Amt der rechtsnachfolgenden Universität an und sind dieser Universität zur dauernden Dienstleistung zugewiesen, solange sie nicht zu einer anderen Bundesdienststelle versetzt werden.

(2) Für die Arbeitnehmerinnen und Arbeitnehmer der beteiligten Universitäten gilt die Vereinigung gemäß § 6 Abs. 3 bis 6 als Betriebsübergang gemäß § 3 des Arbeitsvertragsrechts-Anpassungsgesetz – AVRAG, BGBl. Nr. 459/1993. Auf diese sind

das AVRAG sowie die auf den Betriebsübergang bezogenen Bestimmungen der Arbeitsverfassung (Arbeitsverfassungsgesetz – ArbVG), BGBl. Nr. 22/1974, anzuwenden. Auf jene dieser Arbeitnehmerinnen und Arbeitnehmer, die gemäß § 126 Abs. 1 in ein Arbeitsverhältnis zur einer der beteiligten Universitäten übergeleitet wurden und die am Tag vor dem Stichtag der Wirksamkeit der Vereinigung einem Kollektivvertrag gemäß § 108 nicht unterliegen, ist § 126 Abs. 4 weiter anzuwenden.

(3) Eine an einer beteiligten Universität verliehene Lehrbefugnis (§ 103) gilt ab dem Zeitpunkt des Wirksamwerdens der Vereinigung gemäß § 6 Abs. 3 bis 6 als von der rechtsnachfolgenden Universität verliehene Lehrbefugnis.

Übergangsbestimmungen für die Interessenvertretung der Arbeitnehmerinnen und Arbeitnehmer

§ 140e. (1) Ab dem Zeitpunkt des Wirksamwerdens der Vereinigung gemäß § 6 Abs. 3 bis 6 bilden die Betriebsräte gemäß § 135 Abs. 3 der beteiligten Universitäten jeweils einen Betriebsrat. Die Betriebsräte sind längstens binnen eines Jahres ab dem Wirksamwerden der Vereinigung gemäß § 6 Abs. 3 bis 6 neu zu wählen. Die Funktionsperiode der Betriebsräte endet mit der Konstituierung der neugewählten Betriebsräte.

(2) Hinsichtlich der Betriebsvereinbarungen der beteiligten Universitäten gilt § 31 Abs. 7 ArbVG.

Studienrechtliche Übergangsbestimmungen

§ 140f. Die an den beteiligten Universitäten eingerichteten Diplom-, Bachelor-, Master- und Doktoratsstudien gelten ab dem Wirksamwerden der Vereinigung gemäß § 6 Abs. 3 bis 6 als an der rechtsnachfolgenden Universität eingerichtet. Auf diese Studien sind die jeweiligen Curricula in der zum Zeitpunkt des Wirksamwerdens der Vereinigung geltenden Fassung weiterhin anzuwenden, und diese Studienpläne dürfen gemäß § 25 Abs. 1 Z 10 auch abgeändert werden. An Absolventinnen und Absolventen dieser Studien sind jeweils jene akademischen Grade zu verleihen, die zum Zeitpunkt des Wirksamwerdens der Vereinigung für die jeweiligen Studien vorgesehen sind. § 80 bis § 80b UniStG sind sinngemäß anzuwenden. Werden an Stelle bestehender Studien gemäß § 54 Abs. 1 Bachelor- und Masterstudien eingerichtet, so sind in den Curricula den § 80 Abs. 2 und § 80a Abs. 2 UniStG entsprechende Übergangsbestimmungen vorzusehen.

Sonstige Bestimmungen

§ 140g. Die rechtsnachfolgende Universität und die beteiligten Universitäten gemäß § 6 Abs. 3 bis 6 sind hinsichtlich der Vereinigung von allen dadurch entstehenden Gebühren und Abgaben befreit. Davon ausgenommen sind Gerichts- und Justizverwaltungsgebühren.

§ 140h. Zivilrechtliche Vertragsverhältnisse zwischen der rechtsnachfolgenden Universität und den beteiligten Universitäten erlöschen mit dem Wirksamwerden der Vereinigung (§ 1445 Abs. 1 ABGB).

6. Abschnitt

Budget

§ 141. (1) Die Auswirkungen der Budgetierung der Universitäten aufgrund der §§ 12, 12a, und 13 in der Fassung des Bundesgesetzes BGBl. I Nr. 8/2018 sind ab der Leistungsvereinbarungsperiode 2019 bis 2021 durch die Bundesministerin oder den Bundesminister in Zusammenarbeit mit der Bundesministerin oder dem Bundesminister für Finanzen begleitend zu evaluieren. Die Evaluierung hat insbesondere die Erbringung der in der Leistungsvereinbarung vereinbarten Leistungen durch die Universität in der Lehre sowie in der Forschung bzw. Entwicklung und Erschließung der Künste anhand der Indikatoren „Anzahl der mit mindestens 16 ECTS-Anrechnungspunkten oder 8 positiv beurteilten Semesterstunden prüfungsaktiv betriebenen ordentlichen Bachelor-, Diplom- und Masterstudien mit Gewichtung nach Fächergruppen" sowie „Personal in ausgewählten Verwendungen nach Fächergruppen in Vollzeitäquivalenten" sowie die praktische Umsetzung der vereinbarten Maßnahmen bei Nichterfüllung der Leistungsvereinbarung zu beinhalten.

(2) Die Universitäten können im Rahmen von Aufnahme- oder Auswahlverfahren von Studienwerberinnen und -werbern bzw. Prüfungsteilnehmerinnen und –teilnehmern personenbezogene Daten gemäß § 18 Abs. 6 BilDokG 2020 erfassen und anonymisiert und aggregiert für statistische Zwecke und Evaluierungszwecke verarbeiten.

(3) Zur Sicherstellung der Umsetzung der Maßnahmen gemäß § 12a Abs. 4 in der Fassung des Bundesgesetzes BGBl. I Nr. 8/2018 sowie zur Vornahme eines umfassenden personenbezogenen Monitorings zur Verhinderung von Studienabbruch und Erhöhung des Studienfortschritts haben die Universitäten
1. datenbezogene Evidenzen zur sozialen Dimension in der Lehre sowie zur Einbeziehung von unterrepräsentierten Gruppen in die Hochschulbildung gemäß § 13 Abs. 2 Z 1 lit. g in der Fassung des Bundesgesetzes BGBl. I Nr. 8/2018 zu führen bzw. bestehende Erhebungen in diesem Bereich heranzuziehen und mit
2. Daten zu den Studierenden und deren Studienfortschritt gemäß § 9 BilDokG 2020 zu verknüpfen

und damit die quantitativen Entwicklungen dieser Aspekte zu dokumentieren und nachweisbar zu machen. Zu diesem Zweck ist den Universitäten insbesondere Zugriff auf jene personenbezogenen Daten einzuräumen, die aufgrund des § 18 Abs. 6 BilDokG 2020 anlässlich der Aufnahme der Studierenden sowie des Abgangs der Studierenden erhoben werden.

(Anm.: Abs. 4 aufgehoben durch Art. 1 Z 168, BGBl. I Nr. 93/2021)

(5) Die §§ 12, 12a und 13 in der Fassung des Bundesgesetzes BGBl. I Nr. 8/2018 sind auf die Budgetierung der an der Universität Linz eingerichteten Medizinischen Fakultät ab dem 1. Jänner 2029 anwendbar. Bis zum Ablauf der Geltungsdauer der Vereinbarung gemäß Art. 15a B-VG zwischen dem Bund und dem Land Oberösterreich über die Errichtung und den Betrieb einer

Medizinischen Fakultät und die Einrichtung des Studiums der Humanmedizin an der Universität Linz, BGBl. I Nr. 18/2014, mit 31. Dezember 2028 erfolgt die Budgetierung und Finanzierung der an der Universität Linz eingerichteten Medizinischen Fakultät gemäß der Art. 15a B-VG-Vereinbarung, BGBl. I Nr. 18/2014.

(6) § 12 Abs. 2 ist hinsichtlich der Einvernehmensherstellung mit der Bundesministerin oder dem Bundesminister für Finanzen für die Leistungsvereinbarungsperiode 2019 bis 2021 nicht anzuwenden. Über die Aufteilung des Gesamtbetrags gemäß § 141b auf die drei in § 12 Abs. 2 genannten Budgetsäulen hat die Bundesministerin oder der Bundesminister spätestens bis einen Monat nach Inkrafttreten dieses Bundesgesetzes das Einvernehmen mit der Bundesministerin oder dem Bundesminister für Finanzen herzustellen. Der gemäß § 141b in der Fassung des Bundesgesetzes BGBl. I Nr. 129/2017 zur Finanzierung der Universitäten festgelegte Gesamtbetrag umfasst für die Leistungsvereinbarungsperiode 2019 bis 2021 die Aufwendungen gemäß § 12 Abs. 8 und 9, die für die Finanzierung der Medizinischen Fakultät an der Universität Linz gemäß der Vereinbarung gemäß Art. 15a B-VG, BGBl. I Nr. 18/2014, sowie die für die Finanzierung der Universität für Weiterbildung Krems auf Grund der Vereinbarung gemäß Art. 15a B-VG, BGBl. I Nr. 81/2004, vom Bund zu erbringenden Mittel.

(7) Die der Bundesimmobiliengesellschaft m. b. H. gegenüber den Universitäten insgesamt aufgrund von vertraglichen Vereinbarungen zustehenden Mietforderungen reduzieren sich für die Jahre 2018 bis 2021 um 17.391.000 Euro jährlich. Der gemäß § 12 Abs. 2 festgelegte Gesamtbetrag für die Leistungsvereinbarungsperiode 2016 bis 2018 sowie der gemäß § 141b festgelegte Gesamtbetrag für die Leistungsvereinbarungsperiode 2019 bis 2021 verringern sich im gleichen Ausmaß. Das Rektorat ist verpflichtet, ein Angebot der Bundesimmobiliengesellschaft m. b. H. zur Reduktion der der Bundesimmobiliengesellschaft m. b. H. vertraglich zustehenden Mietforderungen auch unter allfälligen Bedingungen anzunehmen, sofern diese für die Universität wirtschaftlich vertretbar sind. Das zwischen der Bundesministerin

oder dem Bundesminister und einer Universität in der Leistungsvereinbarung für die Periode 2016 bis 2018 vereinbarte Globalbudget der Universität verringert sich in jenem Ausmaß, in dem die Bundesimmobiliengesellschaft m. b. H. die ihr gegenüber dieser Universität aufgrund vertraglicher Vereinbarung zustehenden Mietforderungen für das Jahr 2018 reduziert.

6a. Abschnitt
Zukünftige kapazitätsorientierte, studierendenbezogene Universitätsfinanzierung

Leistungsvereinbarungen für den Zeitraum 2019 bis 2021

§ 141b. Der Gesamtbetrag zur Finanzierung der Universitäten (§ 12 Abs. 2) beträgt für die Leistungsvereinbarungsperiode 2019 bis 2021 11 004 600 000 €.

Implementierung der kapazitätsorientierten, studierendenbezogenen Universitätsfinanzierung

§ 141c. Die Bundesregierung hat dem Nationalrat bis zum 31. Jänner 2018 eine Regierungsvorlage zur Neuregelung der Finanzierung der Universitäten im Sinne des § 141a zuzuleiten.
(Anm.: Abs. 2 und 3 aufgehoben durch BGBl. I Nr 8/2018)

7. Abschnitt
In-Kraft-Treten und Vollziehung

Verweisungen

§ 142. (1) Die Bezeichnungen „Bundesministerin" oder „Bundesminister" in diesem Bundesgesetz beziehen sich, soweit nicht ausdrücklich anderes angeführt ist, auf die Bundesministerin oder den Bundesminister, die oder der für die Angelegenheiten der Universitäten zuständig ist.

(2) Soweit in diesem Bundesgesetz auf andere Bundesgesetze verwiesen wird, sind diese Bundesgesetze in der jeweils geltenden Fassung anzuwenden.

(3) Wird in anderen Bundesgesetzen auf Bestimmungen verwiesen, an deren Stelle mit dem In-Kraft-Treten dieses Bundesgesetzes neue Bestimmungen wirksam werden, sind diese Verweisungen auf die entsprechenden neuen Bestimmungen zu beziehen.

In-Kraft-Treten und Außer-Kraft-Treten von Rechtsvorschriften

§ 143. (1) Die Bestimmungen dieses Bundesgesetzes treten mit 1. Oktober 2002 in Kraft, soweit im Folgenden nicht anderes bestimmt ist.

(2) Der II. Teil dieses Bundesgesetzes tritt mit 1. Jänner 2004 in Kraft.

(3) Die §§ 120 bis 122 treten mit dem auf die Kundmachung folgenden Tag in Kraft.

(4) Die Bestimmungen des UOG 1993 mit Ausnahme der Verfassungsbestimmungen treten mit Ablauf des 31. Dezember 2003 außer Kraft.

(5) Die Bestimmungen des KUOG mit Ausnahme der Verfassungsbestimmungen treten mit Ablauf des 31. Dezember 2003 außer Kraft.

(6) Das Bundesgesetz über die Abgeltung von wissenschaftlichen und künstlerischen Tätigkeiten an Universitäten und Universitäten der Künste, BGBl. Nr. 463/1974, tritt, soweit nicht die §§ 132 Abs. 2 und 133 Abs. 3 anderes bestimmen, mit Ablauf des 31. Dezember 2003 außer Kraft.

(7) Das Hochschul-Taxengesetz 1972, BGBl. Nr. 76/1972, tritt mit Ablauf des 31. Dezember 2003 außer Kraft.

(8) § 112 tritt mit 1. Oktober 2018 außer Kraft.

(9) Die Bestimmungen des Universitäts-Studiengesetzes (UniStG) mit Ausnahme der Verfassungsbestimmungen treten mit Ablauf des 31. Dezember 2003 außer Kraft.

(10) Das Inhaltsverzeichnis, § 13 Abs. 1 bis 3 und Abs. 8 bis 10, § 13a, § 31 Abs. 4, § 32 Abs. 1 erster Satz und Abs. 2, § 94 Abs. 1 und 3, § 122 Abs. 2 Z 5, 9, 10 und 11, § 135 Abs. 3 sowie

§ 141 Abs. 3 und 7 in der Fassung des Bundesgesetzes BGBl. I Nr. 96/2004 treten mit 1. Oktober 2004 in Kraft.

(11) § 124b in der Fassung BGBl. I Nr. 87/2007 tritt mit Ablauf des 30. Juni 2009 außer Kraft.

(12) § 61 Abs. 1 und Abs. 2, § 91 Abs. 1 und Abs. 2 sowie § 92 Abs. 1 Ziffer 4 bis 6, sowie § 141 Abs. 8 und 9 sowie § 143 Abs. 11 des Bundesgesetzes in der Fassung BGBl. I Nr. 134/2008 treten mit 1. Jänner 2009 in Kraft, § 124b des Bundesgesetzes in der Fassung BGBl. I Nr. 134/2008 tritt mit 1. Juli 2009 in Kraft.

(12a) Die Überschrift, das Inhaltsverzeichnis, die §§ 5, 9, 10, 11, 12, 13, 15, 16, 19, 20, 21, 22, 23, 23a, 23b, 24, 25, 29, 32, 42, 43, 45, 46, 49, 51, 54 Abs. 3, Abs. 3a, Abs. 5, Abs. 9, Abs. 9a, Abs. 10, Abs. 11 und Abs. 12, 56, 59, 60, 61, 63, 64, 65, 66, 67, 78, 79, 85, 86, 87, 91, 92, 98, 99, 100, 103, 107, 108a, 109, 119, 124, 124b, 125, 128, und 141 in der Fassung des Bundesgesetzes BGBl. I Nr. 81/2009 treten mit 1. Oktober 2009 in Kraft.

(13) § 64a in der Fassung des Bundesgesetzes BGBl. I Nr. 81/2009 tritt mit 1. Oktober 2010 in Kraft. Verordnungen aufgrund des § 64a dürfen bereits vor dem 1. Oktober 2010 erlassen werden, sie dürfen aber frühestens mit 1. Oktober 2010 in Kraft treten.

(14) Das Bundesgesetz über die Erlangung studienrichtungsbezogener Studienberechtigungen an Universitäten und Hochschulen künstlerischer Richtung (Studienberechtigungsgesetz – StudBerG), BGBl. Nr. 292/1985, tritt mit Ablauf des 30. September 2010 außer Kraft. Es ist jedoch auf Bewerberinnen und Bewerber, die vor dem 1. Oktober 2010 bereits zur Studienberechtigungsprüfung zugelassen waren, bis zum Ablauf des 30. September 2012 weiterhin anzuwenden.

(15) § 54 Abs. 2 in der Fassung des Bundesgesetzes BGBl. I Nr. 81/2009 tritt mit 1. Oktober 2012 in Kraft.

(16) Die Funktionsperiode der am 1. Oktober 2009 bestehenden Universitätsräte endet mit Ablauf des 28. Februar 2013.

(17) Die Funktionsperiode der am 1. Jänner 2010 bestehenden Senate endet mit Ablauf des 30. September 2010. Diese Senate haben die Größe der neuen Senate gemäß § 25 Abs. 2 in der Fassung des Bundesgesetzes BGBl. I Nr. 81/2009 rechtzeitig vor Ablauf

der Funktionsperiode festzulegen; kommt ein Beschluss nicht zustande, besteht der Senat aus 18 Mitgliedern. Für die Wahlen zum Senat, die im Jahr 2009 stattfinden, sind die am 1. Jänner 2009 gültigen Bestimmungen weiterhin anzuwenden. Für die Konstituierung von Senaten ab dem 1. Jänner 2010, ist § 25 in der Fassung des Bundesgesetzes BGBl. I Nr. 81/2009 anzuwenden.

(18) Organe und Gremien, die am 1. Oktober 2009 konstituiert sind, gelten in Hinblick auf die sinngemäße Anwendung des Bundes-Gleichbehandlungsgesetzes als gesetzeskonform zusammengesetzt.

(19) Auf Anträge auf Anerkennung von Diplom- und Masterarbeiten bzw. künstlerische Diplom- und Masterarbeiten, die vor dem 1. Jänner 2011 gestellt wurden, ist § 85 in der Fassung des Tages vor dem Inkrafttreten des Bundesgesetzes BGBl. I Nr. 81/2009 weiterhin anzuwenden.

(20) Verfahren für die Wahl der Funktion der Rektorin oder des Rektors, die zum Zeitpunkt des Inkrafttretens des Bundesgesetzes BGBl. I Nr. 81/2009 bereits durch Übermittlung der Ausschreibung an den Universitätsrat zur Stellungnahme eingeleitet wurden, sind nach den Bestimmungen für die Wahl der Rektorin oder des Rektors in der Fassung des Tages vor dem Inkrafttreten des Bundesgesetzes BGBl. I Nr. 81/2009 fortzuführen.

(21) Bis zum 1. Oktober 2013 ist für jedes an der Universität eingerichtete Bachelorstudium im Curriculum ein Qualifikationsprofil zu erstellen und im Mitteilungsblatt zu verlautbaren. Ist der Senat bei der Erlassung des Qualifikationsprofils säumig, hat der Universitätsrat von Amts wegen ein Qualifikationsprofil zu erstellen. Ist der Universitätsrat säumig, hat die Bundesministerin oder der Bundesminister die Ersatzvornahme vorzunehmen.

(Anm.: Abs. 22 aufgehoben durch BGBl. I Nr. 52/2013)
(Anm.: Abs. 23 aufgehoben durch BGBl. I Nr. 131/2015)

(24) § 124b in der Fassung des Bundesgesetzes BGBl. I Nr. 81/2009 tritt mit 1. Juli 2009 in Kraft und mit Ablauf des 31. Dezember 2015 außer Kraft. Die Bundesministerin oder der Bundesminister hat die Auswirkungen des § 124b auf die Anzahl der Studierenden zu evaluieren und dem Nationalrat spätestens

im Dezember 2015 einen Bericht über das Ergebnis der Evaluierung vorzulegen.

(25) § 29 Abs. 5 letzter Satz in der Fassung des Bundesgesetzes BGBl. I Nr. 81/2009 ist nur auf jene Vereinbarungen über die Zusammenarbeit anzuwenden, die nach dem Inkrafttreten dieser Bestimmung abgeschlossen werden.

(26) Personen, die am 30. September 2009 als Universitätsprofessorin oder Universitätsprofessor gemäß § 99 aufgenommen sind, haben das Recht, Anträge auf Verlängerung ihrer Bestellung zu stellen, wobei insgesamt eine Bestellungsdauer von bis zu fünf Jahren zulässig ist.

(27) § 60 Abs. 1b sowie § 66 Abs. 1 und 1a in der Fassung des Bundesgesetzes BGBl. I Nr. 13/2011 sind auf Studierende, die das Studium ab dem Wintersemester 2011/2012 beginnen, anzuwenden.

(Anm.: Abs. 28 aufgehoben durch BGBl. I Nr. 52/2013)

(29) § 12 Abs. 2, Abs. 3 erster Satz und Abs. 5 bis 9 in der Fassung des 2. Stabilitätsgesetzes 2012, BGBl. I Nr. 35/2012, treten mit 1. Jänner 2013 in Kraft, wobei die im Jahr 2012 stattfindenden Verhandlungen für die Leistungsvereinbarungen der Leistungsvereinbarungsperiode 2013 bis 2015 sowie deren Abschlüsse bereits in Hinblick auf die ab 1. Jänner 2013 geltenden Rechtslage erfolgen. Die Verordnung gemäß § 12 Abs. 9 in der Fassung des 2. Stabilitätsgesetzes 2012 kann bereits vor dem 1. Jänner 2013 erlassen werden, sie darf aber frühestens mit 1. Jänner 2013 in Kraft treten.

(29a) § 61 Abs. 1, 2 und 4 in der Fassung des Bundesgesetzes BGBl. I Nr. 52/2012 sind erstmalig für das Wintersemester 2012/2013 anzuwenden. § 90 Abs. 3 in der Fassung des Bundesgesetzes BGBl. I Nr. 52/2012 ist auf Nostrifizierungsanträge anzuwenden, die nach dem 1. Mai 2012 gestellt werden.

(30) Studienbeiträge gemäß § 91 Abs. 1 bis 3 in der Fassung BGBl. I Nr. 18/2013 sind ab dem Sommersemester 2013 zu entrichten. Kommt es bis 1. Juni 2014 zu keiner Neuerung der Studienbeitragsregelung, so bleibt die vorliegende Fassung in Geltung.

(31) § 143 Abs. 22 und 28 treten mit Ablauf des 28. Februar 2013 außer Kraft. § 66 Abs. 1, Abs. 1a und Abs. 1b treten mit Ablauf des 31. Dezember 2015 außer Kraft. Die Bundesministerin oder der Bundesminister hat die Auswirkungen der Studieneingangs- und Orientierungsphase in Zusammenarbeit mit den Universitäten zu evaluieren und dem Nationalrat spätestens im Dezember 2015 einen Bericht über das Ergebnis der Evaluierung vorzulegen.

(32) §§ 12 und 13 sind unter Berücksichtigung der §§ 14a bis 14g in der Fassung des Bundesgesetzes BGBl. I Nr. 52/2013 bis spätestens 31. März 2014 zu ändern. Sollte bis zu diesem Zeitpunkt keine entsprechende Änderung der §§ 12 und 13 erfolgt sein, treten die §§ 14a bis 14g mit Ablauf des 31. März 2014 außer Kraft.

(33) §§ 64 und 66 sind unter Berücksichtigung der §§ 14g und 14i in der Fassung des Bundesgesetzes BGBl. I Nr. 52/2013 bis spätestens 31. März 2014 zu ändern. Sollte bis zu diesem Zeitpunkt keine entsprechende Änderung der §§ 64 und 66 erfolgt sein, tritt § 14i mit Ablauf des 31. März 2014 außer Kraft.

(34) § 14h tritt mit 1. Jänner 2013 in Kraft und mit Ablauf des 31. Dezember 2015 außer Kraft. Die Bundesministerin oder der Bundesminister hat die Auswirkungen der Zulassungsvoraussetzungen gemäß § 14h in Zusammenarbeit mit den Universitäten zu evaluieren und dem Nationalrat spätestens im Dezember 2015 einen Bericht über das Ergebnis der Evaluierung vorzulegen. Schwerpunkt der Evaluierung ist die Zusammensetzung der Studienwerberinnen und -werber bzw. der Studierenden in sozialer und kultureller Hinsicht sowie nach Geschlecht und Staatsangehörigkeit.

(35) § 13 Abs. 9 und 10, § 13a Abs. 6, § 25 Abs. 1 Z 12, § 43 Abs. 7, § 45 Abs. 7, § 46 Abs. 1 und 2, § 79 Abs. 1, § 92 Abs. 8, § 103 Abs. 9 und § 125 Abs. 1 in der Fassung des Bundesgesetzes BGBl. I Nr. 79/2013 treten mit 1. Jänner 2014 in Kraft.

(35a) § 63 Abs. 1 Z 5a und Abs. 12 in der Fassung des Bundesgesetzes BGBl. I Nr. 124/2013 sind auf Studierende, die das Studium ab dem Wintersemester 2014/2015 beginnen, anzuwenden.

(36) Kollegialorgane und Gremien, die am 1. März 2015 konstituiert sind, gelten bis zum Ende ihrer Funktionsperiode im Hinblick auf § 20a als gesetzeskonform zusammengesetzt.

(37) Das Inhaltsverzeichnis, §§ 2 Z 13 und 14, 7 Abs. 1, 13 Abs. 2 Z 1, 13b samt Überschrift, 15 Abs. 4a, 19 Abs. 2 Z 2, 2a, der Einleitungsteil zu 21 Abs. 1, Abs. 1 Z 13, 4, 5, 11 und 16, die Überschrift zu 23b, 23b Abs. 1, 25 Abs. 4 Z 2, 26 Abs. 1, 29 Abs. 1 und 5, 35a samt Überschrift, 40 Abs. 1, der 8. Unterabschnitt des 2. Abschnitts des I. Teils, 46 Abs. 4, 51 Abs. 2 Z 3, 4, 5, 11, 12a und 13a, 52 Abs. 1 und 2, 54 Abs. 1 Z 10 und 11, 54 Abs. 3, 54 Abs. 9, 56, 57, 59 Abs. 2 Z 5, 60 Abs. 1b und 6, 61 Abs. 2 Z 3, Abs. 3 Z 5, 63 Abs. 1 Z 4, 64 Abs. 1 Z 6 bis 8, 64 Abs. 4, 5 und 6, 66 Abs. 1 bis 6, 67 Abs. 1 und 2, 68 Abs. 2, 70 Abs. 2, der 3a. Abschnitt des II. Teils, 72, 73 Abs. 1, 74 Abs. 2 und 4, 75 Abs. 1 bis 3, 77 Abs. 1, 79 Abs. 5 und 6, 78 Abs. 8, die Überschrift zu 82, 82 Abs. 1 und 2, 84 Abs. 2, 85 samt Überschrift, 86, 87 Abs. 1, 90 Abs. 3, 98 Abs. 4, 99 Abs. 4, 109 Abs. 3 und 4, 115 samt Überschrift, 119 Abs. 6 Z 1, 123a, 123b Abs. 5 und 6, 125 Abs. 1, 135 Abs. 3 bis 6 sowie 143 Abs. 8, 12a, 23, 24, 29a, 35a, 37 bis 44 in der Fassung des Bundesgesetzes BGBl. I Nr. 131/2015 treten mit 1. Jänner 2016 in Kraft. § 99 Abs. 5 bis 7 treten mit 1. Oktober 2016 in Kraft.

(38) § 21 Abs. 4 und 5 in der Fassung des BGBl. I Nr. 131/2015 sind erst auf die Zusammensetzung der Universitätsräte für die mit 1. März 2018 beginnende Funktionsperiode anzuwenden.

(39) § 21 Abs. 11 in der Fassung des Bundesgesetzes BGBl. I Nr. 131/2015 ist ab Beginn der Funktionsperiode für die Universitätsräte am 1. März 2018 anzuwenden.

(40) § 13 Abs. 2 Z 1 lit. k, l und m, § 54 Abs. 6d und § 64 Abs. 6 treten mit Ablauf des 31. Dezember 2015 außer Kraft.

(41) § 66 in der Fassung des Bundesgesetzes BGBl. I Nr. 131/2015 tritt mit 1. Jänner 2016 in Kraft und mit Ablauf des 31. Dezember 2021 außer Kraft. Die Bundesministerin oder der Bundesminister hat die Auswirkungen der Studieneingangs- und Orientierungsphase in Zusammenarbeit mit den Universitäten zu evaluieren und dem Nationalrat spätestens im Dezember 2020 einen Bericht über das Ergebnis der Evaluierung vorzulegen.

(42) Der 3a. Abschnitt des II. Teils samt Überschrift (§§ 71a bis 71d samt Überschriften) tritt mit 1. Jänner 2016 in Kraft und mit Ablauf des 31. Dezember 2021 außer Kraft. Die Bundesministerin oder der Bundesminister hat die Auswirkungen der Zugangsregelungen in Zusammenarbeit mit den Universitäten zu evaluieren und dem Nationalrat spätestens im Dezember 2020 einen Bericht über das Ergebnis der Evaluierung vorzulegen. Schwerpunkt der Evaluierung ist die Zusammensetzung der Studienwerberinnen und -werber bzw. der Studierenden sowie jener Personen, die sich für ein Aufnahme- oder Auswahlverfahren angemeldet haben, aber die nicht zur Prüfung erschienen sind, in sozialer und kultureller Hinsicht sowie nach Geschlecht und Staatsangehörigkeit. Es ist zulässig, von den Studienwerberinnen und -werbern bzw. Prüfungsteilnehmerinnen und -teilnehmern die Erwerbstätigkeit sowie die Bildungslaufbahn der Eltern sowie deren Beruf und deren Stellung im Beruf im Sinne des § 18 Abs. 6 des Bildungsdokumentationsgesetzes 2020, BGBl. I Nr. 20/2021, zu erfassen und anonymisiert und aggregiert für statistische Zwecke und Evaluierungszwecke zu verarbeiten.

(43) Für die Änderung der Curricula von Studien, die von § 14h in der Fassung des Bundesgesetzes BGBl I Nr. 52/ 2013 umfasst sind, ist bis zum 1. Oktober 2016 § 54 Abs. 5 letzter Satz nicht anzuwenden.

(44) Änderungen der Curricula, die aufgrund von § 66 in der Fassung des Bundesgesetzes BGBl. I Nr. 131/2015 erforderlich sind, sind bis spätestens 30. Juni 2017 zu verlautbaren.

(45) Die Verordnung der Bundesregierung über die Festsetzung einer Zahl an Studienplätzen für Studienanfängerinnen und Studienanfänger und über die Ermächtigung an Rektorate zur Festlegung eines qualitativen Aufnahmeverfahrens, BGBl. II Nr. 133/2010, tritt mit Ablauf des 31. Dezember 2015 außer Kraft.

(46) § 71b Abs. 7 Z 3 in der Fassung des Bundesgesetzes BGBl. I Nr. 8/2018 ist mit der Maßgabe anzuwenden, dass für die Zulassung zum Studium bis zum Wintersemester 2019/2020 die Zurverfügungstellung des Prüfungsstoffes auf der Homepage der Universität oder in anderer geeigneter Form erfolgen kann.

(47) Die Bestimmungen des Bundesgesetzes BGBl. I Nr. 129/2017 treten mit 1. Oktober 2017 in Kraft. Verordnungen auf Grund des Bundesgesetzes BGBl. I Nr. 129/2017 können bereits ab dem seiner Kundmachung folgenden Tag erlassen werden. Diese Verordnungen sind frühestens gleichzeitig mit dem Inkrafttreten dieses Bundesgesetzes in Kraft zu setzen. Änderungen von Curricula, Satzungen und anderen Verordnungen, die aufgrund des Bundesgesetzes BGBl. I Nr. 129/2017 erforderlich sind, sind bis spätestens 30. Juni 2019 zu verlautbaren. Abschnitt 6a des Teil VIII in der Fassung des Bundesgesetzes BGBl. I Nr. 129/2017 tritt mit 1. August 2017 in Kraft.

(48) Die Verleihung eines akademischen Bachelorgrades für den Abschluss eines Human- oder Zahnmedizinischen Bachelorstudiums ist ab dem 1. Juni 2017 zulässig.

(49) Das Inhaltsverzeichnis, § 12, §§ 12a und 12b samt Überschriften, § 13 Abs. 2 Z 1 lit. b, c und g, § 13 Abs. 2 Z 2, § 13 Abs. 3, § 20 Abs. 6 Z 15, § 21 Abs. 1 Z 1, § 22 Abs. 1 Z 4, § 23 Abs. 1 Z 4, § 51 Abs. 2 Z 14d bis 14g, § 61 Abs. 4, § 63 Abs. 1 Z 4 bis 6, § 99a, § 107 Abs. 2 Z 2 und 3 sowie § 141 in der Fassung des Bundesgesetzes BGBl. I Nr. 8/2018 treten mit 1. Februar 2018 in Kraft. Die §§ 12, 12a und 12b, § 13 Abs. 2 Z 1 lit. b, c und g, § 13 Abs. 2 Z 2, § 13 Abs. 3 sowie § 141 in der Fassung des Bundesgesetzes BGBl. I Nr. 8/2018 sind erstmals auf die Leistungsvereinbarungsperiode 2019 bis 2021 anzuwenden. Auf die Finanzierung der Universitäten für die laufende Leistungsvereinbarungsperiode 2016 bis 2018 sind die §§ 12, 13 sowie 141 in der am 31. Jänner 2018 geltenden Fassung weiterhin anzuwenden. § 13 Abs. 4 tritt mit Ablauf des 31. Jänner 2018 außer Kraft.

(50) § 63a Abs. 9 sowie der 3a. Abschnitt des II. Teils samt Überschrift (§§ 71a bis 71d samt Überschriften) in der Fassung des Bundesgesetzes BGBl. I Nr. 8/2018 treten mit 1. Mai 2018 in Kraft und sind erstmals für die Zulassung zum Studium für das Wintersemester 2019/2020 anzuwenden. Für die Zulassungen für das Wintersemester 2018/2019 sowie für das Sommersemester 2019 sind § 63a Abs. 9 sowie der 3a. Abschnitt des II. Teils samt

Überschrift in der am 30. April 2018 geltenden Fassung weiterhin anzuwenden.

(51) § 141a sowie § 141b zweiter Satz treten mit Ablauf des 31. Jänner 2018 außer Kraft. In § 141c entfällt die Absatzbezeichnung „(1)" und die Abs. 2 und 3 treten mit Ablauf des 31. Jänner 2018 außer Kraft.

(52) § 141 Abs. 7 und § 141b in der Fassung des Bundesgesetzes BGBl. I Nr. 30/2018 treten mit 1. Februar 2018 in Kraft.

(53) Das Inhaltsverzeichnis, § 1, § 13a Abs. 4, § 14 Abs. 6, § 16 Abs. 6, § 17 Abs. 2, § 21 Abs. 2, § 29 Abs. 4 Z 2, § 42 Abs. 4, § 43 Abs. 4, § 45 Abs. 2, § 60 Abs. 5, § 119 Abs. 3 sowie § 143 Abs. 42 in der Fassung des Datenschutz-Anpassungsgesetzes 2018 – Wissenschaft und Forschung, BGBl. I Nr. 31/2018, treten mit 25. Mai 2018 in Kraft.

(54) § 30a und § 108 Abs. 5 treten mit Ablauf des 24. Mai 2018 außer Kraft.

(55) Die §§ 60 Abs. 6 und 63 Abs. 1 Z 3, Abs. 10, 10a und 10b in der Fassung des Bundesgesetzes BGBl. I Nr. 56/2018 sind auf Anträge für die Zulassung zu Studien ab dem Sommersemester 2019 anzuwenden.

(56) § 29 Abs. 6, § 35, § 35a Abs. 2 und 3 sowie § 35b in der Fassung des Bundesgesetzes BGBl. I Nr. 52/2018 treten an dem Tag in Kraft, der der Kundmachung folgt. § 52 Abs. 3 in der Fassung des Bundesgesetzes BGBl. I Nr. 52/2018 tritt mit 1. Oktober 2018 in Kraft.

(57) § 125 Abs. 12 in der Fassung des Bundesgesetzes BGBl. I Nr. 52/2018 tritt an dem Tag in Kraft, der der Kundmachung folgt. Allfällige vor Inkrafttreten dieser Regelung durch den Bund geleistete und noch nicht refundierte sozialversicherungsrechtliche Überweisungsbeträge sind dem Bund durch die Universität zu ersetzen.

(58) § 6 Abs. 1 in der Fassung des Bundesgesetzes BGBl. I Nr. 3/2019 tritt mit 1. Jänner 2019 in Kraft. Für die Universität für Weiterbildung Krems (Donau-Universität Krems) gemäß § 6 Abs. 1 Z 22 ist das Bundesgesetz über die Universität für Weiterbildung Krems (UWK-Gesetz – UWKG), BGBl. I Nr. 22/2004,

zuletzt geändert durch das Bundesgesetz BGBl. I Nr. 31/2018, anzuwenden.

(59) § 141b in der Fassung des Bundesgesetzes BGBl. I Nr. 135/2021 tritt mit 1. März 2021 in Kraft.

(60) § 53, § 141 Abs. 2 und 3 sowie § 143 Abs. 42 in der Fassung des Bundesgesetzes BGBl. I Nr. 20/2021 treten mit Ablauf des Tages der Kundmachung im Bundesgesetzblatt in Kraft.

(61) Die Änderungen des Inhaltsverzeichnisses mit Ausnahme der Einträge, die die Universität für Weiterbildung Krems betreffen, § 1, § 2 Z 3a und 9, § 3 Z 4 und 9, § 6 Abs. 1 Z 22 und Abs. 7, § 12 Abs. 8, § 13 Abs. 2 Z 1 lit. a, § 13a Abs. 4, § 14 Abs. 1 und 2, § 15 Abs. 7, § 16 Abs. 1 und 2, § 20 Abs. 3a und 5a, § 20b Abs. 2, § 20c, § 21 Abs. 1 Z 13, § 21 Abs. 6, § 22 Abs. 1 Z 12, 12a und 12b, § 23 Abs. 2, 3 und 5, § 23a Abs. 1, 4 und 5, § 23b, § 25 Abs. 1 Z 5a, 10 und 10a, Einleitungssatz zu § 25 Abs. 4, § 25 Abs. 4 Z 2, Schlussteil zu § 25 Abs. 4, § 29 Abs. 4 Z 2, § 32 Abs. 1, § 39 Abs. 4, § 40 Abs. 1, die Überschrift des 3. Abschnitts des I. Teils, § 42 Abs. 2, Abs. 6 Z 2, Abs. 8 und 8f, § 43 Abs. 9, § 45 Abs. 5, § 47 Abs. 1, die Überschrift des 2. Abschnitts des III. Teils, § 96 samt Überschrift, § 98 Abs. 2 zweiter Satz, Abs. 4a bis 9, § 99 Abs. 5, § 99a Abs. 1 bis 3, § 107 Abs. 1, § 108 Abs. 3, § 110 Abs. 1 und 7a, § 116 Abs. 3, § 111, § 116a samt Überschrift, § 118, §§ 118a samt Überschrift und 118b, § 124 Abs. 5, § 126 Abs. 4, § 135 Abs. 1, 3 bis 5 und 8, § 141 Abs. 2 bis 4 und Abs. 6 sowie § 143 Abs. 47 und 60 treten mit 1. Oktober 2021 in Kraft.

(62) § 23 Abs. 3 in der Fassung des Bundesgesetzes BGBl. I Nr. 93/2021 ist auf eine am 1. Oktober 2021 bereits laufende Funktionsperiode der Rektorin oder des Rektors der Universität anzuwenden. Vor dem 1. Oktober 2021 abgeschlossene Funktionsperioden bleiben außer Betracht.

(63) § 25 Abs. 4 in der Fassung des Bundesgesetzes BGBl. I Nr. 93/2021 ist auf eine am 1. Oktober 2021 bereits laufende Funktionsperiode des Senats der Universität anzuwenden. Vor dem 1. Oktober 2021 abgeschlossene Funktionsperioden bleiben außer Betracht.

(64) Die Einträge im Inhaltsverzeichnis, die die Universität für Weiterbildung Krems betreffen, die §§ 40b bis 40e samt Überschrift in der Fassung des Bundesgesetzes BGBl. I Nr. 93/2021 treten mit 1. Jänner 2022 in Kraft.

(65) Das Bundesgesetz über die Universität für Weiterbildung Krems (UWK-Gesetz – UWKG), BGBl. I Nr. 22/2004, zuletzt geändert durch das Bundesgesetz BGBl. I Nr. 31/2018, tritt mit Ablauf des 31. Dezembers 2021 außer Kraft. Wird in anderen Bundesgesetzen auf Bestimmungen verwiesen, an deren Stelle mit Inkrafttreten dieses Bundesgesetzes neue Bestimmungen wirksam werden, sind diese Verweisungen auf die entsprechenden neuen Bestimmungen zu beziehen.

(66) Die gemäß UWKG mit Ablauf des 31. Dezembers 2021 durch dieses Bundesgesetz sowie durch den Organisationsplan und die Satzung der Universität für Weiterbildung Krems eingerichteten monokratischen Organe und Kollegialorgane bleiben weiterhin für die jeweilige Funktionsperiode eingerichtet.

(67) Der an der Universität für Weiterbildung Krems mit Ablauf des 31. Dezembers 2021 geltende Entwicklungsplan, der Organisationsplan sowie die an der Universität für Weiterbildung Krems mit Ablauf des 31. Dezembers 2021 geltende Satzung und die Leistungsvereinbarung bleiben weiterhin in Geltung.

(68) Die an der Universität für Weiterbildung Krems mit Ablauf des 31. Dezember 2021 eingerichteten Universitätslehrgänge und PhD-Studien bleiben weiterhin eingerichtet. Auf diese Studien sind die jeweiligen Curricula in der am 31. Dezember 2021 geltenden Fassung weiterhin anzuwenden.

(69) Acht Jahre nach Einrichtung eines „PhD"-Studiums hat eine Evaluierung hinsichtlich § 40c Abs. 2 Z 6 stattzufinden.

(70) Der Betriebsrat für das wissenschaftliche und künstlerische Universitätspersonal sowie der Betriebsrat für das allgemeine Universitätspersonal der Universität für Weiterbildung Krems sind nach den Bestimmungen der §§ 50ff ArbVG bis längstens 31. Dezember 2022 zu wählen. Die Funktionsperiode des zum Zeitpunkt des Inkrafttretens der Änderung dieses Bundesgeset-

zes BGBl. I Nr. 93/2021 gewählten Betriebsrats endet mit der Konstituierung der neugewählten Betriebsräte.

(71) § 108 Abs. 2 und 3 ist für die Universität für Weiterbildung Krems insofern ab dem 1. Jänner 2022 anzuwenden, als die Universität für Weiterbildung Krems ab dem 1. Jänner 2022 dem Dachverband der Universitäten angehört.

(72) Arbeitnehmerinnen und Arbeitnehmer, die am 31. Dezember 2021 an der Universität für Weiterbildung Krems in einem vertraglichen Dienstverhältnis stehen, werden mit dem 1. Jänner 2022 Arbeitnehmerinnen oder Arbeitnehmer der Universität für Weiterbildung Krems gemäß § 6 Abs. 1 Z 22 in der Fassung des Bundesgesetzes BGBl. I Nr. 93/2021.

(73) Die Dienst- und Besoldungsordnung für das Personal des Universitätszentrums für Weiterbildung (Donau-Universität Krems) ist weiterhin anzuwenden.

(74) § 42 Abs. 2 in der Fassung des Bundesgesetzes BGBl. I Nr. 93/2021 ist mit dem Beginn der nächsten Funktionsperiode des Senates erstmalig anwendbar. § 42 Abs. 2 vierter Satz in der Fassung des Bundesgesetzes BGBl. I Nr. 93/2021 ist auf eine am 1. Oktober 2021 bereits laufende Funktionsperiode des Arbeitskreises für Gleichbehandlungsfragen anzuwenden. Vor dem 1. Oktober 2021 abgeschlossene Funktionsperioden bleiben außer Betracht.

(75) § 43 Abs. 9 in der Fassung des Bundesgesetzes BGBl. I Nr. 93/2021 ist ab der auf den 1. Oktober 2021 folgenden Funktionsperiode der Schiedskommission anzuwenden.

(76) Die studienrechtlichen Bestimmungen des Bundesgesetzes BGBl. I Nr. 93/2021, mit Ausnahme der §§ 76, 76a, 79 Abs. 2, 4 und 5, sind ab dem Studienjahr 2022/23 und die dafür durchzuführenden Aufnahme-, Eignungs- und Zulassungsverfahren und die Zulassungen für Studien für das Studienjahr 2022/23 anzuwenden. Bis dahin sind die studienrechtlichen Bestimmungen in der Fassung des Tages vor dem Inkrafttreten des Bundesgesetzes BGBl. I Nr. 93/2021 anzuwenden.

(77) Änderungen von Curricula, Satzungen und anderen Verordnungen und Regelungen, die aufgrund des Bundesgesetzes

BGBl. I Nr. 93/2021 erforderlich sind, sind bis spätestens 1. Oktober 2022 zu verlautbaren.

(78) § 59a, § 59b und § 68 Abs. 1 Z 2a in der Fassung des Bundesgesetzes BGBl. I Nr. 93/2021 sind für jene Studierenden anzuwenden, die ab dem Wintersemester 2022/23 zu einem Bachelor- oder Diplomstudium zugelassen werden.

(79) § 64 Abs. 3 und 4 in der Fassung des Bundesgesetzes BGBl. I Nr. 93/2021 ist für Studierende anzuwenden, die ab dem Studienjahr 2022/2023 zum Master- bzw. zum Doktoratsstudium zugelassen werden.

(80) Die §§ 76, 76a, 79 Abs. 2, 4 und 5 in der Fassung des Bundesgesetzes BGBl. I Nr. 93/2021 sind für Lehrveranstaltungen und Prüfungen ab dem Wintersemester 2021/22 anzuwenden.

(81) Kollegialorgane und Gremien, die am 1. Oktober 2021 konstituiert sind, gelten bis zum Ende ihrer Funktionsperiode in Hinblick auf § 59 Abs. 5 als gesetzeskonform zusammengesetzt.

(82) Die Bundesministerin oder der Bundesminister hat die Auswirkungen der Mindeststudienleistung sowie der Unterstützungsleistungen seitens der Universität gemäß den §§ 59a und 59b in der Fassung des Bundesgesetzes BGBl. I Nr. 93/2021 in Zusammenarbeit mit den Universitäten begleitend zu evaluieren und dem Nationalrat spätestens im Dezember 2025 einen Bericht über das Ergebnis der Evaluierung vorzulegen. Schwerpunkt der Evaluierung ist die Zusammensetzung der Studierenden in sozialer Hinsicht sowie nach Geschlecht und Staatsangehörigkeit.

(83) § 109 in der Fassung des Bundesgesetzes BGBl. I Nr. 93/2021 tritt mit 1. Oktober 2021 in Kraft und ist auf Arbeitsverhältnisse anzuwenden, die ab dem 1. Oktober 2021 abgeschlossen werden. Bei der Feststellung der höchstzulässigen Gesamtdauer gemäß § 109 Abs. 9 sind auch Zeiten in Arbeitsverhältnissen zur Universität zu berücksichtigen, die vor dem 1. Oktober 2021 liegen, Zeiten gemäß § 109 Abs. 7 bleiben dabei unberücksichtigt. Im Ausmaß von bis zu vier Jahren bleiben ebenso Zeiten vor dem 1. Oktober 2021 unberücksichtigt, die während eines Doktoratsstudiums an derselben Universität in einem Arbeitsverhältnis

verbracht wurden, das in einem untrennbaren inhaltlichen Zusammenhang mit dem Doktoratsstudium stand.

(84) Wird ein bestehendes Arbeitsverhältnis ab dem 1. Oktober 2021 ohne Änderung der Verwendung verlängert, ist § 109 in der Fassung des Bundesgesetzes BGBl. I Nr. 20/2021 weiterhin anzuwenden.

(85) Wird ein Arbeitsverhältnis gemäß § 109 Abs. 6 ab dem 1. Oktober 2021 neu abgeschlossen, bleiben Zeiten, die vor dem 1. Oktober 2021 verbracht wurden, unberücksichtigt. Wird ein Arbeitsverhältnis ab dem 1. Oktober 2021 überwiegend zur Durchführung von Drittmittelprojekten oder Forschungsprojekten abgeschlossen, bleiben Zeiten, die vor dem 1. Oktober 2021 in einem solchen Arbeitsverhältnis verbracht wurden, im Ausmaß von bis zu vier Jahren unberücksichtigt.

Vollziehung

§ 144. Mit der Vollziehung dieses Bundesgesetzes sind betraut:
1. hinsichtlich des § 17 die Bundesministerin oder der Bundesminister für Finanzen;
2. hinsichtlich der §§ 137 und 139 die Bundesministerin oder der Bundesminister für Finanzen im Einvernehmen mit der Bundesministerin oder dem Bundesminister für Bildung, Wissenschaft und Forschung;
3. hinsichtlich der §§ 12 Abs. 2 und 7, 16 Abs. 2, 121 Abs. 17 und § 141 die Bundesministerin oder der Bundesminister für Bildung, Wissenschaft und Forschung im Einvernehmen mit der Bundesministerin oder dem Bundesminister für Finanzen;
4. hinsichtlich des § 18 Abs. 2 die Bundesministerin oder der Bundesminister für Verfassung, Reformen, Deregulierung und Justiz, soweit Gerichts- und Justizverwaltungsgebühren betroffen sind, im Übrigen die Bundesministerin oder der Bundesminister für Finanzen;
5. hinsichtlich des § 29 Abs. 6 die Bundesministerin oder der Bundesminister für Arbeit, Soziales, Gesundheit und

Konsumentenschutz im Einvernehmen mit der Bundesministerin oder dem Bundesminister für Bildung, Wissenschaft und Forschung;
6. hinsichtlich des § 44 die Bundesministerin oder der Bundesminister für Arbeit, Soziales, Gesundheit und Konsumentenschutz;
7. hinsichtlich der §§ 106 Abs. 2 und 3, 108 Abs. 1, 3 und 4, 109 bis 113, 115 sowie 135 die Bundesministerin oder der Bundesminister für Arbeit, Soziales, Gesundheit und Konsumentenschutz im Einvernehmen mit der Bundesministerin oder dem Bundesminister für Bildung, Wissenschaft und Forschung;
8. hinsichtlich der §§ 8 und 21 Abs. 6 Z 2 die Bundesregierung;
9. im Übrigen die Bundesministerin oder der Bundesminister für Bildung, Wissenschaft und Forschung.

Anhang 2
Fachhochschulgesetz

Bundesgesetz über Fachhochschulen (Fachhochschulgesetz – FHG)
StF: BGBl. Nr. 340/1993 (NR: GP XVIII RV 949 AB 1048 S. 117. BR: 4534 AB 4537 S. 570.)
[CELEX-Nr.: 389L0048]

idF:
BGBl. I Nr. 72/1998 (NR: GP XX IA 731/A AB 1146 S. 116. BR: AB 5673 S. 640.)
BGBl. I Nr. 136/2001 (NR: GP XXI RV 742 AB 824 S. 81. BR: 6458 AB 6459 S. 681.)
BGBl. I Nr. 12/2002 (NR: GP XXI RV 832 AB 881 S. 84. BR: AB 6504 S. 682.)
BGBl. I Nr. 58/2002 (NR: GP XXI RV 976 AB 1013 S. 95. BR: 6577 AB 6595 S. 685.)
BGBl. I Nr. 110/2003 (NR: GP XXII RV 217 AB 263 S. 37. BR: 6889 AB 6892 S. 703.)
BGBl. I Nr. 43/2006 (NR: GP XXII IA 756/A AB 1309 S. 139. BR: 7476 AB 7481 S. 732.)
BGBl. I Nr. 89/2007 (NR: GP XXIII IA 408/A AB 277 S. 37. BR: 7785 AB 7789 S. 750.)
BGBl. I Nr. 2/2008 (1. BVRBG) (NR: GP XXIII RV 314 AB 370 S. 41. BR: 7799 AB 7830 S. 751.)
BGBl. I Nr. 74/2011 (NR: GP XXIV RV 1222 AB 1318 S. 112. BR: 8520 AB 8530 S. 799.)
BGBl. I Nr. 74/2012 (NR: GP XXIV IA 1994/A AB 1876 S. 166. BR: AB 8780 S. 812.)
BGBl. I Nr. 79/2013 (NR: GP XXIV RV 2164 AB 2282 S. 199. BR: 8945 AB 8957 S. 820.)
BGBl. I Nr. 45/2014 (NR: GP XXV RV 136 AB 171 S. 30.

BR: 9189 AB 9192 S. 831.)
BGBl. I Nr. 97/2016 (NR: GP XXV RV 1258 AB 1281 S. 146.
BR: AB 9652 S. 859.)
BGBl. I Nr. 129/2017 (NR: GP XXV IA 2235/A AB 1705
S. 188. BR: 9817 AB 9853 S. 871.)
BGBl. I Nr. 31/2018 (NR: GP XXVI RV 68 AB 105 S 21.
BR: AB 9960 S. 879.)
BGBl. I Nr. 77/2020 (NR: GP XXVII RV 234 AB 267 S. 43.
BR: AB 10400 S.911.)
BGBl. I Nr. 93/2021 (NR: GP XXVII RV 662 AB 705 S. 89.
BR: AB 10600 S. 924.)

1. Abschnitt
Allgemeiner Teil

Anwendungsbereich

§ 1. (1) Dieses Bundesgesetz regelt die Einrichtung von Fachhochschulen sowie die Durchführung von Fachhochschul-Studiengängen und Lehrgängen zur Weiterbildung.

(2) Soweit dieses Bundesgesetz keine abweichenden Bestimmungen enthält, sind der 1. und 2. Abschnitt des Forschungsorganisationsgesetzes, BGBl. Nr. 341/1981, auch im Anwendungsbereich dieses Bundesgesetzes anzuwenden.

Erhalter

§ 2. (1) Erhalter von Fachhochschulen können der Bund und andere juristische Personen des öffentlichen Rechts sein. Juristische Personen des privaten Rechts können Erhalter von Fachhochschulen sein, soweit deren Unternehmensgegenstand überwiegend die Errichtung, Erhaltung und der Betrieb einer Fachhochschule mit Fachhochschul-Studiengängen ist.

(2) Die Erhalter sind berechtigt, von ordentlichen Studierenden einen Studienbeitrag in Höhe von höchstens 363,36 Euro je Semester einzuheben. Von Studierenden aus Drittstaaten, die nicht unter die Personengruppen gemäß der Personengruppenver-

ordnung der zuständigen Bundesministerin oder des zuständigen Bundesministers fallen und die über eine Aufenthaltsberechtigung für Studierende gemäß § 64 Niederlassungs- und Aufenthaltsgesetz (NAG), BGBl. I Nr. 100/2005, verfügen, dürfen höchstens kostendeckende Beiträge eingehoben werden. Die betragliche Einschränkung des ersten Satzes gilt nicht für Bildungsaktivitäten von Erhaltern, die ausschließlich in Drittstaaten angeboten und durchgeführt werden.

(2a) Die Erhalter können Fachhochschul-Studiengänge gemäß den Bestimmungen dieses Bundesgesetzes und des Hochschul-Qualitätssicherungsgesetzes (HS-QSG), BGBl. I Nr. 74/2011, einrichten, in denen eine Anzahl von Studienplätzen unter Berücksichtigung der tatsächlichen Kosten von außerhochschulischen privaten Rechtsträgern finanziert werden und an denen die Teilnahme auf eine vorab definierte Zielgruppe von Studierenden und Anzahl an Studienplätzen beschränkt werden kann.

(3) Die Erhalter haben zur Leistungs- und Qualitätssicherung ein eigenes Qualitätsmanagementsystem aufzubauen.

(4) Die Einhebung von pauschalierten Kostenbeiträgen für Materialien, Sachmittel und sonstige Serviceleistungen, die den laufenden, regulären Betrieb eines Studienganges betreffen, ist unzulässig. Darüber hinaus gehende, tatsächlich anfallende Kosten sind individuell zwischen Erhalter und Studierenden zu verrechnen.

(5) Die Erhalter haben die Gleichstellung der Geschlechter und die ausgeglichene Repräsentanz der Geschlechter in allen Positionen und Funktionen zu beachten. Erhalter in der Form juristischer Personen des privaten Rechts haben das Bundesgesetz über die Gleichbehandlung (Gleichbehandlungsgesetz – GlBG), BGBl. I Nr. 66/2004, zu beachten.

(6) Der Erhalter hat aktuelle Muster der Ausbildungsverträge und die Studienpläne für die angebotenen Fachhochschul-Studiengänge auf der Website der Fachhochschule in leicht auffindbarer Form zu veröffentlichen.

(7) Fachhochschulen gelten hinsichtlich der steuerlichen Behandlung von Zuwendungen an sie als Universitäten im Sinne

des § 4a Abs. 3 Z 1 des Einkommensteuergesetzes 1988, BGBl. Nr. 400/1988.

Fachhochschul-Entwicklungs- und Finanzierungsplan

§ 2a. (1) Der Fachhochschul-Entwicklungs- und Finanzierungsplan (FH-EF-Plan) ist das strategische Planungsinstrument des Bundes für die Entwicklung des Fachhochschulsektors und die Finanzierung von Fachhochschul-Studiengängen. Er hat insbesondere zu umfassen:
1. die von den Fachhochschulen entsprechend den Zielen und leitenden Grundsätzen gemäß § 3 zu erbringenden Leistungen;
2. die Grundsätze für neue Fachhochschul-Studiengänge und Änderung bestehender Fachhochschul-Studiengänge zur Weiterentwicklung des hochschulischen Portfolios und der Hochschulstruktur;
3. die vorgesehenen finanziellen Mittel des Bundes.

(2) Der Fachhochschul-Entwicklungs- und Finanzierungsplan hat einen Planungszeitraum von zumindest drei Jahren zu umfassen.

(3) Mit jenen Erhaltern von Fachhochschul-Studiengängen, die Bundesmittel gemäß Abs. 1 Z 3 erhalten, sind Finanzierungsvereinbarungen abzuschließen.

Ziele und leitende Grundsätze

§ 3. (1) Fachhochschulen haben die Aufgabe, Studiengänge auf Hochschulniveau anzubieten, die einer wissenschaftlich fundierten Berufsausbildung dienen. Die wesentlichen Ziele sind:
1. die Gewährleistung einer praxisbezogenen Ausbildung auf Hochschulniveau;
2. die Vermittlung der Fähigkeit, die Aufgaben des jeweiligen Berufsfeldes dem Stand der Wissenschaft und den aktuellen und zukünftigen Anforderungen der Praxis zu lösen;

3. die Förderung der Durchlässigkeit des Bildungssystems und der beruflichen Flexibilität der Absolventinnen und Absolventen.

(2) Grundsätze für die Gestaltung von Fachhochschul-Studiengängen sind:
1. Fachhochschul-Studiengänge haben die Vielfalt wissenschaftlicher Lehrmeinungen und wissenschaftlicher und/oder wissenschaftlich-künstlerischer Methoden zu beachten; das Prinzip der Freiheit der Lehre bezieht sich auf die Durchführung von Lehrveranstaltungen im Rahmen der zu erfüllenden Lehraufgaben und deren inhaltliche und methodische Gestaltung unter Berücksichtigung der Absätze 1 und 2.
1a. Fachhochschul-Studiengänge haben für die Sicherstellung der guten wissenschaftlichen Praxis und der akademischen Integrität Sorge zu tragen.
2. Der Arbeitsaufwand für Fachhochschul-Bachelorstudiengänge hat 180 ECTS-Anrechnungspunkte und für Fachhochschul-Masterstudiengänge 60, 90 oder 120 ECTS-Anrechnungspunkte zu betragen. Für die Berechnung der ECTS-Anrechnungspunkte gilt § 54 Abs. 2 zweiter Satz Universitätsgesetz 2002 (UG), BGBl. I Nr. 120/2002, sinngemäß. Für berufsbegleitende Fachhochschul-Bachelorstudiengänge kann die Zuteilung der ECTS-Anrechnungspunkte auf das Studienjahr auch unterschritten werden. Wird der Zugang zu einem Fachhochschul-Studiengang gemäß § 4 Abs. 4 vierter Satz beschränkt, so kann die Anzahl der Anrechnungspunkte um bis zu 60 ECTS-Anrechnungspunkte reduziert werden.
2a. Fachhochschul-Bachelorstudiengänge dürfen nur in Verbindung mit Fachhochschul-Masterstudiengängen derselben Fachhochschule eingerichtet werden.
3. Im Rahmen von Fachhochschul-Bachelorstudiengängen ist den Studierenden ein Berufspraktikum vorzuschreiben, das einen ausbildungsrelevanten Teil des Studiums

darstellt. Die Studienzeit wird um die Dauer des Berufspraktikums nicht verlängert.
4. Ein Fachhochschulstudium ist so zu gestalten, dass es in der festgelegten Studienzeit abgeschlossen werden kann. Dabei ist zu berücksichtigen, dass die Jahresarbeitsleistung einer oder eines Studierenden 1 500 Stunden nicht überschreiten darf.
5. Die Art und der Umfang der einzelnen Lehrveranstaltungen und Prüfungen sind im Studienplan und in der Prüfungsordnung festzulegen.
6. Der Studienabschluss in einem Fachhochschul-Masterstudiengang setzt eine positiv beurteilte Masterarbeit und eine abschließende Gesamtprüfung voraus. In Fachhochschul-Bachelorstudiengängen sind im Rahmen von Lehrveranstaltungen eine Bachelorarbeit oder mehrere Bachelorarbeiten abzufassen. Nähere Bestimmungen über die eigenständig anzufertigenden Bachelorarbeiten sind im jeweiligen Curriculum festzulegen; die abschließende Bachelorprüfung besteht aus einer Gesamtprüfung.
7. Die besuchten Lehrveranstaltungen und abgelegten Prüfungen sind den Studierenden jährlich, jedenfalls bei Ausscheiden aus dem Fachhochschul-Studiengang, schriftlich zu bestätigen.
8. Die Lehrveranstaltungen sind ihrer Aufgabenstellung und dem curricular verankerten Qualifikationsprofil entsprechend didaktisch zu gestalten.
9. Die Lehrveranstaltungen sind einer Bewertung durch die Studierenden zu unterziehen; die Bewertungsergebnisse dienen der Qualitätssicherung und sind für die pädagogisch-didaktische Weiterbildung der Lehrenden heranzuziehen.
10. Fachhochschul-Studiengänge dürfen auch als gemeinsame Studienprogramme oder als gemeinsam eingerichtete Studien angeboten werden. Gemeinsame Studienprogramme sind Studien, die auf Grund von Vereinbarungen zwischen einer oder mehreren Universitäten, Pädagogischen Hochschulen, Fachhochschulen, Privathochschulen, Privatuni-

versitäten oder ausländischen anerkannten postsekundären Bildungseinrichtungen in der Form eines joint, double oder multiple degree programs durchgeführt werden. Gemeinsam eingerichtete Studien sind Studien, die auf Grund von Vereinbarungen zwischen einer oder mehreren österreichischen Universitäten, Pädagogischen Hochschulen, Fachhochschulen, Privathochschulen oder Privatuniversitäten durchgeführt werden, wobei ein gleichlautendes Curriculum zu erlassen ist. Wenn die beteiligten Bildungseinrichtungen beschließen, ein gemeinsames Studienprogramm oder ein gemeinsam eingerichtetes Studium nicht mehr durchzuführen, ist von den beteiligten Bildungseinrichtungen Vorsorge zu treffen, dass Studierenden der Abschluss des Studiums innerhalb einer angemessenen Frist, die jedenfalls die Studiendauer zuzüglich von zwei Semestern zu umfassen hat, möglich ist.
11. Fachhochschulen sind berechtigt, Lehrgänge zur Weiterbildung einzurichten. Diese können auch als gemeinsame Studienprogramme oder als gemeinsam eingerichtete Studien angeboten und zur wirtschaftlichen und organisatorischen Unterstützung in Zusammenarbeit mit außerhochschulischen Rechtsträgern durchgeführt werden.

Gemeinsame Studienprogramme

§ 3a. Bei gemeinsamen Studienprogrammen haben die beteiligten Bildungseinrichtungen Vereinbarungen über die Durchführung, insbesondere über die Festlegung der Leistungen, die die betreffenden Studierenden an den beteiligten Bildungseinrichtungen zu erbringen haben, zu schließen.

Gemeinsam eingerichtete Studien

§ 3b. (1) Bei gemeinsam eingerichteten Studien haben die beteiligten österreichischen Bildungseinrichtungen eine Vereinbarung insbesondere über die Durchführung sowie die Arbeits- und die Ressourcenaufteilung zu schließen.

(2) In dem von den zuständigen Organen der beteiligten Bildungseinrichtungen gleichlautend zu erlassenden Curriculum ist die Zuordnung der Fächer zu der jeweiligen Bildungseinrichtung ersichtlich zu machen.

(3) In den von den Rektoraten der beteiligten Universitäten und öffentlichen Pädagogischen Hochschulen gleichlautend zu erlassenden Verordnungen bzw. von den zuständigen Organen von anerkannten privaten Pädagogischen Hochschulen, Fachhochschulen, Privathochschulen und Privatuniversitäten zu veröffentlichenden gleichlautenden Vereinbarungen sind Regelungen betreffend die Zuständigkeiten zur Vollziehung der studienrechtlichen Bestimmungen festzulegen. Weiters ist festzulegen, welche studienrechtlichen Satzungsbestimmungen gemäß Abs. 6 jeweils zur Anwendung kommen.

(4) Die Zulassung zu einem gemeinsam eingerichteten Studium darf nur an einer der beteiligten Bildungseinrichtungen nach Wahl der oder des Studierenden erfolgen. Die Rektorate der beteiligten Universitäten und öffentlichen Pädagogischen Hochschulen können durch gleichlautend zu erlassende Verordnungen bzw. die zuständigen Organe von anerkannten privaten Pädagogischen Hochschulen, Fachhochschulen, Privathochschulen und Privatuniversitäten können durch zu veröffentlichende gleichlautende Vereinbarungen jene Bildungseinrichtung bestimmen, welche die Zulassung durchzuführen hat. Mit der Zulassung wird die oder der Studierende auch Angehörige oder Angehöriger aller am gemeinsam eingerichteten Studium beteiligten Bildungseinrichtungen.

(5) Die zulassende Bildungseinrichtung hat die Zulassung und die Fortsetzungsmeldungen durchzuführen, die das Studium betreffenden Bestätigungen, Bescheinigungen und Nachweise sowie die abschließenden Zeugnisse auszustellen und den vorgesehenen akademischen Grad bzw. die vorgesehene akademische Bezeichnung zu verleihen sowie den Anhang zum Diplom auszustellen.

(6) Im Falle der Beteiligung an einem gemeinsam eingerichteten Studium mit einer Universität oder Pädagogischen Hochschule finden die studienrechtlichen Bestimmungen des Univer-

sitätsgesetzes 2002 – UG, BGBl. I Nr. 120/2001, bzw. des Hochschulgesetzes 2005 – HG, BGBl. I Nr. 30/2006, Anwendung. Gegen Entscheidungen in studienrechtlichen Angelegenheiten ist eine Beschwerde an das Bundesverwaltungsgericht zulässig.

(7) Studien zur Erlangung eines Lehramtes können nur als gemeinsam eingerichtete Studien im Sinne von § 54 Abs. 9 UG sowie § 38 Abs. 2c HG mit zumindest einer Universität und bzw. oder Pädagogischen Hochschule durchgeführt werden.

Studierende

§ 4. (1) Fachhochschul-Studiengänge sind bei Erfüllung der fachlichen Voraussetzungen ohne Unterschied des Geschlechts, der sozialen Herkunft, der ethnischen Zugehörigkeit, der Religion oder Weltanschauung, des Alters, der sexuellen Orientierung und der Staatsbürgerschaft allgemein zugänglich.

(2) Ordentliche Studierende sind die Studierenden, die zu den ordentlichen Studien zugelassen sind. Außerordentliche Studierende sind die Studierenden, die zu den außerordentlichen Studien zugelassen sind.

(3) Ordentliche Studien sind Fachhochschul-Bachelorstudiengänge und Fachhochschul-Masterstudiengänge. Außerordentliche Studien sind Lehrgänge zur Weiterbildung gemäß § 9 sowie der Besuch einzelner Lehrveranstaltungen.

(4) Fachliche Zugangsvoraussetzung zu einem Fachhochschul-Bachelorstudiengang ist die allgemeine Universitätsreife oder eine einschlägige berufliche Qualifikation; fachliche Zugangsvoraussetzung zu einem Fachhochschul-Masterstudiengang ist ein abgeschlossener facheinschlägiger Fachhochschul-Bachelorstudiengang oder der Abschluss eines gleichwertigen Studiums an einer anerkannten inländischen oder ausländischen postsekundären Bildungseinrichtung. Dies ist eine Bildungseinrichtung, die Studien im Ausmaß von mindestens sechs Semestern durchführt, bei denen die Zulassung die allgemeine Universitätsreife im Sinne dieses Bundesgesetzes voraussetzt, und die auf Grund der Rechtsvorschriften des Staates, in dem sie ihren Sitz

hat, als postsekundäre Bildungseinrichtung anerkannt ist. Wenn die Gleichwertigkeit grundsätzlich gegeben ist und nur einzelne Ergänzungen auf die volle Gleichwertigkeit fehlen, ist die Studiengangsleitung berechtigt, die Feststellung der Gleichwertigkeit mit der Auflage von Prüfungen zu verbinden, die während des jeweiligen Masterstudiums abzulegen sind. Baut das wissenschaftliche und didaktische Konzept eines Fachhochschul-Studienganges auf Berufserfahrung auf, darf der Zugang zu diesem Fachhochschul-Studiengang auf eine entsprechende Zielgruppe beschränkt werden. Wird für einen Studiengang die Beherrschung einer bestimmten Sprache gefordert, so haben die Studierenden die Kenntnis dieser Sprache nachzuweisen.

(5) Die allgemeine Universitätsreife ist durch eine der folgenden Urkunden nachzuweisen:

1. österreichisches Reifezeugnis einschließlich eines Zeugnisses über die Berufsreifeprüfung,
2. anderes österreichisches Zeugnis über die Zuerkennung der Studienberechtigung für eine bestimme Studienrichtungsgruppe an einer Universität, Pädagogischen Hochschule oder Fachhochschule,
3. ausländisches Zeugnis, das einem dieser österreichischen Zeugnisse auf Grund einer völkerrechtlichen Vereinbarung oder auf Grund einer Nostrifizierung oder auf Grund der Entscheidung der Studiengangsleitung des inländischen Fachhochschul-Studienganges im Einzelfall gleichwertig ist,
4. Urkunde über den Abschluß eines mindestens dreijährigen Studiums an einer anerkannten inländischen oder ausländischen postsekundären Bildungseinrichtung.

(5a) Bestehen Zweifel an der Echtheit der Urkunden, mit denen die Erfüllung der Zugangsvoraussetzungen nachgewiesen wird, oder an deren inhaltlicher Richtigkeit oder reichen diese für eine Entscheidung nicht aus, kann der Erhalter der Fachhochschule die Überprüfung der Unterlagen oder der Kenntnisse vornehmen oder durch von der Fachhochschule bestellte Sachverständige vornehmen lassen. Dafür kann vom Erhalter der Fachhochschule eine Kaution in der Höhe von höchstens 500 Euro eingehoben werden, welche der Studienwerberin oder dem Studienwerber rückzuerstatten ist, wenn die Überprüfung die Echtheit und Richtigkeit der Unterlagen ergeben hat und diese oder dieser die Zugangsvoraussetzungen erfüllt.

(6) Ist die Gleichwertigkeit ausländischer Zeugnisse im Hinblick auf die Inhalte und die Anforderungen einer österreichischen Reifeprüfung nicht gegeben, so hat die Studiengangsleitung die Ergänzungsprüfungen vorzuschreiben, die für die Herstellung der Gleichwertigkeit mit einer inländischen Reifeprüfung erforderlich und vor der Zulassung abzulegen sind.

(7) Wenn es das Ausbildungsziel des betreffenden Studienganges erfordert, haben Studienanfängerinnen und Studienanfänger mit einer einschlägigen beruflichen Qualifikation Zusatzprüfungen nachzuweisen. Die Benennung der einschlägigen beruflichen Qualifikationen und die Zusatzprüfungen werden im Rahmen der Akkreditierung auf Antrag des Erhalters für den beantragten Studiengang oder im Einzelfall, für nicht im Akkreditierungsbescheid geregelte Qualifikationen, von der Studiengangsleitung festgelegt.

(8) Studienanfängerinnen und Studienanfänger mit einschlägiger beruflicher Qualifikation haben die vorgeschriebenen Zusatzprüfungen entweder vor Aufnahme des Studiums abzulegen oder bis zu einem bestimmten Zeitpunkt des Studiums, jedenfalls vor Eintritt in das zweite Studienjahr, nachzuweisen. Im Falle eines berufsbegleitend organisierten Studiums kann eine angemessene Verlängerung dieser Frist bis längstens Ende des dritten Semesters vorgesehen werden. Die Zusatzprüfungen und die dafür erforderlichen Qualifikationen können an Einrichtungen der Erwachsenenbildung, die vom Bund als Förderungsempfänger anerkannt sind, an staatlich organisierten Lehrgängen, an privaten Werkmeisterschulen mit Öffentlichkeitsrecht, oder an Einrichtungen, die Fachhochschul-Studiengänge durchführen, abgelegt bzw. erworben werden.

(9) Zur Unterstützung der internationalen Mobilität der Studierenden sowie der Absolventinnen und Absolventen hat die zu-

ständige Bundesministerin oder der zuständige Bundesminister durch Verordnung festzulegen, in welcher Form der Anhang zum Diplom („Diploma Supplement") gemäß Art. IX.3 des Übereinkommens über die Anerkennung von Qualifikationen im Hochschulbereich in der europäischen Region, BGBl. III Nr. 71/1999, auszustellen ist.

(10) Ordentliche und außerordentliche Studierende gehören der Österreichischen Hochschülerinnen- und Hochschülerschaft gemäß dem Hochschülerinnen- und Hochschülerschaftsgesetz 2014 – HSG 2014, BGBl. I Nr. 45/2014, an.

(11) Die Fachhochschule hat anlässlich der erstmaligen Zulassung einer Studienwerberin oder eines Studienwerbers, die oder der noch an keiner Universität, Pädagogischen Hochschule, Fachhochschule, Privathochschule oder Privatuniversität zugelassen war, eine Matrikelnummer zuzuordnen. Diese ist für alle weiteren Studienzulassungen der oder des betreffenden Studierenden beizubehalten. Die näheren Bestimmungen über Bildung und Vergabe von Matrikelnummern sind durch eine Verordnung der Bundesministerin oder des Bundesministers für Bildung, Wissenschaft und Forschung zu treffen.

(Anm.: Datenschutz-Folgenabschätzung zu Abs. 11 siehe Anlage 1)

Studienberechtigungsprüfung

§ 5. (1) Personen ohne Reifeprüfung erlangen nach Maßgabe der Satzung durch Ablegung der Studienberechtigungsprüfung die allgemeine Universitätsreife für Bachelorstudien einer Studienrichtungsgruppe.

(2) Die Studienberechtigungsprüfung kann für jene Studienrichtungsgruppen gemäß § 64a Abs. 2 UG angeboten werden, wenn ein Studium der jeweiligen Studienrichtungsgruppe eingerichtet ist.

(3) Zur Studienberechtigungsprüfung sind Personen zuzulassen, die die Zulassung zu Studien einer der Studienrichtungsgruppen anstreben, das 20. Lebensjahr vollendet haben und eine

eindeutig über die Erfüllung der allgemeinen Schulpflicht hinausgehende erfolgreiche berufliche oder außerberufliche Vorbildung für das angestrebte Studium nachweisen.

(4) Das Ansuchen um Zulassung zur Studienberechtigungsprüfung ist schriftlich beim Kollegium jener Fachhochschule einzubringen, bei der ein Studium der angestrebten Studienrichtungsgruppe eingerichtet ist. Das Ansuchen hat zu enthalten:
1. den Namen, das Geburtsdatum, die Adresse sowie – falls vorhanden – die Matrikelnummer;
2. den Nachweis der Staatsangehörigkeit eines EU- oder EWR-Staates oder den Nachweis der Angehörigkeit einer Personengruppe gemäß der Personengruppenverordnung;
3. das angestrebte Studium;
4. den Nachweis der Vorbildung (Abs. 3);
5. das Wahlfach oder die Wahlfächer.

(5) Die Studienberechtigungsprüfung umfasst folgende fünf Prüfungen:
1. eine schriftliche Arbeit über ein allgemeines Thema;
2. zwei oder drei Prüfungen, die im Hinblick auf Vorkenntnisse oder Fertigkeiten für die angestrebte Studienrichtungsgruppe erforderlich sind (Pflichtfächer) und
3. eine oder zwei Prüfungen nach Wahl der Prüfungskandidatin oder des Prüfungskandidaten aus dem Bereich der angestrebten Studienrichtungsgruppe (Wahlfach oder Wahlfächer).

(6) Mit der schriftlichen Arbeit über ein allgemeines Thema gemäß Abs. 5 Z 1 hat die Prüfungskandidatin oder der Prüfungskandidat nachzuweisen, dass sie oder er sich zu einem vorgegebenen Thema in einwandfreier und gewandter Sprache und mit klarem Gedankengang schriftlich zu äußern vermag.

(7) Die Prüfungsanforderungen und -methoden für Prüfungen gemäß Abs. 5 Z 1 und 2 haben sich am Lehrstoff der 12. bzw. 13. Schulstufe zu orientieren und sind in der Satzung festzulegen.

(8) Für die Prüfung oder Prüfungen gemäß Abs. 5 Z 3 (Wahlfach oder Wahlfächer) sind die Prüfungsanforderungen und -methoden vom Kollegium zu bestimmen. Auf den studienvorberei-

tenden Charakter der Studienberechtigungsprüfung ist Bedacht zu nehmen.

(9) Positiv beurteilte Prüfungen, die eine Prüfungskandidatin oder ein Prüfungskandidat an einer Bildungseinrichtung, die auf Grund der Rechtsvorschriften des Staates, in dem sie ihren Sitz hat, als Bildungseinrichtung anerkannt ist, abgelegt haben, sind auf Antrag vom Kollegium anzuerkennen, soweit sie den vorgeschriebenen Prüfungen inhaltlich und umfangmäßig gleichwertig sind. Das Kollegium darf höchstens vier Prüfungen anerkennen. Mindestens eine Prüfung ist an der Einrichtung zur Durchführung von Fachhochschul-Studiengängen oder bei gemeinsam eingerichteten Studien an einer der beteiligten Bildungseinrichtungen abzulegen.

(10) Prüfungskandidatinnen und Prüfungskandidaten, die eine Meisterprüfung oder eine Befähigungsprüfung gemäß der Gewerbeordnung, BGBl. Nr. 194/1994, oder dem Land- und forstwirtschaftlichen Berufsausbildungsgesetz, BGBl. Nr. 298/1990, erfolgreich abgelegt haben, sind von der Ablegung der Studienberechtigungsprüfung im Wahlfach oder den Wahlfächern gemäß Abs. 5 Z 3 auf Ansuchen zu befreien.

(11) Das Kollegium hat für Prüfungen, die an einer Einrichtung zur Durchführung von Fachhochschul-Studiengängen abgelegt werden, mindestens eine Prüferin oder einen Prüfer zu bestellen.

(12) Die Prüfungskandidatinnen und Prüfungskandidaten sind berechtigt, negativ beurteilte Prüfungen zweimal zu wiederholen. Die letzte zulässige Wiederholung ist in kommissioneller Form durchzuführen. Nach negativer Beurteilung der letzten zulässigen Wiederholung erlischt die Zulassung zur Studienberechtigungsprüfung für diese Studienrichtungsgruppe. Eine neuerliche Zulassung zur Studienberechtigungsprüfung für diese Studienrichtungsgruppe an der betreffenden Einrichtung zur Durchführung von Fachhochschul-Studiengängen ist ausgeschlossen. Bei gemeinsam eingerichteten Lehramtsstudien ist eine neuerliche Zulassung zur Studienberechtigungsprüfung für die Studienrichtungsgruppe Lehramtsstudien an allen beteiligten Bildungseinrichtungen ausgeschlossen.

(13) Die Beurteilung einer Prüfung gemäß Abs. 5 hat mit „bestanden" oder „nicht bestanden" zu erfolgen. Die Gesamtbeurteilung hat auf „bestanden" zu lauten, wenn keine Prüfung mit „nicht bestanden" beurteilt wurde; in den übrigen Fällen ist sie mit „nicht bestanden" festzulegen. Die Bestimmungen des § 13 Abs. 2, des § 17 Abs. 3 und 4 und des § 21 sind sinngemäß anzuwenden.

(14) Über die Ablegung jeder Prüfung ist ein Zeugnis auszustellen. Das Kollegium hat nach Vorliegen aller Prüfungszeugnisse ein Studienberechtigungszeugnis für die jeweilige Studienrichtungsgruppe auszustellen. Dieses Studienberechtigungszeugnis gilt für jede Universität, Pädagogische Hochschule und Einrichtung zur Durchführung von Fachhochschul-Studiengängen, an der ein Studium der jeweiligen Studienrichtungsgruppe eingerichtet ist.

(15) Der erfolgreiche Abschluss der Studienberechtigungsprüfung berechtigt zur Zulassung zu allen Studien jener Studienrichtungsgruppe, für welche die Studienberechtigung erworben wurde.

(16) Die Festlegung der Anzahl der Prüfungen nach Abs. 5 Z 2 und 3 und die Festlegung der Pflichtfächer gemäß Abs. 5 Z 2 für die jeweilige Studienrichtungsgruppe erfolgen in der Satzung.

Akademische Grade

§ 6. (1) Nach Abschluss der für den Fachhochschul-Studiengang vorgeschriebenen Studien und Prüfungen wird durch die Leitung des Kollegiums ein akademischer Grad verliehen.

(2) Die akademischen Grade haben für Fachhochschul-Bachelorstudiengänge „Bachelor …", für Fachhochschul-Masterstudiengänge „Master …" oder „Diplom-Ingenieurin/Diplom-Ingenieur …", jeweils mit einem die Fächergruppen kennzeichnenden Zusatz zu lauten. Hat ein akademischer Grad die Beisetzung „(FH)", ist die Führung dieses akademischen Grades ohne den Zusatz „(FH)" unzulässig. Die zulässigen akademischen Grade, die Zusatzbezeichnungen sowie die Abkürzung

der akademischen Grade werden von der Agentur für Qualitätssicherung und Akkreditierung Austria festgesetzt; dieser Beschluss bedarf der Genehmigung der zuständigen Bundesministerin oder des zuständigen Bundesministers. Für den einzelnen Fachhochschul-Studiengang ist der jeweilige akademische Grad samt Zusatzbezeichnung von der Agentur für Qualitätssicherung und Akkreditierung Austria im Akkreditierungsbescheid festzusetzen.

(3) Zur Unterstützung der internationalen Mobilität der Studierenden ist der Verleihungsurkunde eine englischsprachige Übersetzung anzuschließen, wobei die Benennung der Fachhochschule und des ausstellenden Organs sowie der akademische Grad selbst samt Zusatzbezeichnung nicht zu übersetzen sind.

(4) Der erfolgreiche Abschluss eines Fachhochschul-Masterstudienganges oder eines Fachhochschul-Diplomstudienganges berechtigt zu einem facheinschlägigen Doktoratsstudium an einer Universität, das im Falle einer im Vergleich mit den facheinschlägigen Master- oder Diplomstudien an den Universitäten kürzeren Regelstudiendauer des Fachhochschul-Masterstudienganges oder des Fachhochschul-Diplomstudienganges um den Differenzzeitraum verlängert wird.

(5) Für die jeweils in Betracht kommenden Doktoratsstudien hat die zuständige Bundesministerin oder der zuständige Bundesminister eine entsprechende Verordnung zu erlassen. Der im Falle einer Verlängerung gemäß Abs. 4 festzulegende Gesamtumfang der Grundlagenfächer, der fachspezifischen Ergänzungsfächer und der Vertiefungsfächer hat sich an den fachspezifischen Anforderungen der Dissertation zu orientieren.

(6) Über einen Antrag auf Nostrifizierung eines an einer ausländischen Fachhochschule erworbenen Grades entscheidet die Leitung des Kollegiums der Einrichtung, an die der Antrag gestellt wird und die den entsprechenden Studiengang durchführt. Es ist zu prüfen, ob das ausländische Studium der Antragstellerin oder des Antragstellers hinsichtlich der Anforderungen, des Gesamtumfanges sowie der Studieninhalte so aufgebaut ist, dass es mit dem im Antrag genannten inländischen Fachhochschul-

Studiengang als gleichwertig anzusehen ist. Sofern die Gleichwertigkeit grundsätzlich gegeben ist und nur einzelne Ergänzungen auf die volle Gleichwertigkeit fehlen, haben die antragstellenden Personen das Recht, diese von der Leitung des Kollegiums bekanntgegebenen Lehrveranstaltungen und Prüfungen als außerordentliche Studierende zu absolvieren.

(7) Die Antragstellung auf Nostrifizierung eines an einer ausländischen Fachhochschule erworbenen akademischen Grades setzt den Nachweis voraus, dass die Nostrifizierung zwingend für die Berufsausübung oder für die Fortsetzung der Ausbildung der Antragstellerin oder des Antragstellers in Österreich erforderlich ist. Es ist unzulässig, denselben Nostrifizierungsantrag gleichzeitig oder nach der Zurückziehung bei anderen Kollegien einzubringen.

(8) Die Erhalter sind berechtigt, für die Nostrifizierung eines ausländischen Studienabschlusses eine Taxe von 150 Euro einzuheben. Die Taxe ist im Voraus zu entrichten. Sie verfällt, wenn der Antrag auf Nostrifizierung abgewiesen oder zurückgezogen wird.

Lehr- und Forschungspersonal

§ 7. (1) Das Lehr- und Forschungspersonal an Fachhochschulen und an Fachhochschul-Studiengängen besteht aus hauptberuflich und aus nebenberuflich tätigen Personen.

(2) Nebenberuflich tätige Personen sind Personen, die
1. ausschließlich in der Lehre tätig sind und
2. nicht mehr als sechs Semesterwochenstunden lehren und
3. bei Erteilung des Lehrauftrages für das Semester nachweislich einer anderen voll sozialversicherungspflichtigen Erwerbstätigkeit nachgehen oder im Ruhestand sind.

(3) Nebenberufliches Lehrpersonal gemäß Abs. 2 kann sich von anderen Personen vertreten lassen, sofern diese über gleichzuhaltende Qualifikationen verfügen.

(4) § 98 ArbVG (personelles Informationsrecht) gilt auch für die Gruppe der nebenberuflich tätigen Personen, selbst wenn ein freies Dienstverhältnis oder eine selbständige Tätigkeit vorliegt.

(5) Die Lehrenden der Fachhochschule sind hinsichtlich der Bestimmungen des Niederlassungs- und Aufenthaltsgesetzes, BGBl. I Nr. 100/2005, und des Ausländerbeschäftigungsgesetzes, BGBl. Nr. 218/1975, sowie der auf der Grundlage dieser Bundesgesetze erlassenen Verordnungen den Lehrenden an öffentlichen österreichischen Universitäten gleichgestellt.

2. Abschnitt
Akkreditierungsvoraussetzungen und organisatorische Angelegenheiten

Akkreditierungsvoraussetzungen

§ 8. (1) Ein Antrag auf Akkreditierung als Fachhochschule und eines Studienganges als Fachhochschul-Studiengang ist an die Agentur für Qualitätssicherung und Akkreditierung Austria zu richten.

(2) Zur Erlangung der Akkreditierung als Fachhochschule sowie für die Dauer der Akkreditierung muss der Erhalter folgende Voraussetzungen erfüllen:
1. Vorlage eines Entwicklungsplans, der jedenfalls das Entwicklungskonzept für den Aufbau der betreffenden Bildungseinrichtung zu einer Fachhochschule unter Berücksichtigung der Zielsetzungen der Einrichtung, der Schwerpunkte und Maßnahmen in Lehre und Forschung sowie die strukturelle und inhaltliche Entwicklungsplanung, die Personalplanung, die Gleichstellung der Geschlechter und den Aufbau eines Leistungs- und Qualitätsmanagementsystems umfasst;
2. Vorlage eines Satzungsentwurfes gemäß § 10 Abs. 3 Z 10;
3. Anbieten von jedenfalls zwei Fachhochschul-Bachelorstudiengängen und zwei darauf aufbauenden Fachhochschul-Masterstudiengänge;
4. Erfüllung der Prüfbereiche gemäß § 23 HS-QSG.

(3) Eine Akkreditierung als Fachhochschul-Studiengang setzt voraus, daß

1. den Zielen und den leitenden Grundsätzen für die Gestaltung von Fachhochschul-Studiengängen (§ 3) entsprochen wird;
2. der Studienplan und die Prüfungsordnung fachlichen und beruflichen Erfordernissen entsprechen; im Sinne des Europäischen Systems zur Anrechnung von Studienleistungen (European Credit Transfer System – ECTS, 253/2000/EG, Amtsblatt Nr. L 28 vom 3.2.2000) sind den einzelnen Studienleistungen ECTS-Anrechnungspunkte zuzuteilen. Mit diesen Anrechnungspunkten ist der Anteil des mit den einzelnen Studienleistungen verbundenen Arbeitspensums („work load") der Studierenden bezogen auf den gesamten Studiengang zu bestimmen, wobei dem Arbeitspensum eines Studienjahres 60 Anrechnungspunkte und dem Arbeitspensum eines Semesters 30 Anrechnungspunkte zugeteilt werden;
3. der Unterricht an allen Standorten der Durchführung des Fachhochschul-Studienganges durch ein wissenschaftlich, berufspraktisch und pädagogisch-didaktisch qualifiziertes Lehr- und Forschungspersonal abgehalten wird;
4. die zur Erreichung der Ziele und zur Sicherung der Grundsätze erforderlichen anwendungsbezogenen Forschungs- und Entwicklungsarbeiten durch Mitglieder des Lehr- und Forschungspersonals durchgeführt werden;
5. der mit der Entwicklung des beantragten Studienganges betraute Personenkreis und das den Studiengang durchführende Lehr- und Forschungspersonal eine den Hochschulen entsprechende Autonomie besitzen sowie eine entsprechende Mitbestimmung der Studierenden gewährleistet ist;
6. eine Anerkennung nachgewiesener Kenntnisse im Sinne der berufsorientierten Ausbildung des jeweiligen Studienganges vorgesehen ist und dadurch eine Verkürzung der Studienzeit erreicht werden kann;
7. jene in Frage kommenden Studienberechtigungsprüfungen gemäß § 64a UG sowie jene facheinschlägigen be-

ruflichen Qualifikationen samt allfälligen Zusatzprüfungen, die als Zugangsvoraussetzung für den beantragten Studiengang geeignet sind, angegeben sind. Dabei ist auf jene Kenntnisse abzustellen, die für die Erreichung des Ausbildungszieles des beantragten Studienganges, auch bei Berücksichtigung der Förderung der Durchlässigkeit des Bildungssystems, unabdingbar sind;
(Anm.: Z 8 aufgehoben durch Art. 3 Z 41, BGBl. I Nr. 77/2020)
9. eine Bedarf- und Akzeptanzerhebung für den Fachhochschul-Studiengang beigebracht wird;
10. die erforderliche Personal-, Raum- und Sachausstattung für die Dauer der Genehmigung des Fachhochschul-Studienganges vorhanden ist;
11. eine Kalkulation mit Ausweis der Kosten pro Studienplatz und ein Finanzierungsplan für die Dauer der Genehmigung des Fachhochschul-Studienganges vorgelegt werden;
12. ein Verfahren zur Aufnahme von Studierenden bei Studiengängen gemäß § 2 Abs. 2a vorgelegt wird;
13. die Bedingungen der Prüfbereiche gemäß § 23 HS-QSG erfüllt werden.

(4) Der mit der Entwicklung des beantragten Studienganges von der Fachhochschule betraute Personenkreis muß mindestens vier Personen umfassen. Von diesen müssen zwei wissenschaftlich durch Habilitation oder durch eine dieser gleichwertige Qualifikation ausgewiesen sein, und zwei über den Nachweis einer Tätigkeit in einem für den beantragten Fachhochschul-Studiengang relevanten Berufsfeld verfügen. Die für die Entwicklung des beantragten Fachhochschul-Studienganges verantwortlichen Personen sind im Antrag zu nennen; eine Person ist von der Fachhochschule zu beauftragen, der Agentur für Qualitätssicherung und Akkreditierung Austria für die erforderlichen Auskünfte zur Verfügung zu stehen. Im Falle der Akkreditierung haben mindestens vier Personen des mit der Entwicklung betrauten Personenkreises im Studiengang haupt- oder nebenberuflich zu lehren. Von diesen müssen zwei wissenschaftlich durch Habilitation oder

durch eine dieser gleichwertige Qualifikation ausgewiesen sein und zwei über den Nachweis einer Tätigkeit in einem für den Studiengang relevanten Berufsfeld verfügen. Scheidet eine dieser Personen aus dem Lehr- und Forschungspersonal aus, ist diese durch eine gleichqualifizierte Person zu ersetzen.

(5) Sind die mit dem Abschluss des Fachhochschul-Studienganges zu erwerbenden Qualifikationen Voraussetzungen für den Zugang zu einem reglementierten Beruf, hat die Fachhochschule im Rahmen des Akkreditierungsverfahrens den Nachweis der Anerkennung der Qualifikationen für die Berufsausübung zu erbringen.

(6) Ein Antrag auf Akkreditierung eines Fachhochschul-Studienganges hat neben dem Nachweis der in Abs. 2 bis 4 genannten Voraussetzungen zu enthalten:

1. Name des Erhalters und Bezeichnung der Fachhochschule; ist der Erhalter eine juristische Person des privaten Rechts, so ist ein Auszug aus dem Firmenbuch bzw. Vereinsregister beizubringen;
2. Benennung der Studiengangsleitung, die im Einzelfall über Anliegen von Studienwerberinnen und Studienwerbern und Studierenden entscheidet;
3. Vorlage eines Studienplanes und einer Prüfungsordnung einschließlich eines Vorschlages für die zeitliche Gliederung des Studienganges unter Berücksichtigung des Studienförderungsgesetzes 1992, BGBl. Nr. 305;
4. Vorlage einer Aufnahmeordnung, in der die Zahl der Studienplätze und die Kriterien für die Auswahl von Studienwerberinnen und Studienwerbern für den Fall angegeben ist, daß die Zahl der Bewerbungen die Zahl der Studienplätze übersteigt.

(7) Erhalter von Fachhochschulen, die nach den Bestimmungen des HS-QSG akkreditiert sind, haben das Recht, die Bezeichnung „Fachhochschule" im Namenszug der Bildungseinrichtung zu führen.

Anhang 2

Verlängerung der Akkreditierung der Fachhochschule

§ 8a. (1) Die Verlängerung der Akkreditierung der Fachhochschule erfolgt gemäß § 8 Abs. 2 und den Prüfbereichen des § 23 HS-QSG. Dabei sind insbesondere folgende Nachweise zu erbringen:
1. Etablierung des Entwicklungsplans und der Organisationsstruktur und entsprechender Strukturen der Weiterentwicklung des Entwicklungsplans und der Organisation der Fachhochschule;
2. Umsetzung der Profilbildung und der Ziele an der Fachhochschule;
3. Aufbau eines Leistungs- und Qualitätsmanagementsystems, das jedenfalls Lehre und Studium, Angewandte Forschung und Entwicklung, Personal und Dienstleistungen umfasst;
4. ausreichende Infrastruktur und Finanzierung der Fachhochschule;
5. Gleichstellung der Geschlechter insbesondere durch einen Gleichstellungsplan.

(2) Der Antrag auf Verlängerung der Akkreditierung ist an die Agentur für Qualitätssicherung und Akkreditierung Austria zu richten.

Lehrgänge zur Weiterbildung

§ 9. (1) Fachhochschulen sind berechtigt, in den Fachrichtungen der bei ihnen akkreditierten Fachhochschul-Studiengänge auch Lehrgänge zur Weiterbildung anzubieten. Diese Lehrgänge zur Weiterbildung sind in einer angemessenen Form in die hochschulinterne Qualitätssicherung und -entwicklung einzubinden.

(2) Im Studienplan eines Lehrganges zur Weiterbildung dürfen im jeweiligen Fach international gebräuchliche Mastergrade festgelegt werden, die den Absolventinnen und Absolventen jener Lehrgänge zur Weiterbildung zu verleihen sind, deren Zugangsbedingungen, Umfang und Anforderungen mit Zugangsbedingungen, Umfang und Anforderungen entsprechender ausländischer

Masterstudien vergleichbar sind. Die Qualität der Lehre ist durch ein wissenschaftlich und didaktisch entsprechend qualifiziertes Lehrpersonal sicher zu stellen.

(3) Wenn Abs. 2 nicht zur Anwendung kommt, darf die Bezeichnung „Akademische ..." bzw. „Akademischer ..." mit einem die Inhalte des jeweiligen Lehrganges zur Weiterbildung charakterisierenden Zusatz festgelegt werden, die den Absolventinnen und Absolventen jener Lehrgänge zur Weiterbildung zu verleihen ist, die mindestens 60 ECTS-Anrechnungspunkte umfassen.

(4) Für den Besuch von Lehrgängen zur Weiterbildung haben die außerordentlichen Studierenden einen Lehrgangsbeitrag zu entrichten. Er ist unter der Berücksichtigung der tatsächlichen Kosten des Lehrganges zur Weiterbildung festzusetzen.

(5) Den Urkunden über die Verleihung der Bezeichnung dürfen fremdsprachige Übersetzungen angeschlossen werden, wobei die Benennung der Fachhochschule und des ausstellenden Organs sowie die Bezeichnung selbst nicht zu übersetzen sind.

Kollegium, Studiengangsleitung

§ 10. (1) Zur Durchführung und Organisation des Lehr- und Prüfungsbetriebes ist an jeder Fachhochschule ein Kollegium einzurichten. Dieses hat mindestens zweimal jährlich zusammenzutreten.

(2) Dem Kollegium gehören neben der Leiterin oder dem Leiter des Kollegiums und ihrer oder seiner Stellvertretung sechs Leiterinnen oder Leiter der jeweils eingerichteten Fachhochschul-Studiengänge, sechs Vertreterinnen oder Vertreter des Lehr- und Forschungspersonals sowie vier Vertreterinnen oder Vertreter der Studierenden der Fachhochschul-Studiengänge an. Diese Vertretungen im Kollegium werden, mit Ausnahme der Vertreterinnen und Vertreter der Studierenden, von den jeweiligen Personengruppen gewählt. Die Vertreterinnen und Vertreter der Studierenden sind gemäß § 32 Abs. 1 des Hochschülerinnen- und Hochschülerschaftsgesetzes 2014 – HSG 2014, BGBl. I Nr. 45/2014, zu entsenden. Sollten weniger als sechs Leiterinnen

oder Leiter von Fachhochschul-Studiengängen zur Verfügung stehen, ist deren Anzahl aus dem Kreis der Vertreterinnen oder Vertreter des Lehr- und Forschungspersonals zu ergänzen. Bei der Erstellung der Wahlvorschläge für die zu wählenden Vertreterinnen oder Vertreter ist pro Gruppe nach Möglichkeit auf eine gendergerechte ausgeglichene Repräsentanz zu achten.

(3) Die Aufgaben des Kollegiums sind:
1. Wahl der Leitung sowie der Stellvertretung auf Grund eines Dreiervorschlages des Erhalters. Mit Zustimmung des Kollegiums kann dieser Vorschlag auf zwei Personen reduziert werden. Die vorgeschlagenen Personen müssen hauptberuflich tätig sein. Gibt die amtierende Kollegiumsleitung und/oder deren Stellvertretung ihr Interesse bekannt, die Funktion für eine weitere Funktionsperiode auszuüben, kann eine Bestellung ohne Wahl erfolgen, wenn das Kollegium mit Zweidrittelmehrheit und der Erhalter zustimmen. Wiederholte Wiederbestellungen sind zulässig. Die Leitung des Kollegiums hat die Bezeichnung „Akademische Leiterin" oder „Akademischer Leiter" oder die Bezeichnung „Vorsitzende" oder „Vorsitzender" zu führen.
2. Antrag an den Erhalter auf Abberufung der Leitung oder der Stellvertretung oder Stellungnahme zu einer diesbezüglichen Absicht des Erhalters für den Fall, dass diese Organe ihre Aufgaben gröblich verletzt oder vernachlässigt haben oder nicht mehr in der Lage sind, ihre Aufgaben zu erfüllen;
3. Änderungen betreffend akkreditierte Studiengänge im Einvernehmen mit dem Erhalter;
4. Einrichtung und Auflassung von Studiengängen und Lehrgängen zur Weiterbildung im Einvernehmen mit dem Erhalter;
5. Antragstellung zum Budget (Investitions-, Sach- und Personalaufwand) an den Erhalter;
6. strategische Weiterentwicklung von Lehre, angewandter Forschung und Internationalisierung zur Sicherstellung

kompetenz- und zukunftsorientierter Studien auf Hochschulniveau im Einvernehmen mit dem Erhalter;
7. Inhaltliche Koordination des gesamten Lehrbetriebes;
8. Sicherung der Qualität der Lehre und Forschung sowie Evaluierung des gesamten Lehrbetriebes samt Prüfungsordnung und Studienpläne;
9. Verleihung von im Universitätswesen üblichen akademischen Ehrungen im Einvernehmen mit dem Erhalter;
10. Erlassung einer Geschäftsordnung und einer Satzung im Einvernehmen mit dem Erhalter. In der Satzung sind jedenfalls die Studien- und Prüfungsordnungen, die Wahlordnung für das Kollegium, die Einrichtung allfälliger Arbeitsausschüsse und deren Statuten, Bestimmungen über Präsenzquoren des Kollegiums, Gleichstellungsplan, Bestimmungen über die Einrichtung und Auflassung von Studiengängen und Lehrgängen zur Weiterbildung sowie Richtlinien für die sinngemäße Verwendung von Bezeichnungen des Universitätswesens und über Verleihung von akademischen Ehrungen aufzunehmen. Die Satzung ist in geeigneter Form zu veröffentlichen;
11. Entscheidung über Beschwerden gegenüber Entscheidungen der Studiengangsleitung.

(4) Der Leitung des Kollegiums obliegt:
1. sofern es hauptberuflich tätige Personen sind, die Beauftragung und Erteilung von Anweisungen an Mitglieder des Lehr- und Forschungspersonals, um eine ordnungsgemäße Durchführung des Lehrbetriebes sowie eine qualitätsvolle praxisorientierte Ausbildung auf Hochschulniveau sicherzustellen, sowie im Rahmen der Qualitätssicherung die Beauftragung und die Erteilung von fachlichen Anweisungen an Studiengangsleitungen und an Leitungen von akademischen Organisationseinheiten.
2. die Erteilung von Lehraufträgen auf Grund von Vorschlägen oder nach Anhörung des Kollegiums;
3. die Vertretung des Kollegiums nach außen sowie die Vollziehung der Beschlüsse des Kollegiums;

4. Verleihung akademischer Grade und deren Widerruf sowie Nostrifizierung ausländischer akademischer Grade.
5. Vorschläge für die Leitungen von akademischen Organisationseinheiten und von Lehr- und Forschungspersonal an den Erhalter;
6. Beauftragung und Mitwirkung an der Durchführung externer Qualitätssicherungsverfahren im Einvernehmen mit dem Erhalter.

(5) Der Studiengangsleitung obliegt:
1. die Zulassung zu Prüfungen, Zuteilung von Prüferinnen und Prüfern, Festsetzung von Prüfungsterminen;
2. die Anerkennung von Studien und Prüfungen im Einzelfall;
3. die Aberkennung von Prüfungen;
4. die Entscheidungen in studienrechtlichen Angelegenheiten gemäß §§ 11 bis 21;
5. die Entscheidungen gemäß § 4 Abs. 4, 5 Z 3, Abs. 6 und 7.

(6) Gegen Entscheidungen der Kollegiumsleitung gemäß Abs. 4 Z 4 ist eine Beschwerde an das Bundesverwaltungsgericht zulässig. Gegen Entscheidungen der Studiengangsleitung haben Studierende sowie Aufnahmewerberinnen und Aufnahmewerber die Möglichkeit einer Beschwerde an das Kollegium.

(7) Der Erhalter hat in Abstimmung mit der Kollegiumsleitung dafür zu sorgen, dass das Lehr- und Forschungspersonal an anwendungsbezogenen Forschungs- und Entwicklungsarbeiten teilnimmt. Dies kann an der eigenen Einrichtung oder durch Kooperation mit anderen Forschungs- und Entwicklungseinrichtungen geschehen.

(8) Der Erhalter kann gemäß den in der Satzung festgelegten Richtlinien im Einvernehmen mit dem Kollegium den an der Fachhochschule tätigen Personen die sinngemäße Verwendung von Bezeichnungen des Universitätswesens gestatten, die im UG festgelegt sind. Die Verwendung dieser Bezeichnungen ist jeweils nur mit dem Zusatz „FH", „(FH)" oder „Fachhochschul-... " zulässig.

(9) Fachhochschul-Studiengänge und Fachhochschulen haben das Recht zur Führung des Bundeswappens.

(10) Die zuständige Bundesministerin oder der zuständige Bundesminister ist berechtigt, sich über alle Angelegenheiten der Fachhochschule zu informieren. Der Erhalter und das Kollegium sind verpflichtet, der zuständigen Bundesministerin oder dem zuständigen Bundesminister Auskünfte zu erteilen, Unterlagen über bezeichnete Gegenstände vorzulegen, angeordnete Erhebungen anzustellen sowie Überprüfungen an Ort und Stelle vornehmen zu lassen.

3. Abschnitt
Studienrechtliche Bestimmungen

Aufnahmeverfahren

§ 11. (1) Ein Aufnahmeverfahren ist jedenfalls durchzuführen, wenn die Zahl der Bewerberinnen und Bewerber für einen Studiengang die Zahl der vorhandenen Plätze übersteigt. Für das Aufnahmeverfahren sind den Ausbildungserfordernissen des jeweiligen Studienganges entsprechende leistungsbezogene Kriterien festzulegen. Nach Maßgabe organisatorischer Möglichkeiten sind mit allen Bewerberinnen und Bewerbern Aufnahmegespräche vorzusehen und bei der Reihung zu berücksichtigen. Bei Bachelorstudiengängen hat eine Einteilung der Bewerbungsgruppen mit unterschiedlicher Vorbildung zu erfolgen, wobei zumindest eine Gruppe von Bewerberinnen und Bewerbern mit einschlägiger beruflicher Qualifikation zu bilden ist. Es ist vorzusehen, dass die Bewerbungsgruppen aliquot auf die Zahl der Aufnahmeplätze aufgeteilt werden. Die zur Reihungsliste führenden Bewertungen der Bewerberinnen und Bewerber sind überprüfbar und nachvollziehbar zu dokumentieren.

(2) Für die Durchführung des Aufnahmeverfahrens sind von den Bewerberinnen und Bewerbern keine Gebühren zu entrichten.

(3) Der Bewerberin oder den Bewerbern ist Einsicht in die Beurteilungs- und Auswertungsunterlagen zu gewähren, wenn sie oder er dies innerhalb von drei Monaten ab Bekanntgabe des Ergebnisses verlangen. Vom Recht auf Einsichtnahme sind Fragen betreffend die persönliche Eignung ausgenommen.

(4) Aufnahmeverfahren für Fachhochschul-Studiengängen sind unbeschränkt wiederholbar.

(5) Die in Abs. 1 vorgesehenen Bestimmungen für das Aufnahmeverfahren sind für Fachhochschul-Studiengänge gemäß § 2 Abs. 2a anzuwenden.

Anerkennung nachgewiesener Kenntnisse

§ 12. (1) Bezüglich der Anerkennung nachgewiesener Kenntnisse gilt das Prinzip der lehrveranstaltungsbezogenen Anerkennung oder der modulbezogenen Anerkennung. Die Gleichwertigkeit der erworbenen Kenntnisse mit dem Anforderungsprofil hinsichtlich Inhalt und Umfang der zu erlassenden Lehrveranstaltungen oder den zu erlassenden Modulen ist auf Antrag der oder des Studierenden festzustellen. Bei Feststellung der Gleichwertigkeit sind positiv absolvierte Prüfungen anzuerkennen. Eine Wissensüberprüfung ist in diesen Fällen nicht vorzusehen.

(2) Besondere Kenntnisse oder Erfahrungen aus der beruflichen Praxis sind in Bezug auf die Anerkennung von Lehrveranstaltungen, Modulen oder des Berufspraktikums zu berücksichtigen; das gilt insbesondere für berufsbegleitend organisierte Studiengänge und Studiengangsteile.

Allgemeine Prüfungsmodalitäten

§ 13. (1) Die Prüfungen haben zeitnah zu den Lehrveranstaltungen stattzufinden, in denen die prüfungsrelevanten Inhalte vermittelt werden.

(2) Studierende haben das Recht auf eine abweichende Prüfungsmethode, wenn eine Behinderung nachgewiesen wird, die die Ablegung der Prüfung in der vorgeschriebenen Methode unmöglich macht und der Inhalt und die Anforderungen der

Prüfung durch eine abweichende Methode nicht beeinträchtigt werden.

(3) Es ist eine ausreichende Zahl von Terminen für Prüfungen und Wiederholungen von Prüfungen je Semester und Studienjahr vorzusehen, so dass die Fortsetzung des Studiums ohne Semesterverlust möglich ist. Der konkrete Zeitrahmen für Wiederholungen von Prüfungen hat sich an Umfang und Schwierigkeit der Prüfung zu orientieren. Die Prüfungstermine sind rechtzeitig kundzumachen. Prüfungstermine sind jedenfalls für das Ende und für den Anfang jeden Semesters anzusetzen.

(4) Die konkreten Prüfungsmodalitäten (Inhalte, Methoden, Beurteilungskriterien und Beurteilungsmaßstäbe) und Wiederholungsmöglichkeiten je Lehrveranstaltung sind den Studierenden in geeigneter Weise spätestens zu Beginn jeder Lehrveranstaltung bekannt zu geben. Prüfungen können auch modulbezogen stattfinden.

(5) Das nicht ausreichend begründete Nicht-Antreten zu einem Prüfungstermin bei Lehrveranstaltungen mit abschließendem Charakter führt zum Verlust einer Prüfungsantrittsmöglichkeit.

(6) Den Studierenden ist Einsicht in die Beurteilungsunterlagen und in die Prüfungsprotokolle zu gewähren, wenn die Studierenden dies binnen sechs Monaten ab Bekanntgabe der Beurteilung verlangen. Die Studierenden sind berechtigt, von diesen Unterlagen Fotokopien anzufertigen. Vom Recht auf Vervielfältigung ausgenommen sind geschlossene Fragen, insbesondere Multiple Choice-Fragen, inklusive der jeweiligen Antwortmöglichkeiten.

(7) Wenn die Beurteilungsunterlagen (insbesondere Gutachten, Korrekturen schriftlicher Prüfungen und Prüfungsarbeiten) den Studierenden nicht ausgehändigt werden, ist sicherzustellen, dass diese mindestens sechs Monate ab der Bekanntgabe der Beurteilung aufbewahrt werden.

(8) Auf die Aufbewahrung von fachhochschulspezifischen Daten ist § 53 UG sinngemäß anzuwenden.

(Anm.: Datenschutz-Folgenabschätzung zu Abs. 8 siehe Anlage 2)

Unterbrechung des Studiums

§ 14. Eine Unterbrechung des Studiums ist bei der Studiengangsleitung zu beantragen. Die Gründe der Unterbrechung und die beabsichtigte Fortsetzung des Studiums sind nachzuweisen oder glaubhaft zu machen. In der Entscheidung über den Antrag sind zwingende persönliche, gesundheitliche oder berufliche Gründe zu berücksichtigen. Während der Unterbrechung können keine Prüfungen abgelegt werden.

Mündliche Prüfungen

§ 15. (1) Mündliche Prüfungen sind öffentlich zugänglich, wobei der Zutritt auf eine den räumlichen Verhältnissen entsprechende Anzahl von Personen beschränkt werden kann.

(2) Der Prüfungsvorgang bei mündlichen Prüfungen ist zu protokollieren. In das Protokoll sind der Prüfungsgegenstand, der Ort und die Zeit der Prüfung, die Namen der Prüferin oder des Prüfers oder die Namen der Mitglieder des Prüfungssenates, die Namen der oder des Studierenden, die gestellten Fragen, die erteilten Beurteilungen, die Gründe für die negative Beurteilung sowie allfällige besondere Vorkommnisse aufzunehmen. Das Ergebnis einer mündlichen Prüfung ist unmittelbar nach der Prüfung der oder dem Studierenden bekannt zu geben. Das Prüfungsprotokoll ist mindestens ein Jahr ab der Bekanntgabe der Beurteilung aufzubewahren.

(3) Bei mündlichen kommissionellen Prüfungen haben dem Prüfungssenat wenigstens drei Personen anzugehören. Bei einer geraden Anzahl der Senatsmitglieder ist der oder dem Vorsitzenden des Prüfungssenates ein Dirimierungsrecht einzuräumen. Jedes Mitglied des Prüfungssenates hat während der gesamten Prüfungszeit anwesend zu sein; dieser Verpflichtung kann allenfalls auch durch den Einsatz von elektronischen Medien nachgekommen werden.

Abschließende Prüfungen in Fachhochschul-Bachelor- und Fachhochschul- Masterstudiengängen

§ 16. (1) Die einen Fachhochschul-Bachelorstudiengang abschließende Gesamtprüfung gemäß § 3 Abs. 2 Z 6 ist als kommissionelle Prüfung vor einem facheinschlägigen Prüfungssenat abzulegen. Die Prüfung setzt sich aus den Prüfungsteilen
1. Prüfungsgespräch über die durchgeführten Bachelorarbeiten sowie
2. deren Querverbindungen zu relevanten Fächern des Studienplans

zusammen.

(2) Die einen Fachhochschul-Masterstudiengang abschließende Gesamtprüfung gemäß § 3 Abs. 2 Z 6 ist als kommissionelle Prüfung vor einem facheinschlägigen Prüfungssenat abzulegen. Die Prüfung setzt sich aus den Prüfungsteilen
1. Präsentation der Masterarbeit,
2. einem Prüfungsgespräch, das auf die Querverbindungen des Themas der Diplom- oder Masterarbeit zu den relevanten Fächern des Studienplans eingeht, sowie
3. einem Prüfungsgespräch über sonstige studienplanrelevante Inhalte

zusammen.

(3) Die Studierenden sind in geeigneter Weise über die Zulassung zu den kommissionellen Prüfungen zu verständigen.

(4) Die Beurteilungskriterien und Ergebnisse der Leistungsbeurteilung der kommissionellen Prüfungen sind den Studierenden mitzuteilen.

(5) Die Prüfungskommission besteht aus dem Kreis aller für die kommissionellen Prüfungen in Frage kommenden Personen. Der Prüfungssenat setzt sich aus den Prüferinnen und Prüfern je Kandidatin oder Kandidat zusammen.

Beurteilung von Leistungen

§ 17. (1) Die Beurteilung der Prüfungen und eigenständigen schriftlichen Arbeiten hat nach dem österreichischen Notensystem 1 bis 5 zu erfolgen. Wenn diese Form der Beurteilung unmöglich oder unzweckmäßig ist, hat die positive Beurteilung „mit Erfolg teilgenommen" oder „anerkannt" zu lauten. Im negativen Fall gelten die Regelungen für die Wiederholung von Leistungsnachweisen für Lehrveranstaltungen mit immanentem Prüfungscharakter.

(2) Die Beurteilung der den Fachhochschul-Bachelorstudiengang abschließende Gesamtprüfung sowie der den Fachhochschul-Masterstudiengang abschließende Gesamtprüfung hat nach der folgenden Leistungsbeurteilung zu erfolgen:
Bestanden: für die positiv bestandene Prüfung;
Mit gutem Erfolg bestanden: für eine deutlich über dem Durchschnitt liegende Prüfungsleistung;
Mit ausgezeichnetem Erfolg bestanden: für eine herausragende Prüfungsleistung.

(3) Die Beurteilung der Prüfungen und eigenständigen schriftlichen Arbeiten ist jeweils durch ein Zeugnis zu beurkunden. Sammelzeugnisse über abgelegte Prüfungen im Semester sind zulässig.

(4) Die Zeugnisse sind unverzüglich, längstens jedoch innerhalb von vier Wochen nach Erbringung der zu beurteilenden Leistung, Sammelzeugnisse sind binnen vier Wochen nach Ablauf des Semesters auszustellen.

Wiederholung von Prüfungen

§ 18. (1) Eine nicht bestandene abschließende Prüfung einer Lehrveranstaltung kann zweimal wiederholt werden, wobei die zweite Wiederholung als kommissionelle Prüfung durchzuführen ist, die mündlich oder schriftlich durchgeführt werden kann. In der Satzung können zusätzliche Wiederholungsmöglichkeiten vorgesehen werden.

(2) Ergibt die Summe der Leistungsbeurteilungen im Rahmen von Lehrveranstaltungen mit immanentem Prüfungscharakter eine negative Beurteilung, so ist den Studierenden eine angemessene Nachfrist zur Erbringung der geforderten Leistungsnachweise (1. Wiederholung) einzuräumen. Eine erneute negative Beurtei-

lung dieser Leistungen bewirkt eine Erbringung der geforderten Leistungsnachweise im Rahmen einer kommissionellen Prüfung (2. Wiederholung).

(3) Nicht bestandene abschließende Gesamtprüfungen gemäß § 16 Abs. 1 und 2 können zweimal wiederholt werden. In der Satzung können zusätzliche Wiederholungsmöglichkeiten vorgesehen werden.

(4) Studierenden steht einmalig das Recht auf Wiederholdung eines Studienjahres in Folge einer negativ beurteilten kommissionellen Prüfung zu. Die Wiederholung ist bei der Studiengangsleitung binnen eines Monats ab Mitteilung des Prüfungsergebnisses bekannt zu geben. Die Studiengangsleitung hat Prüfungen und Lehrveranstaltungen für die Wiederholung des Studienjahres festzulegen, wobei nicht bestandene Prüfungen und Lehrveranstaltungen jedenfalls, bestandene Prüfungen und Lehrveranstaltungen nur, sofern es der Zweck des Studiums erforderlich macht, zu wiederholen oder erneut zu besuchen sind.

(5) Für Studierende, die wegen der negativen Beurteilung bei der letzten zulässigen Wiederholung einer Prüfung vom Studiengang ausgeschlossen wurden, ist eine neuerliche Aufnahme in den selben Studiengang nicht möglich.

Bachelorarbeiten und Masterarbeiten

§ 19. (1) Die gemeinsame Bearbeitung eines Themas durch mehrere Studierende ist zulässig, wenn die Leistungen der einzelnen Studierenden gesondert beurteilbar bleiben.

(2) Die Approbation der Masterarbeit ist Voraussetzung für die Zulassung zur kommissionellen Prüfung. Eine nicht approbierte Masterarbeit ist zur Korrektur und Wiedervorlage innerhalb einer festzusetzenden Frist zurückzuweisen.

(3) Die positiv beurteilte Masterarbeit ist durch Übergabe an die Bibliothek der Fachhochschule zu veröffentlichen. Anlässlich der Ablieferung der Master- oder Diplomarbeit ist die Verfasserin oder der Verfasser berechtigt, den Ausschluss der Benützung der abgelieferten Exemplare für längstens fünf Jahre nach Ablieferung

zu beantragen. Dem Antrag ist stattzugeben, wenn die oder der Studierende glaubhaft macht, dass wichtige rechtliche oder wirtschaftliche Interessen der oder des Studierenden gefährdet sind.

Ungültigerklärung von Prüfungen und wissenschaftlichen Arbeiten

§ 20. Die Beurteilung einer Prüfung sowie einer wissenschaftlichen Arbeit ist für ungültig zu erklären, wenn diese Beurteilung, insbesondere durch die Verwendung unerlaubter Hilfsmittel, erschlichen wurde. Die Prüfung, deren Beurteilung für ungültig erklärt wurde, ist auf die Gesamtzahl der Wiederholungen anzurechnen.

Rechtsschutz

§ 21. Gegen die Beurteilung einer Prüfung kann nicht berufen werden. Wenn die Durchführung einer negativ beurteilten Prüfung einen Mangel aufweist, kann von der oder dem Studierenden innerhalb von zwei Wochen eine Beschwerde bei der Studiengangsleitung eingebracht werden, welche die Prüfung aufheben kann. Wurde diese Prüfung von der Studiengangsleitung durchgeführt, so ist die Beschwerde beim Kollegium einzubringen. Bis zur Entscheidung über die Beschwerde können von den Studierenden Lehrveranstaltungen weiterhin besucht werden. Der Antritt zu der Prüfung, die aufgehoben wurde, ist auf die zulässige Zahl der Prüfungsantritte nicht anzurechnen.

4. Abschnitt
Schlussbestimmungen

Berichtswesen

§ 23. (1) Zur Erfüllung ihrer Aufgaben ist die Agentur für Qualitätssicherung und Akkreditierung Austria ermächtigt, den Fachhochschulen Vorgaben zur Bereitstellung von Informationen über die laufende Entwicklung zu machen.

(2) Die Fachhochschulen haben der Agentur für Qualitätssicherung und Akkreditierung Austria bis Ende März jeden Jahres einen Bericht über die Entwicklung im abgelaufenen Studienjahr vorzulegen. Der Jahresbericht dient der qualitativen Darstellung der Leistungen und Aktivitäten der Fachhochschulen. Dieser Bericht hat jedenfalls folgende Inhalte zu umfassen:
1. Darstellung der allfälligen Weiterentwicklung der Zielsetzungen der Fachhochschule;
2. Qualitative Darstellung und Analyse der Entwicklungen in den Bereichen Studien und Lehre, Angewandte Forschung und Entwicklung, Personal, Internationalität, Kooperationen, inklusive der Darstellung von wesentlichen Änderungen gegenüber dem letzten Akkreditierungsantrag oder dem letzten Jahresbericht;
3. Darstellung und Analyse von Maßnahmen der Gleichstellung der Geschlechter.

(3) Die Agentur für Qualitätssicherung und Akkreditierung Austria ist ermächtigt, Vorgaben zur Struktur des Berichtes mittels Verordnung festzulegen. Die Berichte sind von den Erhaltern mit Ausnahme der Angabe von privaten Finanzierungsquellen sowie von Betriebs- und Geschäftsgeheimnissen entsprechend zu veröffentlichen.

(4) Die Erhalter haben an statistischen Erhebungen zur Bereitstellung von Informationen über den Studienbetrieb gemäß den entsprechenden gesetzlichen Bestimmungen mitzuwirken und diese Informationen auch der Agentur für Qualitätssicherung und Akkreditierung Austria zu Verfügung zu stellen. Zur Gewährleistung der Berechnung der Fördersummen hat die Agentur für Qualitätssicherung und Akkreditierung Austria darüber hinaus mittels Verordnung in folgenden Bereichen Richtlinien für die Bereitstellung von personenbezogenen Daten gemäß Art. 4 Nr. 1 der Verordnung (EU) 2016/679 zum Schutz natürlicher Personen bei der Verarbeitung personenbezogener Daten, zum freien Datenverkehr und zur Aufhebung der Richtlinie 95/46/EG (Datenschutz-Grundverordnung), ABl. Nr. L 119

vom 04.05.2016 S. 1, (im Folgenden: DSGVO) und sonstigen Informationen festzulegen:
1. Meldeverpflichtungen betreffend Bewerberinnen und Bewerber für Fachhochschul-Studienplätze;
2. Personenkennzeichnungssystem und Meldeverpflichtungen über Studierende;
3. Meldeverpflichtung betreffend Studien;
4. Meldeverpflichtungen betreffend Prüfungen;
5. Meldeverpflichtungen betreffend Lehr- und Forschungspersonal;
6. Meldeverpflichtungen betreffend Forschungs- und Entwicklungsprojekte;
7. Meldeverpflichtungen über die finanz- und vermögensrechtliche Gebarung der Erhalter von Fachhochschul-Studiengängen.

(5) Die Agentur für Qualitätssicherung und Akkreditierung Austria und die zuständige Bundesministerin oder der zuständige Bundesminister sowie von diesen beauftragte Auftragsverarbeiter sind berechtigt, zur Erfüllung ihrer Aufgaben personenbezogene Daten gemäß Art. 4 Nr. 1 DSGVO von Studierenden und dem Personal der Erhalter von Fachhochschul-Studiengängen zu verarbeiten.

(Anm.: Datenschutz-Folgenabschätzung siehe Anlage 3)

Datenschutz-Folgenabschätzungen

§ 23a. Soweit keine personenbezogenen Daten gemäß Art. 9 Abs. 1 DSGVO verarbeitet werden, erfüllen die aufgrund des § 4 Abs. 11, des § 13 Abs. 8 sowie des § 23 vorgenommenen Datenverarbeitungen die Voraussetzungen des Art. 35 Abs. 10 DSGVO für einen Entfall der Datenschutz-Folgenabschätzung, sodass insbesondere weder die Einrichtungen zur Durchführung von Fachhochschul-Studiengängen noch die Agentur für Qualitätssicherung und Akkreditierung Austria eine Datenschutz-Folgenabschätzung durchführen müssen.

Strafbestimmung

§ 24. Wer vorsätzlich
1. die dem Fachhochschulwesen eigentümlichen Bezeichnungen oder
2. die Abkürzung „FH" oder
3. die in § 6 genannten akademischen Grade

unberechtigt verleiht, vermittelt oder führt, begeht, wenn die Tat nicht den Tatbestand einer in die Zuständigkeit der Gerichte fallenden strafbaren Handlung bildet oder nach anderen Verwaltungsstrafbestimmungen mit strengerer Strafe bedroht ist, eine Verwaltungsübertretung, die von der örtlich zuständigen Bezirksverwaltungsbehörde mit einer Geldstrafe von bis zu 15 000 € zu bestrafen ist.

Vollziehung

§ 25. (1) Mit der Vollziehung dieses Bundesgesetzes ist die Bundesministerin oder der Bundesminister für Bildung, Wissenschaft und Forschung betraut.

(2) Die in diesem Bundesgesetz enthaltenen Verweisungen auf andere Bundesgesetze sind Verweisungen auf die jeweils geltende Fassung.

Inkrafttreten

§ 26. (1) Dieses Bundesgesetz tritt, soweit in Abs. 2 nichts anderes bestimmt ist, mit 1. Oktober 1993 in Kraft.

(2) Die §§ 6, 7, 8, 9, 10 und 11 treten mit dem der Kundmachung folgenden Tag in Kraft.

(3) § 18 in der Fassung des Bundesgesetzes BGBl. I Nr. 136/2001 tritt mit 1. Jänner 2002 in Kraft.

(4) § 2, § 3 Abs. 2, § 4 Abs. 2, § 5 Abs. 2, 3 und 5, § 6 Abs. 2, 3 und 5, § 7 Abs. 2, 5 und 6, § 8 Abs. 1 bis 3, § 9 Abs. 3, § 11 Abs. 1, 2 und 3, § 12 Abs. 2, § 14 Abs. 3, § 15 Abs. 1, 2 und 4, § 17 Abs. 4, § 19, § 20 Abs. 4 und § 21 samt Überschrift in der Fassung des Bundesgesetzes BGBl. I Nr. 58/2002 treten mit 1. Mai 2002 in Kraft.

(5) § 1, § 2, § 3 Abs. 2 Z 2 und 10, § 4 Abs. 3a, 5, 7 und 8, § 5 Abs. 2 und 3a, § 6 Abs. 1, Abs. 2 Z 1, 5 und 6 sowie Abs. 5, § 12 Abs. 1, Abs. 2 erster Satz und Z 3 bis 5, Abs. 3, Abs. 4 erster Satz und Z 2, § 13 Abs. 2, 2a und 4, § 14 Abs. 1 erster Satz, Z 1 und Z 2 sowie Abs. 2 erster Satz, § 15 Abs. 1 und Abs. 2 Z 1, § 16 Abs. 2, Abs. 3 Z 3, Abs. 4 Z 4 und Abs. 6, § 17 Abs. 1, § 18, § 20 Abs. 5 sowie § 21 Abs. 4 und 5 in der Fassung des Bundesgesetzes BGBl. I Nr. 110/2003 treten mit 1. Februar 2004 in Kraft.

(6) § 27 Abs. 9 und 10 in der Fassung des Bundesgesetzes BGBl. I Nr. 74/2011 treten mit Ablauf des Tages der Freigabe zur Abfrage im Rechtsinformationssystem des Bundes in Kraft. Alle anderen Bestimmungen der §§ 1 bis 27 in der Fassung des Bundesgesetzes BGBl. I Nr. 74/2011 treten mit 1. März 2012 in Kraft.

(7) § 10 Abs. 6 in der Fassung des Bundesgesetzes BGBl. I Nr. 79/2013 tritt mit 1. Jänner 2014 in Kraft.

(8) § 10 Abs. 2 in der Fassung des Bundesgesetzes BGBl. I Nr. 97/2016 tritt mit dem der Kundmachung folgenden Tag in Kraft.

(9) Die Änderungen des Inhaltsverzeichnisses, § 2 Abs. 2, § 3 Abs. 2 Z 6, 10 und 11, § 3a, § 3b, § 4 Abs. 5 Z 2, § 4 Abs. 5a, § 5 und § 25 Abs. 1 in der Fassung des Bundesgesetzes BGBl. I Nr. 129/2017 treten mit 1. Oktober 2017 in Kraft.

(10) § 1, § 4 Abs. 11, § 13 Abs. 8, § 23 Abs. 4 und 5, § 23a samt Überschrift sowie § 27 Abs. 15 in der Fassung des Datenschutz-Anpassungsgesetzes 2018 – Wissenschaft und Forschung, BGBl. I Nr. 31/2018, treten mit 25. Mai 2018 in Kraft.

(11) Der Titel, das Inhaltsverzeichnis, § 1 Abs. 1, § 2 Abs. 1, § 2 Abs. 2a, § 2 Abs. 5 bis 7, § 2a samt Überschrift, § 3 samt Überschrift, § 3b Abs. 3 und 4, § 4, § 6, § 7, § 8, § 8a samt Überschrift, § 9 Abs. 1 und 5, § 10, § 11, § 12, § 13 Abs. 4 und 6, § 16 samt Überschrift, § 17 Abs. 2, § 18 Abs. 2 bis 4, § 19 samt Überschrift, § 22, § 23 Abs. 1 bis 3, § 26 Abs. 11 sowie § 27 Abs. 16 und 17 in der Fassung des Bundesgesetzes BGBl. I Nr. 77/2020 treten mit 1. Jänner 2021 in Kraft.

(12) § 3 Abs. 2 Z 1a in der Fassung des Bundesgesetzes BGBl. I Nr. 93/2021, tritt mit 1. Oktober 2021 in Kraft.

Übergangsbestimmungen

§ 27. (1) Die vor dem 1. Mai 2002 gemäß § 13 anerkannten Fachhochschul-Studiengänge sind Fachhochschul-Diplomstudiengänge gemäß § 3 Abs. 2 Z 2 in der Fassung des Bundesgesetzes BGBl. I Nr. 58/2002.

(2) Die vor dem 1. Mai 2002 gemäß § 13 zugestellten Anerkennungsbescheide werden von den Änderungen des Bundesgesetzes BGBl. I Nr. 58/2002 nicht berührt.

(3) Auf die vor dem 1. Mai 2002 eingebrachten und noch nicht entschiedenen Anträge auf Anerkennung als Fachhochschul-Studiengang ist dieses Bundesgesetz in der Fassung vor dem Bundesgesetz BGBl. I Nr. 58/2002 anzuwenden.

(4) Das Recht zur Führung bereits verliehener akademischer Grade bleibt unberührt. Wurde der akademische Grad mit der Beisetzung „(FH)" verliehen, ist die Führung dieses akademischen Grades ohne den Zusatz „(FH)" unzulässig. Die Absolventinnen und Absolventen sind jedoch berechtigt, anstelle des verliehenen akademischen Grades den auf Grund des § 6 Abs. 2 festgelegten akademischen Grad zu führen. Auf Antrag hat der Erhalter darüber eine Bestätigung auszustellen.

(5) Das bereits durch Verordnung der zuständigen Bundesministerin oder des zuständigen Bundesministers oder durch Bescheid des Fachhochschulrates verliehene Recht zur Führung der Bezeichnung „Fachhochschule" bleibt unberührt. Für den Widerruf der Verleihung gemäß § 22 Abs. 4 ist die Agentur für Qualitätssicherung und Akkreditierung Austria zuständig.

(6) Bisherige Fachhochschul-Bakkalaureatsstudiengänge und Fachhochschul-Magisterstudiengänge gelten als Fachhochschul-Bachelorstudiengänge und Fachhochschul-Masterstudiengänge gemäß § 3 Abs. 2 Z 2, gemäß § 3 Abs. 2 Z 6 gelten bisherige Bakkalaureatsarbeiten als Bachelorarbeiten sowie an Fachhochschul-Masterstudiengängen verfasste Diplomarbeiten als Masterarbeiten.

(7) Kollegien sind bis zum 1. September 2012 einzurichten. Bis zur Einrichtung der Kollegien bleibt der Fachhochschulrat, an

Fachhochschulen das Fachhochschulkollegium für die Verleihung der akademischen Grade sowie für Nostrifizierungen zuständig. Den Bestimmungen des § 10 entsprechende Kollegien sind bis 1. September 2012 neu einzurichten. Leitungen und Stellvertretungen der Leitungen von Fachhochschulkollegien, die gemäß § 16 FHStG in der Fassung BGBl. I Nr. 2/2008 gewählt wurden und deren Funktionsperioden am 1. September 2012 noch nicht abgelaufen sind, bleiben weiterhin in ihren Funktionen und üben die Leitung und Stellvertretung der Leitung des Kollegiums gemäß § 10 FHStG aus, sofern sie von den anderen Mitgliedern des Kollegiums, die gemäß § 10 Abs. 2 FHStG gewählt wurden, bestätigt werden. Sollte keine Bestätigung erfolgen, üben die Leitung und die Stellvertretung der Leitung ihre Funktionen so lange aus, bis eine neue Leitung und eine neue Stellvertretung der Leitung gewählt werden.

(8) Die zum 1. März 2012 beim Fachhochschulrat anhängigen Verfahren sind nach den Bestimmungen dieses Bundesgesetzes in der Fassung des Bundesgesetzes BGBl. I Nr. 2/2008, längstens jedoch bis zum Ablauf des 31. August 2012, weiterzuführen. Für bis zum 31. August 2012 durch den Fachhochschulrat nicht abgeschlossene Verfahren geht die Kompetenz an die Agentur für Qualitätssicherung und Akkreditierung Austria über.

(9) Bis zum Ablauf des 29. Februar 2012 sind Studienpläne gemäß § 14a Abs. 2 und 3 vor der Einrichtung von Lehrgängen zur Weiterbildung von den Erhaltern dem Fachhochschulrat zu übermitteln. Der Fachhochschulrat hat die Einrichtung innerhalb von drei Monaten ab Einlangen in der Geschäftsstelle des Fachhochschulrates bescheidmäßig zu untersagen, wenn die Voraussetzungen gemäß § 14a Abs. 1 bis 3 dieses Bundesgesetzes, in der Fassung des Bundesgesetzes BGBl. I Nr. 2/2008, nicht vorliegen.

(10) Mitglieder des Fachhochschulrates, die zum Stichtag 30. September 2011 bestellt sind, bleiben bis zum Ablauf des 31. August 2012 bestellt. Die Funktionsperiode der Mitglieder des Fachhochschulrates endet jedenfalls mit Ablauf des 31. August 2012. Die Präsidentin oder der Präsident des Fachhochschulrates und deren Stellvertreterin oder dessen Stellvertreter, die zum

Stichtag 30. September 2011 diese Funktion ausüben, sind bis zum Ablauf des 31. August 2012 weiterbestellt.

(11) Für die am 1. März 2012 bestehenden Erhalter mit akkreditierten Fachhochschul-Studiengängen, die bereits eine institutionelle Evaluierung positiv durchlaufen haben, ist kein Verfahren gemäß § 23 HS-QSG erforderlich. Die Agentur für Qualitätssicherung und Akkreditierung Austria hat eine unbefristete Akkreditierung gemäß § 23 HS-QSG mit Bescheid auszusprechen. Diese Erhalter haben binnen sechs Jahren, gerechnet ab dem Datum der letztmaligen institutionellen Evaluierung gemäß FHStG, das erste Audit gemäß § 22 HS-QSG durchzuführen. Für die am 1. März 2012 bestehenden Erhalter mit akkreditierten Fachhochschul-Studiengängen, die noch keine institutionelle Evaluierung durchlaufen haben, ist bis 31. Dezember 2014 eine institutionelle Akkreditierung gemäß § 23 HS-QSG erforderlich.

(12) § 2 Abs. 2 in der Fassung des Bundesgesetzes BGBl. I Nr. 74/2011 ist auf jene Studierenden anwendbar, die nach dem 1. März 2012 ein Studium beginnen.

(13) Die Wahlen der Jahrgangs- und Studiengangsvertretungen sind gemäß den Bestimmungen des § 5 bis spätestens 31. Dezember 2014 letztmalig durchzuführen, wobei die Funktionsperiode der Fachhochschul-Studienvertretungen, der Studiengangsvertretungen und der Jahrgangsvertretungen mit 30. Juni 2015 endet.

(14) Die gemäß § 10 Abs. 2 in der Fassung des Bundesgesetzes BGBl. I Nr. 45/2014 gewählten Vertreterinnen und Vertreter der Studierenden der Fachhochschul-Studiengänge üben ihre Funktion im Kollegium weiterhin bis 30. Juni 2017 aus. Wurde bis zu diesem Zeitpunkt keine Entsendung gemäß § 32 HSG 2014 vorgenommen, üben die gemäß § 10 Abs. 2, in der Fassung des Bundesgesetzes BGBl. I Nr. 45/2014, gewählten Vertreterinnen und Vertreter der Studierenden der Fachhochschul-Studiengänge ihre Funktion im Kollegium bis zur Vornahme einer Entsendung gemäß § 32 HSG 2014 weiterhin aus.

(15) Die Einrichtung eines gemeinsam eingerichteten Studiums gemäß § 3b mit einer Universität und bzw. oder Pädagogischen Hochschule setzt ein einheitliches Matrikelnummernsystem

und die Möglichkeit des Austausches der für die Durchführung eines gemeinsam eingerichteten Studiums erforderlichen personenbezogenen Daten gemäß Art. 4 Nr. 1 DSGVO und sonstigen Informationen voraus.

(16) § 8 Abs. 2 Z 3 in der Fassung des Bundesgesetzes BGBl. I Nr. 77/2020 ist auf jene Fachhochschulen anwendbar, die nach dem 1. Jänner 2021 eine Akkreditierung als Fachhochschule erhalten.

(17) Studierende in Fachhochschul-Diplomstudiengängen haben den Fachhochschul-Diplomstudiengang bis 31. Dezember 2021 abzuschließen. Für diese Studierenden sind die Bestimmungen des FHStG in der Fassung des Bundesgesetzes BGBl. I Nr. 31/2018 anzuwenden.

[Anhänge nicht abgedruckt]

Anhang 3

Privathochschulgesetz

Bundesgesetz über Privathochschulen (Privathochschulgesetz – PrivHG)
StF: BGBl. I Nr. 77/2020 (NR: GP XXVII RV 234 AB 267 S. 43. BR: AB 10400 S.911.)

idF:
BGBl. I Nr. 93/2021 (NR: GP XXVII RV 662 AB 705 S. 89. BR: AB 10600 S. 924.)

1. Abschnitt

Regelungsgegenstand

§ 1. (1) Dieses Bundesgesetz regelt die Organisation von Privathochschulen.

(2) Das Verfahren zur Akkreditierung als Privathochschule und von Studien an Privathochschulen erfolgt gemäß den Bestimmungen des Hochschul-Qualitätssicherungsgesetzes (HS-QSG), BGBl. I Nr. 74/2011.

(3) Soweit dieses Bundesgesetz keine abweichenden Bestimmungen enthält, sind der 1. und 2. Abschnitt des Forschungsorganisationsgesetzes (FOG), BGBl. Nr. 341/1981, auch im Anwendungsbereich dieses Bundesgesetzes anzuwenden.

2. Abschnitt
Privathochschulen

Akkreditierungsvoraussetzungen

§ 2. (1) Für die Antragstellung zur Erlangung der Akkreditierung als Privathochschule und für die Dauer der Akkreditierung muss die Bildungseinrichtung folgende Voraussetzungen erfüllen:

1. Sie muss eine juristische Person mit Sitz und wissenschaftlichem und/oder künstlerischem Lehr- und Forschungsbetrieb in Österreich sein;
2. Sie muss einen Entwicklungsplan vorlegen, der unter Berücksichtigung der Zielsetzungen der Bildungseinrichtung, die Schwerpunkte und Maßnahmen in Lehre und Forschung sowie die strukturelle und inhaltliche Entwicklungsplanung, das Personal, die Gleichstellung der Geschlechter und den Aufbau eines Qualitätsmanagementsystems umfasst;
3. Sie muss einen Satzungsentwurf gemäß § 5 Abs. 2 vorlegen;
4. Sie muss jedenfalls zwei Studien in einer oder mehreren wissenschaftlichen oder künstlerischen Disziplinen, die zu einem akademischen Grad führen, welcher im internationalen Standard für mindestens dreijährige Vollzeitstudien verliehen wird, sowie mindestens zwei darauf aufbauende Studien anbieten. Bei der erstmaligen Antragstellung sind die Studienpläne für die geplanten Studien vorzulegen;
5. Sie muss für Forschung bzw. Entwicklung und Erschließung der Künste und Lehre in den für die durchzuführenden Studien wesentlichen Fächern ein dem internationalen Standard entsprechendes, wissenschaftliches oder wissenschaftlich-künstlerisches ausgewiesenes Lehr- und Forschungspersonal verpflichten;
6. Die für Forschung bzw. Entwicklung und Erschließung der Künste und die Studien erforderliche Personal-, Raum- und Sachausstattung muss ab Beginn des geplanten Be-

triebes vorhanden sein. Entsprechende Nachweise sind bei der erstmaligen Antragstellung vorzuweisen;
7. Sie muss die Bedingungen der Prüfbereiche gemäß § 24 des HS-QSG erfüllen.

(2) Die Privathochschule muss ihre Tätigkeiten an folgenden Grundsätzen orientieren:
1. Freiheit der Wissenschaft und ihrer Lehre (Art. 17 des Staatsgrundsetzes über die allgemeinen Rechte der Staatsbürger, RGBl. Nr. 142/1867);
2. Freiheit des künstlerischen Schaffens, der Vermittlung von Kunst und ihrer Lehre (Art. 17a des Staatsgrundsetzes über die allgemeinen Rechte der Staatsbürger);
3. Verbindung von Forschung und Lehre;
4. Vielfalt wissenschaftlicher und künstlerischer Theorien, Methoden und Lehrmeinungen;
5. Sicherstellung guter wissenschaftlicher Praxis und akademischer Integrität.

(3) Für die Akkreditierung von Studien an einer Privathochschule sind jedenfalls folgende Voraussetzungen zu erfüllen:
1. Die Studienpläne müssen materiellen, fachlichen und formalen Anforderungen nach internationalen Standards entsprechen;
2. Für die Durchführung des Studiengangs ist an allen Standorten ausreichend qualifiziertes Lehr- und Forschungspersonal vorhanden;
3. Der Studiengang muss die Bedingungen der Prüfbereiche gemäß § 24 HS-QSG erfüllen;
4. Sind die dem Abschluss des Studiums an einer Privathochschule zu erwerbenden Qualifikationen Voraussetzungen für den Zugang zu einem reglementierten Beruf, hat die Bildungseinrichtung im Rahmen des Akkreditierungsverfahrens den Nachweis der Anerkennung der Qualifikation für die Berufsübung zu erbringen.

(4) Anträge auf Akkreditierung als Privathochschule sowie auf Akkreditierung von Studien einer Privathochschule sind an

die Agentur für Qualitätssicherung und Akkreditierung Austria zu richten.

(5) Juristische Personen mit Sitz in Österreich, die nach den Bestimmungen des HS-QSG akkreditiert sind, haben die Bezeichnung Privathochschule im Namenszug der Bildungseinrichtung anzuführen.

Verlängerung der Akkreditierung

§ 3. (1) Die Verlängerung der Akkreditierung erfolgt gemäß § 2 Abs. 1 und 2 und den Prüfbereichen des § 24 HS-QSG. Dabei sind insbesondere folgenden Nachweise zu erbringen:
1. Etablierung des Entwicklungsplans und der Organisationsstruktur und entsprechender Strukturen der Weiterentwicklung von Entwicklungsplan und Organisation;
2. Umsetzung der Profilbildung und Ziele der Privathochschule;
3. Etablierte Strukturen und Prozesse zur Qualitätssicherung akkreditierter Studiengänge und des Aufbaus eines Qualitätsmanagementsystems;
4. Ausreichende Infrastruktur und Finanzierung der Privathochschule;
5. Gleichstellung der Geschlechter insbesondere durch einen Gleichstellungsplan.

(2) Der Antrag auf Verlängerung der Akkreditierung ist an die Agentur für Qualitätssicherung und Akkreditierung Austria zu richten.

Akkreditierung als Privatuniversität

§ 4. (1) Im Zuge der Verlängerung der Akkreditierung kann die Privathochschule einen Antrag auf Akkreditierung als Privatuniversität stellen. Dieser Antrag muss die Akkreditierung zumindest eines Doktoratsstudiums umfassen. Es sind neben den Voraussetzungen des § 2 und 3 jedenfalls folgende Voraussetzungen zu erfüllen:

1. Nachweis einer Mindestanzahl an hauptberuflichen und nach international kompetitiven Standards besetzten Professuren, welche die Kernkompetenzen der angebotenen Fachbereiche abdecken;
2. Nachweis der Forschungsleistungen der Fachbereiche nach internationalen Standards und Kriterien;
3. Nachweis der Maßnahmen zur Förderung des wissenschaftlichen und wissenschaftlich- künstlerischen Nachwuchses;
4. Erfüllung der Voraussetzungen zur Akkreditierung eines Doktoratsstudiums.

(2) Nur Privatuniversitäten sind berechtigt, Doktoratsstudien anzubieten.

(3) Anträge auf Akkreditierung als Privatuniversität, von Studien einer Privatuniversität oder der Verlängerung der Akkreditierung als Privatuniversität sind an die Agentur für Qualitätssicherung und Akkreditierung Austria zu richten.

(4) Liegen die Voraussetzungen zur Akkreditierung als Privatuniversität bereits zum Zeitpunkt des Antrags auf Akkreditierung als Privathochschule vor, kann abweichend von § 2 ein Antrag auf Akkreditierung als Privatuniversität gestellt werden.

(5) Mit der Akkreditierung nach HS-QSG hat die Privathochschule die Bezeichnung Privatuniversität im Namenszug der Bildungseinrichtung zu führen.

(6) Die Verlängerung der Akkreditierung als Privatuniversität erfolgt gemäß den Voraussetzungen des § 3 Abs. 1 und § 4 Abs. 1.

Organisation und Personal

§ 5. (1) Jede Privathochschule hat durch Erlassung einer Satzung die zur Erfüllung ihrer Aufgaben erforderlichen Ordnungsvorschriften festzulegen. Die Satzung hat die Prinzipien der Hochschulautonomie zu achten und den internationalen hochschulischen Standards zu entsprechen. Die Satzung ist zu veröffentlichen.

(2) In der Satzung sind insbesondere folgende Angelegenheiten zu regeln:
1. Leitende Grundsätze und Aufgaben der Privathochschule;
2. Organe der Privathochschule;
3. Gleichstellung der Geschlechter insbesondere durch einen Gleichstellungsplan;
4. Gewährleistung der Mitsprache der Studierenden in akademischen Angelegenheiten;
5. Bestimmungen über die Studien;
6. Richtlinien für akademische Ehrungen;
7. Richtlinien für Berufungsverfahren an Privathochschulen oder Berufungs- und Habilitationsverfahren an Privatuniversitäten.

(3) Die Privathochschule und die dort tätigen Personen sind berechtigt, sonstige Bezeichnungen und Titel des Universitätswesens zu verwenden, und zwar jeweils mit dem Zusatz „der Privathochschule" oder „der Privatuniversität ...". Die Verwendung der Bezeichnungen und Titel gemäß UG ist nur zulässig, sofern den diesen Bestimmungen zugrundeliegenden Voraussetzungen und Verfahren sinngemäß entsprochen wird.

(4) Die Lehrenden der Privathochschule sind hinsichtlich der Bestimmungen des Niederlassungs- und Aufenthaltsgesetzes, BGBl. I Nr. 100/2005, und des Ausländerbeschäftigungsgesetzes, BGBl. Nr. 218/1975, sowie der auf der Grundlage dieser Bundesgesetze erlassenen Verordnungen den Lehrenden an öffentlichen österreichischen Universitäten gleichgestellt.

(5) Die Privathochschulen haben die Gleichstellung der Geschlechter und die ausgeglichene Repräsentanz der Geschlechter in allen Positionen und Funktionen zu beachten. Privathochschulen in der Form juristischer Personen des privaten Rechts haben das Gleichbehandlungsgesetz (GlBG), BGBl. I Nr. 66/2004, zu beachten.

(6) An jeder Privathochschule ist ein Betriebsrat nach den Bestimmungen des §§ 50 ff Arbeitsverfassungsgesetzes (ArbVG), BGBl. Nr. 22/1974, zu wählen. Gemäß § 22a des Behinderten-

einstellungsgesetzes (BEinstG), BGBl. Nr. 22/1970, sind Behindertenvertrauenspersonen zu wählen.

Verbot der Finanzierung durch den Bund

§ 6. (1) Einer Privathochschule dürfen keine nennenswerten, den Betrieb der Privathochschule sichernden geldwerten Leistungen des Bundes zuerkannt werden. Ausgenommen sind Gegenleistungen aus Verträgen über die Erbringung bestimmter Forschungsleistungen einer Privathochschule, die der Bund zur Ergänzung des Studienangebotes der öffentlichen Universitäten bei Bedarf mit einer Privathochschule abschließt, sowie geldwerte Leistungen des Bundes im Rahmen von öffentlich ausgeschriebenen Forschungs-, Technologie-, Entwicklungs- und Innovationsprogrammen. Die Beteiligungsmöglichkeit von Privathochschulen an Vergabeverfahren im Bereich von Lehrleistungen gemäß dem Bundesvergabegesetz 2018 und dem Bundesvergabegesetz Konzessionen 2018, BGBl. I Nr. 65/2018, sowie dem Bundesvergabegesetz Verteidigung und Sicherheit 2012, BGBl. I Nr. 10/2012, ist gegeben.

(2) Privathochschulen gelten hinsichtlich der steuerlichen Behandlung von Zuwendungen an sie als Universitäten im Sinne des § 4a Abs. 3 Z 1 des Einkommensteuergesetzes 1988, BGBl. Nr. 400/1988.

Berichtswesen

§ 7. (1) Jede Privathochschule hat der Agentur für Qualitätssicherung und Akkreditierung Austria bis Ende März jeden Jahres einen Bericht über die Entwicklung im abgelaufenen Studienjahr vorzulegen. Der Jahresbericht dient der qualitativen und quantitativen Darstellung der Leistungen und Aktivitäten der Privathochschule. Dieser Bericht hat jedenfalls folgende Inhalte zu umfassen:
1. Darstellung der allfälligen Weiterentwicklung der Zielsetzungen der Privathochschule;

2. Qualitative Darstellung und Analyse der Entwicklungen in den Bereichen Studien und Lehre, Forschung bzw. Entwicklung und Erschließung der Künste, Internationalität, Kooperationen, inklusive der Darstellung von wesentlichen Änderungen gegenüber dem letzten Akkreditierungsantrag oder dem letzten Jahresbericht;
3. Quantitative Darstellung und Analyse der Entwicklung der Studierenden, der Absolventinnen und Absolventen, des Personals sowie der Finanzierungsstrukturen der Privathochschule;
4. Darstellung und Analyse der Maßnahmen zur Förderung des wissenschaftlichen und wissenschaftlich-künstlerischen Nachwuchses an Privatuniversitäten;
5. Darstellung und Analyse von Maßnahmen der Gleichstellung der Geschlechter.

(2) Die Agentur für Qualitätssicherung und Akkreditierung Austria ist ermächtigt, Vorgaben zur Struktur des Berichtes mittels Verordnung festzulegen. Die Berichte sind von den Privathochschulen und der Agentur für Qualitätssicherung und Akkreditierung Austria mit Ausnahme der Angabe von privaten Finanzierungsquellen sowie von Betriebs- und Geschäftsgeheimnissen auf deren Webseiten zu veröffentlichen.

(3) Privathochschulen haben an statistischen Erhebungen zur Bereitstellung von Informationen über den Studienbetrieb gemäß den entsprechenden gesetzlichen Bestimmungen mitzuwirken und diese Informationen auch der Agentur für Qualitätssicherung und Akkreditierung Austria zur Verfügung zu stellen. Die Agentur für Qualitätssicherung und Akkreditierung Austria und die zuständige Bundesministerin oder der zuständige Bundesminister sowie von diesen beauftragte Auftragsverarbeiter sind berechtigt, zur Erfüllung ihrer Aufgaben personenbezogene Daten gemäß Art. 4 Nr. 1 der Verordnung (EU) 2016/679 zum Schutz natürlicher Personen bei der Verarbeitung personenbezogener Daten, zum freien Datenverkehr und zur Aufhebung der Richtlinie 95/46/EG (Datenschutz-Grundverordnung), ABl. Nr. L 119

vom 04.05.2016 S. 1, (im Folgenden: DSGVO), von Studierenden und dem Personal der Privathochschulen zu verarbeiten.

(4) Die zuständige Bundesministerin oder der zuständige Bundesminister ist berechtigt, sich über alle Angelegenheiten von Privathochschulen zu informieren. Die Privathochschulen sind verpflichtet, der zuständigen Bundesministerin oder dem zuständigen Bundesminister Auskünfte zu erteilen, Unterlagen über bezeichnete Gegenstände vorzulegen, angeordnete Erhebungen anzustellen sowie Überprüfungen an Ort und Stelle vornehmen zu lassen.

(5) Wenn Gebietskörperschaften die Akkreditierung einer Privathochschule gemäß § 2 beabsichtigen oder einer solchen geldwerte Leistungen zukommen sollen, ist dies vor Einbringen des Antrags zur Akkreditierung der zuständigen Bundesministerin oder dem zuständigen Bundesminister bekannt zu geben.

3. Abschnitt
Studien und Studierende

Studien

§ 8. (1) Privathochschulen sind berechtigt, an die Absolventinnen und Absolventen der an ihr durchgeführten Studien akademische Grade, auch in gleichlautender Bezeichnung mit den im Universitätsgesetz 2002 (UG), BGBl. I Nr. 120/2002, geregelten akademischen Graden, zu verleihen. Die den akademischen Graden des UG gleichlautenden akademischen Grade haben die rechtliche Wirkung der akademischen Grade gemäß UG. Bietet die Privathochschule gleichlautende akademische Grade wie an Universitäten gemäß UG an, so müssen diese Studien mit den entsprechenden Studien an öffentlichen Universitäten in Bezug auf das Ergebnis der Gesamtausbildung gleichwertig sein.

(2) Privathochschulen können als akademische Ehrungen die Bezeichnungen „Ehrensenatorin" oder „Ehrensenator" und „Ehrenbürgerin" oder „Ehrenbürger" verleihen sowie die Erneuerung verliehener akademischer Grade vornehmen. Privatuniversitäten

können zudem den akademischen Ehrengrad „Doktorin oder Doktor honoris causa" („Dr. h. c.") aufgrund besonderer wissenschaftlicher oder wissenschaftlich-künstlerischer Leistungen verleihen. Nähere Bestimmungen sind in der Satzung festzulegen.

(3) Studien dürfen auch als gemeinsame Studienprogramme oder als gemeinsam eingerichtete Studien angeboten werden. Gemeinsame Studienprogramme sind Studien, die auf Grund von Vereinbarungen zwischen einer oder mehreren Universitäten, Pädagogischen Hochschulen, Fachhochschulen, Privathochschulen, Privatuniversitäten oder ausländischen anerkannten postsekundären Bildungseinrichtungen in der Form eines joint, double oder multiple degree programs durchgeführt werden. Gemeinsam eingerichtete Studien sind Studien, die auf Grund von Vereinbarungen zwischen einer oder mehreren österreichischen Universitäten, Pädagogischen Hochschulen, Fachhochschulen, Privathochschulen oder Privatuniversitäten durchgeführt werden, wobei ein gleichlautendes Curriculum zu erlassen ist. Wenn die beteiligten Bildungseinrichtungen beschließen, ein gemeinsames Studienprogramm oder ein gemeinsam eingerichtetes Studium nicht mehr durchzuführen, ist von den beteiligten Bildungseinrichtungen Vorsorge zu treffen, dass Studierenden der Abschluss des Studiums innerhalb einer angemessenen Frist, die jedenfalls die Studiendauer zuzüglich von zwei Semestern zu umfassen hat, möglich ist.

(4) Privathochschulen sind berechtigt, Lehrgänge zur Weiterbildung einzurichten und Privatuniversitäten sind berechtigt, Universitätslehrgänge einzurichten. Diese können auch als gemeinsame Studienprogramme oder als gemeinsam eingerichtete Studien angeboten und zur wirtschaftlichen und organisatorischen Unterstützung in Zusammenarbeit mit außerhochschulischen Rechtsträgern durchgeführt werden.

Gemeinsame Studienprogramme

§ 9. Bei gemeinsamen Studienprogrammen haben die beteiligten Bildungseinrichtungen Vereinbarungen über die Durchführung, insbesondere über die Festlegung der Leistungen, die die betreffenden Studierenden an den beteiligten Bildungseinrichtungen zu erbringen haben, zu schließen.

Gemeinsam eingerichtete Studien

§ 10. (1) Bei gemeinsam eingerichteten Studien haben die beteiligten österreichischen Bildungseinrichtungen eine Vereinbarung insbesondere über die Durchführung sowie die Arbeits- und die Ressourcenaufteilung zu schließen.

(2) In dem von den zuständigen Organen der beteiligten Bildungseinrichtungen gleichlautend zu erlassenden Curriculum ist die Zuordnung der Fächer zu der jeweiligen Bildungseinrichtung ersichtlich zu machen.

(3) In den von den Rektoraten der beteiligten Universitäten und öffentlichen Pädagogischen Hochschulen gleichlautend zu erlassenden Verordnungen bzw. von den zuständigen Organen von anerkannten privaten Pädagogischen Hochschulen, Fachhochschulen, Privathochschulen und Privatuniversitäten zu veröffentlichenden gleichlautenden Vereinbarungen sind Regelungen betreffend die Zuständigkeiten zur Vollziehung der studienrechtlichen Bestimmungen festzulegen. Weiters ist festzulegen, welche studienrechtlichen Satzungsbestimmungen gemäß Abs. 6 jeweils zur Anwendung kommen.

(4) Die Zulassung zu einem gemeinsam eingerichteten Studium darf nur an einer der beteiligten Bildungseinrichtungen nach Wahl der oder des Studierenden erfolgen. Die Rektorate der beteiligten Universitäten und öffentlichen Pädagogischen Hochschulen können durch gleichlautende Verordnungen bzw. die zuständigen Organe von anerkannten privaten Pädagogischen Hochschulen, Fachhochschulen, Privathochschulen und Privatuniversitäten können durch zu veröffentlichende gleichlautende Vereinbarungen jene Bildungseinrichtung bestimmen, welche die Zulassung durchzuführen hat. Mit der Zulassung wird die oder der Studierende auch Angehörige oder Angehöriger aller am gemeinsam eingerichteten Studium beteiligten Bildungseinrichtungen.

(5) Die zulassende Bildungseinrichtung hat die Zulassung und die Fortsetzungsmeldungen durchzuführen, die das Studium betreffenden Bestätigungen, Bescheinigungen und Nachweise sowie die abschließenden Zeugnisse auszustellen und den vorgesehenen akademischen Grad bzw. die vorgesehene akademische Bezeichnung zu verleihen sowie den Anhang zum Diplom auszustellen.

(6) Im Falle der Beteiligung an einem gemeinsam eingerichteten Studium mit einer Universität oder Pädagogischen Hochschule finden die studienrechtlichen Bestimmungen des Universitätsgesetzes 2002 – UG, BGBl. I Nr. 120/2001, bzw. des Hochschulgesetzes 2005 – HG, BGBl. I Nr. 30/2006, Anwendung. Gegen Entscheidungen in studienrechtlichen Angelegenheiten ist eine Beschwerde an das Bundesverwaltungsgericht zulässig.

(7) Studien zur Erlangung eines Lehramtes können nur als gemeinsam eingerichtete Studien im Sinne von § 54 Abs. 9 UG sowie § 38 Abs. 2c HG mit zumindest einer Universität und bzw. oder Pädagogischen Hochschule durchgeführt werden.

Studierende

§ 11. (1) Die Rechtsverhältnisse zwischen Studierenden und der Privathochschule sind privatrechtlicher Natur. Die Privathochschule hat aktuelle Muster der Ausbildungsverträge für die angebotenen Studien auf der Webseite der Privathochschule in leicht auffindbarer Form zu veröffentlichen.

(2) Die Studierenden der Privathochschule sind hinsichtlich der Bestimmungen des Niederlassungs- und Aufenthaltsgesetzes und des Ausländerbeschäftigungsgesetzes sowie der auf der Grundlage dieser Bundesgesetze erlassenen Verordnungen den Studierenden an öffentlichen österreichischen Universitäten gleichgestellt.

(3) Das Studienförderungsgesetz 1992, BGBl. Nr. 305/1992, und die auf seiner Grundlage erlassenen Verordnungen, das Studentenheimgesetz, BGBl. Nr. 291/1986, das Familienlastenaus-

gleichsgesetz 1967, BGBl. Nr. 376/1967, hinsichtlich des Anspruches auf Familienbeihilfe, die sozialversicherungsrechtlichen Bestimmungen hinsichtlich der Mitversicherung von Kindern und Selbstversicherung in der Krankenversicherung sowie die steuerrechtlichen Bestimmungen sind auf die Studierenden an Privathochschulen anzuwenden.

(4) Die Absolventin oder der Absolvent hat vor der Verleihung des akademischen Grades der Privathochschule, an welcher der akademische Grad verliehen wird, jeweils ein vollständiges Exemplar der positiv beurteilten Diplom- oder Masterarbeit, Dissertation oder künstlerischen Diplom- oder Masterarbeit bzw. der vergleichbaren wissenschaftlichen oder künstlerischen Arbeit oder der Dokumentation der künstlerischen Diplom- oder Masterarbeit zu übergeben. Die Privathochschule hat sicherzustellen, dass diese positiv beurteilten Arbeiten öffentlich zugänglich sind bzw. eine hinreichende Publizität gewährleistet ist, wobei die Kooperation mit einer Universitätsbibliothek möglich ist. Von der Veröffentlichungspflicht ausgenommen sind die wissenschaftlichen oder künstlerischen Arbeiten oder deren Teile, die einer Massenvervielfältigung nicht zugänglich sind. Positiv beurteilte Dissertationen sind überdies durch Übergabe an die Österreichische Nationalbibliothek zu veröffentlichen. Sofern vorhanden, kann die Übergabe auch in elektronischer Form erfolgen.

(5) Anlässlich der Übergabe der positiv beurteilten Arbeiten gemäß Abs. 4 kann die Verfasserin oder der Verfasser verlangen, die Benützung der abgelieferten Exemplare für längstens fünf Jahre nach der Ablieferung auszuschließen. Das Verlangen ist vom für die studienrechtlichen Angelegenheiten zuständigen Organ zu berücksichtigen, wenn die oder der Studierende glaubhaft macht, dass wichtige rechtliche oder wirtschaftliche Interessen der oder des Studierenden gefährdet sind.

(6) Einer Studienwerberin oder einem Studienwerber, die oder der noch an keiner Universität, Pädagogischen Hochschule, Fachhochschule, Privathochschule oder Privatuniversität zugelassen war, hat die Privathochschule anlässlich der erstmaligen Zulassung eine Matrikelnummer zuzuordnen. Diese ist für alle

weiteren Studienzulassungen der oder des betreffenden Studierenden beizubehalten. Die näheren Bestimmungen über Bildung und Vergabe von Matrikelnummern sind durch eine Verordnung der zuständigen Bundesministerin oder des zuständigen Bundesministers zu treffen.

(7) Auf die Aufbewahrung von privathochschulspezifischen Daten ist § 53 UG anzuwenden.

Studienrechtliche Mindestanforderungen

§ 12. (1) In den Bestimmungen über die Studien gemäß § 5 Abs. 2 Z 5 sind insbesondere folgende Angelegenheiten zu regeln:
1. Zulassung zum Studium und Fortsetzung des Studiums;
2. Unterbrechung des Studiums und Erlöschen der Zulassung zum Studium;
3. Beurteilung von und Wiederholung von Prüfungen;
4. Anerkennung von formalen, nicht-formalen und informellen Kompetenzen;
5. Regelungen hinsichtlich der Abfassung von Bachelorarbeiten, Master- oder Diplomarbeiten sowie Dissertationen und Betreuung von wissenschaftlichen Arbeiten;
6. Regelungen von Verfahren zur Behandlung von Beschwerden.

(2) Die Satzungsteile gemäß Abs. 1 und die Studienpläne der Studien sind von der Privathochschule auf deren Webseite zu veröffentlichen.

4. Abschnitt
Schlussbestimmungen

Verweisungen

§ 13. Die in diesem Bundesgesetz enthaltenen Verweisungen auf andere Bundesgesetze gelten als Verweisungen auf die jeweils geltende Fassung.

Inkrafttreten, Außerkrafttreten, Übergangsbestimmungen und Vollziehung

§ 14. (1) Dieses Bundesgesetz tritt mit 1. Jänner 2021 in Kraft.

(2) Das Bundesgesetz über Privatuniversitäten (Privatuniversitätengesetz – PUG), BGBl. I Nr. 74/2011, zuletzt geändert durch das Bundesgesetz BGBl. I Nr. 31/2018, tritt mit Ablauf des 31. Dezember 2020 außer Kraft.

(3) Zum Zeitpunkt des Inkrafttretens dieses Bundesgesetzes bei der Agentur für Qualitätssicherung und Akkreditierung Austria anhängige Verfahren nach dem PUG und HS-QSG sind nach dessen Regelungen abzuschließen.

(4) Für den Übergang für die zum Zeitpunkt des Inkrafttretens dieses Bundesgesetzes nach PUG und HS-QSG akkreditieren Privatuniversitäten gilt Folgendes:
1. Die nach PUG und HS-QSG verliehenen Berechtigungen bleiben von den Regelungen dieses Bundesgesetzes bis zur nächsten Verlängerung der Akkreditierung unberührt.
2. Wird ein Antrag auf Verlängerung der Akkreditierung bis 31. Dezember 2023 gestellt, so hat dieses Verfahren nach den Voraussetzungen des PUG zu erfolgen.
3. Die Voraussetzungen gemäß § 2 Abs. 1 Z 4 sind mit der nächstfolgenden Verlängerung der Akkreditierung anzuwenden.
3. Privatuniversitäten nach PUG dürfen die Bezeichnung „Privatuniversität" auch ohne Akkreditierung eines Doktoratsstudiums bis längstens zur nächstfolgenden Verlängerung der Akkreditierung nach diesem Bundesgesetz führen. Werden zu diesem Zeitpunkt die Voraussetzungen zur Akkreditierung als Privatuniversität gemäß § 4 nicht erfüllt, dann ist der Betrieb als Privathochschule weiter zu führen sofern die gesetzlichen Bestimmungen erfüllt werden.

(5) Mit der Vollziehung dieses Bundesgesetzes sind betraut:
1. hinsichtlich der §§ 4 Abs. 4 und 11 Abs. 2 vorgesehenen Anwendung des Niederlassungs- und Aufenthaltsgesetzes die Bundesministerin oder der Bundesminister für Inneres;

2. hinsichtlich der in § 11 Abs. 3 vorgesehenen Anwendung der sozialversicherungsrechtlichen Bestimmungen betreffend die Mitversicherung von Kindern und Selbstversicherung in der Krankenversicherung die Bundesministerin oder der Bundesminister für Soziales, Gesundheit, Pflege und Konsumentenschutz;
3. hinsichtlich der in §§ 5 Abs. 4 und 11 Abs. 2 vorgesehenen Anwendung des Ausländerbeschäftigungsgesetzes und der in § 11 Abs. 3 vorgesehenen Anwendung des Familienlastenausgleichsgesetzes 1967 die Bundesministerin oder der Bundesminister für Arbeit, Familie und Jugend;
4. hinsichtlich der in § 11 Abs. 3 vorgesehenen Anwendung steuerrechtlicher Bestimmungen betreffend die Berücksichtigung von Kindern und der in § 6 Abs. 2 vorgesehenen steuerlichen Behandlung betreffend Zuwendungen an Privathochschulen und Privatuniversitäten die Bundesministerin oder der Bundesminister für Finanzen;
5. im Übrigen die Bundesministerin oder der Bundesminister für Bildung, Wissenschaft und Forschung.

(6) Die Einrichtung eines gemeinsam eingerichteten Studiums gemäß § 10 mit einer Universität und bzw. oder Pädagogischen Hochschule setzt ein einheitliches Matrikelnummernsystem und die Möglichkeit des Austausches der für die Durchführung eines gemeinsam eingerichteten Studiums erforderlichen personenbezogenen Daten gemäß Art. 4 Nr. 1 DSGVO und sonstigen Informationen voraus.

(7) § 2 Abs. 2 Z 4 und 5 in der Fassung des Bundesgesetzes BGBl. I Nr. 93/2021, tritt mit 1. Oktober 2021 in Kraft.

Anhang 4
Hochschulgesetz 2005

Bundesgesetz über die Organisation der Pädagogischen Hochschulen und ihre Studien (Hochschulgesetz 2005 – HG)
StF: BGBl. I Nr. 30/2006 (NR: GP XXII RV 1167 AB 1198 S. 132. Einspr. d. BR: 1285 AB 1335 S. 139. BR: S. 730.)

idF:
BGBl. I Nr. 71/2008 (NR: GP XXIII RV 522 AB 533 S. 58.
BR: 7933 AB 7934 S. 756.)
BGBl. I Nr. 134/2008 (NR: GP XXIII IA 890/A S. 72.
BR: 8017 AB 8027 S. 760.)
BGBl. I Nr. 47/2010 (NR: GP XXIV RV 676 AB 768 S. 70.
BR: 8328 AB 8347 S. 786.)
BGBl. I Nr. 73/2011 (NR: GP XXIV RV 1209 AB 1265 S. 113.
BR: AB 8535 S. 799.)
BGBl. I Nr. 78/2013 (NR: GP XXIV RV 2188 AB 2288 S. 199.
BR: AB 8954 S. 820.)
BGBl. I Nr. 124/2013 (NR: GP XXIV RV 2348 AB 2397
S. 206. BR: 9006 AB 9012 S. 822.)
BGBl. I Nr. 21/2015 (NR: GP XXV RV 369 AB 389 S. 53.
BR: AB 9289 S. 837.)
BGBl. I Nr. 38/2015 (NR: GP XXV RV 448 AB 461 S. 61.
BR: 9325 AB 9332 S. 839.)
BGBl. I Nr. 56/2016 (NR: GP XXV RV 1146 AB 1167 S. 134.
BR: 9595 AB 9610 S. 855.)
[CELEX-Nr.: 32013L0055]
BGBl. I Nr. 129/2017 (NR: GP XXV IA 2235/A AB 1705
S. 188. BR: 9817 AB 9853 S. 871.)
BGBl. I Nr. 138/2017 (NR: GP XXV IA 2254/A AB 1707
S. 188. BR: AB 9852 S. 871.)
BGBl. I Nr. 32/2018 (NR: GP XXVI RV 65 AB 97 S. 21.

BR: 9947 AB 9956 S. 879.)
[CELEX-Nr.: 32016L0680]
BGBl. I Nr. 56/2018 (NR: GP XXVI RV 189 AB 207 S. 36.
BR: 9998 AB 10020 S. 883.)
[CELEX-Nr. 32016L0801]
BGBl. I Nr. 101/2018 (NR: GP XXVI RV 373 AB 450 S. 55.
BR: AB 10100 S. 888.)
BGBl. I Nr. 101/2020 (NR: GP XXVII RV 235 AB 268 S. 43.)
BGBl. I Nr. 19/2021 (NR: GP XXVII IA 1065/A AB 570 S. 71.
BR: AB 10467 S. 917.)
BGBl. I Nr. 20/2021 (NR: GP XXVII RV 479 AB 571 S. 71.
BR: AB 10468 S. 917.)
BGBl. I Nr. 93/2021 (NR: GP XXVII RV 662 AB 705 S. 89.
BR: AB 10600 S. 924.)

1. Hauptstück
Organisationsrecht

1. Abschnitt
Allgemeine Bestimmungen

Geltungsbereich

§ 1. (1) Dieses Bundesgesetz regelt die Organisation der nachstehend genannten öffentlichen Pädagogischen Hochschulen sowie das Studium an diesen:
1. Pädagogische Hochschule Kärnten,
2. Pädagogische Hochschule Niederösterreich,
3. Pädagogische Hochschule Oberösterreich,
4. Pädagogische Hochschule Salzburg,
5. Pädagogische Hochschule Steiermark,
6. Pädagogische Hochschule Tirol,
7. Pädagogische Hochschule Vorarlberg,
8. Pädagogische Hochschule Wien,
9. Hochschule für Agrar- und Umweltpädagogik Wien.

(2) Dieses Bundesgesetz regelt weiters die staatliche Anerkennung von

1. Bildungseinrichtungen als private Pädagogische Hochschulen und
2. Studienangeboten als private Hochschullehrgänge.

Die Bestimmungen des Bundesgesetzes über die Akkreditierung von Privatuniversitäten (Universitäts-Akkreditierungsgesetz – UniAkkG, BGBl. I Nr. 168/1999) bleiben unberührt.

(3) Soweit dieses Bundesgesetz keine abweichenden Bestimmungen enthält, sind der 1. und 2. Abschnitt des Forschungsorganisationsgesetzes (FOG), BGBl. Nr. 341/1981, auch im Anwendungsbereich dieses Bundesgesetzes anzuwenden.

Rechtsstellung

§ 2. (1) Die in § 1 Abs. 1 genannten öffentlichen Pädagogischen Hochschulen sind Einrichtungen des Bundes. Ihnen kommt Rechtspersönlichkeit nach Maßgabe der Bestimmungen des § 3 zu.

(2) Die öffentlichen Pädagogischen Hochschulen sind anerkannte postsekundäre Bildungseinrichtungen im Sinne des § 35 Z 1.

Rechtspersönlichkeit

§ 3. (1) Der öffentlichen Pädagogischen Hochschule kommt insofern Rechtspersönlichkeit zu, als sie berechtigt ist, im eigenen Namen und für eigene Rechnung
1. durch unentgeltliche Rechtsgeschäfte Vermögen und Rechte zu erwerben,
2. Förderungen anzunehmen,
3. Verträge über die Durchführung wissenschaftlicher und künstlerischer Arbeiten sowie von Untersuchungen und Befundungen zum Zweck der wissenschaftlichen Forschung und Entwicklung abzuschließen,
4. wissenschaftliche und künstlerische Arbeiten sowie Untersuchungen und Befundungen zum Zweck der wissenschaftlichen Forschung und Entwicklung durchzuführen,
5. Hochschullehrgänge gemäß § 39 Abs. 4 anzubieten,

6. die Mitgliedschaft zu juristischen Personen und zwischenstaatlichen Organisationen in Bildungsangelegenheiten zu erwerben,
7. Vereinbarungen mit anderen Rechtsträgern über die Zusammenarbeit auf dem Gebiet der wissenschaftlich-berufsfeldbezogenen Forschung und der Lehre abzuschließen,
8. am Förderprogramm gemäß der Verordnung (EU) Nr. 1288/2013 zur Einrichtung von „Erasmus+", ABl. Nr. L 347 vom 20. 12. 2013, und daran anschließenden Folgeprogrammen teilzunehmen durch
    a) Antragstellung im Rahmen von Ausschreibungen,
    b) Abschluss von Finanzvereinbarungen mit der nationalen Erasmus+-Agentur und mit der für Erasmus+ zuständigen Exekutivagentur der Europäischen Kommission,
    c) eigenständige Wahrnehmung der sich aus der Verordnung (EU) Nr. 1288/2013 und daran anschließende Folgeprogramme sowie der Finanzvereinbarungen gemäß lit. b für teilnehmende Einrichtungen ergebenden Rechte und Pflichten,
    d) Annahme von Förderungen und Weiterleitung dieser Förderungen oder Teile dieser an Begünstigte oder andere teilnehmende Einrichtungen sowie eigenständige Verfügung über diese Förderungen im Rahmen der Vorgaben der Verordnung (EU) Nr. 1288/2013 und daran anschließende Folgeprogramme und
9. den Abschluss von Rechtsgeschäften zur Erfüllung der unter Z 1 bis 8 genannten Aufgaben.

(2) Die §§ 4 bis 7 finden auf Hochschullehrgänge gemäß Abs. 1 Z 4 Anwendung.

(3) Im Rahmen der eigenen Rechtspersönlichkeit wird die Pädagogische Hochschule durch den Rektor oder die Rektorin, oder im jeweiligen Zuständigkeitsbereich durch den Vizerektor oder die Vizerektorin, nach außen vertreten. Der Abschluss von Rechtsgeschäften bedarf der vorherigen Genehmigung durch den Hochschulrat, wenn die zu vereinbarende Tätigkeit voraussicht-

lich länger als drei Jahre dauern wird oder wenn das zu vereinbarende Gesamtentgelt eines derartigen Vertrages 400 000 Euro übersteigt.

(4) Tätigkeiten im Rahmen der eigenen Rechtspersönlichkeit sind nur insofern zulässig, als dadurch der Betrieb der Pädagogischen Hochschule in Vollziehung hoheitlicher Aufgaben (§ 8) nicht beeinträchtigt wird sowie die leitenden Grundsätze (§ 9) nicht verletzt werden. Hoheitliche Aufgaben sind insbesondere die Aus-, Fort- und Weiterbildung von Lehrerinnen und Lehrern in allgemein pädagogischen Berufsfeldern gemäß §§ 38 bis 38d und § 39 Abs. 1 bis 3, die Begleitung und Beratung von Schulen zu deren Qualitätsentwicklung, die wissenschaftlich-berufsfeldbezogene Forschung sowie die Führung von Praxisschulen gemäß § 22.

(5) Auf Dienst- und Werkverträge, die im Rahmen des Abs. 1 abgeschlossen werden, findet das auf die Art der Tätigkeit jeweils zutreffende Gesetz Anwendung. Ein Dienstverhältnis zum Bund wird nicht begründet. In folgenden Angelegenheiten können die Bediensteten der Pädagogischen Hochschulen Tätigkeiten für die Teilrechtsfähigkeit im Rahmen ihres Dienstverhältnisses zum Bund erbringen:

1. Tätigkeiten gemäß Abs. 1 Z 8 und
2. wissenschaftliche und künstlerische Arbeiten sowie Untersuchungen und Befundungen zum Zwecke der wissenschaftlichen Forschung und Entwicklung im öffentlich-rechtlichen Bildungsauftrag, die von der Europäischen Union oder von anderen nationalen, zwischenstaatlichen oder internationalen Organisationen gefördert werden.

Werden Bedienstete im Rahmen ihres Dienstverhältnisses zum Bund für die Pädagogische Hochschule im Rahmen der Teilrechtsfähigkeit tätig, ist der Gesamtzeitaufwand dafür festzuhalten und sind die Aufzeichnungen darüber dem Bund zur Verfügung zu stellen.

(6) Für Verbindlichkeiten, die im Rahmen der eigenen Rechtspersönlichkeit entstehen, trifft den Bund keine Haftung.

(7) Soweit die Pädagogische Hochschule gemäß Abs. 1 im Rahmen ihrer Rechtspersönlichkeit tätig wird, hat sie die Grundsätze der Sparsamkeit, Wirtschaftlichkeit und Zweckmäßigkeit sowie weiters die Grundsätze eines ordentlichen Unternehmers zu beachten. Es ist ein Jahresabschluss über das vorangegangene Kalenderjahr zu erstellen. Dieser ist dem Hochschulrat zur Kenntnis zu bringen und es ist ihm Gelegenheit zur Stellungnahme zu geben. Die Rektorin oder der Rektor hat dem Hochschulrat die dafür erforderlichen Unterlagen vorzulegen und die erforderlichen Auskünfte zu erteilen. Der zuständigen Bundesministerin oder dem zuständigen Bundesminister ist in der von ihr bzw. ihm festzusetzenden Form im Wege über die Rektorin oder den Rektor bis 31. Mai eines jeden Jahres der Jahresabschluss über das vorangegangene Kalenderjahr samt einer allfälligen schriftlichen Stellungnahme des Hochschulrats sowie ein Gebarungsvorschlag für das folgende Kalenderjahr vorzulegen. Der zuständigen Bundesministerin oder dem zuständigen Bundesminister und dem Hochschulrat ist auf Verlangen Einsicht in die Gebarungsunterlagen zu gewähren und Auskunft zu erteilen. Anlässlich jedes Wechsels eines Rektoratsmitgliedes ist ein Abschluss (zumindest bestehend aus Bilanz, GuV sowie entsprechende Erläuterungen) zu erstellen. Dessen Vollständigkeit ist von den Rektoratsmitgliedern schriftlich zu bestätigen. Der Abschluss ist dem Hochschulrat vorzulegen, von diesem zu bestätigten und dem zuständigen Bundesminister oder der zuständigen Bundesministerin zur Kenntnis zu bringen.

(7a) Die genehmigten und durchgeführten Erasmus+-Aktivitäten müssen auf der Webseite der Pädagogischen Hochschule veröffentlicht werden. Der Jahresabschluss ist auf der Webseite der Pädagogischen Hochschule zu veröffentlichen, wenn die Umsatzerlöse in den zwölf Monaten vor dem Abschlussstichtag mehr als 600 000 Euro betragen und im Jahresdurchschnitt mehr als 10 vollbeschäftigte Arbeitnehmer (Vollzeitäquivalente) in der teilrechtsfähigen Einrichtung tätig waren.

(8) Das zuständige Regierungsmitglied kann zum Zweck der Überprüfung der Tätigkeiten im Rahmen der eigenen Rechts-

persönlichkeit, insbesondere im Hinblick auf die Beachtung der Grundsätze der Sparsamkeit, Wirtschaftlichkeit und Zweckmäßigkeit und auf die Erfüllung der Verpflichtungen eines ordentlichen Unternehmers, einen Wirtschaftstreuhänder mit der Überprüfung beauftragen. Die Kosten dafür sind aus den im Rahmen der eigenen Rechtspersönlichkeit erworbenen Mitteln der Pädagogischen Hochschule zu ersetzen.

(9) Erbringt der Bund im Rahmen der Tätigkeiten gemäß Abs. 1 Leistungen, so ist hiefür ein Entgelt zu leisten, welches zweckgebunden für die Bedeckung der durch die Leistung des Bundes entstandenen Mehrausgaben zu verwenden ist. § 36 und § 64 des Bundeshaushaltsgesetzes 2013 – BHG 2013, BGBl. I Nr. 139/2009, sind anzuwenden. Der Bund kann zur Unterstützung von Tätigkeiten gemäß Abs. 5 Z 1 und 2, Personal und Sachmittel zur Verfügung stellen, ohne dass an den Bund dafür Kostenersatz zu leisten ist.

(10) Im Falle der Schließung einer Pädagogischen Hochschule geht das im Rahmen der eigenen Rechtspersönlichkeit erworbene Vermögen auf den Bund über. Der Bund hat als Träger von Privatrechten die Verpflichtungen aus noch offenen Verbindlichkeiten bis zur Höhe des übernommenen Vermögens zu erfüllen.

(11) Die Pädagogische Hochschule unterliegt hinsichtlich ihrer Tätigkeiten im Rahmen der eigenen Rechtspersönlichkeit der Aufsicht des zuständigen Regierungsmitglieds und der Kontrolle durch den Rechnungshof.

(12) In der Satzung können nähere Vorschriften über die Planung und Durchführung von Tätigkeiten gemäß Abs. 1, den Abschluss von Rechtsgeschäften und über Maßnahmen des Controllings festgelegt werden.

(13) Bei der Erfüllung ihrer Aufgaben im Rahmen der eigenen Rechtspersönlichkeit unterliegen die Pädagogischen Hochschulen nicht den Bestimmungen der Gewerbeordnung 1994 (GewO 1994), BGBl. Nr. 194.

(14) Alle dem Bund auf Grund bundesgesetzlicher Bestimmungen eingeräumten abgaben- und gebührenrechtlichen Begünstigungen finden auch auf die Pädagogischen Hochschulen

Anwendung, soweit diese in Erfüllung ihrer gesetzlichen Aufgaben im Rahmen der eigenen Rechtspersönlichkeit tätig werden.

2. Abschnitt
Private Pädagogische Hochschulen und private Hochschullehrgänge

Anerkennung als private Pädagogische Hochschule oder als privater Hochschullehrgang

§ 4. (1) Auf Antrag einer vom Bund verschiedenen Rechtsperson sind
 1. eine Bildungseinrichtung als private Pädagogische Hochschule und
 2. ein Studienangebot als privater Hochschullehrgang

anzuerkennen. Z 2 gilt nur für Hochschullehrgänge, die an öffentlichen Pädagogischen Hochschulen im Rahmen der eigenen Rechtspersönlichkeit (§ 3 Abs. 1 Z 4) oder an anerkannten privaten Pädagogischen Hochschulen angeboten werden. Z 2 ist jedoch nicht auf Hochschullehrgänge mit einem Arbeitsaufwand von weniger als 30 ECTS-Anrechnungspunkten anzuwenden.

(2) Die Anerkennung einer Bildungseinrichtung (Abs. 1 Z 1) ist in der beantragten Dauer auszusprechen. Die Anerkennung eines Hochschullehrganges (Abs. 1 Z 2) ist in der beantragten Dauer, längstens jedoch auf die zweifache Dauer des Hochschullehrganges auszusprechen; eine darüber hinausgehende Anerkennung hat auf neuerlichen Antrag für längstens denselben Zeitraum zu erfolgen.

(3) Sofern nach erfolgter Anerkennung die für diese maßgeblichen Umstände nicht mehr vorliegen, ist das Erlöschen der Anerkennung mit Bescheid auszusprechen.

Voraussetzungen für die Anerkennung

§ 5. (1) Die Anerkennung als private Pädagogische Hochschule oder als privater Hochschullehrgang darf nur bei Vorliegen folgender Voraussetzungen erfolgen:

1. die Ausbildung hat in ihren Grundsätzen und in ihrer Qualität jener an öffentlichen Pädagogischen Hochschulen zu entsprechen,
2. an einer privaten Pädagogischen Hochschule sind Bachelorstudien und Masterstudien für das Lehramt Primarstufe sowie Bachelorstudien und Masterstudien für das Lehramt Sekundarstufe (Allgemeinbildung) einzurichten,
3. das Lehrpersonal hat wissenschaftlich-berufsfeldbezogen und pädagogisch-didaktisch qualifiziert zu sein,
4. zur Erreichung der Ziele und zur Sicherung der Grundsätze sind die erforderlichen wissenschaftlich-berufsfeldbezogenen Forschungs- und Entwicklungsarbeiten durch die Lehrenden durchzuführen,
5. die Autonomie hat wenigstens der an öffentlichen Pädagogischen Hochschulen zu entsprechen,
6. die Mitbestimmung der Studierenden muss gewährleistet sein,
7. die Anerkennung von bereits absolvierten Studien (Teilen von Studien) muss gewährleistet sein,
8. die erforderliche Personal-, Raum- und Sachausstattung muss für die Dauer der Anerkennung vorhanden sein.

(2) Zur Heranbildung von Lehrerinnen und Lehrern an Schulen gemäß dem Minderheiten-Schulgesetz für das Burgenland, BGBl. Nr. 641/1994, ist je ein zusätzliches Studienangebot in kroatischer und ungarischer Sprache und ein entsprechendes zusätzliches Angebot im Bereich der pädagogisch-praktischen Studien einzurichten.

Anerkennungsverfahren

§ 6. (1) Über einen Antrag auf Anerkennung und über das Erlöschen der Anerkennung hat das zuständige Regierungsmitglied durch Bescheid zu erkennen. Der Anerkennungsbescheid hat jedenfalls zu beinhalten:
1. Bezeichnung der Rechtsperson, bei natürlichen Personen deren Personalien,

2. Bezeichnung und Standort der Bildungseinrichtung,
3. im Falle der Anerkennung privater Hochschullehrgänge die Bezeichnung der Hochschullehrgänge,
4. Bezeichnung des akademischen Grades bzw. der akademischen Bezeichnung, der bzw. die nach Abschluss des Studiums verliehen werden soll,
5. Dauer der Anerkennung.

(2) Das zuständige Regierungsmitglied hat im Rahmen des Verfahrens zur Anerkennung einer privaten Pädagogischen Hochschule jedenfalls die örtlich zuständige Bildungsdirektion und die Landesregierung anzuhören.

(3) Änderungen von für die Anerkennung maßgeblichen Umständen oder Sachverhalten sind dem zuständigen Regierungsmitglied ohne Aufschub mitzuteilen.

(4) Im Übrigen sind auf das Anerkennungsverfahren die Bestimmungen des Allgemeinen Verwaltungsverfahrensgesetzes 1991, BGBl. Nr. 51, anzuwenden.

Rechtswirkungen der Anerkennung

§ 7. (1) Anerkannte Bildungseinrichtungen sind zur Führung der Bezeichnung „Private Pädagogische Hochschule" berechtigt. Anerkannte Studienangebote sind als „Private Hochschullehrgänge" zu bezeichnen.

(2) Für anerkannte private Pädagogische Hochschulen und anerkannte private Hochschullehrgänge gemäß Abs. 1 gelten die Bestimmungen des § 33 sowie der Abschnitte 1 bis 5 des 2. Hauptstücks. Gegen Entscheidungen ist eine Beschwerde an das Bundesverwaltungsgericht zulässig.

(3) Private Pädagogische Hochschulen sowie private Hochschullehrgänge unterliegen der Aufsicht des zuständigen Regierungsmitglieds (§ 24).

(3a) Die Curricula oder deren Teile für den Erwerb der Lehrbefähigung für den Unterrichtsgegenstand Religion sind im Sinne von Art. 15 StGG durch die anerkannten konfessionellen privaten Pädagogischen Hochschulen zu erlassen und haben in ihren

Grundsätzen und in ihrer Qualität den Bestimmungen dieses Bundesgesetzes zu entsprechen.

(4) Konfessionellen privaten Pädagogischen Hochschulen sind die zur Erfüllung der Aufgaben nach diesem Bundesgesetz erforderlichen Subventionen zum Personalaufwand des Lehrpersonals (einschließlich der Aus-, Fort- und Weiterbildung der Religionslehrer) wie sie dem Aufwand öffentlicher Pädagogischer Hochschulen vergleichbarer Art und Größe entsprechen, zu gewähren.

(5) Die Subventionierung kann dabei durch die Zuweisung von Planstellen sowie durch die Bereitstellung von Mitteln für Leistungen Dritter, wie sie öffentlichen Pädagogischen Hochschulen für personalkapazitätswirksame Leistungen zur Verfügung stehen, erfolgen.

(5a) In den Angelegenheiten des § 3 Abs. 5 Z 1 und 2 kann das den anerkannten privaten Pädagogischen Hochschulen zur Dienstleistung zugewiesene Personal Tätigkeiten für den Erhalter im Rahmen ihres Dienstverhältnisses zum Bund erbringen. Dabei ist der Gesamtzeitaufwand für diese Tätigkeiten festzuhalten und die Aufzeichnungen darüber sind dem Bund zur Verfügung zu stellen. § 3 Abs. 9 letzter Satz ist hinsichtlich des Personals in vergleichbarem Ausmaß für anerkannte private Pädagogische Hochschulen anwendbar.

(6) Im Bereich der Fort- und Weiterbildung sind die zur Erfüllung dieser Aufgaben erforderlichen Subventionen zum Personalaufwand des Lehrpersonals unter sinngemäßer Anwendung der §§ 30 und 31 nach Maßgabe einer jährlich im Einvernehmen mit dem zuständigen Regierungsmitglied festzulegenden Planung zu gewähren. Dies gilt nicht für die religionspädagogische Fort- und Weiterbildung.

3. Abschnitt
Aufgaben und leitende Grundsätze

Aufgaben der Pädagogischen Hochschule

§ 8. (1) Die Pädagogische Hochschule hat mit dem Fokus auf die pädagogische Profession und ihre Berufsfelder im Rahmen von Lehre und Forschung nach internationalen Standards sowohl Lehrerinnen und Lehrer sowie nach Maßgabe des Bedarfs Personen in allgemeinen pädagogischen Berufsfeldern aus-, fort- und weiterzubilden. Den Anforderungen des Berufs der Pädagoginnen und Pädagogen ist durch Angebote der bildungswissenschaftlichen, fachwissenschaftlichen, fachdidaktischen und pädagogisch-praktischen Ausbildung Rechnung zu tragen. In allen pädagogischen Berufsfeldern ist Forschung zu betreiben, um wissenschaftliche Erkenntnisse zur Weiterentwicklung der Lehre zu erlangen. Die Pädagogische Hochschule hat im Rahmen ihrer wissenschaftlich-berufsfeldbezogenen Lehre und Forschung an der Schulentwicklung mitzuwirken sowie durch die Begleitung und Beratung von Bildungsinstitutionen, vornehmlich Schulen, zu deren Qualitätsentwicklung beizutragen.

(2) Die Pädagogische Hochschule hat weiters durch die Schul- und Berufspraxis sowie durch wissenschaftlich-berufsfeldbezogene Forschung und Lehre die Befähigung zur verantwortungsbewussten Ausübung von Berufen im Bereich pädagogischer Berufsfelder zu vermitteln.

(3) Im Rahmen jeder Pädagogischen Hochschule ist eine Praxisschule für die Volksschule oder für die Mittelschule gemäß § 22 zu führen. Es kann darüber hinaus bei Bedarf eine weitere Praxisschule für die jeweils andere Schulart gemäß § 22 geführt werden, wenn an der betreffenden Pädagogischen Hochschule Studierende in Lehramtsstudien für diesen Altersbereich ausgebildet werden. Ferner können bei Bedarf mit Zustimmung des Schulerhalters weitere Schulen als Praxisschulen herangezogen werden, sofern an diesen entsprechend ausgebildete Lehrerinnen und Lehrer (Praxislehrerinnen und -lehrer) zur Verfügung stehen.

Leitende Grundsätze

§ 9. (1) Die Pädagogischen Hochschulen und sämtliche im Rahmen dieses Bundesgesetzes angebotenen Studienangebote haben durch die Vermittlung von fundiertem, auf den neuesten wissenschaftlichen Erkenntnissen basierendem Fachwissen und umfassenden Lehrkompetenzen sicher zu stellen, dass die österreichische Lehrerinnen- und Lehrerbildung die Unterrichtsqualität an den österreichischen Schulen gewährleistet.

(2) Dieser Grundsatz ist verbunden mit dem Ziel, die Lehrerinnen und Lehrer zu professionalisieren, damit sie den gesellschaftlichen Herausforderungen gewachsen sind und ihre Unterrichts- und erzieherischen Pflichten und Aufgaben bestens erfüllen können.

(3) Die Studienangebote sind auf Hochschulniveau durchzuführen und haben einer auf aktuellen wissenschaftlichen Standards basierenden Aus-, Fort- und Weiterbildung zu dienen. Die Praxisbezogenheit in der Ausbildung sowie in der Fort- und Weiterbildung ist zu gewährleisten.

(4) Die Studienangebote haben sich an sich verändernden Professionalisierungserfordernissen und am Transfer neuer wissenschaftlich-berufsfeldbezogener Erkenntnisse in die pädagogische Arbeitswelt zu orientieren.

(5) Durch die Unterstützung der internationalen Zusammenarbeit im Bereich der Forschung und Lehre sowie durch den Ausbau der nationalen und internationalen Mobilität im Bereich der pädagogischen Berufsbildung ist der Stellenwert der europäischen Dimension in der österreichischen Gesellschaft zu festigen.

(6) Im Besonderen sind über Abs. 1 bis 5 hinaus folgende leitende Grundsätze zu beachten:
1. die Vielfalt wissenschaftlicher Theorien, Methoden und Lehrmeinungen,
2. die Verbindung von Forschung und Lehre,
3. die Lernfreiheit,
3a. Sicherstellung guter wissenschaftlicher Praxis und akademischer Integrität,

4. die Berücksichtigung der Erfordernisse der Berufszugänge,
5. die Berücksichtigung der besonderen Bedürfnisse der Berufsbildung,
6. die Mitsprache der Studierenden, insbesondere bei Studienangelegenheiten und bei der Qualitätssicherung der Lehre,
7. die Wahrnehmung der Verantwortung gegenüber der Entwicklung der Gesellschaft durch eine zeitgemäße Professionalisierung der Absolventinnen und Absolventen (dies schließt eine Wert- und Sinnorientierung mit ein),
8. die Stärkung sozialer Kompetenz (einschließlich der Befähigung zur Vermittlung von sozialen, moralisch-ethischen und religiösen Werten sowie der Gender- und Diversity-Kompetenz),
9. die Anwendbarkeit der Studien in der beruflichen pädagogischen Praxis,
10. das Zusammenwirken von Studierenden, Lehrenden sowie des Verwaltungspersonals der Pädagogischen Hochschule im Sinne einer hochschulischen Lehr- und Lernkultur,
11. die Mitwirkung an der Schulentwicklung durch wissenschaftlich -berufsfeldbezogene Forschung, durch praktische Arbeiten sowie in sozial- und bildungspolitischen Anliegen,
12. die Gleichbehandlung und Gleichstellung der Geschlechter,
13. die soziale Chancengleichheit,
14. die besondere Berücksichtigung der Erfordernisse von Menschen mit Behinderungen im Sinne des Bundes-Behindertengleichstellungsgesetzes, BGBl. I Nr. 82/2005,
15. die besondere Berücksichtigung der Erfordernisse von besonders begabten und interessierten Studierenden,
16. die Wirtschaftlichkeit, Sparsamkeit und Zweckmäßigkeit der Gebarung.

(7) Die Forschung an Pädagogischen Hochschulen dient der Gewinnung von wissenschaftlichen Erkenntnissen, die zur Entwicklung der pädagogischen Berufsfelder beitragen.

(8) Die Pädagogischen Hochschulen haben bei der Erfüllung ihrer Aufgaben die Strategie des Gender Mainstreaming anzuwenden und die Ergebnisse im Bereich der Gender Studies und der gendersensiblen Didaktik zu berücksichtigen.

(9) Die Pädagogische Hochschule hat die Situation berufstätiger Studierender bei der Angebotserstellung zu berücksichtigen. Bei Bedarf kann die Mindeststudiendauer berufsbegleitender Studienangebote bei gleichbleibendem Umfang an ECTS-Anrechnungspunkten verlängert werden.

Wissenschaftliche und organisatorische Kooperation mit anderen Bildungseinrichtungen

§ 10. Die Pädagogischen Hochschulen haben hinsichtlich der Erfüllung ihrer Aufgaben untereinander und mit anderen Bildungs- und Forschungseinrichtungen, insbesondere mit in- und ausländischen Universitäten und Fachhochschulen zu kooperieren. Die Kooperation erstreckt sich neben der wissenschaftlich-berufsfeldbezogenen Forschung und Entwicklung auch auf die Evaluation und insbesondere auf die Erstellung der Curricula und auf die Studienangebote sowie deren Durchführung und soll die Durchlässigkeit von Bildungsangeboten im Sinne einer gegenseitigen Anrechenbarkeit von Studien und Studienteilen im Rahmen der bestehenden Möglichkeiten sicherstellen.

4. Abschnitt
Organe

Organe der Pädagogischen Hochschule

§ 11. (1) Die Organe der Pädagogischen Hochschule sind der Hochschulrat, das Rektorat, der Rektor oder die Rektorin und das Hochschulkollegium.

(2) Eine Person darf in höchstens einem dieser Organe Mitglied sein; dies gilt nicht für die Mitgliedschaft des Rektors oder der Rektorin im Rektorat.

(3) Unter Beachtung der im Ziel- und Leistungsplan festgelegten Ziele und Vorhaben hat
1. der Hochschulrat im Sinne der Beratung und Kontrolle die Aufgaben gemäß § 12 Abs. 9,
2. das Rektorat im Sinne der strategischen Ausrichtung und Planung sowie operativen Leitung der Pädagogischen Hochschule die Aufgaben gemäß § 15 Abs. 3,
3. der Rektor oder die Rektorin im Sinne der Leitung der Pädagogischen Hochschule und Vertretung derselben nach außen die Aufgaben gemäß § 13 Abs. 1 und
4. das Hochschulkollegium im Sinne des Zusammenwirkens der Vertreterinnen und Vertreter der Lehrenden und Studierenden sowie des Verwaltungspersonals die Aufgaben gemäß § 17 Abs. 1

wahrzunehmen.

(4) Die Nutzung von Mitteln der elektronischen Kommunikation für Sitzungen der Kollegialorgane, des Arbeitskreises für Gleichbehandlungsfragen sowie der Curricularkommission ist zulässig. Personen, die mit Mitteln der elektronischen Kommunikation an der Sitzung teilnehmen, gelten als persönlich anwesend. Näheres ist in der jeweiligen Geschäftsordnung zu regeln, wobei insbesondere die sichere Identifizierung der Mitglieder und zuverlässige Feststellung der Erfüllung von Beschlusserfordernissen sicherzustellen sind.

Hochschulrat

§ 12. (1) Der Hochschulrat besteht aus fünf Mitgliedern, die in verantwortungsvollen Positionen in der Gesellschaft, insbesondere im Bereich der Bildung, der Wissenschaft, der Ökonomie, der Kultur, des Rechts bzw. an einer postsekundären Bildungseinrichtung, tätig sind oder waren und auf Grund ihrer hervorragenden Kenntnisse, Qualifikationen und Erfahrungen einen Beitrag zur Erreichung der Ziele und Aufgaben der Pädagogischen Hochschule leisten können. Dem Hochschulrat gehören an:

1. die Bildungsdirektorin oder der Bildungsdirektor jener Bildungsdirektion, in deren örtlichen Wirkungsbereich die Pädagogische Hochschule ihren Sitz hat, oder die oder der von dieser bzw. diesem zu entsendende(n) Leiterin bzw. Leiter des Pädagogischen Dienstes,
2. zwei von der Bundesministerin oder vom Bundesminister für Bildung, Wissenschaft und Forschung zu bestellende Mitglieder,
3. ein von der Landesregierung des Landes, in dessen örtlichen Wirkungsbereich die Pädagogische Hochschule ihren Sitz hat, zu bestellendes Mitglied,
4. ein vom Hochschulkollegium gewähltes Mitglied.

(2) Abweichend von Abs. 1 Z 1 bis 4 sind Mitglieder des Hochschulrates der Hochschule für Agrar- und Umweltpädagogik Wien:
1. zwei von der Bundesministerin oder vom Bundesminister für Landwirtschaft, Regionen und Tourismus zu bestellende Mitglieder, wobei eines der Mitglieder abweichend von Abs. 2a Z 8 aus dem Verwaltungsbereich „Angelegenheiten des land- und forstwirtschaftlichen Schulwesens" des Bundesministeriums für Landwirtschaft, Regionen und Tourismus zu bestellen ist,
2. ein von der Bundesministerin oder vom Bundesminister für Bildung, Wissenschaft und Forschung zu bestellendes Mitglied,
3. ein von der Landwirtschaftskammer Österreich zu bestellendes Mitglied,
4. ein vom Hochschulkollegium gewähltes Mitglied.

(2a) Dem Hochschulrat dürfen keine
1. Mitglieder der Bundesregierung,
2. Staatssekretärinnen und Staatssekretäre,
3. Mitglieder einer Landesregierung, des Nationalrats, des Bundesrats oder eines sonstigen allgemeinen Vertretungskörpers,
4. Funktionäre einer politischen Partei auf Bundes- oder Landesebene,

5. Personen, die eine der Funktionen gemäß Z 1 bis 4 in den letzten vier Jahren ausgeübt haben,
6. im aktiven Dienststand befindliche Angehörige der Pädagogischen Hochschulen in Österreich gemäß § 72 Z 2 bis 4 oder von postsekundären Bildungseinrichtungen, mit welchen die betreffende Pädagogische Hochschule eine Vereinbarung gemäß § 39b hinsichtlich ordentlicher Studien abgeschlossen hat,
7. Personen, die an der betreffenden Pädagogischen Hochschule in den letzten vier Jahren Mitglied des Rektorats waren,
8. Mitarbeiterinnen oder Mitarbeiter des für die Angelegenheiten der Pädagogischen Hochschulen und Universitäten zuständigen Bundesministeriums,
9. Mitarbeiterinnen oder Mitarbeiter des Kabinetts eines Bundesministers oder Bundesministerin oder Büros eines Staatssekretärs oder einer Staatssekretärin oder
10. Personen, die in den letzten vier Jahren Mitarbeiterinnen oder Mitarbeiter gemäß Z 8 oder 9 waren,

angehören. Die Mitgliedschaft in mehr als einem Hochschulrat ist unzulässig. Geschäftsbeziehungen zwischen einem Mitglied des Hochschulrats und der Pädagogischen Hochschule bedürfen der Genehmigung durch die zuständige Bundesministerin oder den zuständigen Bundesminister, die nur dann erteilt werden darf, wenn keine Befangenheit vorliegt. Mögliche Interessenkonflikte haben die Mitglieder dem Hochschulrat unverzüglich zu melden. Ein Mitglied eines Hochschulrats darf nicht in einem Weisungs- oder Kontrollverhältnis zu einem anderen Mitglied desselben Hochschulrats stehen.

(3) Die Mitgliedschaft im Hochschulrat endet
1. durch Ablauf der Funktionsperiode,
2. durch Verzicht,
3. durch Abberufung,
4. durch Tod.

(4) Die Funktionsperiode der Mitglieder gemäß Abs. 1 Z 1 und 3 sowie Abs. 2 beträgt fünf Jahre. Eine Wiederbestellung für

die unmittelbar folgende Funktionsperiode ist nur ein Mal zulässig. Bei vorzeitigem Ausscheiden eines Mitglieds des Hochschulrates ist für den Rest der Funktionsperiode ein neues Mitglied auf dieselbe Art wie das ausgeschiedene Mitglied zu bestellen.

(5) Ein Mitglied des Hochschulrats kann vor Ablauf der Funktionsperiode vom bestellenden Organ mit Bescheid von seiner Funktion abberufen werden wegen
1. einer schweren Pflichtverletzung,
2. einer strafgerichtlichen Verurteilung,
3. mangelnder gesundheitlicher Eignung.

(6) Der oder die Vorsitzende im Hochschulrat wird durch Wahl mit einfacher Mehrheit aus dem Kreis der Mitglieder festgelegt. Bis zur Wahl des oder der Vorsitzenden führt das an Lebensjahren älteste Mitglied des Hochschulrates den Vorsitz.

(7) Der Hochschulrat ist beschlussfähig, wenn mindestens die Hälfte der Mitglieder anwesend ist. Für einen Beschluss ist die unbedingte Mehrheit der abgegebenen gültigen Stimmen erforderlich. Bei Stimmengleichheit entscheidet der oder die Vorsitzende. Die Vertretung eines an einer Beratung oder Beschlussfassung verhinderten Mitgliedes sowie die Übertragung des Stimmrechtes an eine andere Person sind unzulässig. Erforderlichenfalls können andere Personen als Fachleute mit beratender Stimme beigezogen und Ausschüsse eingerichtet werden.

(8) Das Rektorat, der oder die Vorsitzende des Hochschulkollegiums, der oder die Vorsitzende des Arbeitskreises für Gleichbehandlungsfragen und der oder die Vorsitzende der Hochschülerinnen- und Hochschülerschaft oder der Hochschulvertretung an der betreffenden Pädagogischen Hochschule haben das Recht, in den Sitzungen des Hochschulrates zu Tagesordnungspunkten angehört zu werden, die ihren Aufgabenbereich betreffen.

(9) Der Hochschulrat hat folgende Aufgaben:
1. Ausschreibung der Funktionen der Rektorin oder des Rektors spätestens acht Monate vor dem voraussichtlichen Freiwerden dieser Funktion oder innerhalb von drei Monaten ab dem Zeitpunkt der Abberufung oder des Ausscheidens sowie die Durchführung des Auswahlver-

fahrens und die Erstellung eines Gutachtens gemäß § 13 Abs. 3 für die Bestellung durch die zuständige Bundesministerin oder den zuständigen Bundesminister,

1a. Stellungnahme bei Wiederbestellung von amtierenden Rektorinnen und Rektoren (§ 13 Abs. 4),

1b. Stellungnahme zum Vorschlag der Rektorin oder des Rektors betreffend die Bestellung der Vizerektorinnen und Vizerektoren durch die zuständige Bundesministerin oder den zuständigen Bundesminister,

2. Beratung des Rektorates in wesentlichen strategischen, ökonomischen und wissenschaftlichen Angelegenheiten der Hochschulentwicklung,

3. Stellungnahme zu den Entwürfen von Curricula,

4. Stellungnahme zum Entwurf des Organisationsplanes,

5. Genehmigung der Satzung und der Geschäftsordnung des Hochschulrates,

6. Stellungnahme zum Entwurf des Ziel- und Leistungsplanes,

7. Stellungnahme zum Entwurf des jährlichen Ressourcenplanes,

8. Berichtspflicht an das zuständige Regierungsmitglied bei schwerwiegenden Rechtsverstößen von Hochschulorganen sowie bei Gefahr eines schweren wirtschaftlichen Schadens,

9. Stellungnahme bei der Abberufung des Rektors oder der Rektorin oder eines Vizerektors oder einer Vizerektorin durch das zuständige Regierungsmitglied,

10. Stellungnahme zur beabsichtigten Betrauung mit der Leitung eines Institutes der Pädagogischen Hochschule gemäß § 16,

11. Stellungnahme zum Konzept der Pädagogischen Hochschule zur Qualitätskontrolle hinsichtlich der Erreichung interner Zielsetzungen gemäß § 15 Abs. 3 Z 17.

(10) Der Hochschulrat ist berechtigt, sich über alle Angelegenheiten der Pädagogischen Hochschule zu informieren. Die Hochschulorgane sind verpflichtet, dem Hochschulrat alle

zweckdienlichen Auskünfte zu erteilen, Geschäftsstücke und Unterlagen über die vom Hochschulrat bezeichneten Gegenstände vorzulegen, von ihm angeordnete Erhebungen anzustellen und Überprüfungen an Ort und Stelle vornehmen zu lassen.

(11) Die Mitglieder des Hochschulrats sind bei ihrer Tätigkeit zu entsprechender Sorgfalt verpflichtet. Sie haben Anspruch auf Ersatz der Aufwendungen, die ihnen aus Anlass der Ausübung ihrer Funktion erwachsen. Die näheren Bestimmungen über den Ersatz sind durch Verordnung des zuständigen Regierungsmitglieds zu treffen, in der auch ein pauschalierter Aufwandsersatz festgelegt werden kann.

(12) Der Hochschulrat hat eine Geschäftsordnung zu beschließen, die die näheren Bestimmungen über die Geschäftsführung festzulegen hat.

Rektor, Rektorin

§ 13. (1) Der Rektor bzw. die Rektorin leitet die Pädagogische Hochschule, ist der oder die Vorgesetzte des an der Pädagogischen Hochschule tätigen Lehr- und Verwaltungspersonals, vertritt die Pädagogische Hochschule nach außen und koordiniert die Tätigkeit der Organe der Pädagogischen Hochschule. Er bzw. sie hat darüber hinaus alle Aufgaben nach diesem Bundesgesetz wahrzunehmen, die nicht einem anderen Hochschulorgan zugewiesen sind.

(2) Zum Rektor oder zur Rektorin darf nur eine Person mit
1. einem abgeschlossenen Doktoratsstudium sowie einer dem Aufgabenprofil entsprechenden wissenschaftlichen Qualifikation,
2. der Fähigkeit zur organisatorischen und wirtschaftlichen Leitung einer Pädagogischen Hochschule,
3. mehrjähriger Erfahrung in Lehre und Forschung sowie Kenntnis der österreichischen und internationalen Forschungs- und Bildungslandschaft und
4. Erfahrung in der internationalen Bildungskooperation

bestellt werden.

(3) Die Ausschreibung der Funktion des Rektors oder der Rektorin und die Durchführung des Auswahlverfahrens obliegen dem Hochschulrat. Bewerbungen haben ein Konzept zur Weiterentwicklung der Pädagogischen Hochschule zu enthalten. Die einlangenden Bewerbungen sind den nach dem Bundes-Personalvertretungsgesetz, BGBl. Nr. 133/1967, zuständigen Organen der Personalvertretung(en), dem Hochschulkollegium und dem Arbeitskreis für Gleichbehandlungsfragen zu übermitteln. Diese haben das Recht, binnen drei Wochen eine begründete schriftliche Stellungnahme abzugeben. Findet ein Bewerbungsgespräch statt, haben diese das Recht, eine ergänzende schriftliche Stellungnahme binnen zwei Wochen nach dem zuletzt geführten Bewerbungsgespräch an die zuständige Bundesministerin oder den zuständigen Bundesminister zu übermitteln. Der Hochschulrat hat der zuständigen Bundesministerin oder dem zuständigen Bundesminister nach Durchführung des Verfahrens ein begründetes Gutachten gemeinsam mit den eingelangten schriftlichen Stellungnahmen vorzulegen. Das Gutachten hat die Angabe,
1. welche der Bewerberinnen und Bewerber als nicht geeignet und welche Bewerberinnen und Bewerber als geeignet anzusehen sind und
2. welche von den geeigneten Bewerberinnen und Bewerbern bezogen auf die in der Ausschreibung gewichteten besonderen Kenntnisse und Fähigkeiten in höchstem, welche in hohem und welche in geringerem Ausmaß geeignet sind,

zu enthalten. Die Bestellung erfolgt durch das zuständige Regierungsmitglied für eine Funktionsperiode von fünf Studienjahren, wobei bei einer Bestellung vor dem 1. Oktober dasjenige Studienjahr, während dessen die Bestellung erfolgt, als erstes Studienjahr gilt. Die Bewerberin oder der Bewerber hat keinen Rechtsanspruch auf Betrauung mit der ausgeschriebenen Funktion. Sie oder er hat keine Parteistellung.

(4) Gibt die amtierende Rektorin oder der amtierende Rektor bis längstens neun Monate vor dem Ende der Funktionsperiode sowie vor der Ausschreibung der Funktion ihr oder sein Interesse bekannt, die Funktion für eine weitere Funktionsperiode auszu-

üben, kann eine Bestellung durch die zuständige Bundesministerin oder den zuständigen Bundesminister ohne Ausschreibung erfolgen. Vor der Bestellung hat die zuständige Bundesministerin oder der zuständige Bundesminister die zuständigen Organe der Personalvertretung(en), den Arbeitskreis für Gleichbehandlungsfragen, den Hochschulrat und das Hochschulkollegium darüber zu informieren. Diese haben das Recht, binnen drei Wochen eine begründete schriftliche Stellungnahme abzugeben.

(5) Kommt bis zum Ablauf der Funktionsperiode die Bestellung eines neuen Organs nicht zustande, hat das bis dahin im Amt gewesene Organ seine Funktion bis zur Bestellung eines neuen Organs vorübergehend weiter auszuüben.

(6) Der Rektor oder die Rektorin steht in einem auf die Dauer der Ausübung der Funktion zeitlich befristeten, besonderen vertraglichen Dienstverhältnis zum Bund gemäß § 36 des Vertragsbedienstetengesetzes 1948, BGBl. Nr. 86/1948. Die Aufnahme in dieses Dienstverhältnis erfolgt durch das zuständige Regierungsmitglied. Wird eine Person zum Rektor oder zur Rektorin bestellt, die bereits in einem Dienstverhältnis zum Bund steht, so ist sie für die Dauer der Ausübung der Funktion im bereits bestehenden Dienstverhältnis unter Entfall der Bezüge beurlaubt.

(7) Das zuständige Regierungsmitglied kann den Rektor bzw. die Rektorin wegen einer schweren Pflichtverletzung, einer strafgerichtlichen Verurteilung oder, wenn der Rektor bzw. die Rektorin sich für die Erfüllung der dienstlichen Aufgaben als gesundheitlich ungeeignet erweist, vorzeitig von seiner bzw. ihrer Funktion abberufen. Dem Hochschulrat, dem Hochschulkollegium, den nach dem Bundes-Personalvertretungsgesetz zuständigen Organen der Personalvertretung(en) und dem Arbeitskreis für Gleichbehandlungsfragen ist die Möglichkeit der Abgabe einer Stellungnahme einzuräumen.

Vizerektoren, Vizerektorinnen

§ 14. (1) Die Rektorin oder der Rektor bestimmt unter Bedachtnahme auf die innere Struktur der Pädagogischen Hochschule, ob eine Vizerektorin oder ein Vizerektor oder zwei Vizerektorinnen oder Vizerektoren bestellt werden. Die Bestellung erfolgt durch die zuständige Bundesministerin oder den zuständigen Bundesminister auf Vorschlag der Rektorin oder des Rektors für eine Funktionsperiode, die jener der Rektorin oder des Rektors entspricht. Vor der Bestellung hat die zuständige Bundesministerin oder der zuständige Bundesminister die zuständigen Organe der Personalvertretung(en), den Arbeitskreis für Gleichbehandlungsfragen, den Hochschulrat und das Hochschulkollegium darüber zu informieren. Diese haben das Recht, binnen drei Wochen eine begründete schriftliche Stellungnahme abzugeben.

(2) Die Vizerektorinnen oder Vizerektoren sind Mitglieder des Rektorats und haben die Rektorin oder den Rektor im Verhinderungsfall zu vertreten, auf den ihnen im Organisationsplan zugeordneten Aufgabengebieten zu unterstützen und im Falle eines vorzeitigen Ausscheidens der Rektorin oder des Rektors deren oder dessen Aufgaben bis zur Bestellung einer neuen Rektorin oder eines neuen Rektors wahrzunehmen. Dabei haben die Vizerektorinnen oder Vizerektoren bezüglich jener Aufgabengebiete, die nicht ausdrücklich einer Vizerektorin oder einem Vizerektor zugeordnet sind, einvernehmlich vorzugehen. Sämtliche Angelegenheiten des Abs. 3 Z 4 sind einer Vizerektorin oder einem Vizerektor zuzuordnen.

(3) Bei der Auswahl der Vizerektorinnen oder der Vizerektoren ist darauf zu achten, dass die Kompetenzen im Rektorat folgende Bereiche abdecken:
1. Ausbildung,
2. Forschung,
3. Studien- und Organisationsrecht,
4. Fort- und Weiterbildung sowie Schulentwicklungsberatung und
5. Hochschulentwicklung (Personal- und Organisationsentwicklung).

(4) Scheidet die Rektorin oder der Rektor vor Ablauf der Funktionsperiode aus dem Amt aus oder ist zum Zeitpunkt des

Ablaufes der Funktionsperiode noch keine neue Rektorin oder kein neuer Rektor bestellt, endet die Funktion der Vizerektorinnen und Vizerektoren mit dem Zeitpunkt des Amtsantritts der auf Vorschlag der neuen Rektorin oder des neuen Rektors bestellten Vizerektorinnen und Vizerektoren. § 13 Abs. 5 ist anwendbar.

(5) Die Vizerektoren und die Vizerektorinnen stehen in einem auf die Dauer der Ausübung der Funktion zeitlich befristeten, besonderen vertraglichen Dienstverhältnis zum Bund gemäß § 36 des Vertragsbedienstetengesetzes 1948, BGBl. Nr. 86/1948. Die Aufnahme in dieses Dienstverhältnis erfolgt durch das zuständige Regierungsmitglied. Wird eine Person zum Vizerektor oder zur Vizerektorin bestellt, die bereits in einem Dienstverhältnis zum Bund steht, so ist sie für die Dauer der Ausübung der Funktion im bereits bestehenden Dienstverhältnis unter Entfall der Bezüge beurlaubt.

(6) Das zuständige Regierungsmitglied kann einen Vizerektor oder eine Vizerektorin wegen einer schweren Pflichtverletzung, einer strafgerichtlichen Verurteilung oder, wenn der Vizerektor oder die Vizerektorin sich für die Erfüllung der dienstlichen Aufgaben als gesundheitlich ungeeignet erweist, vorzeitig von seiner oder ihrer Funktion abberufen. Dem Rektor oder der Rektorin, dem Hochschulrat, dem Hochschulkollegium, den nach dem Bundes-Personalvertretungsgesetz zuständigen Organen der Personalvertretung(en) und dem Arbeitskreis für Gleichbehandlungsfragen ist die Möglichkeit der Abgabe einer Stellungnahme einzuräumen.

Rektorat

§ 15. (1) Das Rektorat besteht aus dem Rektor oder der Rektorin und den ein oder zwei als Vizerektor oder Vizerektorin bestellten Personen.

(2) Der Rektor oder die Rektorin hat die Vorsitzführung im Rektorat inne und vertritt dieses nach außen.

(3) Das Rektorat hat folgende Aufgaben:
1. Festlegung der allgemeinen Zulassungsfrist,

2. Erstellung der Satzung,
3. Erstellung des Entwurfes eines Organisationsplanes der Pädagogischen Hochschule,
4. Ausschreibung von Planstellen für Lehrpersonal gemäß § 18 Abs. 1 Z 1, Durchführung des Auswahlverfahrens, Bewertung der Ergebnisse und Vorlage eines begründeten Besetzungsantrages an das zuständige Regierungsmitglied,
4a. Ausschreibung von Planstellen für Lehrpersonen an eingegliederten Praxisschulen sowie für die Funktion der Schulleitung an eingegliederten Praxisschulen gemäß § 22 Abs. 3 sowie Durchführung des Bewerbungsverfahrens gemäß den dienstrechtlichen Bestimmungen,
5. Antragstellung betreffend Zuweisung und Mitverwendung von Lehrenden gemäß § 18 Abs. 1 Z 2 und 3 sowie von Bundeslehrpersonal, Bundesvertragslehrpersonal, Landeslehrpersonal oder Landesvertragslehrpersonal, land- und forstwirtschaftliches Landeslehr- oder land- und forstwirtschaftliches Landesvertragslehrpersonal, das vorübergehend zur Dienstleistung an eine eingegliederte Praxisschule gemäß § 22 zugewiesen oder an einer eingegliederten Praxisschule mitverwendet werden soll, an die zuständige Dienstbehörde oder Personalstelle,
6. Bestellung von Lehrenden gemäß § 18 Abs. 1 Z 4,
7. Ausschreibung von Planstellen für das Verwaltungspersonal (§ 20 Abs. 3),
8. Zulassung der Studierenden,
8a. Festlegung von Unterstützungsleistungen seitens der Pädagogischen Hochschule gemäß § 63b, sofern diese nicht in der Satzung geregelt sind,
9. Einhebung der Studienbeiträge in der gesetzlich festgelegten Höhe,
10. Veranlassung von Evaluierungen und Veröffentlichung von Evaluierungsergebnissen (§ 33),
11. Stellungnahme zu den Entwürfen von Curricula sowie zu Entwürfen über Änderungen von Curricula und Genehmigung der Curricula sowie deren Änderungen,

12. Erstellung eines Entwurfs eines Ziel- und Leistungsplanes für die Pädagogische Hochschule,
13. Erstellung eines Entwurfs eines jährlichen Ressourcenplanes für die Pädagogische Hochschule,
14. Budgetplanung und interne Budgetzuteilung gemäß dem genehmigten Ressourcenplan,
15. Betrauung mit der Leitung eines im Organisationsplan vorgesehenen Institutes,
16. Personalplanung und Personalentwicklung an der Pädagogischen Hochschule,
17. Qualitätskontrolle hinsichtlich der Erreichung interner Zielsetzungen,
18. vorläufige Festlegung der Aufgabengebiete der Vizerektoren und Vizerektorinnen bis zum Inkrafttreten eines neuen Organisationsplans,
19. Genehmigung der Geschäftsordnung des Rektorates,
20. Betriebs- und Benutzungsordnungen für die Dienstleistungseinrichtungen und
21. Regelungen für die Benützung von Räumen und Einrichtungen der Pädagogischen Hochschule durch Hochschulangehörige und im Rahmen der eigenen Rechtspersönlichkeit.

(4) Das Rektorat kann Entscheidungen anderer Organe mit Ausnahme der Beschlüsse des Hochschulrates zurückverweisen, wenn diese Entscheidungen nach Auffassung des Rektorats im Widerspruch zu Gesetzen und Verordnungen einschließlich der Satzung stehen. Der Hochschulrat ist in schwerwiegenden Fällen zu informieren.

(5) Das Rektorat entscheidet mit Stimmenmehrheit, wobei das Zustandekommen eines gültigen Beschlusses der Stimme des Rektors oder der Rektorin bedarf. Bei Stimmengleichheit gibt die Stimme des Rektors oder der Rektorin den Ausschlag. Die Geschäftsordnung gemäß Abs. 6 kann das Beschlusserfordernis der Einstimmigkeit vorsehen.

(6) Das Rektorat hat eine Geschäftsordnung zu erlassen, die im Mitteilungsblatt zu verlautbaren ist. In der Geschäftsordnung

ist in Übereinstimmung mit dem Organisationsplan jedenfalls festzulegen, welche Agenden gemäß Abs. 3 den einzelnen Mitgliedern des Rektorats allein zukommen und welche Agenden von mehreren oder von allen Mitgliedern des Rektorats gemeinsam wahrzunehmen sind. Entscheidungen in wirtschaftlichen Angelegenheiten sind jedenfalls von mindestens zwei Mitgliedern des Rektorats zu treffen. In der Geschäftsordnung ist auch die Vertretungsbefugnis festzulegen.

Institutsleitung

§ 16. (1) Das Rektorat hat auf Vorschlag des Rektors oder der Rektorin geeignete Lehrpersonen gemäß § 18 Abs. 1 Z 1 mit der Leitung der im Organisationsplan vorgesehenen Institute der Pädagogischen Hochschule zu betrauen.

(1a) Sofern geeignete Lehrpersonen gemäß § 18 Abs. 1 Z 1 nicht zur Verfügung stehen, können auch Lehrpersonen gemäß § 18 Abs. 1 Z 2, die über die entsprechende Qualifikation verfügen, mit der Leitung eines Institutes betraut werden.

(2) Betrauungen gemäß Abs. 1 erfolgen für einen Zeitraum von höchstens fünf Studienjahren. Neuerliche Betrauungen sind zulässig. Im Fall einer Änderung des Organisationsplans, die zu einer Änderung der Institutsgliederung führt, hat eine neue Betrauung der betroffenen Institutsleitungen zu erfolgen.

Hochschulkollegium

§ 17. (1) Neben den durch andere gesetzliche Bestimmungen übertragenen Entscheidungsbefugnissen obliegen dem Hochschulkollegium folgende Aufgaben:
1. Stellungnahme in Fragen der Entwicklung der inneren Organisation und Kommunikation (Organisationsplan, Satzung),
2. Stellungnahme im Rahmen des Auswahlverfahrens zur Bestellung des Rektors oder der Rektorin,
2a. Stellungnahme bei Wiederbestellung von amtierenden Rektorinnen und Rektoren (§ 13 Abs. 4),

2b. Stellungnahme zum Vorschlag der Rektorin oder des Rektors betreffend die Bestellung der Vizerektorinnen und Vizerektoren durch die zuständige Bundesministerin oder den zuständigen Bundesminister,
2c. Wahl eines Mitglieds des Hochschulrates (§ 12 Abs. 1 Z 4 und Abs. 2 Z 4) und Mitteilung des Ergebnisses der Wahl an die zuständige Bundesministerin oder den zuständigen Bundesminister,
3. Stellungnahme bei der Abberufung des Rektors oder der Rektorin oder des Vizerektors oder der Vizerektorin,
4. Erlassung des Curriculums und der Prüfungsordnung sowie deren Änderungen,
5. Beratung in pädagogischen Fragen,
6. Stellungnahme zu Beschwerden und Beschwerdevorentscheidungen gemäß § 14 des Verwaltungsgerichtsverfahrensgesetzes – VwGVG, BGBl. I Nr. 33/2013, bei Beschwerden in Studienangelegenheiten, welche im Fall der Vorlage an das Verwaltungsgericht der Beschwerde anzuschließen ist,

(Anm.: Z 7 aufgehoben durch Z 25, BGBl. I Nr. 101/2020

8. Einrichtung eines Arbeitskreises für Gleichbehandlungsfragen und
9. Genehmigung der Geschäftsordnung des Hochschulkollegiums.

(2) Das Hochschulkollegium besteht aus elf Mitgliedern, und zwar aus
1. sechs Vertretern und Vertreterinnen des Lehrpersonals aus dem Kreis der Lehrpersonen gemäß § 18 Abs. 1 Z 1 und 2, auch in der Funktion von Leitern und Leiterinnen von Organisationseinheiten der Pädagogischen Hochschule,
2. drei Vertretern und Vertreterinnen der Hochschülerinnen- und Hochschülerschaft oder der Hochschulvertretung der Pädagogischen Hochschule und
3. zwei Vertretern und Vertreterinnen des Verwaltungspersonals der Pädagogischen Hochschule.

(3) An der Hochschule für Agrar- und Umweltpädagogik Wien gehört dem Hochschulkollegium neben den in Abs. 2 genannten Mitgliedern ein vom Bundesminister oder von der Bundesministerin für Nachhaltigkeit und Tourismus zu entsendendes Mitglied an.

(4) Die Funktionsperiode des Hochschulkollegiums beträgt drei Studienjahre. Die Vertreter und Vertreterinnen gemäß Abs. 2 Z 1 bis 3 sind folgendermaßen zu bestellen:
1. die Vertreter und Vertreterinnen des Lehrpersonals sind von allen Lehrpersonen gemäß § 18 Abs. 1 Z 1 und 2 zu wählen,
2. die Vertreter und Vertreterinnen der Hochschülerinnen- und Hochschülerschaft oder der Hochschulvertretung sind durch die Hochschülerinnen- und Hochschülerschaft oder die Hochschulvertretung zu entsenden,
3. die Vertreter und die Vertreterinnen des Verwaltungspersonals sind von allen Angehörigen des Verwaltungspersonals zu wählen.

Die Wahlen gemäß Z 1 und 3 können als Briefwahl durchgeführt werden. Näheres ist in der Wahlordnung festzulegen.

(5) Die Vertreter und Vertreterinnen gemäß Abs. 2 Z 1 und 3 sind in gleicher, unmittelbarer, geheimer und persönlicher Verhältniswahl zu wählen. Gleichzeitig ist eine entsprechende Anzahl von Stellvertretern oder Stellvertreterinnen zu wählen. Das Wahlergebnis ist unverzüglich und auf geeignete Weise in der Pädagogischen Hochschule kundzumachen.

(6) Die Wahl der Vertreter und Vertreterinnen gemäß Abs. 2 Z 1 und 3 ist so rechtzeitig auszuschreiben, dass eine lückenlose Fortführung der Geschäfte durch das neu bestellte Hochschulkollegium gewährleistet ist. Nach Ablauf der Funktionsperiode oder nach allfälligem vorzeitigem Rücktritt aller gewählten Mitglieder des Hochschulkollegiums sowie deren Stellvertreter oder Stellvertreterinnen haben die bisherigen Mitglieder oder deren Stellvertreter oder Stellvertreterinnen die Geschäfte bis zur Konstituierung des neu bestellten Hochschulkollegiums fortzuführen.

(7) Jedem Mitglied des Hochschulkollegiums kommt eine beschließende Stimme zu. Stimmenthaltung ist unzulässig. Der Rektor oder die Rektorin und die Vizerektoren oder die Vizerektorinnen haben das Recht, an den Sitzungen des Hochschulkollegiums mit beratender Stimme teilzunehmen. Mit Mehrheitsbeschluss kann die Teilnahme der Mitglieder des Rektorats zu einzelnen Tagesordnungspunkten ausgeschlossen werden. Erforderlichenfalls können andere Personen als Fachleute mit beratender Stimme beigezogen und Kommissionen (insbesondere für die vorgesehenen Studienangebote) eingerichtet werden. Das Hochschulkollegium kann für die Besetzung der Kommissionen auch fachkundige Personen heranziehen, die keine Mitglieder des Hochschulkollegiums sind.

(8) Für die Erlassung und Änderung der Curricula gemäß § 42 sind entscheidungsbefugte Curricularkommissionen einzusetzen. Jede Curricularkommission setzt sich zusammen aus sechs Vertretern und Vertreterinnen des Lehrpersonals der Pädagogischen Hochschule und drei Vertretern und Vertreterinnen der Studierenden. Die Curricularkommission ist beschlussfähig, wenn mehr als die Hälfte der Mitglieder sowie mindestens zwei Mitglieder aus dem Bereich des Lehrpersonals und ein Mitglied aus dem Bereich der Studierenden anwesend sind. Die Curricularkommissionen sind längstens für die Dauer der Funktionsperiode des Hochschulkollegiums einzurichten. Die Curricularkommissionen sind an die Richtlinien des Hochschulkollegiums gebunden, ihre Beschlüsse bedürfen der Genehmigung des Hochschulkollegiums.

(9) Das Hochschulschulkollegium ist beschlussfähig, wenn mehr als die Hälfte der Mitglieder sowie mindestens zwei Mitglieder aus dem Bereich des Lehrpersonals und je ein Mitglied aus dem Bereich der Studierenden sowie des Verwaltungspersonals anwesend sind. Das Hochschulkollegium entscheidet mit Stimmenmehrheit. Bei Stimmengleichheit entscheidet der oder die Vorsitzende. Die Sitzungen des Hochschulkollegiums sind nicht öffentlich.

(10) Das Hochschulschulkollegium hat eine Geschäftsordnung zu beschließen, die die näheren Bestimmungen über die

Geschäftsführung, die Richtlinien für die Kommissionen und die Wahl des bzw. der Vorsitzenden sowie dessen bzw. deren Vertretung festzulegen hat.

Lehrpersonal

§ 18. (1) Die Lehre an Pädagogischen Hochschulen erfolgt durch
1. Hochschullehr- und Vertragshochschullehrpersonen (Stammpersonal),
2. vorübergehend zur Dienstleistung zugewiesenes Bundeslehrpersonal, Bundesvertragslehrpersonal, Landeslehrpersonal oder Landesvertragslehrpersonal, land- und forstwirtschaftliches Landeslehr- oder land- und forstwirtschaftliches Landesvertragslehrpersonal (§ 39 BDG 1979, § 6a VBG, § 22 LDG 1984, § 22 LLDG 1985),
3. mitverwendetes Bundeslehr- und Bundesvertragslehrpersonal (§ 210 BDG 1979), mitverwendetes Landeslehr- und Landesvertragslehrpersonal (§ 22 LDG 1984, § 2 Abs. 2 lit. h Landesvertragslehrergesetz 1966), land- und forstwirtschaftliches Landeslehr- oder land- und forstwirtschaftliches Landesvertragslehrpersonal (§ 22 LLDG 1985),
4. Lehrbeauftragte.

(1a) Die Mitarbeiterinnen und Mitarbeiter im Forschungs- und Lehrbetrieb gemäß Abs. 1 müssen eine für die vorgesehene Verwendung in Betracht kommende angemessene Qualifikation aufweisen. Sie haben in ihrem Fach an der Erfüllung der Aufgaben der Pädagogischen Hochschule in der Forschung und in der Lehre mitzuarbeiten. Die Pädagogische Hochschule hat die berufliche Weiterbildung der Mitarbeiterinnen und Mitarbeiter zu fördern.

(2) Planstellen für Hochschullehr- und Vertragshochschullehrpersonen sind durch das Rektorat auszuschreiben. Das Rektorat hat ein Auswahlverfahren durchzuführen, die Ergebnisse zu bewerten und dem zuständigen Regierungsmitglied einen begründeten Besetzungsantrag vorzulegen. Die Besetzung erfolgt durch

das zuständige Regierungsmitglied gemäß den dienstrechtlichen Bestimmungen.

(2a) Das Ausschreibungs- und Auswahlverfahren gemäß Abs. 2 hat zu entfallen, wenn die Planstelle mit einer Hochschullehrperson oder einer Vertragshochschullehrperson besetzt werden soll, die die Ernennungserfordernisse erfüllt, und diese die bisherige Verwendung auf Grund eines gleichartigen Ausschreibungs- und Bewerbungsverfahrens gemäß Abs. 2 erlangt hat.

(3) Die Zuweisung zur vorübergehenden Dienstleistung oder zur Mitverwendung erfolgt durch die zuständige Dienstbehörde oder Personalstelle auf Antrag des Rektorats.

(4) Die Bestellung von Lehrbeauftragten erfolgt durch das Rektorat. Durch die Erteilung eines Lehrauftrages wird kein Dienstverhältnis begründet. Das Lehrbeauftragtengesetz, BGBl. Nr. 656/1987, findet Anwendung. Die Reisegebührenvorschrift 1955, BGBl. Nr. 133/1955, ist für Lehrbeauftragte anzuwenden.

(5) Dem Lehrpersonal gemäß Abs. 1 Z 1 bis 3 obliegt neben den unmittelbar mit der Lehre in der Aus-, Fort- und Weiterbildung verbundenen Pflichten die Mitwirkung an den weiteren Aufgaben der Pädagogischen Hochschule. Es hat überdies seine Lehre mit berufsfeldbezogener Forschung und Entwicklung zu verbinden.

Rektoratsdirektor oder Rektoratsdirektorin und sonstiges Verwaltungspersonal

§ 19. (1) Der Rektoratsdirektor oder die Rektoratsdirektorin und das sonstige Verwaltungspersonal haben die Organe der Pädagogischen Hochschule bei der Erfüllung ihrer Aufgaben insbesondere in folgenden Bereichen zu unterstützen:
1. Studien- und Prüfungsverwaltung,
2. Personalverwaltung,
3. Haushalts- und Finanzverwaltung,
4. Gebäudebetrieb und technische Dienste,
5. Beschaffungswesen, Inventar und Materialverwaltung,
6. Rechtsangelegenheiten,

7. Informationswesen, Veranstaltungswesen,
8. Drittmittelangelegenheiten,
9. Planungsvorbereitung sowie
10. allgemeine administrative Angelegenheiten.

Der Rektor oder die Rektorin kann nach Maßgabe der Größe und Aufgabenfülle der Pädagogischen Hochschule den Rektoratsdirektor oder die Rektoratsdirektorin mit der selbstständigen Erledigung bestimmter Angelegenheiten betrauen. Dieser oder diese unterliegt auch dabei allfälligen Weisungen des Rektors oder der Rektorin.

(2) Die Besetzung der Arbeitsplätze für den Rektoratsdirektor oder für die Rektoratsdirektorin und das sonstige Verwaltungspersonal erfolgt durch das zuständige Regierungsmitglied gemäß den dienstrechtlichen Bestimmungen, wobei hinsichtlich des Rektoratsdirektors oder der Rektoratsdirektorin dem Rektor oder der Rektorin ein Anhörungsrecht zukommt.

Ausschreibung

§ 20. (1) Die Funktionen der Rektorin oder des Rektors (§ 13) sowie die Planstellen für Hochschullehr- und Vertragshochschullehrpersonen (§ 18) sind auf der beim Bundesministerium für Kunst, Kultur, öffentlichen Dienst und Sport eingerichteten Website „Karriere Öffentlicher Dienst" auszuschreiben. Die Ausschreibung kann zusätzlich auf andere geeignete Weise erfolgen.

(2) Die Ausschreibung hat jedenfalls zu enthalten:
1. die dienstrechtlichen Erfordernisse,
2. die besonderen Kenntnisse und Fähigkeiten, die für die Erfüllung der mit der Funktion, der Planstelle oder des Arbeitsplatzes verbundenen Anforderungen erwartet werden,
3. – im Fall des Rektors oder der Rektorin – die Voraussetzungen des § 13 Abs. 2,
(Anm.: Z 4 aufgehoben durch Z 29, BGBl. I Nr. 101/2020
5. die Art des Auswahlverfahrens,
6. die Einreichungsstelle für die Bewerbungen und

7. die Bewerbungsfrist, die nicht weniger als einen Monat betragen darf.

(3) Auf die Ausschreibung der Planstellen des Verwaltungspersonals ist das Ausschreibungsgesetz 1989, BGBl. Nr. 85, anzuwenden.

Gleichstellung der Geschlechter; Arbeitskreis für Gleichbehandlungsfragen

§ 21. (1) Alle Organe der Pädagogischen Hochschule haben darauf hinzuwirken, dass in allen Arbeitsbereichen ein ausgewogenes Zahlenverhältnis zwischen den an der Pädagogischen Hochschule tätigen Frauen und Männern erreicht wird. Die Erreichung dieses Ziels ist durch geeignete Maßnahmen, insbesondere durch die Erlassung und Umsetzung eines Frauenförderungsplans, anzustreben.

(2) An jeder Pädagogischen Hochschule ist vom Hochschulkollegium ein Arbeitskreis für Gleichbehandlungsfragen einzurichten, dessen Aufgabe es ist, Diskriminierungen durch Organe der Pädagogischen Hochschule auf Grund des Geschlechts sowie auf Grund der ethnischen Zugehörigkeit, der Religion oder Weltanschauung, des Alters oder der sexuellen Orientierung entgegenzuwirken und die Angehörigen und Organe der Pädagogischen Hochschule in diesen Angelegenheiten zu beraten und zu unterstützen.

(3) Die Anzahl der Mitglieder des Arbeitskreises für Gleichbehandlungsfragen sowie deren Funktionsdauer ist in der Satzung festzulegen. Aus dem Kreis der Mitglieder des Arbeitskreises ist ein Vorsitzender oder eine Vorsitzende zu wählen.

(4) Die Mitglieder des Arbeitskreises für Gleichbehandlungsfragen dürfen bei der Ausübung ihrer Befugnisse nicht behindert und wegen dieser Tätigkeit in ihrem beruflichen Fortkommen nicht benachteiligt werden.

(5) Den Mitgliedern des Arbeitskreises ist vom Rektorat in allen inneren Angelegenheiten der Pädagogischen Hochschule Auskunft zu erteilen sowie Einsicht in die Geschäftsstücke, Unterla-

gen und in die automationsunterstützt verarbeiteten Daten über das Personal der Pädagogischen Hochschule zu geben, deren Kenntnis zur Erfüllung der Aufgaben des Arbeitskreises erforderlich ist. Auf Verlangen ist die Herstellung von Fotokopien dieser Unterlagen zu gestatten. Einsicht in Personalakten ist nur mit Einwilligung der betroffenen Personen zulässig.

(6) Werden vom Arbeitskreis für Gleichbehandlungsfragen zur Vorbereitung seiner Beschlüsse Gutachten und Stellungnahmen facheinschlägiger Experten und Expertinnen sowie Auskünfte eingeholt, dürfen diesen Experten und Expertinnen die dafür erforderlichen Unterlagen zur Verfügung gestellt werden. Diese Experten und Expertinnen sind zur Verschwiegenheit verpflichtet.

(7) Dem Arbeitskreis für Gleichbehandlungsfragen sind insbesondere unverzüglich zur Kenntnis zu bringen:
1. alle Ausschreibungstexte für die Besetzung von Stellen und Funktionen,
2. die Liste der eingelangten Bewerbungen,
3. die Liste der in das Auswahlverfahren einbezogenen Bewerberinnen oder Bewerber,
4. Informationen zu einer bevorstehenden Abberufung eines Mitglieds des Rektorates.

(8) Das Rektorat hat gleichzeitig mit der Information des zuständigen Organs der Personalvertretung den Arbeitskreis für Gleichbehandlungsfragen darüber in Kenntnis zu setzen, mit welcher Bewerberin oder mit welchem Bewerber ein Dienstverhältnis eingegangen werden soll.

(9) Hat der Arbeitskreis für Gleichbehandlungsfragen Grund zur Annahme, dass die Entscheidung eines Hochschulorgans eine Diskriminierung von Personen auf Grund ihres Geschlechts oder auf Grund der ethnischen Zugehörigkeit, der Religion oder Weltanschauung, des Alters oder der sexuellen Orientierung oder einen Verstoß gegen das Frauenförderungsgebot oder gegen den Frauenförderungs- und Gleichstellungsplan der Pädagogischen Hochschule darstellt, ist er berechtigt, innerhalb von zwei Wo-

chen den Hochschulrat oder das zuständige Regierungsmitglied anzurufen.

(10) Dem Hochschulrat und dem Rektorat ist jährlich ein Tätigkeitsbericht des Arbeitskreises für Gleichbehandlungsfragen zu übermitteln.

5. Abschnitt
Praxisschulen

Organisatorische Stellung von Praxisschulen

§ 22. (1) In Pädagogische Hochschulen eingegliederte Praxisschulen sind Schulen im Sinne des Art. 14 Abs. 5 lit. a des Bundes-Verfassungsgesetzes, BGBl. Nr. 1/1930.

(2) Sofern mit Zustimmung des Schulerhalters andere als in Abs. 1 genannte Schulen als Praxisschulen herangezogen werden, bleibt deren organisatorische Stellung unberührt.

(3) Planstellen für Lehrpersonen an eingegliederten Praxisschulen gemäß Abs. 1 sowie die Funktion der Schulleitung an eingegliederten Praxisschulen gemäß Abs. 1 sind durch das Rektorat auf der beim Bundesministerium für Kunst, Kultur, öffentlichen Dienst und Sport eingerichteten Website „Karriere Öffentlicher Dienst" auszuschreiben. Die Ausschreibung kann zusätzlich auf andere geeignete Weise erfolgen. Die Besetzung erfolgt gemäß den dienstrechtlichen Bestimmungen.

Aufgaben der Praxisschulen

§ 23. Die Praxisschule hat zusätzlich zu den im Schulorganisationsgesetz, BGBl. Nr. 242/1962, genannten Aufgaben die Aufgabe, an der Einführung der Studierenden in die Erziehungs- und Unterrichtspraxis im Sinne einer berufsnahen schulpraktischen Ausbildung mitzuwirken sowie neue Wege der Unterrichtsgestaltung zu erproben. Sie hat weiters die Aufgabe, die erziehungs- und unterrichtspraktische Ausbildung im Hinblick auf die Schulwirklichkeit zu ergänzen und zu festigen.

6. Abschnitt
Verfahren

Aufsicht

§ 24. (1) Die Organe der Pädagogischen Hochschule unterliegen der Aufsicht des zuständigen Regierungsmitglieds. Diese umfasst die Einhaltung der Gesetze und Verordnungen einschließlich der Satzung (Rechtsaufsicht).

(2) Die Organe der Pädagogischen Hochschule sind verpflichtet, dem zuständigen Regierungsmitglied im Wege über den Rektor oder die Rektorin auf Verlangen Auskünfte über alle Angelegenheiten der Pädagogischen Hochschule zu erteilen, Geschäftsstücke und Unterlagen vorzulegen, angeordnete Erhebungen anzustellen und Überprüfungen an Ort und Stelle vornehmen zu lassen.

(3) Das zuständige Regierungsmitglied hat mit Verordnung Verordnungen und mit Bescheid Entscheidungen von Organen der Pädagogischen Hochschule aufzuheben, wenn die betreffende Verordnung oder Entscheidung im Widerspruch zu geltenden Gesetzen oder Verordnungen einschließlich der Satzung steht oder wegen der finanziellen Auswirkungen nicht durchführbar ist. Im Falle der Ausübung des Aufsichtsrechtes über die Hochschule für Agrar- und Umweltpädagogik Wien bei gemeinsam mit anderen Pädagogischen Hochschulen, Universitäten, Fachhochschulen oder Privatuniversitäten eingerichteten Studien ist das Einvernehmen mit der Bundesministerin oder dem Bundesminister für Bildung, Wissenschaft und Forschung herzustellen. Im Falle einer Verletzung von Verfahrensvorschriften hat eine Aufhebung nur dann zu erfolgen, wenn das Organ bei deren Einhaltung zu einem anderen Ergebnis hätte kommen können.

(4) Das zuständige Regierungsmitglied hat mit Bescheid Wahlen, die im Widerspruch zu geltenden Gesetzen oder Verordnungen einschließlich der Satzung stehen, aufzuheben.

(5) Ab der formellen Einleitung eines aufsichtsbehördlichen Verfahrens durch das zuständige Regierungsmitglied ist die Durchführung der diesem Verfahren zu Grunde liegenden

Beschlüsse bis zum Abschluss des Verfahrens unzulässig. Ein in diesem Zeitraum oder nach der aufsichtsbehördlichen Aufhebung des betreffenden Beschlusses dennoch ergangener Bescheid leidet an einem gemäß § 68 Abs. 4 Z 4 des Allgemeinen Verwaltungsverfahrensgesetzes 1991 – AVG, BGBl. Nr. 51/1991, mit Nichtigkeit bedrohten Fehler.

(6) Die Organe der Pädagogischen Hochschule sind verpflichtet, den der Rechtsanschauung des zuständigen Regierungsmitglieds entsprechenden Rechtszustand unverzüglich herzustellen, widrigenfalls die zu erfüllende Aufgabe vom zuständigen Regierungsmitglied wahrzunehmen ist.

Verfahrensvorschriften

§ 25. (1) Für Verfahren der Organe der Pädagogischen Hochschule auf Grund dieses Bundesgesetzes ist das AVG anzuwenden.

(2) Beschwerden in Studienangelegenheiten sind bei dem Organ einzubringen, das den Bescheid erlassen hat. Dieses hat die Beschwerde mit dem gesamten Akt unverzüglich dem Hochschulkollegium vorzulegen. Das Hochschulkollegium kann ein Gutachten zur Beschwerde erstellen. Liegt ein derartiges Gutachten vor, so hat die Beschwerdevorentscheidung unter Beachtung dieses Gutachtens zu erfolgen. Wird die Beschwerde dem Bundesverwaltungsgericht vorgelegt, so ist das Gutachten des Hochschulkollegiums anzuschließen. Abweichend von § 14 Abs. 1 des Verwaltungsgerichtsverfahrensgesetzes – VwGVG, BGBl. I Nr. 33/2013, hat das zuständige Organ innerhalb von vier Monaten zu entscheiden.

(3) In Studienangelegenheiten sind auch die Organe der gesetzlichen Vertretung der Studierenden nach Maßgabe der §§ 4 Abs. 1a und 12 Abs. 2a Hochschülerinnen- und Hochschülerschaftsgesetz 2014 – HSG 2014, BGBl. I Nr. 45/2014, zur Einbringung von Rechtsmitteln berechtigt.

(4) Studienwerberinnen und Studienwerber sowie Studierende, die das 16. Lebensjahr vollendet haben, sind in studienrechtlichen Verfahren verfahrensfähig.

Säumnis von Organen

§ 27. (1) Kommt ein anderes als in Abs. 2 genanntes Organ einer Pädagogischen Hochschule einer ihm nach diesem Bundesgesetz oder nach aufgrund dieses Bundesgesetzes erlassenen Rechtsvorschriften obliegenden Aufgabe nicht innerhalb angemessener Zeit nach, hat das Rektorat auf Antrag von davon betroffenen Studierenden der Pädagogischen Hochschule oder von Amts wegen eine Frist von vier Wochen zu setzen, innerhalb der das säumige Organ die zu erfüllende Aufgabe nachzuholen hat. Lässt dieses die Frist verstreichen, ist die zu erfüllende Aufgabe vom Rektorat wahrzunehmen (Ersatzvornahme). Dies gilt nicht im Anwendungsbereich des § 73 des Allgemeinen Verwaltungsverfahrensgesetzes 1991, BGBl. Nr. 51.

(2) Ist das Hochschulkollegium, das Rektorat oder der Rektor oder die Rektorin im Sinne des Abs. 1 säumig, hat der Hochschulrat auf Antrag von davon betroffenen Studierenden der Pädagogischen Hochschule oder von Amts wegen die Maßnahmen gemäß Abs. 1 zu setzen.

(3) Ist der Hochschulrat im Sinne des Abs. 2 oder in einer Angelegenheit des § 12 säumig, hat das zuständige Regierungsmitglied die Ersatzvornahme vorzunehmen.

7. Abschnitt
Innerer Aufbau der Pädagogischen Hochschule

Satzung

§ 28. (1) Jede Pädagogische Hochschule hat durch Verordnung die zur Erfüllung ihrer Aufgaben erforderlichen Ordnungsvorschriften auf Grund der bestehenden Gesetze und Verordnungen zu erlassen (Satzung). Die Satzung ist vom Rektorat zu erlassen und abzuändern, dem Hochschulkollegium ist Gelegenheit zur Stellungnahme zu geben. Die Erlassung sowie jede Änderung der Satzung bedarf zu ihrer Wirksamkeit der Genehmigung durch den Hochschulrat.

(2) In der Satzung sind insbesondere folgende Angelegenheiten zu regeln:
1. Wahlordnungen für die Wahl des Mitglieds im Hochschulrat sowie der Mitglieder des Lehr- und des Verwaltungspersonals im Hochschulkollegium,
2. Einrichtung eines für die Vollziehung der studienrechtlichen Bestimmungen zuständigen monokratischen Organs und Festlegung von Rahmenbedingungen für eine etwaige Delegation von Aufgaben,
3. studienrechtliche Bestimmungen nach Maßgabe des 2. Hauptstückes dieses Bundesgesetzes,
4. Zusammensetzung des Arbeitskreises für Gleichbehandlungsfragen,
5. Frauenförderungsplan und Gleichstellungsplan,
6. Richtlinien für akademische Ehrungen,
7. Art und Ausmaß der Einbindung der Absolventinnen und Absolventen der Pädagogischen Hochschule,
8. generelle Richtlinien für die Durchführung, Veröffentlichung und Umsetzung von Evaluierungen.

(3) In die Satzung können Bestimmungen betreffend Maßnahmen bei Plagiaten oder anderem Vortäuschen von wissenschaftlichen oder künstlerischen Leistungen im Rahmen von schriftlichen Seminar- und Prüfungsarbeiten, Bachelorarbeiten sowie wissenschaftlichen und künstlerischen Arbeiten aufgenommen werden. Darüber hinaus kann das Rektorat über einen allfälligen Ausschluss vom Studium in der Dauer von höchstens zwei Semestern bei schwerwiegendem und vorsätzlichem Plagiieren oder schwerwiegendem und vorsätzlichem anderen Vortäuschen von wissenschaftlichen oder künstlerischen Leistungen im Rahmen von Abschlussarbeiten (Bachelorarbeiten sowie wissenschaftliche und künstlerische Arbeiten) mit Bescheid entscheiden.

(4) In die Satzung können Bestimmungen über die Verwendung von Fremdsprachen bei der Abhaltung von Lehrveranstaltungen und Prüfungen und bei der Abfassung von wissenschaftlichen Arbeiten aufgenommen werden.

Organisationsplan

§ 29. Der Organisationsplan ist vom Rektorat entsprechend den von der zuständigen Bundesministerin oder vom zuständigen Bundesminister vorzugebenden Rahmenrichtlinien zu erstellen; dem Hochschulrat und dem Hochschulkollegium ist Gelegenheit zur Stellungnahme zu geben. Der Organisationsplan ist der zuständigen Bundesministerin oder dem zuständigen Bundesminister gemeinsam mit den allfälligen Stellungnahmen des Hochschulrats und des Hochschulkollegiums zur Kenntnis zu bringen. Die Gliederung der Pädagogischen Hochschule in Organisationseinheiten hat unter Berücksichtigung organisatorischer und wirtschaftlicher Gesichtspunkte der bestmöglichen Erfüllung der ihr übertragenen Aufgaben zu dienen. Dabei können Institute vorgesehen werden.

Ziel- und Leistungsplan

§ 30. (1) Das Rektorat hat unter den Gesichtspunkten der Sparsamkeit, Wirtschaftlichkeit und Zweckmäßigkeit sowie im Rahmen der von der zuständigen Bundesministerin oder dem zuständigen Bundesminister zu verordnenden Rahmenbedingungen einen Entwurf des Ziel- und Leistungsplanes für jeweils drei Jahre zu erstellen und diesen dem Hochschulrat zur Stellungnahme vorzulegen. Die Aufnahme der Angebote von Lehramtsstudien in den Ziel- und Leistungsplan setzt die Prüfung und die positive Stellungnahme des Qualitätssicherungsrates gemäß § 74a Abs. 1 Z 3 und 4 voraus.

(2) Inhalt des Ziel- und Leistungsplans sind insbesondere:
1. strategische Ziele, Schwerpunkte, Profilbildung, Stand und Entwicklung des Qualitätsmanagementsystems,
2. die zur Erreichung der Ziele und Schwerpunkte notwendigen Maßnahmen sowie zu erbringenden Leistungen in qualitativer und quantitativer Hinsicht.

(3) Die Rektorin oder der Rektor hat den Entwurf des Ziel- und Leistungsplanes der zuständigen Bundesministerin oder

dem zuständigen Bundesminister gemeinsam mit einer allfälligen Stellungnahme des Hochschulrats zur Genehmigung vorzulegen.

Ressourcenplan

§ 31. (1) Das Rektorat hat einmal jährlich einen Entwurf des Ressourcenplanes für das kommende Jahr zu erstellen und diesen dem Hochschulrat zur Stellungnahme vorzulegen.

(2) Der Ressourcenplan hat unter Beachtung der Vorgaben des zuständigen Regierungsmitglieds den zur Erreichung der Ziele und Erbringung der Leistungen notwendigen Personal-, Raum-, Anlagen- und Aufwandsbedarf zu enthalten. Zusätzlich sind im Hinblick auf den Ziel- und Leistungsplan Angaben
1. zum Grad der Zielerreichung,
2. zum Erfolg der Maßnahmen oder zu notwendigen Anpassungen und
3. zum Leistungsangebot

aufzunehmen. Ebenso hat der Ressourcenplan eine Ressourcenbilanz, einschließlich eines Rechnungsabschlusses zur Tätigkeit der Pädagogischen Hochschule im Rahmen der eigenen Rechtspersönlichkeit, zum abgelaufenen Jahr sowie eine Darstellung der erwarteten Entwicklung des Leistungsangebots und der dafür einzusetzenden Ressourcen für die kommenden drei Jahre zu enthalten. In den Ressourcenplan sind darüber hinaus betriebs- und finanztechnische sowie outputorientierte Kennzahlen aufzunehmen.

(3) Die Rektorin oder der Rektor hat den Entwurf des Ressourcenplanes der zuständigen Bundesministerin oder dem zuständigen Bundesminister gemeinsam mit einer allfälligen Stellungnahme des Hochschulrats zur Genehmigung vorzulegen.

(4) Sämtliche Organe der Pädagogischen Hochschule sind verpflichtet, dem zuständigen Regierungsmitglied alle zweckdienlichen Auskünfte zu erteilen, Unterlagen vorzulegen und von ihm angeordnete Erhebungen durchzuführen.

Frauenförderungsplan und Gleichstellungsplan

§ 31a. (1) Der Frauenförderungsplan und der Gleichstellungsplan sind Teil der Satzung (§ 28). Das Recht auf Vorschlag des Frauenförderungsplanes und des Gleichstellungsplanes sowie das Recht auf Vorschlag einer Änderung des Frauenförderungsplanes und des Gleichstellungsplanes an das Rektorat stehen dem Arbeitskreis für Gleichbehandlungsfragen zu (§ 21). Ein Abgehen vom Vorschlag des Arbeitskreises für Gleichbehandlungsfragen durch das Rektorat ist nur mit einer entsprechenden Begründung an den Arbeitskreis für Gleichbehandlungsfragen möglich.

(2) Der Frauenförderungsplan und der Gleichstellungsplan dienen der Umsetzung der verfassungsrechtlichen Vorgaben zur tatsächlichen Gleichstellung gemäß Art. 7 Abs. 2 und 3 B-VG sowie des Bundesgesetzes über die Gleichbehandlung im Bereich des Bundes – B-GlBG, BGBl. Nr. 100/1993, im Hinblick auf die Bestimmungen dieses Bundesgesetzes zur Gleichstellung und Gleichbehandlung der Geschlechter. Zusätzlich zum Frauenförderungsplan gemäß § 11a B-GlBG sind in einem eigenen Gleichstellungsplan insbesondere die Bereiche betreffend Vereinbarkeit (§ 2 Z 13 des Universitätsgesetzes 2002 – UG, BGBl. I Nr. 120/2002) sowie Antidiskriminierung (2. Hauptstück des I. Teils B-GlBG) zu regeln.

Mitteilungsblatt

§ 32. (1) Jede Pädagogische Hochschule hat ein Mitteilungsblatt herauszugeben und im Internet auf der Website der Pädagogischen Hochschule öffentlich zugänglich zu machen.

(2) Im Mitteilungsblatt sind kundzumachen:
1. Satzung und Organisationsplan,
2. Ziel- und Leistungsplan unverzüglich nach deren Genehmigung durch das zuständige Regierungsmitglied,
3. Verordnungen und Geschäftsordnungen von Organen,
4. Richtlinien von Organen der Pädagogischen Hochschule,
5. Curricula,

6. von der Pädagogischen Hochschule zu verleihende akademische Grade sowie akademische Bezeichnungen bei Abschluss von Hochschullehrgängen,
7. Mitteilungen an die Studierenden sowie sonstige Verlautbarungen von allgemeinem Interesse,
8. Ausschreibung und Ergebnisse von Wahlen,
9. Mitglieder der Organe der Pädagogischen Hochschule,
10. Art der Verwendung der Studienbeiträge sowie des Studienbeitragsersatzes.

Evaluierung und Qualitätssicherung

§ 33. (1) Die Pädagogischen Hochschulen haben zur Qualitäts- und Leistungssicherung ein eigenes Qualitätsmanagementsystem aufzubauen, das die Aufgaben und das gesamte Leistungsspektrum der Pädagogischen Hochschule umfasst. Das Qualitätsmanagementsystem sieht regelmäßige Evaluierungen des Leistungsspektrums, insbesondere hinsichtlich der Aus-, Fort- und Weiterbildung durch die Studierenden, hinsichtlich der Leistungen des Lehrpersonals in der Aus-, Fort- und Weiterbildung und in der wissenschaftlich-berufsfeldbezogenen Forschung sowie hinsichtlich der Schulentwicklungsberatung, gemäß den in der Satzung zu erlassenden Bestimmungen vor.

(2) Die Ergebnisse aller Evaluierungen sind den Entscheidungen der Organe der Pädagogischen Hochschule zugrunde zu legen.

(2a) Im Rahmen der Qualitätssicherung der Lehre sind Instrumente und Verfahren zu etablieren, die die angemessene Verteilung der ECTS-Anrechnungspunkte in den Curricula insbesondere bei deren Erstellung evaluieren.

(3) Die Rektorin oder der Rektor oder die zuständige Bundesministerin oder der zuständige Bundesminister kann bedarfsspezifische externe Evaluierungen an den Pädagogischen Hochschulen veranlassen. Der Aufwand für von der zuständigen Bundesministerin oder dem zuständigen Bundesminister veranlasste Evaluierungen ist vom Bund zu tragen.

(4) Bei externen Evaluierungen haben die betreffenden Pädagogischen Hochschulen und ihre Organe die für die Evaluierungen erforderlichen Daten und Informationen (personenbezogene Daten gemäß Art. 4 Z 1 DSGVO und sonstige Informationen) zur Verfügung zu stellen und sind zur Mitwirkung verpflichtet.

(5) Das Qualitätsmanagementsystem der Pädagogischen Hochschule ist in regelmäßigen Abständen einem Qualitätssicherungsverfahren gemäß Hochschul-Qualitätssicherungsgesetz – HS-QSG, BGBl. I Nr. 74/2011, zu unterziehen.

Internes Rechnungswesen

§ 34. (1) An jeder Pädagogischen Hochschule ist unter der Verantwortung und Leitung des Rektorats eine Kosten- und Leistungsrechnung einzurichten.

(2) Das zuständige Regierungsmitglied hat durch Verordnung nähere Bestimmungen zu den §§ 30 bis 32 sowie § 34 festzulegen.

(3) Die Pädagogischen Hochschulen unterliegen der Kontrolle durch den Rechnungshof.

2. Hauptstück
Studienrecht

1. Abschnitt
Allgemeine studienrechtliche Bestimmungen

Begriffsbestimmungen

§ 35. Im Anwendungsbereich dieses Bundesgesetzes gelten folgende Begriffsbestimmungen:
1. Anerkannte postsekundäre Bildungseinrichtungen sind die Bildungseinrichtungen, die Studien im Ausmaß von mindestens sechs Semestern durchführen, bei denen die Zulassung die allgemeine Universitätsreife im Sinne dieses Bundesgesetzes oder bei künstlerischen Studien den Nachweis der künstlerischen Eignung voraussetzt, und die auf Grund der Rechtsvorschriften des Staates, in dem

sie ihren Sitz haben, als Bildungseinrichtungen im Sinne dieser Begriffsbestimmung anerkannt sind.
2. Ordentliche Studien sind die Bachelorstudien und die Masterstudien sowie die Erweiterungsstudien.
3. Bachelorstudien sind die ordentlichen Studien, die der wissenschaftlichen und künstlerischen Berufsvorbildung oder Berufsausbildung und der Qualifizierung für berufliche Tätigkeiten dienen, welche die Anwendung wissenschaftlicher und künstlerischer Erkenntnisse und Methoden erfordern. Diese Studien erfüllen die Anforderungen des Art. 11 lit. d der Richtlinie 2005/36/EG. Sie sind nicht in Studienabschnitte gegliedert.
4. Masterstudien sind die ordentlichen Studien, die der Vertiefung und Ergänzung der wissenschaftlichen und künstlerischen Berufsvorbildung oder Berufsausbildung auf der Grundlage von Bachelorstudien dienen. Diese Studien erfüllen die Anforderungen des Art. 11 lit. e der Richtlinie 2005/36/EG. Sie sind nicht in Studienabschnitte gegliedert.
5. Erweiterungsstudien sind ordentliche Studien, die dem Zweck dienen, die in einem ordentlichen Studium erworbenen Kompetenzen um zusätzliche Kompetenzen zu erweitern.
6. Ein Unterrichtsfach entspricht einem Unterrichtsgegenstand oder einem Fachbereich an Sekundarschulen.
7. Ein kohärentes Fächerbündel im Lehramtsstudium Sekundarstufe (Allgemeinbildung) entspricht mehr als zwei einander inhaltlich überschneidenden Unterrichtsfächern.
8. Ein Fächerbündel im Lehramtsstudium Sekundarstufe (Berufsbildung) entspricht mehreren gebündelten Unterrichtsfächern.
9. Eine Spezialisierung im Lehramtsstudium Sekundarstufe (Allgemeinbildung) ist die Ausrichtung auf ein von einem Unterrichtsfach der Sekundarstufe verschiedenes, in den Curricula näher zu umschreibendes Fachgebiet, in welchem die oder der Studierende vertiefende Kenntnisse erlangt.

10. Ein Schwerpunkt im Lehramtsstudium Primarstufe und im Lehramtsstudium Sekundarstufe (Berufsbildung) ist die Vertiefung in einem fachlichen Bildungsbereich oder in einem anderen, in den Curricula näher zu umschreibenden Fachgebiet, in welchem die oder der Studierende vertiefende Kenntnisse erlangt.
11. Studieneingangs- und Orientierungsphase ist das Angebot von Lehrveranstaltungen aus den das jeweilige Bachelorstudium besonders kennzeichnenden Fächern, das der Information und der Orientierung der Studienanfängerinnen und Studienanfänger dient.
12. Bachelorarbeiten sind die im Bachelorstudium anzufertigenden eigenständigen schriftlichen oder künstlerischen Arbeiten, die im Rahmen von Lehrveranstaltungen abzufassen sind.
13. Masterarbeiten sind die wissenschaftlichen Arbeiten in den Masterstudien, die dem Nachweis der Befähigung dienen, wissenschaftliche Themen selbstständig sowie inhaltlich und methodisch vertretbar zu bearbeiten.
14. Künstlerische Masterarbeiten sind künstlerische Arbeiten, die dem Nachweis der Befähigung dienen, im Hinblick auf das Studienziel des Studiums selbständig und wissenschaftlich fundiert künstlerisch zu arbeiten.
15. Bachelorgrade sind die akademischen Grade, die nach dem Abschluss der Bachelorstudien verliehen werden. Sie lauten „Bachelor" mit einem im Curriculum festzulegenden Zusatz, wobei auch eine Abkürzung festzulegen ist. Bachelorstudien für das Lehramt schließen mit dem akademischen Grad „Bachelor of Education" („BEd") ab.
16. Mastergrade sind die akademischen Grade, die nach dem Abschluss der Masterstudien verliehen werden. Sie lauten „Master" mit einem im Curriculum festzulegenden Zusatz, wobei auch eine Abkürzung festzulegen ist. Masterstudien für das Lehramt schließen mit dem akademischen Grad „Master of Education" („MEd") ab.

17. Studienwerberinnen und -werber sind jene Personen, die an der betreffenden Pädagogischen Hochschule die Zulassung zu einem bestimmten Studium beantragen.
18. Studierende sind die nach den Bestimmungen dieses Bundesgesetzes durch das Rektorat zum Studium an der Pädagogischen Hochschule zugelassenen Personen.
19. Ordentliche Studierende sind die Studierenden, die zu den ordentlichen Studien zugelassen sind.
20. Allgemeine Universitätsreife ist jener Ausbildungsstand, der einer Person die Fähigkeit und das Recht vermittelt, bei Erfüllung allfälliger ergänzender studienspezifischer Erfordernisse zu einem ordentlichen Studium an einer Pädagogischen Hochschule zugelassen zu werden.
21. Besondere Universitätsreife ist die Erfüllung ergänzender studienspezifischer Voraussetzungen für die Zulassung zu einem bestimmten ordentlichen Studium.
22. Ergänzungsprüfungen sind die Prüfungen zur Erlangung der allgemeinen oder besonderen Universitätsreife oder für den Nachweis der Kenntnis der deutschen Sprache.
23. Zulassungsprüfungen sind die Prüfungen, die unter Berücksichtigung der Vorbildungsmöglichkeiten dem Nachweis der künstlerischen Eignung für die Lehramtsstudien in künstlerischen Fächern oder dem Nachweis der sportlichen Eignung für das Lehramtsstudium für das Unterrichtsfach Bewegung und Sport dienen.
24. Außerordentliche Studien sind die Hochschullehrgänge, der Besuch einzelner Lehrveranstaltungen aus wissenschaftlichen Fächern und Studien zur Herstellung der Gleichwertigkeit gemäß § 68 Abs. 4.
25. Hochschullehrgänge dienen der Aus-, Fort- oder Weiterbildung.
26. Außerordentliche Studierende sind die Studierenden, die zu den außerordentlichen Studien zugelassen sind.
27. Mastergrade in Hochschullehrgängen gemäß § 39 Abs. 4 sind jene international gebräuchlichen Mastergrade, die für die Absolventinnen und Absolventen jener Hochschul-

lehrgänge festgelegt werden, deren Zugangsbedingungen, Umfang und Anforderungen mit Zugangsbedingungen, Umfang und Anforderungen entsprechender ausländischer Masterstudien vergleichbar sind. Für den Abschluss von Hochschullehrgängen gemäß § 39 Abs. 3 ist der akademische Grad „Master of Education" („MEd") zu verleihen.

28. Curriculum ist die Verordnung, mit der das Qualifikationsprofil, der Inhalt und der Aufbau eines Studiums und die Prüfungsordnung festgelegt werden. Nähere Bestimmungen sind in der Satzung zu erlassen.

29. Prüfungsordnung ist der Teil des Curriculums, der die Arten der Prüfungen, die Festlegung der Prüfungsmethode und nähere Bestimmungen für das Prüfungsverfahren enthält.

30. Gemeinsame Studienprogramme (joint programmes) sind Studien, die auf Grund von Vereinbarungen zwischen zwei oder mehreren Pädagogischen Hochschulen, Universitäten, Fachhochschulen, Privatuniversitäten, Privathochschulen oder ausländischen anerkannten postsekundären Bildungseinrichtungen durchgeführt und abgeschlossen werden. Ein gemeinsames Studienprogramm kann zu einem joint degree führen, wobei eine gemeinsame Urkunde über die Verleihung des gemeinsamen akademischen Grades auszustellen ist. Ein gemeinsames Studienprogramm kann zu einem double degree führen, wobei zwei Urkunden über die Verleihung der akademischen Grade auszustellen sind. Ein gemeinsames Studienprogramm kann zu einem multiple degree führen, wobei mehrere Urkunden über die Verleihung der akademischen Grade auszustellen sind.

31. Gemeinsam eingerichtete Studien sind Studien, die auf Grund von Vereinbarungen zwischen einer oder mehreren österreichischen Pädagogischen Hochschulen, Universitäten, Erhaltern von Fachhochschul-Studiengängen

oder Privatuniversitäten durchgeführt werden, wobei ein gleichlautendes Curriculum zu erlassen ist.
32. Nostrifizierung ist die Anerkennung eines ausländischen Studienabschlusses als Abschluss eines inländischen ordentlichen Studiums.
33. Qualifikationsprofil ist jener Teil des Curriculums, der beschreibt, welche wissenschaftlichen und beruflichen Qualifikationen die Studierenden durch die Absolvierung des betreffenden Studiums erwerben.
34. Ein Plagiat liegt jedenfalls dann vor, wenn Texte, Inhalte oder Ideen übernommen und als eigene ausgegeben werden. Dies umfasst insbesondere die Aneignung und Verwendung von Textpassagen, Theorien, Hypothesen, Erkenntnissen oder Daten durch direkte, paraphrasierte oder übersetzte Übernahme ohne entsprechende Kenntlichmachung und Zitierung der Quelle und der Urheberin oder des Urhebers.
35. Vortäuschen von wissenschaftlichen oder künstlerischen Leistungen liegt jedenfalls dann vor, wenn jemand unerlaubte Hilfsmittel benutzt oder sich bei der Verfassung einer schriftlichen Arbeit oder Ablegung einer Prüfung oder bei der Erstellung einer künstlerischen Arbeit unerlaubter Weise einer anderen Person bedient (insbesondere Inanspruchnahme einer von einer dritten Person erstellten Auftragsarbeit) oder wenn Daten und Ergebnisse erfunden oder gefälscht werden.
36. Pädagogisch-praktische Studien bestehen aus begleiteten Praktika vornehmlich an Schulen sowie den jeweiligen Begleitlehrveranstaltungen und fokussieren vorrangig auf die Planung, Durchführung, systematische Reflexion und Weiterentwicklung von Unterricht. Sie stellen fachwissenschaftliche, fachdidaktische und bildungswissenschaftliche Bezüge her und initiieren auf Basis einer forschenden Grundhaltung Verknüpfungen und Reflexionsprozesse mit dem Ziel, Studierende in ihrer professionellen Weiter-

entwicklung sowie bei der Realisierung der Praktika zu unterstützen.

37. Gute wissenschaftliche Praxis bedeutet, im Rahmen der Aufgaben und Ziele der jeweiligen Einrichtung die rechtlichen Regelungen, ethischen Normen und den aktuellen Erkenntnisstand des jeweiligen Faches einzuhalten.
38. Lernergebnisse sind diejenigen Kenntnisse, Fertigkeiten und Kompetenzen, die im Rahmen eines Studiums, in einer Aus-, Fort- oder Weiterbildung, im Arbeitsprozess oder in einem nicht geregelten Lernprozess erworben werden und im Hinblick auf eine berufliche Tätigkeit oder eine weitere Ausbildung eingesetzt werden können. Im Rahmen eines Studiums erworbene Lernergebnisse werden insbesondere im Qualifikationsprofil zu diesem Studium beschrieben.
39. Bildungsniveau ist die Gesamtheit aller Bildungsqualifikationen, die nach Ausbildungen erworben wurden, welche auf Grund gesetzlicher Bestimmungen dasselbe Zugangsniveau haben und akademische bzw. berufliche Berechtigungen auf derselben Stufe vermitteln.
40. Validierung ist ein Verfahren, welches jedenfalls die Verfahrensschritte Identifizierung, Dokumentation und Bewertung von bereits erworbenen Lernergebnissen zum Zweck der Anerkennung als Prüfungen oder andere Studienleistungen umfasst.

Einteilung des Studienjahres

§ 36. Das Studienjahr beginnt am 1. Oktober und endet am 30. September des Folgejahres. Es besteht aus dem Wintersemester, das am 1. Oktober beginnt und am 28. bzw. 29. Februar endet, und dem Sommersemester, das am 1. März beginnt und am 30. September endet, jeweils einschließlich der lehrveranstaltungsfreien Zeiten. Das Hochschulkollegium hat nähere Bestimmungen über Beginn und Ende der lehrveranstaltungsfreien Zeiten zu erlassen.

Umfang der Studien im Sinne des Europäischen Systems zur Anrechnung von Studienleistungen

§ 37. Der Umfang der Studien ist im Sinne des Europäischen Systems zur Anrechnung von Studienleistungen (European Credit Transfer System – ECTS, 253/2000/EG, Amtsblatt Nr. L 28 vom 3. Februar 2000) in ECTS-Anrechnungspunkten anzugeben. Mit diesen Anrechnungspunkten ist der relative Anteil des mit den einzelnen Studienleistungen verbundenen Arbeitspensums zu bestimmen, wobei das Arbeitspensum eines Jahres 1 500 Echtstunden zu betragen hat und diesem Arbeitspensum 60 Anrechnungspunkte zugeteilt werden.

2. Abschnitt
Studien

Ordentliche Studien

§ 38. (1) An den Pädagogischen Hochschulen sind nach Maßgabe des Bedarfs folgende Studien mit folgendem Arbeitsaufwand einzurichten:
1. Bachelorstudium (im Umfang von 240 ECTS-Anrechnungspunkten) und Masterstudium (im Umfang von mindestens 60 ECTS-Anrechnungspunkten) für das Lehramt Primarstufe,
2. Bachelorstudien (im Umfang von 240 ECTS-Anrechnungspunkten) und Masterstudien (im Umfang von mindestens 90 ECTS-Anrechnungspunkten) für das Lehramt Sekundarstufe (Allgemeinbildung),
3. Bachelorstudien (im Umfang von 240 ECTS-Anrechnungspunkten) und Masterstudien (im Umfang von mindestens 60 ECTS-Anrechnungspunkten) für das Lehramt Sekundarstufe (Berufsbildung), wobei durch Verordnung des zuständigen Regierungsmitglieds vom Erfordernis eines Masterstudiums abgesehen werden kann.

Die im Schulorganisationsgesetz – SchOG, BGBl. Nr. 242/1962, genannten Aufgaben der Schularten sind entsprechend zu berücksichtigen.

(1a) Die Pädagogischen Hochschulen sind nach Maßgabe des Bedarfs berechtigt, die folgenden Studien mit folgendem Arbeitsaufwand einzurichten:

1. Bachelorstudien (im Umfang von 180 ECTS-Anrechnungspunkten) und Masterstudien (im Umfang von mindestens 120 ECTS-Anrechnungspunkten), die keine Lehramtsstudien sind, aber für den schulischen Einsatz nach Maßgabe der dienstrechtlichen Bestimmungen (ausgenommen § 38 Abs. 2a des Vertragsbedienstetengesetzes 1948, BGBl. Nr. 86/1948) befähigen,
2. Bachelorstudien (im Umfang von 180 ECTS-Anrechnungspunkten), die der Ausbildung in allgemeinen pädagogischen Berufsfeldern (zB Berufstätigkeit an elementarpädagogischen oder sozialpädagogischen Bildungseinrichtungen) dienen,
3. Masterstudien für das Lehramt Sekundarstufe (Allgemeinbildung) in nur einem Unterrichtsfach (im Umfang von 120 ECTS-Anrechnungspunkten),
4. Facheinschlägige Studien ergänzende Bachelorstudien (im Umfang von mindestens 60 ECTS-Anrechnungspunkten) für das Lehramt Sekundarstufe (Berufsbildung),
5. Masterstudien für das Lehramt Primarstufe für Absolventinnen und Absolventen eines Lehramtsstudiums für das Lehramt Sekundarstufe (Allgemeinbildung) (im Umfang von mindestens 90 ECTS-Anrechnungspunkten),
6. Masterstudien für das Lehramt Sekundarstufe (Allgemeinbildung) für Absolventinnen und Absolventen eines Lehramtsstudiums für das Lehramt Primarstufe (im Umfang von mindestens 90 ECTS-Anrechnungspunkten),
7. Erweiterungsstudien gemäß §§ 38b bis 38d.

Die im SchOG genannten Aufgaben der Schularten sind entsprechend zu berücksichtigen.

(2) In Studien für das Lehramt Primarstufe muss ein Schwerpunkt und in Studien für das Lehramt Sekundarstufe (Berufsbildung) kann ein Schwerpunkt gewählt werden. Der Umfang eines Schwerpunkts im Studium für das Lehramt Primarstufe hat mindestens 60 und höchstens 80 ECTS-Anrechnungspunkte zu betragen. Inklusive Pädagogik ist jedenfalls als Schwerpunkt anzubieten.

(2a) In Studien für das Lehramt Sekundarstufe (Allgemeinbildung) kann anstelle eines Unterrichtsfachs eine Spezialisierung gewählt werden. Inklusive Pädagogik ist jedenfalls als Spezialisierung anzubieten.

(2b) Masterstudien für das Lehramt Primarstufe haben fachliche Vertiefungen in einem Förderbereich oder Erweiterungen auf den angrenzenden Altersbereich vorzusehen. Wird eine fachliche Vertiefung in einem Förderbereich oder eine Erweiterung auf den angrenzenden Altersbereich gewählt, hat der Umfang der Masterstudien anstelle von 60 ECTS-Anrechnungspunkten mindestens 90 ECTS-Anrechnungspunkte zu betragen.

(2c) Die Zuständigkeit für das jeweilige Lehramt richtet sich nach der zum Zeitpunkt der Beschlussfassung des Bundesgesetzes BGBl. I Nr. 124/2013 schon bestandenen bisherigen Kompetenzverteilung. Neue Studien zur Erlangung eines Lehramtes im Bereich der Sekundarstufe (Allgemeinbildung), die darüber hinausgehen, können nur in Kooperation mit einer (oder mehreren) Universität(en) und bzw. oder Hochschulen angeboten werden. Angebote von Masterstudien zur Erlangung eines Lehramtes im Bereich der Sekundarstufe (Allgemeinbildung) können daher nur in Form eines mit einer (oder mehreren) Universität(en) bzw. Hochschulen – jeweils mit dem Recht zur Verleihung von Doktorgraden in facheinschlägigen Studien – gemeinsam eingerichteten Studiums im Sinn der § 35 Z 31 und § 39b angeboten und geführt werden.

(3) Studien dürfen auch als gemeinsam eingerichtete Studien (§ 39b) oder als gemeinsame Studienprogramme (§ 39a) angeboten werden. Davon unberührt bleibt die Kooperationsverpflichtung gemäß Abs. 2c.

(Anm.: Abs. 3a aufgehoben durch Art. 1 Z 47, BGBl. I Nr. 129/ 2017)

(4) Abweichend von Abs. 1 hat die Hochschule für Agrar- und Umweltpädagogik Wien gemäß § 1 Abs. 1 Z 9 die Aufgabe, Bachelor- und Masterstudien in land- und forstwirtschaftlichen sowie umweltpädagogischen und naturwissenschaftlichen Berufsfeldern, einschließlich des Beratungs- und Förderungsdienstes, einzurichten. Der akademische Grad „Bachelor of Education" umfasst auch die „Befähigung für den land- und forstwirtschaftlichen Beratungs- und Förderungsdienst". Die Fort- und Weiterbildung sowie die berufsfeldbezogene Forschung sind neben der Ausbildung ein integraler Teil des Aufgabenbereiches dieser Pädagogischen Hochschule.

(5) An der Pädagogischen Hochschule Kärnten ist zur Heranbildung von Lehrerinnen und Lehrern an Schulen gemäß dem Minderheiten-Schulgesetz für Kärnten, BGBl. Nr. 101/1959, ein zusätzliches Studienangebot in slowenischer Sprache und ein entsprechendes zusätzliches Angebot im Bereich der pädagogisch-praktischen Studien einzurichten.

(Anm.: Abs. 6 aufgehoben durch Art. 3 Z 25, BGBl. I Nr. 93/ 2021)

Lehramtsstudien für Absolventinnen und Absolventen anderer (Lehramts-)Studien

§ 38a. (1) Für Absolventinnen und Absolventen eines fachlich in Frage kommenden Studiums im Umfang von mindestens 180 ECTS-Anrechnungspunkten an einer anerkannten postsekundären Bildungseinrichtung können Masterstudien für das Lehramt Sekundarstufe (Allgemeinbildung) in nur einem Unterrichtsfach (§ 38 Abs. 1a Z 3) angeboten werden. Die Zulassung zu diesen Studien setzt darüber hinaus den Nachweis einer facheinschlägigen Berufspraxis im Umfang von mindestens 3 000 Stunden voraus. Diese Studien dürfen lediglich nach Maßgabe des Bedarfs an Absolventinnen und Absolventen in diesem Unterrichtsfach befristet eingerichtet werden.

Hochschulgesetz 2005

(2) Für Absolventinnen und Absolventen eines facheinschlägigen Studiums im Umfang von mindestens 240 ECTS-Anrechnungspunkten an einer anerkannten postsekundären Bildungseinrichtung können facheinschlägige Studien ergänzende Bachelorstudien für das Lehramt Sekundarstufe (Berufsbildung) (§ 38 Abs. 1a Z 4) angeboten werden. Die Zulassung zu diesen Studien setzt darüber hinaus den Nachweis einer facheinschlägigen Berufspraxis voraus. Facheinschlägige Studien ergänzende Bachelorstudien sind als berufsbegleitende Studien anzubieten und ergänzen facheinschlägige Studien um die didaktischen und pädagogischen Inhalte. Sie schließen mit einem „Bachelor of Education" („BEd") ab und haben jedenfalls die Bachelorarbeiten sowie die jeweils vorgesehenen Studienfachbereiche mit Ausnahme des fachwissenschaftlichen Anteils zu umfassen. Die genaueren Regelungen insbesondere zu den Aufnahmevoraussetzungen und dem Arbeitsaufwand sind durch Verordnung des zuständigen Regierungsmitglieds festzulegen. Pädagogische Hochschulen dürfen diese Studien lediglich anbieten, wenn sie diese auch als Bachelorstudien gemäß § 38 Abs. 1 Z 3 führen.

(3) Für Absolventinnen und Absolventen des Bachelor- und Masterstudiums für die Sekundarstufe (Allgemeinbildung) kann zur Erlangung des Lehramts für die Primarstufe ein Masterstudium für die Primarstufe (§ 38 Abs. 1a Z 5) im Umfang von mindestens 90 ECTS-Anrechnungspunkten angeboten werden.

(4) Für Absolventinnen und Absolventen des Bachelor- und Masterstudiums für die Primarstufe mit Schwerpunkt in einem fachlichen Bildungsbereich kann zur Erlangung des Lehramts für die Sekundarstufe (Allgemeinbildung) ein Masterstudium für die Sekundarstufe (Allgemeinbildung) (§ 38 Abs. 1a Z 6) im Umfang von mindestens 90 ECTS-Anrechnungspunkten angeboten werden.

Erweiterungsstudien

§ 38b. (1) Die Zulassung zu einem und die Meldung der Fortsetzung eines Erweiterungsstudiums setzt die Zulassung zu einem oder den bereits erfolgten Abschluss eines ordentlichen Studiums, dessen Erweiterung es dient, voraus. Erlischt die Zulassung zu dem ordentlichen Studium, dessen Erweiterung es dient, aufgrund des § 59 Abs. 1 Z 1, 2, 3, 4, 5, 7, 8, 9, Abs. 2 oder 2a, erlischt auch gleichzeitig die Zulassung zum Erweiterungsstudium. Der Abschluss des Erweiterungsstudiums setzt den Abschluss des ordentlichen Studiums, dessen Erweiterung es dient, voraus. Näheres ist im Curriculum zu regeln.

(2) Der Arbeitsaufwand für ein Erweiterungsstudium hat mindestens 30 ECTS-Anrechnungspunkte zu betragen. Zur Dokumentation des Abschlusses eines Erweiterungsstudiums wird ein Zeugnis ausgestellt. Mit dem Abschluss eines Erweiterungsstudiums wird kein Recht auf Verleihung eines akademischen Grades erworben.

Erweiterungsstudien zur Erweiterung von Lehramtsstudien

§ 38c. (1) Erweiterungsstudien zur Erweiterung eines Lehramtsstudiums dienen dem Zweck, ein Lehramtsstudium um ein oder mehrere Unterrichtsfächer, Spezialisierungen, Schwerpunkte, kohärente Fächerbündel oder Fächerbündel (letzteres im Lehramtsstudium Sekundarstufe [Berufsbildung]) zu erweitern. Dabei hat sich der Arbeitsaufwand am Arbeitsaufwand für das Unterrichtsfach, die Spezialisierung, den Schwerpunkt, das kohärente Fächerbündel oder das Fächerbündel (letzteres im Lehramtsstudium Sekundarstufe [Berufsbildung]) zu orientieren.

(2) Die Zulassung und die Meldung der Fortsetzung eines Erweiterungsstudiums zur Erweiterung eines Bachelorstudiums für das Lehramt setzt die Zulassung zu einem oder den bereits erfolgten Abschluss eines mindestens achtsemestrigen Lehramtsstudiums voraus.

(3) Die Zulassung und die Meldung der Fortsetzung eines Erweiterungsstudiums zur Erweiterung eines Masterstudiums für das Lehramt setzt neben der Absolvierung eines Erweiterungsstudiums zur Erweiterung eines Bachelorstudiums für das Lehramt

gemäß Abs. 2 die Zulassung oder den bereits erfolgten Abschluss eines Masterstudiums für das Lehramt oder den Abschluss eines Diplomstudiums für das Lehramt an einer Universität, dessen Erweiterung es dient, voraus. Es ist keine Masterarbeit zu verfassen.

(4) Für Erweiterungsstudien zur Erweiterung eines Lehramtsstudiums sind abweichend von § 42 Abs. 1 keine gesonderten Curricula zu erlassen, sofern die Inhalte und Anforderungen in dem dem Unterrichtsfach, der Spezialisierung, dem Schwerpunkt, dem kohärenten Fächerbündel oder dem Fächerbündel (letzteres im Lehramtsstudium Sekundarstufe [Berufsbildung]) zugrunde liegenden Curriculum gekennzeichnet sind.

Erweiterungsstudien für Absolventinnen und Absolventen sechssemestriger Lehramtsstudien

§ 38d. (1) Absolventinnen und Absolventen sechssemestriger Bachelorstudien für das Lehramt an Pädagogischen Hochschulen haben vor der Zulassung zum Masterstudium für das Lehramt ein Erweiterungsstudium zu absolvieren. Dieses umfasst 60 bis 90 ECTS-Anrechnungspunkte, welche im Curriculum für das Bachelorstudium für das Lehramt oder in einem eigenen Curriculum auszuweisen sind. Im Bereich der Sekundarstufe (Allgemeinbildung) sind dieselben Unterrichtsfächer zu wählen wie im sechssemestrigen Bachelorstudium.

(2) Für Erweiterungsstudien für Absolventinnen und Absolventen sechssemestriger Bachelorstudien für das Lehramt an Pädagogischen Hochschulen sind abweichend von § 42 Abs. 1 keine gesonderten Curricula zu erlassen, sofern die Inhalte und Anforderungen im zugrunde liegenden Curriculum des Bachelorstudiums für das Lehramt gekennzeichnet sind.

(3) Absolventinnen und Absolventen eines sechssemestrigen Lehramtsstudiums können dieses Lehramtsstudium abweichend von Abs. 1 um ein oder mehrere Unterrichtsfächer, Spezialisierungen, Schwerpunkte, kohärente Fächerbündel oder Fächerbündel (letzteres im Lehramtsstudium Sekundarstufe [Berufsbildung]) gemäß § 38c Abs. 2 erweitern.

Hochschullehrgänge

§ 39. (1) An den Pädagogischen Hochschulen sind Hochschullehrgänge zur Fort- und Weiterbildung
1. von Lehrerinnen und Lehrern nach den inhaltlichen Vorgaben des zuständigen Regierungsmitglieds oder mit dessen Ermächtigung zur Wahrung der regionalen Erfordernisse der diesem unterstehenden Schulbehörden sowie
2. in allgemeinen pädagogischen Professionsfeldern der Betreuung von Kindern und Jugendlichen

einzurichten.

(2) Es sind Hochschullehrgänge zur Ausbildung von Erzieherinnen und Erziehern für die Freizeit an ganztägigen Schulformen (Hochschullehrgänge für Freizeitpädagogik) sowie Hochschullehrgänge zur Qualifikation für die Erteilung von Lernhilfe an ganztägigen Schulformen (für Erzieherinnen und Erzieher für die Lernhilfe) einzurichten, deren Arbeitsaufwand jeweils 60 ECTS-Anrechnungspunkte beträgt.

(3) Es können Hochschullehrgänge zur wissenschaftlich-berufsfeldbezogenen Weiterbildung im Umfang von mindestens 90 und höchstens 120 ECTS-Anrechnungspunkten bedarfsgerecht und nach Prüfung über die Erfüllung der wissenschaftlichen und professionsorientierten Voraussetzungen im Sinne des § 74a Abs. 1 Z 3 nach Maßgabe der Schwerpunktsetzungen des zuständigen Regierungsmitgliedes im Rahmen des öffentlich-rechtlichen Bildungsauftrages eingerichtet werden.

(4) Im Rahmen der eigenen Rechtspersönlichkeit der Pädagogischen Hochschule können in sämtlichen pädagogischen Berufsfeldern Hochschullehrgänge (insbesondere zur wissenschaftlichen Fort- und Weiterbildung) eingerichtet werden, die auf andere pädagogische Berufsfelder als jene der Bachelor- und Masterstudien ausgerichtet sind. Die Hochschule für Agrar- und Umweltpädagogik Wien kann darüber hinaus auch Hochschullehrgänge in Berufsfeldern gemäß § 38 Abs. 4 einrichten, wenn diese auf andere pädagogische Berufsfelder als jene der Bachelor- und Masterstudien oder auf Berufsfelder des

land- und forstwirtschaftlichen Beratungs- und Förderdienstes ausgerichtet sind.

(5) Hochschullehrgänge können auch als gemeinsame Studienprogramme oder als gemeinsam eingerichtete Studien und während der lehrveranstaltungsfreien Zeit angeboten und zur wirtschaftlichen und organisatorischen Unterstützung in Zusammenarbeit mit anderen Rechtsträgern durchgeführt werden.

(6) Im Curriculum eines Hochschullehrgangs kann eine Höchststudiendauer vorgesehen werden, die mindestens die vorgesehene Studienzeit zuzüglich zwei Semestern umfasst.

Gemeinsame Studienprogramme

§ 39a. (1) Bei gemeinsamen Studienprogrammen haben die beteiligten Bildungseinrichtungen Vereinbarungen über die Durchführung, insbesondere über die Festlegung der Leistungen, die die betreffenden Studierenden an den beteiligten Bildungseinrichtungen zu erbringen haben, und die Finanzierung zu schließen. Dabei können bei Bedarf, unter Beachtung der §§ 8, 9, 62 und 63 sowie der Regelungen der Satzung, von diesem Bundesgesetz abweichende Regelungen getroffen werden, sofern das gemeinsame Studienprogramm nicht nur von Pädagogischen Hochschulen und Universitäten gemäß § 6 Abs. 1 UG durchgeführt wird.

(2) Bei Vorliegen einer Vereinbarung gemäß Abs. 1 ist binnen angemessener Frist ein entsprechendes Curriculum zu erlassen.

(3) Wenn die beteiligten Bildungseinrichtungen beschließen, die Durchführung eines gemeinsamen Studienprogrammes zu beenden, haben sie Vorsorge zu treffen, dass Studierenden der Abschluss des Studiums innerhalb einer angemessenen Frist, die jedenfalls die Studiendauer zuzüglich zweier Semester zu umfassen hat, möglich ist.

Gemeinsam eingerichtete Studien

§ 39b. (1) Bei gemeinsam eingerichteten Studien haben die beteiligten österreichischen postsekundären Bildungseinrichtungen eine Vereinbarung insbesondere über die Durchführung sowie die Arbeits- und die Ressourcenaufteilung zu schließen.

(2) In dem von den zuständigen Organen der beteiligten österreichischen postsekundären Bildungseinrichtungen gleichlautend zu erlassenden Curriculum ist die Zuordnung der Fächer zu der jeweiligen Bildungseinrichtung ersichtlich zu machen.

(3) In den von den Rektoraten der beteiligten öffentlichen Pädagogischen Hochschulen und Universitäten gleichlautend zu erlassenden Verordnungen bzw. von den zuständigen Organen von anerkannten privaten Pädagogischen Hochschulen, Einrichtungen zur Durchführung von Fachhochschul-Studiengängen und Privatuniversitäten zu veröffentlichenden gleichlautenden Vereinbarungen sind Regelungen betreffend die Zuständigkeiten zur Vollziehung der studienrechtlichen Bestimmungen festzulegen. Weiters ist festzulegen, welche studienrechtlichen Satzungsbestimmungen welcher beteiligten Bildungseinrichtungen jeweils zur Anwendung kommen.

(4) Die Zulassung zu einem gemeinsam eingerichteten Studium darf nur an einer der beteiligten Bildungseinrichtungen nach Wahl der oder des Studierenden erfolgen. Die Rektorate der beteiligten öffentlichen Pädagogischen Hochschulen und Universitäten können durch gleichlautend zu erlassende Verordnungen bzw. die zuständigen Organe von anerkannten privaten Pädagogischen Hochschulen, Einrichtungen zur Durchführung von Fachhochschul-Studiengängen und Privatuniversitäten können durch zu veröffentlichende gleichlautende Vereinbarungen jene Bildungseinrichtung bestimmen, welche die Zulassung durchzuführen hat. Mit der Zulassung wird die oder der Studierende auch Angehörige oder Angehöriger aller am gemeinsam eingerichteten Studium beteiligten Bildungseinrichtungen.

(5) Die zulassende Bildungseinrichtung hat die Fortsetzungsmeldungen durchzuführen, die das Studium betreffenden Bestätigungen, Bescheinigungen und Nachweise sowie die abschließenden Zeugnisse auszustellen und den vorgesehenen akademischen Grad oder die vorgesehene akademische Bezeichnung zu verleihen sowie den Anhang zum Diplom auszustellen.

(6) Im Falle der Beteiligung von Fachhochschulen oder Privatuniversitäten an einem gemeinsam eingerichteten Studium finden die studienrechtlichen Bestimmungen dieses Hauptstückes Anwendung. Gegen Entscheidungen ist eine Beschwerde an das Bundesverwaltungsgericht zulässig.

(7) Wenn die beteiligten Bildungseinrichtungen beschließen, die Durchführung eines gemeinsam eingerichteten Studiums zu beenden, haben sie Vorsorge zu treffen, dass Studierenden der Abschluss des Studiums innerhalb einer angemessenen Frist, die jedenfalls die Studiendauer zuzüglich zweier Semester zu umfassen hat, möglich ist.

3. Abschnitt
Gestaltung der Studien

Grundlagen für die Gestaltung der Studien

§ 40. (1) Die Studien an den Pädagogischen Hochschulen haben die Vielfalt und die Freiheit wissenschaftlich-pädagogischer Theorien, Methoden und Lehrmeinungen zu beachten. Dies bezieht sich auf die Durchführung von Lehrveranstaltungen im Rahmen der zu erfüllenden Aufgaben und deren inhaltliche und methodische Gestaltung.

(2) Bei der Gestaltung des Studienangebotes ist auch die besondere Situation berufstätiger Studierender und sind deren Berufserfahrungen zu berücksichtigen.

Studieneingangs- und Orientierungsphase

§ 41. (1) Die Studieneingangs- und Orientierungsphase ist als Teil aller Bachelorstudien so zu gestalten, dass sie der oder dem Studierenden einen Überblick über die wesentlichen Inhalte des jeweiligen Studiums und dessen weiteren Verlauf vermittelt und eine sachliche Entscheidungsgrundlage für die persönliche Beurteilung ihrer oder seiner Studienwahl schafft. Die Studieneingangs- und Orientierungsphase findet im ersten Semester des Studiums statt und besteht aus mehreren Lehrveranstaltungen, die insgesamt mindestens 8 und höchstens 20 ECTS-Anrechnungspunkte umfassen. Auf den Bedarf berufstätiger Studierender ist Bedacht zu nehmen.

(2) Die §§ 43, 43a, 44, 45, 46, 52g, 56, 62 und 63 gelten auch für die Studieneingangs- und Orientierungsphase. Innerhalb der Studieneingangs- und Orientierungsphase müssen mindestens zwei Prüfungen vorgesehen werden, für die in jedem Semester mindestens zwei Prüfungstermine anzusetzen sind, wobei ein Prüfungstermin auch während der lehrveranstaltungsfreien Zeit abgehalten werden kann. Der positive Erfolg bei allen Lehrveranstaltungen und Prüfungen der Studieneingangs- und Orientierungsphase berechtigt zur Absolvierung der weiteren Lehrveranstaltungen und Prüfungen sowie zum Verfassen der im Curriculum vorgesehenen Bachelorarbeiten.

(3) Im Curriculum kann festgelegt werden, dass vor der vollständigen Absolvierung der Studieneingangs- und Orientierungsphase weiterführende Lehrveranstaltungen im Ausmaß von bis zu 22 ECTS-Anrechnungspunkten absolviert werden dürfen, wobei gemäß § 56 anerkannte Prüfungen, andere Studienleistungen, Tätigkeiten und Qualifikationen darin nicht einzurechnen sind.

(4) Die Zulassung zum Studium erlischt, wenn die oder der Studierende bei einer für sie oder ihn im Rahmen der Studieneingangs- und Orientierungsphase vorgeschriebenen Prüfung auch bei der letzten zulässigen Wiederholung negativ beurteilt wurde.

(5) Die Studieneingangs- und Orientierungsphase dient der Orientierung über die wesentlichen Studieninhalte und nicht als quantitative Zugangsbeschränkung.

Curricula

§ 42. (1) An den Pädagogischen Hochschulen sind für die einzelnen Studien (ausgenommen Hochschullehrgänge mit weniger als 30 ECTS-Anrechnungspunkten) und nach Maßgabe der §§ 38c Abs. 4 und 38d Abs. 2 Curricula zu erlassen.

(2) Die Curricula haben ein Qualifikationsprofil zu enthalten. Curricula sind so zu gestalten, dass die Verteilung der ECTS-Anrechnungspunkte dem tatsächlichen Arbeitsaufwand entspricht.

(3) Die Curricula von Lehramtsstudien haben kompetenzorientiert nach Maßgabe der Anlage gestaltet zu sein. Die pädagogisch-praktischen Studien sowie die im Rahmen dieser zu absolvierenden Praktika sind im Curriculum von Lehramtsstudien zu kennzeichnen.

(4) In den Curricula von Bachelorstudien für das Lehramt sind gegebenenfalls fachspezifische Kriterien für die Feststellung der fachlichen Eignung festzulegen. In den Curricula von Lehramtsstudien für künstlerische Unterrichtsfächer sowie für das Unterrichtsfach Bewegung und Sport ist festzulegen, in welcher Weise im Rahmen der Überprüfung der fachlichen Eignung Zulassungsprüfungen gemäß § 35 Z 23 und § 52g durchgeführt werden.

(5) Curricula sind vor deren Erlassung sowie vor wesentlichen Änderungen durch das Hochschulkollegium einem Begutachtungsverfahren zu unterziehen. Curricula für Lehramtsstudien sind im Rahmen des Begutachtungsverfahrens dem Qualitätssicherungsrat für Pädagoginnen- und Pädagogenbildung zur Stellungnahme zuzuleiten.

(6) Curricula von ordentlichen Studien und deren Änderungen treten bei Veröffentlichung im Mitteilungsblatt vor dem 1. Juli mit dem 1. Oktober desselben Jahres in Kraft; bei Veröffentlichung nach dem 30. Juni treten sie mit 1. Oktober des nächsten Jahres in Kraft. Werden Studien aufgelassen, treten Curricula bei Veröffentlichung im Mitteilungsblatt vor 1. Juli mit Ablauf des 30. September desselben Jahres außer Kraft; bei Veröffentlichung nach dem 30. Juni treten Curricula mit 30. September des nächsten Jahres außer Kraft.

(7) Im Curriculum darf als Voraussetzung für die Anmeldung zu Lehrveranstaltungen, für deren Verständnis besondere Vorkenntnisse erforderlich sind, der Nachweis dieser Vorkenntnisse durch die positive Beurteilung einer oder mehrerer Prüfungen oder in anderer zweckmäßiger Form festgelegt werden. Diese Festlegungen gelten auch für Studierende, die sich zu der betref-

fenden Lehrveranstaltung im Rahmen der Nutzung des Lehrangebotes anmelden.

(8) Im Curriculum eines gemeinsam eingerichteten Studiums sind für Lehrveranstaltungen mit einer beschränkten Zahl von Teilnehmerinnen und Teilnehmern die Anzahl der möglichen Teilnehmerinnen und Teilnehmer sowie das Verfahren zur Vergabe der Plätze festzulegen. Dabei ist darauf zu achten, dass den bei einer Anmeldung zurückgestellten Studierenden daraus keine Verlängerung der Studienzeit erwächst. Im Bedarfsfall sind überdies Parallellehrveranstaltungen, allenfalls auch während der lehrveranstaltungsfreien Zeit, anzubieten.

(9) Curricula von Bachelor- und Masterstudien sind so zu gestalten, dass die Erbringung von Studienleistungen an ausländischen postsekundären Bildungseinrichtungen möglich ist. Dabei ist darauf zu achten, dass dies ohne Verlust von Studienzeiten möglich ist.

(10) Die Curricula haben die Zielsetzungen von Art. 24 der UN-Behindertenrechtskonvention zu beachten.

(11) Für Studierende mit einer Behinderung im Sinne des § 3 des Bundes-Behindertengleichstellungsgesetzes – BGStG, BGBl. I Nr. 82/2005, sind die Anforderungen der Curricula – allenfalls unter Bedachtnahme auf gemäß § 63 Abs. 1 Z 11 beantragte abweichende Prüfungsmethoden – durch Bescheid des studienrechtlichen Organs zu modifizieren, wobei das Ausbildungsziel des gewählten Studiums erreichbar sein muss.

(12) Die Curricula haben auf die zur Verfügung stehenden personellen und finanziellen Ressourcen Bedacht zu nehmen.

(13) Das zuständige Regierungsmitglied hat hinsichtlich der Lehramtsstudien für das Lehramt Sekundarstufe (Berufsbildung) und der Hochschullehrgänge zur Ausbildung von Erzieherinnen und Erziehern für die Freizeit an ganztägigen Schulformen (Hochschullehrgänge für Freizeitpädagogik) sowie der Hochschullehrgänge zur Qualifikation für die Erteilung von Lernhilfe an ganztägigen Schulformen (für Erzieherinnen und Erzieher für die Lernhilfe) durch Verordnung Grundsätze für die nähere Gestaltung der Curricula (einschließlich der Prüfungsordnun-

gen) festzulegen, soweit dies im Hinblick auf eine einheitliche Ausbildung erforderlich ist. Die Verordnung hat insbesondere vorzusehen:
1. Bildungsziele,
2. Umfang der jedenfalls verpflichtend vorzusehenden Studienfachbereiche,
3. nähere Bestimmungen über die Bachelor- und Masterarbeiten.

Lehrveranstaltungen und Prüfungen

§ 42a. (1) Vor Beginn jedes Semesters ist ein elektronisches Verzeichnis der Lehrveranstaltungen zu veröffentlichen, welches Informationen über den Titel, den Namen der Leiterin oder des Leiters, die Art, die Form (gegebenenfalls inklusive Angabe des Ortes der Abhaltung) und die Termine der Lehrveranstaltungen enthält. Dieses ist laufend zu aktualisieren.

(2) Die Leiterinnen und Leiter der Lehrveranstaltungen haben, zusätzlich zum veröffentlichten Verzeichnis gemäß Abs. 1, vor Beginn jedes Semesters die Studierenden in geeigneter Weise über die Ziele, die Form, die Inhalte, die Termine und die Methoden ihrer Lehrveranstaltungen sowie über die Inhalte, die Form, die Methoden, die Termine, die Beurteilungskriterien und die Beurteilungsmaßstäbe der Prüfungen zu informieren.

(3) Für Prüfungen, die in Form eines einzigen Prüfungsvorganges durchgeführt werden, sind Prüfungstermine jedenfalls drei Mal in jedem Semester anzusetzen, wobei die Studierenden vor Beginn jedes Semesters über die Inhalte, die Form, die Methoden, die Termine, die Beurteilungskriterien und die Beurteilungsmaßstäbe der Prüfungen zu informieren sind.

(4) Sollten sich die gemäß Abs. 2 und 3 bekannt gegebene Form, die Termine, die Methoden oder die Beurteilungskriterien der Lehrveranstaltung oder der Prüfung während des Semesters aus zwingenden Gründen, welche vom Rektorat festzustellen sind, ändern, sind allfällige Änderungen den Studierenden unverzüglich in geeigneter Weise mitzuteilen. Den Studierenden,

die unter den geänderten Rahmenbedingungen nicht mehr teilnehmen wollen, ist jedenfalls das Recht einzuräumen, sich von der betreffenden Lehrveranstaltung oder Prüfung abzumelden, ohne dass eine Anrechnung auf die Gesamtzahl der zulässigen Prüfungsantritte erfolgt.

(5) Nähere Bestimmungen hinsichtlich Lehrveranstaltungen und Prüfungen gemäß Abs. 1 bis 4 können in der Satzung festgelegt werden.

(6) In den pädagogisch-praktischen Studien ist ein aufbauender Kompetenzerwerb vorzusehen, bei dem die Eigenverantwortlichkeit sowie die Selbständigkeit durch Studierende im Unterricht steigernd erhöht wird und schließlich ein gänzlich eigenverantwortlicher Unterricht durch Studierende zu erfolgen hat. Die Praktika der pädagogisch-praktischen Studien sind zum überwiegenden Teil im Rahmen des Unterrichts an Schulen durchzuführen, wobei nach Verfügbarkeit und Schwerpunkt die Absolvierung an verschiedenen Schularten desselben Altersbereichs zu ermöglichen ist.

Sondervorschrift für die Durchführung von Prüfungen mit Mitteln der elektronischen Kommunikation

§ 42b. Bei Prüfungen mit Mitteln der elektronischen Kommunikation ist eine ordnungsgemäße Durchführung der Prüfung zu gewährleisten, wobei zusätzlich zu den allgemeinen Regelungen zu Prüfungen folgende Mindesterfordernisse einzuhalten sind:
1. Bekanntgabe der Standards vor dem Beginn des Semesters, die die technischen Geräte der Studierenden erfüllen müssen, um an diesen Prüfungen teilnehmen zu können.
2. Zur Gewährleistung der eigenständigen Erbringung der Prüfungsleistung durch die Studierende oder den Studierenden sind technische oder organisatorische Maßnahmen vorzusehen.
3. Bei technischen Problemen, die ohne Verschulden der oder des Studierenden auftreten, ist die Prüfung abzubrechen

und diese ist nicht auf die zulässige Zahl der Prüfungsantritte anzurechnen.

Näheres ist in der Satzung zu regeln.

Feststellung und Beurteilung des Studienerfolgs

§ 43. (1) Der Studienerfolg ist durch die Prüfungen und die Beurteilung der wissenschaftlichen oder künstlerischen Arbeit (Masterarbeit oder künstlerische Masterarbeit) festzustellen.

(2) Der positive Erfolg von Prüfungen und wissenschaftlichen sowie künstlerischen Arbeiten ist mit „sehr gut" (1), „gut" (2), „befriedigend" (3) oder „genügend" (4), der negative Erfolg ist mit „nicht genügend" (5) zu beurteilen. Zwischenbeurteilungen sind unzulässig. Wenn diese Form der Beurteilung unmöglich oder unzweckmäßig ist, hat die positive Beurteilung „mit Erfolg teilgenommen", die negative Beurteilung „ohne Erfolg teilgenommen" zu lauten.

(3) Prüfungen, die aus mehreren Fächern oder Teilen bestehen, sind nur dann positiv zu beurteilen, wenn jedes Fach oder jeder Teil positiv beurteilt wurde.

(4) Die Beurteilung der Praktika im Rahmen der pädagogisch-praktischen Studien erfolgt durch die Lehrveranstaltungsleiterin oder den Lehrveranstaltungsleiter auf der Grundlage der schriftlichen Leistungsbeschreibung der Praxislehrerin oder des Praxislehrers. Führt die schriftliche Leistungsbeschreibung voraussichtlich zu einer negativen Beurteilung, hat die oder der Studierende das Recht, eine schriftliche Stellungnahme abzugeben.

Wiederholung von Prüfungen

§ 43a. (1) Die Studierenden sind berechtigt, positiv beurteilte Prüfungen bis zwölf Monate nach der Ablegung, jedoch längstens bis zum Abschluss des betreffenden Studiums einmal zu wiederholen. Die positiv beurteilte Prüfung wird mit dem Antreten zur Wiederholungsprüfung nichtig. Dies gilt auch für die im Curriculum von Lehramtsstudien gekennzeichneten Praktika im Rahmen der pädagogisch-praktischen Studien.

(2) Die Studierenden sind berechtigt, negativ beurteilte Prüfungen dreimal zu wiederholen. Auf die Zahl der zulässigen Prüfungsantritte sind alle Antritte für dieselbe Prüfung an derselben Pädagogischen Hochschule und bei gemeinsam eingerichteten Studien an allen beteiligten Bildungseinrichtungen anzurechnen. In der Satzung ist festzulegen, ob und wie viele weitere Prüfungswiederholungen zulässig sind. Bei negativer Beurteilung der letzten Wiederholung der letzten Prüfung des Studiums sind die Studierenden berechtigt, diese ein weiteres Mal zu wiederholen.

(3) Die dritte Wiederholung einer Prüfung ist kommissionell abzuhalten, wenn die Prüfung in Form eines einzigen Prüfungsvorganges durchgeführt wird. Auf Antrag der oder des Studierenden gilt dies auch für die zweite Wiederholung.

(4) Die Studierenden sind berechtigt, im Curriculum gekennzeichnete Praktika im Rahmen der pädagogisch-praktischen Studien bei negativer Beurteilung ein Mal zu wiederholen. Die oder der Studierende ist berechtigt, im Curriculum gekennzeichnete Praktika im Rahmen der pädagogisch-praktischen Studien ein weiteres Mal zu wiederholen, wenn die negative Beurteilung der Wiederholung darauf zurückzuführen ist, dass die oder der Studierende ohne eigenes Verschulden dieses oder Teile davon versäumt hat. Es ist dahingehend beim für die studienrechtlichen Angelegenheiten zuständigen Organ binnen zwei Wochen ab Beurteilung ein Antrag zu stellen und es sind die erforderlichen Nachweise beizubringen.

(5) Die Festlegung von Fristen und die Verpflichtung zur Ablegung von Lehrveranstaltungsprüfungen als Voraussetzung für die Wiederholung von Prüfungen sind unzulässig.

Rechtsschutz bei Prüfungen

§ 44. (1) Gegen die Beurteilung einer Prüfung ist kein Rechtsmittel zulässig. Wenn die Durchführung einer negativ beurteilten Prüfung einen schweren Mangel aufweist, hat das für die studienrechtlichen Angelegenheiten zuständige Organ diese Prüfung auf Antrag der oder des Studierenden bzw. einer Person, deren Zulassung gemäß § 59 Abs. 1 Z 3 erloschen ist, mit Bescheid aufzuheben. Der Antrag ist innerhalb von vier Wochen ab der Bekanntgabe der Beurteilung einzubringen und der schwere Mangel ist glaubhaft zu machen. Der Antritt zu einer Prüfung, die aufgehoben wurde, ist nicht auf die zulässige Zahl der Prüfungsantritte anzurechnen.

(2) Mündliche Prüfungen sind öffentlich. Die Prüferin oder der Prüfer oder die oder der Vorsitzende einer Prüfungskommission ist berechtigt, den Zutritt erforderlichenfalls auf eine den räumlichen Verhältnissen entsprechende Anzahl von Personen bzw. bei Durchführung mit Mitteln der elektronischen Kommunikation die Zuschaltung auf eine den technischen Verhältnissen entsprechende Anzahl von Personen zu beschränken. Bei kommissionellen mündlichen Prüfungen hat jedes Mitglied der Prüfungskommission während der gesamten Prüfung anwesend bzw. zugeschaltet zu sein. Das Ergebnis einer mündlichen Prüfung ist unmittelbar nach der Prüfung der oder dem Studierenden bekannt zu geben. Wurde die Prüfung negativ beurteilt, sind die Gründe dafür der oder dem Studierenden zu erläutern.

(3) Wenn die Beurteilungsunterlagen (insbesondere Gutachten, Korrekturen schriftlicher Prüfungen und Prüfungsarbeiten) den Studierenden nicht ausgehändigt werden, ist sicherzustellen, dass diese mindestens sechs Monate ab der Bekanntgabe der Beurteilung aufbewahrt werden.

(4) Die Prüferin oder der Prüfer oder die oder der Vorsitzende einer Prüfungskommission hat für den geordneten Ablauf der Prüfung zu sorgen und das Prüfungsprotokoll zu führen. In das Protokoll sind der Prüfungsgegenstand, der Ort bzw. die Form und der Beginn und das Ende der Prüfung, die Namen der Prüferin oder des Prüfers oder die Namen der Mitglieder der Prüfungskommission, der Name der oder des Studierenden, die gestellten Fragen, die erteilten Beurteilungen, die Gründe für die negative Beurteilung sowie allfällige besondere Vorkommnisse aufzunehmen. Die Gründe für die negative Beurteilung sind der oder dem Studierenden auf Antrag schriftlich mitzuteilen. Das

Prüfungsprotokoll ist mindestens sechs Monate ab der Bekanntgabe der Beurteilung aufzubewahren.

(5) Der oder dem Studierenden ist Einsicht in die Beurteilungsunterlagen und in die Prüfungsprotokolle zu gewähren, wenn sie oder er dies innerhalb von sechs Monaten ab Bekanntgabe der Beurteilung verlangt. Die Beurteilungsunterlagen umfassen auch die bei der betreffenden Prüfung gestellten Prüfungsfragen. Die oder der Studierende ist berechtigt, diese Unterlagen zu vervielfältigen. Vom Recht auf Vervielfältigung und einer Einsichtnahme auf elektronischem Weg ausgenommen sind Multiple Choice-Fragen inklusive der jeweiligen Antwortmöglichkeiten.

Nichtigerklärung von Beurteilungen

§ 45. (1) Das für die studienrechtlichen Angelegenheiten zuständige Organ hat die Beurteilung mit Bescheid für nichtig zu erklären, wenn

1. bei einer Prüfung die Anmeldung zu dieser Prüfung erschlichen wurde oder
2. bei einer Prüfung oder einer wissenschaftlichen oder künstlerischen Arbeit die Beurteilung, insbesondere durch ein Plagiat gemäß § 35 Z 34 oder durch Vortäuschen von wissenschaftlichen oder künstlerischen Leistungen gemäß § 35 Z 35, erschlichen wurde.

(2) Die Prüfung, deren Beurteilung für nichtig erklärt wurde, ist auf die Gesamtzahl der Wiederholungen anzurechnen.

(3) Prüfungen, die außerhalb des Wirkungsbereiches einer Fortsetzungsmeldung (§ 55) abgelegt wurden, und Beurteilungen wissenschaftlicher sowie künstlerischer Arbeiten, die außerhalb des Wirkungsbereiches einer Fortsetzungsmeldung erfolgten, sind absolut nichtig. Eine Anrechnung auf die Gesamtzahl der Wiederholungen erfolgt nicht.

Zeugnisse

§ 46. (1) Die Beurteilung von Prüfungen und wissenschaftlichen sowie künstlerischen Arbeiten ist jeweils durch ein Zeugnis zu beurkunden. Sammelzeugnisse sind zulässig.

(2) Ist eine Beurteilung gemäß § 43 Abs. 2 nicht vorgesehen, ist der oder dem Studierenden auf Verlangen eine Teilnahmebestätigung auszustellen.

(3) Die Zeugnisse sind vom Hochschulkollegium festzulegen und haben jedenfalls folgende Angaben zu enthalten:
1. die ausstellende Pädagogische Hochschule und die Bezeichnung des Zeugnisses;
2. die Matrikelnummer;
3. den Familiennamen und die Vornamen;
4. das Geburtsdatum;
5. die Bezeichnung des Studiums;
6. die Bezeichnung der Prüfung oder das Fach und die erfolgte Beurteilung sowie die ECTS-Anrechnungspunkte;
7. das Thema der wissenschaftlichen oder künstlerischen Arbeiten und die Beurteilung sowie die ECTS-Anrechnungspunkte;
8. den Namen der Prüferin oder des Prüfers, das Prüfungsdatum und die Beurteilung;
9. den Namen der Ausstellerin oder des Ausstellers.

(4) Zeugnisse über Prüfungen vor Einzelprüferinnen oder Einzelprüfern hat die Prüferin oder der Prüfer, Zeugnisse über die Beurteilung wissenschaftlicher sowie künstlerischer Arbeiten hat die Beurteilerin oder der Beurteiler, Zeugnisse über kommissionelle Prüfungen hat die oder der Vorsitzende der Prüfungskommission, Zeugnisse über Studienabschlüsse hat das für die studienrechtlichen Angelegenheiten zuständige Organ auszustellen.

(5) Die Zeugnisse sind unverzüglich, längstens jedoch innerhalb von vier Wochen nach Erbringung der zu beurteilenden Leistung auszustellen. Zur Unterstützung der internationalen Mobilität der Studierenden ist der Anschluss einer fremdsprachigen Übersetzung zulässig, wobei die Benennung der Päda-

gogischen Hochschule und des ausstellenden Organs nicht zu übersetzen sind.

(Anm.: Abs. 6 aufgehoben durch Art. 3 Z 44, BGBl. I Nr. 93x/ 2021)

(7) Die Pädagogische Hochschule hat einer oder einem ausländischen Studierenden ab dem zweiten Studienjahr auf Antrag der oder des Studierenden einen Studienerfolgsnachweis auszustellen, sofern sie oder er im vorausgegangenen Studienjahr positiv beurteilte Prüfungen im Umfang von mindestens 16 ECTS-Anrechnungspunkten oder 8 Semesterwochenstunden abgelegt hat.

(8) Erfolgreich absolvierte Studien gemäß § 42 Abs. 11 sind im studienabschließenden Zeugnis durch einen Hinweis auf die mit Bescheid modifizierten Anforderungen zu kennzeichnen.

Gesamtnote

§ 46a. (1) Auf Antrag der Absolventin oder des Absolventen eines ordentlichen Studiums ist, sofern im Ausland eine Gesamtnote in Form eines Notendurchschnittes vorzuweisen ist, eine nach ECTS-Anrechnungspunkten gewichtete Gesamtnote zu berechnen und auf zwei Kommastellen gerundet darzustellen, wobei aufzurunden ist, wenn die Tausendstelstelle mindestens den Wert 5 hat.

(2) Abweichend von Abs. 1 ist die Gesamtnote gemäß Z 13 des Notenwechsels zwischen der Regierung der Republik Österreich und der Italienischen Republik über die gegenseitige Anerkennung akademischer Grade und Titel samt Anlage, BGBl. III Nr. 45/2001, sowie gemäß Z 12 des Abkommens zwischen der Regierung der Republik Österreich und der Regierung der Italienischen Republik über die gegenseitige Anerkennung akademischer Grade und Titel, BGBl. III Nr. 177/2008, zu ermitteln, indem

1. die Noten aller für das betreffende Studium vorgeschriebenen Prüfungsfächer und gegebenenfalls Bachelorarbeiten sowie die Note der Diplomarbeit bzw. der Masterarbeit addiert werden,

2. der gemäß Z 1 errechnete Wert durch die Anzahl der Prüfungsfächer, im Fall eines Diplom- oder Masterstudiums vermehrt um die Zahl 1, dividiert wird sowie
3. das Ergebnis der Division auf zwei Kommastellen gerundet wird, wobei aufzurunden ist, wenn die Tausendstelstelle mindestens den Wert 5 hat.

Bachelorarbeiten

§ 48. (1) Im Bachelorstudium sind im Rahmen von Lehrveranstaltungen eine Bachelorarbeit oder mehrere Bachelorarbeiten abzufassen. Nähere Bestimmungen über Bachelorarbeiten sind im jeweiligen Curriculum festzulegen.

(2) Bei der Bearbeitung des Themas und der Betreuung der Studierenden sind die Bestimmungen des Urheberrechtsgesetzes, BGBl. Nr. 111/1936, zu beachten.

Masterarbeit

§ 48a. Im Masterstudium gemäß § 35 Z 1a und § 39 Abs. 1 und 2 ist eine Masterarbeit als wissenschaftlich-berufsfeldbezogene Arbeit, die dem Nachweis der Befähigung dient, wissenschaftliche Themen selbstständig sowie inhaltlich und methodisch vertretbar zu bearbeiten, abzufassen. § 48 Abs. 2 findet Anwendung. Nähere Bestimmungen über Masterarbeiten sind im jeweiligen Curriculum festzulegen.

Masterarbeiten

§ 48a. (1) Im Masterstudium ist eine Masterarbeit abzufassen. Nähere Bestimmungen über Betreuung und Beurteilung von Masterarbeiten sind in der Satzung, nähere Bestimmungen über das Thema der Masterarbeit sind im jeweiligen Curriculum festzulegen.

(2) Die Aufgabenstellung der Masterarbeit ist so zu wählen, dass für eine Studierende oder einen Studierenden die Bearbeitung innerhalb von sechs Monaten möglich und zumutbar ist.

(3) Die gemeinsame Bearbeitung eines Themas durch mehrere Studierende ist zulässig, wenn die Leistungen der einzelnen Studierenden gesondert beurteilbar bleiben. Erfordert die Bearbeitung eines Themas die Verwendung von Geld- oder Sachmitteln der Pädagogischen Hochschule, so ist die Vergabe nur zulässig, wenn die Rektorin oder der Rektor über die beabsichtigte Vergabe informiert wurde und diese nicht binnen eines Monats wegen einer wesentlichen Beeinträchtigung des Lehr- und Forschungsbetriebes untersagt hat.

(4) Eine künstlerische Masterarbeit hat neben einem künstlerischen Teil, der den Schwerpunkt bildet, auch einen schriftlichen Teil zu umfassen. Dieser hat den künstlerischen Teil zu erläutern.

(5) § 48 Abs. 2 findet Anwendung.

Einsicht in Beurteilungsunterlagen bei wissenschaftlichen und künstlerischen Arbeiten

§ 48b. (1) Wenn die Beurteilungsunterlagen (insbesondere Gutachten und Korrekturen) bei wissenschaftlichen und künstlerischen Arbeiten den Studierenden nicht ausgehändigt werden, hat das für die studienrechtlichen Angelegenheiten zuständige Organ sicherzustellen, dass diese mindestens sechs Monate ab der Bekanntgabe der Beurteilung aufbewahrt werden.

(2) Der oder dem Studierenden ist Einsicht in die Beurteilungsunterlagen zu gewähren, wenn sie oder er dies innerhalb von sechs Monaten ab Bekanntgabe der Beurteilung beantragt. Die oder der Studierende ist berechtigt, diese Unterlagen zu vervielfältigen.

Veröffentlichungspflicht

§ 49. (1) Die Absolventin oder der Absolvent eines Masterstudiums hat vor der Verleihung des akademischen Grades ein vollständiges Exemplar der positiv beurteilten Masterarbeit durch Übergabe an die Bibliothek der Pädagogischen Hochschule, an welcher der akademische Grad verliehen wird, zu veröffentlichen. Für diese Übergabe kann in der Satzung festgelegt werden, dass diese ausschließlich in elektronischer Form zu erfolgen hat.

Weiters kann in der Satzung festgelegt werden, dass die Veröffentlichung elektronisch in einem öffentlich zugänglichen Repositorium erfolgen muss.

(2) Von der Veröffentlichungspflicht ausgenommen sind die Masterarbeiten oder deren Teile, die einer Massenvervielfältigung nicht zugänglich sind.

(3) Anlässlich der Übergabe der Masterarbeit ist die Verfasserin oder der Verfasser berechtigt, den Ausschluss der Benützung des abgelieferten Exemplars für längstens fünf Jahre nach der Übergabe zu beantragen. Dem Antrag ist vom für die studienrechtlichen Angelegenheiten zuständigen Organ stattzugeben, wenn die oder der Studierende glaubhaft macht, dass wichtige rechtliche oder wirtschaftliche Interessen der oder des Studierenden gefährdet sind.

3a. Abschnitt
Beginn und Fortsetzung des Studiums, Aufnahmeverfahren

Zulassung zum Studium

§ 50. (1) Das Rektorat hat Personen, welche die Zulassungsvoraussetzungen erfüllen, auf Grund ihres Antrages mit Bescheid zum jeweiligen Studium unbefristet zuzulassen.

(2) Abweichend von Abs. 1 erfolgt die Zulassung im Rahmen von Mobilitätsprogrammen auf der Grundlage von Kooperationsverträgen befristet.

(3) Für Studien, für die die Eignung nachzuweisen ist, können Bescheide über eine bedingte Zulassung erlassen werden, wenn zum Zeitpunkt der Zulassung das Eignungsverfahren noch nicht abgeschlossen ist.

(4) Zur studienvorbereitenden und studienbegleitenden Beratung sind anlässlich der Zulassung zum Bachelorstudium Orientierungsveranstaltungen abzuhalten oder Orientierungsinformationen zur Verfügung zu stellen, in deren Rahmen

1. die Studierenden in geeigneter Form über

a) die wesentlichen Bestimmungen des Hochschulrechts und des Studienförderungsrechts,
b) die studentische Mitbestimmung in den Organen der Pädagogischen Hochschule,
c) die Rechtsgrundlagen der Frauenförderung,
d) den gesetzlichen Diskriminierungsschutz,
e) das Curriculum,
f) das Qualifikationsprofil der Absolventinnen und der Absolventen,
g) die Studieneingangs- und Orientierungsphase,
h) das empfohlene Lehrangebot in den ersten beiden Semestern,
i) die Vereinbarkeit von Studium und Beruf,
j) die Zahl der Studierenden im Studium, die durchschnittliche Studiendauer, die Studienerfolgsstatistik und die Beschäftigungsstatistik,
k) studienbezogene Auslandaufenthalte,
l) die Vertretungseinrichtungen der Studierenden, somit insbesondere die Österreichische Hochschülerinnen- und Hochschülerschaft, die jeweilige Hochschülerinnen- und Hochschülerschaft sowie
m) die Ombudsstelle für Studierende
zu informieren sind und
2. eine Einführung in die gute wissenschaftliche Praxis zu geben ist.

Es ist zulässig, die Orientierungsveranstaltungen und die Orientierungsinformationen auch im Zusammenwirken mit anderen Rechtsträgern, insbesondere mit der Österreichischen Hochschülerinnen- und Hochschülerschaft, zu veranstalten oder zur Verfügung zu stellen.

(5) Zur studienbegleitenden Beratung sind Anfängerinnen- und Anfängertutorien einzurichten, welche die Studierenden bei der Bewältigung der leistungsmäßigen, organisatorischen und sozialen Anforderungen des ersten Studienjahres unterstützen sollen und von den Studierenden besucht werden können. Es ist zulässig, diese Anfängerinnen- und Anfängertutorien auch

im Zusammenwirken mit anderen Rechtsträgern, insbesondere mit der Österreichischen Hochschülerinnen- und Hochschülerschaft zu veranstalten.

(6) Das Rektorat hat für den Fall, dass aus Platzgründen nicht alle Studienwerberinnen und Studienwerber zugelassen werden können, für alle in gleicher Weise geltende Zulassungskriterien durch Verordnung festzulegen. In diesem Fall können bei gemeinsam eingerichteten Studien die Rektorate der beteiligten Bildungseinrichtungen durch gleichlautende Verordnungen eine den Kapazitäten entsprechende Anzahl von Studienanfängerinnen und -anfängern sowie für alle in gleicher Weise geltende Zulassungskriterien festlegen.

(7) Soweit zur Beurteilung der Erfüllung der Zulassungsvoraussetzungen fremdsprachige Urkunden vorgelegt werden, sind dem Antrag durch allgemein beeidete und gerichtlich zertifizierte Dolmetscherinnen und Dolmetscher angefertigte Übersetzungen anzuschließen.

(8) Das Rektorat ist berechtigt, die Verpflichtung zur Vorlage einzelner Unterlagen nachzusehen, wenn glaubhaft gemacht wird, dass deren Beibringung innerhalb einer angemessenen Frist unmöglich oder mit unverhältnismäßig großen Schwierigkeiten verbunden ist und die vorgelegten Unterlagen für eine Entscheidung ausreichen.

(9) Bestehen Zweifel an der Echtheit der Urkunden, mit denen die Erfüllung der Zulassungsvoraussetzungen nachgewiesen wird, oder an deren inhaltlicher Richtigkeit oder reichen diese für eine Entscheidung nicht aus, kann das Rektorat die Überprüfung der Unterlagen oder der Kenntnisse vornehmen oder durch vom Rektorat bestellte Sachverständige vornehmen lassen. Dafür kann vom Rektorat eine Kaution in der Höhe von höchstens 500 Euro eingehoben werden, welche der Studienwerberin oder dem Studienwerber rückzuerstatten ist, wenn die Überprüfung die Echtheit und Richtigkeit der Unterlagen ergeben hat und diese oder dieser zu einem Studium zugelassen worden ist.

(10) Mit der Zulassung wird die Studienwerberin oder der Studienwerber als ordentliche oder außerordentliche Studieren-

de oder ordentlicher oder außerordentlicher Studierender Angehörige oder Angehöriger dieser Pädagogischen Hochschule.

(11) Pädagogische Hochschulen haben auf Antrag Personen, die zur sichtvermerksfreien Einreise berechtigt sind oder über einen gültigen Aufenthaltstitel verfügen, den Zulassungsbescheid direkt zuzustellen. Langen an österreichischen Berufsvertretungsbehörden Anträge anderer ausländischer Personen auf Zulassung zum Studium zur Weiterleitung an die zuständige Pädagogische Hochschule ein, können die Berufsvertretungsbehörden auf die Vollständigkeit und Schlüssigkeit des Antrags sowie darauf hinwirken, dass die Zulassung zum Studium und der Erstaufenthaltstitel zeitgleich zugestellt werden können. Hiebei ist der ausländischen Studienwerberin oder dem ausländischen Studienwerber Gelegenheit zu geben, auf ihre oder seine Kosten Ergänzungen und Klarstellungen vorzunehmen. Die Vertretung ausländischer Studienwerberinnen und Studienwerber durch Personen, die nicht zur berufsmäßigen Parteienvertretung in Österreich zugelassen oder nicht durch Gesetz zur Vertretung berechtigt sind, ist nicht zulässig. Anträge, die diesen Anforderungen nicht entsprechen, sind zurückzuweisen.

Zulassungsfristen

§ 51. (1) Das Rektorat hat nach Anhörung des Hochschulkollegiums für jedes Semester die allgemeine Zulassungsfrist festzulegen. Dies ist der Zeitraum, in dem die Studierenden ihre Anträge auf Zulassung zum Studium einzubringen, die Studierendenbeiträge samt allfälliger Sonderbeiträge und bei Bestehen einer Studienbeitragspflicht den Studienbeitrag zu entrichten haben. Die allgemeine Zulassungsfrist hat für das Wintersemester mindestens acht Wochen und für das Sommersemester mindestens vier Wochen zu betragen. Für Zulassungen zu Bachelorstudien endet die allgemeine Zulassungsfrist im Wintersemester am 5. September und im Sommersemester am 5. Februar. Die Zulassung zu Masterstudien kann auch außerhalb der allgemeinen Zulassungsfrist erfolgen.

(2) Das Rektorat ist nach Anhörung des Hochschulkollegiums berechtigt,
1. für Hochschullehrgänge,
2. für facheinschlägige Studien ergänzende Bachelorstudien für das Lehramt Sekundarstufe (Berufsbildung),
3. unter Berücksichtigung der Dauer und des Durchführungszeitraumes für die Zulassung zu ordentlichen Studien im Rahmen transnationaler EU-, staatlicher oder universitärer Mobilitätsprogramme, einschließlich gemeinsamer Studienprogramme, und
4. für Studien, für die besondere Zulassungs-, Aufnahme- oder Eignungsverfahren vorgesehen sind,

eine abweichende Regelung für die allgemeine Zulassungsfrist zu treffen.

(3) Die Zulassung zu einem Bachelorstudium darf in den folgenden Ausnahmefällen im Wintersemester bis längstens 31. Oktober und im Sommersemester bis längstens 31. März erfolgen:
1. Nichtbestehen eines Aufnahme- oder Zulassungsverfahrens oder der Studieneingangs- und Orientierungsphase in einem anderen Studium, sofern das Ergebnis für das Wintersemester erst nach dem 31. August, für das Sommersemester erst nach dem 31. Jänner vorliegt;
2. Erlangung der allgemeinen Universitätsreife für das Wintersemester erst nach dem 31. August, für das Sommersemester erst nach dem 31. Jänner;
3. nicht rechtzeitige Ausstellung einer Aufenthaltsberechtigung für Studierende gemäß § 64 des Niederlassungs- und Aufenthaltsgesetzes (NAG), BGBl. I Nr. 100/2005, sofern diese daran kein Verschulden trifft.

Weitere Ausnahmefälle können vom Rektorat nach Anhörung des Hochschulkollegiums festgelegt werden.

Zulassung zu ordentlichen Studien

§ 52. (1) Die Zulassung zu einem ordentlichen Studium setzt voraus:
1. die allgemeine Universitätsreife,
2. die besondere Universitätsreife für das gewählte Studium und
3. die für den erfolgreichen Studienfortgang notwendigen Kenntnisse der deutschen Sprache.

(2) Die Zulassung zu einem Lehramtsstudium oder einem Studium für Berufstätigkeiten an elementarpädagogischen Bildungseinrichtungen setzt abweichend von Abs. 1 voraus:
1. die allgemeine Universitätsreife,
2. die besondere Universitätsreife für das gewählte Studium,
3. die für die Ausübung des jeweiligen Berufes erforderlichen Kenntnisse der deutschen Sprache und
4. die Eignung für das Studium und die jeweilige berufliche Tätigkeit.

(3) Die näheren Bestimmungen über die Zulassungsvoraussetzungen und das Aufnahmeverfahren betreffend Lehramtsstudien für die Sekundarstufe (Berufsbildung) sind durch Verordnung des zuständigen Regierungsmitgliedes sowie nach den Anforderungen der Curricula durch Verordnung des Hochschulkollegiums festzulegen.

(4) Personen, die zu dem Studium, für das die Zulassung beantragt wird, bereits an einer anderen inländischen Pädagogischen Hochschule oder Universität zugelassen waren, haben mit dem Antrag auf Zulassung die Abgangsbescheinigung dieser Pädagogischen Hochschule oder Universität vorzulegen.

(5) Die befristete Zulassung gemäß § 50 Abs. 2 setzt voraus, dass ein Kooperationsvertrag zwischen den beteiligten Bildungseinrichtungen besteht, der die Bedingungen für die Zusammenarbeit, den Austausch der Studierenden und die Durchführung näher regelt. Mit der Nominierung durch die Partnerbildungseinrichtungen gelten die allgemeine und die besondere Universitätsreife als nachgewiesen.

(6) Nach dem Erlöschen der Zulassung wegen der negativen Beurteilung bei der letzten zulässigen Wiederholung einer Prüfung (§ 59 Abs. 1 Z 3) ist die neuerliche Zulassung an der Pädagogischen Hochschule oder bei gemeinsam eingerichteten Studien an den beteiligten Bildungseinrichtungen, für jene Studien, bei denen die Absolvierung derselben Prüfung verpflichtend vorgesehen ist, nicht zulässig. Beim Lehramtsstudium Sekundarstufe (Allgemeinbildung) ist davon abweichend eine neuerliche Zulassung zum Studium ausschließlich für jene Unterrichtsfächer oder Spezialisierungen zulässig, bei denen die Absolvierung derselben Prüfung nicht verpflichtend vorgesehen ist. Erlischt bei einem Lehramtsstudium die Zulassung aufgrund des § 59 Abs. 1 Z 7, ist eine neuerliche Zulassung zu einem Lehramtsstudium nicht zulässig. Erlischt bei einem Studium die Zulassung aufgrund des § 59 Abs. 1 Z 8, ist eine neuerliche Zulassung zu einem Studium nur möglich, wenn eine Gefährdung nicht mehr festgestellt werden kann. Erlischt bei einem Studium die Zulassung aufgrund des § 59 Abs. 1 Z 2a, ist eine neuerliche Zulassung zu diesem Studium an derselben Pädagogischen Hochschule oder bei gemeinsam eingerichteten Studien an denselben beteiligten Bildungseinrichtungen erst nach Ablauf von zwei Studienjahren zulässig.

(7) Die gleichzeitige Zulassung für dasselbe Studium an mehr als einer Pädagogischen Hochschule oder Universität in Österreich ist unzulässig. Weitere Zulassungen für dasselbe Studium an anderen Pädagogischen Hochschulen oder Universitäten leiden im Sinne des § 68 Abs. 4 Z 4 AVG an einem mit Nichtigkeit bedrohten Fehler und sind vom Rektorat von Amts wegen für nichtig zu erklären. Beim Lehramtsstudium Sekundarstufe (Allgemeinbildung) liegt dasselbe Studium vor, wenn ein Unterrichtsfach oder eine Spezialisierung ident ist.

(8) Die Ablegung von Prüfungen für ein Studium an einer anderen österreichischen Pädagogischen Hochschule oder Universität als jene oder jener der Zulassung ist nur zulässig, wenn
1. das Curriculum oder das Curriculum eines gemeinsam mit einer anderen Pädagogischen Hochschule oder Universität eingerichteten Studiums dies vorsieht, oder

2. das für die studienrechtlichen Angelegenheiten zuständige Organ die Ablegung der Prüfung an der anderen Pädagogischen Hochschule oder Universität im Voraus genehmigt, weil die Ablegung der betreffenden Prüfung an der Pädagogischen Hochschule oder bei gemeinsam eingerichteten Studien an den beteiligten Pädagogischen Hochschulen und Universitäten nicht möglich ist.

(9) Personen, deren Erstsprache nicht Deutsch ist, haben die Kenntnis der deutschen Sprache nachzuweisen. Die Kenntnis der deutschen Sprache wird insbesondere durch ein Reifeprüfungszeugnis auf Grund des Unterrichts in deutscher Sprache nachgewiesen. Kann der Nachweis der deutschen Sprache nicht erbracht werden, so hat das Rektorat die Ablegung einer Ergänzungsprüfung vorzuschreiben, die vor der Zulassung abzulegen ist. Die Ergänzungsprüfung ist im Rahmen des Besuches eines dafür eingerichteten Hochschullehrganges oder Universitätslehrganges abzulegen. Für die Ablegung einer solchen Ergänzungsprüfung gilt § 63 Abs. 10b zweiter bis fünfter Satz UG sinngemäß.

Besondere Zulassungsvoraussetzungen betreffend Masterstudien

§ 52a. (1) Die Zulassung zu einem Masterstudium setzt den Abschluss eines fachlich in Frage kommenden Bachelorstudiums, eines anderen fachlich in Frage kommenden Studiums mindestens desselben hochschulischen Bildungsniveaus an einer anerkannten inländischen oder ausländischen postsekundären Bildungseinrichtung oder eines im Curriculum des Masterstudiums definierten Studiums voraus. Zum Ausgleich wesentlicher fachlicher Unterschiede können Ergänzungsprüfungen vorgeschrieben werden, die bis zum Ende des zweiten Semesters des Masterstudiums abzulegen sind. Das Rektorat kann festlegen, welche dieser Ergänzungsprüfungen Voraussetzung für die Ablegung von im Curriculum des Masterstudiums vorgesehenen Prüfungen ist.

(2) Abweichend von Abs. 1 setzt die Zulassung zu einem Masterstudium für ein Lehramt gemäß § 38 Abs. 1 zusätzlich zu § 52

Abs. 2 den Abschluss eines facheinschlägigen Bachelorstudiums gemäß § 38 Abs. 1 oder eines facheinschlägigen ausländischen Studiums voraus. Bei einer Zulassung zu einem Masterstudium für das Lehramt Sekundarstufe (Allgemeinbildung) können auch Unterrichtsfächer oder Spezialisierungen gewählt werden, die in Form von Erweiterungsstudien ergänzend zum Bachelorstudium Lehramt absolviert worden sind. Abs. 1 zweiter und dritter Satz ist anwendbar.

(2a) In der Satzung kann vorgesehen werden, dass Studierende eines Bachelorstudiums gemäß § 38 Abs. 1 unter den in der Satzung festgelegten Voraussetzungen bestimmte Lehrveranstaltungen aus dem Curriculum des facheinschlägigen Masterstudiums an derselben Pädagogischen Hochschule bereits vor der Zulassung zu diesem Masterstudium absolvieren dürfen.

(3) Die Zulassung zu einem Masterstudium für das Lehramt Sekundarstufe (Allgemeinbildung) in nur einem Unterrichtsfach (§ 38 Abs. 2 Z 3) setzt zusätzlich zu den Voraussetzungen gemäß Abs. 1 den Nachweis der Voraussetzungen gemäß § 38a Abs. 1 voraus.

(4) Die Masterstudien für das Lehramt Primarstufe für Absolventinnen und Absolventen eines Lehramtsstudiums für das Lehramt Sekundarstufe (Allgemeinbildung) (§ 38 Abs. 2 Z 5) bzw. die Masterstudien für das Lehramt Sekundarstufe (Allgemeinbildung) für Absolventinnen und Absolventen des Lehramtsstudiums für das Lehramt Primarstufe (§ 38 Abs. 2 Z 6) setzen abweichend von Abs. 1 die Absolvierung der Lehramtsstudien gemäß § 38a Abs. 3 bzw. 4 voraus.

(5) Die Zulassung von Absolventinnen und Absolventen sechssemestriger Bachelorstudien für das Lehramt an Pädagogischen Hochschulen zu einem Masterstudium für das Lehramt setzt abweichend von Abs. 1 die Absolvierung eines Erweiterungsstudiums gemäß § 38d Abs. 1 voraus.

Anhang 4

Allgemeine Universitätsreife

§ 52b. (1) Die allgemeine Universitätsreife ist durch eine der folgenden Urkunden nachzuweisen:
1. ein österreichisches Reifeprüfungszeugnis, ein österreichisches Reife- und Diplomprüfungszeugnis oder ein Zeugnis über die Berufsreifeprüfung sowie diesen durch völkerrechtliche Vereinbarung gleichwertige Zeugnisse,
2. ein österreichisches Zeugnis über die Zuerkennung der Studienberechtigung für eine bestimmte Studienrichtungsgruppe an einer Pädagogischen Hochschule, Universität oder Fachhochschule,
3. eine Urkunde über den Abschluss eines mindestens dreijährigen Studiums (auf Vollzeitbasis oder 180 ECTS-Anrechnungspunkte) an einer anerkannten inländischen oder ausländischen postsekundären Bildungseinrichtung,
4. ein „IB Diploma" nach den Bestimmungen der „International Baccalaureate Organization" oder
5. ein Europäisches Abiturzeugnis gemäß Art. 5 Abs. 2 der Vereinbarung über die Satzung der Europäischen Schulen, BGBl. III Nr. 173/2005.

(2) Die allgemeine Universitätsreife kann darüber hinaus durch eine ausländische Qualifikation nachgewiesen werden, wenn kein wesentlicher Unterschied zur allgemeinen Universitätsreife gemäß Abs. 1 Z 1 besteht. Ein wesentlicher Unterschied besteht jedenfalls nicht, wenn
1. die Qualifikation im Ausstellungsstaat Zugang zu allen Sektoren von Hochschulen vermittelt,
2. die Dauer der Schulzeit mindestens zwölf Jahre beträgt und
3. allgemeinbildende Ausbildungsinhalte überwiegen, was durch die Absolvierung von sechs allgemeinbildenden Unterrichtsfächern (zwei Sprachen, Mathematik, ein naturwissenschaftliches, ein geisteswissenschaftliches sowie ein weiteres allgemeinbildendes Unterrichtsfach) in der Sekundarstufe II nachgewiesen wird.

Beträgt die Schulzeit gemäß Z 2 nur elf Jahre oderfehlen Ausbildungsinhalte gemäß Z 3, kann das Rektorat insgesamt bis zu vier Ergänzungsprüfungen vorschreiben, die vor der Zulassung abzulegen sind.

(3) Für ein Bachelorstudium für das Lehramt Sekundarstufe (Berufsbildung) kann abweichend von Abs. 1 die allgemeine Universitätsreife durch erfolgreiche Ablegung einer Meisterprüfung oder eine gleichzuhaltende Qualifikation, jeweils in Verbindung mit einer mindestens dreijährigen Berufspraxis, ersetzt werden. Die allgemeine Universitätsreife ist für Studierende der Lehramtsstudien für die Sekundarstufe (Berufsbildung) bis zum Erlangen von 120 ECTS-Anrechnungspunkten nachzuweisen.

(4) Der Nachweis der allgemeinen Universitätsreife gilt durch den Nachweis der Zulassungsvoraussetzung gemäß § 52a Abs. 1 jedenfalls als erbracht.

Studienberechtigungsprüfung

§ 52c. (1) Personen ohne Reifeprüfung erlangen nach Maßgabe einer Verordnung des Rektorates durch Ablegung der Studienberechtigungsprüfung die allgemeine Universitätsreife für Bachelorstudien einer Studienrichtungsgruppe (Abs. 2).

(2) Die Studienberechtigungsprüfung kann entsprechend einer Verordnung des Rektorates für folgende Studienrichtungsgruppen abgelegt werden:
1. Lehramtsstudien;
2. Studien in allgemeinen pädagogischen Berufsfeldern.

(3) Zur Studienberechtigungsprüfung sind Personen zuzulassen, die die Zulassung zu Studien einer der Studienrichtungsgruppen an einer Pädagogischen Hochschule anstreben, das 20. Lebensjahr vollendet haben und eine eindeutig über die Erfüllung der allgemeinen Schulpflicht hinausgehende erfolgreiche berufliche oder außerberufliche Vorbildung für das angestrebte Studium nachweisen. Personen, die ein Lehramtsstudium Sekundarstufe (Berufsbildung) anstreben, sind abweichend davon auch zur Studienberechtigungsprüfung zuzulassen, wenn

1. sie eine Lehrabschlussprüfung gemäß dem Berufsausbildungsgesetz, BGBl. Nr. 142/1969, abgelegt oder
2. eine mittlere Schule abgeschlossen oder
3. eine nach Umfang und Anforderungen gleichwertige Berufsausbildung erfolgreich abgeschlossen

und eine insgesamt vierjährige Ausbildungsdauer (allenfalls durch Absolvierung eines weiteren Bildungsganges) erreicht haben.

(4) Das Ansuchen um Zulassung zur Studienberechtigungsprüfung ist schriftlich beim Rektorat jener Pädagogischen Hochschule einzubringen, bei der ein Studium der angestrebten Studienrichtungsgruppe eingerichtet ist. Das Ansuchen hat zu enthalten:

1. den Namen, das Geburtsdatum, die Adresse sowie – falls vorhanden – die Matrikelnummer;
2. den Nachweis der Staatsangehörigkeit eines EU- oder EWR-Staates oder den Nachweis der Angehörigkeit einer Personengruppe gemäß der Personengruppenverordnung;
3. das angestrebte Studium;
4. den Nachweis der Vorbildung (Abs. 3);
5. das Wahlfach oder die Wahlfächer.

(5) Die Studienberechtigungsprüfung umfasst folgende fünf Prüfungen:

1. eine schriftliche Arbeit über ein allgemeines Thema;
2. zwei oder drei Prüfungen, die im Hinblick auf Vorkenntnisse oder Fertigkeiten für die angestrebte Studienrichtungsgruppe erforderlich sind (Pflichtfächer), und
3. eine oder zwei Prüfungen nach Wahl der Prüfungskandidatin oder des Prüfungskandidaten aus dem Bereich der angestrebten Studienrichtungsgruppe (Wahlfach oder Wahlfächer).

(6) Mit der schriftlichen Arbeit über ein allgemeines Thema gemäß Abs. 5 Z 1 hat die Prüfungskandidatin oder der Prüfungskandidat nachzuweisen, dass sie oder er sich zu einem vorgegebenen Thema in einwandfreier und gewandter Sprache und mit klarem Gedankengang schriftlich zu äußern vermag.

(7) Die Prüfungsanforderungen und -methoden für Prüfungen gemäß Abs. 5 Z 1 und 2 haben sich am Lehrstoff der 12. bzw. 13. Schulstufe zu orientieren und sind in der Verordnung des Rektorates festzulegen.

(8) Für die Prüfung oder Prüfungen gemäß Abs. 5 Z 3 (Wahlfach oder Wahlfächer) sind die Prüfungsanforderungen und -methoden vom Rektorat zu bestimmen. Auf den studienvorbereitenden Charakter der Studienberechtigungsprüfung ist Bedacht zu nehmen.

(9) Positiv beurteilte Prüfungen, die eine Prüfungskandidatin oder ein Prüfungskandidat an einer Bildungseinrichtung, die auf Grund der Rechtsvorschriften des Staates, in dem sie ihren Sitz hat, als Bildungseinrichtung anerkannt ist, abgelegt haben, sind auf Antrag vom Rektorat anzuerkennen, soweit sie den vorgeschriebenen Prüfungen inhaltlich und umfangmäßig gleichwertig sind. Das Rektorat darf höchstens vier Prüfungen anerkennen. Mindestens eine Prüfung ist an der Pädagogischen Hochschule oder bei gemeinsam eingerichteten Studien an einer der beteiligten Bildungseinrichtungen abzulegen.

(10) Prüfungskandidatinnen und Prüfungskandidaten, die eine Meisterprüfung oder eine Befähigungsprüfung gemäß der Gewerbeordnung, BGBl. Nr. 194/1994, oder dem Land- und forstwirtschaftlichen Berufsausbildungsgesetz, BGBl. Nr. 298/1990, erfolgreich abgelegt haben, sind von der Ablegung der Studienberechtigungsprüfung im Wahlfach oder den Wahlfächern gemäß Abs. 5 Z 3 auf Ansuchen zu befreien.

(11) Das Rektorat hat für Prüfungen, die an einer Pädagogischen Hochschule abgelegt werden, mindestens eine Prüferin oder einen Prüfer zu bestellen.

(12) Die Prüfungskandidatinnen und Prüfungskandidaten sind berechtigt, negativ beurteilte Prüfungen zweimal zu wiederholen. Die letzte zulässige Wiederholung ist in kommissioneller Form durchzuführen. Nach negativer Beurteilung der letzten zulässigen Wiederholung erlischt die Zulassung zur Studienberechtigungsprüfung für diese Studienrichtungsgruppe. Eine neuerliche Zulassung zur Studienberechtigungsprüfung für diese Studienrich-

tungsgruppe an der betreffenden Pädagogischen Hochschule ist ausgeschlossen. Bei gemeinsam eingerichteten Lehramtsstudien ist eine neuerliche Zulassung zur Studienberechtigungsprüfung für die Studienrichtungsgruppe Lehramtsstudien an allen beteiligten Bildungseinrichtungen ausgeschlossen.

(13) Die Beurteilung einer Prüfung gemäß Abs. 5 hat mit „bestanden" oder „nicht bestanden" zu erfolgen. Die Gesamtbeurteilung hat auf „bestanden" zu lauten, wenn keine Prüfung mit „nicht bestanden" beurteilt wurde; in den übrigen Fällen ist sie mit „nicht bestanden" festzulegen. Die Bestimmungen des § 63 Abs. 1 Z 11 und der §§ 44 und 45 sind sinngemäß anzuwenden.

(14) Über die Ablegung jeder Prüfung ist ein Zeugnis auszustellen. Das Rektorat hat nach Vorliegen aller Prüfungszeugnisse ein Studienberechtigungszeugnis für die jeweilige Studienrichtungsgruppe auszustellen. Dieses Studienberechtigungszeugnis gilt für jede Pädagogische Hochschule, Universität und Fachhochschule, an der ein Studium der jeweiligen Studienrichtungsgruppe eingerichtet ist.

(15) Der erfolgreiche Abschluss der Studienberechtigungsprüfung berechtigt zur Zulassung zu allen Studien jener Studienrichtungsgruppe, für welche die Studienberechtigung erworben wurde.

(16) Die Festlegung der Anzahl der Prüfungen nach Abs. 5 Z 2 und 3 und die Festlegung der Pflichtfächer gemäß Abs. 5 Z 2 für die jeweilige Studienrichtungsgruppe erfolgen durch Verordnung des Rektorates.

(17) Bei der Studienberechtigungsprüfung gebührt den Prüferinnen und Prüfern und den sonstigen Mitgliedern der Prüfungskommission eine Abgeltung nach Maßgabe der gemäß dem Prüfungstaxengesetz, BGBl. Nr. 314/1976, für „sonstige Externistenprüfungen" im höheren Schulwesen vorgesehenen Abgeltung.

Besondere Universitätsreife

§ 52d. Zusätzlich zur allgemeinen Universitätsreife sind die Zusatzprüfungen zur Reifeprüfung gemäß den §§ 41 und 69

SchOG sowie § 13 Abs. 2 des Land- und forstwirtschaftlichen Bundesschulgesetzes, BGBl. Nr. 175/1966, nachzuweisen oder als Ergänzungsprüfung abzulegen (besondere Universitätsreife).

Eignung für Lehramtsstudien und Studien für Berufstätigkeiten an elementarpädagogischen Bildungseinrichtungen

§ 52e. (1) In Aufnahmeverfahren für Lehramtsstudien oder Studien für Berufstätigkeiten an elementarpädagogischen Bildungseinrichtungen sind die für die berufliche Ausbildung und Tätigkeit der Pädagoginnen und Pädagogen erforderlichen leistungsbezogenen, persönlichen, fachlichen und pädagogischen Kompetenzen zu überprüfen. Die Feststellung der fachlichen Eignung hat sich an den im Curriculum verankerten fachspezifischen Kriterien zu orientieren.

(2) Die Feststellung der Eignung hat wissenschaftliche Kriterien zu berücksichtigen. Informationen zu den berufsspezifischen Anforderungen und Selbsterkundungsinstrumentarien sind auf der Website zur Verfügung zu halten. Informationen zur Feststellung der Eignung sind spätestens vier Wochen vor Beginn der Registrierung auf der Website zur Verfügung zu stellen, spätestens jedoch sechs Monate vor Beginn des Studienjahres.

(3) Es ist vom Nachweis jener Eignungskriterien Abstand zu nehmen, die bei Erfüllung der wesentlichen Anforderungen für den angestrebten Beruf aufgrund einer Behinderung im Sinne des BGStG nicht erfüllt werden können. Bei Bedarf sind im Rahmen des Eignungsfeststellungsverfahrens geeignete Ausgleichsmaßnahmen, insbesondere (Sprach-)Assistenz, vorzusehen.

(4) Es können für Studienwerberinnen und Studienwerber mit einer anderen Erstsprache als Deutsch bei Bedarf geeignete Vorkehrungen im organisatorischen Ablauf und in der Durchführung der Eignungsprüfung ohne Änderung des Anforderungsniveaus vorgesehen werden.

(5) Die näheren Bestimmungen über das Aufnahmeverfahren einschließlich der Feststellung der Eignung sind durch Verord-

nung des Rektorats festzulegen. Bei gemeinsam eingerichteten Studien haben die Rektorate der beteiligten Bildungseinrichtungen gleichlautende Verordnungen zu erlassen.

(6) Die näheren Bestimmungen über die Feststellung der Eignung zu den Bachelorstudien für das Lehramt Sekundarstufe (Berufsbildung) sind durch Verordnung des zuständigen Regierungsmitgliedes sowie nach den Anforderungen der Curricula durch Verordnung des Hochschulkollegiums festzulegen.

Zulassung zu außerordentlichen Studien

§ 52f. (1) Die Zulassung zu den außerordentlichen Studien setzt den Nachweis der allfälligen im Curriculum eines Hochschullehrganges geforderten Voraussetzungen voraus.

(2) Die Zulassung zu Hochschullehrgängen der Fort- und Weiterbildung für Lehrerinnen und Lehrer gemäß § 39 Abs. 1 und 3 setzt ein aktives Dienstverhältnis als Lehrerin oder Lehrer voraus. Davon abweichend kann im Curriculum festgelegt werden, dass ordentliche Studierende eines Lehramtsstudiums zu einem solchen Hochschullehrgang gemäß § 39 Abs. 1 zugelassen werden können. Die Zulassung zu Hochschullehrgängen in allgemeinen pädagogischen Professionsfeldern der Betreuung von Kindern und Jugendlichen gemäß § 39 Abs. 1 und 3 setzt eine abgeschlossene Ausbildung in diesen Professionsfeldern voraus.

(3) Voraussetzung für die Zulassung zu einem Hochschullehrgang zur Qualifikation für die Erteilung von Lernhilfe an ganztägigen Schulformen (für Erzieherinnen und Erzieher für die Lernhilfe) ist die allgemeine Universitätsreife.

(4) Die näheren Bestimmungen über die Voraussetzungen zum Studium der Hochschullehrgänge zur Ausbildung von Erzieherinnen und Erziehern für die Freizeit an ganztägigen Schulformen (Hochschullehrgänge für Freizeitpädagogik) sowie der Hochschullehrgänge zur Qualifikation für die Erteilung von Lernhilfe an ganztägigen Schulformen (für Erzieherinnen und Erzieher für die Lernhilfe) sind durch Verordnung des zuständigen Regierungsmitgliedes sowie nach den Anforderun-

gen der Curricula durch Verordnung des Hochschulkollegiums festzulegen.

(5) Nach dem Erlöschen der Zulassung wegen der negativen Beurteilung bei der letzten zulässigen Wiederholung einer Prüfung ist die neuerliche Zulassung für diesen Hochschullehrgang ausgeschlossen.

Zulassungs- und Ergänzungsprüfungen

§ 52g. (1) Das für die studienrechtlichen Angelegenheiten zuständige Organ hat fachlich geeignete Prüferinnen oder Prüfer für die Zulassungs- und Ergänzungsprüfungen heranzuziehen, die Prüfungsmethode zu bestimmen und festzulegen, ob die Prüfung als Einzelprüfung oder als kommissionelle Prüfung abzulegen ist.

(2) Wird zur Vorbereitung auf eine Ergänzungsprüfung ein Hochschullehrgang eingerichtet, gilt dessen positiver Abschluss als Ergänzungsprüfung.

(3) Zulassungsprüfungen sind unbeschränkt wiederholbar.

Rechtsschutz bei Aufnahmeverfahren

§ 52h. (1) Der Studienwerberin oder dem Studienwerber ist Einsicht in die Beurteilungsunterlagen und in die Auswertungsprotokolle von Aufnahmeverfahren zu gewähren, wenn sie oder er dies innerhalb von drei Monaten ab Bekanntgabe des Ergebnisses verlangt. Die Beurteilungsunterlagen umfassen auch die bei dem betreffenden Verfahren gestellten Fragen. Im Rahmen der Einsichtnahme ist sicherzustellen, dass auch eine individuelle Rückmeldung zur Beurteilung gegeben werden kann. Die Studienwerberin oder der Studienwerber ist berechtigt, diese Beurteilungsunterlagen zu vervielfältigen. Vom Recht auf Einsichtnahme und auf Vervielfältigung sind Fragen betreffend die persönliche Eignung ausgenommen. Vom Recht auf Vervielfältigung sind ebenso Multiple-Choice-Fragen einschließlich der jeweiligen Antwortmöglichkeiten ausgenommen.

(2) Aufnahmeverfahren für Studien sind unbeschränkt wiederholbar.

Matrikelnummer, Studierendenevidenz

§ 53. (1) Einer Studienwerberin oder einem Studienwerber, die oder der noch an keiner inländischen Pädagogischen Hochschule, Universität, Einrichtung zur Durchführung von Fachhochschul-Studiengängen oder Privatuniversität zugelassen war, hat die Pädagogische Hochschule anlässlich der erstmaligen Zulassung zum Studium eine Matrikelnummer zuzuordnen. Diese ist für alle weiteren Studienzulassungen der oder des betreffenden Studierenden beizubehalten. Die näheren Bestimmungen über Bildung und Vergabe von Matrikelnummern sind durch Verordnung der Bundesministerin oder des Bundesministers für Bildung, Wissenschaft und Forschung zu treffen.

(2) Der Rektor oder die Rektorin hat hinsichtlich der zum Studium an der Pädagogischen Hochschule zugelassenen Studierenden eine Evidenz zu führen, die neben der Matrikelnummer als bildungseinrichtungsspezifisches Personenkennzeichen die gemäß dem Bildungsdokumentationsgesetz 2020, BGBl. I Nr. 20/2021, zu erfassenden Daten zu enthalten hat.

(3) Folgende Prüfungsdaten gemäß § 9 Z 15 des Bildungsdokumentationsgesetzes 2020 müssen mindestens 80 Jahre in geeigneter Form aufbewahrt werden:
1. die Bezeichnung von Prüfungen oder das Thema der wissenschaftlichen oder künstlerischen Arbeiten,
2. die vergebenen ECTS-Anrechnungspunkte,
3. die Beurteilung,
4. die Namen der Prüferinnen und Prüfer oder der Beurteilerinnen und Beurteiler,
5. das Datum der Prüfung oder der Beurteilung sowie
6. der Name und die Matrikelnummer der oder des Studierenden.

Studierendenausweis

§ 54. Den ordentlichen und außerordentlichen Studierenden ist durch die Ausstellung eines Studierendenausweises, der als Lichtbildausweis ausgestaltet sein kann, zu beurkunden, dass sie der Pädagogischen Hochschule (§ 72) angehören. Der Ausweis hat zumindest Namen, Geburtsdatum und Matrikelnummer der oder des Studierenden und die Gültigkeitsdauer zu enthalten. Der Studierendenausweis kann über ein Speichermedium mit weiteren Funktionalitäten ausgestattet sein.

Meldung der Fortsetzung des Studiums

§ 55. (1) Das Rektorat hat nach Anhörung des Hochschulkollegiums für jedes Semester die Frist für die Meldung der Fortsetzung des Studiums festzulegen. Dies ist der Zeitraum, in dem die Studierenden der Pädagogischen Hochschule, an der eine Zulassung zum Studium besteht, mit Ausnahme des ersten Semesters, die Meldung der Fortsetzung ihres Studiums vorzunehmen und bei Bestehen einer Studienbeitragspflicht den Studienbeitrag zu entrichten haben. Die Frist zur Meldung der Fortsetzung hat für das Wintersemester mindestens acht Wochen und für das Sommersemester mindestens vier Wochen zu betragen. Die Frist für das Wintersemester endet am 31. Oktober und für das Sommersemester am 31. März.

(2) Die Meldung der Fortsetzung des Studiums ist unwirksam, solange die Studierendenbeiträge samt allfälliger Sonderbeiträge nach den Bestimmungen des HSG 2014 und die allfälligen Studienbeiträge nicht eingelangt sind.

(Anm.: Abs. 3 mit Ablauf des 30. 9. 2021 außer Kraft getreten)

(4) Über die Meldung der Fortsetzung des Studiums hat die Pädagogische Hochschule den Studierenden Studienbestätigungen auszustellen. Diese müssen jedenfalls Namen, Geburtsdatum, Matrikelnummer und Sozialversicherungsnummer der oder des Studierenden sowie den Studierendenstatus, das Studium und das Semester enthalten.

(5) Die Meldung der Fortsetzung des Studiums ist im Studierendenausweis (§ 54) zu vermerken.

3b. Abschnitt
Anerkennungen

Anerkennung von Prüfungen, anderen Studienleistungen, Tätigkeiten und Qualifikationen

§ 56. (1) Positiv beurteilte Prüfungen und andere Studienleistungen sind bis zu dem in Abs. 4 Z 6 festgelegten Höchstausmaß anzuerkennen, wenn

1. keine wesentlichen Unterschiede hinsichtlich der erworbenen Kompetenzen (Lernergebnisse) bestehen und
2. sie an einer der folgenden Bildungseinrichtungen abgelegt wurden:
   a) einer anerkannten postsekundären Bildungseinrichtung gemäß § 35 Z 1;
   b) einer berufsbildenden höheren Schule in den für die künftige Berufstätigkeit erforderlichen berufsqualifizierenden Fächern;
   c) einer allgemeinbildenden höheren Schule unter besonderer Berücksichtigung der musischen oder der sportlichen Ausbildung in künstlerischen und künstlerisch-wissenschaftlichen sowie in sportlichen und sportlich-wissenschaftlichen Fächern.

Einer oder einem Studierenden eines Hochschullehrgangs sind darüber hinaus positiv absolvierte Prüfungen an einer mittleren Schule in den für die künftige Berufstätigkeit erforderlichen Fächern anzuerkennen, wenn keine wesentlichen Unterschiede hinsichtlich der erworbenen Kompetenzen (Lernergebnisse) bestehen.

(2) Folgende wissenschaftliche, künstlerische und berufliche Tätigkeiten sind anzuerkennen, wenn keine wesentlichen Unterschiede hinsichtlich der erworbenen Kompetenzen (Lernergebnisse) bestehen:

1. wissenschaftliche Tätigkeiten oder wissenschafts- oder ausbildungsbezogene Praktika in Betrieben oder Forschungseinrichtungen außerhalb der Pädagogischen

Hochschule und bei gemeinsam eingerichteten Studien außerhalb der beteiligten Bildungseinrichtungen, die eine wissenschaftliche Berufsvorbildung vermitteln können;
2. künstlerische Tätigkeiten und kunstbezogene Praktika in Organisationen und Unternehmen außerhalb der Pädagogischen Hochschule und bei gemeinsam eingerichteten Studien außerhalb der beteiligten Bildungseinrichtungen, die eine künstlerische Berufsvorbildung vermitteln können;
3. einschlägige berufliche Tätigkeiten mit pädagogischen Anteilen für Lehramtsstudien sowie instrumental(gesangs-)-, religions- und wirtschaftspädagogischen Studien.

(3) Andere berufliche oder außerberufliche Qualifikationen können nach Durchführung einer Validierung der Lernergebnisse bis zu dem in Abs. 4 Z 6 festgelegten Höchstausmaß anerkannt werden. In diesem Fall sind Regelungen zum Verfahren zur Validierung der Lernergebnisse gemäß den in der Satzung festgelegten Standards aufzunehmen.

(4) Für Anerkennungen von Prüfungen, anderen Studienleistungen, Tätigkeiten und Qualifikationen gilt Folgendes:
1. Die Anerkennung erfolgt auf Antrag der oder des Studierenden für ein ordentliches oder außerordentliches Studium.
2. Die Anerkennung für bereits vor der Zulassung absolvierte Prüfungen, andere Studienleistungen, Tätigkeiten und Qualifikationen gemäß Abs. 1 bis 3 ist bis spätestens Ende des zweiten Semesters zu beantragen.
3. Die für die Beurteilung notwendigen Unterlagen sind von der Antragstellerin oder dem Antragsteller dem Antrag anzuschließen.
4. Die Anerkennung erfolgt durch Bescheid des für die studienrechtlichen Angelegenheiten zuständigen Organs für ein ordentliches oder außerordentliches Studium. Über Anerkennungsanträge ist abweichend von § 73 AVG spätestens zwei Monate nach Einlangen des Antrages zu ent-

scheiden. Für Beschwerden gegen den Bescheid gilt § 25 Abs. 2. § 50 Abs. 9 ist sinngemäß anzuwenden.
5. Die Anerkennung von Prüfungen, die entgegen der Bestimmung des § 52 Abs. 7 und 8 an einer anderen Pädagogischen Hochschule oder Universität abgelegt wurden, ist ausgeschlossen.
6. Die Pädagogische Hochschule kann absolvierte Prüfungen gemäß Abs. 1 Z 2 lit. b und c bis zu einem Höchstausmaß von 60 ECTS-Anrechnungspunkten sowie berufliche oder außerberufliche Qualifikationen bis zu einem Höchstausmaß von 60 ECTS-Anrechnungspunkten anerkennen. Diese Anerkennungen sind bis zu einem Höchstausmaß von insgesamt 90 ECTS-Anrechnungspunkten zulässig.
7. Die Anerkennung als Prüfung gilt als Prüfungsantritt und positive Beurteilung der entsprechenden im Curriculum vorgeschriebenen Prüfung in dem Studium, für welches die Anerkennung erfolgt.
8. Anerkannte Prüfungen, andere Studienleistungen, Tätigkeiten und Qualifikationen sind mit der Bezeichnung „anerkannt" einschließlich der Anzahl jener ECTS-Anrechnungspunkte auszuweisen, die im Curriculum für die anerkannte Prüfung oder andere Studienleistung vorgesehen ist.
9. Die Anerkennung von Prüfungen kann auch durch Verordnung des für die studienrechtlichen Angelegenheiten zuständigen Organs erfolgen.

(5) Auf Antrag ordentlicher Studierender, die Teile ihres Studiums im Ausland durchführen wollen, ist im Voraus mit Bescheid festzustellen, welche der geplanten Prüfungen und anderen Studienleistungen anerkannt werden.

(6) Positiv beurteilte Prüfungen, die außerordentliche Studierende abgelegt haben, sind für ordentliche Studien bei nicht wesentlichen Unterschieden nur insoweit anzuerkennen, als sie
1. im Rahmen von Hochschullehrgängen oder Universitätslehrgängen,

2. vor der vollständigen Ablegung der Reifeprüfung oder der Studienberechtigungsprüfung,
3. vor der Zulassungsprüfung für den Nachweis der sportlichen Eignung für das Studium, für welches die Prüfung anerkannt werden soll,
4. vor der Zulassungsprüfung für den Nachweis der künstlerischen Eignung für das Studium, für welches die Prüfung anerkannt werden soll, oder
5. vor der vollständigen Absolvierung der Eignungsfeststellung für das Lehramtsstudium, für welches die Prüfung anerkannt werden soll,

abgelegt wurden.

Anerkennung von wissenschaftlichen und künstlerischen Arbeiten

§ 57. (1) Die Anerkennung von wissenschaftlichen und künstlerischen Arbeiten ist unbeschadet von Abs. 2 unzulässig.

(2) Positiv beurteilte wissenschaftliche und künstlerische Arbeiten, die Studierende in einem Studium verfasst haben, das sie aus rechtlichen Gründen nicht mehr erfolgreich abschließen können, sind auf Antrag der oder des Studierenden von dem für die studienrechtlichen Angelegenheiten zuständigen Organ bescheidmäßig anzuerkennen, wenn sie den im Curriculum des Studiums, für das die Arbeit anerkannt werden soll, festgelegten Anforderungen einer wissenschaftlichen oder künstlerischen Arbeit entsprechen. Die Anerkennung derartiger Arbeiten für mehr als ein Studium ist unzulässig.

3c. Abschnitt
Beurlaubung, Beendigung des Studiums

Beurlaubung

§ 58. (1) Studierende sind auf Antrag für ein oder mehrere Semester wegen

1. Leistung eines Präsenz-, Ausbildungs- oder Zivildienstes oder
2. Erkrankung, die nachweislich am Studienfortschritt hindert, oder
3. Schwangerschaft oder
4. Kinderbetreuungspflichten oder anderen gleichartigen Betreuungspflichten oder
5. Ableistung eines freiwilligen sozialen Jahres oder
6. vorübergehende Beeinträchtigung im Zusammenhang mit einer Behinderung

bescheidmäßig zu beurlauben. Weitere Gründe können in der Satzung festgelegt werden.

(2) Die Beurlaubung ist bis längstens zum Beginn des jeweiligen Semesters zu beantragen. Bei unvorhergesehenem und unabwendbarem Eintritt eines Beurlaubungsgrundes gemäß Abs. 1 Z 2 bis 4 und 6 kann die Beurlaubung auch während des Semesters beantragt werden. Bis zum Zeitpunkt der Beurlaubung erbrachte Studienleistungen (insbesondere abgeschlossene Lehrveranstaltungen und Prüfungen) bleiben gültig.

(3) Die Beurlaubung wirkt für alle Studien der Bildungseinrichtung, an welcher diese beantragt wurde und bei gemeinsam eingerichteten Studien für alle Studien der beteiligten Bildungseinrichtungen. Während der Beurlaubung bleibt die Zulassung zum Studium aufrecht. Die Teilnahme an Lehrveranstaltungen, die Ablegung von Prüfungen sowie die Einreichung und Beurteilung wissenschaftlicher sowie künstlerischer Arbeiten ist unzulässig.

Erlöschen der Zulassung zu ordentlichen Studien

§ 59. (1) Die Zulassung zu einem Studium erlischt, wenn die oder der Studierende
1. sich vom Studium abmeldet oder
2. die Meldung der Fortsetzung des Studiums unterlässt oder
2a. die Mindeststudienleistungen gemäß § 63a nicht erbringt oder

3. bei einer für ihr oder sein Studium vorgeschriebenen Prüfung auch bei der letzten zulässigen Wiederholung negativ beurteilt wurde und diese Prüfung nicht gemäß § 44 Abs. 1 aufgehoben worden ist, wobei sich die Zahl der zulässigen Wiederholungen nach den Prüfungsantritten an der jeweiligen Pädagogischen Hochschule und bei gemeinsam eingerichteten Studien nach den Prüfungsantritten an den beteiligten Bildungseinrichtungen in allen Studien bemisst, oder

(Anm.: Z 4 aufgehoben durch Art. 3 Z 59, BGBl. I Nr. 93/2021)

5. im Falle der befristeten Zulassung das Teilstudium im Befristungsausmaß absolviert hat oder
6. das Studium durch die positive Beurteilung bei der letzten vorgeschriebenen Prüfung abgeschlossen hat oder
7. bei einem Lehramtsstudium in den im Curriculum gekennzeichneten Praktika im Rahmen der pädagogisch-praktischen Studien bei der letzten zulässigen Wiederholung negativ beurteilt wurde und ein allfälliger Antrag gemäß § 43a Abs. 4 zurück- oder abgewiesen wurde, wobei ein Verweis von der Praxisschule einer negativen Beurteilung gleichzuhalten ist, oder
8. aufgrund einer Handlung oder von Handlungen, die eine dauerhafte oder schwer wiegende Gefährdung anderer Angehöriger der Pädagogischen Hochschule oder Dritter im Rahmen des Studiums darstellt oder darstellen, vom Rektorat durch Bescheid vom Studium ausgeschlossen wird, wobei Näheres in der Satzung zu regeln ist, oder
9. im Bachelorstudium für die Sekundarstufe (Berufsbildung) mit den Fachbereichen der dualen Berufsausbildung sowie Technik und Gewerbe aus dem Dienstverhältnis ausscheidet.

(2) Bei gemeinsam eingerichteten Studien erlischt die Zulassung im Falle des § 68 Abs. 2 UG.

(3) Das Erlöschen der Zulassung ist in den Fällen des Abs. 1 Z 3, 4, 7 und 9 sowie Abs. 2 der oder dem betroffenen Studie-

renden schriftlich mitzuteilen. Das Rektorat hat auf Antrag der oder des Studierenden einen Feststellungsbescheid zu erlassen.

Abgangsbescheinigung

§ 60. Beendet die oder der Studierende ein Studium, ohne das Studium erfolgreich abgeschlossen zu haben, so ist auf Antrag eine Abgangsbescheinigung auszustellen. Diese hat alle Prüfungen, zu denen die oder der Studierende in diesem Studium angetreten ist, und deren Beurteilungen anzugeben. Hinsichtlich der positiv beurteilten Prüfungen ist nur die positive Beurteilung anzugeben. Zur Unterstützung der internationalen Mobilität ist der Anschluss einer fremdsprachigen Übersetzung zulässig, wobei die Benennung der Pädagogischen Hochschule und des ausstellenden Organs nicht zu übersetzen sind.

Erlöschen der Zulassung zu außerordentlichen Studien

§ 61. (1) Die Zulassung erlischt, wenn die oder der Studierende
1. sich vom Studium abmeldet oder
2. die Meldung der Fortsetzung des Studiums unterlässt oder
3. bei einer für ihr oder sein Studium vorgeschriebenen Prüfung bei der letzten zulässigen Wiederholung negativ beurteilt wurde oder
4. gemäß § 52f Abs. 2 letzter Satz gleichzeitig zu einem ordentlichen Studium und einem Hochschullehrgang der Fort- und Weiterbildung für Lehrerinnen und Lehrer gemäß § 39 Abs. 1 zugelassen ist und die Zulassung zum ordentlichen Studium gemäß § 59 Abs. 1, 2, 3, 4, 5, 7, 8, 9 oder Abs. 2 erlischt oder
5. den Hochschullehrgang durch die positive Beurteilung bei der letzten vorgeschriebenen Prüfung abgeschlossen hat oder
6. die im Curriculum eines Hochschullehrganges festgelegte Höchststudiendauer überschreitet oder
7. aus dem in § 59 Abs. 1 Z 8 genannten Grund vom außerordentlichen Studium ausgeschlossen wird.

(2) Das Erlöschen der Zulassung ist in den Fällen des Abs. 1 Z 3, 4, und 6 der oder dem betroffenen Studierenden schriftlich mitzuteilen. Das Rektorat hat auf Antrag einen Feststellungsbescheid zu erlassen.

4. Abschnitt
Rechte und Pflichten der Studierenden

Pflichten der Studierenden

§ 62. (1) Die Studierenden sind verpflichtet, an der Erfüllung der Aufgaben der Pädagogischen Hochschule mitzuwirken und ihre Verpflichtungen im Rahmen der jeweiligen hochschulischen Gremien zu erfüllen. Sic haben sich den Studienzielen mit Gewissenhaftigkeit zu widmen und die Pflicht, ihren Studienfortschritt eigenverantwortlich im Sinne eines raschen Studienabschlusses zu gestalten. Weiters haben sie Benützungsordnungen für Lehr- und Studieneinrichtungen einzuhalten.

(2) Die Studierenden haben insbesondere
1. der Pädagogischen Hochschule, an der eine Zulassung zum Studium besteht, Namens- und Adressänderungen sowie sämtliche Umstände, die für das Studium von Bedeutung sein könnten, unverzüglich bekannt zu geben,
2. die Fortsetzung des Studiums der Pädagogischen Hochschule, an der die Zulassung zu einem Studium besteht, während der Frist gemäß § 55 Abs. 1 zu melden,
3. sich bei vorhersehbarer Studieninaktivität zeitgerecht vom Studium abzumelden,
4. sich zu den Prüfungen fristgerecht an- und abzumelden und
5. anlässlich der Verleihung des akademischen Grades ein Exemplar ihrer Masterarbeit der Bibliothek der Pädagogischen Hochschule abzuliefern.

(3) § 46 Abs. 1 bis 4 sowie § 214 des Beamten-Dienstrechtsgesetzes 1979, BGBl. Nr. 333/1979, gilt für Studierende hinsichtlich

im Curriculum verankerter Praktika an Schulen sinngemäß, wobei an die Stelle der Beamtin oder des Beamten bzw. der Lehrerin oder des Lehrers die oder der Studierende tritt und an die Stelle der Dienstbehörde die zuständige Schulbehörde.

Rechte der Studierenden

§ 63. (1) Den Studierenden steht nach Maßgabe der gesetzlichen Bestimmungen Lernfreiheit zu. Sie umfasst insbesondere das Recht,
1. sowohl an der Pädagogischen Hochschule, an der sie zum Studium zugelassen wurden, als auch an anderen Pädagogischen Hochschulen die Zulassung für andere Studien zu erlangen,
2. nach Maßgabe des Lehrangebotes und der Vorgaben des Curriculums aus Lehrveranstaltungen auszuwählen,
3. neben einem ordentlichen Studium an der Pädagogischen Hochschule der Zulassung oder nach Maßgabe des § 52 Abs. 8 an anderen Pädagogischen Hochschulen oder bei gemeinsam eingerichteten Studien mit Universitäten an diesen das Lehrangebot zu nutzen, für welches die Studierenden die in den Curricula festgelegten Anmeldungsvoraussetzungen erfüllen,
4. die facheinschlägigen Lehr- und Forschungseinrichtungen und die Bibliotheken an allen Bildungseinrichtungen, deren Angehörige sie sind, nach Maßgabe der Benützungsordnungen zu benützen,
5. als ordentliche Studierende eines Masterstudiums das Thema und die Betreuerin oder den Betreuer ihrer Masterarbeit nach Maßgabe der hochschulrechtlichen Regelungen vorzuschlagen oder aus einer Anzahl von Vorschlägen auszuwählen,
6. wissenschaftliche oder künstlerische Arbeiten in einer Fremdsprache abzufassen, wenn die Betreuerin oder der Betreuer zustimmt,

7. als ordentliche Studierende nach Maßgabe der hochschulrechtlichen Regelungen Prüfungen abzulegen,
8. nach Erbringung der in den Curricula vorgeschriebenen Leistungen akademische Grade verliehen zu erhalten,
9. als außerordentliche Studierende an den betreffenden Hochschullehrgängen teilzunehmen und die darin vorgeschriebenen Prüfungen abzulegen,
10. als außerordentliche Studierende, die nur zum Besuch von Lehrveranstaltungen zugelassen sind, Lehrveranstaltungen zu besuchen, für welche sie die in den Curricula festgelegten Anmeldungsvoraussetzungen erfüllen, sowie nach Maßgabe der hochschulrechtlichen Regelungen Prüfungen abzulegen,
11. auf eine abweichende Prüfungsmethode, wenn die oder der Studierende eine Behinderung nachweist, die ihr oder ihm die Ablegung der Prüfung in der vorgeschriebenen Methode unmöglich macht, und der Inhalt und die Anforderungen der Prüfung durch eine abweichende Methode nicht beeinträchtigt werden,
12. Anträge hinsichtlich der Person der Prüferinnen oder Prüfer zu stellen. Diese Anträge sind nach Möglichkeit zu berücksichtigen. Bei der zweiten Wiederholung einer Prüfung oder der Wiederholung eines im Curriculum gekennzeichneten Praktikums im Rahmen der pädagogisch-praktischen Studien ist dem Antrag auf eine bestimmte Prüferin oder einen bestimmten Prüfer der Pädagogischen Hochschule der Zulassung zum Studium, in dem die Prüfung abzulegen ist, jedenfalls zu entsprechen, sofern diese oder dieser zur Abhaltung der Prüfung berechtigt ist. Bei gemeinsam eingerichteten Studien ist bei der zweiten Wiederholung einer Prüfung oder der Wiederholung eines im Curriculum gekennzeichneten Praktikums im Rahmen der pädagogisch-praktischen Studien dem Antrag auf eine bestimmte Prüferin oder einen bestimmten Prüfer der beteiligten Bildungseinrichtungen jedenfalls zu entsprechen.

(2) Die berufstätigen Studierenden und die Studierenden mit Kinderbetreuungspflichten oder anderen gleichartigen Betreuungspflichten, die somit nicht Vollzeit studieren, sondern nur einen Teil ihrer Zeit dem Studium widmen können, sind berechtigt zu melden, zu welchen Tageszeiten sie einen besonderen Bedarf nach Lehr- und Prüfungsangeboten haben. Die Pädagogischen Hochschulen haben diesen besonderen Bedarf auf Grund der Meldeergebnisse bei der Gestaltung ihres Lehr- und Prüfungsangebotes nach Möglichkeit zu berücksichtigen. Bereits anlässlich der Zulassung zu einem Studium hat die Studienwerberin oder der Studienwerber das Recht, diesen Bedarf zu melden.

(3) Den Studierenden gemeinsam eingerichteter Studien sollen nach Maßgabe der budgetären Möglichkeiten ausreichend zusätzliche Studienangebote oder Lehrveranstaltungen im selben oder spätestens im nächstfolgenden Semester angeboten werden, wenn der oder dem Studierenden eine Verlängerung der Studienzeit zu erwachsen droht, deren Ursache alleine oder überwiegend der Pädagogischen Hochschule zuzurechnen ist, insbesondere im Zusammenhang mit zu geringen Lehrveranstaltungsangeboten der Pädagogischen Hochschule. Der Pädagogischen Hochschule zurechenbar ist eine Verlängerung der Studienzeit insbesondere dann, wenn diese durch Rückstellung bei der Anmeldung zu einer Lehrveranstaltung erfolgt.

(4) Das Recht, als Vertreterin oder als Vertreter der Studierenden in Kollegialorganen tätig zu werden, richtet sich nach den Bestimmungen des HSG 2014.

(5) Die Bundesministerin oder der Bundesminister für Bildung, Wissenschaft und Forschung hat durch Verordnung Personengruppen festzulegen, die auf Grund deren besonderer persönlicher Nahebeziehungen zu Österreich oder deren Tätigkeit im Auftrag der Republik Österreich, wie österreichische Staatsangehörige zu behandeln sind (Personengruppenverordnung).

Mindeststudienleistung

§ **63a.** (1) In Bachelorstudien sind die Studierenden verpflichtet, in jedem Studium, zu dem eine Zulassung besteht, in den ersten vier Semestern insgesamt eine Studienleistung im Umfang von mindestens 16 ECTS-Anrechnungspunkten zu absolvieren. Anerkennungen gemäß § 56 sind nur dann auf die Mindeststudienleistung anzurechnen, wenn die der Anerkennung zugrundeliegende Prüfung, andere Studienleistung, Tätigkeit und Qualifikation während der betreffenden Semester erbracht wurde.

(2) ECTS-Anrechnungspunkte für das Erreichen der Mindeststudienleistung können im Wintersemester bis zum 31. Oktober und im Sommersemester bis zum 31. März erbracht werden. Für die Berechnung der Zahl der ECTS-Anrechnungspunkte ist der Zeitpunkt der Absolvierung der Leistung maßgeblich.

(3) Semester, für die eine Beurlaubung vorliegt, sind in die in Abs. 1 festgelegten vier Semester nicht einzurechnen.

(4) Gemäß § 59 Abs. 1 Z 2a erlischt die Zulassung zum Studium mit 1. November oder 1. April, wenn der oder die Studierende die Mindeststudienleistungen gemäß Abs. 1 nicht erbracht hat.

(5) Diese Bestimmung gilt nicht für Studierende mit einer Behinderung gemäß § 3 BGStG.

Unterstützungsleistungen seitens der Pädagogischen Hochschule

§ **63b.** (1) Die Pädagogische Hochschule hat Studierende, die in den ersten beiden Semestern nicht mindestens 12 ECTS-Anrechnungspunkte absolviert haben, darüber zu informieren, dass die Zulassung zum Studium erlischt, wenn sie nach Beenden des vierten Semesters die Mindeststudienleistung gemäß § 63a Abs. 1 nicht erbracht haben.

(2) Die Pädagogische Hochschule hat jedenfalls im Zusammenhang mit der Information über das Erlöschen der Zulassung auf die bestehenden Möglichkeiten einer Studienberatung sowie

von Unterstützungsleistungen hinzuweisen. Konkrete Unterstützungsleistungen können in der Satzung festgelegt werden.

(3) Die Pädagogische Hochschule kann Studierenden, die in einem Bachelorstudium mindestens 120 ECTS-Anrechnungspunkte absolviert haben, bei Prüfungsinaktivität der Studierenden im vorangegangenen Studienjahr eine „Vereinbarung über die Studienleistung" für dieses Studium anbieten. Näheres ist in der Satzung zu regeln. Die Vereinbarung ist zwischen der oder dem Studierenden und dem Rektorat abzuschließen und hat jedenfalls folgende Mindestinhalte zu umfassen:
   a) Unterstützungsmaßnahmen für die Studierenden seitens der Pädagogischen Hochschule (insbesondere durch Anspruch auf Absolvierung bestimmter Lehrveranstaltungen und Prüfungen, Aufnahme in Lehrveranstaltungen mit einer beschränkten Zahl von Teilnehmerinnen und Teilnehmern, Rückerstattung des Studienbeitrages, etc.),
   b) Verpflichtungen der Studierenden (insbesondere zur Absolvierung bestimmter Lehrveranstaltungen und Prüfungen, etc.),
   c) Sanktionen bei Nichterfüllung der Vereinbarung (insbesondere keine Rückerstattung des Studienbeitrages, etc.).

5. Abschnitt
Akademische Grade, Nostrifizierung

Akademischer Grad und akademische Bezeichnung bei Abschluss von Hochschullehrgängen

§ 64. (1) In den Curricula von Hochschullehrgängen gemäß § 39 Abs. 4 dürfen die im jeweiligen Fach international gebräuchlichen Mastergrade festgelegt werden, die den Absolventinnen und Absolventen jener Hochschullehrgänge zu verleihen sind, deren Zugangsbedingungen, Umfang und Anforderungen mit Zugangsbedingungen, Umfang und Anforderungen entsprechender ausländischer Masterstudien vergleichbar sind. Hochschullehrgänge gemäß § 39 Abs. 3 schließen mit dem akademischen Grad „Master of Education" („MEd") ab.

(2) Wenn Abs. 1 nicht zur Anwendung kommt, darf die akademische Bezeichnung „Akademische bzw. Akademischer ..." mit einem die Inhalte des jeweiligen Hochschullehrganges charakterisierenden Zusatz festgelegt werden, die bei Abschluss jener Hochschullehrgänge zu verleihen ist, die mindestens 60 ECTS-Anrechnungspunkte umfassen.

Verleihung des akademischen Grades oder der akademischen Bezeichnung

§ 65. (1) Das für die studienrechtlichen Angelegenheiten zuständige Organ hat den Absolventinnen und Absolventen der ordentlichen Studien mit Ausnahme der Erweiterungsstudien nach der positiven Beurteilung aller im jeweiligen Curriculum vorgeschriebenen Prüfungen und in den Masterstudien nach der Ablieferung der positiv beurteilten Masterarbeit, den festgelegten akademischen Grad durch einen schriftlichen Bescheid unverzüglich, jedoch spätestens einen Monat nach der Erfüllung aller Voraussetzungen von Amts wegen zu verleihen. Davon unberührt bleibt die Bestimmung des § 65a.

(2) Das für die studienrechtlichen Angelegenheiten zuständige Organ hat den Absolventinnen und Absolventen von Hochschullehrgängen nach der positiven Beurteilung aller im jeweiligen Curriculum vorgeschriebenen Prüfungen und nach Ablieferung der im Curriculum allenfalls vorgesehenen abschließenden schriftlichen Arbeit den festgelegten Mastergrad oder die festgelegte akademische Bezeichnung durch einen schriftlichen Bescheid unverzüglich, jedoch spätestens einen Monat nach Erfüllung aller Voraussetzungen von Amts wegen zu verleihen.

(3) Zur Unterstützung der internationalen Mobilität der Absolventinnen und Absolventen ist dem Verleihungsbescheid eine englischsprachige Übersetzung anzuschließen, wobei die Benennung der Pädagogischen Hochschule und des ausstellenden Organs sowie der akademische Grad oder die akademische Be-

zeichnung nicht zu übersetzen sind. Der Verleihungsbescheid hat jedenfalls folgende Angaben zu enthalten:
1. den Familiennamen und die Vornamen, allenfalls den Geburtsnamen,
2. das Geburtsdatum und die Staatsangehörigkeit,
3. das abgeschlossene Studium,
4. den verliehenen akademischen Grad oder die akademische Bezeichnung.

(3a) Auf Antrag einer Absolventin oder eines Absolventen ist ein neuer Verleihungsbescheid auszustellen, wenn eine Geschlechtsänderung durch Vorlage einer Personenstandsurkunde nachgewiesen wird.

(4) Werden die Voraussetzungen für einen akademischen Grad mit demselben Wortlaut mehr als einmal erbracht, so ist derselbe akademische Grad auch mehrfach zu verleihen.

(5) Wird ein ordentliches Studium auf Grund eines gemeinsamen Studienprogrammes abgeschlossen, bei dessen Durchführung bei einem Studienumfang von bis zu 120 ECTS-Anrechnungspunkten jeweils mindestens 30 ECTS-Anrechnungspunkte, bei einem Studienumfang von mehr als 120 ECTS-Anrechnungspunkten jeweils mindestens 60 ECTS-Anrechnungspunkte unter der Verantwortung der beteiligten österreichischen Partnerinstitution erbracht wurden, ist es zulässig,
1. gemeinsam einen akademischen Grad (joint degree) zu verleihen oder
2. bei double oder multiple degree programmes einen akademischen Grad zu verleihen, wobei die allenfalls verliehenen akademischen Grade der Partnerinstitutionen auszuweisen sind.

(6) Bei gemeinsam eingerichteten Studien gemäß § 35 Z 31 und § 39b hat das an der zulassenden Bildungseinrichtung für die studienrechtlichen Angelegenheiten zuständige Organ den akademischen Grad zu verleihen, wobei die weiteren an der Durchführung des Studiums beteiligten Bildungseinrichtungen auszuweisen sind.

(7) Zur Unterstützung der internationalen Mobilität der Studierenden sowie der Absolventinnen und Absolventen ist dem Verleihungsbescheid ein Anhang (Diploma Supplement) gemäß Art. IX.3 des Übereinkommens über die Anerkennung von Qualifikationen im Hochschulbereich in der europäischen Region, BGBl. III Nr. 71/1999, anzuschließen. Die Bundesministerin oder der Bundesminister für Bildung, Wissenschaft und Forschung hat durch Verordnung festzulegen, in welcher Form das Diploma Supplement auszustellen ist.

Verleihung des akademischen Grades „Bachelor of Education" aufgrund hochschulischer Nachqualifizierung

§ 65a. (1) Auf Antrag ist Personen, die
1. eine insgesamt sechssemestrige Lehramtsausbildung,
2. eine Lehramtsausbildung unter sechs Semestern sowie ein zusätzliches Lehramt oder
3. eine Lehramtsausbildung unter sechs Semestern im Bereich der Berufsbildung sowie eine nach den zum Zeitpunkt der Zulassung geltenden Aufnahmevoraussetzungen erforderliche facheinschlägige Vorbildung und bzw. oder Berufspraxis in Vollbeschäftigung im Ausmaß von mindestens einem Jahr

nach den vor dem Inkrafttreten dieses Bundesgesetzes geltenden Studienrechtsvorschriften erfolgreich abgeschlossen oder erlangt haben, nach Absolvierung von berufsbegleitenden Ergänzungsstudien sowie einer Bachelorarbeit im Gesamtausmaß von 39 ECTS-Anrechnungspunkten (davon 9 ECTS-Anrechnungspunkte für die Bachelorarbeit) der akademische Grad „Bachelor of Education, BEd" zu verleihen. Der Antrag ist an einer Pädagogischen Hochschule oder an einer anerkannten privaten Pädagogischen Hochschule zu stellen, an der das entsprechende Bachelorstudium geführt wird. Das zuständige Regierungsmitglied hat durch Verordnung die näheren Regelungen über die Gestaltung des berufsbegleitenden Ergänzungsstudiums zu erlassen. Dabei können Qualifikationen, die erlangt wurden, zur Gänze oder zum

Teil nach den Anforderungen des Rahmencurriculums anerkannt werden. Diesbezüglich kommen beispielsweise einschlägige Ausbildungen wie ein erfolgreich abgeschlossenes Universitäts- oder Fachhochschulstudium, ein weiteres Lehramtsstudium (sofern dieses nicht Zugangsvoraussetzung gemäß § 65a Abs. 1 Z 2 ist), berufsbegleitende Fort- und Weiterbildungen wie Universitäts- oder Hochschullehrgänge, auf Lehramtsstudien aufbauende Studien zur Erlangung zusätzlicher Lehrbefähigungen, Zusatzausbildungen für Sonderschullehrerinnen und -lehrer oder weitere inhaltlich und anforderungsmäßig entsprechende Zusatzqualifikationen, Projektbetreuungen, Führungstätigkeiten im Schulbereich, einschlägige Veröffentlichungen sowie sonstige für den Beruf der Pädagoginnen und Pädagogen relevante Qualifikationen in Betracht. Abweichend von § 57 können auch Hausarbeiten sowie andere Arbeiten zur Anerkennung kommen, sofern sie den Anforderungen einer Bachelorarbeit an der Pädagogischen Hochschule inhaltlich entsprechen. Die Qualifikationen sind in einem Kompetenzportfolio zu dokumentieren.

(2) § 65 Abs. 3 findet Anwendung.

Führung von akademischen Graden

§ 66. Das Recht der Führung von akademischen Graden erfolgt nach Maßgabe des § 88 UG. Der akademische Grad ist dem Namen nachzustellen.

Widerruf inländischer akademischer Grade oder akademischer Bezeichnungen

§ 67. Der Verleihungsbescheid ist von dem für die studienrechtlichen Angelegenheiten zuständigen Organ aufzuheben und einzuziehen, wenn sich nachträglich ergibt, dass der akademische Grad oder die akademische Bezeichnung insbesondere durch gefälschte Zeugnisse oder durch das Vortäuschen von wissenschaftlichen oder künstlerischen Leistungen erschlichen worden ist. Bei Erweiterungsstudien ist das Abschlusszeugnis für nichtig zu erklären und einzuziehen, wenn sich nachträglich ergibt, dass der Abschluss insbesondere durch gefälschte Zeugnisse oder durch das Vortäuschen von wissenschaftlichen oder künstlerischen Leistungen erschlichen worden ist.

Nostrifizierung

§ 68. (1) Die Antragstellung betreffend die Anerkennung eines ausländischen Studienabschlusses als Abschluss eines inländischen ordentlichen Studiums (Nostrifizierung) setzt den Nachweis voraus, dass die Nostrifizierung zwingend für die Berufsausübung oder die Fortsetzung der Ausbildung der Antragstellerin oder des Antragstellers in Österreich erforderlich ist. Nähere Bestimmungen sind in der Satzung festzulegen.

(2) Der Antrag ist an einer Pädagogischen Hochschule oder einer Universität einzubringen, an der das entsprechende inländische Studium eingerichtet ist. Es ist unzulässig, denselben Nostrifizierungsantrag gleichzeitig oder nach der Zurückziehung an einer anderen Pädagogischen Hochschule oder Universität einzubringen.

(3) Die Nostrifizierung ist von dem für die studienrechtlichen Angelegenheiten zuständigen Organ mit Bescheid auszusprechen. Im Bescheid ist festzulegen, welchem inländischen Studienabschluss der ausländische Studienabschluss entspricht und welchen inländischen akademischen Grad die Antragstellerin oder der Antragsteller an Stelle des ausländischen akademischen Grades auf Grund der Nostrifizierung zu führen berechtigt ist. Die Nostrifizierung ist auf der Urkunde, die als Nachweis des ausländischen Studienabschlusses vorgelegt wurde, zu vermerken. Über Anträge auf Nostrifizierung ist abweichend von § 73 AVG spätestens drei Monate nach Einlangen der vollständigen Unterlagen bescheidmäßig zu entscheiden.

(4) Wenn die Gleichwertigkeit grundsätzlich gegeben ist und nur einzelne Ergänzungen auf die volle Gleichwertigkeit fehlen, hat das für die studienrechtlichen Angelegenheiten zuständige Organ der Antragstellerin oder dem Antragsteller zur Herstellung der Gleichwertigkeit mit Bescheid die Ablegung der erfor-

derlichen Prüfungen und bzw. oder die Anfertigung einer wissenschaftlichen Arbeit innerhalb einer angemessenen Frist aufzutragen. Zur Erbringung der Ergänzung ist die Antragstellerin oder der Antragsteller als außerordentliche Studierende oder als außerordentlicher Studierender zuzulassen.

(5) Die Nostrifizierung ist bescheidmäßig zu widerrufen, wenn sie insbesondere durch gefälschte Zeugnisse erschlichen worden ist.

(6) Die Taxe für die Nostrifizierung eines ausländischen Studienabschlusses beträgt 150 Euro. Die Taxe ist im Voraus zu entrichten. Sie verfällt, wenn der Antrag auf Nostrifizierung abgewiesen oder zurückgezogen wird.

6. Abschnitt
Studienbeiträge

Studienbeitrag

§ 69. (1) Ordentliche Studierende mit der Staatsangehörigkeit eines EU- oder EWR-Staates und ordentliche Studierende, denen Österreich auf Grund eines völkerrechtlichen Vertrages dieselben Rechte für den Berufszugang zu gewähren hat wie österreichischen Staatsangehörigen, und ordentliche Studierende, die unter die Personengruppen gemäß der Personengruppenverordnung fallen, sowie ordentliche Studierende aus Drittstaaten, die über eine andere Aufenthaltsberechtigung als jene für Studierende gemäß § 64 Niederlassungs- und Aufenthaltsgesetz – NAG, BGBl. I Nr. 100/2005 verfügen, haben, wenn sie die vorgesehene Studienzeit
1. eines Bachelor- oder Masterstudiums im Sinne des § 38 Abs. 1 und 1a, wobei 30 ECTS-Anrechnungspunkte einem Semester entsprechen,
2. eines Erweiterungsstudiums gemäß § 38b, wobei 30 ECTS-Anrechnungspunkte einem Semester entsprechen und gegebenenfalls auf ganze Semester aufzurunden ist,

3. eines Erweiterungsstudiums gemäß § 38c, wobei die vorgesehene Studienzeit für das Erweiterungsstudium zur Erweiterung des Bachelorstudiums acht Semester und für das Erweiterungsstudium zur Erweiterung des Masterstudiums vier Semester beträgt,
4. eines Erweiterungsstudiums gemäß § 38d Abs. 1, wobei die vorgesehene Studienzeit acht Semester beträgt,

um mehr als zwei Semester überschreiten, einen Studienbeitrag von 363,36 Euro für jedes Semester zu entrichten.

(2) Ordentliche Studierende aus Drittstaaten, die nicht unter Abs. 1 fallen und die über eine Aufenthaltsberechtigung für Studierende gemäß § 64 NAG verfügen, haben einen Studienbeitrag von 726,72 Euro für jedes Semester zu entrichten.

(3) Außerordentliche Studierende, die ausschließlich zum Besuch einzelner Lehrveranstaltungen aus wissenschaftlichen Fächern zugelassen sind, haben unabhängig von ihrer Staatsangehörigkeit einen Studienbeitrag von 363,36 Euro für jedes Semester zu entrichten.

(4) Studierende, die zu mehreren Studien, auch an mehreren Pädagogischen Hochschulen und Universitäten, zugelassen sind, haben den Studienbeitrag nur einmal zu entrichten. Dies gilt auch für Studierende, die zu einem gemeinsam mit einer Universität eingerichteten Studium zugelassen sind, wobei die Einhebung des Studienbeitrages durch die zulassende Bildungseinrichtung erfolgt.

(5) Der Studienbeitrag ist für jedes Semester im Voraus zu entrichten. Die Studienbeiträge verbleiben der jeweiligen Pädagogischen Hochschule als Drittmittel gemäß § 77. Der Studienbeitrag von Studierenden, die ein von mehreren Pädagogischen Hochschulen und bzw. oder Universitäten gemeinsam eingerichtetes Studium betreiben oder die zu mehreren Studien verschiedener Pädagogischen Hochschulen und bzw. oder Universitäten zugelassen sind, ist unter den beteiligten Pädagogischen Hochschulen und Universitäten gemäß einer abzuschließenden Vereinbarung aufzuteilen.

(6) Nähere Bestimmungen zur Einhebung des Studienbeitrages sind durch Verordnung der zuständigen Bundesministerin oder des zuständigen Bundesministers festzulegen (Studienbeitragsverordnung).

Beitragsfreiheit und Beitragspflicht betreffend Hochschullehrgänge

§ 70. Die Teilnahme an Hochschullehrgängen gemäß § 39 Abs. 1 bis 3, die im öffentlich-rechtlichen Bildungsauftrag der Pädagogischen Hochschule durchgeführt werden, ist für die Teilnehmerinnen und Teilnehmer frei von Lehrgangsbeiträgen.

Erlass und Erstattung des Studienbeitrages

§ 71. (1) Der Studienbeitrag ist insbesondere zu erlassen
1. ordentlichen Studierenden für die Semester, in denen sie nachweislich Studien oder Praxiszeiten im Rahmen von transnationalen EU-, staatlichen oder universitären Mobilitätsprogrammen absolvieren werden;
2. ordentlichen Studierenden für die Semester, in denen sie auf Grund verpflichtender Bestimmungen im Curriculum Studien im Ausland absolvieren werden;

(Anm.: Z 3 aufgehoben durch Art. 1 Z 58, BGBl. I Nr. 129/2017)

4. ordentlichen Studierenden, wenn die von ihnen zuletzt besuchte ausländische postsekundäre Bildungseinrichtung mit der österreichischen Pädagogischen Hochschule ein Partnerschaftsabkommen abgeschlossen hat, welches auch den gegenseitigen Erlass des Studienbeitrages vorsieht;
5. ordentlichen Studierenden, wenn sie Staatsangehörige von in der Studienbeitragsverordnung festgelegten Staaten sind, wobei sich die Festlegung an den „Least Developed Countries" gemäß der „DAC List of ODA Recipients" zu orientieren hat, welche vom Ausschuss für Entwicklungshilfe (kurz DAC) der Organisation für wirtschaftliche Zusammenarbeit und Entwicklung (OECD) erstellt wird;

6. ordentlichen Studierenden, welche die Voraussetzungen gemäß § 69 Abs. 1 erfüllen, auch bei Überschreitung des in Abs. 1 festgelegten Zeitraumes für Semester, in denen sie nachweislich mehr als zwei Monate durch Krankheit oder Schwangerschaft bzw. durch Kinderbetreuungspflichten von Kindern bis zum 7. Geburtstag oder einem allfälligen späteren Schuleintritt oder durch andere gleichartige Betreuungspflichten am Studium gehindert waren;
7. ordentlichen Studierenden, welche die Voraussetzungen gemäß § 69 Abs. 1 erfüllen, auch bei Überschreitung des in Abs. 1 festgelegten Zeitraumes, wenn eine Behinderung nach bundesgesetzlichen Vorschriften mit mindestens 50 % festgestellt ist;
8. ordentlichen Studierenden, wenn sie im vergangenen Semester Studienbeihilfe gemäß dem Studienförderungsgesetz 1992, BGBl. Nr. 305/1992, bezogen haben oder im laufenden Semester beziehen;

(2) Über den Antrag auf Erlass des Studienbeitrages entscheidet das Rektorat. Dem Antrag sind die für die Entscheidung erforderlichen Nachweise beizufügen.

(3) Studierende, denen gemäß Abs. 1 Z 1 und 2 der Studienbeitrag erlassen wurde und die in diesem Semester keine Studien oder Praxiszeiten im Sinne dieser Bestimmungen im Ausland absolviert haben, haben den Studienbeitrag nachträglich zu entrichten. Dies hat das Rektorat bescheidmäßig zu verfügen.

(4) Sofern Studierende den Erlass des Studienbeitrages durch unvollständige oder unwahre Angaben maßgebender Tatsachen schuldhaft veranlasst oder erschlichen haben, haben sie unbeschadet strafrechtlicher Verantwortlichkeit den doppelten Studienbeitrag zu entrichten. Dies hat das Rektorat bescheidmäßig zu verfügen.

(5) Studierende, die beurlaubt sind, haben keinen Studienbeitrag zu entrichten. Studierenden, die auf Grund eines unvorhergesehenen und unabwendbaren Eintritts eines Beurlaubungsgrundes während des Semesters beurlaubt wurden, ist auf Antrag ein bereits bezahlter Studienbeitrag rückzuerstatten, sofern der

Zeitraum der Beurlaubung mehr als die Hälfte des betreffenden Semesters umfasst, wobei die lehrveranstaltungsfreie Zeit nicht zu berücksichtigen ist.

(5a) Studierenden, welche die in der „Vereinbarung über die Studienleistung" gemäß § 63b Abs. 3 festgelegten Verpflichtungen für das jeweilige Semester erfüllen, ist auf Antrag ein bereits bezahlter Studienbeitrag für dieses Semester rückzuerstatten, sofern dies in der Vereinbarung festgelegt wurde.

(6) Die Bundesministerin oder der Bundesminister für Bildung, Wissenschaft und Forschung ist berechtigt, entsprechend den Schwerpunktsetzungen Österreichs bei den Maßnahmen zur Unterstützung und Förderung der wirtschaftlichen und sozialen Entwicklung durch Verordnung Staaten festzulegen, deren Angehörige von der Entrichtung des Studienbeitrages befreit werden können. Die Befreiung erfolgt im Rahmen der Privatwirtschaftsverwaltung auf Grund von Anträgen der Studierenden. Über die Befreiung hat das Rektorat binnen vier Wochen ab Antragstellung zu entscheiden. Auf die Befreiung besteht kein Rechtsanspruch.

3. Hauptstück
Angehörige der Pädagogischen Hochschule

Personenkreis

§ 72. Zu den Angehörigen der Pädagogischen Hochschule zählen:
1. alle Studierenden im Sinne des § 35 Z 18,
2. das Lehrpersonal,
3. das Verwaltungspersonal,
4. die Mitglieder von Organen der Pädagogischen Hochschule, die nicht auch dem Lehr- oder Verwaltungspersonal angehören.

Gewissensfreiheit und Forschungsfreiheit

§ 73. Hochschulangehörige dürfen nicht gegen ihr Gewissen zur Mitwirkung bei einzelnen wissenschaftlichen oder künstlerischen Arbeiten verhalten werden. Aus einer Weigerung zur Mitwirkung darf ihnen kein Nachteil erwachsen. Vorgesetzten gegenüber ist die Verweigerung der Mitwirkung jedoch schriftlich bekannt zu geben.

Veröffentlichungen

§ 74. Jede und jeder Angehörige der Pädagogischen Hochschule hat das Recht, eigene wissenschaftlich-berufsfeldbezogene oder künstlerische Arbeiten selbstständig zu veröffentlichen. Bei der Veröffentlichung der Ergebnisse der Forschung und der Entwicklung und Erschließung der Künste sind Angehörige der Pädagogischen Hochschule, die einen eigenen wissenschaftlichen oder künstlerischen Beitrag zu dieser Arbeit geleistet haben, als Mitautorinnen oder Mitautoren zu nennen.

3a. Hauptstück
Externe Qualitätssicherung der Lehramtsstudien

Qualitätssicherungsrat für Pädagoginnen- und Pädagogenbildung

§ 74a. (1) Die Bundesministerin oder der Bundesminister für Bildung, Wissenschaft und Forschung hat einen Qualitätssicherungsrat für Pädagoginnen- und Pädagogenbildung zur qualitäts- und bedarfsorientierten, wissenschaftlichen Begleitung der Entwicklung der Lehramtsstudien einzurichten. Dieser hat folgende Aufgaben:
1. Beobachtung und Analyse der Entwicklung der Pädagoginnen- und Pädagogenbildung in Österreich unter Bedachtnahme auf europäische und internationale Entwicklungen sowie Erarbeitung von Vorschlägen zu deren Weiterentwicklung,
2. Beratung der Bundesministerinnen und der Bundesminister sowie der hochschulischen Bildungseinrichtungen in Angelegenheiten der Qualitätssicherung und Bedarfsfragen,

3. studienangebotsspezifische Prüfung der wissenschaftlichen und professionsorientierten Voraussetzungen für die Leistungserbringung von Pädagogischen Hochschulen allenfalls unter Hinzuziehung einer dafür international anerkannten unabhängigen Hochschul-Qualitätssicherungseinrichtung (zB Agentur für Qualitätssicherung und Akkreditierung Austria, oder eine im European Quality Assurance Register eingetragene Qualitätssicherungseinrichtung),
4. Stellungnahme im Rahmen der Curricula-Begutachtungsverfahren zu den Curricula der Lehramtsstudien gemäß **Anlage** hinsichtlich der Umsetzung der berufsrechtlichen Vorgaben (insbesondere der für den Beruf der Pädagoginnen und Pädagogen notwendigen Kompetenzen, des Qualifikationsprofils, die entsprechende Berücksichtigung von im Schulorganisationsgesetz 1962 in der jeweils geltenden Fassung genannten Aufgaben der Schularten und der Anstellungserfordernisse) an die anbietende Bildungsinstitution, sowie
5. jährliche Veröffentlichung eines Berichts über den aktuellen Stand der Pädagoginnen- und Pädagogenbildung in Österreich und Vorlage an den Nationalrat.

(2) Der Qualitätssicherungsrat besteht aus sechs auf fünf Jahre bestellten Mitgliedern, die als Expertinnen und Experten aus dem Bereich des nationalen und internationalen Hochschulwesens über die für die Aufgaben des Qualitätssicherungsrates wesentlichen Kenntnisse, insbesondere auch des österreichischen Schulsystems, verfügen. Eine Wiederbestellung ist möglich. Der Rat soll je zur Hälfte aus Frauen und Männern bestehen. Mindestens zwei Mitglieder müssen über eine einschlägige internationale Berufserfahrung verfügen. Die Mitglieder sind von der Bundesministerin oder dem Bundesminister für Bildung, Wissenschaft und Forschung zu bestellen.

(3) Die Mitgliedschaft im Qualitätssicherungsrat endet
1. durch Ablauf der Funktionsperiode;
2. durch Verzicht;

3. durch Abberufung;
4. durch Tod.

(4) Die Bundesministerin oder der Bundesminister kann ein von ihr oder ihm bestelltes Mitglied des Qualitätssicherungsrates wegen einer schweren Pflichtverletzung, einer strafgerichtlichen Verurteilung oder wegen mangelnder gesundheitlicher Eignung mit Bescheid von seiner Funktion abberufen.

(5) Dem Qualitätssicherungsrat dürfen Mitglieder der Bundesregierung oder einer Landesregierung, Staatssekretärinnen und Staatssekretäre, Mitglieder des Nationalrats, des Bundesrats, der Landtage und leitende Funktionärinnen und Funktionäre einer politischen Partei auf Bundes- oder Landesebene sowie Personen nicht angehören, die eine derartige Funktion in den letzten zwei Jahren ausgeübt haben. Ebenso ausgeschlossen sind Funktionärinnen und Funktionäre der hochschulischen Bildungseinrichtungen (Mitglieder der Universitäts- und Hochschulräte, Mitglieder der Rektorate sowie die Vorsitzenden der Senate oder Hochschulkollegien) sowie Mitarbeiterinnen und Mitarbeiter der für hochschulische Bildungseinrichtungen zuständigen Bundesministerien im aktiven Dienststand.

(6) Die oder der Vorsitzende des Qualitätssicherungsrates sowie deren oder dessen Stellvertreterin oder Stellvertreter werden von den Mitgliedern mit einfacher Mehrheit aus dem Kreis der Mitglieder gewählt. Sollte es zu keiner Einigung kommen, werden diese Positionen von der Bundesministerin oder dem Bundesminister für Bildung, Wissenschaft und Forschung bestellt.

(7) Die in Abs. 1 genannten Aufgaben sind von den Mitgliedern des Qualitätssicherungsrats laufend wahrzunehmen, wobei Arbeitsteilung sowie die Beauftragung externer Begutachtungen im Sinn des Abs. 1 Z 3 möglich ist. Fällt der in Abs. 1 Z 4 genannte Aufgabenbereich in den Vollzugsbereich eines anderen Bundesministeriums, kann seitens dieses Bundesministeriums eine Expertin oder ein Experte mit beratender Funktion bestellt werden. Der Qualitätssicherungsrat hat mindestens viermal jährlich zu Beschlussfassungen zusammenzutreten. Die Inhalte jeder Sitzung sind in einem Protokoll zusammenzufassen. Die Beschlüsse,

Stellungnahmen und Empfehlungen des Qualitätssicherungsrates sind zu veröffentlichen. Die Sitzungen sind nicht öffentlich und die darin besprochenen Themen vertraulich zu behandeln.

(8) Der Qualitätssicherungsrat trifft seine Entscheidungen im Abstimmungsweg. Eine Entscheidung des Qualitätssicherungsrates kommt nur zustande, wenn mindestens vier Mitglieder für einen Antrag gestimmt haben. Die Entscheidungen des Qualitätssicherungsrates sind der Bundesministerin oder dem Bundesminister für Bildung, Wissenschaft und Forschung zu übermitteln und zu veröffentlichen. Die näheren Bestimmungen zur Geschäftsführung legt der Qualitätssicherungsrat in seiner Geschäftsordnung fest und erstellt eine Mehrjahresplanung, die der Genehmigung der Bundesministerin oder des Bundesministers für Bildung, Wissenschaft und Forschung bedarf. Die Geschäftsordnung ist zu veröffentlichen. Der Qualitätssicherungsrat wird in seiner Geschäftsführung durch eine Geschäftsstelle unterstützt. Der Personal- und Sachaufwand wird vom Bundesministerium für Bildung, Wissenschaft und Forschung getragen.

(9) Die Mitglieder des Qualitätssicherungsrates sind in Ausübung ihrer Funktion unabhängig und an keine Weisungen gebunden.

(10) Der Qualitätssicherungsrat unterliegt der Aufsicht der Bundesministerin oder des Bundesministers. Die Bundesministerin oder der Bundesminister ist berechtigt von ihr oder ihm angeforderte Unterlagen einzusehen.

4. Hauptstück
Liegenschaften, Bauwerke, Räumlichkeiten samt Inventar, Drittmittel

Raumnutzung

§ 75. (1) Zur Sicherstellung einer optimalen Raumnutzung ist das Rektorat ermächtigt, Teile der Liegenschaft, des Bauwerks oder von Räumlichkeiten samt Inventar an Dritte zu überlassen, sofern dadurch die Erfüllung der Aufgaben der Pädagogischen Hochschule (§ 8) nicht beeinträchtigt wird. Dabei sind Überlassungen für sportliche und künstlerische Zwecke sowie für Zwecke der Erwachsenenbildung und des Volksbüchereiwesens im Sinne des Bundes-Sportförderungsgesetzes 2013, BGBl. I Nr. 100/2013, des Kunstförderungsgesetzes, BGBl. Nr. 146/1988, und des Bundesgesetzes über die Förderung der Erwachsenenbildung und des Volksbüchereiwesens aus Bundesmitteln, BGBl. Nr. 171/1973, sowie Überlassungen für Zwecke im Rahmen der eigenen Rechtspersönlichkeit gemäß § 3 vorrangig zu behandeln.

(2) Über Überlassungen gemäß Abs. 1 sowie die Höhe des zu entrichtenden Entgelts (insbesondere Mietzins, Beiträge für den Betriebsaufwand, Umsatzsteuer) hat das Rektorat zu entscheiden.

(3) Eingehobene Entgelte und Beiträge sind im Sinne des § 36 BHG 2013 zweckgebunden vorrangig für die Bedeckung der durch die Überlassung entstandenen Mehrausgaben sowie weiters für andere Zwecke der Pädagogischen Hochschule zu verwenden.

(4) Sofern durch die Überlassung gemäß Abs. 1 Mietverhältnisse begründet werden, unterliegen diese nicht den Bestimmungen des Mietrechtsgesetzes, BGBl. Nr. 520/1981.

Mietrechte an Objekten der BIG und anderer Eigentümer

§ 76. Die Bestimmungen des § 75 finden auf von der Bundesimmobildiengesellschaft mit beschränkter Haftung gemäß BIG-Gesetz, BGBl. Nr. 419/1992, oder von anderen Dritten angemietete Liegenschaften, Bauwerke und Räumlichkeiten samt Inventar, die kurzfristig nicht zu hochschulischen Zwecken benötigt werden, Anwendung, soweit dies auf Grund des Mietvertrages und des Mietrechtsgesetzes, BGBl. Nr. 520/1981, zulässig ist.

Drittmittel

§ 77. Andere als durch Überlassungen vereinnahmte Drittmittel sind durch den Rektor oder die Rektorin im Sinne des § 36 BHG 2013 zweckgebunden im Sinne einer allfälligen speziellen Widmung, ansonsten für andere Zwecke der Pädagogischen Hochschule zu verausgaben.

5. Hauptstück
Schlussbestimmungen

Verweisungen

§ 78. Soweit in diesem Bundesgesetz auf andere Bundesgesetze verwiesen wird, sind diese in ihrer jeweils geltenden Fassung anzuwenden.

Vollziehung

§ 79. Mit der Vollziehung dieses Bundesgesetzes ist betraut:
1. hinsichtlich der Hochschule für Agrar- und Umweltpädagogik Wien gemäß § 1 Abs. 1 Z 9 der Bundesminister oder die Bundesministerin für Nachhaltigkeit und Tourismus in den Angelegenheiten der Errichtung, Erhaltung und Auflassung einschließlich der Bestellung von Funktionären und der mit der Finanzgebarung an der Hochschule für Agrar- und Umweltpädagogik Wien im Zusammenhang stehenden Bestimmungen;
2. hinsichtlich des § 24 Abs. 3 zweiter Satz die Bundesministerin oder der Bundesminister für Nachhaltigkeit und Tourismus im Einvernehmen mit der Bundesministerin oder dem Bundesminister für Bildung, Wissenschaft und Forschung;
3. im Übrigen die Bundesministerin oder der Bundesminister für Bildung, Wissenschaft und Forschung.

In-Kraft-Treten

§ 80. (1) Dieses Bundesgesetz tritt wie folgt in Kraft:
1. § 4, § 5, § 6, § 12, § 13 Abs. 3, § 14 Abs. 2, § 20 und § 83 treten mit 1. April 2006 in Kraft,
2. § 13 Abs. 1, 2 und 6 tritt mit 1. September 2006 in Kraft,
3. § 14 Abs. 1 und 4, § 15 und § 17 treten mit 1. Oktober 2006 in Kraft,
4. § 29, § 75 und § 76 treten mit 1. Jänner 2007 in Kraft,
5. § 30, § 31 und § 42 treten mit 1. April 2007 in Kraft,

6. im Übrigen tritt dieses Bundesgesetz mit 1. Oktober 2007 in Kraft.

(2) Verordnungen auf Grund dieses Bundesgesetzes können bereits von dem der Kundmachung im Bundesgesetzblatt folgenden Tag an erlassen werden; sie dürfen frühestens mit 1. Oktober 2007 in Kraft gesetzt werden.

(3) § 7 Abs. 4, 5 und 6 sowie § 51 Abs. 2 Z 2 dieses Bundesgesetzes in der Fassung des Bundesgesetzes BGBl. I Nr. 71/2008 treten mit Ablauf des Tages der Kundmachung im Bundesgesetzblatt in Kraft.

(4) § 32 Abs. 2 Z 9 sowie § 52 sowie § 69 Abs. 1, Abs. 2 und Abs. 6 dieses Bundesgesetzes in der Fassung BGBl. I Nr. 134/2008 treten mit 1. März 2009 in Kraft.

(5) Die folgenden Bestimmungen dieses Bundesgesetzes in der Fassung des Bundesgesetzes BGBl. I Nr. 47/2010 treten wie folgt in Kraft:
1. § 4 Abs. 1, § 7 Abs. 2, § 9 Abs. 6 Z 8 und Abs. 8, § 12 Abs. 1 Z 1 und Abs. 2 Z 2, § 12 Abs. 9 Z 6, § 13 Abs. 3, § 14 Abs. 1 und 2, § 15 Abs. 3 Z 14 und 15, § 16 Abs. 1a, § 18 Abs. 4 und 5, § 27 Abs. 1, § 28 Abs. 2 Z 7 bis 9, § 35 Z 4, § 38 Abs. 3, § 39 Abs. 2 und 3, § 44 Abs. 2, § 50 Abs. 1a, § 51 Abs. 2 Z 4 und 5, § 54 Abs. 3, § 55 Abs. 3, § 56 Abs. 1, § 57, § 59 Abs. 2 Z 2, Z 3 und Z 5, § 65 Abs. 1 und 5, § 67, § 68 Abs. 2 und 3a, § 69 Abs. 1, § 70 samt Überschrift, § 71 Abs. 1 Z 2 bis 7 sowie § 79 Z 2 mit 1. Oktober 2010,
2. § 65 Abs. 6 mit 1. Februar 2008.
3. § 65a samt Überschrift am 1. Jänner 2011.

(6) Der Titel, § 8 Abs. 3a, § 35 Z 5, § 39 Abs. 1 sowie § 56 Abs. 1 dieses Bundesgesetzes in der Fassung BGBl. I Nr. 73/2011 treten mit Ablauf des Tages der Kundmachung im Bundesgesetzblatt in Kraft.

(7) Die nachstehend genannten Bestimmungen dieses Bundesgesetzes in der Fassung des Bundesgesetzes BGBl. I Nr. 78/2013 treten wie folgt in bzw. außer Kraft:
1. § 17 Abs. 3 Z 2, § 25 sowie § 44 Abs. 1 treten am 1. Jänner 2014 in Kraft.

2. Die den § 26 betreffende Zeile des Inhaltsverzeichnisses, § 26 samt Überschrift sowie § 71 Abs. 6 treten am 31. Dezember 2013 außer Kraft.

(8) Die folgenden Bestimmungen dieses Bundesgesetzes in der Fassung des Bundesgesetzes BGBl. I Nr. 124/2013 treten wie folgt in Kraft:
1. Das Inhaltsverzeichnis hinsichtlich der die §§ 38a, und das 4a. Hauptstück betreffenden Zeilen, § 5 Abs. 1 Z 4, § 8 Abs. 1, 3b und 6a, § 9 Abs. 7, § 10, § 35 Z 1b und 4a, § 38a samt Überschrift mit Ausnahme des Abs. 1a, § 39 Abs. 1 bis 3, § 42 Abs. 4, § 52 hinsichtlich der Zulassungsfrist für facheinschlägige Studien ergänzende Studien zur Erlangung eines Lehramtes, § 59 Abs. 2 Z 8, § 65 Abs. 1a, § 65a Abs. 1, § 79 Abs. 1a sowie das 4a. Hauptstück treten mit Ablauf des Tages der Kundmachung im Bundesgesetzblatt in Kraft.
2. Das Inhaltsverzeichnis hinsichtlich der die §§ 41, 82a und § 82b betreffenden Zeilen, § 5 Abs. 2, § 8 Abs. 7, § 8 Abs. 2 letzter Satz, § 9 Abs. 9, § 30 Abs. 1, § 39 Abs. 2 hinsichtlich des Studienumfanges, § 40 Abs. 3 hinsichtlich der Bachelorstudien, § 41 samt Überschrift, § 42 Abs. 1b, 2 Z 2 und Abs. 4, § 46 Abs. 1a, § 49 hinsichtlich der Bachelorarbeit, § 51 Abs. 1, 2a, 2c und 3, § 59 Abs. 2 Z 3, 5, 6 und 7, § 69 Abs. 1 hinsichtlich Bachelorstudien und Abs. 2 hinsichtlich der Nachfrist, § 82a samt Überschrift sowie § 82b samt Überschrift treten mit 1. Oktober 2013 in Kraft.
3. Das Inhaltsverzeichnis hinsichtlich der die §§ 4, 38 und 65 betreffenden Zeilen, § 1 Abs. 2 Z 2, die Überschrift zu § 4, § 4 Abs. 1 Z 2 und Abs. 2, § 5 Abs. 1 und Abs. 1 Z 2, § 6 Abs. 1 Z 3, § 7 Abs. 1 bis 3, § 8 Abs. 2 mit Ausnahme des letzten Satzes, § 9 Abs. 1, § 32 Abs. 2 Z 1a, § 35 Z 1 und 5, § 38 samt Überschrift, § 39 Abs. 2, § 42 Abs. 1a, § 49, § 52, § 54 Abs. 1, § 55 Abs. 1, § 56 Abs. 1, die Überschrift zu § 57, § 57, § 58 Abs. 1, § 59 Abs. 2, die Überschrift zu § 65, § 65 Abs. 1, § 68 Abs. 1 sowie § 69 Abs. 2 treten hinsichtlich der neu beginnenden Bachelorstudien für die

Primarstufe mit 1. Oktober 2015 in Kraft und finden auf Bachelorstudien für die Sekundarstufe im Bereich der Allgemeinbildung und der Berufsbildung ab 1. Oktober 2016 Anwendung. Pädagogische Hochschulen können die Bachelorstudien auch bereits vor den erwähnten Inkrafttretenszeitpunkten anbieten. Mit Ablauf des 30. Septembers 2016 tritt § 38a Abs. 1 außer Kraft, wobei dieser Absatz im Falle eines früheren Angebotes eines achtsemestrigen Bachelorstudiums an einer Pädagogischen Hochschule bereits entsprechend früher nicht mehr zur Anwendung kommt.
4. Das Inhaltsverzeichnis hinsichtlich der die §§ 4, 38, 48a, 57, 65 und 82c betreffenden Zeilen, § 1 Abs. 2 Z 2, § 4 Abs. 1 Z 2 und Abs. 2, § 5 Abs. 1 und Abs. 1 Z 2, § 6 Abs. 1 Z 3, § 7 Abs. 1 bis 3, § 8 Abs. 2 mit Ausnahme des letzten Satzes, § 9 Abs. 1, § 32 Abs. 2 Z 1a, § 35 Z 1a, 5 und 6, § 38 samt Überschrift, § 39 Abs. 2, § 40 Abs. 3, § 42 Abs. 1a, § 48a samt Überschrift, § 49, § 51 Abs. 2b, § 52, § 54 Abs.1, § 55 Abs. 1, § 56 Abs. 1, Überschrift zu § 57, § 57§ 58 Abs. 1, § 59 Abs. 2, § 62 Abs. 2 Z 5, die Überschrift zu § 65, § 65 Abs. 1, § 68 Abs. 1, § 69 Abs. 1 und 2 sowie § 82c samt Überschrift treten hinsichtlich der Masterstudien nicht in Kraft.

(9) Die folgenden Bestimmungen dieses Bundesgesetzes in der Fassung des Bundesgesetzes BGBl. I Nr. 21/2015 treten wie folgt in Kraft:
1. das Inhaltsverzeichnis betreffend § 10a, § 10a samt Überschrift, § 11 Abs. 1 und 3, § 12 Abs. 5, 8 und 9, § 13 Abs. 2, 3, 6 und 7, § 14, § 15 Abs. 3, 5 und 6, § 16, § 18 Abs. 1 Z 1 und Abs. 2, § 20 Abs. 1 und 2, § 21 Abs. 1, 2, 7 und 9, § 25 Abs. 2, § 28 Abs. 2 und 3, §§ 29 bis 31, § 36 Abs. 1, § 38a Abs. 1a, § 42 Abs. 2 Z 4, § 43 Abs. 2 Z 2, § 48 Abs. 1, § 51 Abs. 2 Z 2 und Abs. 3, § 53 Abs. 1, § 59 Abs. 2 Z 3 bis 5 und Abs. 3, § 65 Abs. 5a sowie § 69 Abs. 3 treten mit Ablauf des Tages der Kundmachung im Bundesgesetzblatt in Kraft;

2. das Inhaltsverzeichnis betreffend § 57, § 49, § 52, § 57 samt Überschrift sowie § 59 Abs. 2 Z 6 bis 8 in der Fassung des Bundesgesetzes BGBl. I Nr. 124/2013 treten mit Ablauf des Tages der Kundmachung im Bundesgesetzblatt in Kraft;
3. das Inhaltsverzeichnis betreffend die §§ 17 und 19 sowie die §§ 17 und 19 samt Überschriften treten mit 1. Oktober 2015 in Kraft.

(10) § 56 Abs. 1 in der Fassung des Bundesgesetzes BGBl. I Nr. 38/2015 tritt mit 1. September 2015 in Kraft.

(11) § 8 Abs. 3a, § 39 Abs. 1, § 51 Abs. 1a und § 56 Abs. 1 in der Fassung des Bundesgesetzes BGBl. I Nr. 56/2016 treten mit 1. September 2016 in Kraft.

(12) Für das Inkrafttreten der durch das Bundesgesetz BGBl. I Nr. 129/2017 geänderten oder eingefügten Bestimmungen und das Außerkrafttreten der durch dieses Bundesgesetz entfallenen Bestimmungen sowie für den Übergang zur neuen Rechtslage gilt Folgendes:
1. Das Inhaltsverzeichnis hinsichtlich der die Abschnittsüberschrift des 2. Abschnitts im 1. Hauptstück und der §§ 4, 19, 31 *(Anm.: richtig: 31a)* und 36, die Abschnitte 2 bis 5 des 2. Hauptstücks sowie § 82e betreffenden Zeilen, § 1 Abs. 2, § 2 Abs. 2, § 3 Abs. 1, 2, 3, 7 und 9, die Abschnittsüberschrift des 2. Abschnitts im 1. Hauptstück, die Überschrift des § 4, § 4 Abs. 1 und 2, § 5, § 6 Abs. 1, § 7 Abs. 1 bis 3a, § 8, § 9 Abs. 1 und 9, § 11 Abs. 1, 2 und 3, § 12 Abs. 1, 2, 6, 8 und 9, § 13 Abs. 2, 3 und 6, § 14 Abs. 1, 2, 3, 5 und 6, § 15 Abs. 1, 2, 3 und 5, § 16 Abs. 1, § 17 Abs. 1, 2, 4, 6, 7 und 8, § 18 Abs. 1a, die Überschrift des § 19 und § 19, § 20 Abs. 1 und 2, § 21 Abs. 5, 6 und 8, § 24 samt Überschrift, § 25 samt Überschrift, § 27 Abs. 2, § 28 samt Überschrift, § 30 Abs. 1 und 2, § 31 Abs. 2 sowie die §§ 31a, 32, 35, 36 jeweils samt Überschriften, die Überschrift des § 38, § 38 Abs. 1, 1a, 2, 2b, 2c, 3, 4, 5 und 6 sowie die §§ 38a, 38b, 38c, 38d, 39, 39a und 39b jeweils samt Überschriften, die Abschnitte 3 bis 5 des 2. Haupt-

stücks, § 69, § 70 samt Überschrift, die Überschrift des § 71, § 71 Abs. 1 Z 1, 2, 4, 5, 6, 7 und 8 sowie Abs. 2 bis 6, § 72 Z 1, § 73, § 74, § 74a Abs. 1, 2, 6 und 8, § 75 Abs. 1 und 3, § 77, § 79 Z 1a und 1b, § 82e sowie die Anlage treten mit 1. Oktober 2017 in Kraft.
2. Das Inhaltsverzeichnis hinsichtlich des § 82c und § 82c samt Überschrift treten mit 1. Oktober 2017 in Kraft und mit Ablauf des 30. September 2019 außer Kraft.
3. Das Inhaltsverzeichnis hinsichtlich der §§ 10a und 37, die §§ 10a und 37 jeweils samt Überschriften sowie § 38 Abs. 3a treten mit Ablauf des 30. September 2017 außer Kraft.
4. § 71 Abs. 1 Z 3 tritt mit Ablauf des 30. Juni 2018 außer Kraft.

Verordnungen auf Grund des Bundesgesetzes BGBl. I Nr. 129/2017 können bereits ab dem seiner Kundmachung folgenden Tag erlassen werden. Diese Verordnungen sind frühestens gleichzeitig mit dem Inkrafttreten dieses Bundesgesetzes in Kraft zu setzen. Änderungen von Curricula, Satzungen und anderen Verordnungen, die aufgrund des Bundesgesetzes BGBl. I Nr. 129/2017 erforderlich sind, sind bis spätestens 30. Juni 2019 zu erlassen und im Mitteilungsblatt der jeweiligen Pädagogischen Hochschule kundzumachen.

(13) § 6 Abs. 2 und § 12 Abs. 1 Z 2 treten mit 1. Jänner 2019 in Kraft.

(14) Die nachstehend genannten Bestimmungen dieses Bundesgesetzes in der Fassung des Materien-Datenschutz-Anpassungsgesetzes 2018, BGBl. I Nr. 32/2018, treten wie folgt in Kraft:
1. § 12 Abs. 1 Z 1 und Abs. 2 Z 1 und 2, § 17 Abs. 3, § 24 Abs. 3, § 52d Abs. 3, § 53 Abs. 1, § 65 Abs. 7, § 69 Abs. 1 und 6, § 71 Abs. 6, § 74a Abs. 1, 2, 6 und 8, § 79 sowie die Anlage zu § 74a Abs. 1 Z 4 treten mit Ablauf des Tages der Kundmachung im Bundesgesetzblatt in Kraft;
2. § 1 Abs. 3, § 21 Abs. 5 sowie § 33 Abs. 3 treten mit 25. Mai 2018 in Kraft.

(15) Die §§ 50 Abs. 11, 52 Abs. 1 und 9 in der Fassung des Bundesgesetzes BGBl. I Nr. 56/2018 sind auf Anträge für die Zulassung zu Studien ab dem Sommersemester 2019 anzuwenden.

(16) § 8 Abs. 3 in der Fassung des Bundesgesetzes BGBl. I Nr. 101/2018 tritt mit 1. September 2020 in Kraft.

(17) Für das Inkrafttreten der durch das Bundesgesetz BGBl. I Nr. 101/2020 geänderten oder eingefügten Bestimmungen und das Außerkrafttreten der durch dieses Bundesgesetz entfallenen Bestimmungen gilt Folgendes:

1. Das Inhaltsverzeichnis hinsichtlich der den § 37, den § 82e sowie den § 82f betreffenden Zeilen sowie § 37 samt Überschrift, § 69 Abs. 6, § 74 und § 82f samt Überschrift treten mit Ablauf des Tages der Kundmachung im Bundesgesetzblatt in Kraft,
2. das Inhaltsverzeichnis hinsichtlich der den § 33 betreffenden Zeile sowie § 7 Abs. 2, § 15 Abs. 3 Z 4a, 5 und 10, § 17 Abs. 1 Z 5, § 18 Abs. 2a und 4, § 20 Abs. 1, § 22 Abs. 3, § 28 Abs. 2 Z 7 und 8, § 30 Abs. 2 Z 1, § 33 samt Überschrift sowie § 34 Abs. 2 treten mit 1. Jänner 2021 in Kraft,
3. § 12 Abs. 1 bis 2a, § 12 Abs. 9 Z 1, 1a, 1b, 2, 4, 6 und 7, § 13 Abs. 2 Z 1, § 13 Abs. 3, § 13 Abs. 4, § 14 Abs. 1 bis 4, § 15 Abs. 3 Z 3, 12 und 13, § 17 Abs. 1 Z 2, 2a, 2b, 2c, § 28 Abs. 2 Z 1, § 29, § 30 Abs. 1 und Abs. 3 sowie § 31 Abs. 1 und 3 treten mit 1. April 2021 in Kraft,
4. das Inhaltsverzeichnis hinsichtlich der den § 47 betreffenden Zeile, § 17 Abs. 1 Z 7 und § 47 samt Überschrift treten am 31. Dezember 2020 außer Kraft,
5. § 20 Abs. 2 Z 4 tritt mit Ablauf des 31. März 2021 außer Kraft.

(18) § 3 Abs. 1, 3 bis 5 und 7 bis 9 und § 7 Abs. 5a in der Fassung des Bundesgesetzes BGBl. I Nr. 19/2021 treten mit 1. Jänner 2021 in Kraft.

(19) § 53 Abs. 2 und 3 in der Fassung des Bundesgesetzes BGBl. I Nr. 20/2021 tritt mit Ablauf des Tages der Kundmachung im Bundesgesetzblatt in Kraft.

(20) Für das Inkrafttreten der durch das Bundesgesetz BGBl. I Nr. 93/2021 geänderten oder eingefügten Bestimmungen und das Außerkrafttreten der durch dieses Bundesgesetz entfallenen Bestimmungen sowie für den Übergang zur neuen Rechtslage gilt Folgendes:
1. Das Inhaltsverzeichnis hinsichtlich der die §§ 42b, 65a und 70 sowie hinsichtlich der das Hauptstück 3a betreffenden Zeilen, § 11 Abs. 4, § 17 Abs. 4, § 39 Abs. 4, § 42b samt Überschrift, § 44 Abs. 2 und 5 sowie § 82f Abs. 2 treten mit Ablauf des Tages der Kundmachung dieses Bundesgesetzes im Bundesgesetzblatt in Kraft.
2. Das Inhaltsverzeichnis hinsichtlich der die §§ 21, 46, 46a, 56, 63a, 63b betreffenden Zeilen sowie § 9 Abs. 6 Z 3a und 12, § 15 Abs. 3 Z 8a und 11, § 17 Abs. 1 Z 4, § 17 Abs. 4, § 21 samt Überschrift, § 31a Abs. 2, § 33 Abs. 2a, § 35 Z 30, 35 und 36 bis 40, § 36, § 38b Abs. 1, § 39a, § 39b Abs. 3, § 39b Abs. 7, § 41 Abs. 3 und 4, § 42 Abs. 1, 2, 3 und 5, § 42a, § 43a Abs. 2 und 4, § 44 Abs. 1 und 4, § 45 Abs. 1 Z 2, § 46a samt Überschrift, § 51, § 52 Abs. 6, § 52a Abs. 1 bis 2a, § 52b Abs. 1 und 2, § 52d Abs. 1, § 52h Abs. 1, 55 Abs. 1, § 56 samt Überschrift, § 58 Abs. 2, § 59 Abs. 1 Z 2a, 3 und 7, § 62 Abs. 1, 2 und 3, § 63 Abs. 5, § 63a samt Überschrift, § 63b samt Überschrift, § 65 Abs. 3a und 5, § 67, § 69 Abs. 1, § 71 Abs. 5 und 5a, die 3a. Hauptstückbezeichnung treten mit 1. Oktober 2021 in Kraft.
3. § 38 Abs. 6, § 46 Abs. 6, § 52d Abs. 2 und 3, § 55 Abs. 3 sowie § 59 Abs. 1 Z 4 treten mit Ablauf des 30. September 2021 außer Kraft.
4. Die §§ 42a sowie 44 Abs. 4 sind für Lehrveranstaltungen und Prüfungen ab dem Wintersemester 2021/22 anzuwenden. Die studienrechtlichen Bestimmungen, mit Ausnahme der §§ 39 Abs. 4, 42a, 42b und 44 Abs. 2, 4 und 5 sowie 62 Abs. 1 und 3, sind ab dem Studienjahr 2022/23 sowie hinsichtlich der dafür durchzuführenden Aufnahme-, Eignungs- und Zulassungsverfahren und hinsichtlich der Zulassungen für Studien für das Studienjahr 2022/23

anzuwenden. Bis dahin sind die studienrechtlichen Bestimmungen in der Fassung des Tages vor dem Inkrafttreten des Bundesgesetzes BGBl. I Nr. 93/2021 anzuwenden.
5. § 52a Abs. 1 ist für Studierende anzuwenden, die ab dem Studienjahr 2022/2023 zum Masterstudium zugelassen werden.
6. § 63a, § 63b Abs. 1 und 2 und § 59 Abs. 1 Z 2a sind für jene Studierenden anzuwenden, die ab dem Wintersemester 2022/23 zu einem Bachelorstudium zugelassen werden.
7. Die zuständige Bundesministerin oder der zuständige Bundesminister hat die Auswirkungen der Mindeststudienleistung sowie der Unterstützungsleistungen seitens der Pädagogischen Hochschulen gemäß §§ 63a und 63b in Zusammenarbeit mit den Pädagogischen Hochschulen begleitend zu evaluieren und dem Nationalrat spätestens mit Dezember 2025 einen Bericht über das Ergebnis der Evaluierung vorzulegen. Schwerpunkt der Evaluierung ist die Zusammensetzung der Studierenden in sozialer und kultureller Hinsicht sowie nach Geschlecht und Staatsangehörigkeit.
8. Änderungen von Curricula, Satzungen und anderen Verordnungen und Regelungen, die aufgrund des Bundesgesetzes BGBl. I Nr. 93/2021 erforderlich sind, sind bis spätestens 1. Oktober 2022 zu verlautbaren.

Übergangsrecht für den Studienbeginn im Studienjahr 2006/07

§ 81. Studierende, die ein Lehramtsstudium im Studienjahr 2006/07 an einer Akademie im Sinne des Akademien-Studiengesetzes 1999, BGBl. I Nr. 94, begonnen haben, haben bei Fortsetzung des Studiums dieses ab dem Studienjahr 2007/08 als Bachelorstudium nach den Bestimmungen dieses Bundesgesetzes sowie der auf Grund dieses Bundesgesetzes erlassenen Verordnungen fortzuführen.

Übergangsrecht für den Studienbeginn vor dem Studienjahr 2006/07

§ 82. (1) Studierende, die ein Lehramtsstudium vor dem Studienjahr 2006/07 an einer Akademie im Sinne des Akademien-Studiengesetzes 1999, BGBl. I Nr. 94, begonnen haben, sind berechtigt, dieses Studium
1. nach den zu Beginn des Studiums geltenden Rechtsvorschriften unter den gemäß Abs. 2 vorgesehenen Adaptierungen fortzusetzen, oder
2. ab dem Studienjahr 2007/08 als Bachelorstudium nach den Bestimmungen dieses Bundesgesetzes sowie der auf Grund dieses Bundesgesetzes erlassenen Verordnungen fortzuführen.

(2) Für Studierende, die ihr Studium gemäß Abs. 1 Z 1 fortsetzen, hat die Studienkommission die betreffenden Curricula dahingehend neu zu erlassen, dass das Studium durch den Besuch von Lehrveranstaltungen (Teilen von Lehrveranstaltungen) des Bachelorstudiums (mit oder ohne Auflagen oder Abweichungen) absolviert werden kann. Für einzelne Studierende können individuelle Curricula erlassen werden. Für die Studierenden darf sich aus dieser Umstellung des Curriculums keine Zeitverzögerung im Studium ergeben.

(3) Im Falle des Abs. 1 Z 2 haben die Studierenden zusätzliche Lehrveranstaltungen im Mindestausmaß von 30 ECTS-Credits erfolgreich zu absolvieren; die Inhalte und Anforderungen dieser Lehrveranstaltungen haben die Differenz der Curricula des Diplomstudiums zum Bachelorstudium abzudecken. Die gemäß § 16 Abs. 2 Z 5 des Akademien-Studiengesetzes 1999, BGBl. I Nr. 94, vorgesehene Höchstdauer des Studiums bleibt auch bei einem Wechsel zum Bachelorstudium aufrecht.

Übergangsrecht zur Neuen Mittelschule für den Studienbeginn im Studienjahr 2013/14

§ 82a. (1) Bis zum 1. Oktober 2015 ist in § 5 Abs. 1 Z 2 der Begriff „Hauptschulen" durch den Begriff „Neue Mittelschulen" zu ersetzen.

(2) Mit dem Studienjahr 2013/14 sind an Stelle von Bachelorstudien für das Lehramt für Hauptschulen nur mehr Bachelorstudien für das Lehramt für Neue Mittelschulen zu führen. Studierende des Bachelorstudiums des Lehramts für Hauptschulen haben bei Fortsetzung des Studiums ab dem Studienjahr 2013/14 dieses als Bachelorstudium für das Lehramt für Neue Mittelschulen fortzuführen.

Übergangsrecht zur Abschnittsgliederung für den Studienbeginn vor dem Studienjahr 2013/14

§ 82b. Bachelorstudien, die vor dem 1. Oktober 2013 begonnen wurden, sind bis zu deren Auslaufen weiterhin mit einer Studienabschnittsgliederung zu führen.

Übergangsrecht für Studierende sechssemestriger Bachelorstudien

§ 82d. Studierende von Bachelorstudien, die ihr Studium nach den vor Inkrafttreten der Novelle des Hochschulgesetzes mit BGBl. I Nr. 124/2013 geltenden Rechtsvorschriften begonnen haben, haben dieses nach den zu Beginn ihres Studiums geltenden Rechtsvorschriften fortzusetzen.

Übergangsrecht betreffend Studienberechtigungsprüfungen gemäß Hochschul-Studienberechtigungsgesetz

§ 82e. Erfolgreich abgelegte Studienberechtigungsprüfungen gemäß Hochschul-Studienberechtigungsgesetz, BGBl. I Nr. 71/2008, gelten als Studienberechtigungsprüfungen im Sinne des § 52c.

Übergangsrecht zum Bundesgesetz BGBl. I Nr. 101/2020

§ 82f. (1) Für am 31. März 2021 amtierende Rektorinnen und Rektoren gilt bis zum Ende ihrer jeweils laufenden Funktionsperiode § 13 Abs. 2 in der Fassung vor dem Bundesgesetz BGBl. I Nr. 101/2020. Sie üben ihr Amt bis zum Ende ihrer jeweiligen Funktionsperiode aus.

(2) Die am 31. März 2021 amtierenden Vizerektorinnen und Vizerektoren bleiben entsprechend der in ihren Sonderverträgen gemäß § 36 des Vertragsbedienstetengesetzes 1948 festgelegten Befristungen im Amt. § 13 Abs. 5 und § 14 Abs. 6 sind anwendbar.

(3) Für am 31. März 2021 laufende Ausschreibungs- und Auswahlverfahren gemäß den §§ 13 und 14 gelten bis zum Abschluss dieser Verfahren und Bestellung durch die zuständige Bundesministerin oder den zuständigen Bundesminister die Regelungen in der Fassung vor dem Bundesgesetz BGBl. I Nr. 101/2020.

(4) Wahlordnungen für die Wahl des Mitglieds im Hochschulrat gemäß § 28 Abs. 2 Z 1 in der Fassung des Bundesgesetzes BGBl. I Nr. 101/2020 können bereits ab dem der Kundmachung dieses Bundesgesetzes folgenden Tag erlassen werden sowie in Kraft treten. Sie sind bis spätestens 31. Dezember 2020 zu erlassen und haben spätestens am 1. Jänner 2021 in Kraft zu treten. Vorbereitungshandlungen für die Wahl des Mitglieds im Hochschulrat, die Wahl des Mitglieds im Hochschulrat hinsichtlich der Funktionsperiode ab 1. April 2021 sowie die Mitteilung an die zuständige Bundesministerin oder den zuständigen Bundesminister gemäß § 17 Abs. 1 Z 2c in der Fassung des Bundesgesetzes BGBl. I Nr. 101/2020 können bereits ab dem der Kundmachung dieses Bundesgesetzes folgenden Tag durchgeführt werden und sind bis spätestens 31. März 2021 durchzuführen.

Gründung der Pädagogischen Hochschulen

§ 83. (1) Insofern § 80 ein früheres In-Kraft-Treten als den 1. Oktober 2007 vorsieht, haben die in diesen Bestimmungen genannten Organe abweichend von den sonstigen Befugnissen auf Grund dieses Bundesgesetzes alle für die Vorbereitung des Studienbetriebes ab 1. Oktober 2007 erforderlichen Maßnahmen, die für eine unverzügliche Aufnahme der Tätigkeiten der Pädagogischen Hochschule erforderlich sind, zu setzen.

(2) Die mit 1. September 2006 zu bestellenden Rektoren bzw. Rektorinnen tragen bis zum Ablauf des 30. September 2007 die Funktionsbezeichnung „Gründungsrektor" bzw. „Gründungsrektorin" und gelten ab 1. Oktober 2007 für ihre erste Funktionsperiode als zum Rektor bzw. zur Rektorin bestellt.

(3) Abs. 2 findet hinsichtlich der mit 1. Oktober 2006 zu bestellenden Vizerektoren bzw. Vizerektorinnen sowie für das Rektorat sinngemäß Anwendung.

(4) Die mit 1. Oktober 2006 einzurichtende Studienkommission ist bis zum Ablauf des 30. September 2007 als „Gründungs-Studienkommission" einzurichten, wobei die Vertreter bzw. die Vertreterinnen des Lehrpersonals aus dem Lehrpersonal derjenigen Akademien zu wählen sind, die mit Wirksamkeit des 1. Oktober 2007 der betreffenden Pädagogischen Hochschule zuzurechnen sein werden.

(5) Anträge auf Anerkennung gemäß § 4 Abs. 1 Z 1 und 2 dürfen bereits von dem der Kundmachung dieses Bundesgesetzes im Bundesgesetzblatt folgenden Tag an eingereicht werden. Anerkennungsbescheide gemäß § 6 können vor dem In-Kraft-Treten dieses Bundesgesetzes erlassen werden, sie dürfen jedoch frühestens mit 1. Oktober 2007 rechtswirksam werden.

Übergangsrecht für das Personal an Bundeseinrichtungen

§ 84. (1) Die Pädagogischen und Berufspädagogischen Akademien des Bundes, die Pädagogischen Institute des Bundes und die Agrarpädagogische Akademie werden mit Ablauf des 30. September 2007 aufgelöst.

(2) Die am 30. September 2007 einer Pädagogischen oder Berufspädagogischen Akademie des Bundes oder einem Pädagogischen Institut des Bundes zur dauernden Dienstleistung zugewie-

senen Bundesbediensteten werden mit Wirksamkeit vom 1. Oktober 2007 den Pädagogischen Hochschulen gemäß § 1 Abs. 1 Z 1 bis 8 zur dauernden Dienstleistung wie folgt zugewiesen:

bisherige Dienststelle	neue Dienststelle
Pädagogische Akademie des Bundes in Kärnten Pädagogisches Institut des Bundes für Kärnten	Pädagogische Hochschule Kärnten
Pädagogische Akademie des Bundes in Niederösterreich Pädagogisches Institut des Bundes für Niederösterreich	Pädagogische Hochschule Niederösterreich
Pädagogische Akademie des Bundes in Oberösterreich Berufspädagogische Akademie Linz Pädagogisches Institut des Bundes für Oberösterreich	Pädagogische Hochschule Oberösterreich
Pädagogische Akademie des Bundes in Salzburg Pädagogisches Institut des Bundes für Salzburg	Pädagogische Hochschule Salzburg
Pädagogische Akademie des Bundes in der Steiermark Berufspädagogische Akademie Graz Pädagogisches Institut des Bundes für Steiermark	Pädagogische Hochschule Steiermark
Pädagogische Akademie des Bundes in Tirol Berufspädagogische Akademie Innsbruck	Pädagogische Hochschule Tirol
Pädagogische Akademie des Bundes in Vorarlberg Pädagogisches Institut des Bundes für Vorarlberg	Pädagogische Hochschule Vorarlberg
Pädagogische Akademie des Bundes in Wien Berufspädagogische Akademie Wien Pädagogisches Institut des Bundes in Wien	Pädagogische Hochschule Wien

(3) Bei den am 30. September 2007 einer Pädagogischen Akademie des Bundes als Übungsschullehrer zur dauernden Dienstleistung zugewiesenen Bundeslehrern und Bundesvertragslehrern erfolgt die Zuweisung gemäß Abs. 2 zur dauernden Dienstleistung an der der jeweiligen Pädagogischen Hochschule eingegliederten Praxisschule (§ 22 Abs. 1).

(4) Die am 30. September 2007 der Agrarpädagogischen Akademie zur dauernden Dienstleistung zugewiesenen Bundesbediensteten werden mit Wirksamkeit vom 1. Oktober 2007 der Hochschule für Agrar- und Umweltpädagogik (§ 1 Abs. 1 Z 9) zur dauernden Dienstleistung zugewiesen.

(5) Durch Ernennung oder Betrauung übertragene Leitungsfunktionen gemäß § 115 Abs. 1 erster Satz, § 123 Abs. 1 und § 127 Abs. 1 und 2 des Schulorganisationsgesetzes, BGBl. Nr. 242/1962, und gemäß § 26 Abs. 1 des Land- und forstwirtschaftlichen Bundesschulgesetzes, BGBl. Nr. 175/1966, enden mit Ablauf des 30. September 2007.

Übergangsrecht für das Personal an privaten Einrichtungen

§ 85. (1) Die am 30. September 2007 einer Pädagogischen Akademie, einer Religionspädagogischen Akademie, einem Pädagogischen Institut oder einem Religionspädagogischen Institut als lebende Subventionen zugewiesenen Bundeslehrer und Bundesvertragslehrer werden, soweit sie nicht einer privaten Pädagogischen Hochschule (§ 4 Abs. 1 Z 1) oder einem privaten Studiengang oder einem privaten Hochschullehrgang oder einem privaten Lehrgang (§ 4 Abs. 1 Z 2) als lebende Subvention zugewiesen werden, mit Wirksamkeit vom 1. Oktober 2007 den Pädagogischen Hochschulen gemäß § 1 Abs. 1 Z 1 bis 8 zur dauernden Dienstleistung wie folgt zugewiesen:

bisherige Dienststelle	neue Dienststelle
Religionspädagogische Akademie der Diözese Gurk-Klagenfurt	Pädagogische Hochschule Kärnten
Pädagogische Akademie Burgenland Pädagogische Akademie der Diözese St. Pölten	Pädagogische Hochschule Niederösterreich
Pädagogische Akademie der Diözese Graz-Seckau Religionspädagogische Akademie der Diözese Graz-Seckau	Pädagogische Hochschule Steiermark

Religionspädagogische Akademie der Erzdiözese Salzburg	Pädagogische Hochschule Salzburg
Pädagogische Akademie der Diözese Innsbruck Religionspädagogische Akademie der Diözese Innsbruck Pädagogisches Institut des Landes Tirol	Pädagogische Hochschule Tirol
Pädagogisches Institut des Landes Vorarlberg	Pädagogische Hochschule Vorarlberg
Pädagogische Akademie der Erzdiözese Wien Religionspädagogische Akademie der Erzdiözese Wien Evangelische Religionspädagogische Akademie Islamische Religionspädagogische Akademie Jüdische Religionspädagogische Akademie Pädagogisches Institut der Stadt Wien Pädagogisches Institut der Erzdiözese Wien	Pädagogische Hochschule Wien

(2) Bei den am 30. September 2007 einer Pädagogischen Akademie als lebende Subventionen als Übungsschullehrer zugewiesenen Bundeslehrern und Bundesvertragslehrern erfolgt die Zuweisung gemäß Abs. 1 zur dauernden Dienstleistung an der der jeweiligen privaten Pädagogischen Hochschule eingegliederten Praxisschule (§ 22 Abs. 1).

(3) Durch Ernennung oder Betrauung übertragene Leitungsfunktionen an mit Öffentlichkeitsrecht ausgestatteten Religionspädagogischen Akademien und Religionspädagogischen Instituten im Sinne des § 14 Abs. 2 des Privatschulgesetzes, BGBl. Nr. 244/1962, sowie an privaten Pädagogischen Instituten im Sinne des § 14 Abs. 1 des Privatschulgesetzes enden mit Ablauf des 30. September 2007.

Anlage
zu § 74a Abs. 1 Z 4

Rahmenvorgaben für die Begutachtung der Curricula durch den Qualitätssicherungsrat für Pädagoginnen- und Pädagogenbildung

Der Qualitätssicherungsrat für Pädagoginnen- und Pädagogenbildung orientiert sich in der Erstellung seiner Stellungnahmen im Rahmen der Curricula-Begutachtungsverfahren zu den Curricula der Lehramtsstudien an folgenden Rahmenvorgaben zur Studienarchitektur: Die Curricula von Bachelor- und Masterstudien für das Lehramt haben kompetenzorientiert gestaltet zu sein. Sie haben die Entwicklung professionsorientierter Kompetenzen wie allgemeiner und spezieller pädagogischer Kompetenzen, fachlicher und didaktischer, inklusiver, interkultureller, interreligiöser und sozialer Kompetenzen, Diversitäts- und Genderkompetenzen und Professionsverständnis zu berücksichtigen sowie ein umfassendes Verständnis für die Bildungsaufgabe zu fördern.

Rahmenvorgaben für Lehramtsstudien:
1. Für Bachelor- und Masterstudien für das Lehramt Primarstufe

1.1. Bachelorstudium im Umfang von 240 ECTS-Anrechnungspunkten; davon:
 a) 40 bis 50 ECTS-Anrechnungspunkte für allgemeine bildungswissenschaftliche Grundlagen;
 b) 120 bis 130 ECTS-Anrechnungspunkte für Elementar- und Primarstufenpädagogik und -didaktik mit Schwerpunkt im jeweiligen Altersbereich (Elementar- oder Primarstufe), wobei der Anteil der Fachdidaktik im Gesamtstudium zumindest 20 % zu umfassen hat;
 c) 60 bis 80 ECTS-Anrechnungspunkte für den Schwerpunkt: im Rahmen der Inklusiven Pädagogik Sonder- und Heilpädagogik, Interkulturelle Pädagogik, Mehrsprachigkeit, gendersensible Pädagogik etc.; Inklusive

Pädagogik ist jedenfalls als Schwerpunkt vorzusehen; für Altersbereiche: Elementarpädagogik; für Sozialpädagogik; fachspezifische Schwerpunkte. Im Curriculum ist im Qualifikationsprofil darzulegen, für welche Einsatzmöglichkeiten sich Absolventinnen und Absolventen des jeweiligen Schwerpunkts qualifizieren.

d) pädagogisch-praktische Studien sind zu integrieren, wobei Praktika im Rahmen der pädagogisch-praktischen Studien zumindest im Umfang von 10 ECTS-Anrechnungspunkten vorgesehen werden müssen.

1.2. Masterstudium im Umfang von mindestens 60 ECTS-Anrechnungspunkten:

a) Bezug zur pädagogischen Tätigkeit und zur Wissenschaft;

b) der Anteil für allgemeine bildungswissenschaftliche Grundlagen muss so groß sein, dass zusammen mit dem Anteil im Bachelorstudium mindestens 60 ECTS-Anrechnungspunkte im Gesamtstudium enthalten sind;

c) pädagogisch praktische Studien sind zu integrieren. Der Anteil an pädagogisch-praktischen Studien muss so groß sein, dass zusammen mit dem Anteil im Bachelorstudium mindestens 40 ECTS-Anrechnungspunkte im Gesamtstudium enthalten sind;

d) falls nach Absolvierung eines Bachelorstudiums für die Primarstufe die Elementar- und die Primarstufe abgedeckt werden sollen, erhöht sich der Aufwand des Masterstudiums auf mindestens 90 ECTS-Anrechnungspunkte.

Für Absolventinnen und Absolventen eines Lehramtsstudiums Sekundarstufe (Allgemeinbildung) kann ein Masterstudium für das Lehramt Primarstufe in Form eines weiteren Masterstudiums im Umfang von mindestens 90 ECTS- Anrechnungspunkten angeboten werden.

2. Für Bachelor- und Masterstudien für das Lehramt Sekundarstufe (Allgemeinbildung)

2.1. Bachelorstudium im Umfang von 240 ECTS-Anrechnungspunkten, davon:
a) 40 bis 50 ECTS-Anrechnungspunkte für allgemeine bildungswissenschaftliche Grundlagen;
b) pro Unterrichtsfach 95 bis 100 ECTS-Anrechnungspunkte für fachbezogene Fachdidaktik und Fachwissenschaften bzw. 190 bis 200 ECTS-Anrechnungspunkte für mehr als zwei einander inhaltlich überschneidende Fächer (kohärentes Fächerbündel);
c) oder statt 2. Unterrichtsfach Spezialisierung im Umfang von 95 bis 100 ECTS-Anrechnungspunkten (im Rahmen der Inklusiven Pädagogik: Sonder- und Heilpädagogik, Interkulturelle Pädagogik, Mehrsprachigkeit, gendersensible Pädagogik etc., Medienpädagogik, Berufsorientierung etc.; für Altersbereiche: Primarstufenpädagogik). Inklusive Pädagogik ist jedenfalls als Spezialisierung vorzusehen;
d) von den für die fachbezogene Fachdidaktik und Fachwissenschaft vorgesehenen ECTS-Anrechnungspunkten hat der Anteil der Fachdidaktik pro Unterrichtsfach oder Spezialisierung oder kohärentem Fächerbündel im Gesamtstudium zumindest 20 % zu umfassen;
e) pädagogisch-praktische Studien sind zu integrieren, wobei Praktika im Rahmen der pädagogisch-praktischen Studien zumindest im Umfang von 10 ECTS-Anrechnungspunkten vorgesehen werden müssen.

2.2. Masterstudium im Umfang von mindestens 90 ECTS-Anrechnungspunkten:
a) Bezug zur pädagogischen Tätigkeit und zur Wissenschaft;
b) der Anteil für allgemeine bildungswissenschaftliche Grundlagen muss so groß sein, dass zusammen mit dem Anteil im Bachelorstudium mindestens 60 ECTS-

Anrechnungspunkte im Gesamtstudium enthalten sind;

c) im Gesamtstudium müssen mindestens 115 ECTS-Anrechnungspunkte fachbezogene Teile pro Unterrichtsfach oder Spezialisierung bzw. mindestens 230 ECTS-Anrechnungspunkte für mehr als zwei einander inhaltlich überschneidende Fächer (kohärentes Fächerbündel) enthalten sein.

d) von den für die fachbezogene Fachdidaktik und Fachwissenschaft vorgesehenen ECTS-Anrechnungspunkten hat der Anteil der Fachdidaktik pro Unterrichtsfach oder Spezialisierung oder kohärentem Fächerbündel im Gesamtstudium zumindest 20 % zu umfassen;

e) pädagogisch-praktische Studien sind zu integrieren. Der Anteil an pädagogisch-praktischen Studien muss so groß sein, dass zusammen mit dem Anteil im Bachelorstudium mindestens 40 ECTS-Anrechnungspunkte im Gesamtstudium enthalten sind.

Für Absolventinnen und Absolventen eines Lehramtsstudiums Primarstufe mit Schwerpunkt in einem fachlichen Bildungsbereich kann ein Masterstudium für das Lehramt Sekundarstufe (Allgemeinbildung) in Form eines weiteren Masterstudiums im Umfang von mindestens 90 ECTS-Anrechnungspunkten angeboten werden.

3. Für Masterstudien für das Lehramt Sekundarstufe (Allgemeinbildung) in nur einem Unterrichtsfach:

3.1. Zulassungsvoraussetzungen:

a) Absolvierung eines fachlich in Frage kommenden Studiums an einer anerkannten postsekundären Bildungseinrichtung im Ausmaß von mindestens 180 ECTS-Anrechnungspunkten und

b) Nachweis einer facheinschlägigen Berufspraxis im Umfang von mindestens 3.000 Stunden.

3.2. Masterstudium im Umfang von 120 ECTS-Anrechnungspunkten, davon:
a) Bezug zur pädagogischen Tätigkeit und zur Wissenschaft;
b) mindestens 45 ECTS-Anrechnungspunkte für allgemeine bildungswissenschaftliche Grundlagen;
c) mindestens 23 ECTS-Anrechnungspunkte für Fachdidaktik
d) pädagogisch-praktische Studien im Ausmaß von 30 ECTS-Anrechnungspunkten sind zu integrieren, wobei Praktika im Rahmen der pädagogisch-praktischen Studien zumindest im Umfang von 10 ECTS-Anrechnungspunkten vorgesehen werden müssen.

4. Für Bachelor- und Masterstudien für das Lehramt Sekundarstufe (Berufsbildung):

4.1. Zulassungsvoraussetzungen:
a) eine facheinschlägige Berufsabschlussprüfung oder gleichzuhaltende Eignung (zB Meisterprüfung, Konzessionsprüfung, Abschluss einer facheinschlägigen BHS);
b) eine mindestens dreijährige facheinschlägige Berufspraxis; Ausnahmen sind durch Verordnung der Bundesministerin oder des Bundesministers für Bildung, Wissenschaft und Forschung zu regeln.

4.2. Bachelorstudium im Umfang von 240 ECTS-Anrechnungspunkten, davon:
a) 60 ECTS-Anrechnungspunkte für allgemeine bildungswissenschaftliche Grundlagen; davon können maximal 30 ECTS-Anrechnungspunkten für eine Berufspraxis mit pädagogischen Anteilen angerechnet werden;
b) 120 ECTS-Anrechnungspunkte für berufsfachliche Grundlagen; davon können maximal 120 ECTS-Anrechnungspunkte für eine mindestens dreijährige fach-

einschlägige Berufspraxis angerechnet werden; falls keine mindestens dreijährige facheinschlägige Berufspraxis vorliegt, können maximal 60 ECTS-Anrechnungspunkte angerechnet werden;
c) 60 ECTS-Anrechnungspunkte für Fachdidaktik; davon können maximal 30 ECTS-Anrechnungspunkte für eine Berufspraxis mit pädagogischen Anteilen angerechnet werden;
d) pädagogisch-praktische Studien sind zu integrieren.

4.3. Masterstudium im Umfang von mindestens 60 ECTS-Anrechnungspunkten:
a) Bezug zur pädagogischen Tätigkeit und zur Wissenschaft;
b) pädagogische Spezialisierungen (zB Inklusive Pädagogik, Sonder- und Heilpädagogik, Sozialpädagogik; Berufsorientierung, Mehrsprachigkeit, Medienpädagogik).

5. Für facheinschlägige Studien ergänzende Studien zur Erlangung eines Lehramtes im Bereich der Sekundarstufe (Berufsbildung):

5.1. Zulassungsvoraussetzungen:
a) Absolvierung eines facheinschlägigen Studiums an einer anerkannten postsekundären Bildungseinrichtung im Ausmaß von mindestens 240–300 ECTS-Anrechnungspunkten;
b) eine mindestens dreijährige facheinschlägige Berufspraxis; Ausnahmen sind durch Verordnung der Bundesministerin oder des Bundesministers für Bildung, Wissenschaft und Forschung zu regeln.

5.2. Bachelorstudium im Umfang von 240 ECTS-Anrechnungspunkten, davon:
a) 180 ECTS-Anrechnungspunkte, die aus dem facheinschlägigen Studium angerechnet werden;

b) 60 ECTS-Anrechnungspunkte für allgemeine bildungswissenschaftliche Grundlagen und Fachdidaktik;
c) pädagogisch-praktische Studien sind zu integrieren.

5.3. Masterstudium im Umfang von mindestens 60 ECTS-Anrechnungspunkten:
   a) Bezug zur pädagogischen Tätigkeit und zur Wissenschaft;
   b) pädagogische Spezialisierungen (zB Inklusive Pädagogik, Sonder- und Heilpädagogik, Sozialpädagogik; Berufsorientierung, Mehrsprachigkeit, Medienpädagogik).

Stichwortverzeichnis

A

Agentur für Qualitätssicherung und Akkreditierung Austria
  1, 7, 17 ff, 22 f, 29, 32, 34, 37 ff, 41 f, 44 f, 49, 52, 55 ff, 62 f, 66 f,
  69, 72, 74 ff, 80, 82 f, 85 ff, 89, 91, 94, 96 f, 110, 113, 116, 121,
  128, 130, 132, 138, 141 f, 144 f, 150, 153 ff, 158 ff, 164, 170,
  189, 191 ff, 196, 200
Akkreditierung 1, 3 f, 7 f, 12, 14 ff, 27, 29, 32, 34, 36 ff, 41 ff, 49,
  51 f, 55 ff, 62 ff, 66 f, 69 ff, 80, 82 f, 85 ff, 94 ff, 99, 101 ff, 105,
  107 ff, 121 ff, 126 ff, 130 ff, 137 ff, 147, 150, 153 ff, 164, 170,
  187, 189, 191 ff, 196, 200, 202
– Akkreditierung, institutionelle 4, 15 f, 67, 69 f, 73, 90, 96,
  102 f, 108, 111, 141 f
– Widerruf 22, 39, 41, 91, 105 ff, 118, 123, 126 f, 129 f, 137 f,
  140 f, 145, 149, 152, 159 f
Audit 17
Auflagen 82, 87, 90 f, 102, 106 ff, 111, 122, 125 ff, 133 f, 137 ff,
  141 ff

B

Berichte 17, 19, 26, 36, 40, 64, 156
Beschwerdekommission 36 f, 42, 50 ff, 57, 82
Bildungseinrichtung 3, 5, 11 f, 16 ff, 29, 36 f, 46, 52, 60, 64, 67 f,
  70, 72 ff, 79, 81, 85 f, 89, 96, 101, 110 ff, 120, 141 ff, 151 f, 155,
  157 f, 166, 170, 179, 184 f, 188, 194 ff, 198
Board 23 ff, 34 ff, 49, 51, 53, 56 ff, 65, 76, 78 f, 83, 87, 101 f, 105,
  119 ff, 123, 128, 130 ff, 137 f, 150, 153 f, 157 f, 160, 163, 190

Stichwortverzeichnis

BundesministerIn 24 ff, 28, 31 ff, 36, 42, 47, 56, 58 f, 62 ff, 72, 75 ff, 102, 106, 121, 124, 128, 132 f, 136, 144, 154 f, 157, 159 ff, 163 ff, 177, 179, 182, 185, 193 ff, 198, 202
Bundesverwaltungsgericht 38, 105, 134 f, 161, 183

E
Evaluierung 10, 12, 18, 22 f, 68 f, 75, 82, 91, 97, 152 f, 168, 199

F
Fachhochschulkonferenz 47, 184
Finanzierung 89
Forschung 9, 13 f, 25, 40, 47, 58, 81, 85, 88 f, 92, 95, 97 f, 100, 107, 109 f, 114 f, 117, 119, 130, 136, 165 f, 168 f, 179, 181 f, 184 ff, 189 f, 200, 202

G
Generalversammlung 24 ff, 31 ff, 36, 40, 42, 44, 47 ff, 56 f, 194, 196, 198
Geschäftsordnung 26 ff, 35 ff, 40, 42 ff, 50 f, 54 f, 167, 178, 190
Geschäftsstelle 28, 31, 36 f, 40 ff, 53, 59, 83, 156, 167, 169, 178, 189 f, 192 f

I
Infrastruktur 89, 95, 109 f, 153

K
Kooperationen 88 f, 98, 100 f, 109, 118 f
Kuratorium 24 ff, 36, 41, 46, 48, 56 f

L
Lehre 12 ff, 81, 88, 92, 95, 97 f, 100, 107, 109, 114 f, 117, 119

M
Meldeverfahren 18, 64, 144, 146 ff, 197 f

O

Ombudsstelle 145, 179 f, 182 ff, 193, 202
Österreichische Hochschülerinnen- und Hochschülerschaft 47
Österreichische Privatuniversitätenkonferenz 47 f, 121

P

Personal 16, 67, 70, 73, 81, 88, 93, 95 f, 109 f, 115, 118, 124, 153, 167, 178, 189
Programmakkreditierung 4, 12, 15 f, 19, 27, 67, 70 f, 73, 88 ff, 96, 99, 101, 103, 109 ff, 118, 126, 138, 141 ff, 196, 198
Prüfbereiche 27, 72, 81, 83 f, 86 ff, 91 f, 94, 97, 101, 109 f, 113, 115 f, 153 f

Q

Qualitätsmanagementsystem 3, 8 ff, 12, 15 f, 19 ff, 36, 42, 68 f, 71, 73, 80, 82 f, 91 f, 95, 97 f, 108, 115, 118, 168
Qualitätssicherung 3, 11
Qualitätssicherungsrat 9, 69, 119, 164 ff, 169 ff, 177 f, 202
Qualitätssicherungsverfahren 5, 11 f, 15 ff, 26, 35 f, 40, 55, 61, 64, 67 f, 72, 77 f, 82, 89, 110, 119 f, 136, 147, 155

R

Rektorinnen- und Rektorenkonferenz der österreichischen Pädagogischen Hochschulen 47 f

S

Strafbestimmung 187

T

Tätigkeitsbericht 19, 40, 154 f, 163, 185, 187

U

Universitätenkonferenz 47, 184

Z

Zertifizierung 12, 15 f, 19, 21 f, 36, 39, 64, 69, 71, 73, 75, 80, 82 f, 87, 91, 107 f

VERLAG ÖSTERREICH

Hauser/Schweighofer (Hrsg)
FHStG
Fachhochschul-Studiengesetz

Kommentar
1332 Seiten, gebunden
ISBN 978-3-7046-7386-2
Erscheinungsdatum: 4.7.2017
€ 299,–

EIN STANDARDWERK AUF LANGE SICHT

- Unverzichtbar für alle im Hochschulbereich tätigen Akteurinnen und Akteure

- Alle Paragraphen zum FHStG und den einschlägigen Nebengesetzen

- Ausführliche Analysen, Hintergründe und praxisnahe Lösungsvorschläge

Bestellen Sie versandkostenfrei innerhalb Österreichs
www.verlagoesterreich.at